内容最全面　方法最实用　讲解最透彻

中国新股民必读全书

江　河◎编著

中国华侨出版社

图书在版编目(CIP)数据

中国新股民必读全书/江河编著.—北京:中国华侨出版社,2015.5
ISBN 978-7-5113-5391-7

Ⅰ.①中… Ⅱ.①江… Ⅲ.①股票投资—基本知识—中国 Ⅳ.①F832.51

中国版本图书馆 CIP 数据核字(2015)第 086103 号

中国新股民必读全书

编　　著：江　河
出 版 人：方　鸣
责任编辑：岑　芩
封面设计：李艾红
文字编辑：胡宝林
图文制作：北京东方视点数据技术有限公司
经　　销：新华书店
开　　本：720mm×1020mm　1/16　印张：42　字数：750 千字
印　　刷：北京华平博印刷有限公司
版　　次：2015 年 6 月第 1 版　2015 年 6 月第 1 次印刷
书　　号：ISBN 978-7-5113-5391-7
定　　价：39.80 元

中国华侨出版社　北京市朝阳区静安里 26 号通成达大厦三层　邮编:100028
法律顾问:陈鹰律师事务所
发 行 部:(010)58815874　　传真:(010)58815857
网　　址:www.oveaschin.com
E-mail:oveaschin@sina.com

如果发现印装质量问题,影响阅读,请与印刷厂联系调换。

前言

在股市中永远都是20%的人赚钱，80%的人赔钱，而这80%大部分都是新股民。虽然新股民朋友也有在股市中高奏凯歌的时候，但更多的恐怕是赔钱割肉的难过和心惊肉跳。因此有人说，股市就是一个谜语，它能让你欣喜若狂，也能让你食不下咽；能让你激动万分，也能让你后悔莫及。

有些新股民认为，自己之所以没有在股市中捞得金，是因为自己生不逢时，没有碰对大势，意思仿佛在说，只要赶上大牛市，自己能赚钱那是肯定的。其实并不一定是这样，也有很多新股民同样是在牛市中被套的。事实上，在股市中，股民最大的风险不是市场风险，而是股民自身的知识和技术风险。许多股民经不住诱惑，在对股票知识一知半解甚至半知不解的情况下，仓促入市，风险从一开始就高悬在他们的头顶。因此，对于新股民来说，掌握必要的股票知识，熟悉必要的操作技巧，是有效规避股市风险的重要前提。有了这个前提，任何时候都有赚钱的机会，既可以在牛市中轻松大笔赚钱，在熊市中同样也能如鱼得水。这就好比海上的惊涛骇浪在一般人看来是不可接近的，但熟习水性的弄潮儿却可以在其中自由嬉戏。新股民必须明白，在股市中赚钱有大势的因素，但更重要的是股民本身的素质，这既包括他所掌握的基本理论知识，也包括其在股市中积累的实战经验。这些理论和经验的组合才是股民驰骋股市最根本的保障。泡沫不可怕，政策的调整不可怕，熊市也不可怕，没有知识、没有理论、没有方法才最可怕。股市中不相信眼泪，只相信能力和技巧。

总之，股市是一个充满风险的场所，股票操作也是一项非常复杂的工作，对于新股民来说，当务之急是学会客观冷静地看待股市，认真、细致地分析股市，准确、合理地把握股市。当你用自己辛勤劳动挣来的钱去炒股的时候，千万要对自己的投资行为负责，切不可盲目入市，随意买卖股票。为了帮助刚刚入市的新股民切实提高自身的炒股素质，我们编写了这本《中国新股民必读全书》。本书从实用性与可操作性入手，全面系统地介绍了中国新股民的入市准备、股票交易的基本流程、股票投资的宏观面分析、上市公司的基本面分析、股票投资的基本面分析和技术面分析，详细阐释了中国新股民炒股的基本技巧、炒股软件的应用技巧，全程教会中国新股民如何避免风险、如何看盘、实战中如何选股、如何一眼看穿庄家、如何选择买卖点、如何成功解套、如何投资创业板、如何投资融资融券、如何投资股指期货、如何操作与股票相关的其他投资,以及炒股中应保持的最佳心态,同时对安德烈·科斯托兰尼、彼得·林奇、沃伦·巴菲特、李嘉诚、比尔·盖茨、索罗斯、本杰明·格雷厄姆等世界投资大师的炒股经验,以及道氏理论、江恩理论、波浪理论、亚当理论、相反理论、箱体理论、迪威周期理论等世界著名炒股理论的精髓进行了简明扼要的讲解。全书既从宏观着眼,帮助新股民分析深沪市行情、分析股市大盘、制定投资策略,又从微观入手,传授选股技巧、提示买卖时机、揭露股市陷阱、介绍股票常识……通过一节节的"炒股必修课",将新股民需要掌握的知识、技巧一网打尽,为新股民提供了一份全方位的炒股指南,让新股民一册在手,无需他求。如果你对股市与股票不甚了解,不妨阅读本书,掌握基本的股市分析方法与操作技巧,以此减少投资的盲目性,提高成功率。

本书最大的特色在于将理论与实践相结合,让读者在学中练、在练中学,真正兼顾了学习、运用的双重用途,使读者能精通技术分析,读懂市场语言,是新股民学习股市操作技巧和提高操作水平的最佳实用工具书。书中针对中国新股民的现状,总结了初入股市时经常遇到的各种问题,比如,ST类股票指的是什么、什么是零碎股、新股申购的流程、证券交易所的收费标准、股市的常用术语等等,挖掘了在炒股过程中最实用的操作技法,这些方法以实用为最根本原则,力求用最通俗的语言来进行讲解,让新股民一看便懂、一用便会。比如说,你想试水创业板,你可以查看本书第十五章有关创业板的介绍;你想在炒股的时候坐收渔翁之利,你可以查看本书第十三章——在实战中如何跟庄,学会这些跟庄方法,可以让你尽享庄家为你抬轿的优势;如果你觉得股市单一的买卖操作已经不能满足你日渐增长的"野心",那么,你也可以在本书中找到更快的盈利方式——第十六章的融资融券业务和第十七章的股指期货业务,它们完全可以满足你的要求;如果你对股市未来的发展不明了,你可以查看本书第三章,学习如何分析当前的大势……

为了避免一般股票书籍所具有的枯燥感,书中使用大量的案例,使分析变得简单、易学、易用,便于模仿操作。本书既是股民系统学习股票知识的入门向导,也是股民优化炒股技术、提高炒股水平的最佳参考书。

需要说明的是,中国股市正处于高速发展时期,对日新月异的各类情况我们不可能一览无余,本书中所述的知识点也不一定会是一成不变的。所以,新股民在学习应用的时候,一定要灵活,提高自己的应变能力,结合这些知识和方法最终总结出适合自己的炒股方法。

本书就像是一张股市的财富导航图,只要你认真学习、灵活掌握,就一定会在风云变幻的股市中获得理想的收益。如果你因本书而获得股票投资的灵感,那将是编者最大的欣慰。

目录

第一章　中国新股民入市准备

第一节　了解股票的分类 … 1

股票的实质是什么 … 1

普通股 … 2

优先股 … 3

国有股 … 3

法人股 … 4

社会公众股 … 4

外资股 … 4

ST 股票与 *ST 股票 … 5

股票按上市地点分类 … 5

股票的其他分类 … 6

第二节　了解股票发行者——股份有限公司的管理 … 7

股东大会 … 7

董事会 … 9

监事会 … 11

公司合并 … 12

公司分立 … 14

公司减资 … 14

公司增资 … 15

公司解散 … 15

公司清算 … 16

股权分置改革 … 17

上市股份有限公司的信息披露制度 ································· 18

第三节　分红配股 ··· 20

　　公司盈利分配的顺序 ··· 20
　　上市公司进行年度利润分配须经过哪些程序 ····················· 21
　　上市公司利润分配的形式 ··· 21
　　股利宣布日、股权登记日和股利发放日 ···························· 22
　　除息除权价 ··· 22
　　零碎股作何处理 ··· 23

第四节　怎样购买新股 ·· 23

　　申购新股的流程 ··· 23
　　申购新股的几个小技巧 ·· 25

第五节　了解股票买卖的有关规定 ····································· 26

　　证券交易的收费标准 ··· 26
　　了解证券交易所证券代码 ··· 31
　　暂停交易制度 ·· 32

第六节　了解中国股市的博弈构成 ····································· 33

　　市场主体 ··· 33
　　证券公司 ··· 33
　　证券交易所 ·· 34
　　证券登记结算机构 ··· 37
　　证券服务机构 ··· 37
　　证券业协会 ·· 38
　　证券监督管理机构 ··· 39

第七节　了解指数 ·· 41

　　股价指数 ··· 41
　　上证指数分类 ··· 41
　　　　上证综合指数 ·· 41
　　　　上证180指数 ··· 42

上证指数专家委员会 ·············· 45

深证指数系列 ·············· 45

第八节　了解中国股市中的主力 ·············· 46

保险 ·············· 46

社保 ·············· 48

游资 ·············· 49

私募 ·············· 50

第九节　如何选择入市时机 ·············· 51

第十节　了解股市常用术语 ·············· 53

股票发行术语 ·············· 53

股价术语 ·············· 54

股市及其参与者术语 ·············· 54

盘口术语 ·············· 55

交易术语 ·············· 56

第二章　股票交易基本流程

第一节　买卖 A 股股票的步骤 ·············· 58

开户 ·············· 58

委托 ·············· 59

竞价成交 ·············· 60

清算交割 ·············· 60

过户 ·············· 62

第二节　怎样开设 A 股股票账户 ·············· 62

什么是证券账户卡 ·············· 62

证券账户卡的种类 ·············· 63

机构投资者办理证券账户卡需要提供的资料 ·············· 63

个人投资者办理证券账户卡需要提供的资料 ·············· 64

第三节　怎样开设资金账户 ... 64

  怎样选择合适的证券营业部 ... 64
  办理资金账户的步骤 ... 65
  第三方存管 ... 66
  A股指定交易 ... 67
  撤销指定交易 ... 68
  转托管 ... 68
  转托管业务的一般程序 ... 69
  办理转托管需要注意的问题 ... 69

第四节　怎样办理委托 ... 70

  委托的内容有哪些 ... 70
  委托的4种方式 ... 71
  限价委托 ... 72
  市价委托 ... 72
  撤单 ... 72
  如何办理电话委托开户手续 ... 73
  电话委托怎样进行具体操作 ... 74
  网上证券交易 ... 74
  如何开办网上交易 ... 75
  证券投资者上网可带来哪些便利 ... 76
  通过互联网买卖股票应注意的问题 ... 77

第五节　竞价成交 ... 78

  集合竞价 ... 78
  集合竞价是怎样确定成交价即开盘价的 ... 80
  连续竞价 ... 82

第六节　清算交割和过户 ... 82

  清算交割的两种情况 ... 82
  交割日期 ... 83
  过户 ... 83

第七节　怎样买卖B股 ································· 84

哪些人可以投资B股 ································· 84

买卖B股的步骤 ································· 84

怎样开设B股保证金账户 ································· 85

怎样开设B股证券账户 ································· 85

A、B股主要交易规则的比较 ································· 86

第三章　股票投资的宏观面分析

第一节　常见的宏观经济指标对股市的影响 ································· 88

国内生产总值（GDP）对股市的影响 ································· 88

物价对股市的影响 ································· 89

通货膨胀对股市的影响 ································· 89

失业率对股市的影响 ································· 91

利率对股市的影响 ································· 92

汇率对股市的影响 ································· 94

第二节　宏观经济政策对股市的影响分析 ································· 95

货币政策对股市的影响 ································· 95

财政政策对股市的影响 ································· 96

税率对股市有什么影响 ································· 96

第三节　其他宏观因素分析 ································· 98

国际经济形势对股市的影响 ································· 98

政治事件对股市的影响 ································· 100

突发事件对股市的影响 ································· 101

平行市场的发展 ································· 103

第四章 上市公司的基本面分析

第一节 行业分析 ······ 104
公司所属行业的性质分析 ······ 104
行业生命周期的分析 ······ 106
企业的开创期 ······ 106
企业的扩张期 ······ 106
企业的衰退期 ······ 107
产业政策 ······ 107
相关行业变动因素的分析 ······ 110
上市公司行业分类 ······ 110

第二节 公司一般分析 ······ 111
公司盈利能力分析 ······ 111
公司经营管理能力分析 ······ 112
成长性分析 ······ 113
关联交易对上市公司的影响 ······ 115
投资项目分析 ······ 116

第三节 资产重组对上市公司的影响 ······ 117
资产重组的作用 ······ 117
企业资产重组的类型 ······ 118
财务性重组 ······ 118
战略性重组 ······ 119
企业资产兼并的类型 ······ 119
重组股的分析技巧 ······ 120
分析重组股需要注意的问题 ······ 121
识别上市公司"假"资产重组 ······ 121
以"圈钱"为目的进行的"报表重组" ······ 121
以保上市资格为目的进行的"资格重组" ······ 122
以拉抬股价为目的进行的"题材重组" ······ 122
以上市公司提供"回报"为目的进行的"信用重组" ······ 122

规避投资重组股的风险 ……………………………………………… 123

第四节　公司的财务分析 ……………………………………… 123

公司财务分析的基本依据 …………………………………………… 123
　　资产负债表 ……………………………………………………… 124
　　利润表及利润分配表 …………………………………………… 130
　　现金流量表 ……………………………………………………… 133
公司财务分析的主要内容 …………………………………………… 136
　　收益性分析 ……………………………………………………… 136
　　成长性分析 ……………………………………………………… 136
　　安全性分析 ……………………………………………………… 137
　　周转性分析 ……………………………………………………… 137
财务分析中的比较分析法 …………………………………………… 137
　　横向比较分析法 ………………………………………………… 137
　　纵向比较分析法 ………………………………………………… 137
　　标准比较分析法 ………………………………………………… 138
财务分析中的比率分析 ……………………………………………… 139
　　收益性比率分析 ………………………………………………… 139
　　安全性比率分析 ………………………………………………… 140
　　成长性比率分析 ………………………………………………… 141
　　周转性比率分析 ………………………………………………… 141

第五章　股票投资的技术面分析

第一节　技术分析方法的两个基本工具 ……………………… 144

线形图 ………………………………………………………………… 144
K线图 ………………………………………………………………… 145

第二节　股市特殊图形分析 ……………………………………… 146

K线的意义 …………………………………………………………… 146
K线的特殊图形分析 ………………………………………………… 146
股市典型图形分析 …………………………………………………… 149

缺口的形态及意义 ········· 151

第三节　趋势线分析 ········· 153

如何确定股价变化的趋势线 ········· 153

如何利用趋势线指导交易 ········· 154

如何判断趋势线的有效突破 ········· 155

第四节　量价关系分析 ········· 155

市场中存在的几种量价关系及其意义 ········· 155

涨跌停板制度下价量关系分析特点 ········· 157

第五节　股市常用技术分析指标 ········· 158

相对强弱指数（RSI） ········· 158

威廉指数（WMS%） ········· 160

移动平均线 ········· 160

人气指标心理线（PSY） ········· 162

动量指标（MTM） ········· 162

随机指标（KDJ） ········· 163

AR 指标与 BR 指标 ········· 166

涨跌比率（ADR） ········· 168

第六节　股票价格反转形态分析 ········· 169

头肩形反转 ········· 169

头肩顶反转 ········· 170

头肩底反转 ········· 170

圆弧反转 ········· 171

双重顶反转和双重底反转 ········· 172

三角形反转 ········· 173

矩形反转 ········· 174

楔形反转 ········· 174

第七节　股票价格整理形态分析 ········· 175

旗形整理 ········· 175

扇形整理 ··· 176

第六章　中国新股民炒股基本技巧

第一节　利用联动效应买卖股票 ································· 177
　　利用地域板块的联动买卖股票 ······························· 177
　　利用同行业板块的联动买卖股票 ···························· 178
　　利用联动效应预测股市行情 ··································· 178

第二节　新股民如何对待股市中流传的消息 ··············· 179
　　重视股市中的各种消息 ·· 179
　　警惕股市中的假消息 ··· 180
　　要博"朦胧"而不博证实的消息 ······························ 180

第三节　股票投资策略 ·· 181
　　大型股票投资策略 ·· 181
　　中小型股票买卖策略 ··· 182
　　投机股买卖策略 ·· 182
　　蓝筹股投资策略 ·· 182
　　循环股买卖策略 ·· 183

第四节　如何进行长线择股 ·· 183
　　选择成长型的股票 ·· 184
　　选择受到政策背景支持的股票 ······························· 185
　　选择获利能力强的股票 ·· 186
　　选择优良型的股票 ·· 186

第七章　中国新股民如何规避风险

第一节　中国新股民为什么会遭受惨重损失 ··············· 187
　　为什么新股民容易遭受惨重损失 ··························· 187
　　股市风险知多少 ·· 190

第二节　新股民一定要学会规避陷阱 192

多头陷阱 192

空头陷阱 194

"死叉"陷阱 195

"跑道陷阱" 197

"老翁钓鱼"的圈套 198

"请君入瓮"的骗局 199

"骗线"陷阱 201

第三节　新股民如何防范股市风险 204

试探性投资法 204

分段买入法 204

分段卖出法 205

分散投资法 205

第八章　学会如何看盘：盘口可以告诉你一切

第一节　学会看证券营业部的大盘 206

大盘中的基本信息 206

大盘中曲线的意义 207

大盘的一些指标 208

大盘指数的具体含义 209

第二节　怎样看走势图 210

大盘分时走势图 210

个股分时走势图 211

大盘 K 线技术走势图 213

个股 K 线技术走势图 214

第三节　看盘时应重点关注的内容 215

关注阻力位与支撑位情况 215

判断股票是否有买入的价值 216

关注现手和总手数 217
　　关注换手率 217

第四节　买卖盘口的几个问题 219
　　上压板与下托板 219
　　静态挂单和动态挂单 220
　　各种买卖盘 220
　　正确看待内盘和外盘 221
　　各种大单 222

第五节　当日盘中的重要时间段 223
　　怎样看开盘 223
　　怎样看尾盘 225
　　盘中四大看点 227

第九章　跟大师学炒股：炒股，不妨站在巨人的肩膀上

第一节　股票大师的炒股经验 229
　　安德烈·科斯托兰尼：炒股的"十律"与"十戒" 229
　　彼得·林奇：长期投资才能获得高回报 231
　　沃伦·巴菲特：追求简单，避免复杂 232
　　李嘉诚：当所有人都冲进去的时候赶紧出来，所有人都不玩了再冲进去 ... 233
　　比尔·盖茨：不把鸡蛋放在同一个篮子里 234
　　索罗斯：承担风险无可指责，但永远不能做孤注一掷的冒险 ... 236
　　本杰明·格雷厄姆：无法控制情绪的人，不会从投资中获利 ... 236

第二节　股票大师的炒股理论 237
　　道氏理论 237
　　江恩理论 241
　　波浪理论 243
　　亚当理论 247
　　相反理论 248

箱体理论 ·· 249

迪威周期理论 ·· 252

第十章　实战中应保持怎样的炒股心态：炒股就是炒心态

第一节　以阳光的心态炒股 ·································· 254

　　炒股就是炒心态 ·· 254

　　学炒股的前提是学做人 ·································· 255

　　三分靠本事，七分靠感觉 ································ 257

　　炒股成功的心理障碍：恐惧和贪婪 ······················· 258

　　炒股，不以涨喜，不以跌悲 ······························ 259

　　炒股也要有耐心 ·· 260

　　股市不是摇钱树 ·· 261

　　不是每个人都适合炒股 ·································· 262

　　炒股者需要克服的三种心态 ······························ 263

第二节　以智者的心态选股 ·································· 264

　　在恰当的时机，买恰当的股票 ···························· 264

　　看大势者赚大钱 ·· 266

　　垃圾股不一定是垃圾 ···································· 267

　　新开户数是股票的晴雨表 ································ 269

　　辩证地看待成交量 ······································ 270

　　股票涨停就一定获利颇丰吗 ······························ 271

　　荐股兼听不兼信 ·· 272

　　新股民选股时必须坚持三大原则 ·························· 274

　　捕捉黑马股有技巧 ······································ 275

　　利用庄家来选股 ·· 276

第三节　以赢家的心态持股 ·································· 277

　　持有蓝筹股便可以高枕无忧 ······························ 277

　　股市中的"二八定律" ·································· 278

　　客观看待股市的涨跌 ···································· 279

只有正规消息才可靠 ··· 280
　　捂股也要讲究策略 ··· 282
　　多做长线少搞短炒 ··· 283

第四节　以果敢的心态抛股 ·· 285

　　会买的是徒弟，会卖的是师傅 ······································· 285
　　暴涨之后必有暴跌 ··· 287
　　卖在集合竞价时 ·· 288
　　两害相权取其轻 ·· 290
　　同样补仓，"钱途"不同 ·· 291
　　利好利空要看清 ·· 292
　　要博傻，不要最傻 ··· 294

第五节　防范心理误区 ·· 295

　　从众心理 ·· 295
　　贪婪 ·· 296
　　把炒股当赌博 ··· 297
　　贪便宜货 ·· 298
　　过度谨慎不可取 ·· 300
　　切莫沉迷于老经验 ··· 301

第十一章　实战中如何选股：这样选股，一定大赚

第一节　成长性选股 ··· 302

　　成长性选股之一：公司经营战略 ··································· 302
　　成长性选股之二：企业竞争力 ······································ 304
　　成长性选股之三：公司规模及扩张潜力 ·························· 305
　　成长性选股之四：企业成长潜力 ··································· 306

第二节　基本面选股 ··· 308

　　基本面选股关键是抓价值 ··· 308
　　宏观经济对股市的影响 ·· 309

了解股东变化情况 ·· 309

　　结合市盈率选股 ·· 310

　　结合市净率选股 ·· 310

　　结合市销率选股 ·· 311

　　看看股本规模和分红纪录 ······································ 311

　　看年报，选"白马" ··· 312

　　看中报，优中选优 ·· 313

　　怎样找到基本面的这些信息 ··································· 315

第三节　技术分析选股 ·· 315

K线选股 ·· 315

　　单日K线形态与选股 ·· 315

　　周K线形态与选股 ··· 317

　　用月K线选中长线潜力股 ······································ 318

平均线选股 ·· 318

　　移动平均线交叉 ·· 318

　　5日均线选股 ··· 321

　　30日均线选股 ··· 322

　　120日均线选股 ·· 323

指标选股 ·· 324

　　改进BBI指标，捕捉长线牛股 ································ 324

　　适宜捕捉翻番黑马的WVAD ··································· 326

　　"探底神针"RSI指标 ·· 327

　　ROC指标的系统选股技术 ····································· 328

　　十拿九稳的布林线指标 ··· 328

　　乖离率指标BIAS综合应用技巧 ······························ 330

　　中轴线选股的技巧 ·· 331

第四节　热点题材选股 ·· 332

　　行业选股 ··· 332

　　垄断选股 ··· 333

　　高送转选股 ··· 335

第五节　板块选股 ··· 339

行业板块分析选股 ··· 339
区域板块分析选股 ··· 339
小盘股的四种选股策略 ·· 341
ST股中的淘金技巧 ··· 341
科技股的选股策略 ··· 343
农业板块的选股策略 ·· 343

第六节　结合市场走势选股 ·· 345

牛市中的选股 ·· 345
熊市中的选股 ·· 346
盘整市道中选股 ··· 346
反弹市道中选股 ··· 347

第七节　结合市场热点选股 ·· 347

第十二章　炒股软件应用技巧

第一节　市面上常见的炒股软件 ··· 348

"大智慧"股票行情软件基本介绍 ··· 348
钱龙旗舰版证券行情软件基本介绍 ··· 349
通达信网上交易系统券商集成版基本介绍 ································· 354
"同花顺"证券行情软件基本介绍 ··· 358
指南针证券行情软件的基本介绍 ··· 363

第二节　怎样用炒股软件看大盘 ··· 366

怎样看大盘分时走势图 ·· 366
怎样看大盘指标曲线图 ·· 366
怎样了解指标的含义 ·· 366
怎样看大盘的K线图 ·· 367
怎样了解个股大单买卖的数据 ··· 368
怎样查看类别指数 ··· 368

怎样看大盘行情 ··· 369
怎样使用智慧排行 ··· 369
怎样分类看股票 ·· 369
怎样看大盘今日的综合排名 ··· 369

第三节　怎样用炒股软件看板块 ································· 370

怎样看板块指数 ·· 370
怎样看分类板块 ·· 370
怎样进行板块监测 ··· 371

第四节　怎样用炒股软件看个股 ································· 371

怎样看个股分时走势图 ··· 371
怎样看个股指标曲线图 ··· 371
怎样看个股 K 线图 ··· 371
怎样了解个股的基本面 ··· 371
怎样设置个股预警 ··· 371
怎样使用"阶段排行"来挑选潜力股 ······························· 372
怎样使用"精确复权"来避免主力陷阱 ··························· 373
怎样查看个股的分析周期 ··· 374
怎样查找股票 ·· 374

第五节　怎样用炒股软件看信息 ································· 374

怎样通过"实时解盘"了解最新股市分析讯息 ··············· 374
怎样通过"信息地雷"了解重要的公告与新闻 ··············· 375
怎样通过"短线精灵"及时了解个股的走势 ··················· 375
怎样查看"咨讯平台" ··· 376

第六节　对散户最有用的分析工具 ································· 377

怎样使用"多股同列"在同一界面显示多种股票 ··········· 377
怎样使用"画面组合"在一个界面看多种技术分析 ······· 377
怎样进行个人理财 ··· 378
怎样进行个性化设置 ··· 378
怎样通过"龙虎看盘"了解盘口信息 ······························· 380

怎样通过"自选设定"将关注的股票放在一起 ················· 381
　　怎样查看股票的移动筹码分布 ································ 381
　　怎样查看基金平台 ·· 382

第七节　怎样解决用户常见的问题 ································ 382
　　F 功能键 ·· 383
　　常用热键清单 ·· 383
　　指标快捷键一览表 ··· 385

第十三章　实战中如何跟庄：一眼看穿庄家

第一节　如何看清庄家 ·· 387
　　坐庄必须具备的条件 ··· 387
　　庄家的分类 ·· 389
　　洞察庄家的软肋 ·· 392

第二节　寻找庄股的方法技巧 ······································ 393
　　庄家如何选股 ·· 393
　　做好功课觅庄影 ·· 394
　　到哪里寻找庄家 ·· 395
　　庄家介入的迹象 ·· 396
　　地量是寻找庄家的好时机 ······································ 398
　　通过盘口判断庄家的强弱 ······································ 399

第三节　熟悉庄家建仓的手法 ······································ 400
　　哪些股票会成为庄家建仓的对象 ······························· 400
　　了解庄家吸筹建仓的时间 ······································ 401
　　了解庄家的各种建仓手法 ······································ 402
　　如何判断庄家已完成建仓 ······································ 409
　　如何计算庄家的建仓成本和持仓量 ···························· 410

第四节　看清庄家拉升的手段 ······································ 412
　　庄家拉升阶段的特征 ··· 412

庄家拉升的盘面特征 …………………………………………………… 413
　　　庄家拉升的时机 ……………………………………………………… 416
　　　庄家拉升股价的方式 ………………………………………………… 417
　　　如何计算庄家拉升的目标位 ………………………………………… 420

第五节　识破庄家的震仓洗盘 ……………………………………………… 421
　　　庄家震仓洗盘的目的 ………………………………………………… 421
　　　如何识别庄家的刻意打压 …………………………………………… 421
　　　根据成交量判断庄家是否洗盘 ……………………………………… 422
　　　庄家洗盘的盘口特征 ………………………………………………… 424
　　　庄家洗盘结束的标志 ………………………………………………… 424

第六节　怎样识别庄家正在出货 …………………………………………… 425
　　　庄家派发出货的目的 ………………………………………………… 425
　　　了解庄家出货的时机 ………………………………………………… 426
　　　庄家出货前的征兆 …………………………………………………… 426
　　　庄家出货派发的方式 ………………………………………………… 427
　　　如何区别庄家的洗盘和出货 ………………………………………… 430

第七节　巧妙地让庄家给自己抬轿 ………………………………………… 432
　　　跟短线庄的技巧 ……………………………………………………… 432
　　　跟中线庄的技巧 ……………………………………………………… 432
　　　跟长线庄的技巧 ……………………………………………………… 433
　　　如何对付主力洗盘 …………………………………………………… 434

第八节　应对庄家做盘的特殊手法 ………………………………………… 435
　　　突然涨停的应对策略 ………………………………………………… 435
　　　突然跌停的应对策略 ………………………………………………… 437
　　　突然放量的应对策略 ………………………………………………… 438
　　　突然缩量的应对策略 ………………………………………………… 440
　　　开盘特殊手法的应对策略 …………………………………………… 442
　　　收盘特殊手法的应对策略 …………………………………………… 443

第十四章　实战中如何选择买卖点：会买的是徒弟，会卖的是师傅

第一节　K线买点 ·· 445
  底部形态的买进时机 ······································· 445
  特殊形态的买点 ··· 449
  经典买点信号 ··· 453

第二节　分时买点 ·· 458
  在股价与日均线中寻找买点 ································· 458
  高开高走 ··· 460
  低开高走 ··· 461
  尾市快速拉升 ··· 462
  震荡盘升 ··· 463
  早盘冲高 ··· 464
  尾市快速打压 ··· 465
  从跌停拉到涨停 ··· 466

第三节　成交量买点 ·· 468
  庄家送红包 ··· 468
  整理之后的底部放量 ······································· 469
  洗盘之后的放量 ··· 469
  缩量涨停 ··· 471

第四节　K线卖点 ·· 472
  大阴盖阳 ··· 472
  大阳生小阳 ··· 473
  阳包阴后收低 ··· 474
  连续跳空后收阴线 ··· 475
  向下跳空阴接阳 ··· 476
  连续三根大小几乎相同的阴线或者是阳线 ····················· 477
  一根大阳线，将前面一根甚至是几根K线全部覆盖 ··············· 478
  跳空下降两条阴线 ··· 478

第五节　分时卖点

尾盘冲涨停后回落 ······ 479

午后回落跌破均线 ······ 480

早盘反弹遇阻再次下跌 ······ 482

午后放量冲高后震荡回落 ······ 483

尾市泻盘 ······ 484

早盘冲高回落跌破均线 ······ 485

直线式快速冲高 ······ 486

第六节　成交量卖点

高位放量长阴 ······ 487

颈线放量冲高回落 ······ 489

放量滞涨 ······ 490

高位放量上吊线 ······ 491

下跌中的放量阴线 ······ 493

第十五章　实战中如何投资创业板：创业板，享受成长先要看透风险

第一节　创业板震撼，触手可及的财富机会

创业板开闸，怎样抓住这场财富"盛宴" ······ 494

创业板投资，享受成长先要看透风险 ······ 496

创业板 10 年历程回溯 ······ 497

第二节　创业板"命脉"透视——政策与趋势

创业板与主板市场的区别 ······ 501

新政策、新规则分析 ······ 505

第三节　创业板"淘金"导航——开户与交易

创业板淘金，你准备好了吗 ······ 506

创业板交易规则 ······ 508

创业板投资的注意事项 ······ 509

第四节　创业板投资策略——个股选择与买卖点操作 ·············· 511
　　创业板的投资主线 ··· 511
　　如何寻找创业板中价值被低估的大牛股 ······················· 512
　　创业板小盘股的投资技巧 ·· 513

第五节　创业板IPO投资技巧 ·· 516
　　从创业板新股中寻找明天的微软 ································ 516
　　根据资金的多少选择新股 ·· 519
　　创业板新股上市当日投资技巧 ··································· 520

第六节　创业板风险规避技巧 ·· 522
　　创业板风险来自何方 ·· 522
　　创业板风险防范技巧 ·· 524

第十六章　实战中如何投资融资融券：掌握全新的股票投资方式

第一节　永远别做自己没把握的投资：融资融券到底是什么 ········ 526
　　融资融券的概念 ·· 526
　　融资融券的特点 ·· 527
　　融资融券的意义 ·· 528
　　融资融券与普通证券交易的区别 ································ 529
　　融资融券交易与卖空交易的区别 ································ 530
　　融资融券交易与股指期货的联系 ································ 531
　　融资融券的一般盈利模式 ·· 531
　　融资融券给投资者带来的机遇和风险 ·························· 531
　　融资融券在中国的发展历程 ····································· 533

第二节　想游泳，先要弄明白水有多深：融资融券实务操作
　　　　　其实并不难 ··· 534
　　在参与融资融券之前应做的准备 ································ 534
　　融资融券的操作流程 ·· 534
　　如何开立投资信用证券账户 ····································· 535

什么股票可以作为标的证券 ·· 536

学会计算保证金 ·· 536

什么是保证金比例 ·· 537

如何偿还融资融券债务 ··· 538

搞清你的交易成本 ·· 538

融资融券交易如何了结 ··· 539

第三节　小指标，大趋势：把握大盘趋势中的投资机会 ·············· 540

运用绝对广量研判大势 ··· 540

运用腾落指标研判大势 ··· 541

运用超买超卖指标研判大势 ··· 542

运用指数平滑广量研判大势 ··· 543

运用广量冲力指标研判大势 ··· 544

运用新三价率研判大势 ··· 544

第四节　别人贪婪时我恐惧：学会控制融资融券的风险 ·············· 545

融资融券不同于普通证券交易的持有风险 ······························· 545

融资融券实务中的亏损放大风险 ··· 546

授信额度带给你的额外风险 ··· 546

被强制平仓的风险 ·· 546

业务参数调整时可能产生的风险 ··· 547

第十七章　实战中如何投资股指期货：打破涨赚跌赔的股票魔咒

第一节　股指期货的基本常识 ·· 548

什么是期货 ·· 548

什么是股票价格指数 ··· 549

什么是股指期货 ··· 549

股指期货和股票交易的区别 ··· 549

为什么要推出股指期货 ··· 550

股指期货的特征 ··· 551

股指期货的优势 ··· 551

常用的期货交易术语 …………………………… 552
交易时间及最后交易日交易时间 ……………… 556
合约乘数 ………………………………………… 556
保证金 …………………………………………… 556
股指期货的交割 ………………………………… 557
股指期货的结算 ………………………………… 557
股指期货的合约月份 …………………………… 557
股指期货的最小变动单位 ……………………… 557
股指期货交易流程 ……………………………… 558
开户入资后投资者的法律保障问题 …………… 560

第二节　股指期货的具体操作 …………………… 560

进行股指期货交易的好处 ……………………… 560
股指期货交易 …………………………………… 561
股指期货的交易方式 …………………………… 562
什么是程式交易 ………………………………… 562
如何申请交易编码和资金账号 ………………… 563
为什么要引进结算会员制度 …………………… 564
如何确认股指期货的账单 ……………………… 564
如何对股指期货进行销户 ……………………… 564
《期货经纪合同书》的内容 …………………… 564
股指期货的行情表中的内容 …………………… 565
如何计算股指期货的当日盈亏 ………………… 566
股指期货的交易结算账单 ……………………… 566
股指期货的换手交易 …………………………… 567
结算会员的出金业务 …………………………… 568
结算准备金余额的计算 ………………………… 568

第三节　交易规则 …………………………………… 569

开户实名制度 …………………………………… 569
保证金制度 ……………………………………… 569
每日涨跌停板制度 ……………………………… 570

套期保值审批制度 ……………………………………………………………… 570
限仓制度 …………………………………………………………………………… 571
大户报告制度 …………………………………………………………………… 572
强行平仓制度 …………………………………………………………………… 572
强行平仓的执行顺序 ………………………………………………………… 573
强制减仓制度 …………………………………………………………………… 574
风险警示制度 …………………………………………………………………… 574
当日无负债结算制度 ………………………………………………………… 575
分级结算制度 …………………………………………………………………… 575

第四节　学会股指期货的分析方法 …………………………………… 576

股指期货的基本面分析方法 ………………………………………………… 576
　股指期货的基本面分析步骤 ……………………………………………… 577
　政治因素对股指的影响 …………………………………………………… 578
　经济因素对股指的影响 …………………………………………………… 579
　经济活动指标 ………………………………………………………………… 580
　通货膨胀指标 ………………………………………………………………… 581
　金融指标 ……………………………………………………………………… 581
　了解经济信息的途径 ……………………………………………………… 582
股指期货的技术分析方法 …………………………………………………… 584
　技术分析方法的形式 ……………………………………………………… 584
　如何用成交量和未平仓量进行分析 …………………………………… 585
　如何通过股指期货成交量捕捉市场走势 …………………………… 586
　如何正确运用技术分析方法 …………………………………………… 588

第五节　掌握股指期货的投资技巧及策略 ………………………… 590

投资股指期货的基本策略有哪些 ………………………………………… 590
套期保值的原理是什么 ……………………………………………………… 591
套期保值应遵循什么原则 …………………………………………………… 591
怎样利用股指期货进行套期保值 ………………………………………… 592
进行跨品种交易股指期货 …………………………………………………… 592
期货投资，首先要制定周密的交易计划 ………………………………… 593

期货交易计划应具备的内容 …………………………………………… 594
　　股指期货的到期日效应 ………………………………………………… 595
　　股指期货的投机交易 …………………………………………………… 596
　　在牛市中进行股指期货买卖 …………………………………………… 597
　　在熊市中进行股指期货买卖 …………………………………………… 599

第六节　风险管理 …………………………………………………………… 601
　　投资者从事股指期货交易主要面临的风险 …………………………… 601
　　股指期货有哪些特有风险 ……………………………………………… 601
　　股指期货风险的成因 …………………………………………………… 603
　　网上交易应规避什么风险 ……………………………………………… 603
　　股指期货中有哪些风险可以规避 ……………………………………… 604
　　投资者如何评价期货公司风险 ………………………………………… 605

第十八章　实战中如何解套：能否成功解套，直接左右股票投资效果

第一节　被套与解套 ………………………………………………………… 606
　　什么是被套 ……………………………………………………………… 606
　　规避解套误区 …………………………………………………………… 607
　　解套的风险提醒 ………………………………………………………… 607
　　解套的操作方法 ………………………………………………………… 608

第二节　你为什么被套 ……………………………………………………… 609

第三节　成功解套常用的方法 ……………………………………………… 612
　　防套"五必须三不可" …………………………………………………… 612
　　止损解套法 ……………………………………………………………… 613
　　换股解套法 ……………………………………………………………… 618
　　补仓解套法 ……………………………………………………………… 619
　　捂股解套法 ……………………………………………………………… 620

第十九章　与股票相关的其他投资方式

第一节　债券投资 ·· 622
  债券票面要素 ·· 622
  债券种类 ·· 624
  我国的可转换债券 ·· 628

第二节　权证 ·· 633
  什么是权证 ··· 633
  权证的基本要素 ··· 633
  权证的分类 ··· 634
  认股权证的基本要素 ··· 635
  权证发行公告书列明条款的含义 ·· 636
  权证投资的风险防范 ··· 636
  权证投资秘诀 ·· 637
  投资者如何对权证行权 ·· 638
  权证交易中主要会披露哪些信息 ·· 638
  权证的价格涨跌幅限制与股票有什么不同 ·· 638
  权证的到期日和最后交易日是否是同一天 ·· 639

第一章
中国新股民入市准备

新股民入门导读：

  初入股市，新股民的疑问一般集中于以下几个方面：股票究竟是什么？股票有哪些种类？怎样开户，有什么费用项目？什么是证券交易所、证券公司和上市公司？影响股票的因素有哪些？什么是大盘指数？股票中有哪些我们必须知道的术语？等等。关于这些疑问，本章会为你一一解开。

  也许你很忙，没有太多时间来深入学习所有的内容。那么，你需要在百忙中抽出时间来了解一下入门第一天学习的重点（当然，其他知识你依然有了解的必要），从而更有效率地学习股票基本常识。

第一节　了解股票的分类

股票的实质是什么

【概念一点通】

  股票的实质是一种有价证券，是股份有限公司在筹集资本时向出资人公开发行的、用以证明出资人的股东身份和权利，并根据股票持有人所持有的股份数享有权益和承担义务的可转让的书面凭证。股票代表其持有人（即股东）对股份公司的所有权，每一股股票所代表的公司所有权是相等的，即我们通常所说的"同股同权"。

  股票至今已有将近400年的历史，它伴随着股份公司的出现而出现。随着企业经营规模扩大与资本需求不足，要求有一种方式来让公司获得大量的资本金。于是产生了以股份公司形态出现的，股东共同出资经营的企业组织。股份公司的变化和发展产生了股票形态的融资活动；股票融资的发展产生了股票交易的需求；股票的交易需求促成了股票市场的形成和发展；而股票市场的发展最终又促进了股票融资活动和股份公司的完善和发展。股票最早出现于资本主义国家。世界上最早的股份有限公司制度诞生于1602年在荷兰成立的东印度公司。

股份公司这种企业组织形态出现以后，很快为资本主义国家广泛利用，成为资本主义国家企业组织的重要形式之一。伴随着股份公司的诞生和发展，以股票形式集资入股的方式也得到发展，并且产生了买卖交易转让股票的需求。这样，就带动了股票市场的出现和形成，并促使股票市场完善和发展。早在1611年，东印度公司的股东们就在阿姆斯特丹股票交易所开始进行股票交易，并且后来有了专门的经纪人撮合交易。阿姆斯特丹股票交易所形成了世界上第一个股票市场。目前，股份有限公司已经成为最基本的企业组织形式之一，股票也成为大企业筹资的重要渠道和方式，亦是投资者投资的基本选择方式。股票市场（包括股票的发行和交易）与债券市场成为证券市场的基本内容。

股票持有者凭股票从股份公司取得的收入是股息。股息的发配取决于公司的股息政策，如果公司不发派股息，股东没有获得股息的权利。优先股股东可以获得固定金额的股息，而普通股股东的股息是与公司的利润相关的。普通股股东股息的发配在优先股股东之后，必须所有的优先股股东满额获得他们曾被承诺的股息之后，普通股股东才有权利获得股息。股票只是持股人对一个股份公司拥有的实际资本的所有权证书，是参与公司决策和索取股息的凭证，不是实际资本，而只是间接地反映了实际资本运动的状况，从而表现为一种虚拟资本。

股票按照股东的权利可以分为普通股和优先股。

普通股

【概念一点通】

普通股是指在公司的经营管理和盈利及财产的分配上享有普通权利的股份，满足优先股东的收益权要求后对企业净盈利和剩余财产享有索取权，它是构成股份公司资本的基础，是股票的一种基本形式，也是发行量最大、最重要的股票。

目前在上海和深圳证券交易所上市交易的股票，都是普通股。

普通股的基本特点是其投资收益（股息和分红）不是在购买时约定，而是事后根据股票发行公司的经营业绩来确定。公司的经营业绩好，普通股的收益就高；反之，若经营业绩差，普通股的收益就低。

普通股股票持有者按其所持有股份比例享有以下基本权利:

1. 公司决策参与权。

普通股股东有权参与股东大会,并有表决权和选举权,也可以委托他人代表其行使股东权利。

2. 利润分配权。

普通股股东有权从公司利润分配中得到股息。普通股的股息是不固定的,而是由公司盈利状况及其分配政策决定。普通股股东必须在优先股股东取得固定股息之后才有权享受股息分配权。

3. 优先认股权。

如果公司需要扩张而增发普通股票时,现有普通股股东有权按其持股比例,以低于市价的某一特定价格优先购买一定数量的新发行股票,从而保持其对企业所有权的原有比例。

4. 剩余财产分配权。

当公司破产或清算时,若公司的财产在偿还欠债后还有剩余,其剩余部分按先优先股股东、后普通股股东的顺序进行分配。

优先股

【概念一点通】

优先股是"普通股"的对称,是股份公司发行的在分配红利和剩余财产时比普通股具有优先权的股份。

优先股也是一种没有期限的有权凭证,具有如下特点:

1. 优先股股东不参加公司的红利分配,无表决权和参与公司经营管理权。

2. 优先股有固定的股息,不受公司业绩好坏影响,并可以先于普通股股东领取股息。

3. 当公司破产进行财产清算时,优先股股东对公司剩余财产有先于普通股股东的要求权。

股票按购买主体划分可以分为国有股、法人股、社会公众股和外资股。

国有股

【概念一点通】

国有股指有权代表国家投资的部门或机构,以国有资产向公司投资形成的股份,包括公司现有国有资产折算成的股份。

由于中国大部分股份制企业都是由原国有大中型企业改制而来的，因此，国有股在公司股权中占有较大的比重。国有股的股权属于国家所有，其所有权通过国有资产管理部门来行使。

法人股

【概念一点通】

法人股指企业法人或具有法人资格的事业单位、社会团体以其依法可经营的资产向公司投资所形成的股份。

根据法人股认购的对象，可将法人股进一步分为境内发起法人股、外资法人股和募集法人股三种。

社会公众股

【概念一点通】

社会公众股是指中国境内个人和机构，以其合法财产向公司可上市流通股权部分投资所形成的股份。

投资者在股票市场买卖的股票都是社会公众股。

中国国有股和法人股目前还不能直接上市交易。国家股东和法人股东要转让股权，可以在法律许可的范围内，经证券主管部门批准，与合格的机构投资者签订转让协议，一次性完成大宗股权的转移。目前要取得一家上市公司的控股权，一般收购方需要从原国家股东和法人股东手中协议受让大宗股权。由于现有股份公司多数由原来的国有大中型企业改制而来，因而国家股和法人股占总股本的比重较大。不过随着兼并收购、买壳、借壳等资产重组活动的展开，国有股、法人股的转让行为也逐渐增多。

外资股

【概念一点通】

外资股是指股份公司向外国和我国香港、澳门、台湾地区投资者发行的股票。它是我国股份公司吸收外资的一种方式。

外资股按上市地域可以分为境内上市外资股和境外上市外资股。

1. 境内上市外资股。

境内上市外资股原来是指股份有限公司向境外投资者募集并在我国境内上市的

股份，投资者限于外国和我国香港、澳门、台湾地区的投资者。这类股票称为B股，B股以人民币标明股票面值，以外币认购、买卖。经国务院批准，中国证监会决定自2001年2月下旬起，允许境内居民以合法持有的外汇开立B股账户，交易B股股票。自从B股市场对境内投资者开放之后，境内投资者逐渐取代境外投资者成为投资主体，B股发生了由"外资股"演变为"内资股"的趋向。

2. 境外上市外资股。

境外上市外资股是指股份有限公司向境外投资者募集并在境外上市的股份。它也采取记名股票形式，以人民币标明面值，以外币认购。在境外上市时，可以采取境外存股证形式或者股票的其他派生形式。在境外上市的外资股除了必须符合我国的有关法规外，还须符合上市所在地国家或者地区证券交易所制定的上市条件。我国境外上市外资股主要采取美国存托凭证ADRs、全球存托凭证GDRs和通过中国香港上市的H股等形式。

ST股票与*ST股票

【概念一点通】

ST的英文全称为Special Treatment，即特别处理。ST股票，即特别处理股票。

新股民在股市中经常可以看见很多ST股票，它们的表现各异，有的在复牌当日可以创造高达1080%的涨幅，而有的却"跌跌不休"。所谓ST股票就是因为经营不善等各种因素而发生了连续亏损的股票，是基本面向坏的股票。一般来说，ST股票的上市公司不具备长期增长的潜力，不属于该行业的强者，没有市场潜力。

各种ST股票的前缀含义：*ST：公司经营连续三年亏损，退市预警；ST：公司经营连续两年亏损，特别处理；S*ST：公司经营连续三年亏损，退市预警，还没有完成股改；SST：公司经营连续两年亏损，特别处理还没有完成股改；S：还没有完成股改。

股票按上市地点分类

除了上述分类以外，股票按发行上市的地点又可分为A股、B股、H股、S股、N股、T股。

A股是指在中国内地注册并在中国内地上市的普通股票。A股以人民币认购和交易，参与投资者为中国内地的机构或个人。

B股也称为人民币特种股票,是指那些在中国内地注册并在中国内地上市的特种股票。以人民币标明面值,只能以外币认购和交易。参与投资者为香港、澳门、台湾地区居民和外国人,持有合法外汇存款的内地居民也可投资。上海证券交易所的B股是以美元交易;深圳证券交易所的B股是以港币交易。中国第一只B股上海真空B股(900901)于1991年上市。

H股即港股,是指那些在中国内地注册、在香港(HongKong)上市的外资股。1993年第一只H股青岛啤酒H股(0016835)在香港上市。

S股是指那些在中国内地注册、在新加坡(Singapore)上市的外资股。

N股是指那些在中国内地注册、在纽约(NewYork)上市的外资股。

T股是指那些在中国内地注册、在东京(Tokyo)上市的外资股。

股票的其他分类

另外,股票还可以分为黑马股、白马股、蓝筹股、红筹股、周期性股、防守性股和投机性股。

1. 黑马股。

黑马股一般而言是长期不被人看好,却出人意料地走出大幅上扬或者股价翻几番走势的股票,其中最甚者被人称为妖股。如果能骑上一匹真正的黑马,不仅跑得快、套利快,而且也便于新股民朋友们树立自己的炒股信心。

2. 白马股。

白马股一般是指其相关的信息已经公开的股票,由于业绩较为明朗,很少存在埋地雷的风险,内幕交易、暗箱操作的可能性大大降低,同时又兼有业绩优良、高成长、低风险的特点,因而具备较高的投资价值,往往被新股民所看好。如果新股民朋友们能把握恰当的介入时机,也能够实现很高的利润,是新股民快速套利不可或缺的利器。

3. 蓝筹股。

蓝筹股是指具有稳定的盈余记录,能定期分派较优厚的股息,被公认为业绩优良的公司的普通股票,又称为"绩优股",多指长期稳定增长的、大型的、传统工业股及金融股。

4. 红筹股。

红筹股的说法仅适应于香港股票市场。一般把最大控股权(常常指30%以上)直接或间接隶属于中国内地有关部门或企业,并在香港注册上市的公司所发行的股票,归类为红筹股。

5. 周期性股。

周期性股指的是收益周期波动的股票。例如，钢铁、机器制造、建材等公司的股票。

6. 防守性股。

这种股票与周期性股票恰好相反，在商业条件恶化时，其收益比其他股票优厚，并且较为稳定。例如，水电、交通等公用事业公司发行的股票。

7. 投机性股。

这种股票指那些变化快、幅度大、前景不是很明朗的股票。其投机性较大，能够吸引一些专门从事证券投机的人进行投资。

第二节　了解股票发行者——股份有限公司的管理

股东大会

【概念一点通】

股东大会是股份公司的最高权力机关，它由全体股东组成，对公司重大事项进行决策，有权选任和解除董事，并对公司的经营管理有广泛的决定权。

股东大会既是一种定期或临时举行的由全体股东出席的会议，又是一种非常设的由全体股东所组成的公司制企业的最高权力机关。它是股东作为企业财产的所有者，对企业行使财产管理权的组织。企业一切重大的人事任免和重大的经营决策一般都得股东会认可和批准方才有效。

1. 股东大会的职权。

股东大会由全体股东组成，它是公司的最高权利机构，其职权如下：

(1) 审议批准董事会的报告。

(2) 决定公司的经营方针和投资计划。

(3) 审议批准公司的年度财务预算方案、决算方案。

(4) 对公司合并、分立、解散、清算或者变更公司形式做出决议。

(5) 审议批准公司的利润分配方案和弥补亏损方案。

(6) 审议批准监事会或者监事的报告。

(7) 对公司增加或者减少注册资本做出决议。

(8) 选举和更换由股东代表担任的董事、监事，决定有关董事、监事的报酬事项。

(9) 对发行公司债券做出决议。

(10) 修改公司章程等其他职权。

2. 应该召开临时股东大会的各种情形。

股东大会应当每年召开一次年会,有以下所列情形之一的,应当在两个月内召开临时股东大会。

(1) 公司累计未弥补的亏损达实收股本总额 1/3 时,应开会研究对策。

(2) 董事人数不足《中华人民共和国公司法》规定人数或者公司章程所定人数的 2/3 时,应召开股东临时会议补选。

(3) 单独或者合计持有公司 10% 以上股份的股东请求召开股东临时会议时。

(4) 监事会提议召开时。

(5) 监事会认为必要时。

(6) 公司章程规定的其他情形。

3. 股东大会会议的召集和会议通知。

股东大会会议由董事会召集,董事长主持;董事长不能履行职务或者不履行职务的,由副董事长主持;副董事长不能履行职务或者不履行职务的,由半数以上董事共同推举一名董事主持。

董事会不能履行或者不履行召集股东大会会议职责的,监事会应当及时召集和主持;监事会不召集和主持的,连续 90 日以上单独或者合计持有公司 10% 以上股份的股东可以自行召集和主持。

召开股东大会会议,应当将会议召开的时间、地点和审议的事项于会议召开 20 日前通知各股东;临时股东大会应当于会议召开 15 日前通知各股东;发行无记名股票的,应当于会议召开 30 日前公告会议召开的时间、地点和事项。

单独或者合计持有公司 3% 以上股份的股东,可以在股东大会召开 10 日前提出临时提案并书面提交董事会;董事会应当在收到提案后两日内通知其他股东,并将该临时提案提交股东大会审议。临时提案的内容应当属于股东大会职权范围,并有明确议题和具体决议事项。股东大会不得对前两款通知中未列明的事项做出决议。

无记名股票持有人出席股东大会会议的,应当于会议召开 5 日前至股东大会闭会时将股票交存于公司。

4. 股东大会会议的表决。

股东出席股东大会会议,所持每一股份有一表决权。但是,公司持有的本公司股份没有表决权。

股东大会做出决议,必须在出席会议的股东中持赞成票的股东所持表决权过半数时才能通过。但是，股东大会做出修改公司章程、增加或者减少注册资本的决议以及公司合并、分立、解散或者变更公司形式的决议，必须经出席会议的股东所持表决权的 2/3 以上通过。

《中华人民共和国公司法》和公司章程规定公司转让、受让重大资产或者对外提供担保等事项必须经股东大会作出决议的，董事会应当及时召集股东大会会议，由股东大会就上述事项进行表决。

股东大会选举董事、监事，可以依照公司章程的规定或者股东大会的决议，实行累积投票制。累积投票制是指股东大会选举董事或者监事时，每一股份拥有与应选董事或者监事人数相同的表决权，股东拥有的表决权可以集中使用。

股东可以委托代理人出席股东大会会议，代理人应当向公司提交股东授权委托书，并在授权范围内行使表决权。

股东大会应当对所议事项的决议做成会议记录，主持人、出席会议的董事应当在会议记录上签名，会议记录应当与出席股东的签名册及代理出席的委托书一并保存。

董事会

【概念一点通】

董事会是依照有关法律、行政法规和政策规定，按公司或企业章程设立并由全体董事组成的业务执行机关。

1. 董事会及其职权。

股份有限公司设董事会，其成员为 5～19 人。董事会成员中可以有公司职工代表，董事会中的职工代表由公司职工通过职工代表大会、职工大会或者其他形式民主选举产生。

董事任期由公司章程规定，每届任期不得超过 3 年。董事任期届满，连选可以连任。董事任期届满未及时改选，或者董事在任期内辞职导致董事会成员低于法定人数的，在改选出的董事就任前，原董事仍应当依照法律、行政法规和公司章程的规定，履行董事职责。

董事会对股东会负责，其行使的职权如下所示：

（1）制订公司的利润分配方案和弥补亏损方案。

（2）召集股东会会议，并向股东会报告工作。

（3）决定公司内部管理机构的设置。

（4）执行股东会的决议。

（5）决定公司的经营计划和投资方案。

（6）制订公司合并、分立、解散或者变更公司形式的方案。

（7）制订公司的年度财务预算方案、决算方案。

（8）制订公司增加或者减少注册资本以及发行公司债券的方案。

（9）决定聘任或者解聘公司经理及其报酬事项，并根据经理的提名决定聘任或者解聘公司副经理、财务负责人及其报酬事项。

（10）制订公司的基本管理制度和公司章程规定的其他职权。

董事会设董事长一人，可以设副董事长。董事长和副董事长由董事会以全体董事的过半数选举产生。

2. 董事会会议的召集和会议通知。

董事长召集和主持董事会会议，检查董事会决议的实施情况。副董事长协助董事长工作，董事长不能履行职务或者不履行职务的，由副董事长履行职务；副董事长不能履行职务或者不履行职务的，由半数以上董事共同推举一名董事履行职务。

董事会每年度至少召开两次会议，每次会议应当于会议召开10日前通知全体董事和监事。

代表1/10以上表决权的股东、1/3以上董事或者监事会成员，可以提议召开董事会临时会议。董事长应当自接到提议后10日内，召集和主持董事会会议。

董事会召开临时会议，可以另定召集董事会的通知方式和通知时限。

3. 董事会会议的决议。

董事会会议应有过半数的董事出席方可举行。董事会做出决议，必须经全体董事的过半数通过。董事会决议的表决，实行一人一票制。董事会会议，应由董事本人出席；董事因故不能出席，可以书面委托其他董事代为出席，委托书中应载明授权范围。

董事会应当对会议所议事项的决议做成会议记录，出席会议的董事应当在会议记录上签名。

董事应当对董事会的决议承担责任。董事会的决议违反法律、行政法规或者公司章程、股东大会决议，致使公司遭受严重损失的，参与决议的董事对公司负赔偿责任。但经证明在表决时曾表明异议并记载于会议记录的，该董事可以免除责任。

公司不得直接或者通过子公司向董事、监事、高级管理人员提供借款。公司应当定期向股东披露董事、监事、高级管理人员从公司获得报酬的情况。

监事会

【概念一点通】

监事会是由全体监事组成的、对公司业务活动及会计事务等进行监督的机构。监事会，也称公司监察委员会，是股份公司法定的必备监督机关，是在股东大会领导下，与董事会并列设置，对董事会和总经理行政管理系统行使监督的内部组织。

股份有限公司设监事会，其成员不得少于3人。

监事会应当包括股东代表和适当比例的公司职工代表，其中职工代表的比例不得低于1/3，具体比例由公司章程规定。监事会中的职工代表由公司职工通过职工代表大会、职工大会或者其他形式民主选举产生。

监事会设主席一人，可以设副主席。监事会主席和副主席由全体监事过半数选举产生。监事会主席召集和主持监事会会议；监事会主席不能履行职务或者不履行职务的，由监事会副主席召集和主持监事会会议；监事会副主席不能履行职务或者不履行职务的，由半数以上监事共同推举一名监事召集和主持监事会会议。

董事、高级管理人员不得兼任监事。

监事的任期每届为3年。监事任期届满，连选可以连任。监事任期届满未及时改选，或者监事在任期内辞职导致监事会成员低于法定人数的，在改选出的监事就任前，原监事仍应当依照法律、行政法规和公司章程的规定，履行监事职责。

监事会、不设监事会的公司的监事行使的职权如下：

1. 当董事、高级管理人员的行为损害公司的利益时，要求董事、高级管理人员予以纠正。

2. 检查公司财务。

3. 依照《中华人民共和国公司法》第一百五十二条的规定，对董事、高级管理人员提起诉讼。

4. 对董事、高级管理人员执行公司职务的行为进行监督，对违反法律、行政法规、公司章程或者股东会决议的董事、高级管理人员提出罢免的建议。

5. 向股东会会议提出提案。

6. 提议召开临时股东会会议，在董事会不履行《中华人民共和国公司法》规定的召集和主持股东会会议职责时召集和主持股东会会议。

7. 公司章程规定的其他职权。

监事会行使职权所必需的费用，由公司承担。监事会每6个月至少召开一次会议。监事可以提议召开临时监事会会议。监事会的议事方式和表决程序，除相关法律有规定的外，由公司章程规定。监事会决议应当经半数以上监事通过。监事会应当对所议事项的决定做成会议记录，出席会议的监事应当在会议记录上签名。

公司合并

【概念一点通】

所谓公司合并是指两个或两个以上的公司依照公司法规定的条件和程序，通过订立合并协议，共同组成一个公司的法律行为。

公司的合并可以采取吸收合并和新设合并两种形式。

1. 吸收合并。

吸收合并又称存续合并，它是指通过将一个或一个以上的公司并入另一个公司的方式而进行公司合并的一种法律行为。并入的公司解散，其法人资格消失，接受合并的公司继续存在，并办理变更登记手续。

2. 新设合并。

新设合并是指两个或两个以上的公司以消灭各自的法人资格为前提而合并组成一个公司的法律行为。其合并结果，原有公司的法人资格均告消灭，新组建公司办理设立登记手续取得法人资格。

我国《中华人民共和国公司法》(2006)第一百七十四条规定："公司合并，应当由合并各方签订合并协议，并编制资产负债表及财产清单。公司应当自作出合并决议之日起10日内通知债权人，并于30日内在报纸上公告。债权人自接到通知书之日起30日内，未接到通知书的自公告之日起45日内，可以要求公司清偿债务或者提供相应的担保。"第一百七十五条规定："公司合并时，合并各方的债权、债务，应当由合并后存续的公司或者新设的公司承继。"

公司合并涉及公司、股东和债权人等相关人的利益，应当依法进行。根据《中华人民共和国公司法》的规定，公司合并的程序通常如下：

1. 董事会制订合并方案。

2. 签订公司合并协议。

公司合并协议是指由两个或者两个以上的公司就公司合并的有关事项而订立的书面协议。协议的内容应当载明法律、法规规定的事项和双方当事人约定的事项，一般来说应当包括以下内容：

（1）公司的名称与住所。这里所讲公司的名称与住所包括合并前的各公司的名称与住所和合并后存续公司或者新设公司的名称与住所。

（2）存续或者新设公司因合并而发行的股份总数、种类和数量，或者投资总额，每个出资人所占投资总额的比例等。

（3）合并各方现有的资本及对现有资本的处理方法。

（4）合并各方所有的债权、债务的处理方法。

（5）存续公司的公司章程是否变更，公司章程变更后的内容，新设公司的章程如何订立及其主要内容。

（6）公司合并各方认为应当载明的其他事项。

3．编制资产负债表和财产清单。

资产负债表是反映公司资产及负债状况、股东权益的公司主要的会计报表，也是会计合并中必须编制的报表。合并各方应当真实、全面地编制此表，以反映公司的财产情况，不得隐瞒公司的债权、债务。此外，公司还要编制财产清单，清晰地反映公司的财产状况。财产清单应当翔实、准确。

4．合并决议的形成。

公司合并应当由公司股东会或者股东大会作出合并决议，之后方可进行其他工作。公司合并会影响到股东利益，如股权结构的变化。根据《中华人民共和国公司法》第四十四条、六十条和第一百零三条的规定，就有限责任公司来讲，其合并应当由股东会作出特别决议，即经代表 2/3 以上表决权的股东通过才能进行；就股份有限公司来讲，其合并应当由公司的股东大会作出特别决议，即必须经出席会议的股东所持表决权 2/3 以上决议通过才能进行；就国有独资公司来讲，其合并必须由国有资产监督管理机构决定，其中，重要的国有独资公司合并应当由国有资产监督管理机构审核后，报本级人民政府批准，方能进行。

5．向债权人通知和公告。

公司应当自作出合并决议之日起 10 日内通知债权人，并于 30 日在报纸上公告。一般来说，对所有的已知债权人应当采用通知的方式告知，只有对那些未知的或者不能通过普通的通知方式告知的债权人才采取公告的方式。通知和公告的目的主要是告知公司债权人，以便让他们作出决定，对公司的合并，是否提出异议，此外，公告也可以起到通知未参加股东会（股东大会）的股东的作用。

6．合并登记。

合并登记分为解散登记和变更登记。公司合并以后，解散的公司应当到工商登记机关办理注销登记手续；存续公司应当到登记机关办理变更登记手续；新成立的公司应当到登记机关办理设立登记手续。公司合并只有进行登记后，才能得到法律上的承认。

公司分立

【概念一点通】

公司分立是指一个公司依照公司法有关规定，通过股东会决议分成两个以上的公司。

公司分立有两种基本方式：

1. 新设分立。

新设分立，即将原公司法律主体资格注销而新设两个及以上的具有法人资格的公司。

2. 派生分立。

派生分立，即原公司法律主体仍存在，但将其部分业务划出去另设一个新公司。在派生分立方式下，本公司继续存在，原股东在本公司、新公司的股权比例可以不变。在实践中，总公司为了实现资产扩张，降低投资风险，往往把其分公司改组成具有法人资格的全资子公司，此时总公司亦转化为母公司。母公司仅以其投资额为限对新设子公司的债务负有限责任。

为防止企业借合并或者分立转移债务、逃避责任，我国《民法通则》第四十四条规定："企业法人分立、合并，它的权利和义务由变更后的法人享有和承担。"《中华人民共和国合同法》第九十条规定："当事人订立合同后分立的，除债权人和债务人另有约定外，由分立的法人或者其他组织对合同的权利和义务享有连带债权，承担连带债务。"因此，当事人分立后，不仅原有的一切债权债务依法由分立后的法人或者其他组织承担，而且原有的财产所有权、经营权、知识产权等也都转移给分立后的企业。如未与债权人达成协议，则分立后的各法人对原债务承担连带责任，具体数额根据分立时的财产分配情况及分立后各法人的注册资金数额来确定。

公司减资

【概念一点通】

公司减资是指公司资本过剩或亏损严重，根据经营业务的实际情况，依法减少注册资本金的行为。

公司减资，无论是否造成剩余资本少于法定标准的情况，都必须符合法律规定。为了切实贯彻资本确定原则，确保交易安全，保护股东和债权人利益，减资要从法律上严加控制。按照资本不变原则，原则上公司的资本是不允许减少的，考虑到一些具体情况我国法律允许减少资本，但必须符合一定的条件。从实际情况看，应具备下列条件之一：

1. 原有公司资本过多，形式资本过剩，再保持资本不变，会导致资本在公司中的闲置和浪费，不利于发挥资本效能，另外也增加了分红的负担。

2. 公司严重亏损，资本总额与其实有资产悬殊过大，公司资本已失去应有的证明公司资信状况的法律意义，股东也因公司连年亏损得不到应有的回报。

公司在做出减资决议之后的10日内要通知债权人，并于30日内在报纸上公告。债权人自接到通知书之日起30日内，未接到通知书的自第一次公告之日起45日内，有权要求公司清偿债务或者提供相应的担保。

一般来说，公司减资主要有两种方法，减少出资总额，同时改变原有出资比例，另一种是，以不改变出资比例为前提，减少各股东出资。在实际操作中，上述两种减资方法可混合使用。

公司减资是受到严格限制的，而作出这种限制的根本目的，是为了确保交易安全，保护股东和债权人的利益。因此在减资的程序中，减资协议必须经股东中代表2/3以上表决权的股东通过，且要公告或通知债权人，保证债权人有提出清偿或要求提供担保的机会。还要注意减资后剩余资本须符合法定限制。

公司增资

【概念一点通】

公司增资是公司为了扩大经营规模、拓宽业务、提高公司的资信程度而依法增加注册资本金的行为。

在实际操作中，公司增资主要分为两种情况：企业被动增资——公司注册时先到20%的注册资本，在注册后两年内补齐剩余的80%注册资本；企业主动增资——企业实到资本和注册资本一致的，企业通过增资扩大注册资本。

增资可以为企业筹集经营资金；保持现有运营资金，减少股东收益分配；调整股东结构和持股比例；提高公司信用，获得法定资质。

公司解散

【概念一点通】

公司解散是指已成立的公司基于一定的合法事由而使公司消失的法律行为。

公司解散的原因有三大类：一类是一般解散的原因；一类是强制解散的原因；一类是股东请求解散。

1. 一般解散的原因。

一般解散的原因是指，只要出现了解散公司的事由，公司即可解散。我国公司法规定的一般解散的原因有：

（1）公司章程规定的营业期限届满或者公司章程规定的其他解散事由出现时。

在这种情况下，公司可以通过修改公司章程而使公司继续存在，并不意味着公司必须解散。但在修改章程时，须经出席股东大会会议的股东所持表决权的2/3以上通过修改公司章程的决议，公司才可以继续存在。

（2）股东会或者股东大会决议解散。

（3）因公司合并或者分立需要解散。

2. 强制解散的原因。

强制解散的原因是指由于某种情况的出现，主管机关或人民法院命令公司解散。公司法规定强制解散公司的原因主要有：

（1）主管机关决定。国有独资公司由国家授权投资的机构或者国家授权的部门作出解散的决定，该国有独资公司应当解散。

（2）责令关闭。公司违反法律、行政法规，被主管机关依法责令关闭的，应当解散。

（3）被吊销营业执照。

3. 请求解散的原因。

当公司经营管理发生严重困难，继续存在会使股东利益受到重大损失，通过其他途径不能解决的，持有公司全部股东表决权10%以上的股东可以请求人民法院解散公司。

公司清算

【概念一点通】

公司清算是指公司解散后，为最终了结现存的财产和其他法律关系，依照法定程序，对公司的财产和债权债务关系，进行清理、处分和分配，以了结其债权债务关系，从而消灭公司法人资格的法律行为。公司除因合并或分立而解散外，其余原因引起的解散，均须经过清算程序。

公司应当在解散事由出现之日起15日内成立清算组，开始清算。股份有限公司的清算组由董事会或者股东大会确定的人员组成。逾期不成立清算组进行清算的，债权人可以申请人民法院指定有关人员组成清算组进行清算。人民法院应当受理该申请，并及时组织清算组进行清算。

清算组在清算期间行使的职权主要有以下几种：

1. 清理公司财产，分别编制资产负债表和财产清单。

2. 通知、公告债权人。清算组应当自成立之日起 10 日内通知债权人，并于 60 日内在报纸上公告。债权人应当自接到通知书之日起 30 日内，未接到通知书的自公告之日起 45 日内，向清算组申报其债权。债权人申报债权，应当说明债权的有关事项，并提供证明材料。清算组应当对债权进行登记。在申报债权期间，清算组不得对债权人进行清偿。

3. 处理与清算有关的公司未了结的业务。

4. 清缴所欠税款以及清算过程中产生的税款。

5. 清理债权、债务。

6. 处理公司清偿债务后的剩余财产。

清算组在清理公司财产、编制资产负债表和财产清单后，应当制定清算方案，并报股东会、股东大会或者人民法院确认。

公司财产在分别支付清算费用、职工工资、社会保险费用和法定补偿金、缴纳所欠税款、清偿公司债务后的剩余财产，按照股东持有的股份比例分配。

清算期间，公司存续，但不得展开与清算无关的经营活动。公司财产在未依照前款规定清偿前，不得分配给股东。

清算组在清理公司财产、编制资产负债表和财产清单后，发现公司财产不足清偿债务的，应当依法向人民法院申请宣告破产。公司经人民法院裁定宣告破产后，清算组应当将清算事务转移交给人民法院。

公司清算结束后，清算组应当制作清算报告，报股东会、股东大会或者人民法院确认，并报送登记机关，申请注销公司登记，公告公司终止。

公司被依法宣告破产的，依照有关企业破产的法律实施破产清算。

股权分置改革

【概念一点通】

在中国的上市公司中存在着非流通股与流通股两类股份，持股的成本存在巨大差异和流通权不同，造成了两类股东之间的严重不公平。通过股权分置改革，要把不可流通的股份变为可流通的股份，真正实现同股同权。已经完成股权分置改革的公司的股票被称为 G 股。

1. 为什么要进行股权分置改革？

中国证券市场在创立之初，为保证国家的控股地位，存在着非流通股与流通股两类股票。非流通股，主要指国家股，不能在证券市场上自由交易；流通股，主要是公开募集的股票，可以在证券市场上自由交易。

股权分置问题一直都是困扰着我国股市健康发展的最主要问题。股权分置不对等、不平等基本包括三层含义，一是权利的不对等，即股票的不同持有者享有权利的不对等，集中表现在参与经营管理决策权的不对等、不平等；二是承担义务的不对等，即不同股东（股票持有者的简称）承担的为企业发展筹措所需资金的义务和承债的义务不对等、不平等；三是不同股东获得收益和所承担的风险的不对等、不平等。

股权分置使产权关系无法理顺、企业结构治理根本无法进行，企业管理决策更无法实现民主化、科学化，独裁和内部人控制在所难免，甚至成为对外开放、企业产权改革和经济体制改革深化的最大障碍。因此，解决股市问题，股权分置问题必须解决。

2. 充分保护投资者特别是公众投资者合法权益。

保护投资者特别是公众投资者合法权益，是股权分置改革试点工作的重要指导原则，也是改革能否得到公众投资者普遍拥护的关键。为此，做出了一系列相关制度安排：

（1）为表决股权分置改革方案召开临时股东大会，上市公司必须在公告通知中明确告知流通股股东具有的权利及行使权利的时间、条件和方式。

（2）临时股东大会召开前，上市公司应当不少于3次公告召开临时股东大会的催告通知，并为股东参加表决提供网络投票系统。

（3）独立董事应当向流通股股东就表决股权分置改革方案征集投票权。

（4）临时股东大会就股权分置改革方案做出决议，必须经参加表决的股东所持表决权的2/3以上通过，并经参加表决的流通股股东所持表决权的2/3以上通过。这一规定赋予了流通股股东很大的话语权，它的"威力"在首批试点中已经体现。比如清华同方的股权分置改革方案虽然总体上得票率很高，但由于流通股股东表决赞成率为61.91%，最终还是没能通过。

（5）提出了一系列信息披露和监管要求，并在改革试点期间开展专项市场监控和案件稽查，以保障投资者充分享有知情权，防范利用改革试点之机进行内幕交易、操纵市场、虚假披露等违法犯罪活动。

上市股份有限公司的信息披露制度

【概念一点通】

信息披露制度，也称公示制度、公开披露制度，是上市公司为保障投资者利益、接受社会公众的监督而依照法律规定必须将其自身的财务变化、经营状况等信息和资料向证券管理部门和证券交易所报告，并向社会公开或公告，以便使投资者充分了解情况的制度。

上市公司应当披露的信息包括：招股说明书；上市公告书；定期报告，包括年度报告、中期报告、临时报告。

1. 招股说明书。

招股说明书是供社会公众了解股票发起人和将要设立公司的情况，说明公司股份发行的有关事宜，指导公众购买公司股票的规范性文件，招股说明书的披露标志着股票发行工作的开始。

2. 上市公告书。

上市公告书是股票上市前的重要信息披露材料，该信息的披露说明股票的发行工作已经结束，即将上市交易，主要内容包括：股票获准上市交易日期；发行情况；股权结构和前10名股东的名单及持股数量；自招股说明书披露至上市公司公告书刊登期间所发生的重大事故、重大变化等。

3. 定期报告。

（1）年度报告。

上市公司在每会计年度结束时，向国务院证券监管机构和证券交易所提交的反映公司基本经营情况及与证券交易有关的重大信息的法律文件。包括：公司概况；公司财务会计报告和经营情况；董事、监事、经理及高级管理人员简介及其持股情况；已发行的股票、债券变动情况，包括持有公司股份最多的前10名股东名单和持股数额；国务院证券监管机构规定的其他事项。

（2）中期报告。

上市公司向国务院证券监管机构和证券交易所提交的反映公司基本经营情况及与证券交易有关的重大信息的法律文件，包括半年度报告和季度报告。内容包括：公司财务会计报告和经营情况；涉及公司的重大诉讼事项；已发行的股票、债券变动情况；提交股东大会审议的重要事项；国务院证券监管机构规定的其他事项。

4. 临时报告。

临时报告指上市公司在发生重大事件后，立即将该信息向社会公众披露，说明事件的实质，并报告证券监管机构和证券交易所的法定信息披露文件。临时报告包括以下三种：

（1）重大事件报告。

重大事件是指可能对公司的经营、投资行为资产的安全性、公司的股票价格产生重大影响的事件，主要包括：

①公司经营方针和经营范围的重大变化；

②公司重大投资行为和重大财产购置的决定；

③公司发生重大亏损或者重大损失；

④公司订立的合同，可能对公司的资产、负债、权益和经营成果产生重要影响；

⑤公司的董事、三分之一以上监事或者经理发生变动。

（2）收购报告书。

收购报告书是投资者公开要约收购、协议收购或者在证券交易所集中竞价收购上市公司的过程中，依法披露有关收购信息的文件。在上市公司收购过程中，由于收购人为控制上市公司的股权必然通过证券集中市场大规模收购股权，由此势必会对上市公司的股票交易及其价格发生重大的影响，为了使广大中小投资者能够及时了解这种大规模股权收购的信息，防止虚假陈述、操纵市场等违法行为，必须确立在上市公司收购过程中的信息披露制度。披露的文件主要包括：上市公司收购报告书、要约收购报告书、被收购公司董事会报告书。

（3）公司合并公告。

根据《中华人民共和国公司法》第一百七十四条规定，公司合并，应由合并各方签订合并协议，并编制资产负债表及财产清单，合并应予公告且必须予以年报中披露。

第三节　分红配股

公司盈利分配的顺序

按照《中华人民共和国公司法》等法律、法规的规定，股份有限公司当年实现的利润总额，应按照国家有关规定作相应调整后，依法交纳所得税，然后按下列顺序分配：

1. 补以前年度亏损（超过5年补亏期）；
2. 提取法定公积金（一般按10%，且达到注册资本的50%时，可不再提取）；
3. 向投资者分配利润或股利。

股份有限公司在提取了法定盈余公积金之后，应按照下列顺序进行分配：

（1）支付优先股股利；

（2）提取任意盈余公积金。任意盈余公积金按照公司章程或者股东会决议提取和使用；

（3）支付普通股股利。

股份有限公司当年无利润时，不得向股东分配股利，但在用盈余公积金弥补亏损后，经股东大会特别决议，可以按照不超过股票面值6%的比例用盈余公积金分配股利，在分配股利后，企业法定盈余公积金不得低于注册资本金的25%。

另外，企业发生的年度亏损，可以用下一年度实现的税前利润弥补；下一年度税前利润不足弥补的，可以在5年内延续弥补；5年内不足弥补的，应当用税后利润弥补。企业发生的年度亏损以及超过用利润抵补期限的也可以用以前年度提取的盈余公积金弥补。

需要指出，企业以前年度亏损未弥补完，不得提取法定盈余公积金和法定公益金。在提取法定盈余公积金和法定公益金之前，不得向投资者分配利润。

上市公司进行年度利润分配须经过哪些程序

上市公司分红派息从开始到结束须经以下程序：

1. 上市公司每年在公布年度报告的同时，董事会根据公司盈利情况，提出一个"年度分红预案"并在年报中公布，该"预案"须提交股东大会审议通过。

2. 上市公司召开股东大会后，公布股东大会决议，定下分红派息方案，再报有关主管部门审批。

3. 经有关主管部门批准后，定下具体分红派息时间如股权登记日、除权除息日，以及分红办法等，并予公告。

4. 分红并除权、除息。

操作要点：当投资者关心某只股票的利润分配情况，并想参加该公司年度分红时，了解上述几个程序，并注意公司的3个公告：董事会公告（含在年报中）、股东大会决议公告和分红派息公告。这几个公告均可以在指定的信息披露的报刊上查阅。

上市公司利润分配的形式

1. 送股或转增股。

送股是指公司利润不以现金方式回报股东，而采用送红股的办法。转增股本是指公司提取资本公积金增加股本。如果某只股票有送股或转增股分配方案，凡是在股权登记日登记在案的投资者都享有送股权或转增股权。

送股和转增股都将通过证券交易所的系统，自动划入投资者账户。送股或转增股上市后即可交易。

2. 现金红利。

现金红利是以现金形式发放的股利，是上市公司常见的利润分配方式。

3. 配股和转配股。

配股是上市公司向原股东发行新股、筹集资金的行为。按照惯例，公司配股时新股的认购权按照原有股权比例在原股东之间分配，即原股东拥有优先认购权。配股价格要以每股净资产、二级市场股价定位和所用项目的规模来参考定价。

转配股是中国股票市场特有的产物。国家股、法人股的持有者放弃配股权，将配股权有偿转让给其他法人或社会公众，这些法人或社会公众行使相应的配股权时所认购的新股，就是转配股。转配股的认购程序与认购一般的配股一样，只要到证券营业部办理认购手续，或通过电话委托方式认购。当然，首先是你看好公司的前景。

股利宣布日、股权登记日和股利发放日

因为股票可以自由买卖，所以公司股东是经常变化的，公司为了确定哪些人有资格领取股利，必须在发放股利之前确定有关的日期。

1. 股利宣布日。

即公司宣布分派股利的当天，并确定股权登记日和付息日。

2. 股权登记日。

股权登记日亦称除息日。凡在股权登记日之前购买并办理完过户手续的股东，即在册股东，都有权获得最近一次股利；凡在股权登记日之后或之前购买但尚未办妥过户手续的股东，即非在册股东，都无权领取最近一次股利。

3. 股利发放日。

股利发放日又称付息日，指实际支付股利的日期。

除息除权价

当上市公司宣布上年度分红派息方案并获董事会及证监会批准后，即可确定股权登记日。在股权登记日交易（包括股权登记日）后手中仍持有这种股票的投资者均有享受分红派息的权利。如果是分红利现金，称做除息，大盘显示XD××；如果是送红股或者配股，称为除权，大盘显示XR××；如果是既分红利又配股，称为除权除息，大盘则显示DR××。这时，大盘显示的前收盘价不是前一天的实际收盘价，而是根据股权登记日收盘价与分红现金的数量、送配股的数量和配股价的高低等结合起来算出来的价格。除息除权前后的股票价格会发生变化，其换算关系如下：

1. 除息价＝除息日前一天收盘价－每股现金股息额
2. 送股除权价＝原股数×（原价－股息）÷（原股数＋送股数）
3. 配股除权价＝[原股数×（原价－股息）＋配股数×配股价]÷（原股数＋配股数）

4. 送股配股除权除息价＝［原股数×（原价－股息）＋配股数×配股价］÷（原股数＋送股数＋配股数）

股票除权除息日将参考除权除息价开盘。

零碎股作何处理

【概念一点通】

零碎股指分红、配股后的总额出现不足 1 股的股份，如某股 10 送 1.11 股，投资者甲有 100 股，则其 100 股获送 11.1 股，其中 0.1 股即为零碎股。

根据深交所的规定，公众股以及内部员工股分红产生的零碎股不派发给投资者，记入深圳证券登记计算公司的风险账户；国有股、法人股以及高级管理人员股份分红产生的零碎股，也记入结算公司的风险账户。

如果配股出现零碎股，深市会舍去，沪市是四舍五入。

沪市是对每一个股东应得的零碎股按大小排队，从打开始依次送，送完为止。如零碎股大小相同者，则由电脑随机抽签决定。

第四节　怎样购买新股

申购新股的流程

申购新股不需要任何交易成本，如果策略得当，每年收益可以超过 10％，因此，打新股几乎成为没有风险的理财投资方式，那么如何申购新股呢？

1. 新股申购。

假设 X 股票将于 6 月 1 日在上证所发行，发行价为 5 元/股。假设张三现有 50 万元，那么，他可以在 6 月 1 日（T 日）上午 9：30～11：30 或下午 1：00～3：00，通过委托系统用这 50 万元最多申购 10 万股 X 股票。参与申购的资金将被冻结。

2. 新股配号。

申购日后的第二天（T＋2 日），上证所将根据有效申购总量，配售新股：

（1）如有效申购量小于或等于本次上网发行量，不需进行摇号抽签，所有配号都是中签号码，投资者按有效申购量认购股票；

（2）如申购数量大于本次上网发行量，则通过摇号抽签，确定有效申购中签号码，每一中签号码认购一个申购单位新股。一般而言，申购数量往往都会超过发行量。

3. 新股中签。

申购日后的第三天（T+3日），将公布中签率，并根据总配号，由主承销商主持摇号抽签，确认摇号中签结果，并于摇号抽签后的第一个交易日（T+4日）在指定媒体上公布中签结果。

4. 新股资金解冻。

申购日后的第四天（T+4日），公布中签号，对未中签部分的申购款进行解冻。张三如果中了1000股，那么，将有49.5万元的资金回到账户中；若未能中签，则50万元资金将全部回笼。

投资者还应注意到，发行人可以根据申购情况进行网上发行数量与网下发行数量的回拨，最终确定对机构投资者和对公众投资者的股票分配量。

在进行新股申购的过程中，投资者还需要注意以下几方面的问题：

1. 申购新股必须在发行日之前办好上海证交所或深圳证交所证券账户。

2. 投资者可以使用其所持的账户在申购日（以下简称T日）申购发行的新股，申购时间为T日上午9:30~11:30，下午1:00~3:00。

3. 申购新股的委托不能撤单，新股申购期间内不能撤销指定交易。

4. 每个账户申购同一只新股只能申购一次（不包括基金、转债），如果重复申购，只有第一次申购有效。

5. 申购上网定价发行新股须全额预缴申购股款。

6. 投资者发生透支申购（即申购总额超过结算备付金余额）的情况，则透支部分确认为无效申购不予配号。

7. 每个中签号只能认购1000（或500股）股。

8. 沪市规定每一申购单位为1000股，申购数量不少于1000股，超过1000股的必须是1000股的整数倍，但最高不得超过当次社会公众股上网发行数量或者9999.9万股。

深市规定申购单位为500股，每一证券账户申购委托不少于500股，超过500股的必须是500股的整数倍，但不得超过本次上网定价发行数量，且不超过999999500股。

9. 申购新股每1000（或500）股配一个申购配号，同一笔申购所配号码是连续的。

10. 新股上市日期由证券交易所批准后在指定证券报上刊登。

11. 新股在线是国内新股信息最快、最权威的新股专业网站，请进行新股申购时注意查阅上市公司在新股在线发布的招股说明书、上市公告书、中签公告等。

申购新股的几个小技巧

面对新股的"热潮",不少投资者已经磨刀霍霍准备新股申购了。在新股申购的时候,有什么办法可以提高中签率呢?几个小技巧可能让您比别人多收三五斗。

1. 追"新"要看大势。

历来新股发行价大都是参照 A 股二级市场现阶段大盘股与中小盘股平均市盈率,例如三金药业(002275)17.80 元的发行价就是基本按照市场平均 33 倍的市盈率确定的。在行情火爆或大盘步入上升通道时,摇新——中签——上市套现成为一种无风险收益;而一旦趋势逆转,拐头向下,很多新股特别是大盘股,上市首日可能会跌破发行价,例如中国石油(601857)等。遇到这种情况,在指数高位,以高价申购新股,就要多留个心眼。

2. 选择下单时间很重要。

在追"新"一族中,经常流行着一种说法,说申购时间与中签率有着一定的关系。事实上,由于电脑抽号具有随机性,中签号码在整体上是均匀分布的,不过从概率上来说,当数字处于中间区域时,中签的几率最大。要使申购号码处于中间区域,需捕捉大多数投资者,尤其是大的机构投资者下单的动向。就以往的情况看,下午是机构投资者下单的高峰期。如果要想使申购号码处于中间区域,则在下午 1 点半到 2 点之间下单比较合适。

3. 凑足资金能提高中签率。

对不同新股而言,当申购资金达到一定数目时,中签率就会有保障,在事先约定好如何分割收益的情况下,散户投资者也可齐集亲朋好友的资金一起炒新股,以获取平均的收益率。

上交所发行的新股要求最低申购 1000 股,超过 1000 股的必须是 1000 股的整数倍,深交所发行的新股每申购 500 股就能获取一个号码,相比之下,如果其他条件相同,申购深交所新股更容易中签。

4. 散户追"新",贵在持之以恒。

尽管对资金量较小的散户而言,在申购某一只具体的新股时,中签情况存在很大的偶然性,打新股的收益看起来似乎取决于运气,但事实上,从概率上讲,散户和机构投资者的中签几率是一样的。

散户和机构投资者的差别在于,机构的资金量大,能够保证在每只新股中获取接近市场平均水平的收益率;而对散户而言,不确定性较大,中签几率可能远远超过平均水平,也可能为零。不过,如果散户能持之以恒地追"新",不因几次失败而轻易放弃,收益水平也可以不断接近平均水平,运气好的话,还可能获取超额收益。

第五节　了解股票买卖的有关规定

证券交易的收费标准

表1-1是深圳证券交易所收费（及代收税费）情况。

表1-1　深圳证券交易所收费（及代收税费）明细表

（更新日期：2014-08-25）

收费对象	收费项目	收费标的	收费标准	备注
投资者	佣金	A股	不得高于成交金额的0.3%，也不得低于代收的证券交易监管费和证券交易经手费，起点5元（要约收购费用参照A股收费标准）	投资者交证券公司
		B股	不得高于成交金额的0.3%，也不得低于代收的证券交易监管费和证券交易经手费，起点5港元	
		基金	不得高于成交金额的0.3%，也不得低于代收的证券交易监管费和证券交易经手费	
		权证	不得高于成交金额的0.3%，也不得低于代收的证券交易监管费和证券交易经手费，起点5元	
		国债现货	不超过成交金额的0.02%	
		企业债/公司债现货	不超过成交金额的0.02%	
		国债回购	1天　不超过成交金额的0.001% 2天　不超过成交金额的0.002% 3天　不超过成交金额的0.003% 4天　不超过成交金额的0.004% 7天　不超过成交金额的0.005% 14天　不超过成交金额的0.01% 28天　不超过成交金额的0.02% 28天以上　不超过成交金额的0.03%	
		其他债券回购	1天　不超过成交金额的0.001% 2天　不超过成交金额的0.002% 3天　不超过成交金额的0.003% 7天　不超过成交金额的0.005%	
		可转债	不超过成交金额的0.1%	
		专项资产管理计划	不超过转让金额的0.02%	
		代办A股	按成交金额收取0.3%	
		代办B股	按成交金额收取0.4%	

（续）

收费对象	收费项目	收费标的	收费标准	备注
证券交易经手费		A股	按成交额双边收取0.0696‰	1. 由深交所收取（证券交易所风险基金由交易所自行计提，不另外收取） 2. 大宗交易收费：A股大宗交易按标准费率下浮30%收取；B股、基金大宗交易按标准费率下浮50%收取；债券、债券回购大宗交易费率标准维持不变 3. 此项费用包含在佣金之中
		B股	按成交额双边收取0.301‰	
		基金	按成交额双边收取0.0975‰	
		权证	按成交额双边收取0.045‰	
		国债现货	成交金额在100万元以下（含）每笔收0.1元	
			成交金额在100万元以上每笔收10元	
		企业债/公司债现货	成交金额在100万元以下（含）每笔收0.1元	
			成交金额在100万元以上每笔收10元	
		国债回购	成交金额在100万元以下（含）每笔收0.1元，反向交易不再收取	
			成交金额在100万元以上每笔收1元，反向交易不再收取	
		其他债券回购	成交金额在100万元以下（含）每笔收0.1元，反向交易不再收取	
			成交金额在100万元以上每笔收1元，反向交易不再收取	
		可转债	按成交金额双边收取0.04‰	
		专项资产管理计划	成交金额在100万元以下（含）每笔收0.1元	
			成交金额在100万元以上每笔收10元	
		代办A股	按成交金额双边收取0.1‰	
		代办B股	按成交额双边收取0.13‰	
证券交易监管费		A股	按成交额双边收取0.02‰	1. 代中国证监会收取 2. 此项费用包含在佣金之中
		B股		
		基金	免收	
		权证		
		企业债/公司债现货	免收	
		可转债		
		专项资产管理计划	免收	
		国债现货	免收	
		代办A股	按成交金额双边收取0.5‰	1. 代证券业协会收取 2. 此项费用包含在佣金之中
		代办B股	按成交金额双边收取0.67‰	
证券交易印花税		A股	对出让方按成交金额的1‰征收，对受让方不再征税	代国家税务局扣缴
		B股		
		代办A股		
		代办B股		

（续）

收费对象	收费项目	收费标的	收费标准	备注
发行人	上市初费	A股、B股	总股本2亿以下（含），30万元； 总股本2亿至4亿（含），45万元； 总股本4亿至6亿（含），55万元； 总股本6亿至8亿（含），60万元； 总股本8亿以上，65万元。	创业板减半征收。总股本为A、B股合计。
		国债	免收	深交所收取
		企业债/公司债	暂免收取	
		基金	30000元	
		权证	200000元	
		专项资产管理计划	暂免收取	
	上市年费	A股、B股	总股本2亿以下（含），5万元； 总股本2亿至4亿（含），8万元； 总股本4亿至6亿（含），10万元； 总股本6亿至8亿（含），12万元； 总股本8亿以上，15万元。	创业板减半征收。总股本为A、B股合计。
		债券	暂免收取	
		基金	6万	
		专项资产管理计划	暂免收取	
会员	席位费	席位	普通60万元/个，特别席位20万元/个	
	交易单元费用	交易单元	1. 交易单元使用费 对会员使用超出交费席位（指已交席位初费的席位）数量以外的交易单元，每年收取30000元/个的交易单元使用费	
			2. 流速费 对会员使用超出交费席位（指已交席位初费的席位）数量以外的流速，每年收取9600元/份的流速费	2014年7月1日起，由深圳证券通信公司收取
			3. 流量费 每笔交易类申报（指买入、卖出、撤单申报）收取0.15元，每笔非交易类申报（指除买入、卖出、撤单以外的申报）收取0.01元。此项费用以会员为单位收取，最低收费标准为每家会员每年2万元。详细计收方法见深交所《关于调整席位管理年费收费模式的通知》（深证会〔2004〕191号）	1. 2014年7月1日起，本所与深圳证券通信公司按6:4比例分别收取； 2. 债券ETF免收交易单元流量费。

业务类别		收费项目	收费标准		最终收费对象
交易	A股	经手费	成交金额的0.011%（双向）		会员等交上证所
		证管费	成交金额的0.004%（双向）		会员等交中国证监会（上证所代收）
		印花税	成交金额的0.1%（单向）		投资者交税务机关（上证所代收）
	B股	经手费	成交金额的0.026%（双向）		会员等交上证所
		证管费	成交金额的0.004%（双向）		会员等交中国证监会（上证所代收）
	证券投资基金（封闭式基金、ETF）	经手费	成交金额的0.0045%（双向）		会员等交上证所
		证管费	成交金额的0.004%（双向）		会员等交中国证监会（上证所代收）
	权证	经手费	成交金额的0.0045%（双向）		会员等交上证所
		证管费	成交金额的0.004%（双向）		会员等交中国证监会（上证所代收）
	国债、企业债、可转换公司债券、分离交易的可转换债券等	经手费	成交金额的0.001%（双向）（2008年10月6日至2010年11月30日免收）		会员等交上证所
		证管费	成交金额的0.001%（双向）		会员等交中国证监会（上证所代收）
	公司债券	经手费	成交金额的0.001%（双向），不超过150元/笔（2008年10月6日至2010年11月30日免收）		会员等交上证所
		证管费	成交金额的0.001%（双向）		会员等交中国证监会（上证所代收）
	新质押式回购	1天	经手费	成交金额的0.00005%（双向）	（2008年10月6日至2010年11月30日免收）	会员等交上证所
		2天	经手费	成交金额的0.00010%（双向）		会员等交上证所
		3天	经手费	成交金额的0.00015%（双向）		会员等交上证所
		4天	经手费	成交金额的0.00020%（双向）		会员等交上证所
		7天	经手费	成交金额的0.00025%（双向）		会员等交上证所
		14天	经手费	成交金额的0.00050%（双向）		会员等交上证所
		28天	经手费	成交金额的0.00100%（双向）		会员等交上证所
		28天以上	经手费	成交金额的0.00150%（双向）		会员等交上证所
	国债买断式回购	7天	经手费	成交金额的0.000625%（双向）	（同上）	会员等交上证所
		28天	经手费	成交金额的0.0025%（双向）		会员等交上证所
		91天	经手费	成交金额的0.00375%（双向）		会员等交上证所

（续）

业务类别		收费项目	收费标准	最终收费对象
大宗交易	A、B股、证券投资基金	经手费	相对于竞价市场同品种费率下浮30%（大宗交易系统专场业务经手费按照竞价交易系统经手费标准的10%收取，即成交金额的0.0011%，优惠期至2009年12月31日结束）	会员等交上证所
		证管费	同同品种竞价交易	会员等交中国证监会（上证所代收）
	国债、企业债券现券、回购、可转换公司债券	经手费	相对于竞价市场同品种费率下浮10%（2008年10月6日至2010年11月30日免收）	会员等交上证所
		证管费	同同品种竞价交易	会员等交中国证监会（上证所代收）
ETF申购、赎回		经手费	暂免	会员等交上证所
专项资产管理计划转让		经手费	转让金额的0.0009%	会员等交上证所
发行	新股认购	经手费	成交金额的0.012%，暂免	会员等交上证所
	可转换公司债券认购	经手费	成交金额的0.01%，暂免	会员等交上证所
	投资基金认购	经手费	成交金额的0.0085%	会员等交上证所
	配股、转配股、职工股配股、国家股配售、股票配可转换公司债	经手费	成交金额的0.012%（双向），暂免	会员等交上证所
	投资基金配售	经手费	成交金额的0.0085%（双向）	会员等交上证所
上市	A股	上市初费	总股本的0.03%，不超过3万元	上市公司交上证所
		上市年费	上市总面额的0.012%，不超过6000元	上市公司交上证所
	B股	上市初费	发行总股本的0.1%，折成美元最高不超过5000美元	上市公司交上证所
		上市年费	600美元/年	上市公司交上证所
	证券投资基金	上市初费	基金总额的0.01%，起点1万元，不超过3万元	基金管理人交上证所
		上市年费	60000元/年	基金管理人交上证所
	权证	上市初费	20万元	发行人交上证所
	企业债券	上市初费	上市总额的0.01%，起点8000元，不超过4万元（暂免）	发行人交上证所
		上市年费	上市总额的0.0096%，起点4800元，不超过24000元（暂免）	发行人交上证所
	可转换公司债券	上市初费	上市总面额的0.01%，起点1万元，不超过3万元（暂免）	发行人交上证所
		上市年费	6000元/年（暂免）	发行人交上证所
席位	非B股席位	初费	60万元/个	会员等交上证所
	B股席位	初费	7.5万美元/个	会员等交上证所

(续)

业务类别	收费项目	收费标准	最终收费对象
交易单元	交易单元使用费	会员等机构拥有的每个席位可抵免一个交易单元的使用费。对超出其席位数量的部分，上证所收取每个交易单元每年5万元的交易单元使用费（2008年10月6日至2010年11月30日，免收债券现券及回购交易专用的交易单元使用费）	会员等交上证所
	流速费	会员等机构接入交易系统流速之和超出其免费流速额度时，超出部分每年按每个标准流速计收1万元的流速费（2008年1月1日起计收。2008年10月6日至2010年11月30日，免收债券现券及回购交易专用的交易单元流速费）	
	流量费*	1. 计费期间为上年12月1日至当年11月30日 2. 流量费＝（该机构所用交易单元的年交易类申报笔数总和－2万笔/年×持有席位数）×0.15元＋（该机构所用交易单元的年非交易类申报笔数总和－2万笔/年×持有席位数）×0.01元 3. 以会员或机构为单位，最低收费标准2万元/年 4. 详见《关于调整上证所席位年费收费模式有关问题的通知》 5. 2008年10月6日至2010年11月30日，免收各交易参与人参与债券现券及回购交易的流量费	
其他业务		费用项目、标准、收取方式按照相关业务规定执行	

了解证券交易所证券代码

表1－2、表1－3给出了上交所、深交所证券种类及证券代码。

表1－2　上海证券交易所代码

证券种类	证券代码
A股	以600开头的6位阿拉伯数字，其中后3位是根据公司到上海证交所申请上市的次序排列的
B股	以900开头的6位阿拉伯数字，后3位同样是公司在上交所上市的次序
基金	以5开头的6位阿拉伯数字
配股	以700开头的6位阿拉伯数字，后3位的数字与该股票代码的后3位数字相同，如，700690为青岛海尔（600690）的配股申购代码（海尔配股）
转配股	以710开头，后3位数字与该股票代码后3位相同
新股申购代码	以730开头，后3位与新股代码后3位相同
国债	以00开头，如009701，代表的含义是1997年第一期国债
企业债券	以12开头，如"12xxxxxx"

表1－3 深圳证券交易所证券代码

证券种类	证券代码
A股	以0开头的4位阿拉伯数字，后3位是按公司上市顺序排列
B股	以2开头的4位阿拉伯数字，后3位与其A股的后3位相同，如2058为深赛格B。（深赛格A的代码为0058）
基金	以4开头的4位阿拉伯数字
配股	为8xxx，后面3位为该配股股票代码的后单位，如8055为深方大（0055）的配股申购代码
转配股	3xxx，如3556为琼海洋A（0556）转配股申购代码
新股	深市申购新股时所用的代码即该股票代码，无特别提示，股票代码就是新股申购代码
国债	以19开头的4位阿拉伯数字，如1971即国债971，1997年第一期国债
企业债券	以10开头的4位阿拉伯数字

暂停交易制度

根据证券交易所的规定，公司股票挂牌交易后，为保证证券市场交易的公开、公平、公正，对其披露的重要信息以及证券管理部门对其进行的处罚，均以暂停交易方式予以公告（见表1－4、表1－5、表1－6）。

表1－4 深圳证券交易所暂停交易办法

内容	停牌时间	备注
公布年度报告	半个工作日	
公布中期报告	半个工作日	
召开股东大会	视情况而定	如会议期间与开市时间重叠，自股东大会召开当天起，相关证券停牌，直至其所披露资料在指定报刊上公布的当天下午开市时复牌
公告预分配股方案	半个工作日	
公告重大事件	半个工作日	
引发股价波动的传言	视情况而定	停牌后，须待该公司公开澄清后方能复牌
处罚性停牌	视情况而定	停牌后，待处理结果公布后方能复牌

表1－5 上海证券交易所暂时停牌办法

内容	停牌时间	备注
公布年度报告，中期报告	半个工作日	如逢休市，次交易日补停半天
召开股东大会	一个工作日	如审议非重要事项，则不停
公告配股方案	半个工作日	逢休市，该公司股票次交易日补停半天
公布配股说明书	半个工作日	
公布重大股权变动	半个工作日	
公布重要信息	半个工作日	

表1-6 上海证券交易所短期停牌办法

内容	停牌时间	备注
存在引发股价异常波动的事实	视情况而定	须待公司公开澄清事实后方能复牌
证券交易所、证监会认为必要时	视情况而定	待结果处理公布后方能复牌

第六节 了解中国股市的博弈构成

市场主体

股票市场是股票发行和交易的场所，市场主体主要包括股票发行人和股票投资人。股票发行人是指按照《中华人民共和国公司法》等国家有关法律规定，具备发行条件公开发行股票的股份有限公司；股票投资人包括个人投资者、企业、各类金融机构、各种社会基金、外国投资者等。

证券公司

【概念一点通】

证券公司是指依照《中华人民共和国公司法》和《中华人民共和国证券法》的规定设立的并经国务院证券监督管理机构审查批准而成立的专门经营证券业务、具有独立法人地位的有限责任公司或者股份有限公司。

证券公司主要分为证券经营公司和证券登记公司。狭义的证券公司是指证券经营公司，是经主管机关批准并到有关工商行政管理局领取营业执照后专门经营证券业务的机构。它具有证券交易所的会员资格，可以承销发行、自营买卖或自营兼代理买卖证券。普通投资人的证券投资都要通过证券经营公司来进行。

从证券经营公司的功能分，可分为证券经纪商、证券自营商和证券承销商。

1. 证券经纪商，即证券经纪公司。代理买卖证券的证券机构，接受投资人委托、代为买卖证券，并收取一定手续费即佣金。

2. 证券自营商，即综合型证券公司，除了证券经纪公司的权限外，还可以自行买卖证券的证券机构，它们资金雄厚，可直接进入交易所为自己买卖股票。如国泰君安证券。

3. 证券承销商，以包销或代销形式帮助发行人发售证券的机构。

实际上，许多证券公司是兼营这三种业务的。

证券经营公司的设立资格：

(1) 经营下列业务的证券公司的注册资本最低限额为5000万元：①证券经纪；②证券投资咨询；③与证券交易、证券投资活动有关的财务顾问。

（2）经营下列业务的证券公司的注册资本最低限额为1亿元：①证券承销与保荐；②证券自营；③证券资产管理；④其他证券业务。

（3）经营下列业务中两项以上的证券公司的注册资本最低限额为5亿元：①证券承销与保荐；②证券自营；③证券资产管理；④其他证券业务。

（4）证券登记结算机构的注册资本的最低限额为1亿元。

（5）证券交易服务机构的最低注册资本的最低限额为100万元。

证券交易所

【概念一点通】

证券交易所是依据国家有关法律，经政府证券主管机关批准设立的集中进行证券交易的有形场所。

证券交易所使证券买卖双方在固定的地点、规定的时间、采取集中方式进行交易。为了保证证券交易的公平和公正，交易所本身不能买卖证券，更不能决定证券交易的价格。我国有四个证券交易所：上海证券交易所、深圳证券交易所、香港交易所、台湾证券交易所。

证券交易所分为公司制和会员制两种。这两种证券交易所均可以是政府或公共团体出资经营的（称为公营制证券交易所），也可以是私人出资经营的（称为民营制证券交易所），还可以是政府与私人共同出资经营的（称为公私合营的证券交易所）。

1. 公司制证券交易所。

公司制证券交易所是以营利为目的，提供交易场所和服务人员，以便利证券商的交易与交割的证券交易所。从股票交易实践可以看出，这种证券交易所要收取发行公司的上市费与证券成交的佣金，其主要收入来自占买卖成交额一定比例的佣金。而且，经营这种交易所的人员不能参与证券买卖，从而在一定程度上可以保证交易的公平。

2. 会员制证券交易所。

会员制证券交易所是不以营利为目的，由会员自治自律、互相约束，参与经营的会员可以参加股票交易中的股票买卖与交割的交易所。这种交易所的佣金和上市费用较低，从而在一定程度上可以放置上市股票的场外交易。但是，由于经营交易所的会员本身就是股票交易的参加者，因而在股票交易中难免出现交易的不公正性。同时，因为参与交易的买卖方只限于证券交易所的会员，新会员的加入一般要经过原会员的一致同意，这就形成了一种事实上的垄断，不利于提供服务质量和降低收费标准。

不论是公司制的交易所还是会员制的交易所，其参加者都是证券经纪人和自营商。

1. 会员。

会员包括证券自营商、股票经纪人及专业会员。

证券自营商是指不是为顾客买卖股票，而为自己买卖股票的证券公司，根据其业务范围可以分为直接经营人和零数交易商。直接经营人是指在交易所注册的、可直接在交易所买卖股票的会员，这种会员不需支付佣金，其利润来源于短期股票价格的变动。零数交易商是指专门从事零数交易的交易商（零数交易是指不够一单位所包含的股数的交易），这种交易商不能收取佣金，其收入主要来源于以低于整份交易的价格从证券公司客户手中购入证券，然后以高于整份交易的价格卖给零数股票的购买者所赚取的差价。

股票经纪人主要是指佣金经纪人，即专门替客户买卖股票并收取佣金的经纪人。交易所规定只有会员才能进入大厅进行股票交易。因此，非会员投资者若想在交易所买卖股票，就必须通过经纪人。

专业会员是指在交易所大厅专门买卖一种或多种股票的交易所会员，其职责是就有关股票保持一个自由的、连续的市场。在股票交易实践中，专业会员既可以经纪人身份也可以自营商身份参与股票的买卖业务，但他不能同时身兼二职参加股票买卖。

2. 交易人。

交易人进入交易所后，就被分为场内经纪人和特种经纪人。

场内经纪人主要有佣金经纪人和独立经纪人。对佣金经纪人上文已有叙述，此外不再作介绍。独立经纪人主要是指一些独立的个体企业家。一个公司如果没有自己的经纪人，就可以成为独立经纪人的客户，每做一笔交易，公司须付一笔佣金。在实践中，独立经纪人都会竭力按公司要求进行股票买卖，以获取良好信誉和丰厚报酬。

特种经纪人是交易所大厅的中心人物，每位特种经纪人都身兼数职，主要有：充当其他股票经纪人的代理人；直接参加交易，使买卖双方的价格差距趋向公平，促成交易；在大宗股票交易中扮演拍卖人的角色，负责对其他经纪人的出价和开价进行评估，确定一个公平的价格；负责本区域交易，促其成交；向其他经纪人提供各种信息。

3. 客户和经纪人之间的关系。

在股票投资与交易活动中，客户与经纪人是相互依赖的关系，主要表现在下列四个方面：

（1）是债务人与债权人的关系。这是在保证金信用交易中客户与经纪人之间关系的表现。客户在保证金交易方式下购买股票时，仅支付保证金若干，不足之数向经纪人借款。不管该项借款是由经纪人贷出或由商业银行垫付，这时的经纪人均为债权人，客户均为债务人。

（2）是授权人与代理人的关系。客户作为授权人，经纪人作为代理人，经纪人必须为客户着想，为其利益提供帮助。经纪人所得收益为佣金。

（3）是信托关系。客户将金钱和证券交由经纪人保存，经纪人为客户的准信托人。经纪人在信托关系中不得使用客户的财产为自身谋利。客户若想从事股票买卖，须先在股票经纪人公司开立账户，以便获得各种必要资料，然后再行委托；而经纪人则不得违抗或变动客户的委托。

（4）是抵押关系。客户在需要款项时，须持股票向经纪人作抵押借款，客户为抵押人，经纪人为被抵押人，等以后股票售出时，经纪人可从其款项中扣除借款数目。在经纪人本身无力贷款的情况下，可以客户的股票向商业银行再抵押。

证券交易所主要有以下几方面的功能：

1. 提供证券交易场所。

由于这一市场的存在，证券买卖双方有集中的交易场所，可以随时把所持有的证券转移变现，保证证券流通的持续不断进行。

2. 集中各类社会资金参与投资。

随着交易所上市股票的日趋增多，成交数量日益增大，可以将极为广泛的资金吸引到股票投资上来，为企业发展提供所需资金。

3. 形成与公告价格。

在交易所内完成的证券交易形成了各种证券的价格，由于证券的买卖是集中、公开进行的，采用双边竞价的方式达成交易，其价格在理论水平上是近似公平与合理的，这种价格及时向社会公告，并被作为各种相关经济活动的重要依据。

4. 制定交易规则。

有规矩才能成方圆，公平的交易规则才能达成公平的交易结果。交易规则主要包括上市退市规则、报价竞价规则、信息披露规则以及交割结算规则等。不同交易所的主要区别关键在于交易规则的差异，同一交易所也可能采用多种交易规则，从而形成细分市场，如纳斯达克按照不同的上市条件细分为全球精选市场、全球市场和资本市场。

5. 降低交易成本，促进股票的流动性。

如果不存在任何正式的经济组织或者有组织的证券集中交易市场，投资者之间就必须相互接触以确定交易价格和交易数量，以完成证券交易。这样的交易方式由于需要寻找交易对象，并且由于存在信息不对称、交易违约等因素会增加交易的成本，降低交易的速度。因此，集中交易市场的存在可以增加交易机会、提高交易速度、降低信息不对称、增强交易信用，从而可以有效地降低交易成本。

6. 维护交易秩序。

任何交易规则都不可能十分完善，并且交易规则也不一定能得到有效执行，因此，交易所的一大核心功能便是监管各种违反公平原则及交易规则的行为，使交易公平有序地进行。

7. 引导投资的合理流向。

交易所为资金的自由流动提供了方便，并通过每天公布的行情和上市公司信息，反映证券发行公司的获利能力与发展情况，使社会资金向最需要和最有利的方向流动。

8. 提供交易信息。

证券交易依靠的是信息，包括上市公司的信息和证券交易信息。交易所对上市公司信息的提供负有督促和适当审查的责任，对交易行情有及时公布的义务。

证券登记结算机构

【概念一点通】

证券登记结算机构是指为证券的发行和交易活动办理证券登记、存管、结算业务的中介服务机构,它是不以营利为目的的法人。设立证券登记结算机构必须经国务院证券监督管理机构批准。

成立证券登记结算机构的条件:

自有资金不少于人民币两亿元;具有证券登记、托管和结算服务所必须的场所和设施;主要管理人员和业务人员必须具有证券从业资格;国务院证券监督管理机构规定的其他条件。

证券登记结算机构主要有以下几方面的职能:

1. 证券的托管和过户。
2. 证券账户、结算账户的设立。
3. 受发行人的委托派发证券权益。
4. 证券持有人名册登记。
5. 办理与上述业务有关的查询。
6. 证券交易所上市证券交易的清算和交收。
7. 国务院证券监督管理机构批准的其他业务。

证券登记结算采取全国集中统一的运营方式。证券持有人持有的证券在上市交易时,应当全部存管在证券登记结算机构。证券登记结算机构不得挪用客户的证券。

证券登记结算机构应当向证券发行人提供证券持有人名册及其有关资料。

证券登记结算机构应当根据证券登记结算的结果,确认证券持有人持有证券的事实,提供证券持有人登记资料。证券登记结算机构应当保证证券持有人名册和登记过户记录真实、准确、完整、不得隐匿、伪造、篡改或者损毁。

证券登记结算机构应当妥善保存登记、存管和结算的原始凭证及有关文件和资料。其保存期限不得少于20年。

投资者委托证券公司进行证券交易,应当申请开立证券账户。证券登记结算机构应当按照规定以投资者本人的名义为投资者开立证券账户。投资者申请开立账户,必须持有中国公民身份证或者中国法人资格的合法证件,国家另有规定的除外。

证券登记结算机构为证券交易提供净额结算服务时,应当要求结算参与人按照货银对付的原则,足额交付证券和资金,并提供交收担保。在交收完成之前,任何人不得动用用于交收的证券、资金和担保物。

证券服务机构

【概念一点通】

证券服务机构是指为证券交易提供证券投资咨询和资信评估的机构,包括专业的证券服务机构和其他证券服务机构。专业的证券服务机构包括证券投资咨询机构、资信评估机构。其他证券服务机构主要是指经批准可以兼营证券投资咨询服务的资产评估机构、会计师事务所以及律师事务所。

我国《中华人民共和国证券法》规定，投资咨询机构、财务顾问机构、资信评级机构、资产评估机构、会计师事务所从事证券服务业务，必须经国务院证券监督管理机构和有关主管部门批准。投资咨询机构、财务顾问机构、资信评级机构、资产评估机构、会计师事务所从事证券服务业务的审批管理办法，由国务院证券监督管理机构和有关主管部门制定。

投资咨询机构、财务顾问机构、资信评级机构从事证券服务业务的人员，必须具备证券专业知识和从事证券业务或者证券服务业务两年以上经验。认定其证券从业资格的标准和管理办法，由国务院证券监督管理机构制定。

投资咨询机构及其从业人员从事证券服务业务不得有下列行为：
1. 买卖本咨询机构为其提供服务的上市公司股票。
2. 代理委托人从事证券投资。
3. 利用传播媒介或者通过其他方式提供、传播虚假或者误导投资者的信息。
4. 与委托人约定分享证券投资收益或者分担证券投资损失。
5. 法律、行政法规禁止的其他行为。

有上述所列行为之一，给投资者造成损失的，依法承担赔偿责任。

从事证券服务业务的投资咨询机构和资信评级机构，应当按照国务院有关主管部门规定的标准或者收费办法收取服务费用。证券服务机构为证券的发行、上市、交易等证券业务活动制作、出具审计报告、资产评估报告、财务顾问报告、资信评级报告或者法律意见书等文件，应当勤勉尽责，对所制作、出具的文件内容的真实性、准确性、完整性进行核查和验证。其制作、出具的文件有虚假记载、误导性陈述或者重大遗漏，给他人造成损失的，应当与发行人、上市公司承担连带赔偿责任，但是能够证明自己没有过错的除外。

证券业协会

【概念一点通】

证券业协会是证券业的自律性组织，是社会团体法人，协会的宗旨是根据发展社会主义市场经济的要求，贯彻执行国家有关方针、政策和法规，发挥政府与证券经营机构之间的桥梁和纽带作用，促进证券业的开拓发展，加强证券业的自律管理，维护会员的合法权益，建立和完善具有中国特色的证券市场体系。

中国证券业协会于1991年8月28日成立，总部设在北京。中国证券业协会的会员分为团体会员和个人会员，团体会员为证券公司。《中华人民共和国证券法》规定，证券公司应当加入证券业协会。个人会员只限于证券市场管理部门有关领导以及从事证券研究及业务工作的专家，由协会根据需要吸收。

证券业协会的最高权力机构是会员大会,会员大会由全体会员组成。会员大会的职权是:
1. 制定和修改章程。
2. 决定会费收缴标准。
3. 决定协会的合并、分立、终止。
4. 选举和罢免会员理事、监事。
5. 审议理事会工作报告和财务报告。
6. 审议监事会工作报告。
7. 决定其他应由会员大会审议的事项。

会员大会须有 2/3 以上有表决权的会员代表出席,其决议须经到会有表决权的会员代表半数以上表决通过。但制定和修改章程以及决定协会的合并、分立、终止,须经到会有表决权的会员代表 2/3 以上表决通过。会员大会每 4 年至少召开一次,理事会认为必要或由 1/3 以上会员联名提议时,可召开临时会员大会。

证券业协会履行下列职责:
1. 组织会员就证券业的发展、运作及有关内容进行研究。
2. 制定会员应遵守的规则,组织会员单位从业人员的业务培训,开展会员间的业务交流。
3. 协助证券监督管理机构教育和组织会员执行法律、行政法规。
4. 调解会员之间、会员与客户之间发生的纠纷。
5. 收集整理信息,为会员提供服务。
6. 依法维护会员的合法权益,向证券监督管理机构反映会员的建议和要求。
7. 监督、检查会员行为,对违反法律、行政法规或者协会章程的,按规定给予纪律处分。
8. 国务院证券监督管理机构赋予的其他职责。

证券监督管理机构

【概念一点通】

《中华人民共和国证券法》中所称国务院证券监督管理机构是指中国证券监督管理委员会,中国证券监督管理委员会是国务院直属事业单位,是全国证券期货市场的主管部门。

《中华人民共和国证券法》规定:"国务院证券监督管理机构依法对证券市场实行监督管理,维护证券市场秩序,保障其合法运行。"

在 1992 年以前,我国的证券市场监督管理职责由中国人民银行承担。1992 年 10 月,国务院成立了国务院证券委员会和中国证券监督管理委员会。1998 年,国务院决定保留设置中国证券监督管理委员会,将原国务院证券委员会的职能和中国人民银行履行的证券业务监管职能都划入中国证券监督管理委员会,建立起全国统一的证券监督管理机构。国务院证券监督管理机构根据需要可以设立派出机构,按照授权履行监督管理职责。

国务院证券监督管理机构在对证券市场实施监督管理中履行下列职责：

1. 依法制定有关证券市场监督管理的规章、规则，并依法行使审批或者核准权。
2. 依法制定从事证券业务人员的资格标准和行为准则，并监督实施。
3. 依法对证券的发行、上市、交易、登记、存管、结算，进行监督管理。
4. 依法对违反证券市场监督管理法律、行政法规的行为进行查处。
5. 依法监督检查证券发行、上市和交易的信息公开情况。
6. 依法对证券发行人、上市公司、证券交易所、证券公司、证券登记结算机构、证券投资基金管理公司、证券服务机构的证券业务活动，进行监督管理。
7. 依法对证券业协会的活动进行指导和监督。
8. 法律、行政法规规定的其他职责。

国务院证券监督管理机构可以和其他国家或者地区的证券监督管理机构建立监督管理合作机制，实施跨境监督管理。

国务院证券监督管理机构依法履行职责，有权采取下列措施：

1. 对证券发行人、上市公司、证券公司、证券投资基金管理公司、证券服务机构、证券交易所、证券登记结算机构进行现场检查。
2. 查阅、复制当事人和与被调查事件有关的单位和个人的证券交易记录、登记过户记录、财务会计资料及其他相关文件和资料；对可能被转移、隐匿或者毁损的文件和资料，可以予以封存。
3. 进入涉嫌违法行为发生场所调查取证。
4. 查询当事人和与被调查事件有关的单位和个人的资金账户、证券账户和银行账户；对有证据证明已经或者可能转移或者隐匿违法资金、证券等涉案财产或者隐匿、伪造、毁损重要证据的，经国务院证券监督管理机构主要负责人批准，可以冻结或者查封。
5. 查阅、复制与被调查事件有关的财产权登记、通讯记录等资料。
6. 询问当事人和与被调查事件有关的单位和个人，要求其对与被调查事件有关的事项作出说明。
7. 在调查操纵证券市场、内幕交易等重大证券违法行为时，经国务院证券监督管理机构主要负责人批准，可以限制被调查事件当事人的证券买卖，但限制的期限不得超过15个交易日；案情复杂的，可以延长15个交易日。

证券监督管理机构依法履行职责，进行监督检查或者调查，负责监督检查、调查的人员不得少于两人，并应当出示合法证件和监督检查、调查通知书。负责监督检查、调查的人员少于两人或者未出示合法证件和监督检查、调查通知书的，被检查、调查的单位有权拒绝。

监督管理机构依法履行职责，进行监督检查或者调查时，被检查、调查的单位和个人应当配合，如实提供有关文件和资料，不得拒绝、阻碍和隐瞒。证券监督管理机构依法履行职责，发现证券违法行为涉嫌犯罪的，应当将案件移送司法机关处理。

第七节　了解指数

股价指数

【概念一点通】

　　股价指数又称股票价格指数，是由证券交易所或金融服务机构编制的表明股票行市变动的一种供参考的指示数字。

　　由于股票价格起伏无常，投资者必然面临市场价格风险。对于具体某一种股票的价格变化，投资者容易了解，而对于多种股票的价格变化，要逐一了解，既不容易，也不胜其烦。为了适应这种情况和需要，一些金融服务机构就利用自己的业务知识和熟悉市场的优势，编制出股票价格指数，公开发布，作为市场价格变动的指标。投资者据此就可以检验自己投资的效果，并用以预测股票市场的动向。同时，新闻界、公司老板乃至政界领导人等也以此为参考指标，来观察、预测社会政治、经济发展形势。

　　计算股票指数，要考虑三个因素：一是抽样，即在众多股票中抽取少数具有代表性的成份股；二是加权，按单价或总值加权平均，或不加权平均；三是计算程序，计算算术平均数、几何平均数，或兼顾价格与总值。

　　中国目前有上海和深圳两个证券交易中心，也形成了沪深两个系列的指数，即上证指数系列和深证指数系列。这两个系列的指数对于我们判断行情走势有极其重要的指导作用。所以，我们要掌握指数的构成、意义，以便在实战中灵活参考，提高投资的成功率。

上证指数分类

　　上证指数系列是国内外普遍采用的衡量中国证券市场表现的权威统计指标，由上海证券交易所编制并发布。

　　上证指数系列包括很多类别的指数。主要有：上证180指数、上证50指数、上证综合指数、A股指数、B股指数、分类指数、债券指数、基金指数等指数系列。下面简要介绍两个极其重要的指数（是我们判断股市行情的重要指标）：上证综合指数和上证180指数。

上证综合指数

　　上证综合指数是上交所最早编制的指数，即我们通常所说的上证指数。它是以在上海证券交易所挂牌上市的全部股票为计算范围，以发行量为权数的加权综合股价指数。上证指数系列均以样本股报告期的股本数为权数计算总市值进行加权计算。即报告期指数＝(报告期样本股总市值÷基期总市值)×100，其中上证综合指数与分类指数的股本数取样本股的发行股数，总市值取市价总值。

上证 180 指数

为推动证券市场基础建设的长远发展和规范化进程，2002 年 6 月，上海证券交易所对原上证 30 指数进行了调整并更名为上证成份股指数，简称上证 180 指数。

上证 180 指数的编制方案，是结合中国证券市场的发展现状，借鉴国际经验，在原上证 30 指数编制方案的基础上作进一步完善后形成的，目的在于通过科学客观的方法挑选出最具代表性的样本股票，建立一个反映上海证券市场的概貌和运行状况、能够作为投资评价尺度及金融衍生产品基础的基准指数（上证指数系列简况如表 1－7 所示）。

表 1－7　上证指数系列简况

指数名称	基准日期	基准点数	备注
样本指数类			
上证 180 指数	2002－06－28	3299.06	上证 180 指数是上交所对原上证 30 指数进行了调整并更名而成，其样本股是在所有 A 股股票中抽取最具市场代表性的 180 种样本股票，自 2002 年 7 月 1 日起正式发布。作为上证指数系列核心的上证 180 指数的编制方案，目的在于建立一个反映上海证券市场的概貌和运行状况、具有可操作性和投资性、能够作为投资评价尺度及金融衍生产品基础的基准指数
上证 50 指数	2003－12－31	1000	上证 50 指数是根据科学客观的方法，挑选上海证券市场规模大、流动性好的最具代表性的 50 只股票组成样本股，以便综合反映最具市场影响力的一批龙头企业的整体状况。上证 50 指数自 2004 年 1 月 2 日起正式发布。其目标是建立一个成交活跃、规模较大、主要作为衍生金融工具基础的投资指数

（续）

指数名称	基准日期	基准点数	备注
上证红利指数	2004－12－31	1000	上证红利指数挑选在上证所上市的现金股息率高、分红比较稳定、具有一定规模及流动性的50只股票作为样本，以反映上海证券市场高红利股票的整体状况和走势。该指数2005年1月4日发布。上证红利指数是上证所成功推出上证180、上证50等指数后的又一次指数创新，是满足市场需求、服务投资者的重要举措。上证红利指数是一个重要的特色指数，它不仅进一步完善了上证指数体系和指数结构，丰富指数品种，也为指数产品开发和金融工具创新创造了条件
上证180全收益指数	2002－06－28	3299.06	上证180全收益指数（简称上证180全收益）是上证180指数的衍生指数，与上证180指数的区别在于指数的计算中将样本股分红计入指数收益，供投资者从不同角度考量指数走势
上证50全收益指数	2003－12－31	1000	上证50全收益指数（简称上证50全收益）是上证50指数的衍生指数，与上证50指数的区别在于指数的计算中将样本股分红计入指数收益，供投资者从不同角度考量指数走势
上证红利全收益指数	2004－12－31	1000	上证红利全收益指数（简称红利指数全收益）是上证红利指数的衍生指数，与上证红利指数的区别在于指数的计算中将样本股分红计入指数收益，供投资者从不同角度考量指数走势
综合指数类			
上证指数	1990－12－19	100	上证综合指数的样本股是全部上市股票，包括A股和B股。从总体上反映了上海证券交易所上市股票价格的变动情况，自1991年7月15日起正式发布

（续）

指数名称	基准日期	基准点数	备注
新上证综合指数	2005－12－30	1000	新上证综指当前由沪市所有已完成股权分置改革的股票组成；此后，实施股权分置改革的股票在方案实施后的第二个交易日纳入指数；指数以总股本加权计算；新上证综指于2006年1月4日发布
分类指数类			
上证A股指数	1990－12－19	100	上证A股指数的样本股是全部上市A股，反映了A股的股价整体变动状况，自1992年2月21日起正式发布
上证B股指数	1992－02－21	100	上证B股指数的样本股是全部上市B股，反映了B股的股价整体变动状况，自1992年2月21日起正式发布
工业指数	1993－04－30	1358.78	上海证券交易所对上市公司按其所属行业分成五大类别：工业类、商业类、房地产业类、公用事业类、综合业类，行业分类指数的样本股是该行业全部上市股票，包括A股和B股，反映了不同行业的景气状况及其股价整体变动状况，自1993年6月1日起正式发布
商业指数	1993－04－30	1358.78	
地产指数	1993－04－30	1358.78	
公用指数	1993－04－30	1358.78	
综合指数	1993－04－30	1358.78	
其他指数类			
基金指数	2000－05－08	1000	基金指数的成份股是所有在上海证券交易所上市的证券投资基金，反映了基金的价格整体变动状况，自2000年6月9日起正式发布
国债指数	2002－12－31	100	上证国债指数是以上海证券交易所上市的所有固定利率国债为样本，按照国债发行量加权而成。自2003年1月2日起对外发布，基日为2002年12月31日，基点为100点，代码为000012 上证国债指数是上证指数系列的第一只债券指数，它的推出使中国证券市场股票、债券、基金三位一体的指数体系基本形成。上证国债指数的目的是反映中国债券市场整体变动状况，是中国债券市场价格变动的"指示器"。上证国债指数既为投资者提供了精确的投资尺度，也为金融产品创新夯实了基础

（续）

指数名称	基准日期	基准点数	备注
企债指数	2002-12-31	100	上证企业债指数是按照科学客观的方法，从国内交易所上市企业债中挑选了满足一定条件的具有代表性的债券组成样本，按照债券发行量加权计算的指数。指数基日为2002年12月31日，基点为100点，指数代码为000013，指数简称企债指数

上证指数专家委员会

为保证指数编制的科学性和指数运作的规范性，上交所于2002年10月11日成立了国内首个指数专家委员会，就指数编制方法、样本股选择等提供咨询意见。

上海证券交易所指数专家委员会由国内外资深专家组成，香港证监会前副主席吴伟骢担任上证指数专家委员会首任主席。专家委员会负责对上证指数编制方法、指数维护规则等方面的评估、建议和审定，保障指数编制及指数运作的科学性、透明性和精确性，并对样本股资格进行评判和审定，以确保指数样本符合编制规则的要求。专家委员会还对指数运作、指数发展等方面提供建议。

深证指数系列

【概念一点通】

深证指数是由深圳证券交易所编制的股价指数，该股票指数的计算方法基本上与上证指数相同，其样本为所有在深圳证券交易所挂牌上市的股票，权数为股票的总股本。由于以所有挂牌的上市公司为样本，其代表性非常广泛，且它与深圳股市的行情同步发布，是股民和证券从业人员研判深圳股市股票价格变化趋势必不可少的参考依据。

现深圳证券交易所并存着两套股票指数，分别是老深圳综合指数和现在的深圳成份股指数。老深证综合指数，即"深圳证券交易所股票价格综合指数"，于1991年4月4日开始编制和公布，后被修订的深圳成份股指数取代。1995年2月20日开始实施发布的深圳成份股指数的基准日定为1994年7月20日，基数为1000点。但由于样本股票发生了很大的变化，深圳成份股指数已不能完全反映股市的实际情况，所以有人仍然依据老深圳综合指数来分析深市行情。

1. 指数种类。
深圳证券交易所股价指数有：
（1）综合指数：深证综合指数、深证A股指数、深证B股指数。
（2）成份股指数：包括深证成份股指数、成份股A股指数、成份股B股指数、工业类指数、商业类指数、金融类指数、地产类指数、公用事业类指数、综合企业类指数。

（3）行业指数：深证农业指数、深证采掘业指数、深证制造业指数、深证交通运输指数等众多行业指数。

（4）深证基金指数。

2. 基日与基日指数。

（1）深证综合指数以1991年4月3日为基日，1991年4月4日开始发布。基日指数定为100。

（2）深证A股指数以1991年4月3日为基日，1992年10月4日开始发布。基日指数定为100。

（3）深证B股指数以1992年2月28日为基日，1992年10月6日开始发布。基日指数定为100。

（4）成份股指数类以1994年7月20日为基日，1995年1月23日开始发布。基日指数定为1000。

（5）深证基金指数以2000年6月30日为基日，2000年7月3日开始发布。基日指数定为1000。

3. 计算范围。

（1）综合指数类的指数股（即采样股）是深圳证券交易所上市的全部股票。全部股票均用于计算深证综合指数，其中的A股用于计算深证A股指数；B股用于计算深证B股指数。

（2）成份股指数类的指数股（即成份股）是从上市公司中挑选出来的40家成份股。成份股中A股和B股全部用于计算深证成份股指数，其中的A股用于计算成份股A股指数，B股用于计算成份股B股指数。成份股按其行业归类，其A股用于计算行业分类指数。

第八节　了解中国股市中的主力

保　险

【概念一点通】

保险是指投保人根据合同约定，向保险人支付保险费，保险人对于合同约定的可能发生的事故因其发生所造成的财产损失承担赔偿保险金责任，或者当被保险人死亡、伤残、疾病或者达到合同约定的年龄、期限时承担给付保险金责任的行为。

保险具有经济补偿、资金融通和社会管理功能，这三大功能是一个有机联系的整体。经济补偿功能是基本的功能，也是保险区别于其他行业的最鲜明的特征。资金融通功能是在经济补偿功能的基础上发展起来的,社会管理功能是保险业发展到一定程度并深入到社会生活诸多层面之后产生的一项重要功能,它只有在经济补偿功能和资金融通功能实现以后才能发挥作用。

保险的分类标准很多,根据不同的标准,我们可以将保险分为若干类型,在这里,主要使用以下五个标准:保险标的、被保险人、实施的形式、业务承保方式、盈利与否。

1. 根据保险标的的不同,保险可以分为财产保险、人身保险和责任保险。

在这种分类中,每一个大类下面又可以分为若干小类。例如,在财产保险中,有海上保险、火险、运输险、工程险等;在人身保险中,有人寿险、健康险、意外伤害险等;在责任保险中,有雇主责任险、职业责任险、产品责任险等。

(1) 财产保险是以物或其他财产利益为标的的保险。广义的财产险包括有形财产险和无形财产险。

(2) 人身保险是以人的生命、身体或健康作为保险标的的保险。

(3) 责任保险是以被保险人的民事损害赔偿责任为保险标的的保险。

2. 根据被保险人的不同,保险可以分为个人保险和商务保险。

(1) 个人保险是以个人或家庭作为被保险人的保险。

(2) 商务保险是以工厂、商店等经营单位作为被保险人的保险。

3. 根据实施的形式的不同,保险可以分为强制险和自愿险。

(1) 强制保险又称法定保险,它是由国家颁布法令强制被保险人参加的保险。

(2) 自愿保险是在自愿协商的基础上,由当事人订立保险合同而实现的保险。

4. 根据业务承保方式的不同,保险可分为原保险和再保险。

(1) 原保险是指保险人对被保险人因保险事故所致的损失承担直接的、原始的赔偿责任的保险。

(2) 再保险是原保险人以其所承保的风险,再向其他保险人进行投保,与之共担风险的保险。

5. 根据国内保险机构的性质,保险可分为商业保险和社会保险。

对个人投保而言,社会保险是基础,商业保险是补充。

社会保险是指国家通过立法强制实行的,由个人、单位、国家三方共同筹资,建立保险基金,对个人因年老、疾病、工伤、生育、残疾、失业、死亡等原因丧失劳动能力或暂时失去工作时,给予本人或其供养直系亲属物质帮助的一种社会保障制度。社会保险具有强制性、法制性、固定性等特点,每个在职职工都必须实行,所以,社会保险又称为基本保险,或简称为社保。

社保是最基本、最重要的保险,参加社保的好处有很多:其一,单位、国家分担了社保的大部分保费,个人所缴比例很小;其二,享受国家的补贴,如养老、医疗等,国家给参保人不少补贴,相当于国家给参保人的福利。

商业保险又称金融保险,是指按商业原则所进行的保险。这种保险是指投保人根据合同约定,向保险人支付保费,保险人对合同约定的可能发生的事故因发生所造成的财产损失承担赔偿保险金的责任，或者当被保险人死亡、疾病、伤残或者达到合同约定的年龄、期限时承担给予保险金责任的保险行为。商业保险根据保险的范围或保险标的不同又分成财产保险、人身保险、责任保险、信用保险等。

社　保

【概念一点通】

社保即社会保险，就是我们通常所说的"五险一金"，具体五险是指：养老保险、医疗保险、失业保险、工伤保险和生育保险；一金即住房公积金。

社会保险的五大特征：

1. 社会保险的客观基础是劳动领域中存在的风险，保险的标的是劳动者的人身；

2. 社会保险的主体是特定的，包括劳动者（含其亲属）与用人单位。

3. 社会保险属于强制性保险。

4. 社会保险的目的是维持劳动力的再生产。

5. 保险基金来源于用人单位和劳动者的缴费及财政的支持。

社保的保险对象范围限于职工，不包括其他社会成员。社保内容范围限于劳动风险中的各种风险，不包括此外的财产、经济等风险。

下面我们具体看一下社保所包含的五险：

1. 养老保险。

养老保险是劳动者在达到法定退休年龄退休后，从政府和社会得到一定的经济补偿及物质帮助和服务的一项社会保险制度。

目前我国的企业职工法定退休年龄为：男职工 60 岁；从事管理和科研工作的女干部 55 岁，其他女职工 50 岁。基本养老金由基础养老金和个人账户养老金组成，职工达到法定退休年龄且个人缴费满 15 年的，基础养老金月标准为省（自治区、直辖市）或市（地）上年度职工月平均工资的 20%。个人账户养老金由个人账户基金支付，月发放标准根据本人账户储存额除以 120。个人账户基金用完后，由社会统筹基金支付。

2. 医疗保险。

城镇职工基本医疗保险制度，是根据财政、企业和个人的承受能力所建立的保障职工基本医疗需求的社会保险制度。所有用人单位，包括企业（国有企业、集体企业、外商投资企业和私营企业等）、机关、事业单位、社会团体、民办非企业单位及其职工，都要参加基本医疗保险。

城镇职工基本医疗保险基金由基本医疗保险社会统筹基金和个人账户构成。基本医疗保险费由用人单位和职工个人账户构成。基本医疗保险费由用人单位和职工个人共同缴纳，其中：单位按 8% 比例缴纳，个人缴纳 2%。

3. 工伤保险。

工伤保险也称职业伤害保险。劳动者由于工作原因并在工作过程中受意外伤害，或因接触粉尘、放射线、有毒害物质等职业危害因素引起职业病后，由国家和社会给负伤、致残者以及死亡者生前供养亲属提供必要物质帮助。

4. 失业保险。

失业保险是国家通过立法强制实行的，由社会集中建立基金，对因失业而暂时中断生活来源的劳动者提供物质帮助的制度。失业保险基金主要是用于保障失业人员的基本生活。城镇企业、事业单位、社会团体和民办非企业单位按照本单位工资总额的2％缴纳失业保险费，其职工按照本人工资的1％缴纳失业保险费。

5. 生育保险。

生育保险是针对生育行为的生理特点，根据法律规定，在职女性因生育子女而导致暂时中断工作、失去正常收入来源时，由国家或社会提供的物质帮助。

生育保险待遇包括生育津贴和生育医疗服务两项内容。生育保险基金由用人单位缴纳的生育保险费及其利息以及滞纳金组成。女职工产假期间的生育津贴、生育发生的医疗费用、职工计划生育手术费用及国家规定的与生育保险有关的其他费用都应该从生育保险基金中支出。生育保险由用人单位统一缴纳，职工个人不缴纳生育保险费。生育保险费由用人单位按照本单位上年度职工工资总额的0.7％缴纳。

享受生育保险待遇的职工，必须符合以下三个条件：用人单位参加生育保险在6个月以上，并按时足额缴纳了生育保险费；计划生育政策有关规定生育或流产的；在本市城镇生育保险定点医疗服务机构，或经批准转入有产科医疗服务机构生产或流产的（包括自然流产和人工流产）。

游　资

【概念一点通】

游资，又称热钱，或叫投机性短期资本。在国际金融市场上，它流动迅速，目标便是以最低的风险换来最高的报酬。

热钱具有"四高"特征：

1. 高收益性与风险性。

追求高收益是热钱在全球金融市场运动的最终目的。当然高收益往往伴随着高风险，因而热钱赚取的是高风险利润，它们可能在此市场赚钱而在彼市场亏、或在此时赚钱而在彼时亏，这也使其具备承担高风险的意识和能力。

2. 高信息化与敏感性。

热钱是信息化时代的宠儿，对一国或世界经济金融现状和趋势，对各个金融市场汇差、利差和各种价格差，对有关国家经济政策等高度敏感，并能迅速做出反应。

3. 高流动性与短期性。

基于高信息化与高敏感性，有钱可赚它们便迅速进入，风险加大则瞬间逃离。表现出极大的短期性甚至超短期性，在一天或一周内迅速进出。

4. 投资的高虚拟性与投机性。

说热钱是一种投资资金，主要指它们投资于全球的有价证券市场和货币市场，以便从证券和货币的每天、每小时、每分钟的价格波动中取得利润,即"以钱生钱",对金融市场有一定的润滑作用。如果金融市场没有热钱这类风险偏好者,风险厌恶者就不可能转移风险。但热钱的投资既不创造就业,也不提供服务,具有极大的虚拟性、投机性和破坏性。

一般来说,热钱所青睐的国家和地区,有如下四个重要特征:

1. 该国的经济持续多年高速增长。以泰国为例,在1990年~1995年,其GDP平均增长率高达9%,而且在1997年金融危机之前,泰国国民经济已经连续15年保持高速增长。

2. 外部资金大量流入该国国内,造成普遍投资过度现象。在1995年,韩国的投资总额占GDP的比例高达34%,1996年便超过了40%,由此导致电子、汽车等一些关键工业以及房地产出现生产能力过剩。

3. 该国股票、房地产等资产价格迅速上涨。泰国在经济危机爆发前,大量外资投入到房地产,房地产贷款比例高达25%,但是房屋空置现象却很严重。泰国股市、楼市都出现了过度繁荣的现象。

4. 该国货币普遍被高估。墨西哥在1997年金融危机前实施盯住美元的汇率政策,导致比索被高估。然而,一旦热钱危机爆发,货币"内虚"的隐患立刻发作,汇率一泻千里。

私 募

【概念一点通】

私募是与"公募"相对应的,公募基金即我们生活中常见到的开放式或封闭式基金,面对大众公开募集资金,国内的入门起点一般是1000元或1万元等。而私募属于"富人"基金,入门的起点都比较高,国内的起点一般为50万、100万甚至更高,基金持有人一般不超过200人,一般投资者很难加入其中。

精准、暴利、神秘是私募的代名词,其作为市场上嗅觉最灵敏的资金集团之一,私募在市场中拥有巨大的号召力。近年来,中国已成为私募股权投资基金最为看好的市场之一,发展潜力巨大。

私募基金具有以下五大优势:

1. 私募基金一般是封闭式的合伙基金,不上市流通。

在基金封闭期间,合伙投资人不能随意抽资,封闭期限一般为5~10年,故运作期稳定,无资金赎回的压力。

2. 和公募基金严格的信息披露要求相比,私募基金在这方面的要求低得多,加之政府监管比较宽松,故私募基金的投资更具隐蔽性、专业性,收益回报通常较高。

3. 基金运作的成功与否与基金管理人的自身利益紧密相关,故基金管理人的敬业心极强,并可用其独特有效的操作理念吸引到特定投资者,双方的合作基于一种信任和契约,故很少出现道德风险。

4. 投资目标更具针对性,能为客户量身定做投资服务产品,能满足客户特殊的投资要求。如索罗斯的量子基金除投资全球股市外,还大量投资外汇、期货等,创造了很高的收益率。

5. 组织结构简单,经营机制灵活,日常管理和投资决策自由度高。

相对于组织机构复杂的官僚体制,在机会稍纵即逝的关键时刻,私募基金竞争优势明显。

私募基金的最常见的分类主要有公司制私募基金和契约式私募基金:

1. 公司制的私募基金。

公司制的私募基金是依《中华人民共和国公司法》组织起来的,资金来源主要是企业和其他机构法人。由于企业的闲置资金一时找不到合适的产业投资项目,加上银行利息低,自然把目光投向灵活性强、保密性好、投资回报高的私募基金。公司制私募基金有完整的公司架构,运作比较正式和规范。目前公司制私募基金在中国能够比较方便地成立。半开放式私募基金也能够以某种变通的方式,比较方便地进行运作,不必接受严格的审批和监管,投资策略也就可以更加灵活。

2. 契约式私募基金。

契约式基金的组织结构比较简单,一般在暗中操作,不具备法律地位。目前市场上存在的"工作室"、"私人间基金"多为这种形式。其资金来源主要是个人资本。由于个人投资者缺乏投资经验及时间等原因,以书面或口头协议的方式委托工作室或有良好投资记录的朋友,直接代为理财。具体的做法是:证券公司作为基金的管理人,选取一家银行作为其托管人,募到一定数额的资金开始运作,每个月开放一次,向基金持有人公布一次基金净值,办理一次基金赎回;为了吸引基金投资者,尽量降低手续费,证券公司作为基金管理人,根据业绩表现收取一定数量的管理费。其优点是可以避免双重征税。

第九节 如何选择入市时机

选股重要还是选时重要,这是一直困扰投资者的问题。个股的走势与大盘息息相关,庄家选择拉抬时机多数也与大盘和同板块其他个股尽可能保持一致,根据不同的外部环境调整投资策略,说明选时是根本,在正确把握时机的基础上才能把握个股的机会。反观股市中的大量实例,它也在一次又一次地向投资者展示这样一个现实,许多投资者都持有着同一种股票,但结果却大相径庭,因为操作时机不同,结果也就有了很大的差距。因此,为了获利,投资者就一定要把握好股票买卖的时机。

一般来说,以下时期可以增加投资者获利的机会:

1. 低潮入场。

对于短期投资者来说,在交易热络的时候进场,获利的机会比较大。但对于长期投资者来说,在低潮时入场才是保证获利的前提。因为在交易热络的时期,多为股价走势的高峰阶段，这时进场购股，成本可能偏高，即使所购的股票为业绩优良的投资股，能够获得不错的股利收益，但由于购股的成本较高，相对的投资报酬率也就下降了。

如果选择在低潮的时候入场，或许短期内的收益不太理想，但从长期来看，由于投资成本的降低，与将来得到的股利收益相比，相对的投资报酬率也就高得多。因此，交易清淡时期，短线投资者应该袖手旁观，而对于长线投资者，则是入市的大好时机。

但在这里投资者还要注意，这里所指的低潮时期买进，并不是说只要是低潮时期都可以买进。一般来讲，应该是淡季的末期才是最佳的买进时机，但问题在于究竟什么时候才算是低潮的末期呢？针对这个问题，有些长期投资者采取的方式是逐次向下买进，即先买进三分之一或者一半，之后根据行情再选择加码买进。这样做的优点在于既能使投资者在淡季进场，不错失入市良机，又可收到摊平成本的效果。

2. 除息期行情。

多头市场"除息期行情"最显著的特征是：

（1）息优股的股价，随着除息交易日的逐渐接近而日趋上升，这充分反映了股息收入的"时间报酬"。

（2）除息股票往往能够很快填息，有些绩优股不仅能够"完全填息"，而且能够超过除息前的价位。

（3）按照股价的不同，出现向上比价的趋向，投资者所"认同"的本利比倍数愈来愈高。

根据上述"除息期行情"的特征进行分析研判，可以得出多头市场的以下几点结论：

（1）股利的时间价值受到重视，即在越短的时间领到股利，其股票便越具价值。所以反映在股价上，就是出现逐渐升高的走势。

（2）股票除息后能够很快填息，因此，投资者愿意过户领息，长期持股的意愿也较高。

（3）行情发动初期，由业绩优良、股息优厚、本利比倍数很低的股票带动向上拉升；接着，价位较低却有股利的股票调整价位；最后，再轮到息优股挺扬冲刺。

（4）股市行情一波接着一波上涨，一段跳升、轮做的迹象十分明显。选对了股票不断换手可以赚大钱，抱着股票不动也有"获利机会"，因此，投资者一般都不愿将资金撤出股市。

（5）由于在早期阶段本利比偏低，大批投资者被吸引入场，随着股价的不断向上攀升，使得本利比倍数变得愈来愈高。

掌握了多头市场"除息期行情"这种变化特征，投资者如何进行操作也就不说自明了。

多头市场是指股价长期保持上涨势头的股票市场，其股价变化的主要特征为一连串的大涨小跌变动。要有效地在多头市场的除息期进行投资，必须首先对多头市场的"除息期行情"进行研判。

3. 股价回档。

在股价呈不断上涨的趋势中，经常会出现一种因上涨速度过快而反转回跌到某一价位的调整现象。股市上，人们习惯将这种挺升中的下跌称为回档。一般来说，股票的回档幅度要比上涨幅度小。道琼斯理论认为，强势市场往往回档1/3，而弱势市场则通常会回档2/3。

股票在经过一段时间的连续挺升之后，投资者最关心的就是回档问题。持有股票者希望能在回档之前卖掉股票，未搭上车者，则希望在回档之后予以补进。

（1）股价连续上涨数日以后，低价买进者已获利可观，由于"先得为快"和"落袋为安"的心理支撑，不少投资者会获利了结，以致形成上档买压，造成行情上涨的阻力。

（2）股价上涨一段时间后，必须稍作停顿以便股票换手整理。就像人跑步一样，跑了一段之后，必须休息一下。

（3）股票的投资价值随着股价的上升而递减，投资者的买进兴趣也随着股价的上升而趋降，因而，追涨的力量也大为减弱，使行情上升乏力。

（4）有些在上档套牢的投资者，在股价连续上涨数日之后，可能已经够本，或者亏损已大大减轻，于是趁机卖出变现，从而又加重了卖盘压力。

第十节　了解股市常用术语

股票发行术语

1. 平价发行：平价发行也称等额发行或面额发行，是指发行人以票面金额作为发行价格。如某公司股票面额为1元，如果采用平价发行方式，那么该公司发行股票时的售价也应该是1元。由于股票上市后的交易价格通常要高于面额，因此绝大多数投资者都乐于认购。平价发行方式较为简单易行，但其主要缺陷是发行人筹集资金量少，多在证券市场不发达的国家各地区采用。

2. 溢价发行：溢价发行是指发行人按高于面额的价格发行股票，目前，我国深、沪证券市场发行的股票都是溢价发行。溢价发行能使公司用较少的股份筹到较多的资金，同时还可降低筹资成本。

3. 时价发行：时价发行也叫市价发行，是指以同种或同类股票的流通价格为基础来确定股票的发型价格，股票公开发行通常采用这种形式。

4. 中间价发行：中间价发行是指介于面额和时价之间的价格来发行股票。我国股份公司对老股东配股时，基本上都采用中间价发行。

5. 折价发行：折价发行是指以低于面额的价格出售新股，即按面额打一定折扣后发行股票，折扣的大小主要取决于发行公司的业绩和承销能力。

6. 借壳上市：借壳上市是指一家未上市公司通过把资产注入市值较低的已上市公司所谓的壳，得到该公司一定程度的控股权，利用其上市公司地位，使母公司的资产得以上市。通常该壳公司会被改名。

股价术语

1. 阴跌：指股价进一步退两步，缓慢下滑的情况，如阴雨连绵，长期不止。
2. 填权：股票除权后的除权价不一定等同于除权日的理论开盘价，当股票实际开盘价高于这一理论价格时，就是填权。
3. 贴权：在股票除权后的一段时间里，如果多数人不看好该股，交易市价低于除权基准价，即股价比除权前有所下降，则为贴权。
4. 总市值：指在某特定的时间内，交易所挂牌交易全部证券以总股本计，按当时价格计算的证券总值。可以反映该证券市场的规模大小，由于它是以各证券的发行量为权数的，所以当发行量大的证券价格变动时对总市值影响就大。这也是股市中庄家经常通过拉抬大盘股来影响股指的一个重要原因。

股市及其参与者术语

1. 牛市：指股市行情波澜壮阔，交易活跃，指数屡创新高的态势。如：2006年11月到2007年10月就是一轮典型的牛劲十足的行情，这段期间的指数屡创新高，成交额屡屡放大，板块炒作活跃，入市人数激增。
2. 熊市：指股市行情萎靡不振，交易萎缩，指数一路下跌的态势。如：2007年10月到2009年1月，就是典型的熊市特征。这段期间管理层频频出台利好政策救市，但股市仍然下跌。成交额屡屡缩小，无热点板块炒作，入市人数减少。
3. 猴市：指股市投机气氛浓厚。指数如同猴子一样，上蹿下跳，见利就跑。
4. 多头排列：短期均线上穿中期均线，中期均线上穿长期均线，整个均线系统形成向上发散态势，显示多头的气势。
5. 空头排列：短期均线下穿中期均线，中期均线下穿长期均线，整个均线系统形成向下发散态势，显示空头的气势。
6. 多头（多方）：预计股价上升，看好股市前景的投资者。如：2007年2月下旬大牛市行情一发动，许多人纷纷看多后市，大胆建仓，成为多头。
7. 空头（空方）：预计股价下跌，不看好股市前景的投资者。如：2007年10月16日，中国人民银行第八次上调存款准备金率后，股市开始下跌，许多人还坚持多头。而少数人认为股市将有一轮大跌，于是立即平仓或斩仓，成为空头。
8. 实户：实户指买进股票后不马上卖出，而是中长期持有以期获利者。
9. 大户：大户指成交股票的金额与数量相当庞大的客户，如信托公司以及资金雄厚的集团或个人，他们的吞吐量大，能影响股票的价格。

10. 散户：散户指股市上的小额投资者，是无组织的投资个人。

11. 利多：对于多头有利，能刺激股价上涨的各种因素和消息，如银行利率降低、公司经营状况好转等。

12. 利空：对空头有利，能促使股价下跌的因素和信息，如银根抽紧、利率上升、经济衰退、公司经营状况恶化等。

盘口术语

1. 洗盘：是主力操纵股市，故意压低股价的一种手段，具体做法是，为了拉高股价获利出货，先有意制造卖压，迫使低价买进者卖出股票，以减轻拉升压力。

2. 跳空高开：指开盘价格超过上个交易日最高价格的现象。例如，万科A股，上个交易日最高价格为10元，这个交易日一开盘，其价格就超过10元，达到了10.50元。

3. 跳空低开：指开盘价格低于上个交易日最低价格的现象。例如，万科A股，上个交易日最低价格为10元，这个交易日一开盘，其价格就低于10元，低开为9.50元。

4. 跳空缺口：指开盘价格超过上个交易日最高价格或开盘价格低于上个交易日最低价格的空间价位。如：万科A股，上个交易日最高价格为10元，这个交易日一开盘，价格就达到了10.50元。跳空缺口空间价位为0.50元。此为向上的跳空缺口。例如，万科A股，上个交易日最低价格为10元，这个交易日一开盘，价格就低开为9.50元。跳空缺口空间价位为0.50元。此为向下的跳空缺口。

5. 高开：指开盘价超过上个交易日收盘价但未超过最高价的现象。如：万科A股，上个交易日收盘价为10元，最高价为10.82元。这个交易日一开盘，价格就达到了10.50元。超过上个交易日收盘价0.50元。但没有超过上个交易日最高价，即没有发生跳空缺口高开的现象，此为高开。

6. 低开：指开盘价低于上个交易日收盘价但未低于最低价的现象。如：万科A股，上个交易日最低价格为9.30元，收盘价为10.02元。这个交易日一开盘，价格就低开为9.50元。低于上个交易日收盘价0.52元。但没有低于上个交易日最低价，此为低开。

7. 平开：某股票的当日开盘价与前一交易日收盘价持平的情况称为开平盘，或平开。

8. 均价：指现在时刻买卖股票的平均价格。若当前股价在均价之上，说明在此之前买的股票大都处于盈利状态。否则，即为亏损状态。

9. 崩盘：崩盘即证券市场上由于某种原因，出现了证券大量抛出，导致证券市场价格无限度下跌，不知到什么程度才可以停止。

10. 护盘：股市低落、人气不足时，机构投资大户大量购进股票，防止股市继续下滑的行为。

11. 掼压：用大量股票将股价大幅度压低，以便低成本大量买进。

12. 盘档：一是当天股价波动幅度很小，最高与最低价之间不超过2%；二是行情进入整理，上下波动幅度也不大，持续时间在半个月以上。

13. 获利盘：获利盘一般是指股票交易中，能够卖出赚钱的那部分股票。

交易术语

1. 多翻空：多头确信股价已涨到顶峰，因而大批卖出手中股票成为空头。

2. 空翻多：空头确信股价已跌到尽头，于是大量买进股票而成为多头。

3. 短多：短线多头交易，长则两三天短则一两天，操作依据是预期股价短期看好。

4. 踏空：一直认为股市会继续下跌并没有建仓，结果股市一路上涨，失去一次可赚钱的机会。如：2008年10月28日，沪指最低探至1664.93点，但是个别的股评人和股民仍然坚持看空股市，甚至有的股评人认为沪指应该跌到1500点。结果股市开始发动，多头一路轧空，不给空方任何机会，结果2009年8月4日，一举将沪指推到3478.01点，看空的股民由此踏空。

5. 套牢：指买入股票后股价下跌造成账面损失的现象。如：以15元每股的价格买入万科A股100股，结果该股价后来跌到每股10元。买入的股民没有割肉卖出，账面损失500元，此为套牢500元。

6. 解套：指买入股票后股价下跌暂时造成账面损失，但是以后股价又涨回来的现象。如：以15元每股的价格买入万科A股100股，结果该股后来跌到每股10元。以后又涨到每股15元，此时为解套。

7. 割肉：指买入股票后股价下跌股民亏损斩仓出局造成实际损失的现象。例如，某股民以15元每股的价格买入万科A股100股，结果该股后来跌到10元每股。他无奈割肉卖出100股。割肉后实际损失500元。

8. 止损：指买入股票后股价下跌股民亏损斩仓出局以防股价进一步下跌造成更大损失的行为。如：以15元每股的价格买入万科A股100股，结果该股第二天跌到14.80元每股。买入的股民预计该股可能还要下跌，于是果断割肉卖出100股，实际损失20元。但是后来该股跌到了10元每股。如果股民不果断卖出，实际的损失更大，达到500元。因此及时止住损失是必要的。这点对新股民而言是非常不容易做到的，但是你必须学会止损，不能因小失大。

9. 坐轿：预期股价将会大涨，或者知道有庄家在炒作而先期买进股票，让别人去抬股价，等股价大涨后卖出股票，自己可以不费多大力气就能赚大钱。

10. 抬轿：认为目前股价处于低位，上升空间很大，于是积极追高买进，结果股价涨了自己没有盈利，却为在低位买入的人提供了出货良机，替别人抬了轿子。

11. 多杀多：普遍认为股价要上涨，于是纷纷买进，然而股价未能如期上涨时，竞相卖出，而造成股价大幅下跌。

12. 对敲：这是庄家或大的机构投资者的一种交易手法。具体操作方法为在多家营业部同时开户，以拉锯方式在各营业部之间报价交易，以达到操纵股价的目的。

13. 诱多：股价盘旋已久，下跌可能性渐大，"空头"大都已卖出股票后，突然"空方"将股票拉高，误使"多方"以为股价会向上突破，纷纷加码，结果"空头"由高价大力压低股价，使"多头误入陷阱"而"套牢"，称为"诱多"。

14. 诱空：即"主力多头"买进股票后，再故意将股价做软，使"空头"误信股价将大跌，故纷纷抛出股票错过获利机会，形成误入"多头"的陷阱，称为"诱空"。

15. 敲出：直接按买入价格卖出股票的迅速行为。如：万科A股股买进价为每股16.50元，卖出价格是每股16.60元。如果当时一股民迅速以16.50元卖出100股，就是敲出。此法适用于行情刚一开始下跌，而你又是满仓。此时应该大胆迅速敲出。

16. 建仓：指买入股票并有了成交结果的行为。如：你买入了万科A股1000股，可称为建仓。

17. 补仓：指分批买入股票并有了成交结果的行为。如：你先买进了万科A股1000股，之后再次买进5000股。这就是补仓。

18. 平仓（清仓）：一般指买进股票后，股价上涨有盈利后卖出股票并有了成交结果的行为。如：你以10元每股的价格买进了万科A股1000股，第三天你以11元每股的价格卖出1000股，并且顺利成交。此行为称作平仓。

19. 斩仓（砍仓）：一般指买进股票后，股价开始下跌造成亏损后卖出股票并有了成交结果的行为。例如，你第一天以10元每股的价格买进了万科A股1000股，第三天股价下跌，你认为股价还可能继续下跌。于是你当天以9元每股的价格卖出1000股，并且顺利成交。此行为称作斩仓。

20. 全仓：买卖股票不分批、分次，而是一次性建仓或一次性平仓、斩仓并有了成交结果的行为。如一次性买进万科A股6000股，卖出时，一次性卖出6000股。并先后顺利成交。

21. 半仓：买股票仅用50%的资金建仓。平仓、斩仓卖出股票仅卖掉50%。并先后顺利成交。如：建仓时，用50%的资金买进万科A股3000股。而留一半资金等待观望，择机行动。卖出时，仅卖出1500股。另一半股票择机行动。

22. 抢帽子：指当天先低价买进，等股价上升后再卖出相同种类和相同数量的股票，或当天先卖出股票，然后再以低价买进相同数量和相同种类的股票，以获取差价利益。

23. 出货：出货指庄家在高价时，不动声色地卖出股票，称为出货，与吃货相反。

第二章
股票交易基本流程

新股民入门导读：

对于新股民来说，除了要掌握一些股票的基础知识以外，股票交易的基本流程也是新股民必须要掌握的知识点。交易流程中的每一个环节都与股民的切身利益息息相关，可以说，每一个环节都是环环相扣的，其中有一个环节出现了问题，必然会导致下一个环节的问题。所以，对于新股民来说，掌握股票交易的基本流程也就成了必备的课程。

第一节 买卖 A 股股票的步骤

买卖 A 股的步骤为：开户、委托、竞价成交、清算交割、过户 5 个步骤。

开 户

【概念一点通】

开户即投资者开设证券账户和资金账户的行为。

要进行股票交易，投资者就要有相关的炒股专用账户。首先，投资者需要办理一个由交易所发放的，用以存放股票的股票账户。我国实行的是无纸化股票交易，股民虽是股票的拥有者，但不占有股票实物，所有的股票都采取记账式，且都按规定托管在证券登记公司或券商处，所以需要先开设一个股票账户（卡）作为股票的"保管箱"，以便准确地记录股票的数量及股票的交易过程。

投资者办理了股票专用账户以后，还需要选择一个证券营业部代理股票买卖并开设资金账户，开户主要在证券公司营业部营业柜台或指定银行代开户网点，然后才可以买卖证券。办理资金账户主要是因为股民的资金不是买股票时就交给券商，卖出后就立即提走的，一般是存放在券商处的，所以股民需在证券公司开设一个资金账户，以便股民资金的进出和保管。

实际上，股票账户和资金账户是股民的两种金融资产存在形态，其中资金账户（卡）与银行账户（卡）之间的互动构成"银证转账"；股票账户与资金账户之间的互动关系表现为股民买卖股票的过程。

委 托

【概念一点通】

投资者买卖股票不能亲自到交易所办理，必需通过证券交易所的会员进行。股票投资者凭本人身份证和本人股票账户可在证券交易所的任何一家会员公司办理委托买卖股票的手续。

其程序如下：

1. 填写委托单。

填写代理买入或卖出有价证券委托单。委托单上包括委托人的姓名、股票代号、委托人（投资者）想买入或卖出的股票名称、数量、价格、委托有效期限等内容。在电子化交易方式下，投资者向经纪人下达委托指令时，须凭交易密码或证券账户卡，有时还需要资金账户。经纪人没有收到明确的委托指令，不得动用投资者的资金和账户进行交易。

委托的价格形式有两种：一是市价委托，市价委托是按市场价格买进或卖出股票；二是限价委托，限价委托是按委托人提出的价格条件买进或卖出股票。从1992年2月起上海证券交易所已取消市价委托形式，一律采用限价委托形式。

在委托期限方面，有不定期委托与定期委托之分。不定期委托也称有效委托，投资者发出委托指令时不规定指令的有效期限，只要不宣布撤消委托，则指令一直有效。定期委托也称限时委托，指投资者发出委托买卖指令时，对交易的时间有一定的限制，超过时限，委托指令自动失效，且不论买卖是否成交。若投资者仍有买卖意向，则需重新办理委托。我国证券交易中的有效期限分为当日有效和5日内有效两种。

2. 证券商受理。

受托机构柜台人员根据委托人填写的委托单，经审核有关要素（如股票账户号码有没有填错，姓名有没有漏填等）无误后，办理受托手续，并按照价格优先，时间优先的顺序将委托人的股票账号和委托购买股票的品种、数量、价格等指令通过电话、电脑专线或传真等方式传输给其在证券交易所内的经纪人。

竞价成交

【概念一点通】

证券商场内经纪人接到买卖股票指令后，即根据委托人的要求和交易近况，以最有利委托人成交的价格进行申报竞价。

证券商在交易所的申报竞价方式主要有3种：

1. 口头申报竞价。
2. 填单申报竞价。
3. 计算机终端申报竞价。

目前上海证券交易所是采取计算机终端申报竞价方式。计算机终端申报竞价是证券商通过计算机系统进行股票交易。交易程序主要分申报输入、撮合成交、成交信息反馈三个部分。

证券商将买卖指令输入计算机终端并通过计算机的联机系统，将申报指令传给交易所，交易所的电脑主机接到申报指令后，发出已接受的通知，并由证券商打印"买卖申报回报单"。

证交所电脑主机按价格优先、时间优先的程序进行自动配对。一旦交易所电脑主机处理成交，就向成交双方的证券商发出信号通知成交成果，成交双方必须立即至经纪人处在"场内成交单"上签盖印章，并取回回执联，场内竞价结束。

清算交割

交割即买卖股票成交后货银兑付的过程，也就是买卖双方通过结算系统实现一手交钱、一手交货。投资者在委托买进证券并成交后，必须交纳所需款项，才能领取所买进的股票。同样，投资者在委托卖出股票并成交后，应交纳卖出的股票，才能领取应得的价款。

我国禁止信用交易，投资者在买进证券时必须在资金账户上存有足够的保证金，在卖出证券时，证券账户上必须有相应的证券。

目前我国证券市场A股采用"T+1"交收制度，即当天买卖，次日交割。投资者T+1日可在证券商处打印交割清单，以核对其T日的买卖活动。若有疑问，可向证券结算公司及证券登记机构查证。

当场内竞价结束后，首先，在证券交易所内进行一级清算，即证券交易的中介人依据"场内成交单"将证券商之间买卖股票的种类数量和价款分别予以轧抵，其应收、应付的股票和差额在事先约定的时间内，在证券商的清算账户上办理交割。其次，场内经纪人把当日委托买卖成交的情况用电脑或传真告知各自的证券商，打印出"交割凭单"。再次，各证券商的柜台人员根据成交通知单，通知各自的委托人，让其凭本人身份证股票账户和委托买入或卖出时的"委托单"凭证前来办理清算交割手续，即二级交割。对其买卖的股票和价款进行收付了结，完成清算交割的全部过程。

"交割凭单"中的主要内容有：委托单号（即为股东编号）、申报时间、电脑编号（即反映当日第几笔成交的顺序号）、申请编号（场内经纪人在自己席位上的电脑终端向交易所主机申报买卖的顺序号）、公司名称、经纪人号、成交日期、成交时间、成交证券、成交数量、成交价格、成交金额、标准佣金、印花税、过户费用、应收（付）金额和经办签章。

目前深市是"集中清算与分散登记"模式，沪市是"集中清算与集中登记"模式。沪市结算实行"指定交易"制度，即投资者只能委托指定交易的证券营业部卖出或买入自己的全部证券。与深圳证券交易所的"托管券商"制度不同，是单个证券账户的指定，每个账户只能在指定营业部进行买卖和办理投资者的结算。以上海证券中央登记结算公司为中心，实行磁卡清算、二级清算、三级清算相结合的模式。开立磁卡账户的投资者，实行磁卡清算，利用中国工商银行的计算机系统对每日成交数据进行处理，完成资金在各账户的转账。对本地证券商实行二级清算，由结算公司首先与证券商进行一级清算，然后与证券商和投资者进行二级清算。对异地证券商实行三级清算，结算公司首先与异地清算公司进行一级清算，然后由异地清算中心与当地证券商进行二级清算，最后由证券商与投资者进行三级清算。

深圳证券交易所结算实行"托管券商"制度，投资者所持证券必须托管到某一证券商名下，且只能委托该证券商卖出。相对于上海证券交易所的单个账户指定，这里是单笔证券买卖的指定，即在哪儿买（卖），就在哪儿卖（买），并在哪儿办理投资者的结算。证券的结算由结算公司集中进行。结算公司集中管理全部证券商的总账户和所有投资者的明细账户，同时证券商管理托管在其名下的投资者明细账户。资金清算，由结算公司统一结算，以二级清算为主。资金清算直接在深圳证券结算中心、本地或异地证券商以及投资者之间进行，不涉及异地清算中心。与上海的三级结算相比，减少了中间环节，提高了资金划拨的速度。同时，由于完全由一家结算公司进行资金往来的划拨，资金往来频繁，不利于分散资金清算风险，深圳已开始资金就地清算，类似于上海的资金三级清算。

过 户

办理清算交割以后，就需要过户。也就是将卖出证券的户名变更为买入证券的户名。对于记名证券来讲，只有办妥过户手续才是整个交易过程的完成，才表明拥有完整的证券所有权。目前在两个证券交易所上市的个人股票通常不需要股民亲自去办理过户手续，证券交易所的电脑主机在自动配对成交的同时，也自动进行过户，即将卖出方的原股东股票划到买入方新股东名下，省去了以前过户靠手工操作的许多繁琐的手续。只有经过最后一个过户的步骤后，新股东即可享有发行公司的一切股东权益。

第二节　怎样开设 A 股股票账户

什么是证券账户卡

【概念一点通】

证券账户是指证券登记结算机构为投资者设立的，用于准确记载投资者所持的证券种类、名称、数量及相应权益和变动情况的账册，是认定股东身份的重要凭证，具有证明股东身份的法律效力，同时也是投资者进行证券交易的先决条件。

每个证券账户配发一个股东代码，每个代码（也就是每一个证券账户卡的号码）只对应一位投资者。由于每一笔交易，都要将证券账户号码（或称股东代码）连同买卖委托一齐报入证券交易所，证券交易所凭这个号码来识别到底谁持有了、持有多少及持有何种股票。

证券账户卡是证券登记机构发出的，证明投资者开立了某个证券账户的有效凭证。投资者可凭证券账户卡和本人有效身份证到指定的证券交易营业部门办理证券的交易、分红、派息、登记过户等事宜。

从以上的分析可以看出，证券账户卡就是在证券交易所用以记录某个股东所有交易记录及股权的证券账户的有效凭证。

证券账户卡按第一开户网类别分为上海证券账户卡和深圳证券账户卡。上海证券账户卡用于记载在上海证券交易所上市的证券，以及中国证券登记公司认可的其他证券；深圳证券账户卡用于记载在深圳证券交易所上市的证券，以及中国证券登记公司认可的其他证券。

无论是深圳证券账户卡还是上海证券账户卡，一张证券账户卡可以在全国任何一家交易所会员券商处开户，但两者不同的是，上海证券账户必须办理指定交易，在办理指定交易之后，就只能在指定的一家证券营业部使用，转换证券营业部时，还需要办理变更指定交易手续；而深圳证券账户卡则可以在多家证券营业部开户并可同时交易。

在这里投资者要注意，在进行股票买卖的时候，勿合用或借用他人证券账户卡，最好开立并使用自己的证券账户卡，以免将来造成不必要的法律和经济纠纷。

证券账户卡的种类

证券账户卡按市场可以分为上海证券账户卡和深圳证券账户卡；按交易的对象可以分为：A股证券账户卡、B股证券账户卡、基金账户卡、股份转让账户卡、其他账户卡。

1. A股账户卡：可以买卖A股股票及其权证、基金、债券、回购等。
2. B股账户卡：可以买卖B股股票等。
3. 基金账户卡：可以买卖证券交易所挂牌上市的基金、国债等。
4. 股份转让账户卡：可以买卖、代办、转让（俗称三板）A股股票和B股股票。
5. 其他账户卡由中国结算上海、深圳分公司为特定投资人开立。

目前，我国两个证券交易所的证券账户卡是不能通用的，投资者如果想同时在深圳及上海证券交易所挂牌买卖的股票的话，就要注册两个账户卡。一个是由深圳证券登记有限公司发出的，只用于购买在深圳证券交易所挂牌上市交易的股票、基金及债券；另一个是由上海证券交易所（简称上交所）签发的，只用于购买在上海证券交易所挂牌上市交易的股票、基金及债券。

管理层为了活跃机构投资市场，在发行证券投资基金的时候，同时设立了一种基金账户卡，是一种专门用来处理基金认购及买卖交易的账户，不能用来处理股票交易。证券账户卡也可以用于买卖基金，设立基金账户卡，只是为了给投资者多一种选择，尤其是那些不懂股票投资或者没有时间进行股票投资的人。

机构投资者办理证券账户卡需要提供的资料

机构投资者办卡时须提供以下资料：营业执照（副本）及其复印件（并加盖公章）、法人代码证、法人代表证明书、法人委托书（如果是法人代表本人前往办理则免）、开户银行名称及账号、经办人身份证及复印件。

个人投资者办理证券账户卡需要提供的资料

个人投资者办卡时需提供以下资料：持本人身份证及复印件到当地证券登记机构办理；由他人代办的，须提供代办人身份证及其复印件、授权委托书。登记公司收费标准为：深圳证券交易所 50 元/户，上海证券交易所 40 元/户。

若开设证券公司自营账户，还需提供证券交易所关于同意开立自营账户的有关批文。

1. 如何办理 B 股证券账户卡。

投资者需提供境外人士身份证明护照。深交所开户收费标准为：个人 120 港元/户；上交所开户收费标准为：个人 15 美元/户。

2. 怎样办理基金账户卡。

投资者必须持本人身份证亲自到户口所在地开户机构办理，不能由他人代办，也不能在异地开立基金账户；已开过股票账户的投资者不得再开立基金账户。深、沪交易所基金开户的收费标准均为 5 元/户。

投资者申请开户时，除提供以上资料外，还需要填写《交易所证券账户开户登记表》，登记结算公司对以上材料和登记表审核无误后，向投资者签发证券交易账户卡。为了规范证券市场，体现"公开、公平、公正"的原则，投资者在每个交易所只能开立一个证券账户。

第三节　怎样开设资金账户

怎样选择合适的证券营业部

投资者买卖证券只能通过交易所的会员，也就是一般所说的证券公司进行，所以，选择一家好的券商会为日后的交易带来极大的便利。投资者可以根据自己的实际情况选择证券营业部。由于各营业部经营的时间、方式、服务的类型有所不同，投资者可以先做一定的了解，选择信誉好、服务较完善的证券营业部。选择证券公司可以从以下几方面考虑：

1. 选择设备齐全的证券部。

证券部的设备主要有大盘、分时走势系统、成交回报系统、自助委托系统、自助交割系统等。

投资者的交易全部依赖于证券所提供的这些设备。设备齐全有助于投资者及时做出正确的决策。如果没有分时走势系统，投资者则无法直观地判断当时价位高低；如果大盘较窄，则显示周期长，显示项目少；如果设备经常出故障，甚至出现停电等情况，更会给投资者造成无法估量的损失；如果没有成交回报系统，投资者委托后则无法了解成交情况；如果自助委托系统少，就会造成委托处拥挤、委托不及时。在考察证券部设备的时候，中户、大户还要了解计算机终端数量多少以及其他设备情况，散户要了解散户大厅的设备以及拨单方式。

2. 选择服务质量较好的证券部。

证券部的收益是向投资者收取一定的交易服务费用，从这个角度来说，投资者有权要求证券商为自己提供高质量的服务，证券部除应礼貌待人，有求必应外，还应为投资者提供各种信息服务，扮演好投资者理财顾问的角色。

另外，实力强、信誉好的券商常常会有一批高素质的研究人员，他们能够为投资者提供投资方面的全方位服务，如定时（如当天收市后、周末等）提供盘后分析、个股推荐、操作建议等各种信息，帮助投资者进行决策。

3. 选择路途较近的证券部。

一般人选择证券部都遵循就近原则，只要离自己近，方便下单就可以了。对于投资金额少（如3万元以下），或者平时有第一职业，将股市投资当做业余投资的人，选择这样的证券部是再合适不过的。

办理资金账户的步骤

投资者在选定证券营业以后，即可在此家营业部开立资金账户。投资者开立资金账户要经过以下几个步骤：

1. 到证券部规定的银行开立一个活期存折，并将一定量的资金存入存折中作为开设证券交易账户的保证金。

2. 带本人身份证（如果委托他人代办，代办人还需要带自己的身份证）、证券账户卡、活期存折到自己所选择的证券部。

3. 与证券部签署各一式二份的《代理证券交易合约》及《指定交易协议书》。如果办理电话转入、转出保证金，还要与证券部、开户银行三方签署一式三份的《证券保证金自助转账系统协议书》。

4. 证券部发给股民交易账户卡。

5. 填写《保证金转入凭证》，将一定数量的保证金从活期存折转入自己的交易账户卡中，取回存折。若要办理电话委托下单，一般要转入几万元以上的保证金到自己的账户上；如果转入几十万以上的保证金，就可以进入证券部的大户室，享受属于个人的空间专心炒股了。转入保证金的多寡视具体的证券部而定。

办妥这些手续之后，就可以动用保证金来炒股了。

第三方存管

【概念一点通】

"第三方存管"的全称是"客户交易结算资金第三方存管"。过去，在证券交易活动中，投资者（即客户）的交易结算资金是由证券公司一家统一存管的。后来，证监会规定，客户的交易结算资金统一交由第三方存管机构存管。这里所说的第三方存管机构是具备第三方存管资格的商业银行。

第三方存管业务遵循"券商管证券，银行管资金"的原则，将投资者的证券账户与证券保证金账户严格进行分离管理。

在第三方存管模式下，证券经纪公司不再向客户提供交易结算资金存取服务，只负责客户证券交易、股份管理和清算交割等业务。存管银行负责管理客户交易结算资金管理账户和客户交易结算资金汇总账户，向客户提供交易结算资金存取服务，并为证券经纪公司完成与登记结算公司和场外交收主体之间的法人资金交收提供结算支持。银行负责完成投资者专用存款账户与券商银行交收账户之间清算资金的划转，将券商的清算交收程序转移到银行，由银行代为完成。

实施保证金第三方存管制度的证券公司将不再接触客户保证金，而由存管银行负责投资者交易清算与资金交收。据《上海证券报》报道，证券业之所以引入保证金第三方存管制度，主要是为了从根本上杜绝券商挪用客户保证金的行为。有关统计资料显示，近年来，券商挪用保证金问题屡禁不止。实行保证金第三方存管制度之所以能确保客户保证金不被券商挪用，是因为该制度有效地在证券公司与所属客户交易结算资金之间建立隔离墙。

第三方存管的好处：

1. 资金更放心：过去，客户的保证金交由证券公司一家存管，被挪用的情况屡屡发生。现在，客户交易结算资金交由第三方存管银行统一存管，客户的保证金由商业银行和券商的双重信用作为保障，确保客户资金的兑付，客户的资金安全可以得到保障，更加放心。

2. 存取更省心：客户不仅可以通过券商原有的方式完成转账，还可以通过银行柜台、电话银行、网上银行等多种方式完成资金的存取、银行账户和保证金账户之间的划转。

3. 服务更贴心：客户成为券商和银行的共同客户，不仅可继续享受原来券商提供的投资理财服务，而且还可以享受银行各种综合理财服务。

4. 保证金交由商业银行统一存管，这样便于国家对违规资金进入证券市场的监管。

A 股指定交易

【概念一点通】

所谓指定交易，通俗地来说，就是指投资者可以指定某一证券营业部作为自己买卖证券的唯一的交易营业部。

目前，这一概念是针对上海证券市场的交易方式而言的。投资者一旦采用指定交易方式，便只能在指定的证券商处办理有关的委托交易，而不能再在其他地方进行证券的买卖。如果投资者不办理指定交易，上海证券交易所电脑交易系统将自动拒绝其证券账户的交易申报指令（B股除外）。

指定交易的作用：

1. 可有效防止股票被盗卖。
2. 自动领取股票现金红利及红股。
3. 到期记账式债券利息兑付、到期记账式债券本息兑付的自动划拨。
4. 随时查询证券余额情况等。

办理指定交易一般可分为以下四个步骤：

1. 选择一家证券营业部为全面指定交易的代理机构。
2. 持本人身份证和证券账户卡前往已选定的全面指定交易代理机构，经证券营业部审核同意后，与该机构签订《指定交易协议书》。
3. 投资者指定的证券营业部须向上海证券交易所电脑交易主机申报证券账户的指定交易指令；在经证券营业部审核同意后，投资者可通过证券营业部的电脑自助申报系统自行完成证券账户的指定交易申报。

在申报的过程中，证券账户指定交易具体如下：代码为"799999"、数量为"1"，买卖方向为"买入"，价格为"1"。需要指出的是，无论投资者采用上述哪种申报方式，都必须与指定交易所属证券营业部签署《指定交易协议书》，以明确双方的责任权利关系。

4. 上海证券交易所电脑交易主机接受证券账户的指定交易指令，指定交易即刻生效。

撤销指定交易

投资者办完指定交易后如果对所指定的证券经营机构不满意或由于其他原因需改换证券经营机构时，可办理变更手续。

在办理变更指定交易的手续时，投资者需到原证券营业部提出撤销指定交易的申请，并由该证券营业部完成向上海证券交易所电脑交易系统撤销指令交易的指令申报。撤销指定交易的申报一经上海证券交易所电脑交易系统确认，指定交易的撤销即刻生效，上海证券交易所于当日闭市后通过成交数据传输系统将已被确认撤销的指定交易信息传送至相关证券营业部。

办理变更全面指定交易的投资者在其撤销指定交易手续办妥后，必须另行选择一家证券营业部重新办理全面指定交易，重新办理全面指定交易的办法与新办全面指定交易的方法相同。

投资者需要注意的是，办理撤销指定交易必须在投资者与原指定的券商处已完成交收责任且无违约情况的前提下进行。如果投资者在办理撤消指定交易时出现以下几种情况中的一种，投资者暂时不能撤销指定交易：

1. 投资者账户证券余额有负数未能解决的。
2. 尚处于新股认购期内的。
3. 投资者当日已经有证券成交，尚未履行交易交收责任的。
4. 投资者当天已经办理了委托，但未成交，且未成交部分的委托尚未全部撤销的。
5. 投资者账户撤销后会造成券商总的证券余额出现负数的。
6. 上海证券交易所中央登记结算公司认为不能撤销的其他情况。

办理指定交易的投资者，其证券账户不慎遗失，应先向其指定交易的证券营业部挂失，在投资者未办妥挂失、过户等手续前，由该证券营业部监控挂失该证券账户，以防止其他人用该证券账户在该证券营业部买卖证券。

转托管

【概念一点通】

转托管，又称证券转托管，是专门针对深圳交易所上市证券托管转移的一项业务，是指投资者将其托管在某一证券商那里的深交所上市证券转到另一个证券商处托管，是投资者的一种自愿行为。

一般而言，投资者在哪个券商处买进的证券就只能在该券商处卖出，投资者如需将股份转到其他券商处委托卖出，则要到原托管券商处办理转托管手续。投资者在办理转托管手续时，可以将自己所有的证券一次性地全部转出，也可转其中部分证券或同一券种中的一部分。

转托管包括同城转托管和异地转托管两种类型。其中原托管证券商称为转出托管商，指定的受托证券商称为转入托管商。同城转托管是指投资者把已托管的股票从当地一家证券商转往当地另一家证券商的过程；异地转托管是指投资者的股票从某一家托管证券商转往异地另一家证券商。

转托管业务的一般程序

首先，投资者向转出券商提出转托管申请，填写"转托管申请书"，在申请书中认真填写转出证券账户代码、证券品种、数量等，务必注意填写转入券商的名称及与其相符的席位号。转出券商收到申请书后，认真核对投资者的身份证及申请书内容是否正确，核对无误后，在交易时间内，通过交易系统向深交所报盘转托管，当日停牌证券不可以转托管，转托管委托报盘后，在当日闭市前也可报盘申请撤单。

每个交易日收市后，深圳证券结算公司将处理后的转托管数据打入"结算数据包"，通过结算通讯系统发给券商，券商根据所接收的转托管数据及时修订相应的股份明细账。转托管证券T+1日（即下一个交易日）到账，投资者可在转入证券商处委托卖出。转出券商每次受理转托管业务时，向投资者收取30元人民币的转托管费。

办理转托管需要注意的问题

1. 转托管只有深市有，沪市没有转托管问题。
2. 由于深市B股实行的是T+3交收，深市投资者若要转托管需在买入成交的T+3日交收过后才能办理。
3. 转托管可以是一只股票或多只股票，也可以是一只证券的部分或全部。投资者可以选择转其中部分股票或同股票中的一部分。
4. 投资者转托管报盘在当天交易时间内允许撤单。
5. 转托管证券T+1日（即次一交易日）到账，投资者可在转入证券商处委托卖出。
6. 权益派发日转托管的，红股和红利在原托管券商处领取。
7. 配股权证不允许转托管。
8. 通过交易系统报盘办理B股转托管的业务目前仅适用于境内结算会员。

9. 境内个人投资者的股份不允许转托管至境外券商处。

10. 投资者的转托管不成功的（转出券商接收到转托管未确认数据），投资者应立即向转出券商询问，以便券商及时为投资者向深圳证券结算公司查询原因。

第四节 怎样办理委托

委托的内容有哪些

【概念一点通】

作为一个投资者，你是不能直接进入证券交易所买卖股票的，而只能通过证券交易所的会员买卖股票，而证券交易所的会员通常就是证券经营机构，即券商。你可以向券商下达买进或卖出股票的指令，这被称为委托。

委托时必须凭交易密码或证券账户。需要指出的是，在我国证券交易中的合法委托是当日有效的限价委托。这是指股民向证券商下达的委托指令必须指明以下内容：

1. 股东姓名。

2. 资金卡号。

3. 买卖方向（买入或卖出）。

4. 上海（或深圳）。

5. 股票名称。

6. 股票代码。

7. 委托价格：从1996年12月16日开始，上海证券交易所和深圳证券交易所对所有的股票和基金都实行涨跌停板制度，其幅度为正负10%。当股票价格达到+10%时，称为涨停板，价格达到-10%时，称为跌停板。当日委托价格不能超过或低于前一交易日收盘价的10%，否则视为无效委托。有效价格范围就是该只证券最高限价、最低限价之间的所有价位。限价超出此范围的委托为无效委托，系统作自动撤单处理。由于涨跌的幅度采用四舍五入的计算方法，处于涨跌停板状态的股价有时会出现10%左右的幅度，而不正是10%整数，这是正常的。新股上市当天的价格虽然不受10%涨跌停板的限制，但要遵守其他一些规则。

8. 委托数量：根据证券交易所的有关规定，股民在委托买进股票时，必须购买整数股（即100股的倍数），在委托卖出股票时，可以委托卖出零股，但必须一次性卖出，不能分批卖出。因此，在电脑竞价撮合系统中会有零股委托卖出现象，相应的买入委托者就有可能以零股成交，而不是以整数股成交。同样，委托卖出整数股者也可能会卖出零股。例如，甲委托卖出135股，价格为10元；乙委托卖出200股，价格为10.01元。此时，丙委托买入200股，价格为10.01元，这样，买入方丙可从卖出方甲处买入135股，价格为10元，再从卖出方乙处买入65股，价格为10.01元，丙委托购买的200股全部成交；委托买入方丁也委托买入200股，价格也是10.01元，这样委托买入方丁只能从乙处买入余下的135股了，因而出现了零股。

投资者要注意，委托只在下达委托的当日有效。每只股票的简称通常为3～4个汉字，股票的代码为6位数，委托买卖时股票的代码和简称一定要一致。

此外，证券交易所还对股票买卖的最大申报数量做出相应的规定：上市公司流通股数量在3000万股以下，每笔申报数量定为最高不超过10万股；流通股票数量在3000万股（含3000万股）至1亿股以下，每股申报数量调整为最高不超过20万股；流通股票数量在1亿股以上（含1亿股），每笔申报数量不限。

委托的4种方式

委托的方式有4种：柜台递单委托、电脑自动委托、电话自动委托和远程终端委托。

1. 柜台递单委托就是你带上自己的身份证和账户卡，到你开设资金账户的证券营业部柜台填写买进或卖出股票的委托书，然后由柜台的工作人员审核后执行。

2. 电脑自动委托就是你在证券营业部大厅里的电脑上亲自输入买进或卖出股票的代码、数量和价格，由电脑来执行你的委托指令。

3. 电话自动委托就是用电话拨通你开设资金账户的证券营业部柜台的电话自动委托系统，用电话上的数字和符号键输入你想买进或卖出股票的代码、数量和价格从而完成委托。

4. 远程终端委托就是你通过与证券柜台电脑系统联网的远程终端或互联网下达买进或卖出指令。

除了柜台递单委托方式是由柜台的工作人员确认你的身份外，其余三种委托方式则是通过你的交易密码来确认你的身份，所以，投资者一定要保管好自己的交易密码，以免泄露，给自己带来不必要的损失。

当确认你的身份后，你的委托将被送到交易所电脑交易的撮合主机。交易所的撮合主机对接收到的委托进行合法性的检测，然后按竞价规则，确定成交价，自动撮合成交，并立刻将结果传送给证券商，这样你就能知道你的委托是否已经成交。

不能成交的委托按价格优先，时间优先的原则排队，等候与其后进来的委托成交。当天不能成交的委托自动失效，第二天用以上的方式重新委托。

限价委托

【概念一点通】

限价委托是指投资者要求券商在执行委托指令时必须按限定的价格或比限定价格更有利的价格买卖证券，即必须以限价或低于限价买进证券，以限价或高于限价卖出证券。也就是说，投资者在向券商发出某种股票的买卖指令时，对买卖的价格作出了限定，在买入股票时，限定一个最高价，只允许券商按其规定的最高价或低于最高价的价格成交；在卖出股票的时候，限定一个最低价，只允许券商按其规定的最低价或高于最低价的价格成交。

限价委托方式的优点是：股票可以投资者预期的价格或更有利的价格成交，有利于投资者实现预期投资计划，谋求最大利益。但是，采用限价委托时，由于限价与市价之间可能有一定的差距，必须等市价与限价一致时才有可能成交，此时，如果有市价委托出现，市价委托将优先成交，因此，限价委托的成交速度较慢，投资者采用限价委托容易坐失良机，遭受损失。

市价委托

【概念一点通】

所谓市价委托，是指投资者对委托券商成交的股票价格没有限制条件，只要求立即按当前的市价进行证券买卖的一种委托方式。

市价委托的优点是，没有价格上的限制，证券经纪商执行委托指令比较容易，成交迅速且成交率高。当投资者为了避免因股票价格波动遭受损失而急于成交时，经常采用这种方式。

但市价委托的成交价格有时会显得不尽如人意，尤其是当市场上市价委托买入多而卖出少的时候，卖出报价会比较高，而市价委托买入少而卖出多时，买入报价会较低。

撤　单

当证券商接受投资者买入股票的委托后，就要按照投资者的要求去购买股票，因此这部分资金当天就必须锁定在该用途上，即使不能成交，也只有等到第二天该合同自动作废以后，这部分资金才能解冻出来。

卖股票时也一样，当证券商接受投资者卖出股票的委托后，就要按照投资者的要求去卖出该股票，因此这部分股票当天就必须被锁定，即使不能成交，也只有等到第二天该合同自动作废以后，这部分股票才能解冻出来。

如果投资者在当天要动用被锁定的资金（在委托买入时，想改变买入价格或不想买入）或股票（在委托卖出时，想改变卖出价格或不想卖出），就必须先通过撤单撤消该委托，才能动用被锁定的资金或股票。如果投资者在完成撤单之前，原来的委托已经成交，就不能撤单。举个例子来说，假如，你看到某一股票的价格跌得比较厉害，你觉得它还有下降的余地，于是，以 4.8 元每股的委托价格买入，但当你刚下委托单，股票的价格就下降到 4.6 元每股了。这时候，如果你想以 4.6 元每股的价格买进，那么，你就要先撤掉 4.8 元每股的买单，然后才能以 4.6 元买进。这就是撤单。

发生撤单主要有以下 3 种情况：

第一种情况：追高，你必须以更高的价格买入，而你手头没有资金，需要把之前的委托撤掉，用更好的价格追入。

第二种情况：割肉，股价掉得很厉害，你必须以更低的委托价格卖出才能成交，这时候需要撤掉之前的卖单。

第三种情况：就是上面的提到的，你发现能有更好的价格买入或者卖出，那么撤掉之前的委托，而选择更好的价位进行委托。

撤单多数是不收费用的，但各地各证券公司也不一样。按照规定，可以收 5 元的撤单费，网上交易以及相当多的营业部都是宣布免收撤单费的，因此需要和你的券商核实此问题。

如何办理电话委托开户手续

通过电话委托交易很方便。电话委托开户手续一般分为两步：

第一步：携本人身份证、证券账户卡，亲自到自己选中的证券营业部柜台办理开户手续。一般证券营业部都有开办电话委托的专柜。

第二步：在柜台领取电话委托开户申请表，正确填写个人有关资料。然后在券商给你的两份电话委托协议书上签字，交齐证件材料的复印件，由营业员告诉你手续已办全，然后，取回自己的证件和一份《电话委托交易协议书》及操作说明书，你就完成了电话委托开户的全过程。

电话委托怎样进行具体操作

投资者进行电话委托操作先要到证券营业部办理电话委托的开户手续。开户后,投资者可以方便地使用任何一部电话进行股票买卖操作。拨通证券营业部专门设置的电话委托号码后,投资者操作每一步都有相关的语音提示,操作熟练的股民可中断语音提示直接输入代码。每输入一个项目内容要按一个"♯"字键,表示结束输入。输入委托内容时输入数字的间隔时间一般不能超过10秒,否则被系统作超时处理,中断此笔委托。

假设某股民深圳股东代码为123456789,交易密码是:123456,拟委托买入1000股杉杉股份(600884),价格为17元每股,其操作过程如下:

1. 拨通电话委托号码(该号码在开户证券部的操作说明书上可查到)。
2. 上海委托按1,深圳委托按2。
3. 输入上海股东代码:123456789。
4. 输入交易密码:123456。
5. 按1买入,按2卖出。
6. 输入证券代码:600884。
7. 输入买入数量:1000。
8. 输入买入价格:17。
9. 语音复述:您委托买入杉杉股份1000股,价格是17元,按1确认,按0挂线。
10. 请稍后,您的委托成功,委托号码是10088。

这时,投资者记下合同序号,以备成交查询和撤单,整个电话委托操作完成。

以上为一般证券营业部电话委托业务的基本操作流程,随着证券市场的发展,电话委托提供了更多的内容和功能,如增加了B股委托、配股委托、新股申购委托、新股中签查询、电话传真对账单、电话划款转账业务等。投资者在具体操作中应以证券营业部所提供的电话委托服务功能为准。

网上证券交易

【概念一点通】

网上证券交易,是指投资者通过互联网来进行证券买卖的一种方式,网上证券交易系统一般都提供实时行情、金融资讯、下单、查询成交回报、资金划转等一体化服务。

网上交易与传统交易的最大区别就是：投资者发出的交易指令在到达证券营业部之前，是通过公共网络即互联网传输的。随着网络的发展，网上证券交易颇有替代传统证券交易的势头。一方面是由于近年来国际互联网的复苏发展以及其与证券经纪业务的有机结合；另一方面是因为网上证券交易相对于传统的交易方式具有众多优势。

1. 网上证券交易以无所不在的国际互联网为载体，通过高速、有效的信息流动，从根本上突破了地域的限制，极大地缓解了我国券商地域分布不均的矛盾，将身处各地的投资者有机地聚集在无形的交易市场中，使得投资者能在全国甚至全球任何能上网的地方进行证券交易，并使那些有投资欲望却无暇或不便前往证券营业部进行交易的人士进行投资成为可能。

2. 网上证券交易通过国际互联网，克服了传统市场上信息不充分的缺点，有助于提高证券市场的资源配置效率。

3. 网上证券交易可以降低证券交易的交易成本和交易风险。网上交易的全国引入，使得客户彻底突破传统远程交易的制约，无须投入附加的远程信息接收硬件设备，在普通的计算机上就可以全面把握市场行情和交易的最新动态。另外，网上交易包含了证券活动的方方面面，使投资者足不出户就可以办理信息传递、交易、清算、交割等事务，节约了大量的时间和金钱。对券商而言，网上交易的大规模开展，可以大幅度降低营业部的设备投入和日常的运营费用。

4. 现在网上交易通常采用对称加密和不对称加密相结合的双重数据加密方式，再加上证券公司本身的数据加密系统，使得网上证券交易的安全性大大提高。

如何开办网上交易

上网炒股是指投资者利用网络资源获取证券的即时报价、分析市场行情，并通过因特网委托下单，实现实时交易。

上网炒股是最近几年才发展起来的一种新的交易方式，投资者对其有一个逐渐认识和适应的过程。但随着网络技术的飞速发展，证券电子商务和电脑应用的日益普及，上网炒股日渐显示其旺盛的生命力和广阔的发展前景。投资者学习网上交易的有关知识十分必要，这从中国证券交易方式日益智能化就可以看出，先从原来的柜台递单委托逐步发展为电话自动委托、电脑自动委托等，交易智能化程度的提高对投资者把握机会、提高效率均大有裨益。

网上交易的办理步骤如下：

1. 先到证券公司开户柜台开立股东账户。

2. 在开户柜台签订网上交易委托协议书，认可风险揭示书。

3. 在开户柜台签订网上交易委托协议书，认可风险揭示书。

4. 由开户柜台为您在交易系统中开通网上交易功能。

5. 由远程部为您进行网上交易的安装、操作教学演示，教会您在电脑上下载、安装、操作网上交易程序。

6. 如果自己安装确实有困难，远程部将为您上门安装。

证券投资者上网可带来哪些便利

网上交易因有其独特的便利之处而受到很多投资者的喜爱，其便利之处主要表现在以下三个方面：

1. 方便快捷。

互联网的无限延伸性有效地突破了证券投资的时空界限，投资者在证券营业部开户并开通网上交易之后，即可足不出户接收证券信息，并直接通过网上实现证券委托下单、资金和股票余额查询；或者说只要有一台电脑和一条网线，就可以通过网络进行行情接收和网上交易，并在网上获取成交回报情况。这无疑能够更大程度地把握市场投资机会，增加投资成功的可能性，并取得更为理想的投资回报。

2. 及时交流。

可以通过上网参加更多的互动交流，包括与证券投资分析专家的交流和客户之间的交流。互联网的高度交互能力，有效地促进证券投资咨询向专业化、个性化和多元化发展。证券公司可将专家的深度研究产品衍生为咨询产品，通过文字、声音和图像等形式与客户进行交流。客户的特定投资咨询需求也可通过各种方式反馈给证券的研究机构或客户服务中心，个性化服务特征得到有效实现。客户之间也可及时进行交流，很好地实现了资源信息的共享。

3. 信息丰富。

证券投资者上网查询证券类信息速度更快、信息量更大、费用成本更低。证券投资致胜很大程度取决于及时、准确、全面地把握各种有效信息。中小投资者由于不能及时、有效地掌握各种信息，在证券投资中往往处于劣势。网络是一个无限的信息库，汇集着来自新闻媒体、权威机构、研究机构的每日最新财经证券类信息、对证券市场大势分析、个股研究等。投资者上网即可查询世界各地证券市场股票即时行情、财经信息、上市公司资料、宏观经济分析、行业分析报告，还可学习各种证券投资知识等。

网上各类证券资讯往往经过了认真筛选和分类，投资者只要上网就能随时随地获得这些有价值的信息,并根据自己的喜好和判断力进行投资决策,就显得更为简单、方便和系统化,再也没有必要听股评、买报纸和到营业部去看行情了,时间成本和费用成本迅速降低。

通过互联网买卖股票应注意的问题

上网炒股以其方便、快捷、安全的优势,深受投资者的青睐,但也有许多投资者对网上交易的理财方式还缺乏了解,对如何控制风险还很茫然。所以对于新股民而言,掌握网上交易的一些操作规则和应该注意的问题是十分有必要的,这样可以确保正确地进行网上操作及资金和股票的安全。

1. 股民必须在具有网上交易资格的营业部开户,并仔细阅读营业部的网上交易手册。

2. 正确设置交易密码,并做到不定期地更换和修改。

与传统的证券交易系统一样,网上交易系统主要通过客户号码(即股东号码)和交易密码作为交易对象的识别标志。所以投资者一定要注意交易密码的保密性,交易密码切忌用吉祥数字、生日、手机号等与自己特征有关的字符作为交易密码。对于使用公用电脑(比如办公电脑、网吧电脑等)进行交易的投资者,要不定期地更换交易密码。

3. 要注意券商的各种规定。

为了控制网上交易的风险及防止被恶意破译客户密码,一些券商采取了一些防范措施,比如客户在进行网上委托身份认证,实施连续三次错误输入密码,系统会对客户账户自动冻结,以保证客户账户的安全性,这时客户要携带有效证件,到开户的营业部柜台作解冻申请。

4. 在开通网上交易的同时,电话委托也要同时开通,这样有利于在网上交易系统出现故障时,还能不失时机地买卖股票。

5. 交易完成后要及时退出交易系统。

交易者在使用完交易系统后,一定要注意及时退出交易系统。有的投资者由于不是在同一时间买卖股票,为图方便,习惯于按最小化按扭,此时交易中心和交易软件并没有断开连接,用户如果在离开电脑的时候,忘记退出软件,任何人都可以操作账户,尤其是在一些公共场所,容易造成盗买和盗卖股票的现象,造成不必要的损失。

6. 准确操作,以确保发出的买卖信息准确无误。

投资者在输入买卖信息时一定要谨慎操作,仔细核对买入和卖出股票的价格、确认准确无误时，方可输入。因为券商在和投资者签订网上交易协议时，明确规定：输入交易信息必须准确无误，否则造成的损失，券商概不负责。

7. 注意及时挂失。

如果遗失了证券卡和相关证件，要及时到开户的证券营业部办理挂失手续，以防股票被盗买和盗卖。

8. 注意及时查询。

买卖结束后，股民应及时利用网上查询功能进行查询，以确认自己的委托是否被券商受理，委托是否成功。由于网络运行的不稳定性，有时电脑界面没有显示委托已经成功，但当投资人再次发出委托，券商却已收到两次委托，造成股票重复买卖，所以及时查询，非常必要。

9. 要注意网络的防黑防毒。

近来网络黑客猖獗，病毒不断，为了保证你使用的机器和网络不受病毒的侵害和黑客的骚扰，确保交易密码和股票个人资料不泄露，有必要在系统上安装防黑防毒的杀毒软件，并定期升级。

10. 别过分依赖系统数据。

由于各券商网上交易系统统计数据不同，有的券商网上交易系统在涨停板计算中没有考虑新股、ST股之类，涨跌幅限制所有股票均按10％计算，另外，个股如遇有配股、转增或送股，交易统计的成本，就会出现偏差，所以不要过分依赖系统提供的数据，要以券商交割单提供的实际数据为准。

11. 要注意其他优惠举措。

网上交易降低了券商的交易成本，增加了网络公司的客户资源。因此深受券商和网络公司的青睐。为了争夺客户，券商和网络公司纷纷采取优惠政策，所以作为投资者，应该关注这种举措，以降低自己的交易成本。

第五节　竞价成交

集合竞价

【概念一点通】

所谓集合竞价就是在当天还没有成交价的时候，你可根据前一天的收盘价和对当日股市的预测来输入股票价格，而在这段时间里输入计算机主机的所有价格都是平等的，不需要按照时间优先和价格优先的原则交易，而是按最大成交量的原则来定出股票的价位，这个价位就被称为集合竞价的价位，而这个过程被称为集合竞价。直到9:25分以后，你就可以看到证券公司的大盘上各种股票集合竞价的成交价格和数量。

有时某种股票因买入人给出的价格低于卖出人给出的价格而不能成交，那么，9:25分后大盘上该股票的成交价一栏就是空的。当然，有时有些公司因为要发布消息或召开股东大会而停止交易一段时间，那么集合竞价时该公司股票的成交价一栏也是空的。因为集合竞价是按最大成交量来成交的，所以对于普通股民来说，在集合竞价时间，只要输入的股票价格高于实际的成交价格就可以成交了。所以，通常可以把价格打得高一些，也并没有什么危险。因为普通股民买入股票的数量不会很大，不会影响到该股票集合竞价的价格，只不过此时你的资金卡上必须要有足够的资金。

集合竞价时间：

上海市场：9:15～9:25

深圳市场：9:15～9:25（开盘集合竞价时间），14:57～15:00（收盘集合竞价时间）

申报规定：每个交易日9:15至9:25（深圳交易所包括9:15～9:25和14:57～15:00），证券交易所交易主机接受参与竞价交易的申报。每个交易日9:25至9:30，交易主机只接受申报，但不对买卖申报或撤销申报作处理。交易所认为必要时，可以调整接受申报时间。

在委托未成交之前，委托人有权变更和撤销委托，如有部分成交，则成交部分不得撤销。9:25～9:30这5分钟，交易主机可接收买卖申报，也可接收撤单申报，但不对买卖申报或撤销申报做处理。9:20～9:25的开盘集合竞价阶段，沪市交易主机不接受撤单申报；9:20～9:25、14:57～15:00，深交所交易主机不接受参与竞价交易的撤销申报。

集合竞价分四步完成：

第一步：确定有效委托。在有涨跌幅限制的情况下，有效委托是这样确定的：根据该只证券上一交易日收盘价以及确定的涨跌幅度来计算当日的最高限价、最低限价。有效价格范围就是该只证券最高限价、最低限价之间的所有价位。限价超出此范围的委托为无效委托，系统作自动撤单处理。

第二步：选取成交价位。在有效价格范围内选取使所有委托产生最大成交量的价位。如有两个以上这样的价位，则依以下规则选取成交价位：（1）高于选取价格的所有买入委托和低于选取价格的所有卖出委托能够全部成交。（2）与选取价格相同的委托的一方必须全部成交。如满足以上条件的价位仍有多个，则选取离昨天市价最近的价位。

第三步：集中撮合处理所有的买卖委托。按照委托限价由高到低的顺序排列，限价相同者按照进入系统的时间先后排列；所有卖出委托按委托限价由低到高的顺序排列，限价相同者按照进入系统的时间先后排列。依序逐笔将排在前面的买入委托与卖出委托配对成交，即按照"价格优先，同等价格下时间优先"的成交顺序依次成交，直至成交条件不满足为止，即不存在限价高于或等于成交价的买入委托、或不存在限价低于或等于成交价的卖出委托。所有成交都以同一成交价成交。

第四步：行情揭示：（1）如该只证券的成交量为零，则将成交价位揭示为开盘价、最近成交价、最高价、最低价，并揭示出成交量、成交金额。（2）剩余有效委托中，实际的最高叫买价揭示为叫买揭示价，若最高叫买价不存在，则叫买揭示价揭示为空；实际的最低叫卖价揭示为叫卖揭示价，若最低叫卖价不存在，则叫卖揭示价揭示为空。集合竞价中未能成交的委托，自动进入连续竞价。

目前世界各国股市均采用集合竞价的方式来确定开盘价，因为这样可以在一定程度上防止人为操纵现象。在创业板交易规则中，对集合竞价的规定有两点与主板不同：

1. 集合竞价时间拉长。由原来的每交易日上午 9：15～9：25 的集合竞价时间，改为每交易日上午的 9：00～9：25，延长了 15 分钟，这使得参与集合竞价的申报更多，竞价更充分，加大了人为控制的难度，也使得开盘价更为合理，更能反映市场行为，体现了公平的原则。

2. 文件规定，每交易日上午开盘集合竞价期间，自确定开盘价前 10 分钟起，每分钟揭示一次可能的开盘价。可能的开盘价是指对截至揭示时所有申报撮合集合竞价规则形成的价格，这条规则在主板中是没有的，主板只公布最后集合竞价的结果。这条规则的意义就在于加强了对投资者的信息披露，使投资者能够更多、更细地掌握市场信息，特别是对于新股上市首日的集合竞价，意义更加重大，它使投资者能够提前在集合竞价期间就掌握较为充分的市场信息，从而作出决策，这体现了市场的公开原则。

集合竞价是怎样确定成交价即开盘价的

集合竞价由电脑交易处理系统对全部申报按照价格优先、时间优先的原则排序，并在此基础上，找出一个基准价格，使它同时能满足以下 3 个条件：

1. 成交量最大。
2. 高于基准价格的买入申报和低于基准价格的卖出申报全部满足（成交）。
3. 与基准价格相同的买卖双方中有一方申报全部满足（成交）。

该基准价格即被确定为成交价格，集合竞价方式产生成交价格的全部过程，完全由电脑交易系统进行程序化处理，将处理后产生的成交价格显示出来。我们通过例子来详细说明集合竞价是怎样产生成交价的：

假设某股票某日的委托买卖情况如表 2－1 所示：

表 2－1　某股票委托买卖情况

买入价（元）	申报股数（股）	卖出价（元）	申报股数（股）
3.80	200	3.80	500
3.76	500	3.76	100
3.65	500	3.65	100
3.60	700	3.60	600
3.54	600	3.54	600

下面我们分析一下在各个价位上的成交情况（见表 2－2）：

表 2－2　各个价位上的成交情况

成交价	卖出成交情况	成交量	买入成交情况
3.54	3.54 元卖出的 600 股	600	3.80 元买入的 200 股 3.76 元买入的 400 股
3.60	3.54 元卖出的 600 股 3.60 元卖出的 600 股	1200	3.80 元买入的 200 股 3.76 元买入的 500 股 3.65 元买入的 500 股
3.65	3.54 元卖出的 600 股 3.60 元的卖出前 600 股	1200	3.80 元买入的 200 股 3.76 元买入的 500 股 3.65 元买入的 500 股
3.76	3.54 元卖出的 600 股 3.60 元卖出的前 100 股	700	3.80 元买入的 200 股 3.76 元买入的 500 股
3.80	3.54 元卖出的前 200 股	200	3.80 元买入的 200 股

这里出现了 3.60 元和 3.65 元两个价位同时满足 3 个条件的情况，如果这是沪市股票，则开盘价为 (3.60＋3.65)÷2＝3.63 元；如果是深市股票则为接近收盘的价格，假设前收盘价为 3.58 元，那么，3.60 元即为开盘价。

连续竞价

上海证券交易所在正常交易时间即每周一至周五，上午9:30～11:30，下午13:00～15:00；深圳的为每周周一至周五上午9:30～11:30，下午13:00～14:57采取连续竞价方式，接受申报进行撮合。

所谓连续竞价，是指对申报的每一笔买卖委托，由电脑交易系统将按以下步骤来确定成交价：

1. 对新进入系统的买入申报，若能成交，则与卖出申报队列按顺序成交，若不能成交，则进入买入申报队列等待成交。

2. 新进入的卖出申报，若能成交，则与买入申报队列按顺序成交，若不能成交，则进入卖出申报队列等待成交。这样循环，直到收市。

在连续竞价阶段，证券交易所的计算机开始对每一种股票，按照价格优先、时间优先和数量优先的成交原则竞价成交。价格优先是指在买的一方谁出的价格高就先卖给谁，在卖的一方谁出的价格低就先让谁卖掉；时间优先是指在同时买或同是卖的时候，在出的价格高低又一样的情况下，谁先来就先让谁成交，就买卖双方来说，买方出价在前，就按买方的价格成交，卖方出价在前，就按卖方的价格成交；数量优先是指在价格和时间一样的情况下，谁的买卖数量大，就先让谁成交。

根据以上原则，投资者如果要买入某种股票，在竞价时一般应选择略高于当时最高卖出申报的价位；当投资者需要卖出某种股票的时候，在竞价时应申报略低于当时最低买入价位，这样可以确保买入或卖出的实现。

第六节　清算交割和过户

清算交割的两种情况

【概念一点通】

清算交割是指证券买卖双方在证券交易所进行证券买卖成交以后，通过证券交易所将券商之间的证券买卖数量和金额分别予以轧抵，其差额由证券商确认后，在事先约定的时间内进行证券和价款的收付了结的行为。

清算交割反映了投资者证券买卖的最终结果，它是维护证券买卖双方正当权益、确保证券交易顺利进行的必要手段。

我们一般所说的清算交割分两个部分：一部分指证券商与交易所之间的清算交割。证券商一般都必须在证交所所属的清算公司或其委托银行处开设专门清算账户，由清算公司集中清算，并以内部划账、转账等方式交割净余额股票或价额；另一部分是委托人与证券商之间的清算交割，即买者支付现金而获得股票，卖者交付股票而取得现金。由于委托人已在证券商处开设证券账户与现金账户，故这种清算交割不必由当事人出面进行实物交割，而是由电脑自动完成就可以了。

交割日期

【概念一点通】

交割日期是指当选择权的买方要求选择权的卖方履行契约后，买卖双方依约分别支付对方所购买货币的日期。

按交割日期不同，交割又分为4种：

1. 当日交割，又称T＋0交割。即买卖双方在成交当天完成付款交券手续，这种方式可以使买卖双方较快地得到股票或现金。在T＋0交割方式下，投资者买进股票成交后，可以马上卖出；卖出股票成交后，可以马上买进。

2. 次日交割，也称T＋1交割。即在成交后的下一个营业日才能办理成交的交割手续。

3. 例行交割，即买卖双方在成交之后，按照证券交易所的规定或惯例履行付款交券。

4. 选择交割，即买卖双方自主选择交割日期，这种交割方式通常在场外交易中使用。

目前，我国所实行的是T＋1的交割制度，股民所查询到的账户上的资金余额及股票余额均为可用数，不包括因委托买入而冻结的现金余额、因委托卖出而冻结的股票数量和当日买入成交的股票数量。但股票卖出成交后的资金会及时存入资金所在的余额中，这部分资金可于当日使用。即当日买进的股票不能当日卖出；当日卖出后资金当日到账，可于当日再次买进，从差价中获取利润。

过　户

【概念一点通】

过户是指投资者买进记名股票后，持所买股票到发行公司办理变更股东名册登记的手续。

股票交易成交后，股票原持有者应在股票背面的背书栏内签名盖章，以证明该股票已成为可转让过户的股票。购入股票的投资者在卖出者转让背书后，应持本人身份证、印鉴、证券交易所的成交单及其他有关转让证明向股票发行公司或委托的代理机构提出办理过户申请，并填写股票过户申请书，发行公司或委托的代理机构查验过户手续齐全后，即可注销原持有人的户头，为新股东重新立户。

过户后，新股东即可享有发行公司的一切股东权益，记名股票的委托交易过程至此才算终结。但是，现在由于证券交易所实行证券集中保管和无纸化交易，股票的过户手续在交易成交的同时就已经由电脑自动完成，无需专门办理股票过户手续。

第七节 怎样买卖 B 股

哪些人可以投资 B 股

【概念一点通】

B 股的正式名称是人民币特种股票，它是以人民币标明面值，以外币认购和买卖，在境内（上海、深圳）证券交易所上市交易的外资股。

B 股公司的注册地和上市地都在境内（深、沪证券交易所），只不过投资者在境外或在中国香港、澳门及台湾。2001 年我国开放境内个人居民可以投资 B 股，但根据中国证监会的有关规定，并不是所有人都能购买 B 股，B 股的投资者限于：

1. 外国的自然人、法人和其他组织。
2. 中国台、港、澳地区的自然人、法人和其他组织。
3. 定居海外的中国公民。
4. 境内个人投资者；根据规定，目前我国 B 股只对境内个人居民开放，境内法人机构尚不能投资 B 股。
5. 中国证监会规定的其他投资人。

买卖 B 股的步骤

投资者如需买卖深、沪证券交易所 B 股，应事先开立 B 股账户。

1. 开立 B 股账户。

B 股开户步骤：第一步：凭本人有效身份证明文件到本人原外汇存款银行将本人现汇存款和外币现钞存款划入证券商在同城、同行的 B 股保证金账户。境内商业银行向境内个人投资者出具进账凭证单,并向证券经营机构出具对账单。

第二步:凭本人有效身份证明和本人进账凭证单到证券经营机构开立 B 股资金账户,开立 B 股资金账户的最低金额为等值 1000 美元。

第三步:凭刚开立的 B 股资金账户到该证券经营机构申请开立 B 股股票账户。

2. 委托。

3. 竞价成交。

4. 清算交割。

5. 过户。

怎样开设 B 股保证金账户

只要经证监会批准经营 B 股业务和经外汇局批准经营外汇业务的证券公司和信托投资公司,其总部和每一家分支机构都可以办理 B 股业务。境内个人投资者可以在同城任何一家经批准经营 B 股业务的证券公司和信托投资公司及其分支机构进行 B 股交易。

开设 B 股保证金账户的程序如下:

1. 凭本人有效身份证明文件到本人外汇存款银行将本人现汇存款或外币现钞存款划入拟开户的证券经营机构在同城、同行的 B 股保证金账户(暂时不允许跨行或异地划转外汇资金)。

境内商业银行向境内居民个人出具进账凭证,并向证券经营机构出具对账单。

2. 凭本人有效身份证明和本人进账凭证到证券经营机构开立 B 股资金账户,开立 B 股资金账户的最低金额为等值 1000 美元。沪市须办理指定交易。

境内居民个人可以使用境内现汇存款和外币现钞存款购买 B 股。入市资金起点 1000 美元或等值 7800 港元,其他外币应按银行公布的汇率通过银行转为上述两种币种。入市资金无上限限制。

境外投资者投资 B 股不能使用现钞,应持现汇存款。

目前,国内将外币信用卡视同现钞管理。投资者不能用外币信用卡上的资金买卖 B 股,需将外币信用卡上的资金转成现钞存款,才可以买卖 B 股。

怎样开设 B 股证券账户

中国证券登记结算公司深圳分公司作为深圳 B 股的法定登记机构,负责 B 股投资者开户业务,同时授权给一些证券营业部、银行或其他代理开户点开立 B 股账户。投资者可到具备从事深圳证券交易所 B 股业务资格的证券营业部、深圳证券交易所委托的开户代理机构办理 B 股证券账户。

开设深市 B 股证券账户的投资者需要提交的材料：

境内投资者需要提交的材料：

1. 7800 港元（相当于 1000 美元）以上的外汇资金进账凭证及其复印件。

2. 境内居民身份证及其复印件。境内个人投资者办理 B 股开户必须是本人亲自办理，不得由他人代办，境内法人不允许办理 B 股开户。境外个人投资者可委托他人代办。每个投资者只能开立一个账户。

境外个人投资者需要提交的材料：境外居民身份证或护照、其他有效身份证及其复印件。

境外机构投资者需要提交的材料：商业注册登记证、授权委托书、董事身份证明书及其复印件、经办人身份证及其复印件。

开户费：个人每户 120 港元；机构投资者每户 580 港元。

开设沪市 B 股证券账户，要求 1000 美元以上的银行进账凭证，其他要求和深市基本一致。

境内居民个人开立沪市 B 股股票账户，手续费按 15 美元/户标准收取。

对于境内的 B 股个人投资者，无论是深圳 B 股账户卡还是上海 B 股账户卡，都可以在全国任何一家交易所会员券商处开户。两者所不同的是，深圳 B 股账户卡可以在多家证券营业部开户并可同时交易，而上海 B 股账户卡必须办理指定交易，在办理指定交易后只能在指定的一家证券营业部使用，转换证券交易营业部时，须办理变更指定交易手续。

A、B 股主要交易规则的比较

表 2-3 给出了 A、B 股主要交易规则及比较。

表 2-3 A、B 股主要交易规则比较

项目	上海 B 股	深圳 B 股	沪深 A 股
	美元	港币	人民币
交易时间	正常情况下，每周一至周五上午 9:30~11:30，下午 13:00~15:00。双休日，国内公众假期，以及交易所所公布的休市日休市		
交易单位	100 股或其整数倍为单位。不足 100 股的零股可以卖出，但不能买进	100 股或其整数倍为单位。不足 100 股的零股可以卖出，但不能买进	100 股或其整数倍为单位。不足 100 股的零股可以卖出，但不能买进
报价单位	最小价格变动单位为 0.001 美元	最小价格变动单位为 0.01 港元	最小价格变动单位为 0.01 元

（续）

项目	上海 B 股	深圳 B 股	沪深 A 股
	美元	港币	人民币
开盘价	每个交易日的 9:15～9:25 采用集合竞价方式产生	9:30 起连续竞价产生	每个交易日的 9:15～9:25 采用集合竞价方式产生
收盘价	以最后一笔成交价作为收盘价	以最后 1 分钟的加权平均价作为收盘价	沪市以最后一笔成交价作为收盘价，深市以最后 1 分钟的加权平均价作为收盘价
涨跌幅	除上市首日的证券外，每支证券的交易价格相对于上一交易日收市价格的涨跌幅度不超过 10%，ST 股票的涨跌幅度不得超过 5%。新股上市首日不设涨跌幅限制，但上海交易所规定每笔成交价格不得超过前一笔成交价格的 15%；深圳交易所规定，开盘价不得高于发行价的 1500 个档位（15 港元），此后，每笔成交价格不得超过前一笔成交价格的 500 个档位（5 港元）		
交易清算	实行 T＋3 交收，即在 T 日卖出股票的资金或买入股票的股份余额要在第三个交易日（T＋3 日）才能到账，因此卖出股票的资金要到 T＋3 日才能提取，但可回转买入		实 T＋1 日交收，即在 T 日卖出股票的资金或买入股票的股份余额要在下一个交易日（T＋1 日）才能到账，因此卖出股票的资金要到 T＋1 日才能提取
T＋0 回转交易	可进行 T＋0 回转交易，即当天买入的股票当天可以卖出，或当天卖出股票的资金当天可以再买股票		不可进行 T＋0 回转交易，即当天买入的股票当天不可以卖出，但当天卖出的股票的资金当天可以再买股票

第三章
股票投资的宏观面分析

新股民入门导读：

从经济学的角度来看，股市的行情变化并不神秘，它也是由供需关系的变化而决定的，而供需关系又受到其他许多因素的影响，如国家的宏观经济形势、通货膨胀、金融、行业政策、利税率调整、突发事件等方面的因素，这些因素影响了股票的供求关系，进而对股市的行情也产生了重要的影响，如何把准大势便成为新股民的必修一课。

第一节 常见的宏观经济指标对股市的影响

国内生产总值（GDP）对股市的影响

读者在新闻中常常会接触到一些经济指标，如国内生产总值、经济增长率等。这些指标由国家统计局定期公布，对判断宏观经济形势具有重要作用。

【概念一点通】

国内生产总值（GDP）是指在一定时期内（一个季度或一年），一个国家或地区的经济中所生产出的全部最终产品和劳务的价值，常被公认为衡量国家经济状况的最佳指标。

这些产品和劳务的界定以在一国领土范围内生产为标准。举个例子说，康佳在俄罗斯设厂，其产值不予计入；可口可乐在中国设厂，其产值计入我国当年国内生产总值。GDP 不但可反映一个国家的经济表现，更可以反映一国的国力与财富。

一般来说，股市的波动与国内生产总值的变化是一致的。当国内生产总值持续、稳定地增长的时候，社会的总需求与总供给协调增长，说明此时经济发展势头良好，企业盈利水平持续上升，人们生活水平改善，股票的内在含金量以及投资者对股票的需求增加，促使股票价格上涨。反之，就会下跌。

而经济结构不合理，高通货膨胀下呈现的 GDP 高速增长，则是泡沫经济的表现，经济形势有在矛盾激化中恶化的可能，企业成本上升、重复建设最终导致供大于求、居民实际收入等各种因素引发股票价格的大跌。

若在宏观调控下国内生产总值出现减速增长，受政策收缩，增长减缓影响，股票价格有一个下跌的过程。随着宏观调控的有效性显现，社会经济结构趋于合理，经济矛盾逐步缓解，股票市场也会体现对经济向好的预期而出现平稳渐升的态势。

物价对股市的影响

普通商品价格变动对股票市场有重要的影响。一般情况下，物价上涨，股价上涨；物价下跌，股价也下跌。商品价格对股票市场价格的影响主要表现在以下四个方面：

1. 商品价格上涨幅度过大，股价没有相应上升，反而会下降。这是因为，物价上涨引起公司生产成本上升，而上升的成本又无法通过商品销售而完全转嫁出去，从而使公司的利润降低，股价也随之降低。

2. 商品价格出现缓慢上涨，且幅度不是很大，但物价上涨率大于借贷利率的上涨率时，公司库存商品的价值上升，由于产品价格上涨的幅度高于借贷成本的上涨幅度，于是公司利润上升，股票价格也会因此上升。

3. 物价持续上涨，引起股票投资者保障意识的作用增加，因此使投资者从股市中抽出资金来，转投向动产或不动产，如房地产、贵重金属等保值性强的物品上，带来股票需求量降低，因而使股价下跌。

4. 物价上涨，商品市场的交易呈现繁荣兴旺时，人们热衷于及时消费，使股价下跌；当商品市场上涨回跌时，反而成了投资股票的最好时机，从而引起股价上涨。

股民应在把握一般规律中，分析、观察并警惕以上这些异常的特殊情况发生，以便正确操作。

通货膨胀对股市的影响

【概念一点通】

通货膨胀是指在纸币流通条件下，因货币供给大于货币实际需求，也即现实购买力大于产出供给,导致货币贬值,而引起的一段时间内物价持续而普遍的上涨现象,其实质是社会总需求大于社会总供给。

通货膨胀的走势与股市的指数一样,也可以按月或年通过曲线表现总体的运行状况。这种运行状况可以反映出很多问题,对新股民朋友们而言,通胀走势也是一种重要的信息。

一般情况下,经济增长和通胀总体形势是呈现同步运行态势的,通胀压力的大小直接影响到一个国家相关政策的制定,这类政策又会对股市产生重要的影响。通胀发生之初,货币供应量必然增多,这种增加的货币量一般能刺激生产,增加公司利润,从而增加可分派股息。股息的增加会使股票更具吸引力,于是股票价格将上涨。但是因为通货膨胀代表货币贬值,随后而来的必然是股价的大幅回落。

另外,当通货膨胀发生时,企业经理和投资者不可能明确地知道眼前盈利究竟是多少,更难预料将来盈利水平。他们无法判断与物价有关的设备、原材料、工资等各项成本的上涨情况。而且,企业利润也会因为通货膨胀下税收制度的变化而极大减少甚至消失殆尽。因此,通货膨胀引起的企业利润的不稳定,会使新投资裹足不前。

就股市的宏观趋势而言,通货膨胀的压力加大,必然会引起政府的关注,我们可以根据通胀的走势推测出政府可能推出的措施,并从力度大小的角度把握这些措施对股市的影响。就中国而言,过去保持较高的经济增长速度和抑制通货膨胀始终是一对矛盾体。经济增长过快则通胀压力加重,要抑制通胀有时又不可避免地影响了经济发展的速度。在这个大前提下,政府宏观调控手段的实施对股市具有正反两方面的影响。

在经济发展过程中,若通胀率上升过快,政府为保持经济的健康发展和维护社会稳定,一般会采取诸如控制和减少财政支出,实行紧缩的货币政策,这就会提高市场利率水平,从而使股票价格下降。因为中国股市的升跌起伏很大程度上是机构资金在起作用,这些机构原来大多是国营或集体企业,极大部分已经转变为股份制公司。不管是何种形式,国家资金是它们的主要依赖对象。一旦政府收紧资金流出的源头,限期还贷,就会造成获利盘大量的抛股套现压力,并且这类资金在一定时间内一去不回头。随着资金的紧张,公开的拆借市场和民间借贷的利率会随之上升,这种相对稳定且可观的利率收益,又造成股市中的部分资金流出。只出不进或出多进少的结果必然造成股市的下跌,若政府已经出台的调控措施仍未减缓通胀压力,政府还会加大力度实施宏观调控,推出更为严厉的措施。

一般认为,通货膨胀率很低(如5%以内)时,危害并不大且对股票价格还有推动作用。货币供应量增多在一定程度上激活了股市，使得股票更具吸引力。当通货膨胀率较高且持续到一定阶段时，经济发展和物价上升的前景就变得难以捉摸，整个经济形势会变得很不稳定。这时，由于企业对利润前景并不明确，影响了新资金的注入。当通胀压力逐步加大并引起政府关注时，新股民朋友们应该考虑到股市的上升空间已经接近极限，逐步减仓出局方为上策。

同样，当通胀见顶回落并达到合理范围内时，政府为促进经济发展又会推出如放松银根、盘活企业的一系列措施，从而刺激股市活力，为新股民创造机会。

其实新股民朋友们完全可以把通货膨胀理解为生产能力的不足，当生产能力不足时，任何低效率的企业都可以分得一部分资源来补足供给，这就意味着整个经济体价值的下降，所以股市预期下降；而生产能力过剩时，最先被淘汰的一定是效率低下的企业，从而意味着整个经济体的效率提高，所以股市预期上升。这就是股市与通货膨胀、通货紧缩之间真实的相互关系。

如果新股民朋友们能够紧紧把握通货膨胀的整体发展趋势，分析判断出通货膨胀的顶部，就极有可能在股票市场赚到大钱。

失业率对股市的影响

【概念一点通】

失业率是指失业人口（一定时期全部就业人口中有工作意愿而仍未有工作的劳动力数字）占劳动人口的比率，旨在衡量闲置中的劳动产能，是反映一个国家或地区失业状况的主要指标。

通过该指标可以判断一定时期内全部劳动人口的就业情况。一直以来，失业率数字被视为一个反映整体经济状况的指标，而它又是每个月最先发表的经济数据，所以失业率指标被称为所有经济指标的"皇冠上的明珠"，它是市场上最为敏感的月度经济指标。

一般情况下，失业率的变动与国民经济形势基本同步。失业率低，也就是就业率高，居民生活稳定，消费、投资欲望强，对股市起强有力的推动作用。过高的失业率不仅影响个人投资意愿，而且会影响社会整体情绪，引发一系列社会问题，股市也会因此震荡走低。

美国《纽约时报》报道，2008年12月，美国非农业部门就业岗位减少52.4万个，失业率上升到过去16年来的最高点7.2%。

该报道称，这是美国非农业部门就业岗位连续第12个月减少。由于美国失业率攀升至新高，纽约股市三大股指均大幅下跌。道琼斯指数收于8599.18点，跌幅为

1.64%；标准普尔指数跌幅为2.13%；纳斯达克综合指数跌幅为2.81%。

2010年1月，日本总务省发布的最新数据显示，1月份日本失业率环比下降0.3%~4.9%，失业情况连续两个月出现改善趋势。这也是日本失业率自2009年3月以来首次降到5%以下。这标志这个世界第二大经济实体正在回弹。

失业率下降的数据发布后，亚洲股市出现大幅走高。数据显示，日经225平均指数攀升0.3%，合31.9点，至10204.93点；韩国Kospi指数上涨1.2%至1613.64点；印度Sensex指数飙升1.4%至16665.92点。

随着亚洲股市的回暖，西方股市也出现喜人向上局面。2010年3月6日，英国保诚集团将斥资355亿美元收购美国国际集团旗下亚洲寿险业务美国友邦保险公司一事，也在很大程度上鼓舞了全球投资者的士气。此外，澳大利亚联邦储备银行2010年3月2日下午宣布将官方基准利率从3.75%提高至4%后，澳大利亚股市攀升了0.4%。

据美联社报道，美国当地时间2010年3月1日晚，道琼斯指数飙升0.8%，合78.53点，至10403.79点，创1月20日以来最高点。S&P 500指数上涨1%，合11.22点，至1115.71点，创自1月21日以来最高水平。

利率对股市的影响

在所有影响股票价格的宏观经济因素中，利率是最为敏感的因素。一般来说，利率哪怕是极微小的变化，都会引起股市的价格变动。

从历史上看，利率与股市之间有着明显的"杠杆效应"。总体来说，利率上升，股市将下跌；利率下调，股市将上涨。

利率是货币政策的一个具体表现形式，货币政策是用以调节整个社会的货币供应量。当利率上升时，企业的经营成本增加，利润减少，可供股票投资者分配的股息、红利当然也会减少。这样由于股票的投资吸引力下降，银行储蓄回报率提高，投资者会把资金从股市撤出，转存银行。股市由于资金减少，就有可能出现股票供过于求的局面，最终引起股票价格下跌。反之，利率降低，会刺激投资和需求的增加，导致资金从银行流回股市，股价便会上升。

国家的利率是根据经济发展的现实情况，并遵循市场规律制定的。一个国家在经济处于萧条和衰退期，为恢复和刺激经济发展，政府通常会降低银行存贷款利率，降税减息。而减幅往往视经济发展状况而定，逐步进行。

当国家经济出现过热情况时，一般表现为通货膨胀压力增大，投资需求过猛，政府为了保证经济平稳、健康发展，往往会采取提高利率的办法抑制通货膨胀。而这时股市也往往表现为牛市行情冲顶过程，风险已十分巨大。一旦利率提高或有可能提高时，股市暴跌就有可能随时发生。

这种以利率为杠杆调节经济发展的手段是市场机制的重要组成部分。西方一些发达国家，尤其是美国，有时一年中连续几次调整利率。在中国，利率也起着相应的调节作用。

由于利率的总体走势对股市的影响非常大，了解利率走势和股市波动的关系对新股民选择股票的买卖时机有重要的参考价值。具体说来，研判利率走势的"顶"和"底"，对寻找股市走势的"底"或"顶"具有极为重要的参考价值，这实际上也是一种从宏观角度捕捉股市大机会的手法。

研判利率走势的顶或底较为复杂，通常可以根据国民经济的增长幅度、通胀走势、利率的历史高位低位等等来判断。一旦利率见底，通常预示股市将见顶；反之，利率见顶又是股市大底将现的前兆。

不过，股市相对于利率的反向走势具有提前或滞后的特性，两者并不一定是同步运行或同时发生的，当利率见底之前，股市有可能先行见顶；或利率见顶之前，股市已提前完成探底过程甚至出现缓慢回升。

2007年3月18日，在股指一路高歌猛进，万民皆入股市的情况下，中央银行上调金融机构人民币存贷款基准利率0.27个百分点。3月19日，上证综指开盘报2864.26点，跌2.26%，深成指开盘报7918.75点，跌2.81%。沪指报收于3014.442点，上涨83.961点，涨幅2.87%；深成指报收于8276.799点，涨幅1.59%，沪深股市主板共成交1441亿元。但这似乎并没有拉住这头疯牛的缰绳，之后，股市依然延续大涨的势头，沪深指数纷纷屡创新高。

之后，央行又多次进行了利率调整。4月16日，上调存款类金融机构人民币存款准备金率0.5%；5月15日，上调存款类金融机构人民币存款准备金率0.5%；5月19日起，一年期存款基准利率上调0.27%，一年期贷款基准利率上调0.18%，其他各档次存贷款基准利率相应调整，个人住房公积金贷款利率相应上调0.09%。但仍然没有改变牛市的格局。

到10月16日，沪指达到了6124.04点的高位。两市的总值也超过全年的GDP总值达到了25万亿人民币，沪深指数被推到了难以置信的高度。利率调整所起的作用显然滞后于大盘的牛势上涨，不过这并不代表利率调整对股市没有影响。2007年10月16日后，中国股市开始了一场单边下滑的大雪崩，上证综指从难以企及的6124.04点一路下行至2008年10月28日的1664.93点。当然这样的大熊市是由国际经济大环境的恶化、金融风暴的打击引发的，不过利率调整在其中所起的作用也是不可否认的。

这就要求我们不可过于机械地根据利率走势选择股市的买卖点。有时候，股市的稳健、股民的信心，抵消了提高利率对于股市造成的负面影响，进而违反利率与股市运势反向这一规律。所以，新股民朋友们在看利率的同时，也要综合通胀走势、政府实施的其他有关经济发展的措施进行分析研究，同时还要观望以后一段时间股市的发展状况与政策的进一步行动来作出判定，这样得出的结论更具有客观性。

所以，每个新股民在进入股市之前，都必须认真研究中国的利率走势。当然，利率走势并不能对一些中级行情的买卖时机提供可靠的依据，如在利率处于上升阶段时，股市压力加重，每当出现上涨，应该想到这可能仅仅是反弹，对上升的空间不应期望过高，结合其他分析工具，随时留意出货机会。反之，如果利率呈下降趋势，股市本应向上，若股价回落下调，则可考虑这种回档为吸纳的良机，至于在什么点位建仓，应综合各种因素加以判断。

总之，利率的变化是股市变化的一个风向标，新股民朋友们应该学会从利率的变化中嗅出股市的行情变化，并决定自己的买卖行为。

汇率对股市的影响

【概念一点通】

汇率是一个国家的货币折算成另一个国家货币的比率，是一种货币用另一种货币表示出来的价格。

汇率变动受到经济、政治等多种因素影响，其中的经济因素集中到一点，就是国家的经济实力。如果国内经济结构合理，财政收支状况良好，物价稳定，经济实力强，商品在国际市场具有竞争力，出口贸易增长，其货币汇率坚挺；反之，则货币汇率疲软，面临贬值压力。汇率的变动也会对经济、政治等多方面产生重大影响。本币贬值，可以刺激出口，抑制进口，也会导致资金外流，影响一国国际收支平衡。

外汇行情与股票价格有着密切的联系。一般来说，如果一个国家的货币稳中有升，吸引外资流入，经济形势稳步发展，股价就会上涨，而一旦一国货币贬值，股价也会随之下跌。

例如，我国2005年7月21日，人民币升值，汇率不再盯住单一美元货币。人民币升值使得占据沪深市场大部分市值的股票的竞争力进一步上升。可以说，在股权分置改革和汇率改革两大制度改革的作用下，A股的价值已经具有较强的国际竞争力。

这次汇率改革对国内证券市场的具体影响主要表现在资产的计价和资金的供给

两个方面。

在全球经济一体化的影响下，人民币升值使境内资产的境外估值水平一次性地降低，从而提升国内股市的价值。这次改革使人民币资产升值，A、B、H股的基本资产价格相对提升，因此在短暂反映了汇兑对B股的影响后，包括A、B、H股在内的所有人民币股票资产的价值都得到提升。同时由于本次改革幅度较小，市场预期会进一步提升，从而对市场产生正面影响。

从资金供应分析，本次汇率变动影响资金最大的是QFII资金，新增60亿美元的额度相对减少了人民币资金2%。但是从长期来看，由于人民币继续升值的预期将长期化，因此可以断定，QFII入市的速度将加快，并且会在较短时期内用完旧额度并申请新的额度。如此实质上是在增加QFII的资金供应量，从而对A股市场形成长期资金供应。

第二节 宏观经济政策对股市的影响分析

货币政策对股市的影响

股市作为一个筹集资金和配置资源的手段，在国民经济中起到了越来越大的作用，股市的涨跌受到了经济中各个因素的影响，货币政策就是其中的一个重要因素。

【概念一点通】

货币政策是政府调控宏观经济的基本手段之一。由于社会总供给和总需求的平衡与货币供给总量与货币需求总量的平衡相辅相成，因而宏观经济调控的重点必然立足于货币供给量。货币政策主要针对货币供给量的调节和控制展开，进而实现诸如稳定货币、增加就业、平衡国际收支、发展经济等宏观经济目标。

货币政策对股票市场与股票价格的影响非常大。总的来说，一方面宽松的货币政策会改善上市公司融资环境，增加商业银行的资金头寸，使商业银行可贷资金充裕，为上市公司提供良好的融资环境，有利于上市公司获得更多的贷款进行资产重组，摆脱经营困境，增加营业利润，为股价盘升奠定坚实的基础；另一方面，上市公司拥有多个融资渠道，就会减轻对股民的配股压力，使二级市场资金更为宽裕，也有利于股价震荡上行。但是货币供应太多又会引起通货膨胀，使企业发展受到影响，使实际投资收益率下降。

紧缩的货币政策则相反，它会减少社会上货币供给总量，不利于证券市场的活跃和发展。另外,货币政策对人们的心理影响也很大,这种影响对股市的涨跌又将产生极大的推动作用。

财政政策对股市的影响

财政是国家为实现其职能的需要对一部分社会产品进行的分配活动,它体现着国家与其有关各方面发生的经济关系。国家财政资金的来源,主要来自于企业的纯收入。其大小取决于物质生产部门以及其他事业的发展状况、经济结构的优化、经济效益的高低以及财政政策的正确与否,财政支出主要用于经济建设、公共事业、教育、国防以及社会福利。

财政规模和采取的财政方针对股市有着直接影响。假如财政规模扩大,只要国家采取积极的财政方针,股价就会上涨;相反,国家财政规模缩小,或者显示将要紧缩财政的预兆,则投资者会预测未来景气不好而减少投资,因而股价就会下跌。虽然股价反应的程度会依当时的股价水准而有所不同,但投资者可根据财政规模的增减,作为辨认股价转变的根据之一。

财政投资的重点对企业业绩的好坏,也有很大影响。如果政府采取产业倾斜政策,重点向交通、能源、基础产业投资,则这类产业的股票价格就会受到影响。财政支出的增减,直接受到影响的是与财政有关的企业,比如与电气通讯、房地产有关的产业。因此,每个投资者应了解财政实施的重点。

股价发生变化的时点,通常在政府的预算原则和重点施政还未发表前,或者是在预算公布之后的初始阶段。因此,投资者对国家财政政策的变化,也必须给以密切的关注,关心财政政策变动的初始阶段,适时做出买入和卖出的决策。

税率对股市有什么影响

国家对企业征税的税种、税率对上市公司来说至关重要,当税率发生变化时,必然要引起股价的变化,同样,进出口税率的调整也会影响股市波动,这主要表现在股市结构的变化上。

2006年11月1日,财政部公布:国务院将对原油、煤炭等4项能源类产品出口加税5%,煤炭、成品油、氧化铝等26项资源类产品进口税率由3%~6%降低至0%~3%,"一升一降"旨在鼓励资源进口、控制资源出口,这必然引起股市结构的变化,受益政策的行业股票表现越来越积极,而受到抑制的行业股票则表现得很压抑。

众所周知,提高关税不利于出口。例如,上面所说的自2006年11月1日起,铜、镍、电解铝等11项有色金属产品出口关税税率上调为15%,上调幅度之大令业界没有料到。此次调整对有色金属行业产生了一定程度的影响，尤其是电解铝行业。据统计，有色金属是2005年中国贸易逆差的主要来源之一。原料短缺是目前中国金属生产企业面临的主要问题。由于中国铜和镍的年出口量很少，出口关税上调对铜、镍行业的影响不明显。但对于因投资过热产能过剩而成为2005～2006年国家宏观调控重点的电解铝行业，影响就较为巨大。

加征出口关税的直接结果是大大增加了出口成本，这使得电解铝企业减少出口，转向国内市场，从而减轻对国内能源、资源的压力。与此同时，出口受阻加剧了国内电解铝市场的竞争，加快了电解铝企业的优胜劣汰。表现在股市上，以出口为主要贸易收益的企业受到严重影响，产能过剩使更多的企业走入困境，很多上市公司都出现低迷的行情。

这次的关税调整给铁合金企业带来了又一个不小的挑战。出口受限意味着国内市场的铁合金供应量将大幅增加，国内铁合金消费市场已经进入基本饱和状态，但成本却一路增加，铁合金的整体价格水平必然下降，表现在股市上，同样会出现低迷的状态。

从2008年1月1日起，中国进一步调整进出口关税，主要涉及最惠国税率、年度暂定税率、协定税率和特惠税率等方面。同时中国在2008年开始履行加入世界贸易组织的关税减让承诺。

除了能源类产品，这次在进口方面调节的产品还包括，计算机直接制版机器、纺织机械零部件等7项有利于技术创新和生产制造节能产品所需的关键设备或零部件税率将由2007年的1%～7%降低为0～3%；以及尿素化肥、蓝湿皮革类产品，税率均有不同程度的降低。而这些行业在股市上的表现也越来越活跃。

自2009年7月1日起，中国调整部分产品的出口关税：取消小麦、大米、大豆及其制粉、硫酸、钢丝等31项产品出口暂定关税；降低微细目滑石粉、中小型钢材、氟化工品、钨、钼、铟等有色金属及其中间品，共计29项产品的出口暂定关税。同时，取消部分化肥及化肥原料的特别出口关税；对黄磷继续征收20%出口关税，对其他磷、磷矿石继续征收10%～35%的出口暂定关税，对合成氨、磷酸、氯化铵、重过磷酸钙、二元复合肥等化肥产品（包括工业用化肥）统一征收10%的出口暂定关税。

此次调整主要涉及中国磷化工和化肥行业、钢丝和型钢、粮食以及有色金属品种，相关行业复苏。表现在股市上：首先，化肥行业短期利好，走出了一波好行情；其次，钢材、有色金属行业受益；粮食出口上游公司受益。

总之，调整关税对支持大市有积极作用，但对各个行业的影响不同，新股民朋友们应该根据不同的征税情况，确定自己的股票选择方向。

第三节　其他宏观因素分析

国际经济形势对股市的影响

当今世界各国的经济联系越来越密切，从有形贸易到无形贸易，从资金流到信息流，无不说明这一趋势的增强。尤其是在以信息技术为特征的知识经济兴起的背景下，通信成本乃至整个交易成本大幅度降低，各国包括金融市场在内的各种市场纷纷对外开放，世界经济一体化趋势发展得异常迅速，因此，一国国内经济受国外经济影响已十分明显，而作为国民经济晴雨表的股市，同样也会受到国际经济形势的重大影响。

1998年，东南亚的金融危机逐渐蔓延至日、韩，疲弱的日本企业和银行再次遭受重大打击，政府不得不拿出巨资来整顿金融业。这一危机还影响到全球经济的发展速度，东南亚货币贬值造成美国第二季度巨额的贸易逆差和经济增长放缓（从一季度的54％降为18％）。当时，我国金融市场相对封闭，国际金融危机没有直接对我国股市造成重大的冲击。但是，也不是没有一点影响。全球信息的快速传导，使我国投资者在心理上产生恐慌情绪，股市也产生了小幅度的振荡。

1998年1月13日稳步盘升的A股市场出现恐慌性下跌（跌幅一度达9.5％），即与12日百富勤宣布清盘破产和港股暴跌有关。

到6月中旬，日元兑美元汇率继续大幅下挫，引发了东南亚各国汇市与股市的大跌，在这种情况下，我国股市利好消息及管理层稳定市场的社论均未能奏效。

8月，市场投资者陷入更大的恐慌之中。由于国际金融市场动荡加剧，东南亚金融危机进一步加重，并引发全球股市、汇市暴跌，加之我国遭遇百年不遇的特大洪水，所有的形式都不容乐观，8月10日至17日的短短6个交易日，沪深两市综指分别下跌97.61点和29.03点，跌幅均达8.3％，创一年多来总单日跌幅之最。

2004年，受石油输出国组织（OPEC）限产决定的影响，2月10日纽约市场国际原油期货价格大幅上扬。美国经济的复苏和中国经济的快速增长使国际市场对原油的需求格外强劲。我国股市的石油板块迅速上扬。

这些数据都说明了国内股市受到国际经济形势的影响，只是没有造成重创，这还要归功于我国金融市场的相对封闭性。但是，这种状态必然要被打破，随着我国对外开放力度的加大，尤其是加入WTO后，国际经济形势对我国经济发展和股市行情的影响越来越大。经济全球化经过调整后,以空前的速度和规模持续深入发展,全球经济依存性不断上升。全球资本与生产技术要素的全球化重新配置,带来全球政治经济格局重大而深刻的变化。

2007年,美国爆发了次贷危机,到2008年9月,美国五大投行纷纷倒塌,次贷危机升级为全球性的金融危机。次贷危机这只"蝴蝶"在大洋彼岸轻轻挥动翅膀,竟然导致全球金融大风暴,美元贬值、各国股市大振荡、石油及各种能源价格飞涨,国际大宗商品价格不断攀高。这场由美国引起的经济危机影响了全球经济走向。中国当然也不例外,尤其是对第二产业的影响比较严重,很多工厂纷纷倒闭,对第三产业中的IT、金融行业影响也很大。

同时,国内股票市场经历了大幅调整波动,沪深两市总市值大幅缩水。那些满怀信心期待牛市下半场到来的投资者,无疑经历了一场噩梦,A股急转直下,进入漫漫熊市。2008年A股沪市的最高点是1月14日的5499.6点,最低点是2008年10月28日的1664.93点。6000点的高位不到一年又回到了2000点以下,只留下退潮时裸泳的投资者看着手中缩水的股票。

因此,股民们不能再存有侥幸心理,要做好充足的准备,不仅要了解国内经济形势,而且也要关注国际经济形势及其对股市的影响。比如国际汇市上汇率的变动不仅影响到我国进出口产品、服务的竞争力,而且还关系到我国利率走势乃至货币政策的走向;国际市场对我国产品、服务的需求,直接影响到相关的国内上市公司的经营业绩;世界性经济结构的调整是判断我国上市公司未来盈利能力的重要参考。

当前,国际经济形势有以下5个特点:

1. 世界经济迅速增长,美国、欧元区国家、日本等发达国家的经济发展使世界经济得以继续维持较高增速,发展中国家经济呈相互带动、梯次发展的态势。

2. 随着金融创新,特别是金融衍生工具的开发和推广,金融一体化程度提高,全球金融业呈爆炸式增长。经济金融化趋势一方面促进了全球资源有效配置,另一方面也增加了全球经济的不稳定性、投机性和风险性,给股市的变化增添了更多的不确定性。

3. 国际资本市场和劳动市场流动性增强,生产要素的全球流动形成全球市场。

4. 新兴市场经济体日益具体,加快融入全球经济体系,为经济全球化注入新活力。发展中国家对国际资本的吸引力持续增大,股市的流动性会逐渐增强。

5. 南北国家有关发展模式的交融与交叉增多,经济领域多边协调渐成趋势,新兴大国加速崛起,经济力量加速多极化。贸易自由化的需要不断增强,与发达国家的共同利益有所增多,使我国的贸易长期保持顺差,对上市公司走向国际非常有利,为股市的良性发展提供了优良的经济环境。

总之，经济全球化的发展趋势影响到国内外总体形势，同时波及上市企业的利润，种种因素都影响到股市的变化，股民们要密切关注国际经济的总体变化。

政治事件对股市的影响

股市大势的起伏与涨跌，经常受到各种外来因素的影响，其中震撼最强烈、发生最突然的，当属政治因素。

稳定的社会、政治环境是经济正常发展的基本保证，也是股民投资的必要保证。倘若一国政治局势出现大的变化，如政府更迭、国家首脑健康状况出现问题、国内动乱、对外政治关系发生危机时，都会对股票市场产生影响。因此，政治因素历来是影响股市走势尤其是短期走势的重要因素。

政治因素主要包括本国政局的稳定情况、政权的转移、领袖的更替、政府的作为、国际社会对本国的政治态度（如制裁、援助、免除债务等）以及战争等。此类因素往往涉及面非常广，有时是带来大规模的变动，有时则很微妙，但都能直接或间接地导致股市波动，有时还是非常强烈的"地震"。

中国是一个社会主义国家，政局稳定、社会安定、经济平稳发展，但新股民朋友们也不能因此而忽视政治因素的变化，因为无论是国内还是国外的政治因素，最终都要在社会生活的方方面面产生这样或那样的连锁反应，正所谓"牵一发而动全身"，作为国民经济"晴雨表"的股市更是难以避免。这在任何国家中都是如此，特别是重大政治事件对股市的影响，更不容忽视。

2008年3月10日马来西亚股市（.KLSE）大幅收低9.5%，此前该国执政联盟在3月8日的大选中受挫，蓝筹股森那美和TenagaNasional均挫跌15%。马来西亚股市盘中跌停10%后，被暂停交易一个小时。

AmInvestment银行集团的地区股市研究主管Benny Chew说："估值和基本面因素倒退居次位，政治不确定性成为首要因素。直到大选尘埃落定前，市场有可能出现较低的成交量。"

其他东南亚国家股市，除越南以外，3月10日均收低。新加坡海峡时报指数（.FTSTI）下跌1.04%；泰国股市（.SETI）收低1.82%；印尼股市（.JKSE）也受挫4.84%；菲律宾股市（.PSI）下跌3.96%。

政界人士参与股票投机活动和证券从业人员内幕交易一类的政治、社会丑闻，也会对股票市场的稳定构成很大威胁。像20世纪80年代日本出现的"利库路特事件"，其影响面之广、影响时间之长就是一个典型的例子。

1988年6月，日本利库路特公司前董事长江副浩正将利库路特公司未上市的股票向多名政界要人转让一事东窗事发，导致当时的首相竹下登下台，原首相中曾根康弘和当时的大藏相宫泽喜一等人也涉嫌其中，这就是日本有名的利库路特贿赂案。这使得日本政局风雨飘摇、数月之内内阁两次更迭，股市自然受到了严重的影响。

此外，国际形势的变化，也直接或间接地影响着股市的走势。像外交关系的改善会使有关跨国公司的股价上升，敏锐的投资者就可以在外交关系改善时，不失时机地购进相关跨国公司的股票；中国周边关系友好，国际形势缓和，这对企业发展无疑提供了大好环境，当然股市大势向好。

如今，我们生活在"地球村"时代，每一个国家的经济都不是孤立的，都处于相互依赖、合作和竞争的全球系统内。因此，新股民朋友们不仅要关心国内政治，而且还要关心国际政治，只有这样，才能在股市地震开始之前出场规避，将损失降到最小。

突发事件对股市的影响

俗话说：天有不测风云，人有旦夕祸福。社会也是如此，随时都有可能发生一些突发性事件。有些突发性事件影响巨大，关系到整个国家的利益，对股市直接构成重大利好或重大利空，导致股市暴涨暴跌。

证券市场由于存在着一定的投机因素，对于突发的重大事件往往会做出及时的反应。

2001年美国发生"9.11"恐怖袭击事件后，美国政府虽然采取了紧急应对措施，但美国股市甚至整个世界股市都出现了不同程度的下跌。"9.11"事件后，纽约证券交易所和纳斯达克市场被迫停市4天，从9月12日停市到9月17日恢复开市，开市之后的第一周暴跌13.4%。

中国股市亦受此消息影响大幅低开，其中上海股市则以跳空40余点开盘，但在探底1815.59点后即开始上涨，最高涨至1858.68点，收于1852.60点，只微挫11点。

重要领导人的更替或变化，也会对股市产生强烈影响。在美国股市的历史上，曾因艾森豪威尔总统心脏病复发、肯尼迪遇刺，而使股市暴跌。2009年1月20日，美国新一任总统奥巴马正式就职，由于投资者对他能改善全球性金融危机对美国经济带来的不利影响不抱太大信心，对欧美主要银行财务状况恶化的担忧也影响了市场情绪，20日纽约股市经历了2008年12月1日以来最差的一天。到纽约股市收盘时，道琼斯指数收于7949.09点，下跌4.01%；标准普尔指数收于805.22点，下跌 5.28%；纳斯达克综合指数收于 1440.86 点，下跌 5.78%。

　　突发消息引发的概念，对股市的冲击同样不可小视。突发消息有多种情况，有上市公司的个股利好，也有类似禽流感疫情等消息的刺激。对于这类概念一般只能中短线操作，因为相关股票的涨势在很大程度上取决于消息的变化。有时因为消息的作用会使得股价瞬间冲高，但往往是昙花一现。

　　例如：如图3-1所示，上海医药（600849）在2009年5月，因为全球性甲型H1N1流行性感冒的大幅度传播而出现一波强势行情，但该股上涨势头持续时间并不长，随即出现回落走势。

图3-1

　　突发性自然灾害对股市究竟是构成利空还是利好，没法得出一个肯定的结论。就世界范围而言，自然灾害导致股市上涨的例子很多，中国股市也是如此，最明显的一个例子就是2009年冬天，由于中国北方大部分地区普降大雪，个别地区甚至出现雪灾，大幅度的气温下降导致这些地区出现供暖、电力等能源短缺，从而引发两市燃气股、煤炭股的大幅上扬。

　　一般来讲，在股市低迷的状况下，出现突发性的利多事件，股指都能很快上扬，爆发"井喷"行情。但是如果突发事件属于利空性质，则影响甚小，股指只是借势振落而后又回复到原有格局。因为股指已经处于低位，行情必然会发生逆转，后市必然要修整反弹。而在股市火爆的背景下，利空性突发事件则能迅速使股市降温，大盘甚至还会出现"自由落体"式的直线连续下跌。因此要判断突发事件本身对大盘的影响，关键还要看大盘当时所处的位置，即市场的内在规律会起主导作用。

平行市场的发展

【概念一点通】

平行市场是指和股票市场相平行的其他市场,如债券市场、期货市场、黄金市场、房地产市场等。

平行市场发展的速度也会对股价产生较大的影响。比如 1995 年 5 月 18 日,因国家关闭国债期货市场,国债期货市场的资金回流到股票市场,使股市指数一天上涨 20%,上证综合指数在 3 天的时间里从 580 点上涨到 900 点。

第四章
上市公司的基本面分析

新股民入门导读：

入市的股民第一个想到的是风险问题。在所有风险防范的措施中，对上市公司基本面的分析，无疑是重中之重。

基本面分析是散户投资者进行理性投资的前提。基本面是股票的投资价值，特别是长期价值的唯一决定因素。每一个价值投资者选择股票前必须要做的就是透彻分析企业的基本面。

许多投资大鳄如巴菲特，制胜的法宝之一就是对基本面的研究分析。被誉为欧洲"彼得·林奇"的安东尼·波顿的投资理念也没有脱离基本面，他卖出股票的理由与二级市场价格涨跌无关，只与上市公司的基本面的变化有关。

所有影响股市的变化的因素中，最重要的还是基本面的变化情况。因此，对于散户投资者来说，无论是选股还是买卖，都要把眼光放在公司的基本面上。

第一节 行业分析

公司所属行业的性质分析

【概念一点通】

行业是指作为现代社会中基本经济单位的企业，由于其劳动对象或生产活动方式的不同，生产的产品或所提供的劳务的性质、特点和在国民经济中的作用不同而形成的产业类别。这就是说，行业是由一群企业组成的，这些企业由于其产品或劳务的高度可相互替代性而彼此紧密联合在一起，并且由于产品替代性的差异而与其他的企业群体相区别。

公司的发展与其所属的行业有很大的关系，比如，电子工业、精细化工产业，属成长型产业，其发展前景比较好，对投资者的吸引力就大；反之，如果公司处于煤炭与棉纺业，则属夕阳产业，其发展前景欠佳，投资收益就相应要低一些。由此看来，公司的行业性质也会对上市公司的股价产生比较大的影响。所以，投资者有必要对公司所属的行业进行分析。一般来说，你可以从以下三个方面进行：

1. 从商品形态上进行分析。

从商品的形态上来看，公司产品是生产资源还是消费资源。生产资源是满足人们的生产需要的，消费资源是满足人们生活需要的。一般情况下，生产资源受景气变动影响较消费资源大，即当经济好转时，生产资源的生产增加比消费资源快；反之，生产资源的生产萎缩也快。在消费资源中，还应分析公司的产品是必需品，还是奢侈品，因为不同的产品性质，对市场需求、公司经营和市场价格变化等都将产生不同的影响。

2. 从生产形态上分析。

从生产形态上来分析，主要看公司是劳动密集型、资本密集型还是知识技术密集型。

在生产的劳动、资本和技术的诸因素中，以劳动投入为主的属劳动密集型；以资本投入为主为资本密集型；以知识技术投入为主则为知识技术密集型。在经济不发达国家或地区往往劳动密集型企业比重大，在经济发达国家或地区资本密集型企业往往占优势。在当代随着新技术革命的发展，技术密集型已逐步取代资本密集型。此外，不同类型的公司，劳动生产率和竞争力不同，也会影响到企业产品的销售及盈利水准，使投资收益发生差异。

3. 从需求形态上进行分析。

从需求形态上分析公司产品的销售对象及销售范围。如公司产品是以内销为主，还是外销为主，内销易受国内政治、经济因素的影响；外销则易受国际经济、贸易气候的左右。同时还必须调查分析企业产品对不同需求对象的满足程度，不同的需求对象对产品的性能、品质也有不同的要求。公司必须以需求定产量，否则，必然影响公司的产品销售，从而影响盈利水准，使投资收益降低，股价下跌。

上市公司所属的行业与股票价格变化关系的意义非常重大。

1. 它是国民经济形势分析的具体化。

我们在分析国民经济形势时，根据国民生产总值等指标可以知道或预测某个时期整个国民经济的状况。但整个经济的状况与构成经济总体与各个行业的状况并非完全吻合。当整个经济形势好时，只能说明大部分行业的形势较好，而不是每个行业都好；反之亦然。分析国民经济形势并不能知道某个行业的兴衰发展情况，不能反映产业结构的调整。例如，一个世纪前，美国的铁路处于鼎盛时期，铁路股票炙手可热。但现在约有一半以上的美国人没有坐过火车，铁路股票已不能再引起人们的兴趣。相反，曾经被人们冷落的高新技术产业如计算机、移动式电话等行业的股票现在已是门庭若市。这些说明，只有进行行业分析，才能更加明确地知道某个行业的发展状况，以及它所处的行业生命周期的位置，并据此做出正确的投资决策。如果只进行国民经济形势分析，那么最多只能了解某个行业的笼统的、模糊的轮廓。

2. 进行行业分析可以为更好地进行企业分析奠定基础。

如果我们只进行企业分析，虽然可以知道某个企业的经营和财务状况，但不能知道其他同类企业的状况，无法通过横向比较知道目前企业在同行业中的位置。而这在充满着高度竞争的现代经济中是非常重要的。如果某个行业已处于衰退期，则属于这个行业中的企业，不管其资产多么雄厚，经营管理能力多么强，都不能摆脱其阴暗的前景。所以投资者在选择股票时，还要分析和判断企业所属的行业是处于开创期、扩张期，还是衰退期，绝对不能购买那些属于衰退期行业的股票。

行业生命周期的分析

任何一个行业一般都有其存在的寿命周期，由于行业寿命周期的存在，使行业内各公司的股票价格深受行业发展阶段的影响。行业寿命周期的阶段有开创期、扩张期和衰退期三个阶段。

企业的开创期

一个行业尚处于开创期，往往是技术革新时期，由于前景光明，吸引了多家公司进入该行业，投入到新技术新产品的创新和改造的潮流中。经过一段时间的竞争，一些公司的产品为市场消费者所接受，逐渐占领和控制了市场，而更多的公司则在竞争过程中遭到淘汰。因此，此行业在成长期，技术进步非常迅速，利润极为可观，但风险也最大，股价往往会出现大起大落的现象。

企业的扩张期

这一时期，少数大公司已基本上控制了该行业，这几家大公司经过创业阶段的资本累积和技术上的不断改进，已经取得了雄厚的财力和较高的经济效益，技术更新在平缓地发展。公司利润的提高,主要取决于公司经济规模的扩大和平稳增长,这一时期公司股票价格基本上是处于稳定上升的态势。投资者如能在扩张期的适当价位入市,其收益会随着公司效益的增长而上升。

企业的衰退期

由于市场开始趋向饱和,使行业的生产规模成长开始受阻,甚至出现收缩和衰退,但这一时期该行业内部的各家公司并未放弃竞争,因而利润出现了下降的趋势。所以在停滞期,该行业的股票行情表现平淡或出现下跌,有些行业甚至因为产品过时而遭淘汰,投资者在此时,应不失时机地售出股票,并将其收益再次投向成长型的企业或公司。

产业政策

在影响中国股市的政策中,产业政策也是一个重要的方面。

【概念一点通】

所谓产业政策,主要是国家针对一些行业出台的鼓励或限制性政策。

中央政府或地方政府出于对经济建设及国计民生的考虑,在政策上会给予某些产业优待,以扶持该产业发展。政府给予受扶持产业的优惠政策中最重要的是优惠的税收政策(如减免税)和优惠的贷款支持(如低息或无息贷款)。有了优惠政策的大力扶持,受扶持的上市公司业绩改善自然就有了保证。

行业政策影响的范围比较小,主要是影响政策所涉及的行业,比如说,政府如果采取住宅政策,则与房地产有关的股票价格肯定将发生变化。

【实例链接】

2009年12月14日,国务院召开常务会议,就促进房地产市场健康发展提出增加供给、抑制投机、加强监管、推进保障房建设等四大举措。会议同时明确表态"遏制房价过快上涨"。此前,中国部分地区的楼市已经持续"高烧",创出了历年来的新高。12月14日,北京市统计局、国家统计局北京调查总队联合发布1～11月份北京市房地产运行情况。数据显示,北京市四环以内期房均价在4月份突破2万元/平米,五六环之间期房均价突破1万元/平米。

据国家统计局统计,2009年3月至11月,全国70个大中城市房屋售价环比涨幅逐月扩大,全国楼市一片普涨。

房价飞涨,部分城市的房地产市场重要指标开始出现失衡。据中国指数研究院统计,2009年1～10月,北京地区房屋租售比达到1∶434,上海地区达1∶418,

深圳、杭州均突破1∶360，远高于国际通行标准，显示当前的房地产市场风险累积日益加大。

中国社科院发布《住房绿皮书》指出，京、沪、杭等20多个城市商品住宅价格出现泡沫，北京地区房价中泡沫成分约占1/5。

与高房价现象伴生的是，投资投机性购房泛滥，相关数据显示，楼市中这类购房需求竟超过购房总需求的一半，"囤地"、"捂盘"……开发商的一些违规行为，加剧了老百姓的购房恐慌。

在此大背景下，国务院领导明确表示遏制房价过快上涨，这对股市尤其是房地产板块的影响十分明显。如图4—1所示，2009年12月15日沪深股市141家房地产上市公司仅17家翻红，房地产指数下跌3%，位居沪深股市板块跌幅之首。

图4—1

在行业政策中，也会有鼓励有关行业快速发展的政策，这种政策通常能带动相关行业的股票连续大幅上涨。比如2009年初的乳制品行业就是典型代表，由于政府发布了《中共中央国务院关于2009年促进农业稳定发展农民持续增收的若干意见》，有关涉农板块，如农林牧渔、农药化肥、乳制品制造等都成为2009年股票市场的亮点。

【实例链接】

2009年2月1日，新华社授权全文播发《中共中央国务院关于2009年促进农业稳定发展农民持续增收的若干意见》。这是在近年连续发出5个加强"三农"工作的中央一号文件基础上，在党的十七届三中全会召开的新形势下，中央制定的又一个重农强农的一号文件，表示出中国政府对"三农工作"的高度重视。

伴随"中央一号文件"通常会出现一波以主题投资为主的农业板块行情。果然,牛年伊始,中央一号文件就给股市打了一针强心剂。农林牧渔、农药化肥、食品等三大涉农版块在文件发布当日全线飘红,超过30只个股涨幅超过5%,就连2008年深受"三聚氰胺事件"影响的乳业也迎来了光明。

随着中国提高乳业进入门槛、加强奶源监管,在市场规模增长趋缓的大背景下,乳业巨头凭借资金和规模优势,进一步整合奶源和产能,推动全行业由粗犷的外延式发展进入精细管理的内涵式增长阶段。

一号文件规定:继续落实奶牛良种补贴、优质后备奶牛饲养补贴等政策,实施奶牛生产大县财政奖励政策,着力扶持企业建设标准化奶站以确保奶源质量。通过补贴,上市乳品公司可以从中直接受益。在中央一号文件的重大利好促进下,乳业股走出了长达9个月的强劲行情,以乳业股龙头＊ST伊利为例,从2009年2月2日的开盘价9.32元至11月16日的最高价29.02元,上涨幅度高达211.37%,如图4—2所示。

图4—2

通常说来,政府政策的扶持对象,往往是庄家猎取的目标。政府扶持什么,庄家就做什么股票,总能够使股价出现翻番甚至翻几番的暴涨行情。1995年政府重点扶持国有大型企业,于是庄家对低价国企股闹起"低价股革命";1997年政府倡导"科教兴国",庄家便高举科技帅旗,结果一呼百应;1998年政府力争"用三年左右时间让大多数国企脱困",庄家便纷纷进驻困难国企,让重组股价格"脱贫"。2009年,正是受到国家4万亿救市资金直接刺激的基建板块大力拉升大盘,这才带动了周边板块的活跃,从而造就了半年涨幅60%的大牛市。由此可见,国家或地方政府对上市公司实行重大政策倾斜的消息，能够带动股价暴涨。

因此，新股民在股票投资中，必须确定某一行业政策的投资价值，而国家的行业政策则在一定程度上反映了某个行业未来发展的机会，比较容易从中捕捉庄家的踪迹。因此，行业政策也是新股民朋友们想要快速获利所必须关注的指标之一。

相关行业变动因素的分析

在行业因素分析中，相关行业的变动也是影响股票发生变化的一个重要因素，主要表现在以下三个方面：

1. 如果相关行业的产品是该行业生产的投入，那么相关行业产品的价格上升，就会造成该行业的生产成本提高，利润下降，股价会出现下降趋势。相反的情况也成立。比如钢材价格上涨，可能会使生产汽车的公司股票价格下跌。

2. 如果相关行业的产品与该行业生产的产品是互补关系，那么相关行业产品价格上升，对该行业内部的公司股票价格将产生不好的反应。如1973年石油危机爆发后，美国消费者开始放弃使用小汽车，结果对美国汽车制造业形成相当大的打击，其股价大幅下跌。

3. 如果相关行业的产品是该行业产品的替代产品，那么相关行业产品价格上涨，就会提高该行业产品的市场需求，使市场销售量增加，公司盈利也因此提高，股价上升。反之则销售减少，股价下降。

上市公司行业分类

上市公司行业分类信息是股票市场的重要信息，对于投资者的投资决策有着直接的影响见表4—1、表4—2。

表4—1　上海证券交易所行业分类

上海证券交易所行业分类		截止时间：2010年7月5日	
行业名称	上市股票数（只）	市价总值（元）	平均市盈率	平均价格（元）
工业	584	7003021230657	21.18	9.41
商业	60	290490836598	36.12	11.36
地产	28	309508272108	18.11	5.67
公用事业	97	1272657793851	24.09	6.18
综合	154	4925134071907	14.38	6.8

表 4-2 中国证券监督管理委员会行业分类

中国证券监督管理委员会行业分类			截止时间：2010 年 7 月 5 日	
行业名称	行业代码	交易股票数（只）	市价总值（元）	平均市盈率	平均价格（元）
农、林、牧、渔业	A	24	81585308657	62.43	7.84
采掘业	B	27	3286953667563	16.42	10.65
制造业	C	489	3068900114213	28.83	9.06
食品、饮料	C0	35	333628536586	36.76	18.68
纺织、服装、皮毛	C1	40	122081902942	22.54	7.17
木材、家具	C2	2	8393631028	24.64	5.54
造纸、印刷	C3	16	43099819125	18.75	6.14
石油、化学、塑胶、塑料	C4	84	357704726672	41.53	8.45
电子	C5	28	110292823129	57.35	7.52
金属、非金属	C6	73	599803402776	27.67	7.04
机械、设备、仪表	C7	143	1103086646611	26.25	9.12
医药、生物制品	C8	56	339891820599	26.37	13.01
其他制造业	C99	12	50916804744	36.83	8.46
电力、煤气及水的生产和供应业	D	47	577985633801	26.88	6.83
建筑业	E	25	456336073146	16.94	5.02
交通运输、仓储业	F	54	775458970993	24.94	6.09
信息技术业	G	55	371292473941	37.84	8.21
批发和零售贸易	H	63	331902234428	31.74	11.98
金融、保险业	I	25	4133671874688	13.3	6.56
房地产业	J	44	348386416598	21.45	7.92
社会服务业	K	22	126568761260	28.63	7.8
传播与文化产业	L	11	60837169277	42	11.89
综合类	M	37	180933506555	32.66	7.02

第二节 公司一般分析

公司盈利能力分析

【概念一点通】

公司的盈利能力是公司获取利润的能力，是投资者最为关心和重视的一个分析指标。

反映公司盈利能力的指标有：

1. 资本收益率。

资本收益率是公司一定时期的税后利润与实收资本（股本）的比率，它是分析公司投资者投入资本所获取收益的能力。资本收益率越高，说明公司投资者投入资本的获利能力越强，对股票越有利。

2. 每股盈余。

每股盈余是衡量公司每一股普通股所能获得的纯收益多少的一个指标。该指标越高对股票越有利。

3. 销售净利率。

销售净利率是指公司净利润占销售收入的百分比，销售净利率与净利润成正比，与销售收入成反比。公司销售净利率越高越好。

4. 市盈率。

市盈率是股票每股时价与每股盈余的比率，也称为本益比。市盈率反映股票投资者对每一元的利润所愿意支付的代价。市盈率越低，表示公司股票的投资价值越高，反之，则投资价值越低。

5. 每股净资产。

每股净资产是公司每一股普通股票所代表的公司的净资产有多少，一般也称其为每股净值。公司的资产总额减去公司的负债总额，得到净资产总额，再以其除以公司股本总额，即为每股净资产。由于公司净资产额是属于股东全体所有的，因此也称为股东权益。

6. 每股现金流量。

每股现金流量是公司经营活动所产生的净现金流量减去优先股股利与流通在外的普通股股数的比率。一家公司的每股现金流量越高，说明这家公司的每股普通股在一个会计年度内所赚得的现金流量越多，反之，则表示每股普通股所赚得的现金流量越少。

7. 现金流量比率。

现金流量比率是用来显示公司偿还即将到期债务能力的一种动态指标，是经营活动所产生的净现金流量与流动负债的比率。现金流量比率高，表明公司现金比较充足，短期偿债能力较强。反之，则表明公司现金比较紧张，短期偿债能力较差。

公司经营管理能力分析

上市公司的经营管理水平，会引起股价的波动。经营管理水平高的上市公司，投资者普遍较看好，投资时会有一种安全感，所以这种公司股票就受到投资者的青睐和追捧。公司的经营管理能力，反映在公司的总体形象上，可以从以下两方面进行分析：

1. 公司社会形象。

公司给社会大众的整体形象的好坏，对股价的变动有很大影响。公司形象一般有社会责任形象、优良的产品市场形象、公司未来发展形象、公司所倡导的员工精神面貌、公司文化气氛以及公司的经营方针和未来发展战略等。良好的公司形象能使公司在竞争激烈、变幻莫测的市场上不断发展，向消费者提供优质商品，向股东提供稳定而丰厚的投资收益。

2. 公司管理人员的公众形象。

上市公司管理人员的素质和管理才能，对于公司的发展是非常重要的，投资者也会以此为依据评价公司的成长性。如果公司的高层管理人员素质不高或经常变更，说明公司的经营管理能力不强，公司的经营方针、经营策略和发展战略将难以实现，给投资者的印象是公司经常变化，经营不稳定，具有相当大的投资风险，从而导致公司公众形象下降，公司股票价格下降。

成长性分析

【概念一点通】

上市公司成长性是指公司在自身的发展过程中，其所在的产业和行业受国家政策扶持具有发展性，产品前景广阔，公司规模呈逐年扩张、经营效益不断增长的趋势。

成长性是公司的灵魂，是股市的生命，它是衡量上市公司经营状况和发展前景的一项非常重要的指标。一般来说，成长性好的公司，其股票就会受到投资者的青睐和追捧。

怎样分析上市公司的成长性，关键要明确上市公司成长性分析不同于公司业绩优劣的分析。上市公司业绩优劣分析，可以从盈利水平、财务状况、经营管理、行业地位、市场占有率等方面出发，其中包括净资产收益率、资产负债比率、流动比率、存贷周转率等一系列量化指标。但这种分析是单纯地从静态的角度出发，是滞后性的分析，而对公司成长性的分析则需评估一家公司的业绩是否会从差到好、从好到更好，不仅仅是依靠历史数据和过去的经营情况，更重要的是应着眼于公司未来可能产生的变化，同时了解行业、市场乃至产品的变化趋势。因此，对上市公司成长性的分析是全方位的、动态的分析，带有前瞻性的分析预测。

对上市公司成长性的分析主要从其外在因素和内在因素两方面进行分析。

1. 外在因素。

（1）上市公司的市场需求状况。

市场需求是企业生产最根本的推动力，是一个行业和企业长期发展的保障和基础。如房地产、汽车等行业，随着经济的快速发展和人民生活水平的不断提高，市场需求也必将日趋旺盛。

（2）国家的宏观调控及政策倾向。

在经济发展过程中，总有一些行业是整个经济发展必不可少的基础行业，如能源、交通、农业等行业。这些经济发展的基础行业必然会在一个相当长的时间内得到国家的大力扶持，并给予各种优惠政策和特殊待遇。

除了上述基础产业外，对国民经济有重大影响的支柱产业，如科技、石化、机械、电子、建筑、汽车等，也会得到国家有关倾斜政策的扶持。这些特殊行业的优势为该行业创造了其他行业无法比拟的成长环境。

（3）上市公司的集团控股优势。

某些大型企业集团公司采用部分上市方式，从而使上市公司成为集团公司中优质资产的集合体，并接受集团公司的统一领导。沪市中的海尔、宝钢、中国石化等公司就是其中的代表，作为集团公司的窗口，上市公司的业绩往往得到集团公司内部的大力支持，同时优质资产也不断地被注入到上市公司中，并使其业绩和发展后劲得到提高和增长。

2. 内在因素。

（1）上市公司的财务状况。

保持合理的财务结构、盈利水平和较强的筹资能力是上市公司成长性的具体表现。其中，压缩成本、控制开支对公司的利润增长具有杠杆作用。

（2）上市公司在同行业中具有优势。

从市场竞争的角度来讲，一个企业在行业中规模越大，资本实力越强，其长期竞争的能力就越强。一方面，规模经济可产生更多的边际效益，使其在成本、价格上占有优势；另一方面，巨大的资本实力可以增强公司的抗风险能力，并使其在激烈的市场中可以投入更多的资金开拓市场。按照市场竞争的一般结果，通常是行业中最大的几家成为行业巨人，绝大多数中小企业，不是被兼并，就是被淘汰，所以行业内的前几名具有稳定的成长性。

（3）上市公司的决策体系及开拓精神。

保证公司不断成长的决策包括新项目的开发，新技术的应用等。公司要向前发展，就要有新项目投入运作，这是上市公司业绩增长的主流因素。此外，公司的领导决策层要有开拓创新精神，不断进取，与时俱进。

(4) 上市公司的产品优势。

一种产品的生命周期可分为开创期、成长期、成熟期和下降期四个阶段。其中成长期期末和成熟期是其利润的最大产出期，此时投资获利较大。而在开创期，需要大量资金投入，产品的市场前景又难以确定，风险较大，此时投资，一旦成功，获利丰厚，一旦失败，损失惨重。下降期的产品将被新产品所替代，因此不值得投资。

关联交易对上市公司的影响

【概念一点通】

关联交易是指在关联方之间发生转移资源或义务的事项。

我国上市公司的关联交易形式繁多，归纳起来主要有如下几种：

1. 产品购销中的关联交易。

一般是指上市公司与控股或非控股股东之间的原料采购、产品销售，以及委托加工、提供后勤服务等之间的联系。这类关联交易的交易量在各类关联交易中占首位。

2. 资金占用中的关联交易。

由于可通过股票市场进行低成本融资，并且信誉较好，相对比较容易从银行获得信贷资金，所以上市公司就成了集团公司的融资窗口。上市公司向集团收取资金占用费，一方面可增加上市公司的盈利，另一方面又可解决集团公司的资金来源问题，因此上市公司和集团公司之间的资金往来现象非常普遍，仅次于关联购销业务。此外，上市公司与其关联企业间的担保现象也非常普遍。

3. 费用负担中的关联交易。

有些集团公司部分资产改制上市后，虽然形成了两个独立的法人实体，而实际上是"两个牌子，一套班子"。当股份公司需要增加利润时，就由集团来承担各种费用，能往集团公司转移的尽量往集团公司转移，甚至是股份公司职工的工资也会部分转移到集团公司，另外还得向集团公司收取管理费，最后，如此规模的上市公司一年下来管理费用竟然只有百余万，甚至更小。当然一些本身效益较好的上市公司则可以进行反向操作。

4. 资产转让与租赁中的关联交易。

目前，上市公司与其母公司（往往是集团公司）之间普遍存在着资产转让和租赁关系，包括上市公司利用募股资金收购关联方的资产，也包括厂房、设备等固定资产的租赁和土地使用权、商标、特许权等无形资产的租赁。

5. 资产重组中的关联交易。

上市公司在改制上市时把非经营性资产和不良资产剥离给集团公司，以优化上市公司资产结构。上市后很多公司仍同集团公司经常发生资产转让，这其中有正常的经营需要，也有的是为了调整利润。

从对上市公司经营业绩影响的角度看，产品购销中的关联交易、资金占用中的关联交易是对上市公司业绩影响最大的因素，甚至成为左右公司业绩的调控工具。现在，我们就具体来看看这两种关联交易是怎样影响上市公司的。

1. 利用产品购销中的关联交易达到调节利润的目的。

产品购销活动中关联交易普遍存在于上市公司的日常经营活动中，这种关联交易，实质上是由母公司通过关联交易向上市公司转移利润，从而保证上市公司的配股资格。

这种关联交易能够使上市公司在某一阶段创造或维持较好的经营业绩，中小股东似乎也从中享受到额外收益。但由于购销中的关联交易具有交易价格和交易数量的随意性，更缺乏透明度，当大股东自身难保，对上市公司没有能力再"拉"，甚至通过暗箱操作以达到某种目的的时候，上市公司的业绩随时可能跌入低谷，甚至出现大幅亏损。

2. 资金占用中的关联交易使上市公司潜在风险加大。

资金的占用包括大股东以应收账款或其他应收账款方式拖欠上市公司资金，也包括大股东借用甚至占用募股（配股）资金的情况。

由于有些上市公司改制不彻底，上市公司与大股东之间处于密不可分的状态，发生母公司与股份公司之间的关联交易和关联资金占用，是难以避免的。出现这种情况的原因是，有些上市公司对资金占用的问题不重视或无所谓，而另外一些公司出现这种情况不排除是出于经营上的考虑，如在兼并收购行动中，为减轻上市公司负担，采取上市公司出钱，母公司代为操作，从而形成了母公司对上市公司的巨额资金占用，这种占用属于短期的，且明显对上市公司有利，但长时间无偿占用上市公司资金，尤其是占用募股资金，则会损害上市公司利益。

投资项目分析

股价的高低取决于企业未来的收益与风险的大小。对于企业来说，投资项目是决定企业未来收益的重要因素之一。因此，在判定企业未来收益的时候，对企业投资项目的分析就是投资者必须要做的功课。一般来说，分析一个公司的投资项目，可以从以下几方面来考虑：

1. 项目的可行性研究。

如果投资项目是新的产品，标志着公司经营战略开始转变，但对于一个公司来说，进入一种新的产品市场，风险是很大的，必须进一步分析该产品的市场前景，并从其技术含量、进入壁垒等方面分析投资项目的市场竞争优势和劣势。

2. 投资项目与公司产品的关联度。

投资项目与公司产品的关联度体现了公司的经营战略方向：是进一步扩大生产规模，降低生产成本，还是进行技术创新，提高产品竞争能力；是延长产品线，向上游或下游延伸，还是进行产业转移，逐步从现有的处于衰退的产业中退出，进入新的产业。

同时，投资者还应分析这种经营战略与公司目前的市场地位和市场结构是否吻合。

3. 对投资项目的定量分析。

定量分析一般使用两类指标：一是非贴现指标，这是我们过去常用的评估方式，它不考虑资金的时间价值，通过对项目的投资回收期、会计收益等指标来衡量项目的经济效益；另一类是贴现指标，它考虑到资金的时间价值，将未来的收益折算成现值来表示，主要有净现值、现值指数、内涵报酬率等，这是西方国家常用的一种方式。

4. 分析投资项目建设期和回收期的现金流，特别是投资项目的后续资金（包括生产项目的继续扩大、正式投产后需增加的营运资金、市场推广资金等）的来源问题、对公司财务状况的影响、公司进一步筹资的能力。

5. 投资项目风险的定量分析。

定量分析可以用风险调整贴现法和肯定定量法对投资收益指标进行调整。

6. 对投资项目的风险作定性分析。

定性分析主要是分析产品市场的未来变化，如未来产品市场是应用广阔、高速发展，还是用途有限、增长乏力，特别是要注意产品未来几年是否有更好替代品的出现和应用。

第三节 资产重组对上市公司的影响

资产重组的作用

【概念一点通】

资产重组是指企业资产的拥有者、控制者与企业外部的经济主体进行的，对企业资产的分布状态进行重新组合、调整、配置的过程，或对设在企业资产上的权利进行重新配置的过程。

资产重组作为企业资本经营的重要内容，已成为企业深化改革的热点和市场投资炒作的热点。据统计，沪深两地上市公司中，资产重组的企业超过20%，并有进一步扩展之势。

企业资产重组是企业资产优化组合、社会资源优化配置的一种必然选择。一般而言，企业进行资产重组可以壮大自身实力，实现社会资源的优化配置，提高经济运行效率。其作用主要表现在以下几方面：

1. 可以实现企业资本结构的优化，在国家产业政策指导下，可以实现国有资产的战略性重组，使国有资本的行业分布更为合理。

2. 与新建一个企业相比，企业重组可以减少资本支出。

3. 与企业自身积累相比，企业重组能够在短期内迅速实现生产集中化和经营规模化。

4. 有利于调整产品结构，加强优势产品，淘汰劣势产品，促进产品结构的调整。

5. 有利于减少同一产品行业内的过度竞争，提高产业组织效率。

上市公司处在投资者、管理层和券商等中介机构之间，对于投资者来说，资产重组既有出于短期压力的考虑，具有保稀有的"壳资源"、保配股的功能，也具有上市公司从长计议，通过有效的重组实现可持续发展的作用，投资者在把握重组股机会时要兼顾这两种情况。

企业资产重组的类型

企业资产重组根据其重组目标的重点不同，可以划分为财务性重组和战略性重组。

财务性重组

财务性重组是以优化资本结构、改善财务质量、规避财务风险和增加账面利润等作为重组目的，通过资产重组剥离不良资产等使其暂时避免退市危机或达到配股、增发等再融资条件。

总的来看，财务性重组呈现以下特征：

（1）重组过程和重组目标均具有短期行为的性质。

（2）收益实现往往具有"一次性"的特点，即重组当年的账面利润可能确实不错，但未来年度却难以为继。

（3）经营业绩的改变主要来自出售资产、债务重组等所得的收益。

（4）往往存有保住企业上市资格或者争取配股、增发资格等动机。

（5）一般属于关联交易。

（6）通常发生在资产负债比率过高、沉淀资产过多等资本结构性因素导致的经营困难的上市公司之中。

战略性重组

战略性重组是以完善产业结构、培育核心竞争力和提升企业价值等作为重组目的，凭借重组注入的优质资产实现与现有资产产生协同效应，或者实现现有资产产业链的延伸，或者寻求与现有资产关联度不大的多元化发展，或者促使现有资产进入更有发展前景的业务领域等，使重组后的资产结构及组成更加符合企业长期发展战略的需要，保证企业未来业绩的持续增长。

总的来看，战略性重组交易呈现以下特征：

（1）强调公司的长远发展而非短期的绩效改善。

（2）产生协同效应或产业链延伸，提高经营效率和规模效益。

（3）产业结构升级，企业核心竞争力增强。

（4）不仅注重实物资产的重组，也强调无形资产的重组。

（5）业绩增长依靠实在的优质资产。

（6）从企业现实和发展的要求出发，具有明确的发展战略导向。

企业资产兼并的类型

企业兼并可以按照不同的标准划分为不同的类型：

1. 按企业兼并的行为方式可分为3种类型：

（1）横向兼并。

即在同一市场上提供同种商品或服务的企业间的兼并，其目的是获得规模经济效益，提高市场占有率。

（2）纵向兼并。

即生产和销售的连续性阶段中互为购买者和销售者关系的企业之间的兼并。其中，兼并处在最终需求者方向的企业时，称为"前方性纵向兼并"；兼并处在原料阶段方向的企业称为"后方性纵向兼并"。这种形式的兼并一般是想控制某部门、行业的生产及销售全过程，从而获得一体化的效益。

（3）混合兼并。

即横向兼并、纵向兼并以外的所有兼并，包括产品扩张型兼并、市场扩张型兼并和纯混合型兼并三种。产品扩张型兼并是指一家企业以原有产品和市场为基础，通过兼并其他企业进入相关产业的经营范围、达到增强企业实力的目的；市场扩张型兼并是指生产同种产品，但产品在不同地区的市场上销售的企业兼并，它可以作为扩大市场、提高市场占有率的主要手段；纯混合型兼并是指生产和职能上无任何联系的两家或多家公司的兼并，这种形式的兼并可通过多元化经营，降低经营风险，使企业获得稳定的利润。

2. 按资产的转移方式可分为4种类型：

（1）以现金购买股票的兼并，指一家公司用现金购买另一家公司的大部分股票，以实现控制其资产及经营权的兼并，即所谓"收购"。

（2）以现金购买资产的兼并，指一家公司用现金购买另一家公司的全部或绝大部分资产以实现兼并。

（3）以股票交换股票的兼并，指A公司向B公司的股东发行股票以交换B公司的大部分股票。一般来说，至少要达到A公司能控制B公司所需的足够股票。在这类兼并中，B公司可能解散或并入A公司。

（4）以股票购买资产的兼并，指A公司向B公司发行自己的股票以交换该公司的大部分资产。在这类兼并中，A公司一般愿意承担B公司的责任，但B公司必须承担两项义务：第一，同意解散该公司；第二，把拥有的A公司的股票分配给自己的股东。这样做的主要原因是，A公司不想让自己的大量股票集中在极少数的股东手中。A、B公司一般还会就B公司的全体高级成员和董事参加A公司的管理达成协议。

重组股的分析技巧

无论从哪个角度对重组股进行分析，都要涉及上市公司重组后的业绩，这主要包括以下几个方面：

1. 业绩与股本规模、上市时间的关系。
2. 重组后主营业务状况。
3. 运用优惠政策的重组对业绩的影响。
4. 重组后每股收益、每股净资产及净资产收益的增减状况。
5. 重组时对目标资产的选择是否严格。
6. 一次性重组收益对每股收益产生的影响。
7. 关联重组是否造成了业绩误区。
8. 业绩与重组方式的关系。
9. 重组中是否注重了资本经营而忽视了新产品的经营。

分析重组股需要注意的问题

1. 重组带来报表的不可比性。
2. 各家理解重组的含义不同,说法不一。
3. 重组权益日确定显示出弹性。
4. 重组在年报中表述不规范。

选择重组股投资,关键在于把握短线机会,而这种短线机会又表现在如何选择重组股上。从风险控制和短线机会的把握上,我们还须从以下几方面对重组股做出分析:

1. 超跌形态和筑底阶段的重组股具有风险小而机会多的特点,选择超跌筑底时有温和放量态势个股便具有短线机会。
2. 从基本面上把握有实质性重组题材个股,尤其是业绩有望根本改变,形成较好新利润增长点的个股。
3. 重组股的重要特点便是低价、低市值,选择重组股应从中低价、中小盘个股中寻找机会。

识别上市公司"假"资产重组

毫无疑问,资产重组是在市场经济条件下进行资源配置和再配置的一个重要途径,对社会经济的发展具有显著的积极作用。特别是对于股票市场来说,资产重组既是实现规模经济和进行产业整合的必要条件,也是股票市场上"用脚投票"机制全面启动的综合反映。正常的和有效的资产重组,将有助于股票市场上优胜劣汰的竞争机制的建立、健全和完善,也有助于促进产业结构向高级化的方向发展。

资产重组虽然有众多优势,但这并不表明只要是经过资产重组的公司都能为上市公司带来积极的作用。相反,有些公司经过重组之后,在重组的一两年内,企业利润大有显著的增长,但在这之后,企业盈利能力又逐渐滑落,重新回到了起点甚至更低。

应当说明的是,在股票市场上,真正的和实质性的资产重组也是存在的,确实有一些上市公司通过资产重组而实现了企业的战略转移,走上了持续的和健康的发展道路,但也必须指出,有些上市公司的资产重组也带有相当的"水分",而且不太规范。就资产重组的现实情况来看,突出的问题主要有四种:以"圈钱"为目的进行的"报表重组";以保上市资格为目的进行的"资格重组";以拉抬股价为目的进行的"题材重组";以上市公司提供"回报"为目的进行的"信用重组"。

以"圈钱"为目的进行的"报表重组"

有些上市公司进行资产重组的目的是为了提高企业的净资产收益率,从而能够在股市上通过配股的方式进行圈钱。

比如，有的上市公司与大股东进行完全不等价的关联交易，大股东用优质资产换取上市公司的劣质资产；有的上市公司甚至在同一天买入和卖出同一笔资产，从中获取巨额差价；有的上市公司把巨额债务划给母公司，在获得配股资金后再给母公司以更大的回报。

在这几种资产重组的现象中，关联交易在重组中占有相当高的比重，是这种资产重组的突出弊端。

以保上市资格为目的进行的"资格重组"

根据沪深证券交易所的有关规定，对连续两个会计年度亏损以及经交易所或中国证监会认定为财务状况异常的公司，要进行特别处理（即ST）。如果上市公司最近三年连续亏损，则要暂停其上市资格并作PT处理。

随着近年来上市公司亏损的日益增加从而导致ST队伍的逐步扩大，以及PT股票的出现，上市公司特别是ST公司为了避免成为PT公司、PT公司为了避免被摘牌，而展开了日复一日的保"资格"大战，这就使得ST公司和PT公司日益成为资产重组的主要对象并且在市场上逐步形成了ST板块。

根据原有的债务重组规则，上市公司的债务重组收益允许计入当期损益，因而有不少上市公司都通过此举来达到"摘帽"或保配股的目的。

以拉抬股价为目的进行的"题材重组"

近年来，利用资产重组题材来拉抬股价从而达到在二级市场上获利的目的已成为我国股市中一种比较普遍的现象。这种以拉抬股价为目的的资产重组，一般都具有三个方面的特点：

（1）重组题材往往具有"爆炸"性。无论重组前的上市公司属于多么传统的产业，只要一进行重组，就立刻能进行产业升级，科技、科教、科创等各种名目立刻冠上公司名称，市场题材也就由此而生。

（2）重组能使不良资产大部分或全部换成优良资产，公司业绩也能在短期内大幅抬升，并往往伴随有高比例的送配题材。

（3）重组往往采取"暗箱"操作方式，上市公司的资产重组信息既不规范，也不透明。有的上市公司甚至在股价启动时或暴涨过程中发布"澄清公告"：公司没有任何重组意向或重组行为。但当股价持续上扬并且达到最高价位时，上市公司却又突然推出了董事会决议：已与某公司或大股东进行了重大的重组行为。

以上市公司提供"回报"为目的进行的"信用重组"

利用上市公司的"担保"或"回报"来达到重组目的，是近年来上市公司资产重组中出现的引人注目的现象。1994年恒通集团入主棱光股份后,在短短的几年中,通过上市公司提供担保,竟从上市公司提走了8亿多元的资金"回报"。

规避投资重组股的风险

重组股行情能够给投资者带来巨大的收益,可是其中也蕴含着极高的风险,在这样的背景下,投资者要以风险投资的形态来看待重组股。

从这方面分析,投资者在操作的时候,绝对不应该在一只个股上满仓,而应讲究投资组合,分散投资风险。

例如,某位投资者有18万元资金,选择3只重组股,假如股价都在6元,把资金均分在这3只重组股上,则每只重组股投入6万元。

假设出现第一种情况:最后的重组结果是1只成功,2只失败。成功的1只股价涨到12元,涨幅100%,并在12元出货,获利6万元(不计交易成本的前提下)。

失败的2只,能跌倒什么价位呢?可以假设一下,假若失败的2只重组股股价都从6元跌到4.5元,跌幅为25%,最后在4.5元全部止损,亏损3万元(不计交易成本的前提下)。

这样,1只成功2只失败的最后获利就是3万元,投资收益率为16.7%。

假设第二种情况:假若最后的重组结果是2只成功,1只失败。成功的涨幅、失败的跌幅、出货止损价位都与第一种情况相同,最后的获利将是:

6万元×(1+100%)×2+6万元×(1−25%)−18万=10.5万元

即最后获利10.5万元,投资收益率为58%。

如果18万元全部集中到一只重组股上,成功了当然可以实现收益最大化;一旦失败,也就导致了损失最大化。因此,从防范风险的角度出发,炒重组股,不宜满仓在一只重组股上,而应讲究运用投资方法和技巧。

第四节　公司的财务分析

公司财务分析的基本依据

对公司进行财务分析的基本依据就是财务报表。在对财务报表的分析中,主要包括对资产负债表、利润及利润分配表、现金流量表的分析。

资产负债表

资产负债表概括了公司拥有的所有财产和所欠他人的所有债务，及其财务价值。可以说，资产负债表是企业最重要的、反映企业全部财务状况的第一主表。

简单地说，资产负债表结构就是按照会计恒等式"资产＝负债＋所有者权益"排列的，其左方列示资产，右方则包括负债和权益项目。很显然，其左、右方栏目余额是恰好相等的，因此西方又称之为"平衡表"。

在资产负债表中，企业通常按资产、负债、所有者权益分类分项反映。也就是说，资产按流动性大小进行列示，具体分为流动资产、长期投资、固定资产、无形资产及其他资产；负债也按流动性大小进行列示，具体分为流动负债、长期负债等；所有者权益则按实收资本、资本公积金、盈余公积金、未分配利润等项目分项列示。

如果企业在报告期内没有负债变动和增、减资事项，那么新股民朋友们只要计算期初、期末总资产之差，便可知道当期的利润或亏损数额。形象地说，资产负债表好比是记录企业运行情况的"快照"，我们只能通过它来了解企业在报告日的财务状况。但是，照片留下的只是瞬间影像，它未必代表着一般的或更为接近常态的情况。再者，试想有多少人在拍摄重要照片之前不去精心打扮一番呢？因此，许多经营欠佳的公司往往在年末采用冲减应收款项、存货或短期负债等方式，使资产负债表上的不良项目余额尽可能减少，或使重要财务指标得以粉饰。即使过后这些不良项目纷纷回冲、归复原形，投资者也无从知晓。

那么，如何才能合理利用资产负债表呢？虽然我们很难迫使上市公司一年提供365份资产负债表，把"快照"变成"录像"，但尽量增加比较样本仍然是可能的。具体方法就是对企业提供的当年资产负债表和以前年度的资产负债表（甚至可以包括季度报告）联系对比分析。在这一分析过程中，新股民朋友们除了应留意各项目绝对金额的重大波动之外，还应关注异常的结构性变化。

这些异常情况包括：

1. 各长期资产项目占资产总额比重的显著增加或减少。
2. 各种准备金余额对相关资产的比例显著增大或减小。
3. 流动负债中各项目比重的显著增加或减少。
4. 流动资产中各项目比重的显著增加或减少。

"稳定总不是坏事，而超常波动则往往意味着风险"，这就是新股民朋友们用于分析这些结构性变化的标准，当波动幅度过大时，你便应该慎重考虑是否选择这样一只股票，因为此时持股风险已经过大。

总之，资产负债表可以反映上市公司的变现能力、偿债能力和资金周转能力，新股民朋友们通过阅读分析资产负债表，可以清楚地知道上市公司在生产经营活动中所控制的经济资源和承担的责任与义务，为新股民朋友们进行股票投资提供必要的信息，有利于新股民朋友们正确认识该上市公司的基本情况，以便作出正确的抉择。

表4-3是一张普通的资产负债表，读者朋友们可以对照地学习一下。

表4-3　资产负债表

项目	期初数	期末数
流动资产： 　　货币资金 　　短期投资 　　减：短期投资跌价准备 　　短期投资净额 　　应收票据 　　应收股利 　　应收利息 　　应收账款 　　其他应收款 　　减：坏账准备 　　应收款项净额 　　预付账款 　　应收补贴款 　　存货 　　减：存货跌价准备 　　存货净额 　　待摊费用 　　待处理流动资产净损失 　　1年内到期的长期债权投资 　　其他流动资产 流动资产合计		
长期投资： 　　长期股权投资 　　长期债权投资 　　长期投资合计 　　减：长期投资减值准备 长期投资净额		

(续)

项目	期初数	期末数
固定资产： 　　固定资产原价 　　减：累计折旧 　　固定资产净值 　　工程物资 　　在建工程 　　固定资产清理 　　待处理固定资产净损失 固定资产合计		
无形资产及其他资产： 　　无形资产 　　开办费 　　长期待摊费用 　　其他长期资产 无形资产及其他资产合计		
递延税项： 　　递延税款借项 资产总计		
流动负债： 　　短期借款 　　应付票据 　　应付账款		
长期负债： 　　长期借款 　　应付债券 　　长期应付款 　　住房周转金 　　其他长期负债		
长期负债合计		
递延税项：		
递延税款贷项：		
负债合计		

(续)

项目	期初数	期末数
股东权益：		
股本		
资本公积		
盈余公积		
其中：公益金		
未分配利润		
股东权益合计		
负债和股东权益总计		

资产负债表中各主要项目的含义如下：

（1）流动资产，指可以在1年内或者超过1年的一个营业周期内可变现或者运用的资产，包括现金及各种存款、存货、应收及预付款项等。

（2）货币资金，反映企业库存现金、银行结算账户存款、外埠存款、银行汇票存款、银行本票存款和在途资金合计数。

（3）短期投资，指各种能够随时变现、持有时间不超过1年的有价证券以及不超过1年的其他投资。

（4）应收票据，指企业因销售商品、产品等而收到尚未到期也未向银行贴现的应收票据，包括银行承兑汇票和商业承兑汇票。

（5）应收账款，指企业因销售商品、材料、供应劳务及办理工程结算等业务，应向购货单位收取的账款。

（6）其他应收款，指企业除应收票据、应收账款以外的其他各种应收、暂付款项。包括备用金，各种赔款、罚款，应向职工收取的各种垫付款项等。

（7）坏账准备，指企业不能预期收回或无法追回、收回的资金。如债务人单位撤销，依民事诉讼法进行清偿后，已无法追回的资金。又如债务人死亡，无遗产可供清还、也无义务承担人，无法收回的应收款项等。因此，企业要预先估计这种坏账情况，按应收款余额的3‰～5‰提取坏账准备金，计入当期损益。

（8）应收账款净额，指应收账款和其他应收款减去备抵坏账的净额。

（9）预付货款项，反映企业预付给供应单位或多付给供应单位的款项。

（10）存货，指企业在生产经营过程中为销售或耗用而存的各种资产，包括商品、产成品、半成品、在产品以及各类材料、燃料、包装物、低值易耗品等。它反映企业期末结存在库、在途和在加工的各项存货的实际成本。

（11）待摊费用，指企业已经支出，但应由本期和以后各期分别负担的各项费用，如低值易耗品摊销、预付保险费等。

（12）流动资产合计，指以上各项的加减之总数。

（13）长期投资，指不准备在1年内变现的投资，包括股票投资、债券投资和其他投资。反映企业向其他单位投入的期限在1年以上的资金以及购入的1年内不能变现或不准备随时变现的股票和债券。

（14）固定资产，指使用期限超过1年，单位价值在规定标准以上，并且在使用过程中保持原有物质形态的资产，包括房屋及建筑物、机械设备、运输设备、工具等。

（15）固定资产原价，指固定资产购建时发生的全部支出。如其交付使用时财产清册中所规定的价值。此外，还有其他确定原值的规定。

（16）累计折旧，折旧指固定资产在使用过程中通过逐渐损耗而转移到产品成本或商品流通费用的那部分价值。折旧按月以一定比例提取。如果连续记载每月的折旧额，到年底累计相加，即为累计折旧。

（17）固定资产净值，指固定资产原值减去已提折旧累计额后的差额，它是固定资产现存的账面价值。

（18）在建工程，指企业为进行各项工程所发生的实际支出，反映企业期末各项未完成工程的实际支出，如自营工程、出包工程。

（19）固定资产清理，指核算企业因出售、报废、毁损等原因转入清理的固定资产净值及其在清理中所发生的清理费用和变价收入等各项金额的差额。因固定资产在使用中不断磨损而丧失工作能力，或由于火灾、水灾等报废了，所以固定资产要进行清理核算。

（20）无形资产，指企业长期使用但是没有实物形态的资产，包括专利权、商标权、著作权、土地使用权、非专利技术、商誉等。无形资产从开始使用之日起，按照规定期限分期摊销。没有规定期限的，按照预计使用期限或者不少于10年的期限分期摊销。

（21）资产总计，指流动资产合计数＋长期投资净额＋固定资产合计数＋无形资产及其他资产合计数＋递延税款借项的总和。

以上讲的是资产方，下面讲负债及股东权益方。

（22）流动负债，指可以在1年内或者超过1年的一个营业周期内偿还的债务。

（23）短期借款，指企业向银行或其他金融机构借入的期限在1年以下的各种借款。

（24）应付票据，指企业对外发生债务时所开出、承兑的商业汇票，包括银行承兑汇票和商业承兑汇票。

(25) 应付账款，指企业因购买材料、商品和接受劳务供应等而应付给供应单位的款项。

(26) 预收货款，指企业预收购买单位的货款和多收购买单位的款项。

(27) 应付福利费，指按规定提取的用于职工个人的职工福利基金。

(28) 未付股利，指企业期末应付而未付股东股利。

(29) 未交税金，指企业期末应交而未交的各种税金。

(30) 其他未交款，指企业应交而未交的除税金以外的各种款项。

(31) 其他应付款，指企业所有应付其他单位和个人的款项，如应付保险费、存入保证金等，应付未付的职工工资，也在本项目中反映。

(32) 预提费用，指企业所有已经预提计入成本费用而尚未支付的各项费用。如大修理计划预提计入成本的固定资产大修理支出等。

(33) 1年内到期的长期负债，指期限为1年的长期负债。

(34) 流动负债合计，指以上各种负债相加的总计数。

(35) 长期负债，指偿还期在1年以上的债务。

(36) 长期借款，指企业向银行或其他金融机构借入期限在1年以上的各种借款。

(37) 应付债券，指企业发行的尚未偿还的各种债券的本息。

(38) 长期应付款，指企业除长期借款和应付债券以外的其他各种长期应付款。如采用补偿贸易方式引进国外设备的价款。这反映了企业期末由于购建固定资产而发生的应付但未付的款项。

(39) 股东权益，指企业投资人对企业净资产的所有权，也叫所有者权益，包括企业投资人对企业的投入资本及形成的资本公积金、盈余公积金、未分配利润等。

(40) 股本，指在核定的资本总额及核定的股份总额的范围内发行的股票。

(41) 资本公积金，指股本溢价、法定财产重估增值、接受捐赠的资产价值等。

(42) 盈余公积金，指按国家规定从利润中提取的公积金，如《中华人民共和国公司法》规定可以从税后利润中提取10％列入公司法定公积金（即法定盈余公积金）。还有一种任意盈余公积金，提取比例要商定，没有明确的规定。

(43) 未分配利润，指企业留于以后年度分配的利润或待分配的利润。

(44) 股东权益合计，指股本、资本公积金、盈余公积金和未分配利润的合计数。

(45) 负债及股东权益总计，指流动负债总数、长期负债总数、股东权益总数的合计数。

利润表及利润分配表

利润表,是反映企业在一定会计期间经营成果的报表,又称为动态报表。有时,利润表也称为损益表、收益表。

利润表主要提供企业经营成果方面的信息。通过对利润表的阅读和分析,股民朋友们可以了解到企业的以下情况:上市公司一定会计期间的收入实现情况,即实现的主营业务收入、其他业务收入、投资收益、营业外收入等;企业一定会计期间的费用耗费情况,即耗费的主营业务成本、主营业务税金、营业费用、管理费用、财务费用、营业外支出等;企业生产经营活动的成果,即净利润的实现情况,可据以判断资本保值、增值情况,如表4—4所示。

将利润表中的信息与资产负债表中的信息相结合,还可以得到进行财务分析的基本资料,如将赊销收入净额与应收账款平均余额进行比较,可计算出应收账款周转率;将销货成本与存货平均余额进行比较,可计算出存货周转率;将净利润与资产总额进行比较,可计算出资产收益率等,可以表现企业资金周转情况以及企业的盈利能力和水平,便于新股民朋友们判断企业未来的发展趋势,作出正确的股票投资决策。一般来说,通过阅读利润表,投资者能够了解上市公司生产经营的好坏,如果盈利较多,则说明公司经营能力较强,后市上涨空间比较大,有较大的投资价值;而如果亏损较多,则说明公司经营水平较差,新股民朋友们应该尽量避免购买亏损公司的股票,这样才能有效降低风险,确保投资成本的安全。通过比较公司近几年的利润表,可以了解公司未来的获利能力。对股民朋友们而言,这是非常有用的信息。

一般而言,利润表和利润分配表是放在一起的,它的意思是指企业有了净利润后能分给股东多少钱。因为企业的净利润并非全部分给股东,而是要留下一部分作为企业后续的发展资金,这包括任意盈余公积金和法定盈余公积金,还有法定公益金。此外,如果企业为了将来有更大的发展,可能会留下更多的资金,如提取任意盈余公积金,甚至不直接以现金分红,而是把利润转增作为股本形式留在企业,这些都要在分配表中分别扣除。利润分配表的编制主要分为三步:

第一步:可供分配的利润＝净利润＋年初未分配利润＋盈余公积金转入

第二步:可供股东分配的利润＝可供分配的利润－应付优先股股利－提取任意盈余公积金－转作股本的普通股股利

第三步:未分配利润(留到来年再分配)

利润及利润分配表中的数据,能起到这样几方面的作用:

(1) 通过近几年实现利润的情况,预测公司未来的盈利能力。

（2）评价公司的经营成果与效率水平，从而衡量公司在经营管理上的成功程度。

（3）通过审阅利润分配表中的利润分配数据，既可以了解公司由于报告期获得了新的利润之后而增加所有者权益数，又可以了解公司本年度可供分配利润的净增加额，并用本年度可供分配利润的净增加额除以公司的总股本，可以得出每股可供分配利润有多少，而这种每股可供分配利润的多寡，就是股民朋友们选股的主要依据，比每股净资产高低更有意义。因此，新股民朋友可结合公司在年报中的分配预案，从中揣摩出公司股利政策，进而分析公司属于开拓型还是保守型企业。开拓性企业的股票在大牛市中有很大的上升空间，当然投资风险也比较大；保守型企业则比较适合在股市进入熊市时进行投资，因为其抗跌性往往较强。

表4—4 利润表及利润分配表

项目	1998年1～12月	1999年1～12月
一、主营业务收入 　　减：折扣与折让 　　　　主营业务收入净额 　　减：主营业务成本 　　　　主营业务税金及附加		
二、主营业务利润（亏损以"－"填列） 　　加：其他业务利润（亏损以"－"填列） 　　减：存货跌价损失 　　　　营业费用 　　　　管理费用 　　　　财务费用		
三、营业利润（亏损以"－"填列） 　　加：投资收益（损失以"－"填列） 　　加：补贴收入 　　　　营业外收入 　　减：营业外支出		
四、利润总额（亏损以"－"填列） 　　减：所得税		
五、净利润（净亏损以"－"填列） 　　加：年初未分配利润 　　　　盈利公积转入		
六、可供分配的利润 　　减：提取法定盈利公积 　　　　提取法定公益金		

(续)

项目	1998年1~12月	1999年1~12月
七、可供股东分配的利润 　　减：应付优先股股利 　　　　　提取任意盈余公积 　　　　　应付普通股股利 　　　　　转作股本的普通股股利		
八、未分配利润		

（1）主营业务收入，业务收入是指公司在销售商品或提供劳务等经营业务中所实现的收入所得。主营业务收入是指公司的主要经营业务所取得的收入。按照中国证监会的规定，只有在利润中占70％以上的业务才能称主营业务。

（2）主营业务成本，反映公司销售商品和提供劳务等主要经营业务的实际成本。

（3）主营业务税金及附加，反映公司主营业务应缴纳的增值税、营业税、消费税、城建税及教育费附加等。

（4）主营业务利润，反映公司主营业务的利润。

（5）其他业务利润，反映公司主营业务以外的营业利润，如材料销售、技术转让、代购代销、包装物出租等利润。

（6）营业费用，反映公司销售商品和提供劳务过程中发生由主营业务负担的各项销售费用。

（7）管理费用，反映公司发生的应由主营业务负担的各项管理费用。

（8）财务费用，反映公司发生的应由主营业务负担的一般性财务费用，包括利息支出、汇兑损失以及金融机构手续费等。

（9）营业利润，为主营业务利润和其他业务利润之和。

（10）投资收益，反映公司对外投资所取得的收入和发生的损失。

（11）营业外收入，反映公司发生的与公司生产经营无直接关系的收入，包括固定资产盘盈、处理固定资产净收益、资产再次评估增值、接受捐赠转入、罚款净收入、确实无法支付的而按规定程序经批准后转作营业外收入的应付款项。

（12）营业外支出，反映公司发生的与公司直接生产经营无直接关系的支出，包括固定资产盘亏、处理固定资产净损失、资产再次评估减值、债务重组损失、罚款支出、捐赠支出、非常损失等。

（13）所得税，反映公司从本期损益中扣除的所得税。

（14）净利润，利润总额减去所得税即净利润。

（15）年初未分配利润，反映公司上年度末未分配利润转入本年的数额。

（16）盈余公积金转入数，反映公司上年度末盈余公积金转入本年的数额。

（17）可分配利润，可分配利润＝净利润＋年初未分配利润＋盈余公积金转入数。

（18）提取法定盈余公积金，反映公司从净利润中提取的法定盈余公积金。

（19）提取法定公益金，反映公司从净利润中提取的法定盈余公益金。

（20）可供股东分配利润，反映公司可分配利润在提取法定盈余公积金和公益金后可供股东分配的利润。

（21）提取任意公积金，反映公司可供股东分配的利润在分配优先股股利后，根据董事会决议应提取的任意公积金。

（22）应付普通股股利，反映公司可供股东分配利润在分配优先股股利和提取任意公积金后，根据董事会决议应分配给持有普通股股东的股利。

（23）未分配利润，反映公司在进行分配以后所留存给公司的未分配利润。

现金流量表

一个公司是否有足够的现金流入是至关重要的，这不仅关系到其支付股利、偿还债务的能力，还关系到公司未来的生存和发展。因此，新股民朋友在关心上市公司的每股净资产、每股净收益率等资本增值和盈利能力指标时，也得关注公司的支付、偿债能力。

在其他财务报表中，你只能掌握企业现金的静态情况，而现金流量表是从各种活动引起的现金流量的变化及各种活动引起的现金流量占企业现金流量总额的比重等方面去分析的，它反映了企业现金流动的动态情况。因此，在研究现金流量表时，你还应该与其他财务报表结合起来分析，这样可以让你更加全面地了解这一企业。

新股民朋友们在看上市公司现金流量表的时候需要注意以下现金流量分析指标（见表4—5），从而摸清上市公司基本面：

现金到期债务比率＝经营现金净流量÷本期到期债务。

本期到期债务包括长期债务和短期债务，该指标反映了企业独立的到期债务支付能力。

现金债务总额比＝经营现金净流量÷本期债务总额。

现金债务总额比是评价企业中长期偿债能力的重要指标，同时也是预测公司破产的重要指标，该指标越高，企业承担债务的能力越强。

盈利现金比率＝现金净流入÷净利润。

盈利现金比率是衡量企业盈利质量的基本指标。一般来说，该指标越高，说明企业盈利质量越好，但是由于现金净流量可能是由投资或者筹资活动带来的，这种情况下，该指标只有与其他的指标结合才能看出企业的盈利质量是否提高。

经营盈利现金比率＝经营现金净流入÷净利润。

这一比率反映企业本期经营活动产生的现金流量与净利润之间的比率关系。跟盈利现金比率相比，该比率更能反映企业盈利质量的好坏。一般情况下，比率越高，盈利质量越高。比率过低，严重时可能导致企业破产。

现金流动负债比率＝经营现金净流量÷流动负债。

这比起流动比率和速动比率，更能反映出企业的短期偿债能力。

上市公司现金流量的计算一般不涉及权责发生制，这就意味着企业的财会部门无从造假。退一步说，即使上市公司真的在现金流量上造假了，股民朋友们也能很容易地发现个中端倪。比如说，假合同能够产生假利润，但无法产生假的现金流量。在关联交易操作利润时，往往也会在现金流量方面暴露有利润而没有现金流入的情况。所以说，通过现金流量分析公司的获利能力，有其特有的准确性。可以说现金流量是企业获利能力的质量指标。

此外，新股民朋友们在进行上市公司财务分析时，除了现金流量分析指标外，还应关注应收账款周转率和存货周转率，结合资产负债表和利润表提供的各方面信息进行综合分析，才能较客观地评价某个上市公司现金的获取方式和运作方式，进而深入分析公司的财务状况、收益质量，从中发现潜伏的重大财务风险，或者找出适合投资的绩优上市公司，以求股票投资跑赢大盘。

表4-5 现金流量表

项目	行次	金额
一、经营活动产生的现金流量： 　　销售商品、提供劳务收到的现金 　　收取的租金 　　收到税费返还 　　收到的其他与经营活动有关的现金 　　现金流入小计 　　购买商品、接受劳务支付的现金 　　经营租赁所支付的现金 　　支付给职工以及为职工支付的现金 　　实际交纳的增值税款 　　支付的所得税款 　　支付的除增值税、所得税以外的其他税费 　　支付的其他与经营活动有关的现金 　　现金流出小计 　　经营活动产生的现金流量净额		

(续)

项目	行次	金额
二、投资活动产生的现金流量：		
收回投资所收到的现金		
分得股利或利润所收到的现金		
取得债券利息收入所收到的现金		
处置固定资产、无形资产和其他长期资产而收回的现金净额		
收到的其他与投资活动有关的现金		
现金流入小计		
购建固定资产、无形资产和其他长期资产所支付的现金		
权益性投资所支付的现金		
债权性投资所支付的现金		
支付的其他与经营活动有关的现金		
现金流出小计		
投资活动产生的现金流量净额		
三、筹资活动产生的现金流量：		
吸收权益所收到的现金		
发行债券所收到的现金		
借款所收到的现金		
收到的其他与筹资活动有关的现金		
现金流入小计		
偿还债务所支付的现金		
发生筹资费用所支付的现金		
分配股利或利润所支付的现金		
偿付利息所支付的现金		
融资租赁所支付的现金		
减少注册资本所支付的现金		
支付的其他与筹资活动有关的现金		
现金流出小计		
筹资活动产生的现金流量净额		
四、汇率变动对现金的影响：		
五、现金及现金等价物净增加额：		
附注：		
1. 不涉及现金收支的投资和筹资活动：		
以固定资产偿还债务		
以投资偿还债务		
以固定资产进行长期投资		
以存货偿还债务		
融资租赁固定资产		

(续)

项目	行次	金额
2. 将净利润调节为经营活动的现金流量： 净利润 加：计提的坏账准备或转销的坏账 固定资产折旧 无形资产摊销 处置固定资产、无形资产和其他长期资产的损失（减：收益） 固定资产报废损失 财务费用 投资损失（减：收益） 递延税款贷项（减借项） 存货的减少（减增加） 经营性应收项目的减少（减增加） 经营性应付项目的增加（减减少） 其他经营活动产生的现金流量净额 3. 现金及现金等价物净增加情况： 货币资金的期末余额 减：货币资金的期初余额 现金等价物的期末余额 减：现金等价物的期初余额 现金及现金等价物净增加额		

公司财务分析的主要内容

公司财务分析的主要内容包括收益性分析、成长性分析、安全性分析和周转性分析4个方面。

收益性分析

收益性分析也就是对公司获利能力的分析。一个公司当前投入的资本如何运用，获利状况如何，是衡量公司有无活力、经济效益优劣的标志，也是新股民朋友选股票的主要依据。因为决定股息多少及股价走势的根本因素就是公司利润率的高低和利润额的大小。作为投资者，当然应该选择利润丰厚、投资回报率高的公司进行投资；而那些利润率低甚至亏损或者投资利润率不断下降的公司的股票则成为市场抛售的对象。

成长性分析

成长性分析也就是对公司扩展经营能力的分析。投资是现在投入一笔资金以求将来收回更多的资金,因此,投资者就不能只看到公司的当前效益或者短期效益,而应注重公司未来的发展前景和发展能力。一个公司当前盈利虽低,或者因把大部分盈利转化为投资而目前分红派息少,但成长速度快、潜力大,则该公司股价升值速度也会很快,就值得投资。相反,有些公司当前盈利虽多,但分光吃完,不搞什么积累和扩大再生产,则股价上升必受不利影响。

安全性分析

安全性分析也就是对公司偿债能力的分析。投资者在追求高收益的同时,应注意防范风险,以确保投资的安全。在某一时点上,公司的获利能力与偿债能力并不完全成正比。有的公司当前盈利不错,但资金结构不合理,偿债能力差,这样的公司就潜藏着极大的风险。当公司因资不抵债宣告破产之日,也就是投资者血本无归之时。因此,投资者应加强对公司流动性状况及资本结构的分析,如出现偿债能力下降因素,投资者应及时做出决策以转移风险。

周转性分析

周转性分析也就是对公司经营效率的分析。一个公司经营效率的高低可通过分析财务报表中各项资金和资产周转速度的快慢而反映出来。如果资金周转速度快,说明资金利用效率高,公司经营活动畅顺,结构协调,管理得法,购买该公司股票将有利可图;反之,则说明公司营运效率低,缺乏活力。

财务分析中的比较分析法

财务分析中的比较分析法一般有横向比较法、纵向比较法和标准比较法 3 种。

横向比较分析法

横向比较是根据一个公司连续数期的财务报表,就其中的同一项目或同一比率进行数值比较,以判断公司未来经营状况的发展变化趋势。这种比较既可以是同一项目绝对数值的比较,也可以是增长率的比较。

纵向比较分析法

纵向比较是指将财务表中各个具体项目数据与一个基本项目数据进行比较,算出百分比,并就不同时期或时点的数值进行对比,以判断某一具体项目与基本项目的关系、某一具项目在表中的地位以及这种地位增强或减弱的趋势。这种分析也称共同比表分析,如表 4-6 所示。

表4－6 A公司共同比表分析

项目	2008年1月至12月	2009年1月至12月
一、主营业务收入 　　减：折扣与折让 　　　　主营业务收入净额 　　减：主营业务成本 　　　　主营业务税金及附加		
二、主营业务利润（亏损以"－"填列） 　　加：其他业务利润（亏损以"－"填列） 　　减：存货跌价损失 　　　　营业费用 　　　　管理费用 　　　　财务费用		
三、营业利润（亏损以"－"填列） 　　加：投资收益（亏损以"－"填列） 　　加：补贴收入 　　　　营业外收入 　　减：营业外支出		
四、利润总额（亏损以"－"填列） 　　减：所得税		
五、净利润（亏损以"－"填列） 　　加：年初未分配利润 　　　　盈利公积金转入		
六、可供分配利润 　　减：提取法定盈余公积金 　　　　提取法定公益金		
七、可供股东分配利润 　　减：应付优先股股利 　　　　提取任意盈余公积金 　　　　应付普通股股利 　　　　转作股本的普通股股利		
八、未分配利润		

标准比较分析法

标准比较是将公司各个会计项目数据与一个设定的标准数据进行比较，以考察上市公司各项指标是否达到或超过社会平均经营水平。标准比较的关键是确定反映社会平均经营水平的标准数据。这一般可通过大量经验数据统计而得到，其中有些是国际或国内公认的既定标准。如国际公认的流动比率正常标准为2∶1；速动比率为1∶1；我国公认的资本利润率平均水平为10％等。此外，还应将公司的有关数据指标与公司所在行业的平均值或最佳值进行比较，以判断公司的有关指标在同行业中处于何种水平。当然，在作这种比较时，应具体情况具体分析，不能生搬硬套。

财务分析中的比率分析

比率分析法，是以同一期财务报表上的若干重要项目间相关数据互相比较，用一个数据除以另一个数据求出比率，据以分析和评估公司经营活动，以及公司目前和历史状况的一种方法。它是财务分析最基本的工具。

由于公司的经营活动是错综复杂而又相互联系的。因而比率分析所用的比率种类很多，关键是选择有意义的、互相联系的项目数值来进行比较。同时，进行财务分析的除了股票投资者以外，还有其他债券人、公司管理当局、政府管理当局等，由于他们进行财务分析的目的、用途不尽相同，因而着眼点也不同。作为股票投资者，主要是掌握和运用收益性比率、安全性比率、成长性比率和周期性比率4种。

收益性比率分析

收益性比率是测量公司获利能力的指标，是投资者最关心的财务比率。主要有以下一些具体指标：

1. 资产报酬率。

资产报酬率也叫投资盈利率，是指企业资产总额中平均每百元所能获得的纯利润，是用以衡量公司运用所有投资资源所获经营成效的指标。其公式为：

资产报酬率＝税后利润÷平均资产总额×100%

上式中，平均资产总额＝（期初资产总额＋期末资产总额）÷2。资产报酬率越高越好，原则上最低不应低于银行利息率。

2. 资本报酬率。

资本报酬率也称股东权益报酬率，是指公司税后盈利与资本总额的比率，即企业资本总额中平均每百元所能获得的纯利润，是用以衡量公司运用所有资本所获经营成效的指标，其计算公式为：

资产报酬率＝税后利润÷资产总额＝税后利润÷股东权益×100%

上式中，股东权益即为公司资本总额，等于总资产与总负债之差。因对股东而言，股东权益报酬率越高越好。

3. 每股盈利。

每股盈利是指扣除优先股息后的税后利润除以普通股股数的比率，公式为：

资产报酬率＝（税后利润－优先股股息）÷普通股总股数

每股盈利是测定股票投资价值的最重要指标之一，每股盈利越多，则股票投资价值越高。

4. 每股净值。

每股净值也称每股账面价值或每股净资产额，是股东权益与股本总数的比率。计算公式为：

每股净值＝股东权益÷股本总数

每股净值是衡量公司实力和股票市价高低的重要指标，一般来说，股票市价高于其资产净值，而每股资产净值又高于其面额。

5. 销售利润率。

销售利润率是指公司税后利润与销售收入的比率，表明公司销售收入中平均每百元获得的纯收益，其计算公式为：

销售利润率＝税后利润÷销售收入×100％

该比率也是反映公司获利能力大小的一个重要指标，其数值越大，表示公司获利能力越强，反之则弱。

安全性比率分析

安全性比率是分析公司偿债能力的指标，主要有以下一些具体指标：

1. 流动比率。

流动比率是衡量公司短期偿债能力最通用的指标。公式为：

流动比率＝流动资产÷流动负债

投资者通过分析流动比率，就可以知道公司一元钱的短期负债，能有几元钱的流动资产可做清偿保证。流动比率越大，表明公司的短期偿债能力越强，并表明公司有充足的营运资金；反之，说明公司的负债能力不强，营运资金不充足。财务健全的企业，其流动资产应高于流动负债，不得低于1∶1。一般认为大于2∶1较合适。但是，对于公司和股东而言，并不是流动比率越高越好，尤其是由于应收账款和存货过大引起的流动比率过大，更是对财务健全不利。一般认为，流动比率超过5∶1，则意味着公司的资产未得到充分利用。所以，对流动比率的分析，必须结合流动资产和流动负债的内容构成进行具体探讨。

2. 速动比率。

速动比率又称酸性测验比率，是速动资产和流动负债的比率。它是用于衡量公司到期清算能力的指标。投资者通过分析速动比率，就可以测知企业在极短时间内取得现金偿还短期债的能力。其公式计算为：

速动比率＝速动资产÷流动负债

上式中，速动资产是指那些能立即变现的资产，一般是指从公司流动资产中扣除流动性较差的存货、预付款等之后的余额。一般认为，速动比率最低限为0.5：1，如果保持在1：1，则流动负债的安全性较有保障。因为，当此比率达到1：1时，即使公司资金周转发生困难，也不致影响其即时偿债能力。

3. 负债比率。

负债比率即负债与股东权益之间的比率。它表明公司每一元资本吸收了多少元负债。其计算公式为：

负债比率＝负债总额÷股东权益

通过分析这一比率，可以测知公司长期偿债能力的大小，负债比率越小，表明股东所投资的资产越多，债权人的债权越有保障，并表明公司对外负债与利息负担减少，财务危机发生的可能性减少，反之则表明一个公司负债越来越多，自有资本越来越少，从而财务不健全，一般认为负债比率最高限为3：1。

4. 举债经营比率。

举债经营比率即债权人权益对总资产比率，它表明公司的资产总额中，债权人的投资额的大小。其公式为：

举债经营比率＝负债总额÷总资产净额×100％

上式中，负债总额就是债权人权益，总资产净额是全部资产总额减去累计折旧后的净额。举债经营比率可以测知公司扩展经营能力的大小，并揭示股东权益运用的程度。其比率越高，公司扩展经营的能力越大，股东权益越能得到充分利用，越有机会获得更大的利润，为股东带来更多的收益，但举债经营要担较大的风险。反之如果经营不佳，则借贷的利息由股东权益来弥补，如果负债过多以致无法支付利息或偿还本金时，则有可能被债权人强迫清偿或改组。

成长性比率分析

成长性比率是财务分析中比率分析法的重要比率之一。它一般反映公司的扩展经营能力。其主要指标有：利润流存率。它是指公司税后盈利减去应发股利的差额和税后盈利的比率。它表明公司的税后利润有多少用于发放股利，多少用于留存收益和扩展经营。利润留存利越高，表明公司发展的后劲越强；利润留存率越低，则公司发展的后劲越弱。利润留存率的计算公式是：

净润留存率＝(税后利润－应发股利)÷税后利润

周转性比率分析

周转性比率是用来分析一个公司经营效率的比率，它是财务分析中的比率分析法的重要比率之一。常用的周转率有以下5种。

1. 应收账款周转率。

应收账款周转率是指销售收入与应收账款之间的比率。其计算公式是：

应收账款周转率＝销售收入÷平均应收账款

平均应收账款＝(期初应收账款＋期末应收账款)÷2

由于应收账款是指未取得现金的销售收入，因此用销售收入与应收账款相比较，就可以测知公司的应收账款余额是否合理，以及收款的效率高低。应收账款的周转率越高，每周转一次所需要天数越短，表明公司收账越快，应收账款中包含旧账及无价的账项越小。反之，周转率太大，每周转一次所需天数太长，则表明公司应收账款的变现过于缓慢以及应收账款的管理缺乏效率。如果用一年的天数（365）除以应收账款周转率，便求出应收账款每次周转需要天数，即应收账款转为现金平均所需要的时间。计算公式是：

应收账款变现平均所需时间＝365÷应收账款周转次数

在具体比较时，则应结合行业特点具体分析判断。如果某公司应收账款周转率高于行业平均水平，说明该公司销售管理较有效率。

2. 存货周转率。

存货周转率是指销售成本与商品存货之间的比率。其周转率越高，说明存货周转速度越快，公司控制存货的能力越强，营运资金投于存货上的金额越小。反之，存货周转率太低，则表明公司存货过多，不仅使资金滞压，影响资产的流动性，还会增加仓储费用甚至使一些产品损耗或过时。存货周转率的计算公式是：

存活周转率＝销售成本÷平均商品存货

平均商品存货＝(期初存货＋期末存货)÷2

3. 固定资产周转率。

该比率指销售收入与固定资产之间的比率。它表示固定资产周转次数。投资者可以用这一比率来检测公司固定资产的利用效率。固定资产的周转率越高，表明固定资产周转速度越快，固定资产的闲置越少，反之，则表明固定资产闲置严重，效率未能得到充分发挥。固定资产周转率的计算公式是：

固定资产周转率＝销售收入÷平均固定资产余额

4. 资本周转率。

资本周转率又叫净值周转率，是销售收入与股东权益的比率。资本周转率越高，表明资本周转率速度越快，运用效率越高。资本周转率越低，则表明公司的资本运用率越低。其计算公式为：

资产周转率＝销售收入÷股东权益平均余额

5. 资产周转率。

资产周转率是指销售收入与资产总额之间的比率。它是用以衡量公司总资产是否得到充分利用的指标。计算公式为：

资产周转率＝销售收入÷资产总额

在财务分析中，比率分析用途最广，但也有局限性，突出表现在：比率分析属于静态分析，对于预测未来并非绝对合理可靠。比率分析所使用的数据为账面价值，难以反映物价水准的影响。所以，投资者在运用比率分析时，一是要注意将各种比率有机联系起来进行全面分析，不可单独地看某种或各种比率，否则便难以准确地判断公司的整体情况；二是要注意审查公司的性质和实际情况，而不光是着眼于财务报表；三是要注意结合差额分析，这样才能对公司的历史、现状和将来有一个详尽的分析、了解，达到财务分析的目的。

第五章

股票投资的技术面分析

新股民入门导读：

　　技术分析在股市实战操作中运用广泛，多剖析一些实战例子对炒股不无裨益。技术分析指标其实并不神秘！新股民朋友们别让那些高谈阔论的专家唬住，许多技术分析指标其实一点即通。新股民要想掌握它并不难，让"高深莫测"的技术分析走下神坛是完全有可能做到的。

　　技术分析有一个弊端，就是有时会出现钝化的现象，因此，新股民在运用技术分析时要注意现场发挥，不能死守教条。同时要多结合基本面、题材面、行业面等综合因素来考虑。

　　技术分析指标多种多样，特点不一。本章选出常用的技术分析指标进行实战剖析，只要新股民朋友们能够融会贯通，加强实战学习，就能轻松搞定神秘的技术分析。

第一节　技术分析方法的两个基本工具

线形图

【概念一点通】

　　线形图是一种在分析股价的各种图形中最简单明了而用途广泛的股价走势图。

　　线形图的横轴表示交易的时间，纵轴分为上下两部分，上半部分表示股票的成交价格，下半部分表示股票的成交量。如图5—1所示：

图 5-1

K 线图

K 线图是股市中经常使用的一种图。画 K 线图时需要四个数据——开盘价、最高价、最低价和收盘价。它用一小短横线表示开盘价和收盘价，用两条竖线分别将两条横线的左端和右端联接起来形成一个矩形实体。当开盘价低于收盘价时，实体部分以空白表示，我们称之为阳线。当开盘价高于收盘价时，实体部分以黑线表示，我们称之为阴线。

当最高价与收盘价不同时，最高价与收盘价之间的连线称为上影线；当最高价与开盘价不同时，最低价与开盘价之间的连线称为下影线。

上影线的上端顶点表示同一时期的最高价，下影线的下端顶点表示同一时期的最低价，中间的 K 线实体则是开盘价和收盘价之间的差价。按一定时期开盘价与收盘价的关系，又将 K 线分为红线与绿线两种，红线代表收盘价高于开盘价（也就是阳线），用白色表示；绿线代表收盘价低于开盘价（也就是阴线），用黑色表示。如图 5-2 所示：

图 5-2

K 线通常可以分为日 K 线、周 K 线、月 K 线，在动态股票分析软件中还常用到分钟线和小时线。K 线是一种特殊的市场语言，不同的形态有不同的含义。

第二节　股市特殊图形分析

K线的意义

K线图源于日本，是日本德川幕府时代大阪的米商用来记录当时一天、一周或一月中米价涨跌行情的图示法，后被引入股市。

K线图有直观、立体感强、携带信息量大等特点，蕴涵着丰富的东方哲学思想，能充分显示股价趋势的强弱、买卖双方力量平衡的变化，预测后市走向较准确，是现今应用较广泛的技术分析手段。

K线是股价历史走势的记录，将每日的K线按时间顺序排列起来，便是一张K线图表。通过对K线图表进行分析，可以辨别行情的多空能量变化，可以以此来预测股市未来的发展趋势。

K线是一种特殊语言，从表面看K线图只是一种阴阳交错的历史走势图，实际上它内含着因果关系。其实，任何事情都是如此：有果必有因，有因必有果。从K线图上来看，上一交易日对于今一交易日来说，上一交易日是"因"，今一交易日则是"果"；而今一交易日对于下一交易日来说，今一交易日是"因"，下一交易日是"果"。正是这一因果关系的存在，股票分析人士才得以根据K线阴阳变化，从中寻找规律，并借此判断股价走势。

K线的规律性表现在：一些典型的K线或K线组合出现在某一位置时，股价或指数将会按照某种趋势运行，当这些典型的K线或K线组合又重新出现在类似位置时，就会重复历史的情况。

K线的规律都是在长期的实际操作中摸索出来的，作为新股民，需要在学习别人的经验与参加实战中提高自己观察与分析的能力，只有如此，才能真正掌握并利用K线的规律。

K线的特殊图形分析

如图5—3所示，K线中有10个特殊形态，熟知以下这些K线的市场意义对于提高研究市场的准确性有重要作用。

1. 光头光脚大阳线。

光头光脚大阳线（如图5—4所示）就是没有上下影线的大阳线，它表示买盘相当强劲，后市看涨，但在不同时期，应区别对待。

图 5-3

（1）在低价区，突然出现大阳线，表示多头力量极为强大，应该买进。

（2）长期盘整之后出现大阳线，多头终于战胜空头，可果断跟进。

（3）高价区出现大阳线时，应谨慎对待，持币观望为佳。因为此时如果出现放量则多为逃命长阳，获利盘纷纷套现了结，股价即将大跌。

图 5-4

2. 光头光脚大阴线。

光头光脚大阴线（如图 5-5 所示）就是不带上下影线的大阴线，它表示卖盘强劲，后市看跌，但在不同的阶段，应区别对待。

（1）在高价区出现大阴线时，表示空头力量极为强大，是股价反转之兆，此时应卖出股票，走为上策。

（2）在盘整之后，出现大阴线，表示空头力量终于战胜多头，多数投资者看淡后市，此时应卖出股票，出局观望方为最佳选择。

（3）在低价区出现大阴线时，市场的卖压并非较大，投资者可持观望态度，随时准备抄底。因为此时多为最后一跌，股价随即将拉升。

图 5-5

3. 光脚阳线。

光脚阳线（如图 5-6 所示）就是有上影线却不带下影线的阳线，它表示在开盘后，多方发动较强的攻势，空方难以阻挡，股价一路上升，但在收盘前，多方力量用尽，成为强弩之末，空方发力回攻，价格回落。

图 5-6

4. 光脚阴线。

光脚阴线（如图 5-7 所示）就是有上影线却不带下影线的阴线，它表示开盘后，多方力量较强，股价上涨。当涨幅较大后，空方力量越来越强，股价下跌，并以最低价收盘，后市看跌。

图 5-7

5. 光头阳线。

光头阳线（如图 5-8 所示）就是有下影线却不带上影线的阳线，它表示开盘后，空方力量较强，股价下挫，当跌幅较深时，空方力竭而多方开始发力，抛盘减轻，股价回升，不断上涨，最终以最高价报收。

在低价区出现光头阳线时，投资者可买入。

图 5-8

6. 光头阴线。

光头阴线（如图 5-9 所示）就是有下影线却不带上影线的阴线，它表示开盘后，空方力量大于多方力量，股价大幅度下跌。当跌幅较深时，部分投资者不愿忍痛斩仓，低位抛压逐渐减轻，多方开始拉升股价，股价反弹。

图 5-9

7. 十字星。

十字星（如图 5-10 所示）表示买卖双方的力量势均力敌。十字星可以用来判断行情是否反转，一般来说，如果十字星出现在连日上涨之后，就可能是下跌的信号；如果出现在连日下跌之后，就可能是上涨的信号。

图 5-10

8. T 形。

T 形（如图 5-11 所示）表示开盘后，空方力量强于多方力量，股票价格下跌，但在随后，多方开始发力，而空方被多方压制住，股价开始反弹，并以和开盘价一样的最高价收盘。

若在低价区出现该种 K 线形态时，新股民可以酌情买进；若在高价区出现该种 K 线形态时，则可考虑卖出。

图 5－11

9. 塔形。

塔形（如图 5－12 所示）又被称为"避雷针"或"墓碑"，表示开盘后，多方力量强于空方力量，股价上涨到全日的最高价点，随后，空方力量逐渐加强，而多方力量慢慢减弱，股价下挫，以和开盘价一样的最低价收盘。

若在高价区出现塔形，新股民必须赶快出货；若在低价区出现塔形，新股民还是持币观望为上。

图 5－12

10. "一"字形。

这种图形表示成交价在全天都是一样（如图 5－13 所示）。出现这种图形一般是开盘即涨停并维持到收盘的极强市或开盘跌停并维持到收盘的极弱市。另外，如果当日成交清淡或无成交，也有出现"一"字形的可能。

图 5－13

股市典型图形分析

1. 反弹线——买进信号。

从图 5－14 可以看出：股价在连续下跌的过程中，出现了带有长长下影线的阴线图，此时若无重大利空出现，股价必定反弹，投资者可以买进。

图 5－14　反弹线

2. 覆盖线——卖出信号。

从图 5－15 可以看出：股价连续多天上涨之后，出现跳空开盘的阴线，表明超买之后，卖方力量胜过买方力量，股价将下跌，投资者应卖出股票。

图 5－15　覆盖线

3. 舍子线①——卖出信号。

从图 5－16 可以看出：股价连续拉出几根阳线后，跳空上涨形成一条十字线，又跳空拉出一根阴线，表明买方力量已不能使股价继续上涨，股票行情即将暴跌，投资者应卖出股票。

图 5－16　舍子线①

4. 舍子线②——买进信号。

从图 5－17 可以看出：股市在下跌的行情中，跳空出现十字线，又跳空拉出一根大阳线，显示买方力量将使股价向上反弹，投资者应抓紧时机，买进股票。

图 5－17　舍子线②

5. 三根大阳线——卖出信号。

从图 5－18 可以看出：股价连续拉出三根大阳线后，买方力量逐渐衰竭，在第四天拉出一根带有上影线的阴线，表明股票价格将下跌，投资者应卖出股票。

图 5－18　三根大阳线

缺口的形态及意义

缺口是 K 线图中出现的一种特殊形态，它是指当天的最低成交价比前一个交易日的最高价还要高或者当天的最高成交价比上一交易日最低价还要低，造成相邻两根 K 线之间有一个空间，这个空间内无交易，如图 5－19 所示。

图 5－19　缺口

但要注意，相邻的两根 K 线，虽然实体部分有缺口，但如果有上下影线相连，就不是缺口，只是跳空现象，如图 5－20 所示。

图 5－20　跳空现象

缺口有普通缺口和功能性缺口之分。

1. 普通缺口。

普通缺口一般产生在股价的整理区域或者在成交密集区域内，缺口的身后没有明显的形态做配合，缺口产生后，成交量也没有持续放大。

在技术分析领域中，有缺口必补的说法。在实际走势中，普通缺口一定会被回补，而且所用的时间并不长。所以，投资者可利用这一特点，在普通缺口产生后，逢高就逐级减持筹码，静待股价回落到缺口位置后，再制定另一个回合的买卖策略。

有些技术分析者认为：一个缺口的出现，如在三日内不补，将会在三周内补掉。也有人认为：三日内不被补上的缺口才有实际意义。但在实践中，有很多缺口封闭的时间并不在三日内，而在数日内。曾被投资者看好的三日内没有封闭的缺口，却在不久被封闭，随后股价继续下跌。因此，投资者在使用缺口判势时，应放宽思路。

普通缺口有以下情况应引起注意：

（1）缺口处如伴随着较大的成交量，在此间形成的支撑和阻力也越强。向上的缺口如没有成交量的支持，此缺口极容易被回补；向下的缺口如没成交量的支持，此缺口并不一定很快回补。

（2）连续三个向上的小跳空缺口预示一波上升行情将结束；连续三个向下的小跳空缺口预示一波下跌行情将结束。

（3）缺口被回补后，股价经常向原方向继续运行。

（4）一个向上的跳空缺口在股价回调时，缺口位置常是明显的支撑；一个向下的跳空缺口在股价反弹时，缺口位置常是明显的阻力。

2. 功能性缺口。

功能性缺口与普通缺口相比，有更强、更明确的测市功能。功能性缺口有突破性缺口、消耗性缺口和中途缺口三种。

（1）突破性缺口。

突破性缺口，常出现在大底部向上突破和大顶部向下突破时。判断是否为突破性缺口，关键看缺口产生时其身后有没有形态做衬托（所谓形态，是指平常所讲的头肩底、W底、潜伏底等形态）；其次，看缺口产生的当日和未来几天的成交量是否能持续放大。假如成交量有几日缩减，也应远大于启动前的成交量，如果是，就可初步判定其为突破性缺口。突破性缺口的出现，预示着股指和股价将走出大的反转行情。

（2）消耗性缺口。

消耗性缺口常出现在长期上涨或下跌行情的末端，此缺口出现的当日或次日，通常伴随着巨大的成交量和猛烈的股价变动。它预示着多头或空头力量将尽，股价在短期内，将发生反转行情。

判断是否是此种缺口，就要看当时的成交量是否巨大，并预测在未来一段时间内将不可能出现更大的成交量，如果当时的成交量特别巨大，且可以预测未来一段时间内不会出现更大的成交量，则可以初步判断此缺口为消耗性缺口，在几日内必补。

在股市呈现出下降趋势的时候，如果出现消耗性缺口，成交量的变化不会太明显，这是与上升途中的竭尽性缺口的最大区别。

因此，在长期上升趋势末期如果出现这种缺口的话，就意味着阶段性大顶的出现，投资者应及时清仓；在长期下降趋势末期出现此缺口时，则意味着阶段性底部形成，投资者应抓住时机吸筹。

（3）中途缺口。

中途缺口，常出现在一轮大幅上涨行情或一轮大幅下跌行情的中途。中途缺口产生后预示着股指或股价将继续走大幅上涨或大幅下跌的行情，短期内不会回补。测量缺口出现的位置，应远离上一个形态；在缺口出现的当天，必须有大额成交量做配合；通常出现在一个漫长的单边升势当中，短期、中期均线系统须形成完全的多头排列，并且测量缺口出现之后，股价将加速上升，表现出轻快的上扬态势。测量缺口的测市意义较重要，如果将测量缺口出现的点位减去启动形态的底边的最低点，其所得的绝对值再加上测量缺口形成时的点位所得到的数值，可以看作本轮行情的理论目标价位，这时候，投资者就要尽量出货。

第三节　趋势线分析

如何确定股价变化的趋势线

趋势线包括下跌支撑线和上升阻力线两种。如果股价一波比一波的谷底不断抬高，则将几个谷底连成的直线就是上升趋势线；如果股价一波比一波的波峰不断降低，则将几个波峰连成直线就是下降趋势线。如图5－21和5－22所示：

图5－21　上升趋势线　　　　　图5－22　下降趋势线

上升趋势线对股价起强烈支撑作用，支持股价继续上涨；下跌趋势线对股价起阻力作用，阻止股价上涨。

趋势线按时间跨度来说，跨度在半年以上的为长期趋势线，跨度在1～6月之内的为中期趋势线，跨度在1个月之内的为短期趋势线。

一个长期趋势线包含着若干中期趋势线；中期趋势线中又包含若干短期趋势线。如图5－23所示。

图5－23　大趋势中包含小趋势

趋势线是不断变化的，旧的趋势线的破位，就会形成新的趋势线。如图5－24所示。

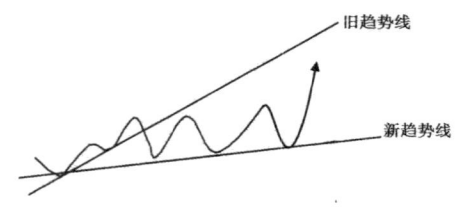

图5－24　从旧趋势线A到新趋势线B

因为投资者要依据趋势线进行投资，所以趋势线的准确与否关系着投资人的资金安全和利益。投资者要用如下三项标准来判断趋势线的可靠性：

（1）趋势线的斜率越小可靠性越高。

（2）趋势线维持的时间越长，可靠性越高。

（3）趋势线经过的波底（升势中）或波峰（跌势中）越多越可靠。

如何利用趋势线指导交易

趋势线是一种可靠的分析工具，具体交易可参照以下几点：

（1）若上涨趋势形成，则当股价落到上涨趋势线附近，而又放量抽出阳线（小阳线最佳）时，买入。同理适用于短期趋势落到中期趋势线附近，中期趋势线落到长期趋势线附近。

为什么要放量收阳线，如何把握这根阳线？

因为趋势线是根据历史点位形成的，其准确性很难判定。若在此时买入，一旦跌破，不但要止损，更是耽误了时间，错过其他好机会。

阳线的作用是确定上升趋势没有改变，降低了投资风险，并且提高了投资准确性。把握这根阳线，应该在下午2:30后到收盘这段时间，如果分时走势是向好的，形成阳线的概率就会非常大，此时应在收盘前建仓。

（2）若下跌趋势形成，则当股价反转到下跌趋势线附近，又收出阴线时，卖出。同理适用于短期对中期，中期对长期下跌趋势线。

为什么要收阴线，如何把握这根阴线？

下跌趋势线中的阴线作用正好与确立上涨趋势的阳线相反，是为了确立下跌趋势，指导卖出。

（3）股价跌破上升趋势线，持票者首先考虑清仓；股价突破下降趋势线，则等到新趋势形成后再买入。

（4）虽然还没有形成趋势，但底部形态刚刚完成，股价冲高回调又企稳后，买入。

（5）见到顶部形态，不用形成下跌趋势，尽早清仓。

如何判断趋势线的有效突破

正确判断趋势线的有效突破，有助于新股民作出正确的投资决策。当判明股价涨破阻力趋势线后应及时买进，当股价跌破支持线后应及时抛出。任何判断失误都会降低资金使用效率或造成损失。具体判定方法如下：

（1）连续两天以上的突破较为有效。

（2）某日突破以收盘价突破为有效。

（3）突破趋势线后，股价和成交量同时上升或保持不变的突破为有效。

（4）连续两天以上创新价的突破是有效的突破。

（5）短期突破以5％以上为有效；中期以10％以上为有效；长期以20％以上为有效。

第四节 量价关系分析

市场中存在的几种量价关系及其意义

股票价格与成交量这两个不同的概念，一直是股票投资者重点分析的对象，两者之间存在着很多因果关系。因为成交量的变化会造成股价的变化，所以成交量是股价的先行指标。分析成交量的变化，可以预测股价的动向。美国投资大师葛兰威尔指出："成交量才是股市的元气，而股价只是成交量的反映罢了，成交量的变化是股价变化的前兆。"由此可见，成交量与股价有着非常密切的关系。

一般情况下，股价要上涨，必须有成交量的支持，而股价下跌，可以有成交量配合，也可以没有成交量配合。就像一个人推一辆手推车上坡，他需要用劲推，车才能往上走，否则车是不会向上走的；但如果在山顶上推一辆手推车向下走，即使他不使劲，车照样会自然向下滑落，要是使劲的话，车向下跑得会更快。成交量配合股价的涨跌就是这样一个类似的道理。如果股价变化和成交量变化出现矛盾，必然造成市场价格的反方向运动。

市场中存在的量价关系归纳起来共有9种，这9种不同的量价关系所代表的市场意义各不相同，具体包括价升量增、价涨量平、价升量减、价跌量增、价跌量平、价跌量减、价稳量增、价稳量平、价稳量减。

1. 价升量增。

如果股价逐渐上升,成交量也增加,说明价格上升得到了成交量增加的支撑,后市将继续看好,特别是运用在大盘指数操作的情况下,当大盘的指数开始涨升时,成交量则需要有一定程度配合性的增加,以推动指数的稳步上涨;当指数小幅度上升时,成交量则需要维持涨升前的状况,或者是稍微增加量,来支持指数的涨升;当指数出现大涨时,成交量则必须要有放大程度的量度值配合,否则指数就有可能因为上涨能量有限,而无力上行。同时,成交量的相应增大,也是市场上人气聚积的具体表现。

但当股价在一个相对较高的位置区域内,一旦出现价涨量增时,极可能会是一个十分危险的信号。

2. 价涨量平。

价格上涨而成交量变化不大,可能是场外资金仍在观望,跟进做多的力量不大,这样的情况如出现在筑底时间较短的涨势初期,涨势极可能是昙花一现,新股民不可盲目跟进。如果价涨量平出现在股价长期筑底之后,则表明主力庄家持仓量较重,流通筹码稀少,主力庄家的操作目标位置相对较高,这样的股票会有很大的升幅,新股民可以跟进。

3. 价升量减。

价格上升但成交量未增加甚至减少,表明股价上升没有得到成交量的支持,股价属于空涨,必定难以持久,后市不容乐观。这种情形一般出现在牛市的末段或是熊市中的反弹阶段。新股民应酌量减少手中的持股,以免高位套牢。但如果后来股价继续上涨,成交量也相应增加,则前期量减属于惜售现象,新股民仍可继续做多。

4. 价跌量增。

价格下跌,成交量反而上升,说明价格的下跌得到成交量的配合,价格将继续下跌。这一点特点在大市反转、熊市来临的情况下更为突出,投资者因对后市看淡,纷纷斩仓离场,甚至会出现恐慌性抛售,价格急剧下跌,此时为卖出时机,应果断斩仓出局。但如果股价连续下跌了很长时间之后,股价有轻微续跌,成交量反而剧增,此时,则可视为底部渐近,是分批建仓的好时机,股价近日可望止跌企稳。

5. 价跌量平。

股票的价格持续性下挫,而成交量却没有同步有效放大,这就说明市场投资者并没有形成一种"一致看空"的空头效应。在这种情形下,多是控盘主力开始逐渐退出市场的前兆。由于成交量的平稳运行状态,容易使场外的散户投资者产生一种"侥幸"的心理,并以为这种现象只是控盘主力庄家洗盘的结果,因此,他们在大多情况下不会轻易地抛出自己手中所持的股票。而控盘主力庄家正是利用了散户的这种心理,从容不迫地缓步清仓,直到自己所持的仓位不再十分沉重时,才会将自己的余量部分一起抛出,从而加深、加快股价的下跌幅度和速度。

6. 价跌量减。

股价下跌,成交量减少,表示投资者惜售心理严重。如果出现在股价涨升初期,属正常回档,投资者可以逢低补仓;若发生在股价下跌初期,则跌势仍将持续。若股价长期下跌后,跌幅略减,成交量也萎缩至最低,此时买盘虽还有顾虑,但卖压也逐渐收敛,行情将止跌回稳。

对于出现价跌量缩的个股,新股民应密切关注大盘走势,如大盘仍有上升空间,则个股可能会止跌向上;如果大盘向下,出现价跌量缩的个股可能会向下突破。

7. 价稳量增。

价稳量增一般出现在下跌趋势末期或上升趋势初中期,表明有主力在大力吸纳筹码。在上涨趋势的前提下,后市看好,新股民可跟进。如果出现在涨势末期,可能是主力在托盘出货,应卖出。下跌初中期出现价稳量增,也是主力利用价格平台出货的表现。

8. 价稳量平。

价稳量平表明多空双方势均力敌,市场将继续盘整行情,新股民应观望,不要急于投资,待趋势明朗时再做决定才是明智之举。

9. 价稳量减。

价格平稳,成交量萎缩,表明投资者仍在观望,若是在股价下跌了很长时间之后,表示正在逐渐筑底。

涨跌停板制度下价量关系分析特点

通常来说,价涨量增,价量配合好,涨势形成或会继续,可以追涨或继续持股;如果上涨时量不能配合放大,说明追高意愿不强,涨势难以持续,应抛出手中的股票。以上理论是就一般情况而言的,但如果在涨停板的制度下,上面的操作思路就要变一变了。

在涨停板状态下,如果某只股票在涨停时没有成交量,这并不能说明此时的涨势难以持续,有可能是因为持股者想要卖出更好的价钱,不愿意以此价钱抛出,买方买不到股票,所以成交量就不太明显。下一个交易日,买方还会发动攻势,追买的结果会造成股价续涨。相反,当出现涨停,但中途被打开,而成交量放大时,说明卖出的人增加,买卖力量发生变化,股价则有可能下跌。

同样,价跌量缩说明卖方惜售,抛压轻,后市可看好,若价跌量增,则说明跌势形成或继续,应观望或抛出手中持股。

但在涨停板制度下，若出现跌停，买方则会考虑于下一交易日以后在更低价位买入，这样会造成买盘缺少的情况，从而使成交量很小，跌势仍会持续；相反，如果开盘仍为跌停，但中途曾被打开，成交量放大，说明买盘主动介入，止跌盘升有望。

既然涨跌停板制度下，价量之间的关系所代表的意义不同于平常，在我们遇到此种情况时，就应该用新的思路来操作。在此，我们就涨跌停板制度下，价量关系分析的判断做几点说明：

1. 涨停或跌停中途被打开的次数越多、时间越长、成交量越大，其走势反弹（或回档反弹）的可能性越大。

2. 连续跌停的股票，打开越早成交量越大者，止跌越快，大市回稳后，反弹力度越强。

3. 涨跌停关门时间越早，下一个交易日继续该趋势的可能性就越大。

4. 在涨停板制度下，涨停量小，将续涨；跌停量小，将续跌。

5. 封住涨停板的买盘数量和封住跌停板的卖盘数量越大越可能继续时下走势，后续涨跌幅度也越大。但要特别注意庄家借此出货或吸货。如果是庄家的行为，买卖盘数量再大也是虚的。要判断这一点也不难，你可以观察挂单撤单行为是否频繁，涨跌停是否经常被打开，当日成交量是否很大，若回答是肯定的，就可以断定封住涨停（或跌停）的买卖盘数量是虚的。反之，就是实的。

第五节　股市常用技术分析指标

相对强弱指数（RSI）

【概念一点通】

相对强弱指数（RSI）也称相对强弱指标，是根据价格"择强汰弱"的原理，以一个特定时期内股价的变动情况推测价格未来的变动方向，并根据股价涨跌幅度显示市场的强弱。

RSI 相对强弱指标计算起来比较简单，它的参数是天数，即时间的长度，一般有 5 日、9 日、14 日等。下面以 14 日为例介绍 RSI（14）的计算方法，其余参数的计算方法与此相同。

计算 RSI 相对强弱指标首先要找出包括当天在内的连续 15 天的收盘价，然后，用每一天的收盘价减去上一天的收盘价，会得到 14 个数字。这 14 个数字中有正（股价比前一天高）有负（股价比前一天低）。

令 A＝14 个数字中正数之和，B＝14 个数字中负数之和×（－1）。这样 A 和 B 都是正数。RSI（14）＝[A÷(A＋B)]×100。

从数学上看，A 表示 14 天中股价向上波动的大小；B 表示向下波动的大小；A＋B 表示股价总的波动大小。RSI 就是表示股价向上波动的幅度占总的波动的百分比，如果占的比例大就是强市，否则就是弱市。需要注意的是 RSI 的计算只涉及收盘价，可以选择不同的参数。

学会了 RSI 相对强弱指标的计算，最重要的还是掌握它的使用方法。RSI 值永远介于 1 与 100 之间。它一共考虑了价格变动的四个因素：上涨的天数、下跌的天数、上涨的幅度以及下跌的幅度。因为它对价格的四个构成要素考虑比较全面，所以，在价格趋势预测方面，其准确度相当高，应用起来主要有以下几个方面：

1. 在市场长期的变化过程中，大多数时间里 RSI 的变化范围介于 30 至 70 之间，其中又以 40 至 60 之间出现的机会最多，超过 80 或低于 20 的机会很少。当市场经过一段下跌行情，RSI 也随之从高位持续跌至 30 以下之后，如果从该低位向上突破 60 并获确认，则表明多头力量重新占据上风，当其再次反弹到 40 至 60 之间整理后，一般情况下仍会继续向上变动。当市场经过一段上涨行情，RSI 也随之从低位持续涨至 80 以上之后，如果从该高位向下跌破 40 并获确认，则表明空头力量重新占据上风，当其再次反弹到 40 至 60 之间整理后，一般情况下仍会继续向下变动。

2. 在多头市场中，如果行情回档，多头的第一道防线是 RSI（50），第二道防线是 RSI（40），第三道防线是 RSI（30）。在空头市场中，如果行情反弹，空头的第一道防线是 RSI（50），第二道防线是 RSI（60），第三道防线是 RSI（70）。

3. 在多头市场里，RSI 每次因行情回档下跌盘整，所形成的低点密集区域，也是多头的一道防线。空头市场里，在行情处于反弹盘整期间，RSI 所出现的最高点，也是空头的一道防线。

4. 大势转弱后，RSI 图形中各反弹顶点一般呈一顶低于一顶的走势，连接两个相邻顶点向右下方延伸，会形成一条上升阻力线，若角度不是太陡，其反压作用将非常有效。多头的反击一般难以突破此阻力线，一旦成功突破并在其上方站稳，则表明大势即将转强。大势转强后，RSI 图形中，各回档低点一般呈一底高于一底的走势，连接两个相邻低点向右上方延伸，便会形成一条下降支撑线，若角度不是太陡，其支持作用将非常有效。空头的反击一般难以突破此支撑线，该线一旦被跌破并在其下方站稳，则表明大势即将转弱。

5. 多头市场中，RSI 的最高点一般在 75 至 90 之间，行情回档时，只要不是突发性利空消息出现导致行情暴跌，RSI 一般不会跌破 30。空头市场中，RSI 的最低点一般在 30 甚至以下，行情反弹，只要不是突发性利好消息出现而导致行情暴升，RSI 一般不会向上突破 70，大多都在 55 以下。

6. 头部或底部形成征兆。当 RSI 值上升至 80 以上或下降至 20 以下，RSI 的图形通常较 K 线图形的头部或底部提早出现到顶或到底的征兆。即 80 以上超买，20 以下超卖。如果 RSI 值已低至 20 以下，同时成交值连续几天极度萎缩，就更是明显的买入信号。在多头行情中，RSI 即使到达 80 以上仍然会有持续上涨的可能，须辅以移动平均线等其他技术分析指标研判是否已到卖出时机。

威廉指数（WMS%）

【概念一点通】

威廉指数是由拉尼威廉于 1973 年首创的，它能够表示出市场处于超买还是超卖的状态，它是通过一定时期内的股价波动比率研判市场的超买超卖情况的指标。

WMS 的计算公式是：WMS（n）=（n 日内最高价－第 n 日收盘价）÷（n 日内最高价－n 日内最低价）×100，n 的取值一般为 10 或 20。

WMS 值的波动区间在 0 到 100 之间。当 WMS 趋近 80 或低于 80，说明股市处于超卖状态，有可能见低反弹；当 WMS 趋近 20 或低于 20，说明股市处于超买状态，有可能见顶下跌。50 是 WMS 的中轴线，当 WMS 刚刚向上超出 50 或趋近 50 时，表示股市看涨；当 WMS 刚刚向下低出 50 或趋近 50 时，表示股市看跌；如果 WMS 值已经进入超买区域，却僵持不动，说明行情仍有一段坚挺期，投资者可等待观望，一旦发现 WMS 值掉头向下，应立即卖出；同样，当 WMS 值在超卖区内僵持不动时，投资者也可适当坚持，一旦发现 WMS 冲向上方，应立即买入；WMS 向上触顶四次，第四次是良好卖点；向下触底四次，第四次是良好买点。

需要注意的是，运用 WMS 指标进行分析买卖点时最好综合其他技术指标共同分析。

移动平均线

移动平均线是应用非常广泛的一种技术指标。它构造简单，客观公正，不易人为操作骗线，受到很多投资者的青睐。

【概念一点通】

所谓"移动平均线"是指一段时间内的算术平均线，通常以收盘价作为计算值。

其公式是：MA（N）=（第 1 日收盘价＋第 2 日收盘价＋…＋第 N 日收盘价）÷N

例如：把某日的收盘价与前 9 个交易日的收盘价相加求和，然后再除以 10，就可以得到该日的 10 日移动平均线值 MA（10）。

根据求移动平均线时所用的天数的不同，移动平均线可以产生不同日期的结果。常见的有：短期移动平均线（周线），即 MA（5）以一周的 5 个交易日为周期的移动平均线；中期移动平均线（月线），即 MA（30）以一个月为周期的移动平均线；长期移动平均线（年线），即 MA（280）以一年中的全部交易日的总和为周期的移动平均线。

还有一些股票技术分析软件中支持的移动平均线如 MA（5）、MA（10）、MA（30）、MA（65）、MA（100）、MA（200）等。

通过观察移动平均线可以研判市场的多空倾向。通常将长、中、短期的移动平均线画在一起。如果三种移动平均线并列上涨，则表明市场呈现多头占上锋的格局；反之，如果三种移动平均线并列下跌，则市场呈现空头占上锋的格局。移动平均线能够识别旧的行情趋势的终结或反转，和新行情的产生契机，它不能领先于行情，却能够忠实地反映市场行情和走势。由于移动平均线是一种平滑曲线，所以能够有效地过滤掉不明不白的小跳动，因此能够客观地反映市场行情的大趋势。

移动平均线运用八大法则：

1. 股价向上突破移动平均线但很快又回到平均线之下，移动平均线仍然维持下跌局面，为卖出信号。

2. 移动平均线从下降趋势转为上升趋势，股价从移动平均线下方向上突破平均线为买入信号。

3. 移动平均线由上升趋势转为盘局或下跌，最后一日收市价向下跌破平均线，为卖出信号。

4. 股价位于移动平均线之上，短期下跌但未向下穿越移动平均线，是买入信号。

5. 股价向下跌破移动平均线，但很快又回到移动平均线之上，移动平均线仍然保持上升趋势，为买入信号。

6. 股价在移动平均线之下，短期向上但并未突破移动平均线且立即转为下跌，为卖出信号。

7. 股价暴涨向上突破移动平均线，且远离移动平均线，为卖出信号。

8. 股价暴跌，跌破移动平均线后远离移动平均线，为买入信号。

除了以收盘价计算的移动平均线以外，还有其他移动平均线，如加权移动平均线和成本移动平均线等。

加权移动平均线又分为末日加权移动平均线、线性加权移动平均线、梯型加权移动平均线和平方系数加权移动平均线。

成本移动平均线则是用 n 日内的成交金额之和除以 n 日内的成交量之和，即 n 日内的平均价格。它能够反映股票的真实成本价格。该值与当前价格的偏离程度能够更精确地反映出当前价格是否背离市场广泛认同的价格。

人气指标心理线（PSY）

【概念一点通】

PSY，即人气指标心理线，它反映一段时间内投资者趋向于买方或卖方的心理与事实，可以作为买进或卖出股票的指标。目前一般技术投资专家多以 12 日、24 日为短、中期投资指标，参数选得越大，PSY 的取值范围就越集中，越平稳；参数选得小，PSY 的取值范围上下的波动就大。这是在选择 PSY 的参数时，应该注意的。

其计算公式如下：

$$PSY(N) = A \div N \times 100\%$$

式中：N 为天数，是 PSY 的参数；A 为在这 N 天之中股价上涨的天数。

例如，N＝10，10 天之中有 3 天上涨，7 天下跌，则 A＝3，PSY（10）＝30％。这里的上涨和下跌的判断是以收盘价为准。

一般来说，PSY 研判要点如下：

1. 一般心理线指标介于 25％～75％是合理变动范围。

2. 超过 75％或低于 25％，就有超买或超卖现象，股价回跌或上升的机会增加，此时可准备卖出或买进。在大多头、大空头市场初期，可将超买、超卖点调整至 83％、17％，直至行情尾声，再调回至 75％、25％。

3. 在一段上升行情展开前，通常超卖现象的最低点出现两次。同样，在一段下跌行情展开前，超买现象的最高点也会出现两次。所以，高点密集出现两次为卖出时机，低点密集出现两次为买进时机。

4. 当出现低于 10％或高于 90％时，是真正的超买超卖现象，行情反转的机会相对提高，此为卖出或买进时机。

动量指标（MTM）

【概念一点通】

动量指标（MTM）也称为动力指标。在证券市场上类似于物理学动量指标上的恒速原理的现象：如果股价的上涨（下跌）趋势在继续，则股价的上涨（下跌）

速度会大体保持一致。动量指标（MTM）正是从股票的恒速原理出发，考察股价的涨跌速度，以股价涨跌速度的变化分析股价趋势的指标。

动量指数即动量指标，以分析股价波动的速度为目的，研究股价在波动过程中各种加速、减速、惯性作用以及股价由静到动或由动转静的现象。

动量指数的理论基础是价格和供需量的关系，股价的涨幅随着时间必须日渐缩小，变化的速度力量慢慢减缓，行情则可反转。反之，下跌亦然。

动量指数就是这样通过计算股价波动的速度，得出股价进入强势的高峰和转入弱势的低谷等不同讯号，由此成为投资者比较喜爱的一种测市工具。

股价在波动中的动量变化可通过每日之动量点连成曲线即动量线反映出来。在动量指数图中，水平线代表时间，垂直线代表动量范围。动量以 0 为中心线，即静速地带，中心线上部是股价上升地带，下部是股价下跌地带，动量线根据股价波情况围绕中心线周期性往返运动，从而反映股价波动的速度。

1. 计算公式：$MTM = C - C_n$，其中，C 为当日收市价，C_n 为 n 日前收市价，n 为设定参数，一般选设 10 日，亦可在 6 日至 14 日之间选择。

2. 运用原则：

（1）股价在下跌行情中走出新低点，而 MTM 未能配合下降，出现背驰，该情况意味下跌动力减弱，此时应注意逢低承接。

（2）一般情况下，MTM 由上向下跌破中心线时为卖出时机，相反，MTM 由下向上突破中心线时为买进时机。

（3）若股价与 MTM 在低位同步上升，意味着短期将有反弹行情；若股价与 MTM 在高位同步下降，则意味着短期可能出现股价回落。

（4）股价在上涨行情中创出高点，而 MTM 未能配合上升，出现背驰现象，意味上涨动力减弱，此时应关注行情，慎防股价反转下跌。

（5）在选定 10 日移动平均线情况下，当 MTM 在中心线以上，由上向下跌穿平均为卖出讯号，反之，当 MTM 在中心线以下，由下向上突破平均线为买入讯号。

有时只用动量值来分析研究，显得过于简单，在实际中再配合一条动量值的移动平均线使用，形成快慢速移动平均线的交叉现象，用以对比修正动量指数，效果更好。

随机指标（KDJ）

【概念一点通】

说起随机指标（KDJ），新股民朋友们一定不会陌生，它是根据目前股价在近阶段股价分布中的相对位置来预测可能发生的趋势反转，也就是我们经常说的超买、超卖。

有这样一个判断标准：当 D>80 时，为超买；D<20 时，为超卖；当 J>100 时，为超买；J<10 时，为超卖。或者直观地说，当 K 指标向上突破 D 指标，就是买入信号；当 K 指标向下穿破 D 指标，则为卖出信号。KDJ 指标的使用有很多限制，不适用于小盘股、K 指标和 D 指标的交叉必须发生在 70 以上和 30 以下，等等。然而用 KDJ 指标来分析大盘，或者热门大盘股时有着极高的准确性，这正是我们使用 KDJ 指标的根源所在。

一般来说，KDJ 指标有以下三项使用原则：

1. D 低于 10～15 水平是买入信号，若高于 80 以上时是卖出时机。

2. 当 K 值大于 D 值时，显示目前是上涨的趋势，因此在图形上，K 线向上穿越 D 线时，是买入信号。

3. 当 D 值大于 K 值时，显示目前的趋势是向下跌落，故在图形上，K 线向下穿越 D 线时，为卖出信号。

值得注意的是，上述三项使用原则，可靠性较低且经常出现骗线（特别是以日为单位的 KDJ 指标做分析时），在使用时，一定要结合趋势、成交量、形态等进行分析，才能起到更好的效果。

从我国股票市场的发展历史来看，真正漂亮的大牛股，在狂涨之前，一般都拥有这样的通性：股价从底部以小阳线向上推升时，KDJ 指标也伴随着进入了高位，主力在大幅拉升之前，常会以一个大阴线，劈头盖脸强压下来，KDJ 指标就是这种情况，这时的 KDJ 指标形成了 80 以上高位的死叉，极为吓人，而后主力继续以小阳、中阳线重新向高位推进，这时，KDJ 指标又会在 70 或者 80 附近形成所谓的高位金叉。随着股价的上扬，还会形成 80 以上的钝化，即指标横向发展，KDJ 如能保持这种状况，股价将会持续上扬。这一规律很重要，是骑黑马技术的组成部分，值得仔细研究。

其实运用 KDJ 指标，最重要的在于准确把握其钝化现象。钝化现象是指 KDJ 指标在 80 附近或在 20 附近反复形成金叉、死叉，总趋势横向发展，表面看去十分可怕。如指标在 80 附近，看上去很高。其实这也正说明多头力量超强，股价极易形成单边上扬。在 20 附近也是同样的道理，看上去指标很低了，似乎很安全，但从另一角度看，也正说明空方力量极强，股价易形成持续的单边下跌。此时应注意运用趋势分析、成交量的分析和趋向类指标。若仅凭 KDJ 指标在低位，就去买股票，肯定要吃亏。

当然，对于新股民而言，同时盯住 K、D、J 三条指标线是相当困难的事，其实没有必要这么麻烦，单用 J 指标完全可以发现一只大盘股的底部和顶部：如果 J 指标连续下行到 0 或者 0 以下（负数）的时候，再配合重要的平均线就可以观察出大盘或者个股的底部所在，新股民可以逢低买入；而如果 J 指标连续上行到 100 或者以上时，大盘随时会反向运行，这就是大盘或个股的顶部，新股民可以套现出局，观望后再入场。这种通过 J 指标快速寻找底部和顶部的技巧对于初涉股市的新股民们而言很有帮助，简单易学，也比较精确，有利于帮助新股民朋友们找准买点和卖点，从而快速套利。下面，我们通过例子来具体说明：

【实例链接】

1. 浦发银行（600000）

如图所示，该股在横盘向下的过程中于 2009 年 4 月 27 日受到 30 日线支撑，当日最低触于 20.58 元，看此时的 KDJ 指数，J 值已经为 －6.24，满足了 J 指标在 0 以下运行的条件，也有支撑点的有力支撑，这样便可以判断出此时的股价是该大盘股的底部所在，适合新股民进场抄底，快速套利。其后在 8 个工作日内，股价一路上涨，最高摸至 5 月 11 日的 26.55 元，涨幅接近 30%，如果新股民逢低纳入，那么此时可以卖出筹码，出局观望，确保利润（如图 5－25）。

图 5－25

2. 华夏银行（600015）

从图中可以看出，该股在 2008 年 12 月 2 日触碰阶段性底部 7.12 元后持续上涨，在 12 月 10 日收于 9.10 元的相对高点，而此时 J 指标已经达到 110.41，在 100 以上，随时可能见顶回调，新股民朋友们如果此时手中握有该股应当卖出套利。而后该股股价大跌，3 个交易日下跌至 7.26 元，跌幅超过 20%。无独有偶，在 2009 年 5 月的涨势中，该股 5 月 12 日收于 10.72 元，此时 J 值已经到达 111.37，高于 100，很明显有回调的风险，此时绝对是新股民朋友们黄金卖点。其后股价一路下行，最低到 9.66 元，跌幅接近 10%（如图 5—26）。

图 5—26

AR 指标与 BR 指标

【概念一点通】

AR 指标是指人气指标，BR 指标是指买卖意愿指标，它们是衡量市场上多空双方力量对比变化的最重要指标。它们可以单独使用，但一般情况下是一同使用，是一种中长期技术分析工具。

股市上的每一个交易日都要进行多空力量的较量。在一个交易日或某一段时期，多空双方的优势是不断地交替着，双方都有可能在一定时期内占据优势。如果一定时期内多方力量占据优势，股价将会不断上升；如果空方力量占据优势，股价则会不断下跌；多空双方力量如果大致平衡，股价在会在某一区域内窄幅波动。从这一方面来看，股价走势的变动主要是由供求双方买卖气势和多空力量的对比造成的。

在股票市场上，多空双方的较量是从某一个均衡价位区（或基点）开始的。股价在这个均衡区上方，说明多方力量占优势；股价在这个平衡区下方，说明空方力量占优势。因此。利用股票各种价格之间的关系，找到这个平衡价位区（或基点），对研判多空力量的变化起着重要的作用。而 AR、BR 指标就是根据股票的开盘价、收盘价、最高价和最低价之间的关系来分析多空力量的对比，预测股价的未来走势的。

AR 指标是反映市场当前情况下多空双方力量发展对比的结果，它是以当日的开盘价为基点，与当日最高价相比较，依固定公式计算出来的强弱指标。

BR 指标也是反映当前情况下多空双方力量争斗的结果。不同的是它是以前一日的收盘价为基础，与当日的最高价、最低价相比较，依固定公式计算出来的强弱指标。

1. AR 指标的计算方法。

AR 指标是通过比较一段周期内的开盘价在该周期价格中的高低，从而反映市场买卖人气的技术指标。

AR 指标的计算公式和参数为：

多方强度＝H－O，空方强度＝O－L。H 为当日的最高价，L 为当日的最低价，O 为当日的开盘价。

AR（N）＝P1÷P2×100；P1（N）＝N 日内（H－O）之和，P2（N）＝N 日内（O－L）之和。从式中可以看出，AR 表示 N 天以来多空双方总的强度的比值。N 为设定的时间参数，一般原始参数日设定为 26 日。

2. BR 指标的计算方法。

BR 指标是通过比较一段周期内的收盘价在该周期价格波动中的地位，来反映市场买卖意愿程度的技术指标。

以日作为计算周期为例，其计算公式为：

BR（n）＝∑（当日最高价－昨日收盘价）÷∑（昨日收盘价－当日最低价）×100

∑：n 日内股价之差总和。n：设定的时间参数，一般原始参数日设定为 26 日。

AR、BR 指标的一般研判标准主要是围绕着 AR、BR 指标的单独研判和 AR、BR 指标的配合使用展开的。

1. AR 指标的单独研判。

（1）AR 值以 100 为强弱买卖气势的均衡状态，其值在 20 上下之间。亦即当 AR 值在 80 到 120 之间时，属于盘整行情，股价走势平稳，不会出现大幅上升或下降。

（2）AR 值走低时表示行情萎靡不振，市场上人气衰退，而过低时则意味着股价可能已跌入低谷，随时可能反弹。一般情况下 AR 值小于 40（有的设定为 50）时，预示着股价已严重超卖，可考虑逢低介入。

（3）AR 值走高时表示行情活跃，人气旺盛，而过高则意味着股价已进入高价区，应随时卖出股票。在实际走势中，AR 值的高度没有具体标准，一般情况下 AR 值大于 180 时（有的设定为 150），预示着股价可能随时会大幅回落下跌，应及时卖出股票。

（4）同大多数技术指标一样，AR 指标也有领先股价到达峰顶和谷底的功能。当 AR 到达顶峰并回头时，如果股价还在上涨就应考虑卖出股票，获利了结；如果

AR 到达低谷后回头向上时,而股价还在继续下跌,就应考虑逢低买入股票。

2. BR 指标的单独研判。

(1) BR 值为 100 时表示买卖意愿的强弱呈平衡状态。

(2) BR 值的波动比 AR 值敏感。当 BR 值介于 70~150 之间(有的设定为 80~180)波动时,属于盘整行情,应以观望为主。

(3) 当 BR 值小于 30(有的设定为 40)时,表示股价已经严重超跌,可能随时会反弹向上,应逢低买入股票。

(4) 当 BR 值大于 300(有的设定为 400)时,表示股价进入高价区,可能随时回档下跌,应择机抛出。

3. AR、BR 指标的配合使用。

(1) 一般情况下,AR 可单独使用,而 BR 则需与 AR 配合使用才能发挥 BR 的功能。

(2) 当 BR 急速上升,而 AR 却盘整或小幅回档时,应逢高出货。

(3) BR 从高位回跌,跌幅达 1/2 时,若 AR 没有警戒信号出现,表明股价是上升途中的正常回调整理,此时可逢低买入。

(4) AR 和 BR 同时从低位向上攀升,表明市场上人气开始积聚,多头力量开始占优势,股价将继续上涨,此时可及时买入或持筹待涨。

(5) 当 AR 和 BR 从底部上扬一段时间后,到达一定高位并停滞不涨或开始掉头时,意味着股价已到达高位,此时应注意及时获利了结。

涨跌比率(ADR)

【概念一点通】

涨跌比率(ADR)的基本思想是观察股票上涨个数与下降个数的比率,以得出股市目前所处的大环境。

ADR(N)=N 日内股票上涨个数的合计÷N 日股票下跌个数的合计。

这里的"N"是选择几天的股票上涨和下降个数的总和,而不是一天的上涨和下降个数,目的是为了避免某一天的特殊表现而误导我们的判断。但参数究竟选几,没有一定之规,完全由人为操纵。不过参数选择得是否合适是非常重要的,选得过大或过小都会影响 ADR 作用。目前,比较流行的是选择参数为 10,即以 10 日作为的选择日数。ADR 还可以选择别的参数,如 5、25 等。

ADR 的图形是以 1 为中心来回波动,波动幅度的大小以分子和分母的取值为准。影响取值的因素很多,主要是公式中分子和分母的取值。参数选择得越小,

ADR 上下波动的幅度就越大，曲线的起伏就越剧烈。参数选得越大，ADR 波动的幅度就越小，曲线上下越平稳，这一点同大多数技术指标是一致的。

ADR 涨跌比率的运用方法是：

1. 涨跌比率超过 1.5 时，表示股价长期上涨，已脱离常态，超买现象产生，股价容易回跌，是卖出信号。反之，低于 0.5 时，股价容易反弹，是买进信号。

2. 10 日涨跌比率的常态分配通常在 0.5 至 1.5 之间，而 0.5 以下或 1.5 以上则为非常态现象。

3. 在大多头市场大空头市场里，常态分配的上限与下限将扩增至 1.9 以上与 0.4 以下。

4. 多头市场低于 0.5 的现象极少，是极佳之买点。

5. 对大势而言，涨跌比率具有先行的警示作用，尤其是在短期反弹或回档方面，更比图形领先出现征兆。10 日涨跌比率的功能在于显示股市买盘力量的强弱，进而推测短期行情可能出现反转。

6. 除了股价进入大多头市场或展开第二段上升行情之初期，涨跌比率有机会出现 2.0 以上绝对超买数字外，其余的次级上升行情在超过 1.5 时就是卖点。

7. 涨跌比率如果不断下降，低于 0.75，通常表明短线买进机会已经来临，在多头市场中几乎无例外。在空头市场初期，如果降至 0.75 以下，通常表明中期反弹即将出现。而在空头市场末期，10 日涨跌比率降至 0.5 以下时，则为买进时机。

8. 若图形与涨跌比率成背离现象，则大势即将反转。

9. 涨跌比率向上冲过 1.40 时，暗示市场行情的上涨至少具有两波以上的力量。

10. 多头市场的涨跌比率值，大多数时间都维持在 0.6 至 1.3 之间（若是上升速度不快，只是盘升走势时），超过 1.3 时应准备卖出，而低于 0.6 时，又可逢低买进。

11. 涨跌比率下降至 0.65 之后，再回升至 1.40，但无法突破 1.40，则显示上涨的气势不足。

第六节　股票价格反转形态分析

头肩形反转

反转形态指股价趋势逆转所形成的图形，亦即股价由涨势转为跌势，或由跌势转为涨势的信号。头肩形反转分为头肩顶反转和头肩底反转。

头肩顶反转

头肩顶的形状呈现三个明显的高峰，位于中间的一个高峰较其他两个高峰的高点略高。在成交量方面，出现梯级型的下降。

在炒股过程中，我们可以从这一形态中观察到多空双方激烈争夺的情况，它是观察股市不容忽视的技术性走势。

刚开始，市场投资热情高涨，股价上升，成交量放大，经过一次短期的回落调整后，那些错过上次升势的人在调整期间买进，股价继续上升，而且攀越过上次的高点，从走势上来看，股市表现乐观。但此时成交已大不如前，反映出买方的力量在减弱中。那些对前景没有信心和错过了上次高点获利回吐的人，或是在回落低点买进作短线投机的人纷纷沽出，于是股价再次回落。

股价的第三次上升，为那些后知后觉错过了上次上升机会的投资者提供了机会，但此时的股价已经不可能上升到上次的高点，在这一阶段，成交量下降，而股市的客观情绪也已经扭转。迎接股市的将是一次大幅度的下跌。

这是一个长期性趋势的转向形态，通常会在牛市的尽头出现。当最近的一个高点的成交量较前一个高点变低时，就暗示了头肩顶出现的可能性；当第三次回升股价没法升抵上次的高点，成交量继续下降时，有经验的投资者就会把握机会沽出。当头肩顶颈线击破时，就是一个真正的沽出讯号，虽然股价和最高点比较，已回落了相当的幅度，但跌势只是刚刚开始，未出货的投资者继续沽出。当颈线跌破后，我们可根据这形态的最少跌幅量度方法预测股价会跌至哪一水平。这量度的方法是——从头部的最高点画一条垂直线到颈线，然后在完成右肩突破颈线的一点开始，向下量出同样的长度，由此量出的价格就是该股将下跌的最小幅度（见图5-27）。

图 5-27 头肩顶反转

头肩底反转

头肩底和头肩顶的形状一样，只是整个形态倒转过来而已，又称"倒转头肩式"。形成左肩时，股价下跌，成交量相对增加，接着为一次成交量较小的次级上升。随后股价又再次下跌且跌破上次的最低点，成交量再次随着股价下跌而增加，较左肩反弹阶段时的成交量更多——形成头部；从头部最低点回升时，成交量有可能增加。当股价回升到上次的反弹高点时，出现第三次的回落，这时的成交量很明显少于左肩和头部，股价在跌至左肩的水平，跌势便稳定下来，形成右肩。最后，股价正式策动一次升势，且伴随成交量增加，当其颈线阻力冲破时，成交量更显著上升，整个形态便告成立。

　　头肩底的分析意义和头肩顶没有什么区别，它向我们传达出这样的信息，过去的长期性趋势已经扭转过来，股价虽然在一次又一次地下跌，但很快将掉头反弹，此时的股市中，看好的力量正在逐渐增多。一旦两次反弹的高点阻力线（颈线）打破后，显示看好的一方已完全把淡方击倒，买方代替卖方完全控制整个市场。

　　当头肩底颈线突破时，就是一个真正的买入讯号，此时还没有买入的投资者可以跟进。头肩底是极具预测威力的形态之一，一旦获得确认，股价上涨的可能性会非常大。换句话说，就是一旦头肩底成立的话，将表示股市最恶劣的时期已经过去，最低的价位已经出现，即使再跌也有一条底线。市场正凝聚一种支持力和买意，只要一旦价位穿破颈线，这时应该是一个极佳的买入讯号（如图5-28）。

图5-28　头肩底反转

圆弧反转

　　股价呈弧形上升，此时的股价虽然不断升高，但升不了太多就会回落，先是新高点较前点高，后是回升点略低于前点，这样把短期高点连接起来，就形成一圆形顶。在成交量方面也会有一个圆形状。

　　经过一段买方力量强于卖方力量的升势之后，买方趋弱或仅能维持原来的购买力量，使涨势缓和，而卖方力量却不断加强，最后双方力量均衡，此时股价会保持没有上涨的静止状态。如果卖方力量超过买方，股价回落，说明一个大跌市即将来临，未来下跌之势将转急转大，那些先知先觉者会在形成圆形顶前离市。

　　也有特殊情况，那就是并非所有的圆顶形成之后，就一定马上伴随着股价的下跌，有时候股价会反复向横向发展形成徘徊区域，这种徘徊区域称作碗柄。一般来说，股价突破这个碗柄的时候，股价就会朝着预期中的跌势发展。

　　圆形反转在股价的顶部和底部均会出现，其形态相似，意义相反。在底部时表现为股价呈弧形下跌，初时卖方的压力不断减轻，于是成交量持续下降，但买入的力量仍畏缩不前，这时候股价虽是下跌，然而幅度缓慢而细小，其趋势曲线渐渐接近水平。在底部时买卖力量达到均衡状态，因此仅有极小的成交量。然后需求开始增加，价格随之上升，最后买方完全控制市场，价格大幅上扬，出现突破性的上升局面。成交量方面，初时缓慢地减少到一个水平，然后又增加，形成一个圆形底。这一形态显示一次巨大的升市即将到来，新股民可以在圆形底升势转急之初追入（见图5－29和图5－30）。

图5－29　圆弧顶反转　　　　　　　图5－30　圆弧底反转

双重顶反转和双重底反转

一只股票上升到某一价格水平时，出现大成交量，股价随之下跌，成交量减少，接着股价又升至与前一个价格几乎相等的顶点，成交量再随之增加却不能达到上一个高峰的成交量，再第二次下跌，股价的移动轨迹呈M形。这就是双重顶，又称M头走势。

一只股票持续下跌到某一平台后出现技术性反弹，但回升幅度不大，时间亦不长，股价又再下跌，当跌至上次低点时却获得支持，再一次回升，这次回升时成交量要大于前次反弹时成交量。股价在这段时间的移动轨迹呈W形，这就是双重底，又称W走势。

无论是"双重顶"还是"双重底"，都必须突破颈线（双头的颈线是第一次从高峰回落的最低点；双底之颈线就是第一次从低点反弹之最高点），形态才算完成（见图5－31和图5－32）。

图5－31　双重顶反转　　　　　　　图5－32　双重底反转

双头或双底形态是一个转向形态。当出现双头时,即表示股价的升势已经终结,当出现双底时,即表示跌势告一段落。通常这些形态出现在长期性趋势的顶部或底部,所以当双头形成时,我们可以肯定双头的最高点就是该股的顶点;而双底的最低点就是该股的底部了。当双头颈线跌破,就是一个可靠的卖出讯号;而双底的颈线冲破,则是一个买入的讯号。

在使用双重底选股的时候要注意,并非所有的双重底都是上涨信号,也不排除是整理形态的可能性。如果你发现两个底点出现时间非常近,在它们之间只有一个次级上升,大部分属于整理形态,将继续朝原方向进行股价变动。相反地,两个底点产生时间相距甚远,中间经过几次次级上升,反转形态形成的可能性较大。

三角形反转

常见的三角形反转图形有上升三角形、下降三角形和对称三角形,如图5-33。

股价在某水平呈现强大的卖压,价格从低点回升到某一水平便告回落,但市场的购买力十分强,股价未回至上次低点即告弹升,这种情形持续使股价随着一条阻力水平线波动日渐收窄。我们若把每一个短期波动高点连接起来,可画出一条水平阻力线,而每一个短期波动低点则可相连出另一条向上倾斜的线,这就是上升三角形。成交量在此形态形成的过程中不断减少。

下降三角形的形状与上升三角形恰好相反,股价在某特定的水平出现稳定的购买力,因此股价每回落至该水平便告回升,形成一条水平的需一条向上倾斜直线,下面一条则较为陡峭。

在股价形成对称三角形的过程中,由于买卖双方势均力敌,并对股价的变化持观望态度,其成交量会比较低,但一旦突破上斜边并产生上涨的反转行情之后,成交量将会增大。

图5-33 三角形反转

矩形反转

矩形是股价由一连串在两条水平的上下界线之间变动而成的形态。股价在其范围之内出现涨落。价格上升到某水平时遇上阻力，掉头回落，但很快地便获得支持而回升，可是回升到上次同一高点时再一次受阻，而挫落到上次低点时则再得到支持。这些短期高点和低点分别以直线连接起来，便可以绘出一条通道，这通道既非上倾，亦非下降，而是平行发展，这就是矩形形态（见图5-34）。

图5-34 矩形

矩形的出现是买卖双方实力相当的竞争，多空双方此时完全达到均衡状态。从另一个角度分析，矩形也可能是投资者因后市发展不明朗，投资态度变得迷惘和不知所措而造成。所以，当股价回升时，一批对后市缺乏信心的投资者退出；而当股价回落时，一批憧憬着未来前景的投资者加进，由于双方实力相等，于是股价就来回在这一段区域内波动。

在实践操作中，这种理想的形态是见不到的，股价走势常常在整理的末段发生变化，不再具有大的波幅，反而逐渐沉寂下来，高点无法达到上次高点，而低点比上次稍高一些，这种变形形态比标准的矩形更为可信，因为在形态的末端市场已经明确地表达了它的意愿，即说明调整已到末端，即将选择方向。因此，真正的突破不一定发生在颈线上才进货。当然，这需要更细致的看盘技巧。

楔形反转

楔形反转包括上升的楔形和下降的楔形。如图5-35所示。

上升楔形常在跌市中回升阶段出现，显示尚未跌见底，只是一次跌后技术性反弹而已，当其下限跌破后，就是卖出讯号。上升楔形的下跌幅度，至少将新上升的价格跌掉，而且要跌得更多，因为尚未见底。

下降楔形也是个整理形态，通常在中长期升市的回落调整阶段中出现，显示升市尚未见顶，这仅是升后的正常调整现象。一般来说，形态大多是向上突破，当其上限阻力突破时，就是一个买入讯号。

图 5—35 楔形反转

上升楔形在跌破下限支撑后经常会出现急跌；但下降楔形往上突破阻力后，可能会向横发展，形成徘徊状态，成交仍然十分低沉，然后才慢慢开始上升，成交量亦随之增加。这是上升楔形和下降楔形最大的不同之处，一旦这种情形出现后，新股民可待股价打破徘徊闷局后才考虑跟进。

第七节　股票价格整理形态分析

旗形整理

顾名思义，"旗形"走势的型态就像一面挂在旗杆顶上的旗帜，其中又可分作"上升旗形"和"下降旗形"两种（见图5—36）。该型态通常在急速而又大幅的市场波动中出现。

行情在短时间内，作喷射性或十分陡峭的大幅飙升或下跌（当形成"下降旗形"时），这时成交量也随之增加。接着行情遇到阻力，出现短暂性回落。可是回落的幅度不大，价格只回落三、二个价位即弹升，成交量这时有明显的减少，不过价格的回升却不能抵达上次的高点，成交量也没法增多。在继续的一个下跌时价格再稍低于前一个低点，成交量进一步减少。

经过一连串紧密的短期波动后，形成一个稍微与原来趋势呈相反方向倾斜的长方形，这就是"旗形"走势。

"下降旗形"则刚刚相反，当出现急速或垂直的下跌后，接着形成一个波动狭窄而又紧密、稍微上倾的价格密集区域，像是一条小上升通道，这就是"下降旗形"。在"旗形"形成过程中，成交量显著地逐渐递减。

旗形属于整理形态，形态完成后股价将继续原来的趋势方向移动，上升旗形将向上突破，而下降旗形则是往下跌破。上升旗形大部分在牛市第三期中出现，此形态暗示升市可能进入尾声阶段。下降旗形大多在熊市第一期出现，显示大市可能作垂直式的下跌，因此这阶段中形成的旗形十分细小，可能在三四个交易日内已经完

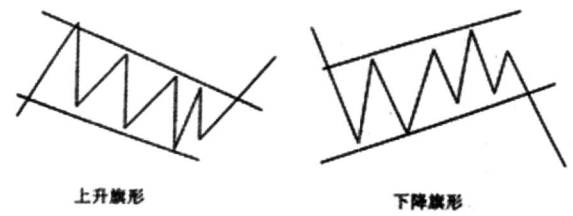

上升旗形　　　　下降旗形

图 5-36

成。如果在熊市第三期中出现，旗形形成的时间较长，而且跌破后只作有限度的下跌。

在实际操作中，新股民要注意，一旦到了旗形的末端，股价将突破急剧上升，成交量也会放大，开始另一段上升的行情，可在此时果断介入。

扇形整理

扇形整理形态是连接图形的上升和下降趋势而产生的，它可以分为上升的扇形和下降的扇形两种。如图 5-37、图 5-38 所示。

图 5-37　上升扇形整理图　　　　图 5-38　下降扇形整理图

在上升的扇形中，当股价在每个圆形底部下跌时，交易量也降低。随着股价在每个圆形的后期的上升，其交易量也随之上升。圆形中的股价上升价位通常要比原先开始下跌的价位高些，成交量也会多些。新的圆形的低价要比前一个圆形的低价要高。新的圆形的顶级也要比前一个圆形的顶级要高。于是，股价在各个圆形的连接中，逐个往上递增，形成上涨的走势。

下降扇形是由两个或两个以上的圆形顶连接而成。其股价的总体趋势是下跌的。

第六章

中国新股民炒股基本技巧

新股民入门导读：

俗话说，做事要用巧劲。在股市中也一样，炒股也要找到一定的技巧，这些技巧可以帮你在股市中少走一些弯路，多得一些利润。

本章条理性地介绍了一些炒股的基本技巧，比如，要利用联动性来买卖股票，判断股市的基本走向；介绍了各种不同类型的股票的买卖策略；同时还介绍了一些进行长线投资的选股技巧……

通过这些基本技巧的学习，希望能够给投资者带来一些实战性的帮助。但新股民也要注意，这些基本技巧看似简单，但仍需要多多的练习，俗话说，熟能生巧。只有真正的熟练了，这些技巧才能发挥其真正的效能，助投资者一臂之力。

第一节 利用联动效应买卖股票

利用地域板块的联动买卖股票

【概念一点通】

联动，原意是指一事物的变动带动其他一些与其相关事物的变化，在股票市场中，我们可以这样理解它：当某种股票有所"行动"时，那些和它"关系"密切的股票，也会相应地做出反应，从而产生一系列变动。

认识和了解股票的联动效应，对于新股民判断大势、选择个股有着重要意义。

利用地域板块的联动买卖股票，顾名思义，就是购买上市公司所在的地域相同的股票。例如，山东板块是由济南百货、济南轻骑、山东渤海、青岛啤酒、青岛海尔等股票组成的；浦东板块则由陆家嘴、外高桥、东方明珠等多只股票组成。

这种板块内部联动效应明显，具有稳定、容易操作等特点，新股民可充分利用这些特点——尤其是当它们具备联动效应的特性时，在股市中大展身手。

虽然地域板块有着突出的联动作用，但也要注意，就算是有联动性的版块，不同的版块之间的联动性也有强弱之分，在分析的时候不要一概而论。

股民朋友们在根据地域联动性选择股票的时候，要尽量选择联动性比较强的股票，这样盈利的机会相对来说会更大。

利用同行业板块的联动买卖股票

【概念一点通】

同行业板块的联动性，指的是构成板块的股票类型相同，如医药板块、纺织板块、电力板块、金融板块等。

2010年1月13日国务院总理温家宝主持召开国务院常务会议，决定加快推进电信网、广播电视网和互联网三网融合。7月1日，国务院对外正式公布了第一批三网融合试点城市名单，包括北京、上海、杭州在内的12个城市入围。随后，华谊兄弟（300027）、中视传媒（600088）、歌华有线（600037）、天威视讯（002238）、电广传媒（000917）等股票走出了一波上涨行情。

股民朋友在分析股票之间的联动效应时，要根据市场的行情具体分析，切忌死板教条。一定要对同行业的联动性有本质的、清醒的认识，千万不要一味地认为，只要是同行业的股票，就都会同时上涨或同时下跌。在选股的时候，还要具体问题具体分析，以避免犯错误，影响自己的收益。

利用联动效应预测股市行情

股市经常是风云突变，令人措手不及。如何才能尽量取得股市行情的正确预测成为新股民朋友们迫切想了解的问题。

综合上面的分析，我们可以看出，联动性在股市中发挥着不可小觑的效应，新股民可以利用这种效应来预测股市的行情。

比如，2010年4月17日，为抑制房价的过快上涨，国务院发布了《国务院关于坚决遏制部分城市房价过快上涨的通知》，简称国十条。国十条出台以后，房地产板块应声下跌，如图6—1。

万科（000002），该股在2010年4月17日国务院发布国十条以后，在4月19

图 6—1

日出现了暴跌。

通过对股市中各种现象的分析，我们可以发现，联动性已经成为很多股民朋友们预测股市行情的重要工具之一。所以，股民应多观察、多思考，灵活运用联动效应，增加获利的机会。

第二节　新股民如何对待股市中流传的消息

重视股市中的各种消息

在股市中，总有各种各样的"消息"通过各种渠道产生、传播，在带给一部分人利益的同时也带走了一部分人的收益。

在股市中，有些股民视消息为黄金，到处打听挖掘；有些股民则将其视为病毒，敬而远之。但不管股民们采取何种态度，有一点是不会变的，股市中的消息会对股价的走势产生很大的影响，所以，一定要重视股市中的各种消息。

股市中的消息归结起来主要有以下几种类型：

1. 经营业绩改善或有望改善。
2. 国家产业政策扶持。
3. 合资、合作或股权转让。
4. 增资配股或送股分红。
5. 拥有庞大土地资产可望升值。

6. 控股或收购。

警惕股市中的假消息

股市能够反映出未来经济的走向，那么，股市的未来走向靠什么来预测呢？答案就是消息。股市中充斥着各种各样的消息，这些消息决定了股市的走向。可以说，在股市中，谁能第一时间掌握第一手的消息，谁就能在股市的博弈中抢占先机。

但现如今，信息化、网络化发达，大众一般都能通过网络快速获取第一手消息。但也正因为如此，消息的准确性却因为网络的发达大大打了折扣，假消息，或者是顶着各类光环的伪消息，让人难以判断。于是，在人们快速获取海量信息时，通过自己头脑分析各类消息的准确性就显得尤为重要。

就拿2010年的房地产来说，各类新闻机构，尤其是市场化媒体，为了抓读者眼球，都在搜寻着有关地产领域的消息。比如，前段时间的"上海新房产税开征在即"，后来又有"发改委称，三年内免谈房产税"之类的相互矛盾的消息此起彼伏。股市中的消息有真有假，半真半假，很多都是有关人士私下透露的消息，并不是主管部门的新闻发布，但都以肯定句的形式出现在网络上，因此，新股民就需要揣摩这些新闻，而并不是一味地轻信并以此作为投资的依据。

在网络高速发展、信息海量传播的时代，一方面，政府的新闻发布，要及时并详尽，该告知的应详尽告知，该保密的要严格保密。另一方面，股民分析这些信息，也应总结一些经验教训：

（1）主管部门的新闻发布可信度最高，要详尽解读理解。

（2）参与决策部门或人士私下的言论，也多半可信但不可全信。

（3）研究机构的评述，决策部门研究机构的相关研究值得关注，议论其他部门的言论，或一些个人意见，就只能做参考了。

（4）网络博客以及不相关人士的评论，尤其是情绪化的论点，只能当做个人观点对待。

（5）有一些断章取义的引述，读者要去追寻讲话者的原意，不能只看网络新闻标题，还要看具体内容。

要博"朦胧"而不博证实的消息

"山朦胧、水朦胧、今宵人朦胧"，这意境无疑令人陶醉。从美学角度来看，这种朦胧的意境是最具诗情画意的。用股市中的行话来讲，这种朦胧的意境是最具想象空间的。而在股票投资中，这种想象空间则是股票炒作的基本动力所在。于是，庄家炒朦胧，股民也就跟着朦胧，一旦那"朦胧"变成了"写真集"，赤裸裸地示人眼下，这波行情也就走到了尽头。此时，如果你以为当前你已经完全掌握了消息的时候，那么，这有可能就是你倒霉的时候了。

比如炒业绩，五粮液可谓股市中的第一绩优股了，但其在股市中却很难得到追捧，究其主要原因就是其缺少了朦胧的色彩。相反，在股市中有一些业绩差的股票却因为朦胧色彩被人们乐此不疲地来回炒作——也许它的业绩能扭亏为盈，或者它有从绩差变成绩优的可能。

再比如说重组股，重组股可谓是股市中的不死鸟。只要是经过了重组的公司，哪怕此公司已经一钱不值，甚至负债累累，也会成为抢手货。但一旦真的重组完毕了，也就是明朗了，企业真的变了样，那题材也就成弃妇了，股价也就开始走价值回归了。

当前的股市在大力炒作国有股减持概念，一些有望列入国有股减持公司的股票，如氯碱化工、轻工机械等，股价被一些庄家们炒得高高的，仿佛股市对国有股减持是多么地"热烈欢迎"，其实归根到底，这也是一种炒朦胧的状态。

有人说，股市是一个博傻的地方，明白人会在这里赚到很多钱，这话并不是没有道理的。在一个"炒"字当头的股市里，或许股民们还真该有点朦胧的意识。正所谓不明不白地炒，明明白白地逃。这话对股民朋友们虽说是一种悲哀，但也是非常现实的。

第三节　股票投资策略

大型股票投资策略

大型股票是指股本额在 12 亿元以上的大公司所发行的股票。这种股票的特性是，其盈余收入大多呈稳步而缓慢的增长趋势，其股价的涨跌幅度较小。由于炒作这类股票需要较为雄厚的资金，因此，一般炒家都不会轻易介入这类股票的炒买炒卖。

对应这类大型股票的买卖策略是：

（1）可以在经济不景气的低价圈里买进股票，而在业绩明显好转、股价大幅升高时予以卖出。同时，由于炒作该种股票所需的资金庞大，故较少有主力大户介入拉升，因此，可选择在经济景气时期入市投资。

（2）大型股票在过去的最高价位和最低价位上，具有较强支撑阻力作用，因此，其过去的高价价位是新股民现实投资的重要参考依据。

中小型股票买卖策略

中小型股票的特性是：由于炒作资金较之大型股票要少，较易吸引主力大户介入，因而股价的涨跌幅度较大，其受利多或利空消息影响股价涨跌的程度也较大型股票敏感得多，所以经常成为多头或空头主力大户之间互打消息战的争执目标。

对应中小型股票的投资策略是耐心等待股价走出低谷，开始转为上涨趋势，且环境可望好转时予以买进；其卖出时机可根据环境因素和业绩情况，在过去的高价圈附近获利了结。一般来讲中小型股票在 1～2 年内，大多有几次涨跌循环出现，只要能够有效把握行情和方法，投资中小型股票，获利大都较为可观。

投机股买卖策略

投机股是指那些易被投机者操纵而使价格暴涨暴跌的股票。投机股通常是投机者进行买卖的主要对象，由于这种股票易涨易跌，投机者通过经营和操纵这种股票可以在短时间内可赚取相当可观的利润。

投机股的买卖策略是：

（1）选择新上市或新技术公司发行的股票。

这类股票常令人寄以厚望，容易导致买卖双方加以操纵而使股价出现大的波动。

（2）选择那些改组和重建的公司的股票。

当业绩不振的公司进行重建时，容易使投机者介入股市来操纵该公司，从而使股价出现大的变动。

（3）选择优缺点同时并存的股票。

优缺点同时并存的股票，当其优点被大肆宣染，容易使股票暴涨；而当其弱点被广为传播时，又极易使股价暴跌。

（4）选择公司资本额较少的股票作为进攻的目标。

资本额较少的股票，一旦投下巨资容易造成价格的大幅变动，新股民可通过股价的这种大幅波动获取买卖差价。

需要特别指出的是，由于投机股极易被投机者操纵而人为地引起股价的暴涨与暴跌，一般的投资者需采取审慎的态度，不要轻易介入，若盲目跟风，极易被高价套牢，而成为投机者的牺牲品。

蓝筹股投资策略

蓝筹股的特点是：投资报酬率相当优厚稳定，股价波幅变动不大，当多头市场来临时，它不会首当其冲使股价上涨。经常的情况是其他股票已经连续上涨一截，蓝筹股才会缓慢攀升；而当空头市场到来，投机股率先崩溃，其他股票大幅滑落时，蓝筹股往往仍能坚守阵地，不至于在原先的价位上过分滑降。

对应蓝筹股的投资策略是：一旦在较适合的价位上购进蓝筹股后，不宜频繁出入股市，而应将其作为中长期投资的对象。虽然持有蓝筹股在短期内可能在股票差价上获利不丰，但以这类股票作为投资目标，不论市况如何，都无需为股市涨落提心吊胆。而且一旦行情上涨收益甚丰。长期投资这类股票，即使不考虑股价变化，单就分红配股而言，往往也能获得可观的收益。

对于缺乏股票投资手段且愿做长线投资的股民来讲，投资蓝筹股不失为一种理想的选择。

循环股买卖策略

循环股是指股价涨跌幅度很明显，且一直在某一范围内徘徊的股票。循环股的价格是经常固定在一定范围内涨跌。对应的买卖策略就应该是趁跌价时买进，涨价时卖出。

寻找循环股的一般方法是从公司的营业报表中，或者根据公司有关的资信了解最近三四年来股价涨跌的幅度，进而编制出一份循环股一览表。

循环股一览表能反映出股价的涨跌幅度和范围，新股民据此可确定循环股的买点和卖点。

采取循环股买卖策略时，应避开以下三种股票：

1. 股价循环间隔时间太长的股票。

间隔时间越长，资金占用的成本越大，宜把股价循环的时间限在一年以内。

2. 成交量小的股票。

成交量小的股票常会碰到买不到或卖不出的情形，所以也应尽量避免。

3. 股价变动幅度较小的股票。

因为波幅较小的股票，纵然能在最低价买进和最高价卖出，但扣除股票交易的税费后，所剩无几，因而不是理想的投资对象。

第四节　如何进行长线择股

短线是银，长线是金，没有时间的股民应该进行长线投资。股民长线择股时，应选择有获利性、安全性、成长性的股票。因为这类股票即使跌价了也无妨，只要耐心等待，股价一定会再上涨的，股民一定能够得到回报。具体来说，股民应该选择成长型的股票、选择受到政策背景支持的股票、选择获利能力强的股票、选择优良型的股票。

选择成长型的股票

成长型股票是指发展迅速的公司发行的股票。对公司的业务作前瞻性的分析，预期未来一段时间，例如3～5年，公司的每年净利润能达到以每年增长20%～30%以上速度稳定增长，可称为成长型股票。一般成长型的股票，市盈率都是较高的。而具有高市盈率特性的股票，其价格波动性也较高。当然，找到成长型的股票，最宜长期持有投资，要短炒波幅也可以，但是否能获利，那要看你的运气了。

那么，怎么判断一只股票是否具有成长性呢？

1. 从上市公司股价与股本的成长模式来分析。

（1）股本扩张型成长模式。

从股本规模来看，上市公司的成长性可以表现为股本的不断扩张。只要股本扩张是适度的，而且并未过分地稀释其业绩指标，那么，这种股本扩张就是实质性的"公司成长"。相反，如果股本扩张过快而不切实际，则必然导致每股业绩指标被过分摊薄而沦为垃圾股，那么，这种股本扩张就毫无意义可言。

在美国，股本扩张型成长模式典型的例子是微软。1987～2003年，微软股份实施了9次分拆，使其总股本在16年间扩张了288倍。1986年3月13日上市时的每1股，2003年2月18日之后就变成了288股。这使微软成为了美国股市上在最短的时间内股本扩张最快的上市公司。1987～2000年，微软的股价与股本是同步快速增长的；2000～2006年，股价虽然没有再上升，然而，它的业绩却依然是优良而稳定的。

（2）股价上涨型成长模式。

从股票价格来看，上市公司的成长性可以表现为股价的不断上涨。

（3）股本与股价同步上升型。

当然，在许多情况下，上市公司的成长性并不单一地表现为股本扩张或者股价上涨。它们往往表现为时而股本扩张，时而股价上涨，更有甚者，股本扩张与股价上涨同时展开。

然而，从上市公司的成长性来看，无论是股本扩张贡献份额大，还是股价上涨贡献份额大，它们都可以通过公司"市值"唯一而综合地表现出来。

因为"市值"＝"股本"×"股价"，而股本扩张可能会暂时性稀释并摊薄股价，但只要股票市值是不断增大的，那么，就有理由判断该股是成长型的。

2. 结合多项财务指标综合分析。具体指标包括：

（1）盈利能力。

净资产收益率是反映上市公司盈利能力的最主要指标，其经济含义是自有资金的投入产出能力。净资产收益率高，表明公司资产运用充分，配置合理，资源利用效益高。净资产收益率达到10%左右，一般可认为盈利能力中等，超过15%则属盈利能力较强。

具有成长性的公司，资源配置通常都比较合理。因此，净资产获得能力也相对较高。只有盈利能力达到中等以上水平，其成长才是高质量的。但同时也要注意，过高的盈利能力也是要有所警惕的。

(2) 业务与利润的增长情况。

①主营业务增长率。

通常具有成长性的公司多数都是主营业务突出、经营比较单一的公司。因此，利用主营业务收入增长率这一指标可以较好地考查公司的成长性。主营业务收入增长率高，表明公司产品的市场需求大，业务扩张能力强。如果一家公司能连续几年保持30%以上的主营业务收入增长率，基本上可以认为这家公司具备成长性。

②主营利润增长率。

一般来说，主营利润稳定增长且占利润总额的比例呈增长趋势的公司正处在成长期。一些公司尽管年度内利润总额有较大幅度的增加，但主营业务利润却未相应增加，甚至大幅下降，这样的公司质量不高，投资这样的公司，尤其需要警惕，这里可能蕴藏着巨大的风险，但也可能存在资产重组等难得机遇。

③净利润增长率。

净利润是公司经营业绩的最终结果。净利润的增长是公司成长性的基本特征，净利润增幅较大，表明公司经营业绩突出，市场竞争能力强。反之，净利润增幅小甚至出现负增长也就谈不上成长性。

选择受到政策背景支持的股票

2010年6月7日，全国乘联会（全称为"全国乘用车市场信息联席会"）秘书长饶达预计，2010年我国对节能汽车的补贴总额将超过20亿元，而未来几年，国家财政对推广节能车的补贴可能花费数百亿元。2010年6月8日，受政策扶持的汽车类股票继续受资金关注，板块个股几乎全线走高，40股飘红。一汽夏利带活汽车板块上涨，因资金持续关注，一汽夏利强势涨停。

一个国家的政策取向对于国民经济的运行态势及产业结构的调整具有决定性作用。反映到股市当中，受到国家产业政策倾斜支持的行业，容易得到市场的认同。例如，垄断行业由于受国家特殊保护，所以发展稳定，前景看好，股民应当予以注意，能源、通讯等公用事业类和基础工业类股票即是一种选择。再比如，金融业目前在我国尚属一个政府管制较严的行业，选择金融企业整体而言就能获取高于社会平均利润率的利润。

选择获利能力强的股票

股民在选股时，应注意公司的获利能力，特别是公司的主营业务。一般来说，那些从事多元化经营的公司通常存在主营业务不甚突出、获利能力不强的弊端，在实践中既无法保证达到现代市场经济所必需的规模经济效益，更无法在专业化分工越来越细的今天，在众多的领域中保持技术、市场、人才及资金等优势。

选择优良型的股票

股民在进行长线投资时，应选择那些蓝筹股，即在同业中处于举足轻重地位的股票。这些公司经营完善、资金雄厚、收益率高，处于龙头地位。原因如下：

（1）在现代经济中，只有达到规模经济的企业才具有较强的竞争能力及抗风险的能力。

（2）龙头企业更易于得到国家的政策扶持，并可在企业兼并浪潮中快速扩张。为振兴民族工业，在面对外国企业竞争时，政府无疑会扶持那些行业龙头，给他们政策，给他们注资，以与外国企业抗衡，如四川长虹、青岛海尔、青岛啤酒等。

第七章
中国新股民如何规避风险

新股民入门导读:

　　股票投资是一条具有风险的生财之道,股市中不仅盛开着鲜花,还布满了荆棘、陷阱。在股市中成为百万富翁,甚至千万富翁的不在少数,但最终在股市中落得一文不名,血本无归的也大有人在。在这条鲜花与陷阱同在的致富路上,投资者想要少走一些弯路,少一些亏损,最简单的办法就是弄明白这些陷阱所在的位置,这样你才能避开这些陷阱,平安地走向财富的终点。

　　本章有条理地介绍了一些在股市中常见的陷阱,还提出了相应的防范措施,希望能够帮新股民朋友在投资过程中减少一些损失。

第一节　中国新股民为什么会遭受惨重损失

为什么新股民容易遭受惨重损失

　　股票投资是一条具有风险的生财之路,股市上不仅布满了鲜花,还布满了陷阱。中国股市不仅造就了一批百万富翁、千万富翁,也使很多人血本无归。在中国股市上使新股民惨遭损失的因素主要有忽略风险的追涨;选股有问题;急功近利,好高骛远;爱占小便宜;仓位比例控制不当;迷信小道消息等。

　　1. 忽略风险的追涨。

　　忽略风险的追涨杀跌这种情况大多数出现在牛市中,可以说这种股民胆大但心不细、艺不精。

　　2007年中国股市中最有轰动效应的非*ST金泰莫属,连续42个交易日涨停,股价上涨了7倍。有些股民看到*ST金泰的涨势，认为在这种情况下赚钱简直是太轻松了，于是就在第32个涨停板打开时买进，最后，到第35个交易日的时候，见涨停打开，还有点警觉，卖了，赚了15%。

但股价似乎并没有就此掉头的意思，之后挂涨停也难以买到了，某股民就一直死盯着这只股票。果然，机会来了，第42个涨停日的时候，他以全部资金挂了涨停买入，涨停被打开后直接成交。

但没想到的却是股价的突然变脸，3分钟之内大单直接从高空砸到跌停。跑的机会都没有，之后又连续遭遇了7个跌停，亏得这位股民是大吐血，中国股市历史上最有名的上涨和下跌都让这位新股民朋友摊上了。这完全属于典型的只顾利益、忽略风险的危险做法。

其实，只要你仔细观察，你就会发现，股市中，这样的股民简直是太多了。虽然这么"经典"的行情没有摊上，但是忽略风险地追高买入而被套的，绝不是个别现象。

所以，在任何行情下，都要对风险提高警惕。追涨可以，但要有安全系数。

2. 选股有问题。

选股是买卖股票的第一步，第一步不慎，就会全盘皆输。一般来说，新股民在选股上失误的表现主要集中在以下几个方面：

（1）爱买低价股。

据一项统计表明，市场的大牛股97%不会产生在低价股中，所以你何必花钱花时间去干那个概率极小的事情呢。很多新股民主观地认为低价股已经跌无可跌了，而且上涨空间非常大，这是可笑和幼稚的想法。比如，你买的股票只有2元钱，它只需要轻轻跌2角钱，你的资金就会亏损10%。无论多么便宜的股票，也改变不了你亏损10%的事实。你要做的事情是让股票涨，而不是看它是否便宜。

（2）只选二线，不选龙头。

在一个行业板块中，一般龙头股涨幅最大，同时，有可能对应的市盈率也越高。而很多新股民朋友会想当然地以为，龙头股的市盈率已经很高了，上涨空间有限，于是放弃龙头股，而选择了二线股票甚至垃圾股。事实上，在绝大多数行情中，龙头股的涨幅最大，是行业领涨股，二线股票只能让你有二线的收益。

（3）将股票的选择局限于固定范围内。

也许有的新股民知道，股神巴菲特曾经说过，只选自己熟悉的行业进行投资，因此他们便将自己的选股范围局限于某个固定范围内。这样的观点有一定道理，但是不符合中国股市的实际情况。比如，你是一个医生，对抗生素比较熟悉，你就更倾向于选择生产抗生素的医药股，而其他的都不管。诚然，由于你的专业，你对抗生素医药企业或许更加熟悉一些，但如果医药板块处在一个非常不利的走势时期，或者你熟悉的抗生素类企业效益不好而财务困难，那么你就有可能为你的选股局限而遭受麻烦：好像别人的股票都在涨，只有你的不涨。所以，选股应该把范围扩大，选择绩优成长股。

以上3点是典型的新股民容易犯的选股失误，应该坚决避免。

3. 急功近利，好高骛远。

股市和其他市场一样，只有心胸广阔、勤奋实干的人才能成功。有些新股民朋友看见别人炒股赚了大钱，便也跟着进入股市，奢望自己能够一夜暴富，但又不愿意下苦工夫学习必要的投资技能和做好充分的准备，最终只能以失败收场。

急功近利者往往在操作上胡乱交易，典型的表现就是这山看着那山高，结果错过了很多超级大牛股。

炒股赚钱是每个股民的最大心愿，但不下工夫、不讲策略，只想着今天进去，明天就发家了，这种想法造成的最直接的结果就是以赔本出场。

所以，在投资的时候，你一定要戒除这种急躁的毛病。任何事情，如果没有经过脚踏实地的努力，是不会有好收成的，今天种上种子了，明天就想着收割，这种想法是非常不切实际的。

另外，投资还要结合自身的能力和方法，你要清楚自己的情况，在投资前做到心中有数：我对这只股票有相当大的把握，原因是我对它的公司情况和K线走势做过详细的研究；这个研究不限于券商提供的历史资料，而是我自己搜集的实时资料和亲自访问，这花了我一个星期甚至更长的时间，而不是我看了电视上的某个分析师今天早上推荐的，自己看了不到半小时就觉得可以，就买进了。

4. 爱占小便宜。

占小便宜是人的本性，这无可厚非，但是，在股市这个放大镜的作用下，占小便宜可就不是一件多么好的事情了。股市中爱占小便宜的情况有以下几点：

(1) 买入某只股票，本来赚了钱，结果为了节省"高额"的手续费而继续捂着，结果导致到手的利润没了，还要倒贴本钱。

(2) 现在在很多证券公司都搞促销，比如大户室，只要交易手续费达到一定的数量，营业部会提供免费的午餐餐券。于是，有的大户特别是女士为了拿到午餐餐券而随意交易，买入某些垃圾股票。10元钱一张的午餐餐券拿到了，可股票行情不好，股票大跌，一天少则损失几万元，多则损失几十万元不等。

贪小便宜吃大亏，这是老祖宗给我们的警示，也是股市前辈们的经验，新股民朋友们要想在股海中纵横，一定得克服自己的贪心。

5. 仓位比例控制不当。

对于新股民来说，仓位比例控制和选对股、准确买卖交易一样重要。

仓位应该动态配置，合理控制。这要配合行情走势。举个例子，2007年10月到2008年10月，中国股市经历了漫长而痛苦的寒冬，大盘跌了将近75%，几乎只要你炒股，就得赔钱，而其中亏损最严重的，便是满仓操作的投资者。在经历了血的教训之后，那些巨额亏损者在面临2009年初开始的大牛市时，便犹豫不决，害怕重蹈覆辙，只敢轻仓操作。殊不知，在牛市中，没有重仓买股票的人很难赚到大钱。因为有可能他选择的股票大涨了，涨了100%，可是他只买了10%的仓位，对他来讲，仍然是隔靴搔痒。

请新股民朋友们记住这样一句话：牛市，坚决满仓；熊市，坚决空仓或轻仓；震荡市或模糊市，半仓。

6. 迷信小道消息。

炒股就是炒消息，这几乎每一个入市的股民都熟悉的一句话。这话本身没错，错就错在很多股民曲解了这句话本身的含义。他们把道听途说的小道消息也当做股票操作的圣经，并寄予厚望，把自己的资金交给毫无根据的所谓的"内幕消息"。

你是否见到过这种情况，你隔壁的刘大妈对旁边的张大姐悄悄耳语：你别告诉别人，据可靠消息，某某股票要拉涨停了，我的某某亲戚或某某朋友在某某基金公司当操盘手，他们就是这只股票的庄家。不一会儿，你就见到张大姐在走廊边上对其好朋友小赵悄悄耳语：你别告诉别人，据可靠消息，某某股票要拉涨停了，我朋友是这只股票的庄家。

结果你发现，这个"秘密"不到半小时，几乎所有人都知道了。但是，如果仔细观察那些跟着"秘密"炒股的股民，你会发现，损失惨重的也恰恰是他们。

原来，这些所谓的消息不过是庄家的出货技巧，他们好像"不经意"透露了一些"绝密"信息，然后让消息在市场上传播。可悲的是，很多人都喜欢当这样的传播者，并把自己也变成了牺牲者。

所以建议投资者，如果你的消息不是确切的、及时的、直接的、权威的，就干脆依靠自己实实在在的分析。

股市风险知多少

"风险"这个词一般泛指人们在进行某项活动时遭受各种损失的可能性，股票投资风险是指投资者在买卖股票时不能获得预期投资收益或遭受损失的可能性，即股票投资的实际收益和预期收益之间的偏差度。

例如，股票投资的预期报酬为50%，但实际只达到5%，那么，这两者的差额45%（即50%－5%）就是股票投资中的收入风险；如果投资者一年前以每股10元买进某公司股票10000股，共花费10万元，一年后该股票价格下跌为每股5元，这时卖出只能收回 5 万元，这中间的差额 5 万元（即 10－5）就是买卖股票中本金受损失的风险。

具体说来，股票风险大致分为系统风险和非系统风险两类。

1. 系统风险

所谓系统风险是指由于某种原因对市场上的各种股票都会造成损失的可能性，它又称不可分散风险。例如，国民经济大环境的变化、相关政府部门制定新的行业政策、银行存款准备金率提高、企业国进民退，等等。这时，市场上所有的各种类型的股票价格都将会发生变化，但是各种类型的股票其变化幅度是不一样的，即风险程度亦不一样。

系统风险主要来源和表现为购买力风险、市场风险和利率风险等，其主要特点如下：

（1）不可能通过股票投资多样化来回避或消除。

（2）影响所有股票的收益。

系统风险是用来衡量股票对一般市场波动的反应程度，它用 β 系数来衡量。不同股票受市场同一因素影响而产生的价格波动幅度是不一样的。如受国家调高利率的影响，有的股票价格下跌幅度小些，有的股票价格下跌幅度大些。一般来说，价格下跌幅度大则系统风险大，价格下跌幅度小则系统风险小。β 系数计算公式为：

β 系数＝某种股票的价格波动幅度÷整个股票市场平均的价格波动幅度

从该公式可以看出：当 β＝1 时，表示股票价格波动幅度与市场平均幅度相同，该股票属于中等风险（指系统风险）程度的股票；当 β＝2 时，表示当市场平均价格下跌 10％时，该股票价格下跌 20％，该股票风险较大；当 β＝0.5 时，表示市场平均价格下跌 10％时，该股票价格下跌 5％，其风险较小。

2. 非系统风险。

非系统风险又称可分散风险，是指某些个别因素对单只股票造成损失的可能性。它与系统风险不同，是专指个别股票所独有并随时变动的风险。

非系统风险主要来源和表现为企业风险和财务风险，其主要特点如下：

（1）可通过股票投资多元化来消除或回避。非系统性风险一般集中爆发在某一行业或与之相关的行业板块内，新股民可以通过购买不同行业板块来消除或回避该类风险。

（2）由于特殊因素所引起。比如 2009 年末，国家出台各种政策抑制房地产泡沫的产生，直接导致房地产板块和相关板块股票大幅下跌。

（3）只影响某种股票的收益。比如 2009 年爆发的甲型 H1NA 流感，给生物制药类股票带来了巨大的收益，而随着甲流的偃旗息鼓，生物制药类股票又重新步入价值回归的轨道。

第二节　新股民一定要学会规避陷阱

多头陷阱

新股民在经历股市由熊市到牛市的过程中，难免会遇到多头陷阱，如果没有及时识破，极有可能被牢牢地套在高位。要想识破多头陷阱，就必须先弄明白，多头陷阱到底是什么？

所谓多头陷阱，是指主力利用资金优势、信息优势和技术优势，通过技术处理手段操纵股价和股价走势的技术形态，使其在盘面中显现出明显做多的态势，诱使中小投资者得出股价将继续上升的结论并蜂拥买入，随后主力大量出货将跟风者牢牢套住的市场情形。多头陷阱的出现并不仅仅是在股价处于高位时，如果主力有获利空间，即使当股价下跌到低位，也一样会出现貌似反转、实为反弹的多头陷阱。

多头陷阱在K线走势上的特征往往是连续几根长阳线的急速飙升，刺穿各种强阻力位和长期套牢成交密集区，有时甚至伴随向上跳空缺口的出现，引发市场中热烈兴奋情绪的连锁反应，从而使主力顺利完成拉高股价和高位派发的目的。多头陷阱在形态分析上，常常会故意形成技术形态的突破，让投资者误认为后市上涨空间巨大，而纷纷追涨买入股票，从而使主力可以在高位派发大量的获利筹码。让我们从下面三个方面分析多头陷阱，以便我们能够更好地识别、回避风险。

从消息面来分析，主力往往会利用宣传的优势，营造做多的氛围。例如：发布关于个股投资价值分析报告、请极个别缺乏职业道德的股评家对个股进行大肆吹捧、利用小道消息散布种种所谓的利好传言，等等。根据以往的市场表现可以看出，越是在股价涨高了以后，越是在参与的投资者兴高采烈的时候，这类的报告、吹捧和消息就特别的多。所以当新股民遇到市场集中关注和吹捧某只个股时，反而要格外地小心。因为，正是在这种消息的烟雾弹掩护下，主力才可以很方便地出货。

从资金面分析。多头陷阱在成交量上的特征是随着股价的持续性上涨，量能始终处于不规则放大之中，有时盘面上甚至会出现巨量长阳走势，盘中也会不时出现大手笔成交，给投资者营造出主力正在建仓的氛围。恰恰在这种氛围中，主力往往可以轻松地获利出逃，从而构成多头陷阱。

从宏观基本面分析。需要了解从根本上支持大盘走强的政策面因素和宏观基本面因素，分析是否有做多的实质性利好因素。如果在股市政策背景方面没有特别的实质性做多支持，而股价却持续性地暴涨，这时就比较容易形成多头陷阱。

【实例链接】

让我们通过具体的例子来认识一下主力是如何通过多头陷阱出货的。2009年3月6日，四川路桥（600039）在连续3根长阳线后震荡回调（如图7－1）。午盘后突然发威，该股从13点46分的下跌1.17％突然直线拉升，一口气拉到了13点53分的7.26元，上涨6.14％（如图7－2）。

图7－1

图7－2

突然拉升的股价让投资者们纷纷入场,而主力在下一个交易日大举撤离,股价跌至6.50元,将大批跟风追涨的散户们牢牢套住,付出了血的代价。

识别"多头陷阱"需要有一定的市场经验,标准是看成交量是否突破支撑线。在正常的状况下,股价以高成交量在主要的上升趋势中到达了新的高点,然后以稍低的成交量回档,只要回档不跌破重要的支撑线,就可以解释为属于多头市场。而多头陷阱一般特征是成交量不大,向下回档又跌破了支撑线。

当陷阱发生时,如果新股民陷入其中,应该尽快站出来观望,直到局势明朗化为止。长期投资者应该仔细地审视他所面临的现状,如果处在一个多头陷阱内还对未来充满了乐观,那么就只有继续持有股票"苦等到底"这一条出路了。

空头陷阱

由于有了庄家的操纵,许多时候,看似"多头市场",瞬间可能演变成"多头陷阱",同样,看似"空头市场",可能眨眼间转变成"空头陷阱"。如同借"多头陷阱"诱惑散户入货,主力用"空头陷阱"恐吓散户出货,以便自己低价入货。那么到底什么是空头陷阱呢?

所谓"空头陷阱",就是庄家不断打压股指、股价,击穿下档一个个支撑位,佯装"空头行情",引诱散户恐慌性抛货,高价套牢者也纷纷割肉跳水,而主力乘机低价入货。待庄家吃够便宜货之后,又一轮"多头行情"开始了,令散户悔之莫及。

一般来说,"空头陷阱"后的股价,几天内能上升10%到15%,这个波动叫做中级波动,而有时能上升25%到50%,这就叫主要波动,在最低点割肉抛货或犹豫不决没有进货的投资者,就成了陷阱的受害者。举个例子来说,某只股票从26元持续下落,在12元~13元之间开始盘整,股价突然跌破了12元并出现了近期的最低价11元。这时会有一些人恐慌性抛售,而那些做短线的人也裹足不前,不敢贸然进货。但短期后,股价奇迹般迅速上扬,突破13元的阻力线,并且连续2~3天拉出2至3根大阳线。如果这次股价变动属于中级波动的话,股价就涨到13.3~16.3元,若属于主要波动的话,会涨到16.3~19.5元。对于那些低价卖出或未敢进货的人来说,股价在11元~12元之间就是一个"空头陷阱"。

空头陷阱在K线组合上的特征往往是连续几根长阴线暴跌,贯穿各种强支撑位。有时甚至伴随向下跳空缺口,从而引发市场中恐慌情绪的连锁反应。在形态上,空头陷阱常常会故意引发技术形态的破位,让新股民误以为后市下跌空间巨大,而纷纷抛出手中持股,从而使主力可以在低位承接大量的廉价股票,其实这个时候往往是新股民介入该类个股的天赐良机。因为空头陷阱往往是伴随着阶段性底部同时出现的,新股民如果在空头陷阱中积极做多,勇敢抄底,往往能用极低的投入换来不菲的收益。在空头陷阱中快速套利的关键点是如何识别空头陷阱的真伪,其辨别标准是:看股价在跌到一个新的低点时成交量的大小,如果成交量小而且冲不破阻力线,可基本上确认是一个空头市场。反之,若股价跌倒新的低价位时成交量反倒增加,并且冲破阻力线而挺升,则应确认是一个空头陷阱。

空头陷阱其实并不可怕,只要新股民朋友们能够冷静分析、沉着应对,在庄家压低股价时低价补仓、压低成本,等到庄家入货完毕后便肯定有新一轮的多头行情,到那时新股民便可以借船出海、快速套利。

"死叉"陷阱

新股民也许经常在股票交易所能听到这样一个形象生动的名词:"死叉"。往往当一只个股出现这个现象便意味着多头在布置陷阱准备出货。那么什么是"死叉"呢?学术上的定义是由一根时间短的均线从上向下穿越时间长一点的均线,就叫做"死亡交叉",简称为"死叉"。简单地说,就是股价在经过大幅拉升后出现横盘,形成一个相对高点,新股民尤其是资金量较大的新股民,必须在第一卖点出货或减仓。此时判断第一卖点成立的技巧是"股价横盘且MACD死叉","死叉"之日便是新股民减仓出局之时。

也许有的新股民会问,有时第一卖点形成之后,有些股票并没有出现大跌的现象,这是什么原因呢?很明显,这是多头主力在回调之后为掩护出货而布置的陷阱。多头假装向上突破,做出货前的最后一次拉升。在这里为新股民朋友们提供一个判断绝对顶成立的技巧:当股价进行虚浪拉升创出新高时,MACD却不能同步,交易量不升反降,说明量能在不断下降,二者的走势产生背离,这是股价见顶的明显信号。

新股民朋友们必须引起注意的是,这时形成的股价高点往往是个股在这一波牛市行情中的最高点,如果"死叉"的出现没有引起新股民的注意,未能顺利出逃的话,后果必将不堪设想。

【实例链接】

1. 隆平高科(000998)

该股在2009年4月23日收盘时,出现了MACD指标的DIFF指数向下与DEA指数交叉的情况,而当日的交易量下跌,这种情况是标准的"死叉",明智的投资者应当迅速逃离,否则后果就是股价从当日的20.20元跌至5月27日的17.53元方才触底反弹。连续的大阴线让来不及离场的投资者有苦难言(如图7—3)。

图 7—3

2. 大秦铁路（601006）

在图 7—4 中，新股民朋友们可以很明显地看到，该股两次大的下行趋势都与"死叉"息息相关，而死叉过后都有多头的出货陷阱。在 2008 年 11 月 21 日，该股的 MACD 指标出现了"死叉"，同时当日的成交量下降，然而当日股价却收于 9.94 元，上涨了 0.04 元，这是多头在出货前对于股价的最后一次拉升，随后的两个交易日股价跳水，跌至 11 月 25 日的 8.87 元；无独有偶，2009 年 2 月 19 日，该股的 MACD 指标再现"死叉"，当日该股收盘价为 9.21 元，接下来的两个交易日股价都有所上扬，甚至到了 2 月 23 的 9.50 元，许多投资者做出了该股将逆势上扬的错误判断。随后的 4 个交易日，该股连拉 4 条长阴线，到达 8.25 元的底部，事实证明，出现死叉后的股价上扬，是多头为了出货而布置的拉升陷阱。

图 7—4

"跑道陷阱"

股市里经常可以见到这样走势的股票：刚刚脱离底部，股价缓慢地不断上行，从而形成上升通道，但上行斜率却不大，因此这种上升通道十分狭窄。在上升到一定高度，通常离底部只有15％左右涨幅的时候，该股突然出现破位的走势，经过若干个交易日，距离前期顶部10％左右距离时形成圆弧底，股价又重新回到前期顶部的平台区域里，然后才正式往上突破，加速上扬。从该股的日K线图表上看，就像机场的跑道被炸了一个坑，这种技术形态就是股市中经常见到的"跑道陷阱"。

一旦某只个股出现了"跑道陷阱"的技术形态，则说明该股主力已经完成了震仓过程，后市即将拉升。之所以可以这样认为，是因为该股原本拥有向上的运动趋势，这种向上运动的趋势却突然被打破，而且其间又没有任何的利空消息，只是主力故意制造图表，以便达到震仓的目的。这类个股的庄家之所以要这样做，就是要利用"跑道陷阱"来吓退意志不坚定的散户投资者，以便在更低的价位吸货。一般来说，出现"跑道陷阱"情况后，该股往往会加速上扬，而且上涨空间很大。如果新股民朋友们手中持有这样的股票，而且股票的累计涨幅不大，则千万不要盲目抛出手中股票，吃亏上当。对于没有这类个股的新股民而言，则务必利用这个机会逢低介入，在主力的推动下快速套利，而买入时机最好是在该股回到原先平台处再创新高之时。

【实例链接】

海泰发展（600082）

2008年11月6日，该股从阶段性底部开始缓慢上升，但上行斜度并不大，正式形成了一条"机场跑道"，但随后不久，该股却突然改变了原有的上升势头，开始向下破位，形成了"跑道陷阱"，时间是在2008年12月22日到2009年1月5日之间。触底后经过短期横盘，于2009年1月23日回到前期顶部的平台区域，开始正式向上突破。2009年1月24日，该股平开高走，以及其猛烈的攻势向上突破，一路上行，大涨小回，2月24日到达最高价10.18元，涨幅高达103％。新股民朋友们如果在其出现"跑道陷阱"时便对该股失去信心，清空筹码，便会失去这个快速套利的大好机会，而对于那些手中本未持有该股的新股民朋友们而言，在其出现"跑道陷阱"后便应当倍加关注，待其回到原先平台处便抓住机会逢低介入，继而快速套利（如图7—5）。

图 7—5

"老翁钓鱼"的圈套

如果一只股票在开盘后,在股价的分时走势图当中,股价沿着某一固定的角度慢慢地不断攀升,只要空方挂单,多方会全盘通吃,就像推土机推土时的情形。当股价爬到一定高度后,该股突然之间放量下挫,眨眼间便吞掉前面所有的涨幅,这个走势很像老人用长竿钓鱼时的景象,因此被形象地称作"老翁钓鱼",其在K线图上的表现便是连续出现有较长上影线的实体,突然跳空低开低走,直线跌落。

很明显,这是主力布下的多头陷阱:先在相对的低位出现一至两次这样的走势,接着就敢于一个价位接着一个价位地向上通吃,就像排山倒海一样向上推高股价,至收盘时收出实体较长的阳线,制造出赚钱效应,为出货做好准备。

在"老翁钓鱼"的过程当中,一旦出现跟风者,庄家会毫不客气地送礼物给他们,让他们体会到跟庄的快乐;如果没有跟风盘,他们依然会推高股价,毕竟筹码是自己的,成本极低。而庄家在尾市突然用一至两笔对敲大单将收盘价压低的做法显然是为了次日再吸引跟风盘的介入。

对于新股民而言,当你发现某只股票第一次出现"老翁钓鱼"的走势时,可以在3%左右的涨幅内追进,但切记不要满仓,因为你的判断不一定正确。当一只股票连续几个交易日都出现"老翁钓鱼"的走势,而且升幅高达30%左右、换手率超过50%左右时,如果新股民手中有这样的股票,请务必果断抛出手中筹码,让利润落袋为安;如果新股民手中并无筹码,千万不要介入,该股的跳水即将开始。

【实例链接】

航天长峰（600855）

如图7—6所示，该股从2008年7月22日开始，连续5个交易日出现带有较长上影线的K线实体，甚至出现两次十字星。当7月22日出现第一个"老翁钓鱼"的走势时，投资者并不一定敢于介入，但是其连续出现了5次，这就吸引来大批短线投机者的捧场，就在这时，庄家开始出货，从7月28日的阶段性高点8.59元将股价一下打至8月19日的最低价4.61元，降幅达46%，将无数来捡便宜的短线投机者深深套牢，无路可跑。

图7—6

"请君入瓮"的骗局

如果一只股票在庄家大幅炒作之下，累计了十分可观的涨幅，这时就算庄家以突然杀跌的方式出货，依然有很大的利润空间，但是毕竟是庄家强行打压股价，必然会产生一组破位的日K线技术形态，吓跑那些原本想趁低吸纳的股民。这时候，庄家为了稳定军心以便继续派发，在连续出现几根大阴线之后，会突然发力，用一根强阳线将跌势扭转，给人的感觉是该股已经暂时止跌，后市即将展开反弹。其实，这根阳线看似多方对空方发起的反击攻势，以便挽救该股继续破位的危机，而事实上却是一种下跌中继现象，是空方的诱多行为，属于回光返照。因此，股民们给这种技术形态赋予一个形象的名字："请君入瓮"。

一般来说，如果一只股票出现了"请君入瓮"的技术形态，这只股票将会再次下跌。对于庄家来讲，之所以要画出这种"请君入瓮"式的K线图，是因为他们不想让投资者们看清他们想获利出局的意图。说白了,是为了稳住持股者,引入新的套牢者,所以才出此下策,把K线图改变一下。因此,出现"请君入瓮"技术形态的当天是一次绝好的逃命机会,但这一天往往会有相当多举棋不定的套牢者看见这根长阳线后,会对该股后市仍寄予希望,从而失去了一次出局良机。万一有新股民朋友不幸买了这类个股的话,建议在出现"请君入瓮"技术形态的当天赶紧逃离现场,不要有半点的犹豫。要知道,迅速地、果断地斩仓了结是避开更大的损失的一种明智的选择,所谓"留得青山在,不怕没柴烧"。

总而言之,新股民朋友们千万不要因为一根反弹阳线的出现而盲目改变主意,心存一线希望,最后导致越套越牢。

【实例链接】

三普药业(600869)

如图7—7所示,该股在经历了一次触底反弹后,股价大幅上涨,于2008年5月20日冲至15.20元的近期最高点,当日庄家便开始出货,拉出一条长阴,第二个交易日便出现"请君入瓮"的K线形态,用一条带长下影线的阳线向股民们证明多头的力量仍强,该股仍具备上行的能量。可是这只是回光返照,5月22日以后,该股便开始不断跳水,虽在20日线受到支撑横盘,但仍无法阻挡其下跌的态势,于6月20日下跌至7.21元,跌幅为52%,跌去一半多。如果手里握有该股的新股民能抓住5月21日的阳线机会,迅速逃离,仍能将利润落袋,一旦犹豫便深陷泥潭,难以自拔。

图7—7

"骗线"陷阱

顾名思义,"骗线"就是庄家设计出"美妙绝伦"或者是"惨不忍睹"的K线图,诱骗那些主要靠技术分析来作为自己投资决策依据的新股民朋友们掉进"多头陷阱"或"空头陷阱"里,从而便利庄家自己高价出货,或者低价进货。之前我们说过,一旦股票"出线"即超过支撑点或压力带时,就代表着新的低价时代或者高价时代可能来临,这是绝好的建仓或者出货机会,操作得当可以在短时间里获取丰厚的利润回报或减少损失。

庄家"骗线"的关键点就在于让股票跌破成交密集的支撑位,即所谓"破位",或是穿越牢不可破的"压力带",即所谓"出线",诱使新股民朋友们卖盘杀出,抑或是买盘抢进,从而中计。

股市中真相与假相混杂,馅饼与陷阱同在,庄家手法真真假假、虚虚实实、似进实退、欲涨先跌,特别是在撤退过程中经常采用各种骗线手法,以吸引跟风盘,必须引起新股民朋友们的高度重视。下面试列出一些庄家常用的骗线手法,以期新股民朋友们能够借此识破庄家的"骗线"陷阱:

1. 假填权。

不少个股摆出填权的架势,股价在除权后亦短暂走强数天,但很快便一蹶不振。对待除权类个股能否填权,新股民朋友们首先要把握大盘的走势。一般来说,大盘处于牛市时,庄家多会顺势填权;而大盘走弱时,填权走势十有九假,此时的"假货"极多,投资买股时宜特别小心。

【实例链接】

华天酒店(000428)

如图7—8所示,该股于2009年6月17日除权,10送3转2派1,除权后的发行价即当日最高价为7.25元,而除权前的最低价为6月16日的10.92元,留下了3.67元的缺口,除权后该股小幅震荡,而后庄家开始抬升股价,于7月21日将股价拉升至最高点8.25元,人为制造出一种填权的假相,其实这是庄家的"骗线陷阱"。从下图中可以看出,7月21日之前的两个交易日该股放出巨额成交量,庄家出货的动向一目了然。随后该股一路下滑,于7月30日探至阶段性低点6.88元,而后方才缓慢回调。

图 7-8

2. 假突破。

一个整理形态的向上突破，常能吸引技术型投资者纷纷跟进，例如有效突破三角形、旗形、箱形时常会出现一定的升幅，庄家往往利用人们抢突破的心理制造骗线，新股民朋友们一旦发现有这种"假突破"的现象应该及时止损出局，切不可心存幻想。

3. 拉尾市。

有些个股整个交易日内都风平浪静，而邻近收市的几分钟庄家却突然袭击，连续数笔大单将股价迅速推高，此类拔苗助长式的拉抬股价，通常表明庄家并无打持久战的决心，而是刻意在日线图上制造出完美的技术图形。有时则是该股已进入派发阶段，庄家在盘中减仓之后，尾市再将股价拉高，一可避免走势图出现恶化，二可将股价推高，为次日继续派发腾出空间。

【实例链接】

弘业股份（600128）

如图 7-9 所示，该股于 2009 年 5 月 7 日平开高走，盘中震荡回落，基本运行于日均线以下，尾盘时庄家大力抬升股价，将股价拉至接近涨停，收出一条长长的下影线。如此刻意地掩饰，正说明庄家去意已决，果然第二天该股股价冲高回落，如图7—10所示，股价上探至16.17元的阶段性高点而后直线下跌，成交数超过15万股，随后该股连续走出一波持续下行的走势，阴跌不止。通过尾市骗线，庄家将手中筹码全部出货，如果新股民朋友们于5月7日该股股价尾市急拉时在收盘前最后一分钟出局，或者在次日冲高后清仓退出，便可以跟随庄家快速套利，如果发现得稍晚则被深深套牢，悔之晚矣。

图7—9

图7—10

需要强调的是，拥有大资金的庄家可以调控某只个股的涨跌，但在市值不断增大的整体股票市场内，没有哪个庄家可以掌控大盘的走势，所以大盘在阶段性高位或低位出现了长上影线或下影线对短线投资者的指导意义较强。此外，在强势市场中，有些庄家资金实力不是很强，他们往往在其炒作的股票中制造一个或几个单日的长下影线，方法为某只股票在盘中突然出现一笔莫名其妙的，价位极低、手数较大的买盘，而后恢复平静，长下影线由此产生，这是某一庄家在向广大投资者发出其"支撑力强"的信号，一般这种股票由于庄家实力不是很强，表现不会太突出，真正有大主力的个股往往不会在底部显山露水。对K线的判断，新股民朋友们一定要谨慎、辨证地看，谨防庄家利用"骗线陷阱"让你上当。

第三节　新股民如何防范股市风险

股票的收益和风险总是紧密地联系着，每一个新股民都希望以最小的风险换取最大的收益，然而在实际的投资中往往不能如愿以偿。作为理智的新股民，只有正确认识并预测风险，采取各种正确的投资方法，才能有效地防范各种可能的风险发生，使投资者的收益受到保障。以下是我们总结的四种股票投资方法，只要新股民朋友们能够熟练掌握并灵活运用，就能够最大限度地防范风险，在股市中赢取属于自己的财富。

试探性投资法

新股民在股票投资中，常常把握不住最适当的买进时机。如果在没有太大的获利把握时就将全部资金都投入股市，就有可能在股市下跌时遭受惨重损失。如果新股民先将少量资金作为购买股票的投资试探，以此作为是否大量购买的依据，就可以减少股票买进中的盲目性和失误率，从而减少投资者买进股票后被套牢的风险。

试探性投资法是一种可以使新股民在风险发生时不受太大损失的投资策略。

分段买入法

当投资者对股市的行情走势不能准确把握时，若投资者将全部资金一次性投入来购进某种预计会上涨的股票，那么当该种股票的价格确实大幅度上涨时，投资者就可以获得十分丰厚的利润；但如果股价下跌，投资者就会蒙受较大的损失。为了防范这种风险，投资者可以采取分段买入法。

其具体做法是在某一价位时买入第一批，在股价上升到一定价位时买入第二批，以后再在不同价位买入第三、第四批等。在此过程中，一旦出现股价下跌，投资者既可立即停止投入，也可根据实际情况出售已购股票。分段买入法的优点是能有效地降低风险，但同时也存在着减少投资收益的缺陷。如果市场行情一直看涨，采取一次性投入的方法就会比分段买入法获取更多的收益。

分段卖出法

分段卖出法的做法和分段买入法的做法类似，其具体做法是在某一价位时卖出第一批，在股价下跌到一定价位时卖出第二批，以后再在不同价位卖出第三、第四批等。在此过程中，一旦出现股价上升，投资者既可立即停止卖出，也可根据实际情况购进股票。分段卖出法的优点是能有效地降低风险，但同时也存在着减少投资收益的缺陷。

分散投资法

股市中有一句谚语广为流传："别把鸡蛋放在同一个篮子里"，说的是为了避免风险，投资者应当分散投资。那么如何购买股票才能有效分散风险呢？

1. 地区上的分散。

不要全部购买某一地区的股票，而应分散到不同的地区去，以减少风险。

2. 投资组合。

投资组合是根据股票的利润与风险程度，加以适当的选择、搭配，以降低风险负担。其基本前提是：在同样风险水平下，选择利润较大的股票，在同样利润水平下，选择风险最小的股票。

3. 时间的分散。

依靠领取股息的投资，必须事先了解各公司的发息日期、股市的淡季与旺季，若能在时间上分散，也可减少损失。

4. 企业单位的分散。

投资者不要将全部资金集中购买一家公司的股票，而应将其资金分散于数家公司的股票。

5. 行业种类的分散。

有一部分投资者因为对某一种行业较为熟悉，而将资金全部用于购买该行业的股票，一旦这类行业遇到商业循环过程中的不景气，则投资者必将遇到重大的损失。若能将投资分散于数种不同性质的行业，便有可能避免重大的损失。

第八章
学会如何看盘：盘口可以告诉你一切

新股民入市导读：

本章重点指导投资者如何看盘，包括大盘和个股。

迄今为止，所有在股票上取得巨大成功的投资者，都具有非常专业的看盘能力。如果你决定用毕生心血在股市中持久地取得巨大成功，以下的内容是你急需了解的。新股民不应该依靠运气获利，而应该明明白白地成功。这就需要新股民观察分析股市行情的变化，即要学会看盘。通过分析盘口和盘面的信息和数据，以得出有效的信息，借以辅助自己作出正确的决策。

盘口可以告诉你一切！

第一节　学会看证券营业部的大盘

大盘中的基本信息

各证券公司一般都有大盘显示，详细地列出了沪深两地所有股票的各种实时信息。我们要入市操作，就要掌握市场的动向，而掌握市场动向的前提就是首先要学会看大盘。

1. 开盘的时候，首先要看集合竞价的股价和成交额，看是高开还是低开，也就是说，通过看股价和成交额，看和昨天的收盘价相比价格是高了还是低了。

它显示出市场的意愿，比如今天的股价是上涨还是下跌，成交量的大小则表示参与买卖的人的多少，它往往对一天之内成交的活跃程度有很大的影响。

2. 看半小时之内股价的变动方向。

一般来说，如果股价开得太高，在半小时内就可能会回落，如果股价开得太低，在半小时内就可能会回升。但这也要和成交量结合在一起看，若某只股票高开但又没有出现回落，而且成交量逐渐放大，那么这个股票上涨的可能性就很大。

在看股价的时候，不仅看现在的价格，而且要看昨天的收盘价、当日开盘价、当前最高价和最低价、涨跌的幅度等，这样才能看出现在的股价是处在一个什么位置，是否有买入的价值。

3. 看买卖手数。

通过买卖手数多少的对比可以看出是买方的力量大还是卖方的力量大。如果卖方的力量远远大于买方则最好不要此时买入。

现手说明计算机中刚刚成交的一次成交量的大小。如果连续出现大量，说明有很多人在买卖该股，成交活跃，值得注意。而如果长时间没人买，则不大可能成为好股。

现手累计数就是总手数。总手数也叫做成交量，有时它是比股价更为重要的指标。总手数与流通股数的比称为换手率，它说明持股人中有多少人是在当天买入的。换手率高，说明该股买卖的人多，容易上涨。但如果是刚上市的新股，却出现特大换手率（超过50％），则常常在第二天就下跌，所以最好不要买入。

4. 看涨跌。

涨跌有两种表示方法，有些证券公司的大盘显示的是绝对数，即涨或跌了几角几分，一目了然。有些证券公司里大盘上显示的是相对数，即涨或跌了百分之几，这样当你要知道涨跌的实际数时，就要通过换算。

大盘中曲线的意义

1. 白色曲线。

表示大盘加权指数，也就是证券交易所每日公布媒体常说的大盘实际指数。

2. 黄色曲线。

大盘不含加权的指标，也就是不考虑股票盘子的大小，而将所有股票对指数影响看作相同而计算出来的大盘指数。

在实际操作中，白黄二曲线之间的相互位置可以给投资的操作提供一定的参考：

（1）当大盘指数上涨时，黄线在白线之上，表示流通盘较小的股票涨幅较大；反之，黄线在白线之下，说明流通盘小的股票涨幅落后大盘股。

（2）当大盘指数下跌时，黄线在白线之上，表示流通盘较小的股票跌幅小于盘大的股票；反之，盘小的股票跌幅大于盘大的股票。

3. 黄色柱线。

在红白曲线图下方,用来表示每一分钟的成交量,单位是手。

4. 红绿柱线。

在红白两条曲线附近有红绿柱状线,是反映大盘即时所有股票的买盘与卖盘在数量上的比率。红柱线的增长减短表示上涨买盘力量的增减,绿柱线的增长缩短表示下跌卖盘力度的强弱。

5. 委比数值。

委比数值是委买委卖手数之差与之和的比值。当委比数值为正值的时候,表示买方力量较强股指上涨的几率大;当委比数值为负值的时候,表示卖方的力量较强股指下跌的几率大。

6. 委买委卖手数。

代表即时所有股票买入委托下三档和卖出上三档手数相加的总和。

大盘的一些指标

1. 前收盘。

若当日指数开盘低于前收盘,那么,股价在向上爬升的过程中会在此遇到阻力。这是因为经过一夜思考之后,多空双方对前收盘达成了共识,当日开盘时会有大量股民以前收盘价位参与竞价交易,若指数低开,表明卖意甚浓。在指数反弹过程中,一方面会随时遭到新抛盘的打击,另一方面在接近前收盘时,早晨积累的卖盘会发生作用,使得多头轻易越不过此道关。

2. 今开盘。

若当日开盘后走低,因竞价时积累在开盘价处大量卖盘,因而将来在反弹回此处时,会遇到明显阻力。

3. 前次高点。

盘中前次之所以创下高点,是因为此处有明显的卖盘积压,当指数在此遇阻回落又再次回升时,一旦接近前次高点,会有新的做空力量介入,同时多头也会变得小心谨慎。因此,在走势图上便形成了明显的 M 头形态,而且多数时间右边的高点会低于左边的高点。

4. 前次低点。

前次低点的形成缘于多空双方的均衡,表明买方力量强劲,而当指数在此低点渐渐失去支撑时,会有相当多的做空者加入抛售行列,从而导致大盘急泻,状如跳水,因"跳水"时间过于短促,会在此处沉淀下未成交的卖盘,故当指数反弹至此时会遇到阻力。

5. 均线位置。

短线运行中的 5 日线、10 日线被技术派格外看重，一旦指数爬升至此处，会有信奉技术的短线客果断抛售，故而阻力形成便十分自然。

6. 整数关口。

由于人们的心理作用，一些整数位置常会成为上升时的重要阻力，如 660、680、700、800、1000 点等，在个股价位上，像 9.8 元、10 元、20 元大关等。特别是一些个股的整数关口常会积累大量卖单。

大盘指数的具体含义

按照编制股价指数时纳入指数计算范围的股票样本数量，可以将股价指数划分为成份股指数和全部上市股票价格指数（即综合指数）。

1. 成份股指数。

成份股指数是指从指数所涵盖的全部股票中选取一部分较有代表性的股票作为指数样本，称为指数的成份股，计算时只把所选取的成份股纳入指数计算范围。

例如，深圳证券交易所成份股指数，就是从深圳证券交易所全部上市股票中选取 40 种，计算得出的一个综合性成份股指数。通过这个指数，可以近似地反映出全部上市股票的价格走势。上海的上证 30 指数是上交所的上证成份股指数。

2. 综合指数。

综合指数是指将指数所反映出的价格走势涉及的全部股票都纳入指数计算范围，如深交所发布的深证综合指数，就是把全部上市股票的价格变化都纳入计算范围，深交所行业分类指数中的农林牧渔指数、采掘业指数、制造业指数、信息技术指数等则分别把全部的所属行业类上市股票纳入各自的指数计算范围。

计算股票指数时，往往把股票指数和股价平均数分开计算。按定义，股票指数即股价平均数。但从两者对股市的实际作用而言，股价平均数是反映多种股票价格变动的一般水平，通常以算术平均数表示。人们通过对不同的时期股价平均数的比较，可以认识多种股票价格变动水平。而股票指数是反映不同时期的股价变动情况的相对指标，也就是将第一时期的股价平均数作为另一时期股价平均数的基准的百分数。通过股票指数，人们可以了解计算期的股价比基期的股价上升或下降的百分比率。由于股票指数是一个相对指标，因此就一个较长的时期来说，股票指数比股价平均数能更为精确地衡量股价的变动。

第二节　怎样看走势图

大盘分时走势图

大盘分时走势，即大盘当日走势，如图8—1所示。

图8—1

下面对该图做详细说明，由于我们所选用图片都是经过技术处理的，颜色与一般炒股软件显示图片相比有所偏差，因此分别注明：

1. 黑色（软件中的白色）曲线。

表示上证指数，即上海证券交易所综合指数的当日走势情况。

2. 蓝色（软件中的黄色）柱状线。

蓝色柱状线表示每分钟的成交量，单位为手。最左边一根特长的线是集合竞价时的交易量，后面是每分钟出现一根。

3. 成交总额。

当日交易成功的总金额，以万元为单位。

4. 成交手数。

当日交易成功的股票总数，以手为单位。

5. 委买手数。

当前所有个股委托买入前5档的手数总和。

6. 委卖手数。

当前所有个股委托卖出前5档的手数总和。

7. 委比。

委比是委买、委卖手数之差与委买、委卖手数之和的比值，它是衡量买、卖力量强弱的一种技术指标，其计算公式是：

委比＝(委买手数－委卖手数)÷(委买手数＋委卖手数)×100％

委比值的变化范围在－100％～＋100％之间。一般来讲，当委比数值正值很大的时候，就说明买方的力量比卖方强，股指上涨概率较大；当委比为负值的时候，就说明卖方的力量比买方强，股指下跌概率较大。

个股分时走势图

个股分时走势图（如图8－2所示）。

图8－2

下面对该图做详细说明（前面已讲过的图形与概念，此处不再重复介绍）。

1. 分时价位线。

分时价位线表示该股票的分时成交价格。

2. 分时均价线。

分时均价线表示该股票的当日已交易的平均价格。

3. 卖盘等候显示栏。

该栏中卖1、2、3、4、5表示依次等候卖出。按照"价格优先，时间优先"的原则，谁卖出的报价低谁就优先排在前面，如果卖出的报价相同，谁先报价谁就排在前面，而这个过程都由电脑自动计算，绝对保证公平和客观。

1、2、3、4、5后面的数字为价格，再后面的数字为在该价格上等候卖出的股票总手数。比如该栏显示："1 9.80 2814"表示第一排等候卖出的报价是9.80元，共有2814手股票，即有281400股在这个价位等候卖出。

4. 买盘等候显示栏。

该栏中1、2、3、4、5表示依次等候买进，规则是谁买进的报价高谁就优先排在前面，如买进的报价相同，谁先报价谁就排在前面。比如显示："1 9.79 1653"，表示在第一排等候买入的报价为 9.79 元，共有 1653 手股票，即有 165300 股在这个价位等候买进。

5. 成交价格、成交量显示栏。

（1）均价。

均价指从开盘到现在买卖双方成交的平均价格。

计算公式为：均价＝成交总额÷总成交量。收盘时的均价为当日交易均价。

（2）开盘。

即当日的开盘价。

开盘价是第一笔成交价。如开市后某只股票半小时内无成交，则按上交所规定以该股上一个交易日的收盘价为当日开盘价。

（3）最高。

当日买卖双方成交的最高价格。

（4）最低。

当日买卖双方成交的最低价格。

（5）量比。

衡量相对成交量的指标。代表每分钟平均成交量与过去 5 个交易日每分钟平均成交量之比。

量比是分析行情短期趋势的重要依据之一。量比数值大于 1 表明当前成交量较 5 日均量有所放大；若量比数值小于 1，则表明当前成交量与 5 日均量相比在缩小。新股民在实战中一定要运用好量比，最好的办法是把量价结合分析，以提高投资准确率。量价如何结合？请参阅第五章学习的量价关系分析。

（6）成交。

当日的最新一笔成交价。

（7）升跌。

当日该股上涨和下跌的绝对值，以元为单位。图中的小三角形表示涨跌，小三角形尖头朝上表示上涨，小三角形尖头朝下表示下跌。例如升跌栏显示"升跌▲004"，表示当日该股上涨了 0.04 元。

（8）幅度。

从开盘到现在的上涨或下跌的幅度。若幅度为正值，数字显示为红色，表示上涨；若幅度为负值，数字显示为绿色，表示下跌。幅度的大小用百分比表示。收盘时涨跌幅度即为当日的涨跌幅度。如幅度栏显示："幅度 0.41％（红色字体）"，表示该股当日涨幅为 0.41％。

(9) 总手。

从开盘到当前的总成交手数。收盘时"总手"表示当日成交的总手数。如显示："总手85119"表明当日该股一共成交了85119手，即8511900股。

(10) 现手。

最新一笔成交的手数。在盘面的右下方为即时的每笔成交明细，红色向上的箭头表示以卖出价成交的每笔手数，绿色箭头表示以买入价成交的每笔手数。

6. 内、外盘显示栏。

(1) 外盘。

外盘即主动性买盘，就是按卖方价格直接买进后成交（在现手栏显示为向上红箭头代表的成交量）的总手数，成交价为卖出价。

(2) 内盘。

内盘即主动性卖盘，就是按买方价格直接卖出后成交（在现手栏显示为向下绿箭头表示的成交量）的筹码，成交价为买入价。

如果外盘比内盘大且股价上涨，说明很多人在抢盘买股票；如果内盘比外盘大，而股价下跌，说明很多人在抛售股票。

外盘比内盘大出很多，而股价处于低位，表明主力正在逢低吸货，股价随时可能暴涨；当股价处于高位，明细中大卖单不多，表明该股人气旺盛，仍有冲高的可能；如果内盘与外盘相比，明显多很多，则极有可能是庄家在出货，新股民朋友们最好避而远之。

大盘K线技术走势图

一般的股票分析软件所显示的大盘K线走势图都是由三部分画面组成，其中上面的画面是日K线走势图，中间的画面是成交量显示图，下面的画面是某个技术指标图形（如图8－3，技术指标可根据需要切换）。

图8－3

详细介绍如下：

1. 技术指标采样显示栏。

本栏中的时间周期和技术指标，可以根据需要更改参数。如本栏中显示的是"日线"，则表示整幅图的变动是以日为单位的，图中所看到的 K 线走势图就是日 K 线走势图，成交量就是一日成交量，技术指标走势图也就是日走势图。其他情况可以依此类推。一般我们常见和使用最多的是日 K 线图。

2. 均价线采样显示栏。

本栏可以显示三个不同的时间周期的移动平均线在该日的数值。例如，本栏中最前面的"MA5 3203.77"表明该图所显示的最后一个交易日的上证指数 5 日均线收于 3203.77 点。其他均线表示方法与此相同。

3. 移动平均线走势图。

一般设 6 条移动平均线，分别采用不同颜色表示。什么颜色表示是什么均线，在"移动平均线采样显示栏"有明确提示。例如：MA5 3203.77（字体显示为黄色）、MA10 3208.98（字体显示为紫色）、MA20 3214.89（字体显示为绿色）。出就是说 5 日均线为黄色，10 日和 20 日均线分别为紫色和绿色。

4. 均量线采样显示栏。

本栏显示几种不同时间周期的均量线在某日内的数值。如该栏中显示"VOL（5，10，20）"，表示图中所取时间周期分别为 5 日、10 日、20 日，后面的 MA1145452624.00 表示最后一个交易日的 5 日平均量为 145452624 手。

5. 均量线。

均量线是以一定时期成交量的算术平均值连成的曲线，其原理和使用方法同均线。

6. 成交量柱体。

绿色柱体表示大盘指数收阴时的成交量，红色柱体表示大盘指数收阳时成交量。

7. 常用技术指标显示栏。

本栏可以根据采样需要任意选择技术指标，如 MACD、RSI、KDJ、SAR、BOLL 等。具体选择方法可以参照不同股票分析软件的使用说明。

个股 K 线技术走势图

个股 K 线走势图从周期上也可以分为 5 分钟 K 线图、15 分钟 K 线图、30 分钟 K 线图、60 分钟 K 线图、日 K 线图、周 K 线图、月 K 线图。图 8－4 是万科 A 股日 K 线走势图，其看法可以参阅"大盘 K 线走势图"和"个股分时走势图"。

图 8—4

第三节 看盘时应重点关注的内容

关注阻力位与支撑位情况

阻力位是在股价上升时可能遇到压力，开始反转下跌的价位。支撑位是指股价在下跌时可能遇到支撑，开始止跌回稳的价位。阻力越大，股价上行越困难；而支撑越强，股价越跌不下去。

一般来说，阻力位和支撑位在股价运行的时候，是可以互换的。具体来说，如果重大的阻力位被有效突破，那么，该阻力位反过来就会变成未来重要的支撑位；反之，如果重要的支撑位没有被有效击穿，则该价位反而变成今后股价上涨的阻力位了。

对阻力位与支撑位的把握有助于新股民对大市和个股的研判，比如说，当指数或股价冲过阻力区时，则表示市道或股价走势甚强，可买进或不卖出；当指数或股价跌破支撑区时，表示市道或股价走势很弱，可以卖出或不买进。

确认阻力位与支撑位的几种方法：

1. 心理形成的支撑位和阻力位。

向上跳空的缺口是支撑位，向下跳空的缺口是阻力位。由于人们的心理作用，一些整数位置常会成为上升时的重要阻力，如1400、1500、1700点等，在个股价位上，像10元、20元大关等。特别是一些个股的整数关口常会积累大量卖单。如果指数从1700点跌至1400点时，自然引起人们惜售，破1400点也不易，股价从高处跌到10元处也会得到支撑。

2. 移动平均线形成的支撑位和阻力位。

移动平均线是什么？就是MA指标，简单说是5、10、20、30、60、120、250日均线都是可以作为阻力线和支撑线的，这些线在股价下方，构成的是支撑；在股价上方，是压力线也是阻力线。

3. 趋势线形成的支撑位和阻力位。

趋势线形成的支撑或压力与MA平均线的原理基本一致，判断的方法也基本相同。当股价运行在趋势线之上，趋势线是支撑；当股价运行在趋势线之下，趋势线是压力。

4. 前期的高点位是阻力位，上次到此位下调，说明该价位抛压较重，此次冲击此点还会受到抛压影响，因此还是阻力位。前期的低点则是支撑位。

5. 密集交易区形成的支撑位与阻力位。

交易密集区的价位，如果在股价上方，将是阻力位，股价反弹时会受到抛压影响；反之，在股价下方，则是支撑位。

6. 开盘价。

若当日开盘后走低，因竞价时积累在开盘价处大量卖盘，因而将来在反弹回此处开盘价时，会遇到明显阻力；若开盘后走高，则在回落至开盘价处时，因买盘沉淀较多，支撑便较强。

7. 前日收盘价。

若当日开盘价低于前日收盘价，那么，股价在向上爬升的过程中会在此遇到阻力。这是因为经过一夜思考之后，多空双方对前收盘达成了共识，当日开盘时会有大量投资者以前收盘价位参与竞价交易，若低开，表明卖意甚浓。在反弹过程中，一方面会随时遭到新抛盘的打击，另一方面在接近前收盘时，早晨积累的卖盘会发生作用，使得多头轻易越不过此道关。价格从高处回落，在前收盘处的支撑也较强。

判断股票是否有买入的价值

判断某只股票是否有买入价值，首先要看的就是它现在的股价处于什么位置。

这里我们说其股价处在什么位置，不仅是要看其现在的价格，还要看昨日收盘价以及今日开盘价、最高价和最低价、涨跌的幅度等，另外还要看它是在上升趋势还是在下降趋势之中。

一般来说，如果这只股票正处于下跌趋势中，那就不要急于购买，而要等它止跌以后再买。上升中股票可以买卖的机会很大，但也要小心不要被它套住。

股票的价格在一天之内往往会有好几次的升降，这时候你就要看你所要买的股票是否和大盘的走向一致，如果是的话，那么最好的办法就是盯住大盘，在股价上升到顶点时卖出，在股价下降到底部时买入。

这样做虽然不能保证你买卖完全正确，但至少可以卖到一个相对的高价和买到一个相对的低价，而不会买一个最高价和卖一个最低价。

关注现手和总手数

股市中最小交易量是1手，即100股，对于一只股票最近的一笔成交量叫现手。

举个例子来说，如果甲下单10元买万科A1000股，乙下单11元卖万科A700股，此时不会成交。因为10元是买入价，但卖出价是11元。这时，如果丙下单11元买进500股，那么，乙手中的700股就卖出了500股，这500股就是现手，显示为5，颜色为红色。

还是上面的情况，如果丁下单10元卖万科A200股，于是甲和丁就成交了，这时候成交价是10元，由于丁只卖200股，甲买了200股，所以成交的手数就是200股，现手是2，颜色是绿的。

在盘面的右下方为即时的每笔成交明细，红色向上的箭头表示以卖出价成交的每笔手数，绿色箭头表示以买入价成交的每笔手数。

总手就是当日开始成交一直到现在为止总成交股数。收盘时"总手"，则表示当日成交的总股数。如："总手368952"出现在收盘时，这就说明当日该股一共成交了368952手，即36895200股。

有时总手数是比股价更为重要的指标。总手数与流通股数的比称为换手率，它说明持股人中有多少人是在当天买入的。换手率高，说明该股买卖的人多，容易上涨。但是如果是刚上市的新股，却出现特大换手率（超过50%），则常常在第二天就会下跌，所以最好不要买入。

关注换手率

换手率，也称周转率，属于成交量里的一个细分种类，在技术分析中极为重要。它表述的是成交量与流通股的比值。其市场意义是个股的可流通股有多少参与了一个时间段内的买卖交易，并以比例的数值表示出来。比值越高，换手率越大，表明交易活跃，人气旺参与者众多；反之，交投清淡，观望者众多。然而值得注意的是，换手率较高的股票，往往也是短线资金追逐的对象，投机性较强，股价起伏较大，风险也相对较大。

将换手率与股价走势相结合，可以对未来的股价作出一定的预测和判断。某只股票的换手率突然上升，成交量放大，可能意味着有投资者在大量买进，股价可能会随之上扬。如果某只股票持续上涨了一个时期后，换手率又迅速上升，则可能意味着一些获利者要套现，股价可能会下跌。

换手率的计算公式为：

换手率＝某一段时期内的成交量÷流通总股数×100%

在实战过程中，根据换手率对操作的具体指导作用，可以把换手率分为三类。

1. 逆转换手率。

如果一只股票的日换手率超过了10%，市场成交异常火爆，人气极度狂热或悲观，表明行情即将逆转。

2. 加速换手率。

如果日换手率在1%～10%之间，往往表明该股的交易市场比较活跃、买卖盘积极，原来的趋势将得以加速发展。如果发生在下跌的行情中，则表明下跌行情将加速，应该先行卖出观望；如果发生在刚刚上涨行情初期，则表明股价将加速上涨，应该立即追进。当一只股票的日换手率超过1%时，新股民朋友们就应当引起注意了，一旦日换手率超过2%，达到3%左右时，新股民朋友就可以买入了，3%左右的日换手率往往是短线拉升的必备条件，达不到这一换手率的上涨属于无量反弹，行情难以持续，宜卖不宜买；达到或超过这一换手率的上涨属于行情刚刚启动，短线将继续强势上涨，宜买不宜卖。

3. 观望换手率。

如果日换手率低于1%，表明某只股票的市场交易情况非常低迷，未来的涨跌情况很不明朗，新股民朋友们最好不要轻易介入，出场观望是较好的选择。一般而言，这种情况往往发生在下跌末期或筑底阶段，发生在顶部的情况极为罕见。

对于高换手率的出现，首先应该区分的是高换手率出现的相对位置。如果此前个股是在成交量长时间低迷后出现放量的，且较高的换手率能够维持几个交易日，则一般可以看作是新增资金介入较为明显的一种迹象。此时高换手率的可信度比较好。此类个股未来的上涨空间应相对较大，同时成为强势股的可能性也很大。如果个股是在相对高位突然出现高换手率而成交量突然放大，一般成为下跌前兆的可能性较大。这种情况多伴随有个股或大盘的利好出台，此时，已经获利的筹码会借机出局，顺利完成派发，"利好出尽是利空"的情况就是在这种情形下出现的，对于这种高换手率，新股民朋友们应该谨慎对待。

实际上，无论换手率过高或过低，只要前期的累计涨幅过大都应该小心对待。从历史观察来看，当单日换手率超过10%以上时，个股进入短期调整的概率偏大，尤其是连续数个交易日的换手率超过7%以上，则更要小心。

第四节　买卖盘口的几个问题

上压板与下托板

　　投资者在看盘时，经常会发现一些持续向下打压的大卖单，往往会一次性向下打压好几个价位，手法显得十分凶狠，这对人们的持股心态造成很大的冲击，这是庄家在减仓吗？否则为什么下方一旦出现大的买盘就会立即被打掉呢？这就涉及上压板和下托板的概念。

　　上压板指的是大量的委托卖盘挂单，而下托板则是大量的委托买盘。很明显，这两种情况都不是散户可以造就的，必须有庄家的参与。无论是上压还是下托，其最终目的都是为了让庄家更好地操纵股价，诱惑投资者去跟风。股票处于不同的价格区间时，上压板和下托板的作用是不同的。

　　在股价上涨的途中，如果在股价上方出现上压板，个股运行到此处如果不能放量吃掉这笔上压板，股价往往就会停止上涨。如果股价在此时想涨上去，一是放量吃掉大卖单，再就是这笔大卖单主动撤掉。

　　一般来讲这些上压板是庄家刻意放上去的，目的就是为了压住股价的上涨，从上压板出现的操作原理来讲，是庄家不想让股价上涨过快，从而人为地控制股价涨幅，因此股价在碰到上压板时往往会停止上涨的步伐。但如果庄家改变策略，又想让股价涨上去，这时就会主动地撤掉这笔大卖单，没有巨大的压力，股价的上涨就会容易得多。

　　因此在股价上涨的时候如果碰到股价上方出现上压板，新股民就应当仔细观察：如果上压板撤掉，或有较大的买盘将它吃掉，那么股价将会上涨，可以开始准备建仓进场。

　　当然，如果情况刚好相反，上压板没有被撤掉或者消化掉，那么往往意味着庄家在压抑股价，为洗盘或者出货打下基础，这时新股民应该谨慎小心，不可轻易入场。

　　同样，如果在股价下跌的过程中，出现下托板，这一般也是庄家的把戏。庄家为了稳住股价，往往会在下面放上数量较大的买盘，买盘的出现顶住了盘中连续出现的抛盘，因此股价往往会停止下跌。只要下托板没有消失，就会对股价的下跌起到抑制作用。当新股民面对下托板的时候可以采取以下的操作策略：如果股价近期下跌幅度较大，而当天股价也有较大的跌幅，这时在低位出现下托板，可以考虑逢低介入。

当然，精明的庄家有时也会利用下托板进行洗盘，让散户认为下托板是为了掩护庄家的出货，引起散户们的恐慌，从而纷纷斩仓。散户们离场的同时，庄家却悄悄地利用巨量的下托板建仓，然后一举拉升股价。

总而言之，上压板与下托板都是庄家为了控制股价而采取的操盘方法。通过大单优势把股价控制在自己预定范围内进行波动。只要大单不消失，股价便会按庄家的控制进行波动。

静态挂单和动态挂单

整个挂单系统是由静态和动态两部分挂单组成的。所谓静态挂单就是高于第一买进价的卖单或者低于第一卖出价的买单，这些单子至少在刚进入报价系统的时候是无法成交的，即使以后成交也只能是被动的成交。

所谓动态挂单是指卖出价低于或等于第一买进价的卖单或者是买进价高于或等于第一卖出价的买单，这些单子一进入交易报价系统立刻就会出现部分或者全部成交，所以我们可以把这类挂单称为动态挂单，或者称为主动性买单和卖单。

各种买卖盘

1. 买盘与卖盘。

买卖双方的出价与数量构成盘口表现中的买盘和卖盘，市场投资者能够直接看到的是"买一至买五"和"卖一至卖五"的买卖委托以及"内盘"、"外盘"和"委比"、"量比"等概念。

这几项都是表示目前盘中多、空力量对比的指标。如果即时的成交价是以"委卖"价成交的，说明买方也即多方愿意以卖方的报价成交，"委卖价"成交的量越多，说明市场中的"买气"即多头气氛越浓。

以"委卖价"实现的成交量称为"外盘"，俗称"主动买盘"。反之，以"委买价"实现的成交量称为"内盘"，也称"主动卖盘"。可见，当"外盘"大于"内盘"时，反映了场中买盘承接力量强劲，走势向好；"内盘"大于"外盘"时，则反映场内卖盘汹涌，买盘难以抵挡，走势偏弱。

由于内盘、外盘显示的是开市后至现时以"委卖价"和"委买价"各自成交的累计量，所以对我们判断目前的走势强弱有益。如果"委卖价"与"委买价"价格相差很大，说明追高意愿不强，惜售心理较强，多空双方处于僵持的状态。

2. 正确看待主动性买盘和卖盘。

主动性买盘和主动性卖盘都是主力出击的结果，能够左右股价的走势。在庄家股行情中，总有对倒的成交量出现，如果仅在收盘以后看成交量，往往容易被迷惑。

投资者可以通过主动性买盘和主动性卖盘来研判主力的真正动向。主动性买盘就是对着卖盘一路买,每次成交时箭头为红色,委卖单不断减少,股价不断往上走。在股价上扬的过程中,抛盘开始增加,如果始终有抛盘对应着买盘,每次成交箭头为绿色,委买单不断减少,使得其股价逐渐往下走,这就是主动性的卖盘。一般而言,盘中出现主动性买盘时,新股民可顺势买进做多;反之,盘中出现主动性卖盘时,投资者可以顺势卖出做空。在这种情况下新股民要注意不要逆市操作,否则很容易吃亏。

3. 散户买卖盘与主力买卖盘的区别。

一般主力庄家的买盘和抛盘多数是数量较大、价位集中;散户的盘口表现数量较少、价位分散。庄家盘是行情的主导力量,按照"二八定律"即市场中主力盘占市场总成交的20%,散户占80%,那么这20%的主力盘能够起到决定性的作用。

4. 隐性买卖盘。

隐性买卖盘是指在买卖成交中,有的价位并未在委托买卖挂单中出现,却在成交一栏里出现了。隐性买卖盘经常隐含庄家的踪迹。单向整数连续隐性买单的出现,而挂盘并无明显变化,一般多为主力拉升初期的试盘动作或派发初期激活追涨跟风盘的启动盘口。

一般来说,上有压板,而出现大量隐性主动性买盘(特别是大手笔),股价不跌,则是大幅上涨的先兆。下有托板,而出现大量隐性主动性卖盘,则往往是庄家出货的迹象。

5. 扫盘。

在涨势中常有大单从天而降,将卖盘挂单连续悉数吞噬,即称扫盘。在股价刚刚形成多头排列且涨势初起之际,若发现有大单一下子连续地横扫了多笔卖盘时,则预示主力正大举进场建仓,是新股民跟进的绝好时机。

正确看待内盘和外盘

通常在国内股票软件中,绿色数字表示内盘。比如,有投资者卖万科A200手并希望马上成交,可以按买1的价格卖出万科A200手,便可以尽快成交。这种以低价位叫买价成交的股票成交量计为内盘,也就是主动性的抛盘,反映了投资者卖出股票的决心。

如果投资者对后市不看好,为保证卖出股票一定成交,抢在别人前面卖出股票,可以以更低的价格报单卖出股票。这些报单都应计入内盘,内盘的积累数越大(和外盘相比),说明主动性抛盘越多,投资者不看好后市,股票继续下跌的可能性很大。

在国内股票软件中,红色表示外盘,表示投资者看好后市,反映了投资者买入股票的决心，股市上涨的可能性很大。

通过卖盘、买盘数量的大小和比例，新股民可以以主动性买盘或主动性卖盘的对比发现庄家动向，是一个较有效的短线指标。但新股民在使用外盘和内盘时，要注意结合股价在低位、中位和高位的成交情况以及该股的总成交量情况。因为外盘、内盘的数量并不是在所有时间都有效，在许多时候外盘大，股价并不一定上涨；内盘大，股价也并不一定下跌。

庄家可以利用外盘、内盘的数量来进行欺骗。在大量的实践中，我们发现如下情况：

1. 在股价经过了较长时间的数浪上涨，处于较高价位，成交量巨大，并不能再继续增加，当日内盘数量放大，大于外盘数量，股价将可能继续下跌。

2. 在股价上涨过程中，时常会发现内盘大、外盘小，此种情况并不表示股价一定会下跌。因为有些时候庄家用几笔买单将股价拉至一个相对的高位，然后在股价小跌后，在买一、买二挂买单，一些股民认为股价会下跌，纷纷以叫买价卖出股票，但庄家分步挂单，将抛单通通接走。这种先拉高后低位挂买单的手法，常会显示内盘大、外盘小，达到欺骗新股民的目的，待接足筹码后迅速继续推高股价。

3. 股价经过了较长时间的数浪下跌，股价处于较低价位，成交量极度萎缩。此后，成交量温和放量，当日外盘数量增加，大于内盘数量，股价将可能上涨，此种情况较可靠。

4. 在股价阴跌过程中，时常会发现外盘大、内盘小，此种情况并不表明股价一定会上涨。因为有些时候庄家用几笔抛单将股价打至较低位置，然后在卖一、卖二挂卖单，并自己买自己的卖单，造成股价暂时横盘或小幅上升。此时的外盘将明显大于内盘，使新股民认为庄家在吃货，而纷纷买入，结果次日股价继续下跌。

当股价已下跌了较大的幅度，如某日内盘大量增加，但股价却不跌，新股民要警惕庄家制造假象，假打真压吃货。

股价已上涨了较大的涨幅，如某日外盘大量增加，但股价却不涨，新股民要警惕庄家制造假象，准备出货。

总而言之，内盘和外盘的大小对判断股票的走势有一定帮助，但一定要同时结合股价所处的位置和成交量的大小来进行判断，而且更要注意股票走势的大形态，千万不能过分注重细节而忽略了大局。

各种大单

1. 下跌后的大手笔买单。

如果某只股票经历了连续的下跌以后，在买一、买二、买三档出现大手笔买单挂出，这是绝对的护盘动作。虽然是主力在护盘，但这不意味着该股后市止跌了。因为在市场中，股价是护不住的，所以，主力的护盘往往表明其真正实力的欠缺。此时，该股股价有极大的可能会下降，但新股民可留意该股，因为一旦市场转强，这种股票往往一鸣惊人。

2. 盘整时的大单。

当某只一直处于平稳运行中的个股，在某天其股价突然被快速拉起，或者突然跌停。这种情况，往往是主力在其中试盘，向下砸盘，是在试探基础的牢固程度，然后决定是否拉升。该股如果一段时期总收下影线，则向上拉升可能性大。

3. 低迷期的大单。

当某只股票长期低迷，某日股价启动，卖盘上挂出巨大抛单（每笔经常上百、上千手），买单则比较少，此时如果有资金进场，将挂在卖一、卖二、卖三档的压单吃掉，可视为是主力建仓动作。注意，此时的压单并不一定是有人在抛空，有可能是庄家自己的筹码，庄家在造量吸引注意。

第五节　当日盘中的重要时间段

怎样看开盘

开盘后的 3 个 10 分钟可谓是重中之重，很多股民形象地将开盘后的 3 个 10 分钟称为"开盘三板斧"，因为它几乎决定了大盘一天的走势。

1. 9 点 30 分到 9 点 40 分。

这是开盘后的第一个 10 分钟，一般来说多空双方都十分重视，因为此时股民人数不多，盘中买卖量都不是很大，因此用不大的交易量就可以达到预期的目的，俗称"花钱少，收获大"。

在这个时间段内，如果多头为了能顺利地吸到货，开盘后常会迫不及待地抢进，而空头为了能顺利地完成派发，也故意拉高股价，就会造成开盘后的急速冲高，这是在大牛市中经常可以看到的；如果多头为了吸到便宜货，在开盘伊始就将股价砸低，而空头或散户被吓得胆颤心惊、人人自危，不顾一切地将手中股票抛售一空，便会造成开盘后的股价急速下跌。

2. 9 点 40 分到 9 点 50 分。

在第二个 10 分钟内，多空双方在经过前一轮的搏杀之后，进入休整阶段。在这个阶段大盘一般会对原有趋势进行修正。如果空方逼得太急，多头会组织反击，抄底盘会大举介入；如果多头攻得太猛，则空头会予以反击，积极回吐手中存盘。因此，这段时间是新股民朋友们买入或卖出的一个转折点。

3. 9点50分到10点。

在第三个10分钟内，股市中参与交易的人逐渐聚集，买卖盘变得较为实在，因此这个阶段所反映出来的信息可信度相对较高。在走势上，这一阶段基本上成为全天大盘走向的基础。

开盘价是多空双方都认可的结果，也是多空力量的均衡。为了能正确地把握大盘走势特点与规律，可以将开盘时间作为原始起点，然后以开盘后的第10分钟、20分钟、30分钟指数或价位移动点连成三条线段，其中第二条是当天股价的走势线，第三条则是当天股价在分时走势图上的日平均线。

具体说来，情况可以分为如下几种：

1. 开盘三线一路走低。即9点40分、9点50分钟、10点三个移动点与原始起点（9点30分）都低，则是典型的空头特征，表明空头力量过于强大，当天收阴线几率大于80%。

2. 开盘三线一路走高。开盘三线走高就是在9点40分、9点50分、10点与原始起点（9点30分）相比，三个移动指数皆比开盘点高，则表明多头势力强劲，当天的行情趋好的可能性较大，一般日K线会收阳线，概率大过90%，但如果10点30分以前成交量放天量则有庄家或机构故意拉高出货之嫌，如出现此情况应以减持为主，新股民朋友要格外注意。

3. 开盘三线一下二上。即9点40分、9点50分、10点三个动点与原始起点（9点30分）相比，其中9点40分这个移动点比原始起点低，而另外两个移动点比原始点高，则表示今日空方的线被多方击破，反弹成功并且将是逐步震荡向上的趋势。

4. 开盘三线一上二下。即9点40分、9点50分、10点三个移动点与原始起点（9点30点）相比，9点40分的移动点比原始起点高，而9点50分和10点两个移动点比原始起点低，这表明当天行情买卖方比较均衡，但空方比多方有力，大盘是震荡拉高出货的趋势。

5. 开盘三线二下一上。即9点40分、9点50分、10点三个移动点与原始起点（9点30点）相比，9点40分、9分50分两个移动点比原始起点低，而另一个移动点比原始起点高，则表示空方力量大于多方，而多方也积极反击，底部支撑较为有力，一般收盘为有支撑的探底反弹阴线。

6. 开盘三线二上一下。即9点40分、9点50分、10点三个移动点与原始起点（9点30点）相比，9点40分、9点50分两个移动点比原始起点高，而10点的移动点比原始起点低，这表示当天行情买卖双方皆较有力，行情以震荡为主，多方逐步占据优势向上爬行。

新股民朋友们可以通过观察开盘后的 30 分钟的市场表现，来对大势进行正确地研判。

怎样看尾盘

尾盘是指从下午 14 点 30 分到 15 点的这 30 分钟，作为多空一日搏斗的总结，向来为新股民朋友们所重视。可以这么说：开盘是序幕，盘中是过程，尾盘才是定论。尾盘之所以重要，在于它承前启后的特殊位置，尾盘既可以有效地回顾前市，又能起到预测后市的作用。

尾市收红，且出现长下影线，此为探底获支撑后的反弹，次日以高开居多，新股民朋友们可以考虑跟进，"买在最后一分钟"可以避免当日行情的风险。当然有时候尾盘拉升却带来次日股价冲高无力，这往往是因为以下几个原因：

1. 主力实力目前不够。

由于主力实力有限，无法操纵股价一路高歌猛进、气势如虹，只好利用有限的资金在尾盘迅速拉高，减少抛压盘带来的资金损失。

2. 筹码不够集中。

由于盘内筹码过于分散，主力只好通过盘中震荡达到收集筹码和洗盘的目的。

3. 股价已经跌到或者低于主力的成本。

股价过低，不仅增加了主力收集筹码的困难，还会让其他主力乘虚而入，这是主力无法容忍的，因此主力便会迅速拉高股价回到自己的成本区域。

4. 打击散户信心。

在市场平均成本附近来回拉锯易挫伤散户的持股信心，达到逐渐收集散盘的目的。如果次日出现这种情况，新股民朋友们应该快速套现平仓离场。

【实例链接】

华电国际（600027）

如图 8—5 所示，华电国际（600027）：该股上午开盘后，经过短暂的多空搏斗后开始一路震荡走软。股价在下午 14 点 15 分之后开始发力，很快就把股价拉起，这时大盘也开始走强，整个盘面大部分个股都出现了拉高的现象。最后收盘的时候，股价收于开盘价之上。实际操作过程中，投资者如果遇到这种走势情况，为了尽可能降低当天操作的风险，可以在收盘前的一两分钟买进。出现这种情况的走势，一般第二天开盘就会有一个冲高的过程，新股民便有可能快速套利。

图8—5

如果在大盘上行的趋势下,尾市放量大增,这个时候必须引起新股民朋友们的重视,最好不要急于介入。因为这样的情况,次日开盘时极有可能碰上卖盘的抛压,股价上涨的可能性很小。而如果情况相反,在大盘下行的趋势中出现的尾市放巨量的情况,则有可能是投资者对股票信心不足,产生恐慌性地抛售所造成的,这是大盘即将跳水的信号,新股民朋友们切不可心急入场。

鉴于尾盘的重要性,多空双方都会从收盘股指、股价这两方面进行激烈的争夺,其中必须引起新股民朋友们特别注意的有以下两点:

1. "星期一效应"与"星期五效应"。

在每周的星期一,收盘股指、股价收阳线还是阴线,对全周交易的影响较大。因为多(空)方首战告捷,往往会乘胜追击,连接出现数根阳线或阴线,所以新股民应予警惕。

一般来说,在星期五的时候,投资者普遍会比较谨慎,因为其后有两天休市,这期间所发生的政治、经济事件难免会对市场产生影响,为了回避可能存在的系统性风险,所以比较多的投资者会选择降低仓位。在海外市场上,这种局面是相当普遍的,被称为"星期五现象"。

2. 庄家骗线。

庄家经常借助技术指标骗线,在尾盘放大单故意拉高或打压收盘股指、股价,造成次日跳空高开或者是低开,从而达到庄家次日趁股价拉高出货或者是低开压价吃货的目的。

要想看清尾盘是否存在庄家的骗线行为,可以使用下面的方法加以鉴别:

(1) 看有无大的成交量配合。

高收盘或者是低收盘,若成交量过小,那么就说明多(空)方无力量;若是成交量过大，那就说明是多方吃货或者是空方出货，如果出现这两种情况，新股民都必须警惕庄家的陷阱，谨慎入市。

(2) 看有无利多或者是利空消息、传言配合，同时分析传言的真伪。

结合大成交量、利多或者是利空消息，可以初步确认是"多头"还是"空头"行情，从而决定是买入还是卖出股票。如果新股民一时无法认清是否庄家所为，为了防止上当受骗，操作中既不要"满仓"，也不要"空仓"。

盘中四大看点

对于一个新股民来说，每个股票交易日都面临着三种投资选择：买入、卖出抑或是观望。新股民作出选择的动机，是出于他对整个大盘的预测。预测不同于猜测，它是在日线、周线、月线等指标和图标的基础上所做的科学分析。具体说来，有以下四大看点需要新股民引起注意：

1. 开盘价。

在日线、周线、月线图上，开盘价是对上一时间单位市场运行趋势的延续。把开盘价高开、低开、平开与市场的运行趋势结合在一起，可以提高对后市走势预测的准确度。在上升趋势中，开盘价高开是形成向上跳空缺口的先决条件，周线出现向上的跳空缺口，往往是牛市特征的开端。日线跳空缺口往往有三个：突破性缺口、中继性缺口和衰竭性缺口。这些缺口都对判断未来市场运行方向提供了依据。同样，在下降趋势中，开盘价低开是形成向下跳空缺口的先决条件。周线出现向下的跳空缺口，往往是熊市特征的开端，这种缺口出现在高位，更应提高警惕。

2. 收盘价。

收盘价是多空双方在时间单位上争斗的结果。将收盘价的高低与运行趋势结合在一起看盘，将使盘面形势更加清晰。在上升趋势中，收盘价位于5日、10日、20日、30日均线之上，表明股价处于上升趋势，市场强势运行。在这种运行趋势形成的初期，新股民可以大胆介入，这时买入并持有股票，将使增值的希望大大提高。反之，收盘价位于5日、10日、20日、30日均线之下，表明股价处于下降趋势，市场弱势运行，这时操作就要十分谨慎。

3. 压力和支撑的转换。

在价格沿趋势变动的过程中，压力和支撑的作用对股价的影响比较大。压力和支撑位往往产生于前期的高低点、历史高低点、由高低点产生的黄金分割位或百分比位，以及像5、10、30、144等这一类市场常见的习惯数字所在的移动平均线。认真研究市场以前的压力和支撑位，对新股民的未来操作有较强的指导意义。

4. 市场的风险度和热点。

市场的风险度在于评估整个股票市场的系统性风险和个股风险。从大盘上来看，系统性风险往往表现在大多数个股与大盘走势方向一致。个股风险是从相关板块轮跌开始的，比如行业板块开始大幅下跌，持有该板块股票的股民，往往都难逃脱手中股票价格下跌利益受损的厄运。市场热点通常表现在市场的领涨板块，领涨板块可以是与大盘趋势相反的对称板块，也可以是与大盘趋势方向一致的板块。不过，有市场热点的板块，趋势的延续性会更强。

第九章

跟大师学炒股：
炒股，不妨站在巨人的肩膀上

新股民入门导读：

投资者想在股市成功获利，你可以向已经成功的投资大师学习，复制他们已经被验证的成功获利的模式。那些能够在股市中长期生存、获利的投资大师必有过人之处，向这些典范学习，你会成长得更快！

第一节 股票大师的炒股经验

安德烈·科斯托兰尼：炒股的"十律"与"十戒"

安德烈·科斯托兰尼被称为"德国的沃伦·巴菲特"和"证券界教父"，他是德国最负盛名的投资大师。

安德烈·科斯托兰尼是犹太人，1906年出生在匈牙利布达佩斯。早年学习哲学和艺术史，后父亲送他到巴黎学投资，大部分时间在德国和法国度过，娴熟金融商品和证券市场的一切，被誉为"20世纪的股票见证人"、"本世纪金融史上最成功的投资家之一"。他的成功被视为欧洲股市的一大奇迹，他的理论被视为权威的象征。

安德烈·科斯托兰尼一直以投机者自居，且深以为傲。1929年的经济大萧条，安德烈·科斯托兰尼获利不浅；二战之后，他大量投资于德国重建，随后的经济复苏令他拥有大量财富。虽然他在35岁就赚得了足以养老的金钱，不过这不代表他的投资都是一帆风顺的，恰恰相反，他还因为投资不慎破产过两次。令人刮目相看的是，在连续遭遇两次重大打击之后，他依然能够东山再起，乃至被称为"投资神话"。

科斯托兰尼不吝和他人分享他的智慧结晶，他一生共写了 13 本有关投资、证券、货币、财富、证券心理学的书。2004 年他出版了他生前最后一本书《一个投机者的告白》，这本书是他投资智慧的精华，除了有他对各个投资、投机市场的拨云见日的透彻剖析，还有他一生经典的投资案例。他在书中，提出了现在被众多投资者奉为真理的投资心得：炒股的十律与十诫：

1. 十律：

（1）有主见，三思之后再决定：是否应该买进？如果是，在哪里，什么行业，哪个国家？

（2）有耐心，因为任何事情都不可预期，发展方向都和大家想象的不同；

（3）有足够的资金，以免遭受压力；

（4）要灵活，并时刻考虑到想法中可能出现的错误；

（5）如果看到出现新的局面，应该卖出；

（6）即使自己是对的，也要保持谦逊；

（7）如果相信自己的判断，就必须坚定不移；

（8）只有看到远大的发展前景时，才可以买进；

（9）不时查看购买的股票清单，并检查现在还可买进哪些股票；

（10）考虑所有的风险，甚至是最不可能出现的风险，也就是说，要时刻想到有意想不到的因素。

2. 十诫：

（1）不要想把赔掉的再赚回来；

（2）不要跟着建议跑，不要想能听到秘密讯息；

（3）不要相信卖主知道他们为什么要卖，或买主知道自己为什么要买，也就是说，不要相信他们比自己知道得多；

（4）不要在情绪上受政治好恶的影响；

（5）不要在刚刚赚钱或赔钱时做出结论；

（6）不要不断观察变化细微的指数，不要对任何风吹草动做出反应；

（7）不要考虑过去的指数；

（8）不要躺在有价证券上睡大觉，不要因期望达到更加好的指数而忘掉它们，也就是说，不要不做决定；

（9）获利时，不要过度自负；

（10）不要只想获利就卖掉股票。

彼得·林奇：长期投资才能获得高回报

被称为"世界第一基金经理"的彼得·林奇说："在股票市场中，涨涨跌跌是很正常的，即使在长期的大牛市行情中，出现下跌的情况也是屡见不鲜的，不必为了暂时的涨涨跌跌而频繁进出。"所以，他的操作原则是坚持长期投资。

林奇告诫投资者，只要所投资的公司业绩好，大可以持续投资5年到10年不变，他说："我的投资组合里最好的公司往往是购股三五年后才利润大增，而不是在三五个星期之后。"

在美国股市，1996年春天、1997年夏天、1998年夏天、1999年秋天，连续4年每年的主要股指都下跌10%以上。尤其是1998年8月标准普尔500指数下跌14.5%，这是第二次世界大战以来股指跌幅排名第二位的月份，可是因为国内经济总体转好，林奇并没有失去对股票投资的信心，而是静观其变。仅仅9个月之后，标准普尔500指数就止跌反弹，涨幅后来超过了50%。

林奇说："只要你是用富余的钱进行的投资，你就不必在行情不好的时候患得患失，你完全可以相信，只要长期投资就能获得更高的回报。"

林奇举例说，假如，你在1994年7月1日投资1万美元买股票，5年内一直没动，那么5年后的1万美元就会变成3.4万美元。可是如果在这5年内，你只持股30天就把股票卖掉了，即使你持股的这30天是5年内股价涨幅最大的时期，你这1万美元也最多只能升值到1.5万美元。正是因为这样，所以，直到现在，林奇手中还有几只从20世纪七八十年代起就持有的股票。他说，因为这些上市公司的基本面很好，股价也相对合理，所以也就一直没舍得卖出。他甚至幽默地说："一旦把这些大牛股卖出，我就要把收益的20%向美国国家税务局纳税，这相当于遭受了一次股价下跌20%的熊市打击。"

林奇一直在坚持长期投资，这使很多人想当然地认为，林奇手中的股票一定都是价值非常大的股票。其实，并非如此，林奇手中持有的股票，有一些被严重套牢。但他也没打算卖出，这主要是因为，他经过调查，发现这些上市公司的财务状况还相当不错。所以，他相信这些股票以后一定会有翻身的机会。

另外，他还强调说，在股票市场中，股民没有必要要求每一只股票都赚钱，一个投资组合中如果有10只股票，只要有6只能赚钱，那么股民最后的收益也不会差到哪去。再说，一只股票的价格怎么跌，最多也不过跌到0；可是股价要往上涨，那可是"上不封顶"的。

所以，长期持有看好的股票，以平和的心态对待股价的涨跌，就总会盈利的。

沃伦·巴菲特：追求简单，避免复杂

说到股神巴菲特，恐怕无人不知，一向低调行事的巴菲特多年来一直坐在布拉斯加州中等城市奥马哈一栋很不起眼的大楼内的办公室里平静地阅读和思考。2007年，当次贷危机席卷了整个华尔街的时候，一批银行、投资公司纷纷倒下，但"股神"的身家却猛增100亿美元至620亿美元，再度成为全球首富。

在巴菲特70多年的投资生涯中，他经历了许多的大风大浪。对于投资的成功秘诀，他说："追求简单，避免复杂。""追求简单，避免复杂"可以说是巴菲特投资理念的核心部分。这其中包括两部分：买哪种股票和以什么价位买？美国著名的基金经理彼得·林奇说过："如果一个投资人不能在30秒内说出他们的投资对象是从事怎样的业务，那么他们的投资很难成功。"

但在股市中，股民仿佛都有一种通病，就是对那些自己不太明白的事物，都有着一种天生的好奇，似乎这样的产品更具有挑战性和吸引力。所以，有些股民在挑选投资对象时也常常盯住那些复杂而自己不懂的产品。比如说，有的人看到高科技迅猛发展，于是一头扎进了高科技投资领域，但对于这些公司生产的产品的科技含量、运用范围、市场需求、获利前景都一头雾水。这样的投资，获利的可能性将非常小。

巴菲特经常挂在口头的一句话是："我喜欢简单的企业。"他投资的企业或者卖饮料，或者卖报纸，或者烤面包，或者生产家具等等，其所属行业都是大家一目了然、明明白白、清清楚楚的。但就是这些简单的企业给巴菲特带来了丰厚的利润。

巴菲特那"简单"的投资方法，不用学习电脑、方程式，也不用去看一些复杂的图表分析，简简单单就能掌握。那就是注重对公司的分析研究，阅读大量的年刊、季报和各类期刊，了解公司的发展前景及策略，仔细评估公司的投资价值，把握好投资的最佳时机。

但不少股民认为公司的定期报告或临时公告不可靠或者不可信。其实随着我国股市的逐步发展，监管层的监管能力在逐步增强，并加大了对保荐人、会计师事务所、律师等中介机构的处罚力度，对上市公司信息披露的要求也越来越高，所以目前绝大多数上市公司的定期报告是值得信赖的，只要认真研究，是可以作为投资参考依据的，最起码比听小道消息可靠得多。

在巴菲特"简单"的投资原则中，第一步就是要确定买哪种股票。巴菲特在选择股票的时候，本着全方位、多角度的原则对上市公司进行评估，并从中选出值得投资的优秀企业。比如，巴菲特在股票投资中，最感兴趣的企业只有两种：消费型企业和服务型企业。前者指生产名牌产品的企业，如可口可乐；后者是指能提供不可或缺服务的企业，如某地惟一的报纸传媒企业或证券公司。

巴菲特投资原则的第二步是以什么价位买。也就是说，新股民要筛选出所投资的企业的股价低于其内在价值的企业，这样的企业才值得买。

另外，还要掌握住买入和卖出的时机，等待时机是其投资中非常重要的一环。巴菲特对买入和卖出的时机掌握得恰到好处，即使偶尔亏损，也从不考虑止损，因为他坚信自己选择的产品有良好的质地。同时他更坚信自己选择的正确性，他认为自己手中持有的产品一定能获取利润，只是时间早晚的问题。

巴菲特在股市中取得的巨大成绩，还得益于他简单而有效的分析模式。他坚守的这个分析模式并非深奥难懂的理论，而是一般人都能理解的知识。他认为选择一只股票，就应该考虑该企业是否简单且易于了解、获利情况是否够好、能为自己创造多少利润、是否有稳定的经营史、是否能长期发展、经营阶层是否理性、该企业有多少实质价值、能否在市场低于实质价值时买进、是不是能够紧随市场的脚步走。

其实，这些因素，多数股民也会考虑，只是一旦到了实践中，他们就会忽略这些，而去关注短期的价位变动、资金的聚散、人气的起伏以及种种技术指标的分析。巴菲特针对这种状况说：大多数股民，在股市中，并没有一个具体的、长远的打算，只是抱着赚一笔是一笔的投机心理，不停地买来买去。像这种目光短浅的股民，是不可能在股市上长久立足的，最终将被股市的大潮所淹灭。

李嘉诚：当所有人都冲进去的时候赶紧出来，所有人都不玩了再冲进去

2010年的《福布斯》香港富豪榜上，李嘉诚以213亿美元再度毫无悬念地蝉联香港首富，这是他连续14年成为香港首富。

李嘉诚最常用的词汇就是"保守"。或许正是因为保守，这个80岁老头总是能够比年轻人更敏锐地捕捉到风险的气息。一个典型的例子是，早在2006年，他就提醒和记黄埔的高级管理团队，要减少债务、准备好应对危机；而在2007年5月，他以少有的严肃口吻提醒A股投资者，要注意泡沫风险，半个月之后，"5·30"行情开始拖累A股一路暴跌。

2007年8月，"港股直通车"刺激市场出现非理性飙涨，李嘉诚再次发出忠告，香港股市与内地股市均处于高位，投资有风险。也正是在此时，他公开提醒股民要留意美国的次贷问题，而此时大规模的次贷危机还远未爆发。当时，一些股评家曾尖锐地批评李嘉诚"不懂股票市场"，但最终事实证明了孰对孰错。

比起在金融危机中栽了跟头的华尔街行家们，李嘉诚的明智并不是来源于任何深奥的理论。恰恰相反，他用了一种过于朴素的语言来解释自己对投资的认识："当所有人都冲进去的时候赶紧出来，所有人都不玩了再冲进去。"这和巴菲特的"当别

人贪婪时恐惧,当别人恐惧时贪婪"有这异曲同工之处。这是对股民心态的考验,谁的心态最好,谁就能获得超额的利润。

所以,股民在操作的时候,应该尽量遵守愈买愈少的原则,当市场冷清的时候买入。当市场开始上扬之后,如果看不准,就不要再加码。此时,可以先试探一下,确信市场走势良好,才可买进,但量一定要小,人都有从众心理,从众心理会造成股市极端火爆,但过犹不及,火爆程度达到顶峰之后,就一定会冷却下来,这时候,人们就又开始纷纷撤出。

由于大多数股民没有做好投资的充分准备,对股市的现状也不做更多的研究,只是盲目跟风,结果,导致出现在人气最弱时不敢买入,等到大家疯狂抢进时才跟随进去的现象。而实际上,买入的最佳时机是在市场低迷的时候,这时候,所需的成本最小;股市火爆、价位走高时是卖出的最佳时机,这时候可以获得最大的利润。在低位时买入的风险很小,逢高买入的风险很大,可能会变得血本无归。

比尔·盖茨:不把鸡蛋放在同一个篮子里

"如果他卖的不是软件而是汉堡,他也会成为世界汉堡大王。"这是沃伦·巴菲特评价比尔·盖茨的一句话。言下之意,并不是微软成就了盖茨,而是其商业天赋成就了这个世上最富有的人。

对于投资,盖茨也有自己的一套。盖茨说:"千万别把鸡蛋放在同一个篮子里"。对微软公司前途的信心使盖茨把财富的绝大部分都投在公司的股票上。不过精明的他也会在好的价位适当地套现一些股票。2010年4月盖茨就在公开市场出售了100万股微软股票,获得收入近2700万美元;盖茨在1995年建立了一家投资公司,公司投资组合中一大部分投入了收入稳定的债券市场,主要是国库券;盖茨对代表新经济的数字及生物技术产业非常看好;他还把一部分资金投入到了表现稳定的重工业部门。

盖茨曾通过自己的投资公司收购纽波特纽斯造船公司7.8%股份,后来这些股票几乎上涨了一倍;他对加拿大国家铁路公司的投资也给他带来了丰厚的回报,在不到一年内股价就上升了大约1/3。

此外,盖茨也喜欢向抵御市场风险能力很强的公用事业公司投资;而盖茨对科学创新的兴趣,也使他把医药和生物技术产业作为一个重要的投资方向。

"不要把鸡蛋放在一个篮子里",在投资领域已经被奉为经典。你仅买一只股票,如果这只股票大涨,你会赚很多;但如果这只股票大跌,你同样也会损失很多。如果你同时买10只股票,当然,这10只股票,虽然不太可能每只都大涨,但也不太可能每只都大跌。照这样计算,10只股票涨跌互相抵消之后,结果一般是都会是小赚或者小赔。如此一来，分散投资使得结果的不确定性变小，这也就意味着风险降低了。

分散投资的目的是进行风险抵消，享受更安全的平均收益。分散投资可以是不同投资工具上的分散，也可以是投资区域的分散，还可以是投资时点的分散。

1. 投资工具的分散。

要达到风险抵消的目的，只是多买几种投资工具是不够的，还要尽量同时购买联动性小的资产。实际上，资产间的联动性才是影响投资组合风险的重要因素，而且，随着购买投资工具种类的增加，资产间的联动性对整体投资组合的风险影响将越来越大。

比方说，一些人为了分散投资，用10万元买了十几个股票，但是买的都是高科技类的股票，这就没必要了。因为高科技股本身就属于高风险类的股票，买十几种就好比买了很多不同品种的鸡蛋放在同一个篮子里，看似品种不同，但由于太过相似而没有了区分的意义，最终所能达到的分散风险的效果将是有限的。因为所有投资的联动性很大，投资组合中股票A下跌时，很可能股票B和C也一起下跌。

但如果我们同时投资的对象包括：股票、债券、货币市场工具、房地产等，则分散风险的效果会好很多。也就是说，在分散投资的时候，选择的产品之间的联动性越小，分散风险的效果也就越好。

2. 投资时点上的分散。

在投资时点的分散方面，如果是大额的投资，且投资对象是高风险的投资工具，最好不要一次性买进或者卖出。择时是非常困难的，即使对专业投资人士来说也是这样，对一般投资人而言就更加困难。如果恰巧买在高点或者卖在低点就很麻烦，分批买入则可以大幅降低风险。

3. 投资区域的分散。

你可以将眼界放开点，最好是适度投资一些另类股票和海外股票：所谓另类股票就是指投资石油股、农产品股等；海外股票指的是投资海外市场的股票，比如美国市场、亚太市场、欧洲市场、南美市场等。通常不同市场的运动方向常常是不一致的，比如新兴市场与已发展多年的成熟市场、美元区市场与欧元区市场，由于各市场内在推动因素不同，它们的表现常常关联度低。所谓东边不亮西边亮，这至少可以防止一荣俱荣，一损俱损，从而降低风险。

对股民而言，量化地评判资产间联动性是非常困难的，长期来看，资产的联动性还会随时间而变化。在这种情况下，股民可以请教专家，让专家去评判各资产类别及一个资产类别中的各投资工具间的联动性，进行合理的搭配，以减少整体投资组合的风险。

索罗斯：承担风险无可指责，但永远不能做孤注一掷的冒险

在东南亚经济危机之后，索罗斯的名字与"金融大鳄"划上了等号。他从一个侥幸躲过纳粹屠刀的匈牙利犹太儿童，到带着5000美元和离奇梦想闯荡华尔街的热血青年；从安侯公司的一个不合群的普通雇员，到创立量子基金、老虎基金，成为"世界上最伟大的投资经理人"；从步步为营的投资试验到一掷亿金的资本豪赌；从小心翼翼地研究一家公司，到周旋于最上层的政治家之间并雄心勃勃地挑战一个国家甚至国家集团，索罗斯最终成长为一个让世界都瞠目结舌的投资神话制造者。但即便是这样一位敢冒大风险、令世界都瞠目结舌的神话制造者，依然为我们留下一句警告："承担风险无可指责，但永远不要做孤注一掷的冒险"。此语对新股民具有现实的指导意义。

"投资有风险，入市须谨慎"已经告诉股民，风险和收益是一对矛盾共同体。风险大，收益大；风险小，收益同样也会变小。在2006年、2007年股市一路高歌的环境下，股票市场动辄翻番的年度净值回报率令股民们倍感"甜蜜蜜"，而自2008年股票市场的一路下滑以来，多数股民在体验了大跌后感到"最近有点烦"。

源于索罗斯的"永远不要孤注一掷"对投资风险的认识，股民在投资的时候，要有清醒的认识和心理准备，要给自己留有一定的余地，能承担多大的风险，就去冒多大的风险，千万不能做过了头。

在这里，组建适合自身风险承受能力的投资组合就成了新股民的首要任务。在投资组合中，首先选择一批核心的股票，这些股票的风险收益特征与股民的收益预期和风险承受能力一定要是吻合的。激进型的股民可选择风险相对较大的股票作为核心配置资产，稳健型股民可选择混合型或配置型股票作为核心配置，当然，除了核心资产配置外，不同类型产品的多样化配置也是帮助股民实现更为稳定的回报的有效方式。

被誉为经典的冒险家的索罗斯，在高风险的市场运作中，取得过巨大的成功，也遭受过惨重的失败，但最终他没有成为匆匆过客而获得成功，除了他具有敏锐的眼光、理性的分析以外，更重要一点是作为一个投资者的自我保护的意识和善于保护自己的能力。承担风险无可指责，但同时要记住不能做孤注一掷的冒险。

本杰明·格雷厄姆：无法控制情绪的人，不会从投资中获利

谁是华尔街最有影响力的人？答案是本杰明·格雷厄姆。尽管他已逝去，但他所创立的金融分析学说和思想在投资领域产生了极为深远的影响，几乎三代重要的投资者都将其作为考量投资的第一标准。当代"股神"沃伦·巴菲特出自其门下、现在活跃在华尔街的数十位上亿的投资管理人自称为他的信徒，他是"华尔街教

父"，价值投资第一人。

在华尔街长期的投资实践和以后的教学研究中，格雷厄姆说，无法控制情绪的人不会从投资中获利。作为经历1929年世界经济危机的华尔街精英，他切身体会过情绪对投资至关重要的影响。当投资者对利益的疯狂或对市场的恐慌一旦出现并蔓延，整个股市必然会经历一次不正常的剧烈波动，情绪越强烈，波动越剧烈。据此，在格雷厄姆那本著名的《聪明的投资者》一书中写道：一名真正的投资者，要做的就是规避风险，并且要坚决规避情绪调动对投资的影响。

比如说在牛市行情中，投资者最容易受到行情的鼓舞，继而开始期望一个持久繁荣的投资时代，从而逐渐失去了对股票价值的理性判断，一味追风。当他们遭受到股市暴跌带来的巨大冲击时，就会认为购买股票仅仅是一次投机，于是人们憎恨甚至诅咒股票投资。由此，投资一次次变成投机，情绪一次次代替理性。被情绪绑架的投资，让投资者蒙受了巨大的损失。这一点在A股市场再次得到了验证，从2010年4月15日的3181点下探至5月21日的2481点，沮丧的情绪再次成了资本市场中的绝对"主角"，主导了一路向下的市场趋势。

作为一个聪明的投资者，应始终保持一种平静心态，不要被市场情绪所误导，坚持用理性思维分析各种机会和风险，获取自己所能理解和把握的收益。另外，投资是一个长期的行为，聪明的股民应该坚信，如果把一生作为投资周期，那么，在股市上的投资收益将取决于投资者做到了多大程度的风险规避，而非多少次获取了高风险的超额收益。这是大多数股民的长期生存之道，同样也是世界首富巴菲特的老师，对所有股民的忠告。

第二节　股票大师的炒股理论

道氏理论

【概念一点通】

道氏理论是所有市场技术研究的鼻祖，只要对股市稍有经历的人都对它有所耳闻。它是股市本身的行为（通常用指数来表达），而不是股票分析人士所依靠的商业统计材料。值得一提的是，这一理论的创始人——查理斯·道，声称其理论并不是用于预测股市，甚至不是用于指导投资者，而是一种反映市场总体趋势的晴雨表。

1902年，查理斯·道去世以后，威廉·P·哈密顿和罗伯特·雷亚继承了道氏的理论，并在其后有关股市的评论写作过程中，加以组织与归纳，最终成为我们现在所看见的道氏理论。他们所著的《股市晴雨表》、《道氏理论》成为后人研究道氏理论的经典著作。

19世纪20年代福布斯杂志的编辑理查德·夏巴克，继承和发展了道氏的观点，研究出了如何把"股价平均指数"中出现的重要技术信号应用于各单个股票。而在1948年出版的由约翰·迈吉和罗伯特·D·爱德华所著《股市趋势技术分析》一书，继承并发扬了查理斯·道及理查德·夏巴克的思想，并被认为是有关趋势和形态识别分析的权威著作。

海滨居住者在有海潮来临时，会采用让一个来临的波浪推动在海滨中一只木桩到其最高点的方法来确定海潮的方向。如果下一个波浪推动海水高出其木桩时，他就可以知道潮水是在上涨。如果他把木桩改换为每一波浪的最高水位记号，最终将会出现一个波浪在其上一记号处停止并开始回撤到低于这一水平，他就可以知道潮水已经回转了，落潮开始了。这事实上就是道氏理论定义的股市趋势。

浪潮、波浪及涟漪的比较在道氏理论最早的时期就已开始了，大海的运动对道氏理论有一定的启发。但股市中的浪潮与波浪远不如大海的浪潮与波浪那样规则。用以预测每一次浪潮及海流的时间表可以提前制作，但道氏理论却不能对股市给出一个时间表。尽管如此，道氏理论对股市操作还是有很大的指导作用。

道氏理论是股市技术研究的鼻祖，对股市操作有很重要的指导作用，主要包括以下几方面的内容：

1. 平均指数包容消化一切。

因为它们反映了无数投资者的综合市场行为，包括那些有远见力的以及消息最灵通的人士，平均指数在其每日的波动过程中包容消化了各种已知的可预见的事情，以及各种可能影响股票供给和需求关系的情况。

2. 三种趋势。

"市场"一词意味着股票价格在总体上以趋势演进，其最重要的是主要趋势，即基本趋势。它们大规模地上下运动，通常持续几年或更多的时间，并导致股价增值或贬值20％以上，基本趋势在其演进过程中穿插着与其方向相反的次等趋势，即当基本趋势暂时推进过高时所发生的回撤或调整（次等趋势与被间断的基本趋势一同被划为中等趋势）。最后，次等趋势由小趋势或者每一个波动组成，小趋势并不是十分重要的。

3. 基本趋势。

基本趋势是大规模的、中级以上的上下运动，通常（但非必然）持续1年或数年之久。只要每一个后续价位弹升比前一个弹升达到更高的水平，而每一个次等回撤的低点（即价格从上至下的趋势反转）均比上一个回撤高，这一基本趋势就是上升趋势，这就称为牛市。相反，每一中等下跌，都将价格压到逐渐低的水平，这一基本趋势则是下降趋势，被称为熊市。

正常情况下，基本趋势是三种趋势中真正长线投资者所关注的唯一趋势。他的目标是尽可能在确定牛市已经启动的时候，在一个牛市中买入，然后一直持有，直到很明显牛市已经终止而一个熊市已经开始的时候。长线投资者认为他可以很保险地忽视各种次等的回撤及小幅波动。但对于交易人士来说，完全有可能关注次等趋势。

基本趋势又包括牛市和熊市两个阶段：

（1）牛市，也是基本上升趋势，通常（并非必要）划分为三个阶段：

第一阶段是建仓（或积累），在这一阶段，有远见的投资者知道尽管市场萧条，但形势即将扭转，因而就在此时购入了那些勇气和运气都不够的卖方所抛出的股票，并逐渐抬高其出价以刺激抛售，公众为股市状况所迷惑而与之完全脱节，市场活动停滞，但也开始有少许回弹。

第二阶段是一轮稳定的上涨，交易量随着公司业务的景气不断增加，同时公司的盈利开始受到关注。也正是在这一阶段，技巧娴熟的交易者往往会得到最大的收益。

最后，随着公众蜂拥而上的市场高峰的出现，第三阶段来临，所有信息都令人乐观，但越来越多的高质量股票此时拒绝追从。

（2）熊市，也是基本下跌趋势，通常（也非必定）也有三个阶段：

第一阶段是出仓或分散（开始于前一轮牛市后期），在这一阶段后期，有远见的投资者感到交易的利润已达至一个反常的高度，故在涨势中抛出所持股票。尽管弹升逐渐减弱，交易量仍居高不下，公众仍很活跃。但由于预期利润的逐渐消失，行情开始显弱。

第二阶段称为恐慌阶段。买方少起来而卖方就变得更为急躁，价格跌势徒然加速，当交易量达到最高值时，价格也几乎是直线落至最低点。恐慌阶段通常与当时的市场条件相差甚远。在这一阶段之后，可能存在一个相当长的次等回调或一个整理运动，然后开始第三阶段。

那些在大恐慌阶段坚持过来的投资者此时或因信心不足而抛出所持股票，或由于目前价位比前几个月低而买入。商业信息开始恶化，随着第三阶段推进，跌势还不是很快，这是由于某些投资者因其他需要，不得不筹集现金越来越多地抛出其所持股票。垃圾股可能在前两个阶段就失去了其在前一轮牛市的上涨幅度，稍好些的股票跌得稍慢些。当坏消息被证实，而且预计行情还会继续看跌，这一轮熊市就结束了，而且常常是在所有的坏消息"出来"之前就已经结束了。

我们应记住基本趋势的典型特征。当我们知道牛市的最后一个阶段一般会出现哪些征兆，就不会为市场出现看涨的假象所迷惑。

4. 次等趋势。

次等趋势是价格在其沿着基本趋势方向演进中产生的重要回撤。它们可以是在一个牛市中发生的中等规模的下跌或"回调",也可以是在一个熊市中发生的中等规模的上涨或"反弹"。正常情况下,它们持续3周时间到数月不等,但很少再长。任何与基本趋势方向相反、持续至少3个星期并且回撤上一个沿基本趋势方向上价格推进净距离至少1/3幅度的价格运动,即可认为是中等规模的次等趋势。

自从19世纪80年代初期以来,由于信息科技的进步以及电脑程式交易的影响,市场次等趋势的波动程度已经明显加大。基于这个缘故,长期投资的"买进——持有"策略可能有必要调整。对新股民来说,在修正走势中持有多头头寸,并看着多年来的利润逐渐消失,似乎是一种无谓的浪费与折磨。当然,大多数的情况下,经过数个月或数年以后,这些获利还是会再度出现。然而,如果专注于中期趋势,这些损失大体是可以避免的。因此,对于股票市场的参与者而言,以中期趋势作为准则应该是较明智的选择。

需要注意的是,如果希望精确掌握中期趋势,你必须了解它与长期(主要)趋势之间的关系。

5. 小趋势。

它们是非常简短的(很少持续3周,一般小于6天)价格波动,从道氏理论的角度来看,其本身并无多大的意义,但它们合起来构成中等趋势。一般一个中等规模的价格运动,无论是次等趋势还是一个次等趋势之间的基本趋势,由一连串的三个或更多的明显地小波浪组成。从这些每日的波动中做出的一些推论很容易引起误导。小趋势是上述第三种趋势中唯一可被人为操纵的趋势。

在运用道氏理论指导交易时应遵循以下原则:

1. 相互验证原则。

两种指数必须相互验证,是道氏原则中最有争议也是最难以统一的地方,然而这一原则已经经受了时间的考验。任何仔细研究过市场记录的人士都不会忽视这一原则所起到的作用。而在实际操作中将这一原则弃之不顾的交易者总归是要后悔的。因为市场趋势中不是一种指数就可以单独产生有效的信号。

2. 交易量跟随趋势原则。

交易量跟随趋势就是主要趋势中价格上涨,交易活动也就随之活跃。一轮牛市中,当价格上涨时交易量随之增长。而在一轮熊市中,价格跌落,当其反弹时,交易量也增长。这一原则也适合于次等趋势,尤其是在一轮熊市中的次等趋势中。

3. 直线可以代替次等趋势原则。

在道氏理论术语中,一条直线就是两种指数或其中的一种做横向运动,这一横向运动长达 2~3 周，有时甚至达数月之久，在这一期间，价格波动幅度大约在 5% 或更低一些。一条直线的形成表明了买卖双方的力量大体平衡，如果一个价格范围内已没有人售出，那些需要购入的买方只得提高出价吸引卖方，或者那些急于脱手的卖方在一个价格范围内找不到买方，只得降低售价吸引卖方。价格涨过现存"直线"的上限就是涨势的标志，相反，跌破下限就是跌势标志。总的说来，在这一期间，直线越长，价格波动范围越小，则最后突破时的重要性也越大。

直线经常出现，以至于道氏理论的追随者们认为它们的出现是必须的，它们可能出现在一个重要的底部或顶部，以分别表示出货或建仓阶段，但作为现行主要趋势进程中的间歇，其出现较为频繁。在这种情况下，直线取代了一般的次级波浪。当一指数要经历一个典型的次等回调时，在另一指数上形成的可能就是一条直线。值得一提的是一条直线以外的运动不论是涨还是跌，都会紧跟着同一方向上一个更为深入的运动，而不只是跟随因新的波浪冲破先前基本趋势运动形成的限制而产生的"信号"。在实际突破发生之前，并不能确定价格将向哪个方向突破。对于"直线"一般给定的 5% 限度完全是经验之谈，其中存在一些更大幅度的横向运动，这些横向运动由于其界限紧凑明确而被看做真正的直线。

江恩理论

威廉·江恩是 20 世纪最著名的投资家之一，他在股票和期货市场上的骄人成绩至今无人可比，他所创造的把时间与价格完美因地结合起来的理论，至今仍为投资界人士所津津乐道，倍加推崇，这就是股市中经常听到的"江恩理论"。

【概念一点通】

江恩理论认为股票、期货市场里也存在着宇宙中的自然规则，市场的价格运行趋势不是杂乱的，而是可通过数学方法预测的，它的实质就是在看似无序的市场中建立了严格的交易秩序。江恩理论纷繁复杂，包括江恩时间法则、江恩价格法则、江恩线等，可以用来发现何时价格会发生回调和将回调到什么价位。

1909 年 10 月江恩在某杂志人员的监察下，在 10 月份的 25 个市场交易日中共进行 286 次买卖，结果 264 获利，22 次损失，获利率竟达 92.3%，由此可见江恩对于股票操作的时机掌握已臻化境，江恩理论中对于新股民朋友们的股票操作有着最大帮助的莫过于他提出的三大忠告：

1. 缺乏市场知识，是新股民朋友们在市场买卖中出现亏损的最重要原因。

一些新股民朋友并不注重学习市场知识，而是想当然办事或主观认为市场如何如何，不会辨别消息的真伪，结果接受错误引导，遭受巨大的损失。还有一些新股民朋友仅凭一些书本上学来的知识来指导实践，不加分析地盲目套用，造成巨大损失。江恩强调的是市场的知识、实践的经验。而这种市场的知识往往要在市场中摸爬滚打相当长的时间才会真正有所体会。

2. 频繁地操作会极大地增加错误的概率，从而影响自己的心态，导致恶性循环。

在市场中的短线和超短线操作是要求有很高的操作技巧的，但由于持股时间短，收益率低，如果买入时少2%，卖出时少2%，交易成本再扣除1%，收益率就所剩无几了。因此，在新股民朋友们没有熟练掌握这些操作技巧之前，不要让巨大风险常伴随自己左右，过分强调做短线只会深陷泥潭，痛苦挣扎。一般而言，新股民朋友们只要做到"尊重趋势"，在股价已形成的上升通道的下轨买入，上轨卖出，一般都能获得相对稳定的收益。

3. 如果发现短线操作出现错误，就应该立刻卖出。

新股民朋友们出现巨大的亏损，大多由于入市的时候没有设立止损点，结果任其错误无限发展或者抱侥幸的心理等，股价可能就将脱离控制，损失会越来越大。因此，新股民朋友们学会设立止损点以控制风险是炒股的基本功之一。还有一些股民朋友，虽然设了止损点，但在后来的操作中并不坚决执行，遭受巨大的亏损。

基于以上三点，江恩对新股民朋友们如何进行具体的股票操作提出了著名的21条买卖守则：

1. 将你的本金分为10份，每次入市买卖，损失不会超过本金的1/10。
2. 不让所持仓位由盈转亏。
3. 不可过量买卖。
4. 不逆市而为，市场趋势不明显时，宁可在场外观望。
5. 可用止损位保障所得利润。
6. 入市时要坚决，犹豫不决时不要入市。
7. 只买卖市场活跃，成交量大的股票，成交量少时不宜操作。
8. 买卖遭亏损时，切忌盲目加码补仓，谋求拉低成本，可能积小错而成大错。
9. 避免限价出入市，要在市场中买卖。
10. 不要因为不耐烦而入市，也不要因为不耐烦而清仓。
11. 在市场中连战皆胜后，可将部分利润提出，以备急时之需。
12. 不要因为价位过低而盲目买进，也不要因为价位过高而恐慌畏惧。
13. 买股票不是做慈善，切忌只从股票中收取股息，而应该从股票中赚差价。
14. 设下止损位，减少买卖出错时可能造成的损失。
15. 买卖自如，不应只做单边。
16. 赔多赚少的买卖不要做。

17. 如无适当理由,避免胡乱更改所持仓位的买卖策略。
18. 入市时设下的止损位,不宜胡乱取消。
19. 避免在不适当的时候金字塔式加码补仓。
20. 做多错多,入市要等待机会,不宜买卖过密。
21. 永不对冲。(这条守则更适用于外汇、期货市场,对股票市场应用稍少)

新股民朋友们在进行股票操作之前,务必细心研究市场,因为你可能会作出与市场完全相反的错误买卖决定,同时你必须学会如何去处理这些错误。再成功的股票高手也会犯错误,因为股市从来都是千变万化、捉摸不定的,他们成功的关键就是懂得及时、果断地处理错误,使错误不再扩大。

波浪理论

【概念一点通】

不管是股票还是商品价格的波动,都如大自然的潮汐一样,一浪跟着一浪,周而复始,具有相当程度的规律性,展现出周期循环的特点,任何波动均有迹可循,这就是著名的波浪理论。

新股民朋友们可以根据这些规律性的波动预测价格未来的走势,制订相应的买卖策略。

波浪理论是美国技术分析大师艾略特所发明的一种价格趋势分析工具,它是一套完全依靠观察而总结出来的规律性理论,可以用来分析股市的指数、价格的走势。它也是股市分析中用得最多而又最难精通的理论分析工具。

根据中国股市的实际情况。波浪理论的基本原理衍生为如下形态,如图9-1所示:

图9-1

1. 上升态势浪一般由五个浪形组成。(1)为启动浪;(2)为初次调整浪;(3)为发展浪;(4)为再次调整浪;(5)为冲高浪。

2. 下跌态势浪一般由三浪组成。(a)为下跌出货浪;(b)为反弹出货浪;(c)为出货探底浪。

3. 从浪形构图观察，全五浪的上升态势浪和全三浪的下跌态势浪完整构成一个股市潮起潮落的态势图。

4. 八个浪各有不同的表现和特性，这是划分上升五浪和下跌三浪的重要数据。

5. 这上升及下降的八个波浪形成一个由八个波动构成的完整周期，而且这样的周期将不断反复持续，并且这八个波动的完整周期的现象普遍存在于各种时间刻度，而形成各种大小的波浪，每一浪都可包含更小规模的波动，并且每一浪也都为另一个更大刻度的浪所包含。

上升五浪为：

1. 第一浪（启动浪）。

如图9－2所示，第一浪是循环的开始，一般认为是主力发动行情的试探行动，浪形平缓，持续的时间短暂，给人以短线行情的假象。

多头市场的启动浪延伸

图9－2

2. 第二浪（初次调整浪）。

主力通过短线打压，将大部分投资者震仓出局，以便轻装上阵。但由于主力不能丢失大量的廉价筹码，所以打压的时间也比较短暂。第二浪一般不会跌穿第一浪的浪底，通常在第一浪的38.2%～61.8%区域处止跌。

3. 第三浪（发展浪）。

如图9－3所示，主力在锁定筹码的基础上，利用某些利多因素发动行情，以达到充分吸引踏空资金入市和调动人气的目的。所以第三浪持续的时间和幅度往往是最长的，并且在其突破第一浪的浪顶时，是最强烈的买进讯号。

多头市场的发展浪延伸

图9－3

4. 第四浪（再次调整浪）。

如图 9－4 所示，经过第三浪长时间的运行，主力开始抛出部分筹码，所以股市开始下跌，但其底点不会低于第一浪的顶点，下跌的幅度为第三浪的 38.2%～61.8%。这体现出第四浪的调整性。第四浪持续的时间比第二浪长，从而进一步引诱被震仓出局和观望的资金入市。

空头市场的再次调整浪延伸

图 9－4

5. 第五浪（冲高浪）。

主力使出全部力量做最后的冲刺，将利空政策视为儿戏。如图 9－5 所示，股指在第五浪中连续创新高，其浪顶突破第三浪顶，浪形斜率明显增大，同时主力开始大量抛出筹码，不愿在股市上久留，所以第五浪上攻的猛烈程度大大超过第三浪，但持续时间比第三浪短，股市风险明显增大。

**空头市场的冲高浪延伸
中间夹杂下跌三浪**

图 9－5

如图 9－6、图 9－7、图 9－8、图 9－9 所示，下跌三浪为：

下跌三浪的基本形态   **下跌三浪的锯齿形态**

图 9－6   图 9－7

下跌三浪的平台形态

图 9-8

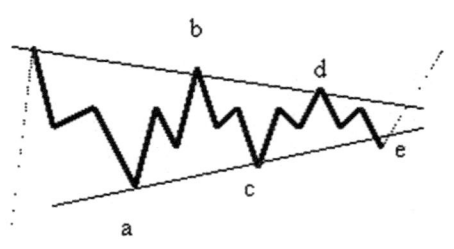

下跌三浪的三角形态

图 9-9

1. a 浪（下跌出货浪）。

这是主力出货表演阶段。由于主力既定目标达到，所以开始大量抛出筹码，不给散户任何逃顶机会，因此股市猛烈下跌。但由于多空双方的较量相当激烈，所以下跌的时间短暂。

2. b 浪（反弹出货浪）。

这是主力利用反弹再次出货的阶段。造成反弹的原因：首先由于股市下跌猛烈必然反弹；其次主力为出货要借反弹之力拉升；再次是抱有侥幸心理的资金和股民错误地认为股市下跌结束，从而盲目建仓使自己成为反弹的动力；最后是一部分股民入市炒作带来了反弹资金。因为是反弹浪，所以 b 浪持续的时间不会很长。一般认为，b 浪的反弹高度是 a 浪的 38.2％、50％或 61.8％。

3. c 浪（出货探底浪）。

这是主力完全出货的阶段。主力在 b 浪反弹中出货不完全，则利用此阶段继续出货。由于主力出货的行为坚决持续，股民也不再进场，割肉止损的资金源源不断，任何利好的政策都无济于事，因此这一段下跌浪跌势较为强劲，跌幅大，持续的时间较长久。

波浪理论看似复杂，其实由以下三个基本特点构成：

1. 股价指数的上升和下跌将会交替进行。

2. 在八个波浪（五上三落）完毕之后，一个循环即告完成，走势将进入下一个八波浪循环。波浪可合并为高一级的大浪，亦可以再分割为低一级的小浪。

3. 时间的长短不会改变波浪的形态，因为市场仍会依照其基本型态发展。波浪可以拉长，也可以缩短，但其基本型态永恒不变。

总之，波浪理论可以用一句话来概括：即"八浪循环"。波浪理论主要反映群众心理。市场中参与的人越多，其准确性越高。

但是，波浪理论仅是一种股票分析的理论，并非绝对的真理，就连波浪理论家自己对现象的看法也不统一。每一个波浪理论家，包括艾略特本人，很多时候都会受一个问题的困扰，就是一个浪是否已经完成而开始了另外一个浪呢？有时甲看是第一浪，乙看是第二浪。差之毫厘，失之千里。看错的后果可能十分严重，一套不能确定的理论用在风险奇高的股票市场，运作错误足以使人损失惨重。所以新股民朋友们在运用波浪理论指导股票操作时，务必对市场进行仔细分析，将各方面因素综合考虑，才能得到客观可行的结果。

亚当理论

【概念一点通】

亚当理论的精义是没有任何分析工具可以绝对准确地推测市势的走向。每一套分析工具都有其缺陷。市势根本不可以推测。如果市势可以预测的话，凭借RSI、PAR、MOM等辅助指标，理论上就可以达到。但是不少人运用这些指标却得不到预期后果，仍然输得很惨，原因就是依赖一些并非完美的工具推测去向不定、难以捉摸的市势，将会是徒劳无功的。所以亚当理论的精神就是教导投资者要放弃所有主观的分析工具。在市场生存就是适应市势，顺势而行就是亚当理论的精义。

市场是升市，抓逆水做沽空，或者市场是跌市，持相反理论去入市，将会一败涂地。原因是升市升完可以再升。跌市时，跌完可以再跌。事先无人可以预计升跌会何时完结。只要顺势而行，才能将损失风险降到最低限度。

为了做到顺势而为，亚当理论提出了在实际操作中应避免的十大戒条：

1. 切勿看错市而不肯认输，越错越深。
2. 止损价位一到即要执行，不可以随便更改，调低止损位。
3. 入市买卖时，应在落盘时立即定下止损价位。
4. 入市看错，只可止损，不可一路加注平均价位，否则可能越损越多。
5. 入市看错，不宜一错再错，手风不顺者要离开，再冷静分析检讨。
6. 一定要认识市场运作，认识市势，否则绝对不买卖。
7. 切勿妄自推测升到哪个价位或跌到哪个价位才升到尽头，跌到尽头，浪顶浪底最难测，不如顺势而行。
8. 市升买升，市跌买跌，顺势而行。
9. 如果看错市，一旦损失到10％就一定要立刻抛出，重新来过，不要损失超过10％，否则再追翻就很困难。
10. 每一种分析工具都并非完善，一样会有出错可能。

相反理论

【概念一点通】

相反理论的基本要点是作投资买卖的决定全部基于群众的行为。它指出不论股市及期货市场，当所有人都看好时，就是牛市开始到顶。当人人看淡时，熊市已经见底。只要你和群众意见相反的话，致富机会永远存在。

它的主要理论精神是：

1. 相反理论并非只是大部分人看好，我们就要看淡，或大众看淡时我们便要看好。相反理论会考虑这些看好看淡比例的趋势，这是一个动态概念。

2. 相反理论并不是说大众一定是错的。群众通常都在主要趋势上看得对。大部分人看好，市势会因这些看好情绪变成实质购买力而上升。这个现象有可能维持很久，直至所有人看好情绪趋于一致时，市势将会发生质的变化。

3. 相反理论从实际市场研究中，发现赚大钱的人只占5%，95%都是输家。要做赢家只可以和群众路线相背，切不可同流。

4. 在牛市最疯狂，但行将死亡之前，大众媒介如报纸、电视、杂志等都反映了普通大众的意见，尽量宣传市场的看好情绪。人人热情高涨时，就是市场暴跌的先兆。相反，大众媒介懒得去报导市场消息，市场已经没有人去理会，报刊新闻，全部都是市场坏消息时，就是市场黎明的前一刻，最沉寂最黑暗时候，曙光就在前面。大众媒介永远都采取群众路线，所以和相反理论原则刚刚违背。这反而成为相反理论借鉴的资料。大众媒介全面看好，就要看淡，大众媒介看淡反而是入市时机。

5. 相反理论的论据就是在市场行情将转势，由牛市转入熊市前一刻，每一个人都看好，都会觉得价位会再上升，无止境地升。大家都有这个共识时候，就会尽量买入，升势消耗了买家的购买力，直到想买入的人都已经买入了，而后来资金，却无以为继。牛市就会在所有人看好声中完结。相反，在熊市转入牛市时，就是市场一片淡风，所有看淡的人士都想沽货，直到他们全部都沽了货，市场已经再无看淡的人采取行动，市场就会在所有人都沽清货时见到了谷底。

运用相反理论时，真正的数据通常有两个，一是好友指数（Bullish Consensus）；另一个叫做市场情绪指标（Market Sentiment Index）。两个指标都是一些大经纪行、专业投资机构的部门收集的资料。资料来源为各大纪经纪、基金、专业投资通讯录，甚至报刊、杂志的评论，计算出看好和看淡情绪的比例。

在任何市场，相反理论都可以大派用场，因为每一个市场的人心、性格、思想、行为都是一样的。大部分人都是追随者，见好就追入，见淡就退出。只有少部分人才是领袖人物。领袖人物之所以成为领导人，皆因他们见解、眼光、判断能力和智慧超越常人，亦只有这些异于常人的眼光和决策才可以在群众角力的投资市场脱颖而出。

实际运用相反理论时，一般的难题都出于搜集资料方面。好友指数并非随时可以得知，在报纸上亦并非随时找得到。投资者可以自行将报纸杂志投资专家发表的言论去归纳分析好淡观感的比例，以作买卖决策。但资料是否全面，是一大疑问。另外，相反理论有个很好的启示，那就是当大众媒介都争着报导好消息时，大市见顶已为时不远。这个说法，屡经印证，屡试不破。新股民可以加倍留意。另外值得注意的是，即使收集到一个可靠的好友指数也不要等待百分之百的人看好时才决定离市，或者所有人看淡时才入市。因为当你的数据确认有这些现象出现时，时间上已经出现了差距，其他人早比你洞悉先机可能已经比你快一步采取行动，你有可能错失在最高价沽出或出最低价买入货的机会。快人一步，早过好友指数采取适当行动的股民将会更加稳操胜券。

箱体理论

箱体理论是目前投资者使用的最多的股票分析理论之一，其产生于纽约华尔街，是由达韦斯·尼古拉在美国证券市场投资的过程中所创造的一种理论。

【概念一点通】

所谓箱体，就是指股票在其运行过程中，形成了一定的价格区域，即股价是在一定的范围内波动，这样就形成一个股价运行的箱体。

当股价滑落到箱体的底部时会受到买盘的支撑，当股价上升到箱体的顶部时会受到卖盘的压力。一旦股价有效突破原箱体的顶部或底部，股价就会进入一个新的箱体里运行，原箱体的顶部或底部将成为重要的支撑位或压力位。因此，只要股价上扬并冲到了另外一个箱体内，就应买进；反之则应卖出。

箱体理论的优势在于其不仅仅是以一天或几天的K线数据为研究对象，而是以整个的所有K线数据作为研究对象，因而决策的信息量更大。其精髓在于，股价收盘时有效突破箱顶，就意味着原先的强阻力变成了强支撑，而股价必然向上进入上升周期，对于新股民朋友们而言，持仓待涨应该是个不错的选择，尤其当股价升势明显时。同理，当上升中的股价出现箱顶标志后开始下跌，以后很可能会下跌或整理较长的一段时间，如果新股民朋友们将过多的时间或精力耗在其中是件很不明智的事情。简而言之，箱体理论就是股价突破上箱底进入上箱寻顶，跌破下箱顶进入下箱寻底。

箱体理论将股价行情连续起伏用方框一段一段的分开来，也就是说将上升行情或下跌行情分成若干小行情，再研究这些小行情的高点和低点。上升行情里，每当股价突破近期高点后，由于散户对股价的后市涨幅心中没底，急于将前期利润套现，于是市场上便会出现巨大的获利套现盘，对股价涨势产生巨大压力，导致股价止升回跌，调整后再上升，在新高价与回跌低点之间就形成一个箱体；在下跌行情里，每当股价跌破近期低点时，基于散户普遍存在的低吸高抛心态，市场上会出现巨大的抢反弹能量，极可能导致股价止跌回升，调整后再继续下跌。在回升之高点与新低价间也可以看作一个箱体，然后再依照箱内股价波动情形来推测股价变动趋势。

从基本特征出发，新股民朋友们可以清楚看出，箱体理论其实是阻力位和支撑位概念的一种延伸，股价涨至某一水平，会遭遇阻力位的反击；而跌至某一水平，则会得到支撑位的大力支持，自然而然使个股在某价格区间中上下起伏。这种浮动会产生不少箱形，如果新股民朋友们能够确定股票的趋向是一个箱体走势，那么就很容易进行短线操作：每当股价到达高点附近，卖压较重，自然应该抛出手中筹码套现；当股价回到低点附近，支撑力强，就是绝好的短线买入机会。这种短线操作方式可以一直维持到股价突破箱体时，再改变具体的操作策略。如果股价趋势冲破箱顶，表示阻力已克服，股价将继续上升，一旦回跌，过去阻力水准自然形成支撑，使股价回升，另一上升箱体又告成立。因此，股价突破阻力线回跌时，自然形成一个买点，此时买进，获利机会较大，风险较低。相反，股价突破箱底时，表示过去的支撑位已经失效，股价会继续下跌，一旦回升，过去的支撑位自然转化为阻力位，使股价回跌，另一下跌箱体成立。因此，股价跌破支撑点回升时就是短线卖点，否则亏损机会大，风险同样增加。

其实无论是短线还是长线，都有各自的箱体，不过对于短线操作而言，箱体理论的意义更为重要。新股民朋友们在具体的短线操作中，可以根据股票的近期表现，找出股票目前所处箱体的阻力位和支撑位，然后就可以在箱体内不断来回进出，从中赚取差价。当然，新股民朋友们在低吸高抛的同时，还应随时留意箱体的变化，并比对上、下两个箱体的位置，这是因为支撑位和阻力位之间会互相转换：当股票往上突破时，当初的阻力位就变为现在的支撑位；当股票下跌时，当初箱体的底部支撑位就会变成目前股票的上涨压力位。当发现箱体形态已经有了变化后，新股民朋友们必须在新的箱体被确认后，再于新的箱体之内进行短线操作。

【实例链接】

海南椰岛（600238）

如图9—10所示，该股于2008年7月开始单边下跌，到11月7日开始止跌转升。自 2008 年 11 月 7 日至 2009 年 2 月 2 日，股价在箱体 A 内反复震荡，此时新股民朋友们可以持币观望，等待股价突破箱体 A 时进场。2009 年 2 月 3 日，该股突破箱体 A，原来的箱顶变为此时的箱底，原来的阻力位转化为此时的支撑位，此时是新股民朋友们的短线买入点，此后股价进入箱体 B 内，新股民朋友们可以在箱体 B 内不断来回进出，赚取差价。每当股价到达高点附近时，卖压较重，新股民朋友们应该抛出手中筹码套现；当股价回到低点附近，支撑力强，又是绝好的短线买入机会，这种短线操作方式可以一直维持到股价突破箱体 B 时。2009 年 5 月 6 日，该股再次发力上行，突破箱体 B 进入箱体 C，此时便是新股民朋友们在箱体 C 内进行短线操作的买入点。

图 9—10

箱体理论是股票操作的法宝，其操作原则便是不买便宜的股票，只买会涨的股票。在买进股票之后，只要股价不跌回至股票前一箱顶之下，就没有卖出的必要。也许有的股民会问，为何不趁股价高涨时脱手卖出？这里用电影打个比方，试想一部极为卖座、好评如潮的电影，电影制作者会在市场反响很好的时候选择提早下片吗？股票也是一样，一只正在上涨的股票，不断突破前期箱体，没有人会知道涨到哪才是这只股票的终点，如果卖得太早，会错失大部分的该股上升段，这就是我们经常说的"踏空"。当股价即将由上一个股票箱下降到下一个股票箱时，上一个股票箱的底部就是止损点，当股价破底时马上止损，否则会给你带来难以承受的损失。

迪威周期理论

爱德华·迪威经过对股市的深入研究,他提出了周期理论。其基本内容是:

1. 不相关却相似。

影响股市的因素很多,表面上看这些因素似乎彼此不相关但它们都有相似的周期。

2. 同时同步。

在大体相同的时间内,这些相似的周期有同步的变化。

3. 周期分类。

可分为长周期(两年以上)、中周期(一年)、短周期(几周)。

4. 周期叠加。

两个不同周期产生的波幅(A波幅、B波幅)可以叠加构成另一个复合波幅C,从而更好地判断股价的走势。

5. 周期比例。

相邻的两个周期存在比例关系,一般认为是2。如果有一个一年的周期,则下一个短期周期应为半年,而下一个长期周期应为两年。

6. 几乎同步。

虽然不同周期的波幅不同,但是A波幅、B波幅几乎同时到达底部或顶部。

7. 周期波幅比例。

如果周期长度较长,则波幅宽度较宽,如果周期长度较短,则波幅宽度较窄。2倍是两个周期波幅的参考数,如100天的周期波幅大约是50天周期波幅的2倍。

8. 左右转移。

理论上计算,100天周期的波幅最高值应该发生在中间50天处。如果波幅最高值左移,即不到50天股价提前到达波幅最高值,则行情提前终结,如果波幅最高值右移,即超过50天股价未到达波幅最高值,则行情可能暂时延续。

迪威周期理论总结了国外股市运行的一些规律,就中国股市看,有些理论也适合于中国股市,主要在以下三个方面可以参考:

1. 左右转移。

中国股市按一年运行计算,周期的波幅最高值应该发生在中间6月左右处。实践证明,如果波幅最高值5月前发生,下半年则难创新高。如果波幅最高值5月前没有发生,则6月以后发生的可能性很大。

2. 同时同步。

中国股市在每年大体相同的时间，周期有同步的相似变化，而且周期分类也基本符合迪威周期，可分为长周期（两年以上）、中周期（一年）、短周期（几周）。

3. 不相关却相似。

影响中国股市的因素有很多，有经济层面、政治层面、社会层面。表面上看这些因素似乎彼此不相关，但股市在相似的周期上运行都有它们的因素，特别是政治层面中的政策因素对股市影响很大。

第十章

实战中应保持怎样的炒股心态：炒股就是炒心态

新股民入门导读：

"炒股就是炒心态"，是股市中的一句口头禅，它说的是心态在炒股中的重要性，也说明了心态的好坏将直接影响炒股的成败。所以，保持良好的心态，对股票的涨跌不急不躁，是在股海中做到"不输"的窍门。

对于广大股民来说，要想成为股市高手，首要的不是你有多强的专业知识，当然这并不是说专业知识不重要，而是相对于心态来说居于次位，你首要的是要让自己成为心态高手，只有这样，你才能经得起股市的考验，才能耐得住股市的风雨，从而在股市中变得游刃有余。

第一节 以阳光的心态炒股

炒股就是炒心态

炒股的人都幻想着能够做股市中永远的赢家，事实上，就像"久赌必输"一样，炒股的人没有一个能成为永远的赢家。虽然做不到永远赢，但至少也有一些方法能够减少炒股所带来的损失，这个方法其实很简单，就是拥有好心态。

股市中说"炒股就是炒心态"，它既是在说心态对炒股来说的重要意义，也是在表述心态的好坏将直接影响炒股的成败。

由此，我们可以说，保持良好的心态，对股票的涨跌不急不躁，是在股海中减少失败的窍门。

话虽如此，可真正能够做到的股民是少之又少的。大部分人的普遍做法就是：手头的股票跌了，赶紧抛了，宁愿割肉也得抛了，生怕自己损失得更多了；一旦股票上涨了，就一心期盼着还向上涨，涨了还想涨，赚了还想赚，也不知道究竟涨到什么程度才是个头，总之就是越高越好。

这种不理智的心态是非常不可取的。用这种心态炒股，虽有蝇头小利进入口袋，但长此以往，必输无疑。

究其根本，心态和技术是相互促进的。心态好，可以使人的头脑保持冷静，能够较客观地分析和判断，能把自己真正的技术水平发挥出来。心态不好，则容易作出错误的决定，买入冲动、卖出轻率，哪怕前一天作好了的决定，一旦看到曲线就会变主意。这时，一旦失败，就会带来挫折、悲观、失望等情绪，甚至从此一蹶不振，这也是常有的事。

比如，今天你碰到了一只好股票，难免会洋洋自得，这样的心理就是极其不可取的。再比如，同样是被套，心理素质不一样的人反应差别是很大的，有的很冷静，有的心里乱糟糟，不能按正常思维判断了。

总之，炒股炒的就是一个心态。无论技术多好的人、无论运气多好的人，在股票市场中，判断失误，遭遇挫折都是常有的事，你想苛求在股市中一帆风顺，那最好的办法就是不进股市。可以说，股市对身在其中的人来说，时刻都是一个挑战，股市需要智商，更需要情商。

翻开股市的历史，你就会发现，成功的股市高手，其心理素质都是非常好的，因为高超的技术都是通过不断细致的观察、科学的总结得来的。没有好的心理素质，根本就学不到高超技术。有谁见过哪个人心理素质不好却技术高超、长久成功的股民？

对于广大股民来说，要想成为股市高手，首先要成为心理高手，只有这样，你才能经得起股市的考验，耐得住股市的风雨，从而在股市中游刃有余。

学炒股的前提是学做人

初看，炒股与做人是风马牛不相及之事，其实不然。炒股是人性真正本质的大暴露。人之初，究竟是性本善，还是性本恶，且不去争论。但就人本身而言，存在各种各样的优点和缺点。人的优点暂且不说，在股市中，人的缺点才是最容易被暴露的。

首先来说，人都是有贪欲的，尤其是在股市中，贪欲就更明显。毕竟，很多人都觉得从股市中发家简直就是轻而易举的事，比如，通过投资，巴菲特的身价从

1964年的400万美元上升到2010年的470亿美元。这个天文数字引发了很多想发家致富的人投身股市，于是，为了满足自己的贪欲，很多人甚至会采用非法敛财的手段来达到自己的目的。或许大部分的股民还没有贪到如此地步，但在股市中，一种典型的贪欲是这样的，自己的账户资金升值已达20%、50%、……300%以上，但还是不死心，更不会平仓，一心想着，再多点，再多点。

股民投身股市为的就是挣钱，这本也无可厚非，但如果抱着这种不可抑制的贪欲挣钱，非但不能挣到钱，被套牢的可能倒是很大。

所以，股民一定要记住，在股市中，见好就收这句话永远也不会过时，这也就是平常人们常说的知足才能常乐。

从另一方面来看，就是人的惰性。惰性的具体表现就是人们常常探听一些小道消息而忽略对股市的认真分析。而小道消息之所以能在股市中大行其道，也正是迎合了股民的这种惰性的心理。

试想，那些能够在股市中纵横很长时间的人，哪一个没有付出比常人多百倍的精力去学习，去研究。当我们看到一个体育运动员站在领奖台高举奖杯的辉煌时刻，外人是无法体会他（她）为此付出的人生血泪成本代价。

所谓"一分耕耘，一分收获"，"种瓜得瓜，种豆得豆"，你如果想在股市中长久盈利，就一定要认真学习，钻研股市的各种政策、技术、技巧等，这样，你获利的机会才会更大。

另外，在人们特有的缺点中还有赌博的习性。主要表现在：人们很喜欢赌一把，撞大运、摸大彩，尽管中奖的概率极低，但许多人还是乐此不疲。

炒股本身存在风险，从某种意义上讲就是具有一定的投机赌博成分，比如亏损股，它的风险最大，但是一旦扭亏为盈，它的股价也会一步登天。因此炒亏损股就带有很大的投机赌博性质。这也是为什么亏损股的股价有时比业绩好的股价炒得还高的原因之一。但我们绝不能靠投机赌博去买卖股票。最关键的还是要多学习，多实践，及时总结经验教训，"与市俱进"，再加上你可能遇到的一点点运气，最后才能大功告成。

最后一点，人还有一定的依赖性。主要表现在：做事缺少主见，希望依赖他人指点迷津，坐享其成。一些股民在炒股中经常如此。买卖股票主要靠打听消息、靠股评，自己的分析主张很少。及时与他人沟通交流信息、听股评是需要的，但是买卖股票是挣钱的行为，过分依赖别人不现实，现在无偿为你服务的也不多，股评说错的比说对的多，各种小道消息五花八门。因此，炒股还是要克服依赖性，以己为主。

可以说，股市就是一个放大镜，放大了人性中的弱点，如果你任这些弱点在股市的放大镜下生存、发展，那么，失败的就不仅是在股市中，很有可能会毁掉自己的一生。

这也就是为什么我们说要学炒股，先学做人。学做人，就是要学会正视自己的人性的弱点，然后逐一克服，不断提高自己的修养。一旦这些弱点不会影响到你的理智与判断，那么，成为炒股赢家也只是时间问题而已。

三分靠本事，七分靠感觉

在股市中，技术分析一直被很多股民奉为经典，于是，很多人一直兢兢业业地学习着技术分析，以期能够为自己盈利，但事实上，这些"半路出家"的股民朋友们，很少有人真正能够凭技术分析获利。

对于技术分析，重点在略懂两字，比如说，会看 30 分钟 K 线图，会画趋势线，会用极短期平均线，如是而已。其他的，就要凭感觉行事了。

感觉就像身经百战的军人和武林中的高手一样，在战场上，在江湖中，他们对潜在的危机就能敏锐地感觉到。美国《管理学会期刊》的一项研究发现，实际上，"感情用事"的炒股人士往往能做出更好的决定。

他们发现，一个人在做决定时的情感活动越强烈，他的投资回报率就会越高。该研究对 101 位股票投资者进行了为期四周的模拟交易监控。

他们在研究报告中指出，"与'头脑越冷静越好'的普遍看法恰好相反，那些头脑容易发热的人——也就是在决策过程中情感活动较为强烈的人——能取得更大的回报。"

研究表明，"情感会让人丧失理智"这个传统的至理名言更多的是与个人对情感的理解能力有关，而不在于情感有多强烈。换句话说，那些跟着感觉走的投资者"管理"自己情感的能力更强。

正如心理学家指出的那样，对任何一位陌生人的第一印象，将会在今后当事者与之相处的过程中发挥巨大的影响。印象深与浅、好与坏将决定我们到底在今后与之深交，还是浅交，甚至是断交。

其实，经验丰富的炒股者，对股市的第一感觉，也往往有着类似第一印象的功效，只不过有时无视直觉，而太过迷信技术面、基本面的分析判断，以至于错失了尽早决断，适时买卖的良机。

那么，如何培养属于自己的操作感觉呢？

1. 注重实战的锻炼。

学到的东西再多再好，理论知识学得再全面，就如教练在岸上教得再好，始终都得跳到水里面去游两下才能有实际的收获，不游的话你永远都不会，这点是毫无疑问的。

所以说，就算是模拟也好，一定要经常进行实践锻炼，这样才能慢慢找到适合自己的操作方法，培养属于自己的操作感觉！

2. 保持旺盛的精力。

保持旺盛的精力，并不是要你时时刻刻都处在精神奋亢的状态，而是要你养成良好的生活习惯，尽量保持自己经常处于健康的精神状态之中，一旦发现自己的情绪处于不佳状态的时候，就不要操作。此外，这个精力的意思还表示我们得有一种把我们的知识、我们的资金、我们的胆量应用到一起的精力。精力很重要，没有精力，什么事情都做不了。

3. 坚持自己的操作思路。

跟风是股市中常有的事，有很多人在时刻关注着别人的一举一动，看到别人进哪他也进哪，没有认真思考，更没有自己的看法。这种跟风是依赖他人的心理在作祟，对自己的投资并不能起到什么好的作用，相反，它使你完全丧失了自己的思想，成了别人的替罪羔羊。属于别人的东西，我们可以借鉴，但何谓有用何谓没用还是得靠自己去判断，最后，终须有一个属于自己的操作思路，才能望见成功的项背。

炒股成功的心理障碍：恐惧和贪婪

国外有位经济学家曾经做过一个有趣的测试，他给出了两个赚钱的方案：

方案A：100%赚3000元；

方案B：80%可能赚4000元，20%可能不赚钱。

之后，这位经济学家又给出两个亏损的方案：

方案C：100%损失3000元；

方案D：80%可能损失4000元，20%可能损失为0。

他让投资者从这些选择中，选出自己最喜欢的那一个。

从选择的结果来看，90%以上的投资者都选择了方案A，原因是，自己能得到稳定的3000元的收益，怎么可能会为了多赚1000元而去承担什么也得不到的风险呢？虽然这个风险很小，但始终也是有风险的。

关于亏损的那两个方案，90%以上的投资者都选择了方案D。他们的想法是，反正都有损失，与其100%损失3000元，不如用再损失1000元的风险来换取完全没有损失的可能。

通过这个测试，经济学家得出一个结论：一般而言，投资者在做决策时往往会受到某些心理的影响，做出并不理智的决定，这些心理就是恐惧与贪婪。

在第一个测试中，投资者表现出了对风险的恐惧，尽管20%的概率比较小，但是投资者却非常保守。而第二个测试，投资者却对同样的20%的不亏损概率表现出了贪婪。这样选择造成的可能后果是，投资者因对风险的过度恐惧丧失了更多的利润，因对利润的过度贪婪造成了更大的损失。

在实际炒股中，恐惧和贪婪是人们常有的两种心理状态，比如说，盈利的时候，心情就兴奋、紧张，会迫不及待地卖出股票，把握住手中已经得到的利润；而一旦被套牢的时候，就会常常安慰自己，总会涨回来的。结果，我们经常听到这样的抱怨，"早知道跌成这样，早点卖掉还能少损失一点"或者"这么好的股票我买过，但是没拿住"。

炒股最重要的一个特征就是风险与收益的相辅相成，对风险的恐惧和对收益的贪婪是人之常情，但当这种恐惧和贪婪心理出现在不恰当的时间就会影响投资者做出正确的决策。

巴菲特曾说过，贪婪和恐惧是投资界中传染性极强的灾难，我们的目标是在别人贪婪的时候恐惧，在别人恐惧的时候贪婪。

由此可见，一个成功的投资者丰富的投资知识是必须有的，良好的心态和清醒的头脑也是必不可少的，但更为重要的还是要克服某些不良心理因素，进而做出更理性、更准确的决策。

炒股，不以涨喜，不以跌悲

屈指算来，黄女士在股市中沉沉浮浮也有十几年了。虽历经股海起伏，却未遭大浪淘沙，依然信步其中。究其原因，是因为她不善于搏杀，特别是她炒股用的方法，"与众不同"得令人咋舌。

按理说，学习炒股就应该懂得股票的各种技术分析指标，开始的时候，黄女士也认真地钻研了这些指标，但没过多久，就被弃若敝屣。在她看来，十几种的指标，直把人搞得晕头转向，等到真正懂了，也未必能够用来实践。而且，这些指标有时候常常出现相背离的现象，比如说，这个指标发出的是买入信号，但那个指标却发出卖出信号，究竟如何判断，有点让人无所适从。后来，黄女士就干脆将各种指标弃之不理，只选定一种指标，唯此为大。

她选定的技术指标是MACD，这个简单得不能再简单的指标，让她一用就是十几年。

她总是根据大盘和个股的MACD，同时在绿柱放到最长、次日开始缩短的时候，选定股票悄悄介入，买进后，她不盯盘，不管大盘或是个股的上蹿下跳，乐呵呵地忙她的事去了。更重要的是，她从不苛求买的价位最低，也不苛求卖的价位最高，总是用平和的心态去做。

在这期间，如果你对她说：大盘能到涨10000点，她只一笑了之；你说大盘会跌到800点，她也置之不理，始终恪守着自己的操作原则，根据MACD的波动，认真做好每一个波段。

每当成功操作完一个波段之后，她就会把这个波段获利的资金从股市里转出来。就是用这简单而又笨拙的投资方式，不论是牛市还是熊市，每年都会有五六次介入的机会，而每次机会都会给她带来相当可观的收益。

在股市中，以焦躁的赌博之心去投资，忙于追涨杀跌，往往心力交瘁；以狂热和贪婪之心去操作，往往欲速则不达，并且常常换来痛苦的煎熬。打开自己的账户看看，大凡高位被套的股票，无不缘于狂热的追涨过程中的火中取栗；而出现巨额亏损的原因，又大都在于频繁进出的过程中。投资股市，最简单的或许就是最好的。

选一个得心应手的指标，随大势而为，做好每一个大波段，不以涨喜，更不以跌悲，始终保持一颗平常心去炒股、去做事，你会发现，这样的盈利才是最真实的。

炒股也要有耐心

有一种人，无论他们是身处牛市还是熊市，他们账户里的数字都会越来越大，这种人就是那些能在股市中"耐得住寂寞"的人。说到"耐得住寂寞"，就不得不提到大家都熟知的股神巴菲特。

巴菲特曾经说过：在投资市场上，耐心是投资者必备的素质。只要你觉得对某只股票满意你就去买，即使是证券交易所10年后关门也无所谓。买股票就是想永久地拥有它，而不是因为你看出它有上涨的势头。在一般情况下你不可能预测一只股票的正确价格，但在少数情况下，你能够预测到股价的变动方向，从一般意义上说，也只是猜测而已。如果你对某个企业的看法是正确的，而且在一个合适的价位买了它的股票，最后你会看到自己对它的投资是卓有成效的。

巴菲特认为，要想在股市赚钱，就必须先学会有耐心。他一直将自己的投资原理称为老式的、简单的、为数不多的，但也就是这简单的、老式的投资方法让巴菲特获得了"股神"的桂冠。

在股市中，大多数股民朋友们对于市场都是十分敏感的，市场中一有风吹草动或者有关上市公司的小道消息传出，都会让他们自乱阵脚。这种过分的敏感，就可能让股民朋友们只见树木，不见森林，看见小处忘了顾及整体，这就造成了股市里疯狂短线进出的现象。

许多股民朋友整天在股市中忙活，一年下来，常常是获利很少，究其原因，很大一部分都是因为没有耐性，该捂的股票过早地抛出，追涨的股票却因受不了庄家的恶意打压洗盘而被迫出手。

所以，投资者应当避免急躁的"炒"字，把"耐"字时刻放在心上。

巴菲特投资股票几十年来的平均收益率高达28.4％，就是这28.4％的收益率成就了一代"股神"。总结他投资成功的理念，不外乎是买进符合他的投资标准的股票，然后耐心等待，就是这么简单。正如巴菲特自己所说："一种近乎于懒惰的沉稳一直是我投资风格的基石，如果投资者可以做到始终保持自己的耐心，那么巨大的收益一定会将你的钱包填满。"

投资是最简单的赚钱方式，但同时也是最难的方式，他需要的是你耐心的持有手中的投资组合，不为短线利润所诱惑。

那么，有股民朋友问了，持有多长时间的股票才算是最好的呢？对于这个问题的答案是：没有绝对的时间限制。有人说至少要持有5年，这其实是一个很愚蠢的说法。持股时间长抱的目的绝非刻意让股票周转率接近于零，若是过于坚持完全不卖以致错过脱手的最佳机会也是不对的。所以，若以周转率来衡量，一般应控制在10％～12％。10％的周转率表明持股将可能持续约10年以上；而周转率20％，则表示持股达5年左右。

有些人天生能克服由股票价格短期波动所造成的心理障碍，当然，这种特质也可以靠后天学习培养出来。首先就是要调整惯有的投资操作观念和方法。如观念和操作方式一时无法立即调整过来，可以试着在股市行情发生波动时，让自己处变不惊，也不要随意抢着入场投资。只有充分了解投资心理，才越能掌控投资行为，从而在股票市场中赢取利润。

股市不是摇钱树

2007年，身在股市中的人都发出了这样的感叹："见过破记录的，未见过这么破记录的。"一天的成交量达到2200多亿元，创下历史新高，比次高升了近10％；上证综合指数连续攀高，手可摘星辰；温州投资者热情高涨，据说每天的开户数都是好几百人，现在，每增加一个股民，股民的数量记录就被改写一次，一天之内记录被破几百次……

这场面，真可谓是："股票如此多金，引无数股民竞倾囊。"股票能赚钱自然不假，大家都想轻松赚钱，于是都去投资股票，这也是很正常的事情，既符合人的心理特点，也符合经济规律。但问题是，股市已经被人们推向了神坛，或者说，股市所创造的创富神话的风头早已盖过了它潜在的风险。总之，股市已经被很多人认为是阿Q的革命理想：想要什么就有什么。

事实上，股市只是一种投资方式。再简单点，就是股民拿手里的钱，投资股市，然后分享这个企业或者整个行业乃至整个国家的经济增长。那么，这时候，你就得考虑了，如果国家的GDP增长只有10%左右，凭什么股票能给你带来100%甚至更高的收益？当某个企业事实上还处于亏损的状态时，凭什么它的股票能为你带来翻番的收益？

当然，如果要说没有可能也太绝对化了，也是有可能的，比如说，国家的股市一直处于被严重低估的状态，所以造成以后经济的飞涨，打个简单的比喻，这就像古时忍辱负重的秀才，刻苦努力，现在终于中了状元，有了出人头地的机会；还有一种可能就是股市被严重高估，过分地炒作导致了泡沫，也打一个简单的比喻，这时候的股市就像一个被宠坏了的孩子，嚣张跋扈目空一切。

不管属于前者还是后者，总之，都是不理性的状态。处于理性状态中的股市是不大可能出现这类状况的。被神化的股市，总会有走下神坛的时候。

天下股市，跌久必升，升久必跌，这是被无数次的实践所证明的真理。如果你想把股市当作只赚不赔的摇钱树，那么最终你会发现，这棵金灿灿的树，有一天会成为缠满枯藤、栖着昏鸦的老树，让你体味断肠人在天涯的辛酸。

不是每个人都适合炒股

心理学家认为，人的性格、能力、兴趣、爱好等心理特征是各不相同的，这也就是说，并不是所有人都能进入"高深莫测"的股市中。据研究，以下几种性格的人不宜炒股。

1. 环型性格。

这种性格最大的特征就是情绪极不稳定，自控能力差，大起大落，极易受环境的影响。在股市中，这种人一旦盈利就会兴高采烈，忘乎所以，不知风险将至，一旦输钱就灰心丧气，怨天尤人，一蹶不振。

2. 偏执性格。

这种性格最大的特征是个性偏激，自我评价过高，刚愎自用，只相信自己的判断，听不进任何忠告，甚至将来自股市中的风险警告也当耳边风。这种性格的人，一旦他们遇到挫折或经历失败，则会迁怒别人，不懂得自省。

3. 懦弱性格。

这种性格在股市中最大的特征就是随大流、人云亦云、没主见、缺乏自信、遇事优柔寡断，别人怎么做自己就怎么做，总是按照别人的路线前进。这种性格的人，迎来的最终结果只能是与好股票擦肩而过。

4. 追求完美性格。

这种性格的特征就是目标过高，做什么事都追求十全十美，稍有不足，即耿耿于怀，自怨自责。其在股市中的表现就是随意性、投机性、赌注性等方面多头全面出击，由于这种性格的困扰，其获利的机会会很小。

在股市中，最大的悲剧就是最终"炒"得自己身心俱损，以上这几种性格的人一般不太懂得自我心理调适，没有一颗平常心，对挫折的防御，对突变应付都缺乏应有的认识和分析，更缺乏心理承受能力，最容易造成经常性或突发性的"急性炒股综合征"，轻者怨天尤人、长吁短叹，产生恐惧、幻觉、焦虑、妄想等心理障碍，重则精神完全崩溃，而发生精神疾病或自寻短见。

若说股市真的有什么限制的话，那恐怕就是对人的心理的限制了。所以，有以上性格缺陷的人最好不要炒股。

炒股者需要克服的三种心态

对广大股民来说，克服不良的心态是在市场中保持盈利的重要因素之一。实战经验表明，在风高浪险的股市中搏击，不管是运用哪一种操作模式或者运用哪一种分析方法，都万变不离其宗，搏击到最后，能够在市场中胜出的赢家，归根结底就是心态的力量升华而来的一种境界而已。

当然，要拥有良好的心态并不是一两天就可以做到的事情，而是需要较长时间克服不良的投资心态，培养好的投资心态，并以良好的心态来指导自己不断学习投资的相关知识和进行买卖股票的实践，通过学习和实践，不断积累经验，当经验积累到一定程度之后，由于量变引起质变，你就会发现你的投资视野和心态已经登上了一个新的台阶。

要培养良好的心态，首先要做的就是克服人性的弱点。在投资中最大的陷阱或最大的风险就是投资本身引诱你暴露的人性弱点，包括侥幸心理、较劲心理、因循守旧的心理等。

1. 侥幸心理。

举个例子来说，你做的是短线，已经跌到了止损位，但你却抱着侥幸的心理安慰自己：没关系，很快就能涨回来。结果股票偏偏不给你面子，继续下跌，你又安慰自己：没关系，就当是做中线了，结果大盘继续不给你面子。在这种一而再再而三的侥幸心理支配下，结果必然是越亏越多。

投资中的这种侥幸心理，就像是在掩耳盗铃，因为损失既然已经产生，就应该及时止损，而如果你不想面对，只想用各种理由逃避的话，一亏损就安慰自己换一种交易规则就不用止损了，只会越亏越多。

凡是怀揣梦想或良好希望的人，在遇到一时的不顺利时，有点侥幸心理是相当正常的。侥幸说白了就是不去分析错误、挫折为何产生，如何解决，而是简单地逃避问题，安慰自己说事态会很快扭转，很快又会转向梦想的方向。与其说侥幸是一种懒惰的希望，还不如说是一种脱离实际的奢望。

当我们的账户出现亏损时，一定要摆脱这种侥幸的心理，要对自己苛刻一些，然后再仔细思考或是向别人讨教亏损的原因。

2. 较劲心理。

高抛低吸，赚取差价，应该说，每个股民都知道。可很多人较劲也就较在这。不是高抛低吸吗？于是就等啊等啊，非想等到股票涨得涨不上去了再抛，结果，误了时机。再说说低吸，非得等到跌得不能再跌的时候，多赚点。可是，如果你能够看到底部或者顶部的话，那么，庄家到哪里收集筹码呢？

所以，在股市中，千万别较劲，看到有了机会就要行动，这样才能保证你有盈利的机会，不然，你总是等啊等啊，最终等来的将是"愁"。这就像有句俗话，女大不中留，留来留去留成愁。

3. 因循守旧心理。

任何一次成功或失败的操作经历，都会在相关投资者的心底深深烙上难以磨灭的印迹。总结成功经验，吸取失败教训，本无可厚非，但是过往的成功和已然的失败绝不会在未来的投资过程中简单地重复，拘泥于过去，逃不脱成功与失败经历笼罩的影子，对下一次的趋利避害是不会有帮助的。

第二节　以智者的心态选股

在恰当的时机，买恰当的股票

在股市中，利用恰当的时机，买恰当的股票，是博取差价、赚取利润的玄机，但关键问题就在于"低买"和"高卖"两者的方向，如果方向反了，变成"高买"到"低卖"，亏损则实属必然。

然而，在股市中，何谓"低"，何谓"高"，这不是一个根本价位，而是人们的心理价位。一只股票，10元的价格对于A股民来说，可能算低的，但对于B股民来说，可能算是高的。人们对价格的承受能力不同，其所谓的高低也就不一样。

由于心理价位的不同，所以在买卖股票的时候，难免就会出现一些失误。常见的失误集中在以下几点：

1. 该买的时候没买。

该买的时候没买，指的是人们常常在等待一个最低的价位出现。但事实上，没有谁能说清最低的价位到底在哪，只是人们的贪欲在作怪，认为只要价位再低点，自己就能赚得多一点。于是，在这种心态的左右下，错过了底部最恰当的买入时机。

2. 该加仓的没有加，该减仓的没有减。

这种情形通常出现在牛市的中期或者是熊市的中期，相对于历史底部和历史顶部而言，皆处在一个不上不下、不高不低的位置。这时，在牛市中本该继续加码买进，以求扩大今后潜在利润之时，却错误地选择了减仓行为；或者在熊市中本该继续卖出，以求规避今后潜在风险之时，却错误地选择了加仓行为。

3. 该卖的时候没有卖。

这种情形通常出现在真正的阶段性或历史性的顶部。然而，满仓却没有审慎地逃顶的投资者，却误以为"强者能够恒强"，高价之后仍会出现更高的价，因此自认为真正顶部的高价相对其主观臆想的更高价来说，还是在一个相对的"低"位，于是，不卖而错过顶部。

究其上述三种失误的原因，无非也是人的贪欲，但从客观因素上来说，是因为他们没有把握好买卖股票的最佳时机，在界定不清的"低"和"高"之间迷失了自己。

那么，怎么做才能把握好买卖的最恰当的时机呢？

1. 不低不买。

这里所说的低位是在每一波的行情中没有下跌空间或下跌空间很少的股票。这从许多技术图形，如 MA、MACD、RSI、KDJ 和 BOLL 等日线和周线上都可以清楚地看到，它们的股价或处于极低位置，或股价与技术指标连续出现"底背驰"，甚至长时间在低位"钝化"。在低位选股买入，风险比较低。

2. 暴跌之后买入。

股票暴跌的原因很多，或因出现特大利空，或因庄家刻意打压，或因大盘急速回调等，每次大市或个股暴跌，都是一次绝佳的中短线入市机会。当股票暴跌时，一般不宜在连续大跌前 3 天买入，最好等到第四天逢低开时买入，往往能买到更低的价位。

3. 买熟悉的股票。

在股票市场上，强调要买熟悉的股票是十分必要的。"不熟不买"已成为股市的一条低风险操作格言。买熟，不仅是对该上市公司的各种情况了解，更由于对个股股性熟悉从而减少了风险。比如说，有的股票，每当冲破布林（BOLL）线上轨时就回调，每当跌破布林线中轨时就反弹，每当跌破布林线下轨时往往反转。根据这一股性，配合大市和其他指标，在正常情况下，当股价跌破布林线中轨或下轨时买入，往往风险较少，收益较好。

4. 贵在精而不在多。

大多数的投资者在自己买卖股票时，会不自觉或不经意地买了一大堆股票，内容涵盖各项产业，琳琅满目好像在开杂货店。其中几只幸运赚到钱，又几只不赚不赔，还有些赔钱货，忙碌了半天，等到全部结算下来，最终结果竟是持平，没有赚到什么钱。

股民分散投资自然是正确的选择，但分散并不等于打散牌，不分好坏地买。一般来说，只要手中有 5 只左右的股票就够了，只有采取精兵制，才能取得最佳的效果。

5. 抓住"第一个"。

人们向来对于新生事物情有独钟。股市中，大部分新股都有被爆炒的经历。如果你能抓住股市中的"第一个"，往往就会取得不错的收益，同时也不必承担非常大的风险。

看大势者赚大钱

《三国演义》中有一则诸葛亮借东风的故事，如果把这个故事借用到股市，我们可以把股市中的"大势"称为"东风"。看上去这个比喻好像不是太贴切，但也足以说明大势的重要性。炒股如果不看大势，就好像不辨风向，就算取胜靠的也只能是运气。如何看准大势，对于新股民来说至关重要。

诸葛亮之所以能借东风，其根本就是因为他所掌握的天文和气象知识。作为股民，要看清大势，至少要把握好以下两点：

1. 看国际宏观经济趋势。

关注国际经济形势，平时多思考。比如说，投资某种股票，那么，你就要思考国际形势的变化会怎样影响到中国股市，会具体影响到哪些板块。假如有消息称，现在美国发现了新的油田。这时候，你就应该马上预感到石油价格会下跌，并分析一旦石油价格下跌，哪些板块会受益，然后在这些板块中选择跌得差不多的、基本面还可以的买入。

2. 看清中国经济和股市发展的大方向。

中国股市每次大牛市行情的发动，都不是无本之木、无源之水。比如 1996 年的大牛市行情，其根本原因在于，经过前 3 年的宏观调控，中国经济实现了软着陆。从 1996 年 5 月央行首次降息，意味着中央经济政策发生重大转变，中国经济的运行面临着新的转折点。这是支撑 1996 年大牛市行情的最根本的东西。

再比如，从 2005 年开始的大牛市行情的根本原因又是什么呢？中央连续 5 年采取扩张性财政政策的效应开始显现，中国加入 WTO 之后，微观经济的活力得到激发，国有股流通改革的顺利实施，使一直悬挂在投资者头上的利剑终于落地，人民币的不断升值更为大牛市奠定了基础。

当然，从更宏观的角度看，中国经济持续、健康、快速地发展，必然支撑中国股市总体向上。不管其采取暴涨缓跌或者缓涨暴跌之类的何种形式，中国股市总体向上的大势是不会轻易改变的。

3. 充分领会政府调控政策的实质内涵。

"炒股要听党的话"，这句话道出了在中国股市，政府调控政策对股市走向的影响，以及准确把握政府调控政策的重要性。

在中国股市，除了宏观经济走向对股市走向起着决定性作用之外，政府对股市的调控政策同样起着关键的作用。从中国股市发展的历史看，"政策市"迹象十分明显。比如，2007年的"5·30"大跌，就跟财政部出台上调印花税政策有关。

"政策市"所显现的威力，让每个经历过"5·30"大跌的股民记忆犹新。其实，在发展比较成熟的股市，如美国股市、香港股市，也或浅或深地留下政策调控的影子。比较典型的就有，在1998年亚洲金融风暴中，香港政府动用巨额资金的救市行为，以及2007年美国发生次贷危机后，美国出台了一系列的救市行为，防止美国股市大跌和次贷风险的蔓延。

由此可见，政府调控政策对股市走向将会产生较大的影响。我们在分析和判断大势时，必须准确把握政府宏观调控政策的实质。

当然，这个"势"有的时候非常复杂，所以就要注意"势"的相关性、时间性、趋势性、曲折性。古代有一句话叫做"水无常势、兵无常形"，这个"势"的变化会非常快。所以对于一个"势"的变化，投资者要有预见性，在各种宏观形势的相关性下，去判断整个宏观形势，这实际上可以锻炼人的思维，使人不断在做思维体操，让人变得更灵敏。

炒股要看大势，不看大势，就会容易犯因"只管埋头拉车，不管抬头看路"，而走错方向的错误。当然，在股市中也有一些短线高手采取"不看大势炒个股"的操作方法并获利，但这种操作风险很大，稍有不慎就会被套牢，因此，这些短线高手们在大势发生逆转的时候，也是不敢逆势而动的。

看清大势，顺势而为，这是炒股必须遵守的准则。

垃圾股不一定是垃圾

垃圾股指的是业绩较差的公司的股票，与绩优股相对应。这类上市公司或者由于行业前景不好，或者由于经营不善等，有的甚至进入亏损行列。其股票在市场上的表现萎靡不振，股价走低，交投不活跃，年终分红也差。

垃圾股一般是指评级为非投资级的股票（BB以下），垃圾股不仅是指经营出现问题的公司所发行的股票，一些新上市的高科技公司，或是一些财务杠杆太大的公司股票都有可能被评级为BB级以下，中国的很多商业银行股票被标准普尔评为垃圾股。

目前国内垃圾股可分为三个部分：一部分是ST股票，即连续两年亏损或净资产值低于1元的股票。一部分是PT股票，即连续三年亏损的股票。还有一部分是指除去前面两类且业绩在0.10元以下的股票。

虽然这些股票被称为垃圾股，但这并不能说明这些股票没有一点价值。按照人们日常生活中的废物利用原则，有些垃圾股同样具有一定的投资价值。特别是在目前企业上市受到一定约束的情况下，上市公司起码还具有"壳资源"的价值。在股市里，有一些垃圾股的股价远远超过绩优股的股价，特别是在1998年市场热炒资产重组个股之时，一度流行"越穷越光荣"的说法。另一方面部分股市"大黑马"股票均是从垃圾股中产生的，如"科利华"、"ST通机"、"国嘉实业"，中国股市首只百元股票"亿安科技"也是从以前的垃圾股"深锦兴"蜕变而来的。因此垃圾股炒作还是值得考虑的。

但在炒作垃圾股的时候，也要遵循以下原则，谨慎选股，以免买到真正的垃圾股，到时候，后悔就已经晚了。

1. 看其有没有资产重组的可能。

一般来说，一家上市公司的股票之所以沦落为垃圾股，与企业的现存情况有巨大的关系。因此依靠其自身的力量往往难以改变其垃圾股的状况，大部分须依赖外部力量进行重组才有可能"起死回生"，但这并不是说"一组就灵"，在股市里"重组失败的故事"也屡见报端。

但无论如何只要该股有重组可能，那么，他的股价就有可能演绎出一段"丑小鸭变白天鹅"的故事。要选择有重组可能的垃圾股，就要注意这些垃圾股的基本面情况，特别要注意那些股权分散，或股权集中于大股东的主业不明显的个股，这些垃圾股最容易进行资产重组，如果重组方来自民营高科技企业，其效果最佳。

2. 研究其沦为垃圾股的原因。

垃圾股之所以沦为垃圾股，自有其沦为垃圾股的原因，要认真分析其中的原因，如果他是因为以下原因沦为垃圾股的，那这样的股票就要少碰甚至不碰：

（1）由于没有明确主业导致业绩下降；

（2）由于管理不善而导致业绩不佳；

（3）由于品牌太老，市场占有率不佳，导致业绩不佳；

（4）由于背负巨额债务而拖累经营情况改善，特别是一些上市公司，债务沉重，动辄上 10 亿，或者官司缠身；

由于这些原因沦为垃圾股的股票，重组的希望是很小的。所以，这样的股票新股民还是尽量不要碰为好。

3. 炒作垃圾股，可在大行情的尾段关注。

因为一波行情来临，一般往往在市场主流热点结束后，一些游资或从主流热点上撤下来的资金，会在垃圾股上炒作一把，因此垃圾股往往具有补涨效应。此时，可重点在尾市介入一些垃圾股进行运作。

另外还有一种情况就是大盘上升时，垃圾股跌，大盘跌时，垃圾股升的"跷跷板"现象，此时可利用这种现象进行炒作，从而提高资金的使用效率。

4. 炒作垃圾股，要注意风险，及时安排好投入的资金。

垃圾股本身业绩不理想，且存在这样或那样的问题。在弄清楚该公司将进行重组或有重大新项目的情况下，新股民可耐心持股或加大资金，除此之外，要注意风险。垃圾股一般价位较低，容易受主力控制，升得快，跌得也快，如果资金及止损点等制定不好的话，就容易造成损失，甚至一些绩差公司暴露出来的问题可能仅是冰山一角。因此对投资垃圾股应控制好风险，慎之又慎。

市场炒作垃圾股，其根本原因是暴利心态滋生蔓延的结果，是对大盘的非理性炒作，是博傻之风的盛行。垃圾股虽能一飞冲天，但也能以同样的速度跌回来，这就是垃圾股的运行规律。这样的规律带给股民的，或许有追涨之后短暂财富增长的喜悦，但更多的将是一场噩梦。所以新股民对垃圾股应保持清醒的认识，投资要慎之又慎。

新开户数是股票的晴雨表

新开户数反映了市场投资者信息以及新增资金的入市情况，因此，新开户数的变动往往预示着股市未来的发展方向。掌握新开户数对股市的影响，对于研判股市是否处于底部、是否继续上升、是否处于顶部是十分重要的。而新股民在入市初期，往往缺乏实战经验，投资也存在一定的盲目性，这时候，对新开户数的观察就可以成为新股民研判股市的一个依据。

一般来说，当股市走势良好的时候，新开户数量就会增加，而大盘处于下跌行情中的时候，开户数量就会萎缩。

但真正有经验的投资者都会懂得，大跌后才是最佳的买入点。因为，在股市形成顶部的过程中，新开户数会呈现非常明显的顶背离走势。这时，大盘虽然仍能勉强上涨或维持强势整理，但投资者新开户数却呈现下降趋势，这时，预示着股市即将构筑顶部。

此外，熊市开始前一段时间，同样也会出现新开户数与股指背离的现象。即新开户数持续性的下降，在真正的熊市来临之前已经表现出明显的征兆，其与股指之间的顶背离，准确预示了股市即将转入熊市。

由此可见，新股民的开户数与股市的预期走势之间存在着密不可分的关系。因为新股民要参与股市投资，首先必须要开户，而新股民开户的意愿主要取决于对大盘未来走势状况的预期，如果股市中的盈利状况普遍良好，此时的大盘走势就会刺激新股民的入市意愿，反之，如果人们不看好未来的大盘走势，那么，就会削弱新股民的入市意愿。

所以说，新开户数对新股民的股票选时也是非常重要的，需要引起新股民的关注。

辩证地看待成交量

成交量是指一个时间单位内对某项交易成交的数量。一般情况下，成交量大且价格上涨的股票，趋势向好。成交量持续低迷时，一般出现在熊市或股票整理阶段，市场交投不活跃。成交量是判断股票走势的重要依据，对分析主力行为提供了重要的依据。对这一法宝运用得当，就会"事半功倍"，而运用不当则会"事倍功半"。

股市中，常有人说，什么都可以骗人，唯独成交量骗不了人，只有成交量才是真实的。事实上，对于成交量也需要辩证地看待，比如，许多庄家会利用成交量设置陷阱，往往会使很多不明就里的股民深陷其中。原因很简单，人们过于相信成交量，以至于被其迷惑，深陷其中。

比如说，先吃后吐，吃少吐多就是庄家在成交量上设置的一个陷阱。庄家要出货的时候，就要首先将股价抬高5%到10%，而且高位放巨量，显示的就是买进的实盘。看不清门道的股民难免被这种假象所欺骗，以为主力在买进，风险不大，所以积极买进。然后，庄家逐渐出货，股价下跌。

根据成交量来捕捉主力的踪迹，是新股民惯用的方法，但由于实际操作中，存在的一些陷阱，也常常使这些通过观察成交量来选股的股民深受其害。那么，有什么方法能够减少这种"伤害"吗？你可以结合以下方法来试试：

1. 正确分析成交量变化的时机。

成交量放大要么是主力在吸货，要么是主力在出货，一般而言，低位放量是主力在吸货，高位放量则是主力在出货。

2. 将成交量与主力成本综合分析。

有些主力在吸货完成，股价稍加拉升后又对倒操作，制造完善的成交量组合，而此中花费的印花税及交易佣金相对于其原始成本来讲仅是小菜一碟，此看似主力出局，实则为骗局。

3. 关注单笔成交量的大小。

主力吸货，不可能像散户那样仅用小笔成交单来完成，其迹象必将暴露于盘面，具体地说，如果总成交量的放大是由于较多的收买盘价成交的"大笔成交量"造成，则为主力吸货；若为以较多买盘价成交的"大单笔成交量"形成的，则为主力出货迹象，反之若因为众多散户"积极"参与推动成交量变化，则最终难成气候，此处需要注意的是大成交量只是一个相对数字。

4. 成交量应与主力动机综合分析。

主力进入股市无非是为获取超额利润，譬如某些主力为了逢低建仓，可公布一些利空消息或在目前不规范的市场状态下把年报或中报做得一塌糊涂，而有些主力为完成出货则可假借利多或基本面变化。异常变化的成交量必有其内在因素，新股民应明目善断。

股票涨停就一定获利颇丰吗

追涨战术是实际操盘中一种行之有效的操作方法和技能，是新股民的最爱和获取收益的主要方法。然而在现实中，许多新股民追涨的结果却是输多赢少，伤痕累累，主要是因为他们在追涨时忽略了一些基本的追涨准则。跟庄有跟庄的纪律，追涨有追涨的准则，一般来说追涨应该遵循以下准则：

1. 追涨要结合大盘走势。

追涨时要密切观察大盘的运行状况，要结合大盘走势进行。如确定大盘中期趋势向好，呈上升态势，才可大胆追涨，只要大盘稳定，涨势股始终会有所表现；如大盘呈盘整状态，追涨时则要加倍小心，短线操作宜快进快出，投入的资金也不宜过多；如大盘为单边下跌市，则应摆脱诱惑，不入市不追涨，否则将造成不必要的经济损失。

2. 追涨要观察成交量的变化。

成交量是判断短线能否追涨的基础。成交量的变化分为两个方面，一种是底部，包括阶段性底部放量的股票，可大胆追进。其中底部放量表明该股刚刚启动，最为安全；阶段性底部是该股调整结束，转为第二浪的拉升，涨幅最大。而另一种是下跌放量，虽说有大量抛盘，但也说明有大手笔承接，很可能是机构之间换手或庄家在刻意洗盘，也可追涨。

对于股价已经上涨的股票，应先冷眼旁观，视其进出成交量后再采取行动，如股价上涨时成交量不能有效放大，则表明股价难以持久；若上涨缩量，下跌增量，则是庄家出货的征兆。这些信息可以从分时成交量和买卖盘变化中看出。

3. 追涨追龙头。

每一次大行情的爆发都是先由一个热门板块带起来的，而每个板块又会有领涨的龙头。龙头股的表现不仅会左右该板块的整体强弱，还会影响到大盘的走向，这些起关键作用的股票一般为超级主力所控制，因而应该追涨买入。追涨操作的目标首先是追逐这类龙头超强势股，寻求短线获利机会。

当一轮行情来临，确认了主流热点后，只要龙头股上涨，就可追入。因为市场上的龙头股树立不容易，市场主力只要拉抬龙头，肯定会继续推高，以便其在其他个股运作。因此在追涨时，追龙头股往往效果较佳。

4. 追涨应选择在个股突破运行轨道上轨时。

在上升轨道内运行的个股，一旦突破上轨，则可追涨，因为该股突破原来运行的轨道，并向上突破往往意味着急拉的开始，所以在此时买入，一般均会有不错的收益。

5. 追涨应追那些在底部盘整时间长的个股。

因为盘整时间越长，其向上突破效果越明显，突破后上升幅度也越大。但需要新股民注意的是突破时一定要有所放量，但不能放巨量。放巨量往往是假突破，是主力通过对倒做出来吸引跟风盘的假象，只要放量适中就可以追涨，追涨后有时个股会回抽确认，这是主力想洗去跟风盘，此时新股民不用担心，应当坚定自己的持股信心，回抽确认后，该股一般会重踏升途。这里存在一个问题，既然会回抽，何必急于追涨？这是因为有些个股往往不回抽，就快速拉离盘整区，追涨的目的就是为了防止这种情况的出现。

6. 追涨应当注意消息。

追涨时，对那些受一些利好消息刺激而股价攀升的个股，最好暂时不要追涨，而应在市场消化了这个利好消息之后，再行追涨。因为一些个股在传来利好消息时，该股股价已经上升到一定高位，利好一出，股价会接着上升，但在高位往往抛压沉重，股价会暂时回落。因此新股民应当谨慎对待，等待股价再次上涨时，再行追涨效果更好。

7. 追涨必须注意个股的底部形态。

追涨要看底，底部形态决定了追涨操作的核心：效率和风险。从底部向上追涨，上升幅度最大，且效果最好；而追一个规模较小的底部，往往上扬空间不大，获利的可能性要小得多。

荐股兼听不兼信

有些新股民由于缺乏炒股经验，非常迷信股评家对于个股的评论，"言必称专家，行必听股评"已经成为他们选股的第一准则。如果专家说这只股票好，能涨，他们便会立刻购进专家推荐的那只股票,甚至不作任何分析。其实这是一种愚蠢的选股模式,倒不是说专家所言皆为谬误,只是想为新股民朋友们推荐一个科学的选股方法:荐股兼听不兼信。先让我们分析一下为什么有些专家能被称为"神算"?为什么他们推荐的股票当天都能有不错的表现?

首先,在牛市,这些被推荐的股票在推荐前都有良好的上涨记录,走势较好,基本面不错,指数上也有上涨的空间。对于确定无疑的上涨趋势,有着较强专业能力的股评家当然能够立刻获知。因此,他们推荐出来的股票往往会上涨。

但是,有好些股评家并不是真正一门心思地对成长行业及优质股票进行长期坚定的跟踪研究,他们大多只是天天关注股市行情,并对当天上涨幅榜的股票进行分析研究,对其中确实还有潜力的股票进行推荐。因为他们掌握的资料较为齐全,能够从各方面对某只股票进行详细的讲解,所以给股民们造成了他们做过长期研究的假象,而事实往往大相径庭。

另外,股评家推荐了股票后,由于现代媒体巨大的宣传效应,能够吸引大量的投资者纷纷效仿买入。这也是为什么股评家们推荐的股票第二天开盘后往往能有良好表现的重要原因。而且,股评家错评、误评的现象不在少数,因此,新股民朋友们应对股评家所荐股票进行认真分析,不可盲目听信。要注意以下几种情况:

1. 有些股评是股评家为了配合庄家出货而故意放出来的烟幕。天下没有免费的午餐,股评家们荐股都有一定目的。尤其是前一段时间荐股比较准的股评家,他们会利用散户的崇拜心理,推荐庄家准备出货的股票,让你防不胜防。一旦新股民朋友们建仓入场,往往有可能成为庄家赚钱的垫脚石。

2. 股评家推荐的股票往往都已是强弩之末,即使现在表现还好,你也不能过分轻信。一旦新股民朋友们跟风购入,极有可能被深度套牢。所以在股市中需要逆向思维,越是技术形态好的股票,越要提高警惕、小心谨慎。

3. 股评家推荐的股票大多数只有一天行情,在现行"T+1"交易制度下,虽然你买时涨得好,但是你买的股票是无法当天出售的,要到第二天才能抛,而股评家们推荐的这些股票往往在你跟风买入后的当天下午收市前就会跌下来。你如果追高买进,往往容易被套在高位难以自拔。

股价如同一个顽皮的孩子,它以连续上涨的形式吸引人们来追涨。你不买它,它就涨不停。你一买它,它就开始跌了。而股评家有时候扮演的角色是这个"孩子"的信使,他起到的作用是帮助孩子完成"恶作剧",而盲从的新股民则成为了"追涨杀跌"的牺牲品。

那么,对于股评家们推荐的股票,应该如何进行操作呢?

一个正确的操作方法是,一旦有股评家、媒体推荐某只股票,如果你手中持有,那么第二天逢它拉高的时候及时抛出，这样操作的正确率高达70%以上。当然如果你本来手中就没有这只股票，那么切不可盲目听从股评家的推荐，等自己做好技术分析，清楚地搞懂这只股票的上升空间后再进行操作也不迟。这也算是逆向思维的一个较好的范例吧。

对于股评家们的荐股，不可不信，不可全信。真正正确的投资，绝不是简单的投机，还是要靠自己独立思考，靠正确的投资理念、投资纪律和科学的操作方式。

新股民选股时必须坚持三大原则

一千个人眼中有一千个哈姆雷特，而一千个股民心里可能会有超过一千种的选股方法。而这些方法有可能对甲有用，对乙就失效了。那么新股民初入股市，到底应该使用怎样的方法选股呢？其实方法虽多，万变不离其宗。新股民只要在选股时把握住下面所说的三大原则，则一定会有快速套利的机会。

原则之一：不炒下降途中的"底部"股，因为你不知道股价何时才是底部，因此，新股民想要快速套利，应该只选择升势已经确立的股票。在升势已确立的股票中，要注意搜索走势最强、升势最稳健的股票。

有人对中国股市最近5年来的个股走势进行了统计，得出了如下结论：

如果某只股票在某天创了新高或近期新高，那么在未来60天的时间里，再创新高的可能性达到70%以上。与之相反，如果某只股票在某天创了新低或近期新低，那么在未来60天的时间里，再创新低的可能性高达60%以上。

这一结论，新股民朋友们务必牢牢记住。

原则之二：选择日K线沿45度角向上运行，而成交量逐步递减的股票。日K线沿45度角向上运行的股票，后续走势最稳健，趋势持续的时间最长。一旦发现日K线走势越来越接近45度角，而同时成交量却逐步减少的个股，那么十有八九可以判定该股已经被庄家操纵并正处于股价拉升阶段。当然选择这样的股票并不是让你长期持有，因为庄家拉升股价的目的是为了出货，而庄家出货的直接结果是股价大跌。新股民应该在购入该个股后在适当高点及时抛出，从而快速套利。

原则之三：大势向好时，选择买入涨停的大盘权重股。原因是大盘权重股的涨停不可能由游资和某个机构操控，必须是由几大机构同时看好才能守住。而他们为什么要看好该股？无疑就是判断市场已经具备了向上的能力，而只有进入大盘权重股，才能掌控大盘的走势，才能在股价上升到一定高度时进退自如。

图10-1中，上海汽车（600104）在2009年6月24日以15.60元涨停，而在收盘前打开了涨停板，为新股民朋友们提供了购入机会。此后股价一路上扬，虽有震荡但总趋势向好，一直涨到7月13日的19.36元，上涨幅度达到24%。

这个例子说明，当大盘权重股涨停的时候，一般都会有个"开闸放水"的机会，而这个机会就是新股民朋友们的入场时机，必须抓住这个机会，才能享受到最稳健的快速套利收益。

图 10—1

捕捉黑马股有技巧

黑马股的好处显而易见，是新股民快速套利的必然选择。可是如何判断一只股票是否有黑马的潜力？这就需要用到下面这两个基本技巧。

1. 从公开信息中找黑马。

政治局势的好坏直接影响到经济运行的状况，对新股民朋友的投资信心会产生直接的影响。不但国家大的政治环境对股市有一定的影响，连国家的各种调控政策、信息也会引起股市的动荡。作为一个新股民，只有掌握了收集和利用信息的本领，才有可能操盘时与庄共舞，在股票市场中快速套利。

对于个股来说，黑马的蛛丝马迹隐藏在上市公司所发布的公告和股本结构的变化中，像资产置换、收购公告、股权转让公告等，新股东与上市公司之间进行的资产置换，往往是新股东将优良资产与上市公司的劣质资产进行的置换，这样必然反映在股价上。而近年来的大黑马几乎都是股权转让一手促成的，新股民应该对这类变更信息予以更多的关注。

2. 通过均量线寻找黑马。

成交量和股价这两个名词对于新股民来说应该是再熟悉不过的了，如果你有每天看盘的习惯，你会发现股价是一只股票发展现状的直接反应，而成交量则体现出投资者对于股价变化的心理承受能力。新股民朋友们可能不知道，在大盘中巧用能体现量价关系的均量线和 KDJ 指标，是一种最简单、最有效的捕捉黑马的办法。用此种方法把握个股短期走势，成功率高，能够为新股民朋友们提供快速套利的绝好机会。

利用庄家来选股

股市中有这样一句话："长线买的是公司，中线买的是趋势，短线买的是庄家。"作为新股民，要想快速套利，就必须学会透过细节找庄家。一旦发现了庄家的蛛丝马迹，适时跟进，牢牢粘住，适时退出，就能在股票投资中快速套利。

那么从哪些细节中可以发现庄家的身影呢？我们从以下几方面加以阐释。

1. 股价走势。

新股民朋友们应该都知道股市的这样一个规律：熊市中，没有庄家护盘的股票下跌得快，反弹无力，下跌的幅度一般大于大盘下跌幅度；而有庄护盘的股票的下跌幅度则明显小于大盘，反弹力度很强，下跌得慢。因此，如果大盘趋势向下时某只股票逆势上行，或者跌幅明显小于大盘跌幅，则表明这只股票应该已经有庄家深度介入，存在跟庄快速套利的机会。新股民不妨在大盘形势有所好转以后大胆介入。

简单地说，从股价走势中寻找庄家需要注意的是：要寻找以横盘代替下跌、尾市拉抬的个股。

2. 成交量。

新股民如果在看盘过程中，发现某些板块和个股的成交量、成交金额经常位居市场交易的前列，则很有可能已经发现了庄家的踪迹。一般来说，庄家正在活动的主要场所往往都是大成交量的板块或个股。而新股民具体操作时可以通过许多股票分析软件上的排序功能发现成交量、成交金额排行榜居前的板块和个股，而且有的分析软件还能统计测算出资金流进流出的净额，从而准确发现庄家正在操纵的板块或个股。这时只要看准时机，坚决跟进，很容易实现快速套现的目标。

3. 股东表。

对于想要跟庄套利的新股民来说，股东表是极其重要的细节，只要留心，股东表中的庄家信息很容易找到。都有哪些信息呢？

首先是控股股东的实力和特点。一般来说，一只股票的背景越强大，庄家的控股能力就越强，未来股价上升的希望就越大，也就越能抵抗危机。

其次是前后两次股东的变化情况。从股东的变化中，新股民朋友们可以注意到主力的进出，主力的长远意图。同时结合股价的走势，这样便可以将股价升跌的内在原因弄个一清二楚，从而决定自己是否跟庄套现。

还有便是股东总数。股东总数可以反映筹码的集中度，这点很容易理解。一只股票股东越少，每个股东的持筹量就越多，这样股价受到庄家操控的可能性就越大。如果一只股票股东很少，股东持筹量大，而且近期该股涨幅不小，那么可以这样断定，该股即将迎来跳水。

第三节　以赢家的心态持股

持有蓝筹股便可以高枕无忧

由于股票市场变幻莫测，题材概念间的转换让人应接不暇，今天的蓝筹股到了明天未必还是蓝筹股，但明天的蓝筹股一定会在今天的股市中展露端倪。蓝筹股并非一成不变。随着公司经营状况的改变及经济地位的升降，蓝筹股的排名也会变更。据美国著名的《福布斯》杂志统计，1917年美国的100家最大公司中，到2008年只有43家公司股票仍在蓝筹股之列，而当初"最蓝"、行业最兴旺的铁路股票，如今完全丧失了入选蓝筹股的资格和实力。股民朋友们在寻找蓝筹股的过程中，要注意蓝筹股总是伴随着产业的兴衰而涨跌，没有绝对的蓝筹股，因此股民朋友们选择蓝筹股进行长期投资也并非绝对正确的。

所谓蓝筹股，是指资金雄厚、技术力量强大、经营管理有效、盈余记录稳定、能按期分配股利，被公认为具有很高投资价值的上市公司，这样的上市公司具有稳定的业绩和优厚的分红，行业前景佳，在所属行业中处于领导地位，具有较大的市场占有率和市场影响力。一般说来，蓝筹股一般需满足以下的条件：流通盘较大；具有较强的分红能力，注重对股东的回报；公司在该行业中占据领导地位；公司所处的行业正处于成长期，行业景气度高。

正是因为蓝筹股具有上述诸多优势，以至于很多股民朋友们产生了这样的心理误区：蓝筹股一旦买入便可以高枕无忧、长期持有，不管大盘好坏都无须过问，不用每天看盘，不用担心有什么风吹草动，只需坐等按时的分红和收益。其实这都是错误的观点，"股市有风险，入市需谨慎"，这是股民朋友们进入股市前就必须了解的游戏规则，股票投资本身就具有高风险性，并且绩优与绩差都是相对的，不能盲目地去追捧，应该区别对待，谨慎选择。在投资蓝筹股进行长期持有时也应注意以下一些问题：

1. 不买股价处于阶段性高位的蓝筹股。

许多被炒作后的蓝筹股价格已经很高，丧失了估值的优势，充其量只能说估值合理，防御性已经弱化。并且这些个股除了业绩较好之外，走势已跟以前的传统庄股一样。虽然股价走势较为稳健，受大盘的影响不大，但往往成交量较小，有时连续数分钟都没有一笔成交，流动性不免让人担忧，假如后市出现多杀多的出货方式，极有可能引发股价的跳水。所以这一类的大盘蓝筹股股民朋友们在介入时需要谨慎小心，最好不买。

2. 可以买股改对价方案不尽如人意而被市场低估的优质蓝筹股。

股改对价方案预期不高的蓝筹股曾一度受到市场的冷落。而股票的价值取决于上市公司成长性的发展能力，如果企业质地不行，即使给出了高对价，也难以补偿未来的下跌空间。机构投资者也开始警惕质地不好的企业给出高对价的动机。在这一趋势下，投资者的选股目光自然就会转向优质蓝筹股，特别是那些质地优良却被市场低估的蓝筹股。

3. 不买防御性不强的蓝筹股。

随着大部分公司逐步完成股改，再融资和新老划断的压力开始凸现，因此市场在上行的过程中可能会出现较大的波动。只要一传出再融资消息，市场有可能出现快速下跌。在这种情况下，防御性不强的蓝筹股也难逃厄运，所以要谨守防御原则。

股市中的"二八定律"

二八定律也叫巴莱多定律，是19世纪末20世纪初意大利经济学家巴莱多发明的。他认为，在任何一组事物中，最重要的只占其中一小部分，约为20%，其余80%的尽管是多数，却是次要的，因此又称二八法则。通过二八定律，可以使我们在股海的沉浮中看到以下情形，得到如下启示：

1. 股市中有80%的投资者只想着怎么赚钱，仅有20%的投资者考虑到赔钱时的应变策略。但结果是只有20%的投资者能长期盈利，而80%的投资者却常常赔钱。

2. 20%赚钱的人掌握了市场中80%正确的有价值信息，而80%赔钱的人因为各种原因没有用心收集资讯，只是通过股评或电视掌握20%的信息。

3. 当80%的人看好后市时，股市已接近短期头部，当80%的人看空后市时，股市已接近短期底部。只有20%的人可以做到铲底逃顶，80%的人是在股价处于半山腰时买卖的。

4. 券商的80%佣金是来自于20%短线客的交易，股民的80%收益却来自于

20%的交易次数。因此，除非有娴熟的短线投资技巧，否则不要去贸然参与短线交易。

5. 只占市场20%的大盘指标股对指数的升降起到80%作用，在研判大盘走向时，要密切关注这些指标股的表现。

6. 一轮行情只有20%的个股能成为黑马，80%的个股会随大盘起伏。80%的投资者会和黑马失之交臂，但仅20%的投资者与黑马有一面之缘，能够真正骑稳黑马的更是少之又少。

7. 有80%投资利润来自于20%的投资个股，其余20%的投资利润来自于80%的投资个股。投资收益有80%来自于20%的交易，其余80%的交易只能带来20%的利润。所以，投资者需要用80%的资金和精力关注于其中最关键的20%的投资个股和20%的交易。

8. 股市中20%的机构和大户占有80%的主流资金，80%的散户占有20%的资金，所以，投资者只有把握住主流资金的动向，才能稳定获利。

9. 成功的投资者用80%的时间学习研究，用20%的时间实际操作。失败的投资者用80%的时间实盘操作，用20%的时间后悔。

10. 股价在80%的时间内是处于量变状态的，仅在20%的时间内是处于质变状态。成功的投资者用20%的时间参与股价质变的过程，用80%的时间休息，失败的投资者用80%的时间参与股价量变的过程，用20%的时间休息。

客观看待股市的涨跌

在股市中摸爬滚打需要股民朋友们拥有很高的心理素质，这是因为股民朋友们一般都比较关注股市动态，而股市的涨跌时刻煎熬着股民朋友们，考验着股民朋友们对自我的控制能力。

有一位在股市中已经摸爬滚打多年的股票大师，认为自己经验丰富，定力深厚，常常向弟子吹嘘自己不会因为一点小小的涨跌就惊慌失措，随波逐流。一天，大师和他的一帮弟子正在一家证券交易所观察市场行情，这时候突然发生了地震，弟子们都仓皇出逃。只有大师独坐不动，慢慢品茶。地震后大师训诫弟子们定力不够，其中一个弟子斗胆答道："您喝茶时手确实没有抖，但是拿的不是茶而是一瓶墨水。"

由此可见，在股价下跌时保持内心的平静是一件非常困难的事情。即使对股票市场有丰富经验的大师，在面对风云变幻莫测的市场时，也不容易保持一颗平常心。但是唯有保持一颗冷静的心才能断定股指的急挫只是市场中的跟风盘恐慌性抛售导致的非理性下跌，而此时的急跌反而是抄底获利的绝佳时机。

实际上，股市就是一匹烈马，投资者就是骑马者。烈马一发脾气，极易把中小散户摔下来，然后再扬长而去，或者极力阻止中小散户舒舒服服地骑上它。

2009年7月29日，一路上涨的沪指出现暴跌，一天内震荡幅度达到279.81点，收盘时比前一交易日下跌5%。一个散户在极度紧张中挺到了下午，最后实在受不了股指一路下跌的刺激，在尾市杀跌出局。在他割肉止损之前，有些炒股经验丰富的朋友劝他说："股指跳，心别跳，一时震荡只是暂时回调，并不代表牛市结束。"但是他的心理防线已经崩溃，朋友的劝告并没有打消其止损离场的念头，最终他还是含泪斩仓。朋友的话果然应验了，在他割肉止损后，大盘便结束回调再度上扬，于8月4日冲至3478.01点的阶段性高点。

每一个股民朋友们进入股市，目的都是想在股市中赚钱，让财富增值。但往往抱着迅速发财、一夜暴富心态的人因为心浮气躁，最后反而成为离梦想最远的人。相反，有着一颗平常心的股民则无心插柳柳成荫，笑到了最后。

其实，涨跌起伏是股市运动的表现形式。因为有涨才会有跌，也因为有跌才会有涨，跌是为了更好地涨。一个是顶部叶落归根，一个是底部蓄势生根。如此看来，跌，尤其是巨幅大跌，反而孕育着巨大的投资机会。这么一想，股民朋友们的心态是否会更好一些？杨百万说过这样一句话："你想在股市上赢钱，首先要千万别把钱太当钱了！"说的也是这个意思。

股市总是赔钱的人多，赚钱的人少。即使是在大牛市中，也常常听到赚钱的占30%，赔钱的占70%这样的说法。因为在股市里，能保持冷静的人永远是少数人。从历史的角度看，伴随着经济增长，中国股市总的行情必然是利好的。股民朋友们如果把心态放平和，不要过于急功近利，而是坚持做长线，就能包赚不赔。

只有正规消息才可靠

按照常理，正规渠道的消息，应该是新股民朋友们最注重的消息，可是事实并不是如此，很多人宁愿削尖了脑袋要去打听所谓的内幕消息，而对于从正规途径出来的信息，则冷漠淡然。

为什么会如此呢？因为他们认为这些消息既然是正规消息，必然通过正规的渠道，进一步说，就是每一个人都能够立刻知道，而股市炒作需要逆向思维，当大多数人想要买进时，往往正是该清仓出局之时，所以这些正规消息反而受了冷落。很显然，这是一种错误的思维方式。

对正规消息，新股民更该认真对待。比如宏观政策面、公司基本面等，这些消息都可能对股市的大势或者对某只个股产生影响。当然，有时国家的重大决策在股市所起作用一时看不出来，但从根本上说，这些决策是宏观调控的一种方式，在将来必然要对股市产生影响。所以，新股民应该密切关注正规消息，对公司基本面、宏观政策面的各种变化都要有敏锐的洞察力。

另外一种情况，国家重大决策的作用一时得不到体现，也有可能是机构尚未准备好的缘故。一旦机构准备好了，国家重大决策对股市的影响就开始显现出来。机构有什么要准备的？简而言之：不是隐蔽建仓未到位，就是派发尚未结束。

比如在2008年，政府管理层连续出台了一系列利好消息，但总像是投入大海的小石子，股市的一路下行并没有什么大的改观，市场表现十分疲弱。这种情况我们可以从主力的资金运作状况来分析，上证综指从2007年10月16日的最高点6124.04点一路暴跌到2008年10月28日的1664.93点，全球股市寒冬的阴霾笼罩着A股市场的上空，使基金、券商等主力机构损失惨重，主力资金套牢严重，元气有待恢复。随着主力资金的逐步解套，股市将对这一系列利好作出反应。2009年7月1日上证综指重上3000点的事实也正是如此。

正规渠道出台的消息，应该是所有消息的大方向，就拿报纸上公布的配股、增发信息来说吧，主承销商"吃进"的情况并不少见，这就不排除他们后市拉升价格然后出货的可能性。有心人就可以从类似的正规消息中寻找赚钱的机会。这种从正式信息中把握机会，对新股民来说这也是一种十分有效的手段。

当然，市场上也会存在各种形式的小道消息，这是股市消息的另一种表现方式。

2009年3月4日上午，有几个记者围着全国政协经济委员会副主任、国家统计局原局长李德水，追问政府近期有没有什么新的政策、刺激方案出台。李德水表示自己并不知情，因为他还没有看到政府工作报告，让记者关注3月5日温家宝总理将作的政府工作报告，里边什么都有。结果有记者将该消息报道为："李德水透露，明天温家宝总理将公布新的经济刺激方案。"这个并不存在的新经济刺激方案带来的直接结果就是当天沪指涨了6.2％，深指涨了6.9％，许多股民将其戏称为"谣言带来的股市猛涨"。这个例子应该存在正面的地方，因为谣言毕竟刺激了股市增长，但很多小道消息并非如此。

让我们来看看下面这个例子，2005年6月24日，中国股市开盘的走势不太好，跌得很凶，给人一种山雨欲来风满楼的感觉。但是这种跌势只持续了一个上午，午后开盘股指立刻向上反攻。为什么会出现这样的情况呢？原来一些网上言传27日（星期一）中国证监会主席尚福林下午要有新闻发布会，说人民日报还要发表社论，说明5000亿平准基金入市的情况。结果到了27日下午3点多，尚福林并没有发布任何救市政策，结果大盘再次下跌，很多散户迷茫中只好斩仓割肉。

所以，面对传闻消息，要透过现象认真分析消息的根本性质，不能人云亦云，一定要有甄别能力。

不实传闻，往往会露出一些破绽，新股民需要从中寻找各种蛛丝马迹。可是应该从哪寻找呢？

1. 新股民在应对市场中的传闻消息时，要与公开消息相对照，如果与公开消息风马牛不相及，那么很有可能是一种假消息。

2. 运用最直观的推断法判断消息是利好或利空。真实消息的影响力往往是综合性的，在某一方面是利好，在另一方面却有可能成为利空，而虚假的消息因为背后有主力操作，更侧重于一个方面。

对于有些一时难以辨别真伪的传闻，新股民可以耐心等待、密切关注事态的进一步发展，再做定夺。不要被还没有证实的传闻消息吓得惊慌失措或欣喜若狂，更不要因为传闻消息的影响而采取不理智的操作，以免造成严重损失。

3. 原则上，我们建议新股民不要相信未经证实的传闻消息，更不要依据传闻来实施投资决策，以免被误导。但是，"无风不起浪"，有些传闻消息很可能就是真实的消息，即使不是真实消息，在某个时间段，这个传闻消息也可能会对股市产生一定的影响，比如前文提到的第一个例子中，利好的传闻消息给投资者带来看多的信心，在短时间内带动股价上升，因此对于传闻消息，投资者特别是短线投资者不可不闻不问。

4. 在听到传闻消息后，首先把这个消息的来源、日期、价位、当时大盘的情况和热点以及其他有用的信息记录在案，然后看看K线图，判断一下庄家的成本，考察一下庄家在此能否出货，问一问自己为什么会得到这个消息。在距离庄家成本不远的地方，判断庄家有无出货的可能性。如果有较大的出货可能性，那么宁可错过一匹黑马，也千万不能因为轻信消息而遭受严重的损失。

在实际操作中，当市场处于复杂多变时期，新股民需要合理控制仓位比例和结构，不宜满仓操作，这样才能从容应变。

捂股也要讲究策略

常言道：炒家不如藏家，换股不如捂股。这句话反映出了捂股在股市中的重要性。有时候，捂股确实是一种很省力、很有效的操作方式，对于很多不擅长做短线的股民来说，捂股确实能够帮你获取一定的利润。但很多股民由此对捂股产生了一定的误解，他们认为，只要捂股就一定能赚到钱。事实上，每一件事情都不是绝对的。捂股当然更不例外，捂股从某种意义上来说，的确是一个很不错的操作方法，但不是所有的捂股都能赚到钱，如果捂股不当，亏损是极有可能的。在美国，有很多著名的投资者就将自己的股票从几十美元捂到了几美分，最终宣告破产。所以在捂股的时候，一定要注意以下几点：

1. 要想成功"捂股"，首要的就是要有寻找、判断价值洼地的能力。

寻找并发现价值洼地绝非易事。很多新股民往往将市盈率作为评判投资品种是否存在投资价值的方法。但新股民在一般的软件上看到的只是静态市盈率，往往很难反映股市未来的发展方向，这将导致新股民对投资品种未来的发展空间及行业预期缺乏了解，造成的直接结果就是往往会在股价高位买进，成为主力高位派发的接手者，并可能被长期套牢。

投资股市说白了就是投资股市的预期，对股市预期的了解需要股民了解真正的动态市盈率，这就需要股民对投资品种的行业周期率进行把握。也就是要了解所"捂"股票的行业特点、发展前景及未来空间，缺乏对所"捂"股票进行估值的基本面分析能力，一味"捂股"，可能是"盲人骑瞎马，夜半坠深池"。

2. 要想"捂股"成功，需在价值高估时适时离场。

如果能找到价值洼地，"捂股"坚守实不容易，而判定何时卖出则更是难上加难。俗话说，情人眼里出西施，价值投资者往往会对自己投资的股票情有独钟。即使投资品种已经高估，也难以割舍。当理性投资掺杂了感情因素时，往往会造成误判。所以，这就要求新股民必须要有自我断臂的毅然决然的勇气。

3. 要想"捂股"成功，就要适时地做出调整。

世界上最成功的炒股大师非巴菲特莫属，但即使是巴菲特也并非捂股不动者。他会根据股市的变化状态，然后经过不断的分析研究，当他发现部分公司的发展速度减缓，逐渐失去投资价值的时候，他就会果断地调整投资组合，重新整合投资结构。

捂股的目的是为了盈利，这也需要投资者高抛低吸，才能实现更好的盈利目标。"捂股"的方法作为一种长线投资，可以避免频繁的买卖操作，大大节省交易费用，相对于技术操作，"捂股"不需耗费太多精力。但一味盲目"捂股"不放，势必会导致自己投资耗费的资金成本与时间成本双重攀升，错失交易时机，即便以后所捂股票具有翻身机会，其结果也往往是或者解套出局，或者坐了一次电梯，"上上下下地感受"一番后，又回到原点。

成功的捂股其实是自觉不自觉地贯彻价值投资理论的结果，捂股的方法同样也摆不脱价值投资的理论难题。所有的操作理念其实都离不开对买与卖时机的选择，价值投资理论的核心内容也是关于如何把握买卖时机的理论体系。新股民要想在股市中立于不败之地，就必须熟知价值投资的理念，重新完善自己的知识结构。

多做长线少搞短炒

股市中有句俗语："长线是金，短线是银"，理论上说，短线投资利润最高，其次为中线投资，再次才是长线投资。但历史经验证明股市中只有极少一部分人可以准确地在底部买进，顶部卖出，把握好短线波段的整体走势，大多数股民都是在股价较高时追高买入，在股价刚下跌时捂股不动，股价下跌至相对低点时杀跌退出。由于短线投资风险高，操作起来比较难，而所获利润有很大部分得扣除交易成本，所以，就平均获益能力来计算，短线投资利润并不高。而长线投资相对风险较低，只需要投资者买入基本面良好而价值被严重低估的优质股票，长期持有，便可通过复利增长的神奇魔力获得高额利润。资金的复利增长为长期投资者提供了较好的依据，"股神"巴菲特显然了解复利增长的奥妙，他的投资年平均复利增长率为28.4%，已经成为全球的超级富豪。

那么长线投资为什么会有如此巨大的魅力？

1. 长线投资可以减少交易成本。

在中国股票市场来回交易一次，需要花费7‰左右的交易费用，如果长期频繁交易将会带来极大的交易成本。普通股民缺乏信息和渠道优势，短线进出更加容易受到错误信息的引导，卖了以后选择买什么是很大的一个问题。在成熟市场中，股票换手率要远远低于新兴市场，即便是大型机构投资者，也更多地采取买入以后长期持有的策略，而非频繁的短线或波段操作。实际上，越来越多的短线投资者开始转向长线投资。

2. 长线投资有利于投资者集中精力控制所持股票的潜力。

买入后长线持有，投资者可以将精力全部投入所持有的股票上来，更全面地跟踪和分析股票，进而判断其内在价值。

3. 长线投资可以减少误判趋势的可能。

再好的股票也会遇到趋势遭到短期破坏的情况，但看好该股票的买盘将会支持股票恢复到原有趋势上来。若因短线止损出局而误判了趋势，则是非常可惜的。

4. 好股票具有稀缺性。

如果股民朋友们买到了市场上稀缺的好股票却不坚持长线持有，就相当于把好东西拱手让给了其他人。比如说贵州茅台，2006年曾经有上亿的资金去买它的涨停板，从中很容易看出优秀股票对股民的巨大吸引力。

中国知名股票投资人林园有这样一句名言："主动选'乌龟'，在痛苦中赚钱"。众所周知，乌龟的速度十分缓慢，但其一直在不断地往前爬，时间长了也能完成长距离的旅行，长线投资也是如此。当你买进一只长线股票，虽然在同一时间段内长线能够取得的收益可能没有短线或者其他投资方式丰厚，但是从长时间上看，长线股价始终保持着上涨的大方向，在熊市里是这样，牛市中也不例外，这就要求股民朋友们克服人性共有的弱点——贪婪和恐惧。因为，长线投资本身就是一场寂寞的持久战。

第四节 以果敢的心态抛股

会买的是徒弟，会卖的是师傅

由于投资眼光和炒股经验的不同，股市中存在着各式各样的人。有的人居安思危，在大牛市中就预测到熊市必将到来，提早出场，真正赚到了钱；有的人即使在熊市中也能通过短线交易赚得盆满钵溢；可是有的人天天盼牛市，但盼来牛市仍然赚不到钱，反而被套牢在牛市的顶部。新股民朋友们缺少炒股经验，如果能够敏锐地观察牛市的各种动态变化，及时发现大盘的顶部，便能够及时地逃顶避险。

会买的只是徒弟，会卖的才是师傅。因为股市上真正能赚钱的人很少，避免少赔是新股民应该记住的原则，精明的投资者能在牛市的动态变化里捕捉到重要的退出时机。牛市过后，一般是股市狂跌。如果没有及时退出，突然性的股市狂跌将使新股民损失巨大，而退出过早，则会将即将到手的利润白白放弃，所以退出时机是牛市中最为关键的一环，但这一环正是股民最难把握的一环。

对于牛市见顶的征兆，西方证券市场的经验是，当成交量明显增加，各种各样关于看好股市的言论与详细分析报告纷纷面世时，股市其实已经面临危险，牛市的上升势头缺乏持续的资金支持而转变为牛市末期的危险市场阶段。具体而言，牛市见顶，大势将有麻烦，会有这样一系列信号：

1. 从价格上看，创新高的股票数目先是大增，但到牛市末期尽管指数上升，上升的股价不多，它代表"大市即将有麻烦"。

2. 看空者被当成杞人忧天，市场清一色看多，市场上没有空头，出现多杀多的局面。

3. 股份拆细盛行，某一类股东希望借股份更加"流通"而将股票派发给"贪婪"的投资者亦表示牛市见顶。

4. 媒体的错误导向。报纸、电台和电视台大量报道财经新闻。报纸不断扩大财经新闻的版面，增加了股票、债券、商品、期货市场的报道，电台与电视台每周几次报道股市行情。这些表示股市狂潮即将接近尾声。

5. 留意新股上市的情况，是判断股市即将见顶的一种途径。股市接近牛市见顶时，新股民被胜利冲昏了头脑，新股一旦推出，立即被超额认购。新股大量上市代表"问题"即将出现。1968～1969年，1973～1974年，美国新股大量上市，随即美国三大股指就出现了大幅度下跌。

我国股市牛市见顶时大致也是如此，具体来说，有以下几种表现：

1. 新股定位高。

上市首日新股，如果开出一步到位的"天价"，而且高得有些离谱，则要考虑牛市见顶的可能。

2. 偏淡消息增多。

如媒体曝光上市公司欺诈问题，监管部门查处市场违规事件，拟实施的举措明显抑制做多，而股评界却一派唱好。历史教训表明，凡股评唱多者占上风时，大盘必见顶。

3. 扩容节奏加快。

如果扩容速度明显高于一个阶段的节奏，如几个月来都是每周发行 3~4 只新股，而近期突然增加到一周发行 5~6 只，便是大盘即将见顶的标志。

4. 量增价滞显现。

此项标志较为直观，如在一段时间缩量上涨、甚至于无量上涨之后，突然有一天成交量明显地放大，此时指数不涨，或略有上涨，但总体上却是跌家比涨家多，经分析是指数股拉住了大盘，而且还有庄股在进行对倒的嫌疑，便是典型的顶部标志。

熊市来临表现在盘面上，也有一些可资鉴别的标志：交易中买盘大大高于卖盘，大量新股民受前段价格的上升吸引涌入市场，历史经验证明这是熊市来临之前的征兆。这又可分为以下两种情况：个股价格上涨速度趋缓，表明正受到上升阻力；个股价格大幅度持续上涨，那就是说熊市很快就会来到，还有逃离时间；个股价格猛降，吸引许多股票投资者转向，会迅速引发熊市；投资者由风险较大的股票转入安全型股票，标志着市场上悲观和保守心理的增加，也会引发熊市。

牛市见顶后，市场有可能进入回调整理阶段，也有可能没有盘整直接转入熊市。而股市是否由牛市转入熊市，对新股民的操作决策非常重要。如果只是一般的回调震荡，股民可以持股不动或者稍微减仓；而如果已经转入熊市，则必须马上止损出局，避免被深不见底的熊市套牢。

上述几种标志和征兆出现往往并不代表熊市就会立即来临，有时仍需经历一段时间。究其原因是牛市本身也有一种惯性力，只要惯性力仍大于阻力，即使没有推力，牛市也能自行维持下去；投机者狂热的炒买炒卖也可维持一段时间的牛市；不断涌现的新股民将大量新资金投入股票市场，增强了买方的力量，也能够继续推动牛市一段时间。

炒股首先要学会看清市场走势。牛市的时候要掌握见顶的征兆，抢在见顶前安全撤退，方能保持胜利果实，否则就会在牛市顶部被套牢，以前的盈利化为过眼烟云不说，还会倒搭上老本。

暴涨之后必有暴跌

股市上有一句名言：暴涨与暴跌总是形影不离。每当股市出现暴涨的情况时，一般都伴随着暴跌，这是为什么呢？

当股市经过狂炒后特别是无理性炒作后，股价就会大幅飙升，从而导致股市的平均市盈率偏高、相对投资金额不足，此时先入市资金的盈利已十分丰厚，一些股民尤其是庄家、机构便会率先撤出，将资金投向别处，从而导致股市的暴跌。

暴涨之后必有暴跌，这不单是中国股市经验的总结，也是被西方证券市场反复验证的真理。纽约华尔街股市流传已久的"擦鞋童理论"，就是对这一现象的具体阐述。这个理论说，当股市火爆到连街上擦鞋童也在谈论股市，关注股票行情的时候，那就意味着整个股市已临近上升末端，距离股市崩盘没有多远了，股市即将转入空头市场。

这句谚语的原理是什么呢？当股市出现近乎全民参与的火爆场面时，整个国民经济持续发展能力将因资金与人力资源都参与投机而日趋下降；生产力下降，国家的经济便陷入衰退；股市成为纯投机市场之后，大投资家运用手中庞大的资金与经过多方面汇总得出的精确信息，足以操纵市场，成为股市真正的赢家，一旦他们对既得利益心满意足从而离场，股市便成为小额投资散户自相厮杀的战场，自然维持不了多长时间。

这是一条血的教训，新股民朋友们尤其应该警惕：当暴涨行情出现时，切勿盲目跟进。

股市从出生那天起，就注定了它时而热血沸腾时而冷酷无情的性格，它的大起大落深深地影响着每一个股民。大起固然让人欣喜若狂，大落却让人血本无归，甚至债台高筑。

2007年，整个国民经济发展态势良好，上市公司业绩均有相当程度的增长，再加上股市压抑太久，大盘的爆发力和耐力都比较强，于是造就了10月份令人惊诧的沪指新高6124点。

面对股市的不理性暴涨，政府采取了许多手段调节股市，却依然没有唤醒被狂热冲昏头脑的股民，很多人依然在一个劲地买进，不管多高的股价都要，最后发展到连在市场卖菜的大妈都借钱进入股市，颇有点华尔街"擦鞋童"的味道，殊不知此时的中国股市已经开始酝酿转折的悲剧了。

疯狂的暴涨，不合理的股价是不可能长期维持的，在许多人还没有意识到这一点的时候，股市已经开始进入下滑的轨道。2008年，股市更是跌跌不休，所有的股票都几乎都出现暴跌。许多新股民刚刚进入股市，便被深度套牢，损失惨重。

很多人预测，2008的暴跌跌去40%也就该反弹了，可是跌掉55%还没有停，到 2008 年 8 月已经跌去 56%，可依然还在跌，跌得股民脸都绿了，肠子也青了，它依然没有停止！直到 2008 年 10 月 28 日，出现了 1664 点的新低。

股市泡沫的高度堆积，产生了让人目眩的上证综指 6124 点的假象。所有泡沫从它诞生的那一天起就已经注定了破碎的命运，2008 年的上证综指 1664 点应该说也是一种必然，这是中国股市给股民们的一次惨痛教训。实际上，中国股市的每一次下跌，也都是发生在暴涨之后。2001 年的股市暴跌，便是发生在 2000 年和 2001 年初股市暴涨的基础上的。

2000 年 11 月 8 日，上证指数突破 2000 点大关，大盘迅速攀升，到 11 月 20 日，大盘指数已经达到 2101.39，上升了 100 多点，到 2001 年 6 月 14 日，大盘指数已经高达 2245.44，这一轮的暴涨行情也在一片欢腾中接近了尾声，之后大盘开始了大幅度的回落。到 2001 年 7 月 20 日，大盘指数降到 2179.62，成交量已经极度萎缩，一切统计指标均显示：中国股市已经极度虚弱，随时有可能跌进万丈深渊！可是仍然有很多散户没有意识到"暴涨之后的暴跌"，仍然在不知疲倦地追涨杀跌，结果在跟随大盘享受无限风光之后，从天堂步入地狱。

惨痛的教训告诉我们，股市暴涨的时候，往往正是最为危险的时候。每一个新股民，在股市暴涨的时候，都必须要保持清醒的头脑，切忌得意忘形，继续买入。有的人见股市一涨，就热血沸腾，股市越涨，就越冲动，总以为今天涨了明天还会涨，不知道股市的上涨总是有限度的，不知道大涨之后，必有大跌，在股市涨得最为疯狂的时候还去盲目追高，结果在高位被深度套牢。

我国股市正在不断走向成熟，沪深股市那种一涨俱涨、一跌皆跌的齐涨共跌现象会有所减少。但可以肯定的是，在相当长的时间里，这种情况不会完全消失。即使在美国那样成熟的股票市场中，大势的影响也依然是股票涨跌的最基本因素。因此，新股民要想在波涛汹涌的股市中保持清醒的头脑，不要在暴涨时还追涨不已，一定要学会看大势，并顺势而为。

卖在集合竞价时

新股民们对集合竞价应该不太陌生，这是中国沪深两市制定股票开盘价的一种方式，而你们是否知道，集合竞价还是有些短线高手最喜欢的卖出点。

卖在集合竞价时，就是说在集合竞价阶段，或者集合竞价结束但还未开盘时将股票挂单卖出。这种卖出方式有提高当天的资金利用率，同时可避免开盘后的股价调整的优点，最适用于短线上涨已经接近尾声，个股出现极度强势的一字形涨停板后的走势。个股出现一字形涨停板走势后，有两种情况特别需要新股民注意，一是第二天个股出现利好消息，二是周五收出一字形涨停板。因为这两种情况下出现涨停有很大可能是主力在诱多准备出货。

如果个股出现一字形涨停板，说明多头力量极为强大，与空头力量相差悬殊。如果其后的交易日不能连续收出一字型涨停板，就有可能给投资者造成一个印象，多头力量下降了，这只股票可能要盛极而衰开始调整了，于是会带来恐慌性的抛盘。在集合竞价阶段，如果个股不能大幅封住涨停，那么可能在获利盘的打压下，展开调整走势。那么，将卖点选在集合竞价阶段，有可能让你将利润最大化。

【实例链接】

1. 广电电子（600602）

该股股价在出现一字形涨停前就一直平稳上涨，而在后期出现了加速上涨的走势。在加速上涨的过程中，股价连续几天以开盘就涨停的"一字形涨停"形式拉升，行情极度看好。在整个上涨过程里，股价经历了一波平稳的上涨走势后进入加速拉升阶段时，出现这种以连续涨停的形式拉升的形态，就应该引起新股民朋友们的高度重视了，因为这种情况的出现很有可能是庄家在快速大幅度拉升股价，以吸引场外投资者的跟风盘。很多投资者都会被这种快速拉升的形式诱惑，在这种诱惑之下，场外投资者会纷纷进场，买进庄家抛售的筹码。因此，新股民朋友们如果遇到这种行情走势，一定要高度重视，密切关注股价的一举一动。一旦股价不能以涨停的形式开盘，或者以涨停的形式开盘之后被打开涨停的话，就应该立即卖出，获利了结。该股就是在连续4个交易日出现一字形涨停以后，在2009年6月12日开盘后，涨停板被打开，而后一路下行。如果新股民在6月12日集合竞价阶段就卖出该股票，或者在涨停板被打开的时候卖出，则获利颇丰（图10—2）。

图 10—2

2. *ST 九发（600180）

让我们看看 2009 年第一妖股，*ST 九发（600180）。从 2008 年 11 月 5 日之后，该股连续拉出 30 只涨停，在 2009 年 7 月 7 日出现了第一个 T 字形涨停，说明当日该股的涨停板被打开，此时是新股民朋友们的第一个卖点。随后涨停板又被封上，到了 7 月 8 日重新打开，这时第二个卖出点出现，新股民遇到这种情况，就可以在集合竞价阶段先卖出手中的筹码，以避免股价再次回落带来的风险，如果把握不住就会失去将利润最大化的机会（如图 10－3）。

图 10－3

两害相权取其轻

给你一道选择题：假如你现在驾驶着一辆货轮在大西洋中航行，不巧遇到了风暴，为了尽快脱离风暴，你有两个选择，一个是将船上价值昂贵的货物扔掉，保全自己；另一个就是保全货物，让自己坐以待毙。这时候，你如何抉择。相信任何有着长远见识的人此时都会选择"舍货物，保性命"的方法，因为货物是有价的，但人的生命却是无价的。

古人说，两害相权取其轻，如果新股民在股市中遇到这样类似的情景，也同样需要采取最少化、最弱化危机的法则，保证做到让自己的损失最小化。

比如说，两种股票同时下跌，而当时买入的总市值假如为 20 万元，甲股票计 10 万元，乙股票为 10 万元。而此时，甲股票的市值已跌至 8 万元，乙股票的市值为 7 万元，这时候，你会如何选择呢？

按照常理来推断的话，既然在同样的走势下，甲股票的亏损显然要小于乙股票，这说明，甲股票的抗跌能力显然要好于乙股票，止损的话，应该保留甲股票。

但在股市中，却有很多股民选择对甲股票进行止损，其原因在于，反正乙股票已经比甲股票亏得多了，按照损失最小化的原则，当然要对甲股票进行止损。

其实，这是一种思维误区。这就如同医护人员把相对有限的精力放在好转可能相对较小的病人身上，而不把相对有限的精力放在好转可能相对较大的病人身上，结果贻误了两位病人的病情，道理是一样的。

风物长宜放眼量，在亏损面前，尤其要冷静，要通过损失的表现看到未来哪只股票最有可能扭亏为盈、反败为胜，以果断的姿态作出明智的选择。

同样补仓，"钱途"不同

补仓的意思是说，因为股价的下跌被套，为了摊低该股票的成本，而进行买入的行为。补仓是被套牢后一种被动的应变策略，是以更低的价格购买该股票，使单位成本价格下降，以期望在补仓之后反弹抛出，将补仓所买回来的股票所赚取的利润弥补高价位股票的损失。补仓的好处：原先高价买入的股票，由于跌得太深，难以回到原来价位，通过补仓，股票价格无需上升到原来的高价位，就可实现平本离场。

举个例子来说：你以10元买入某股票10000股。几天后，该股跌至5元。这时通过分析，你预期该股将会在一段时间之后上升或反弹，于是再以5元的价格买了10000股，此时，你的买入行为就叫"补仓"。那么，你现在两笔买入的平均价就为$[(10 \times 10000) + (5 \times 10000)] \div (10000 + 10000) = 7.5$元。通过这次补仓，你的买入成本为7.5元。也就是说，补仓后，你就不用等到该股票涨到10元才能回本，只要该股涨到7.5元你就可以卖出，实现平本或盈利。

这就是补仓的好处，在亏损的时候，向下平摊成本，股价一旦反弹就能挽回损失，甚至赚钱。

但同样是补仓，"钱途"也会有所不同。因为补仓本身并不是一个解套的好方法，它虽然可以摊薄成本，但股市难测，补仓之后，股价可能继续下跌，造成的唯一结果将是扩大亏损。

同样举例来说，假如你以10元买入某支股票10000股。次日该股跌至5元。这时你预期该股将会上升或反弹，再买入10000股。此时的买入行为就叫做"补仓"。但股市并没有按照你预期中的走势上涨，而是继续下跌，那么，你后来的补仓的股票也一样是亏本的。

在股市中，当价格滑落的时候，很多股民都会抱着侥幸的心理进行补仓，把平均价格降低，以期能够挽回损失，甚至赚钱。但股民也要明白，补仓这种方式并不是在任何时候都适用，比如说在牛市中，如果向下摊平成本的话，或许还能挽回一些损失。但如果是在熊市的前提下采取这一操作方式，继续赔钱的可能性会更大。

因此，在具体应用补仓技巧的时候要注意以下几点：

1. 熊市初期不能补仓。

这道理炒股的人都懂，但有些新股民无法区分牛熊转折点。有一个很简单的办法：股价跌得不深，坚决不补仓。如果股票现价比买入价低5％就不用补仓，因为随便一次盘中震荡都可能解套。要是现价比买入价低20％到30％以上，甚至有的股价被夭斩时，就可以考虑补仓，后市进一步下跌的空间已经相对有限。

2. 弱势股不补。

在弱势股中，特别是那些大盘涨它不涨，大盘跌它跟着跌的无庄股。补仓的目的是希望用后来补仓的股的盈利弥补前面被套股的损失，既然这样大可不必限制自己一定要补原来被套的品种。补仓补什么品种不是关键，关键是补仓的品种要取得最大的盈利，这才是要重点考虑的。所以，补仓要补就补强势股，不能补弱势股。

3. 前期暴涨过的超级黑马不补。

历史曾经有许多独领风骚的龙头股，在发出短暂耀眼的光芒后，从此步入漫漫长夜的黑暗中。这些曾经辉煌的龙头股下跌周期长，往往深跌后还能深跌，探底后还有更深的底部。投资者想摊平这类股，只会越补越套，而且越套越深，最终将身陷泥潭。

4. 大盘未企稳不补仓。

大盘处于下跌通道中或中继反弹时都不能补仓，因为股指进一步下跌时会拖累绝大多数个股一起走下坡路，只有极少数逆市走强的个股可以例外。补仓的最佳时机是在指数位于相对低位或刚刚向上反转时。这时上涨的潜力巨大，下跌的可能最小，补仓较为安全。

5. 把握好补仓的时机。

股民在补仓的时候，不要分段补仓，应逐级补仓。一般而言，散户的资金有限，无法经受得起多次摊平操作。其次，补仓是对前一次错误买入行为的弥补，它本身就不应该再成为第二次错误的交易。所谓逐级补仓是在为不谨慎的买入行为做辩护，多次补仓，越买越套的结果必将使自己陷入无法自拔的境地。

利好利空要看清

很多股民特别喜欢在涨势中打探有什么是利好消息，在跌势中打听有什么利空传闻，并且也总认为行情涨就一定有利好，行情跌就一定有利空，在操作上也跟随其所打探的消息频繁进出，摇摆不定，最终却落得"竹篮打水一场空"。

实际上，消息在行情中的反应既有超前性和滞后性，也有真实性和欺骗性，更有市场如何利用以及利用程度等问题。所以，行情中利好不涨、利空不跌的现象比比皆是。

对于新股民来说，除了要辨别消息的真伪以外，重要的还是要认真区分消息的性质是利好还是利空，并且判断出对市场影响的强弱。一般来说，区分利好和利空可以从以下几个方面入手：

1. 对上市公司的影响。

消息对上市公司的影响主要表现在对公司经营效益的影响，比如说，在某一阶段，上市公司的经营环境发生了变化，经营环境既包括国家政策的变化，也包括上市公司内部政策的变化。如果在这些因素的影响下，有利于公司的发展，那这消息无疑就是利好消息。

2. 对股票投资价值的影响。

能增加股票相对投资价值的因素是利好因素；反之，降低股票相对投资价值的因素则是利空。另外，如果其他投资领域的收益上升，那么将会使股票的收益有所下降。比如说，当储蓄利率或债券利率的上调，实业投资如房地产投资收益的提高等都是利空，而储蓄利率或债券利率的下调等就是利好消息。

3. 对股民炒作收益的影响。

比如说，对股票红利或股民的资本所得（股票差价）是否征税或税率的调整，如果税率增加，将直接减少股民的投资收益，加大股票炒作的风险，所以它是利空消息。

4. 对股市供求关系的影响。

股市中，资金与股票的供求关系决定着股价的涨跌，资金相对盈余时，股价就上涨；反之，当资金相对紧张时，股票价格就下跌。所以，我们可以这样理解，当消息有利于资金扩容的时候，我们可以说其是利好消息，当消息有利于股票扩容的时候，我们可以说其是利空消息。

当然，判断一个消息是利好还是利空仅依靠上面的分析难免有些绝对化，在实际操作过程中，消息的利好利空性质错综复杂，绝不是能如此简单划清的。这就需要股民朋友们具体问题具体分析了。

事实上，世界上没有绝对的利空消息，也没有绝对的利好消息。利好消息出来，对持仓的股民固然是利好，但对于空仓的股民就显然不是一件好事。

反之，利空消息对于做空的人为利好，对于做多的人则为利坏。再说这利又可分为暂时的利和长远的利。有的利空消息（如加强市场监管、国有股减持）为暂时的利空，长远看却为长远的利好。况且，利空与利好，在一定条件下也可以互相转化。

所以，对待股市中的消息，要辩证地看，一个消息是利空还是利好，应该由市场说了算，而不是由股民主观地去认定。

要博傻，不要最傻

有一天，一个人去文物市场，有商人向他推销一个金黄色的钱币，商人说这是金币，要卖100元。这个人一眼就看出来这是黄铜，最多只值1元。于是这个人对商人说：1元的东西，100元我肯定不会买，但是我愿意以5元买下来。商人看他是识货的，不敢再捉弄人，最后以5元成交。

这个人的朋友知道了，对他说："你真傻，明知道是1块钱的东西，你花5块钱买下来，这不是傻瓜吗？"这个人说："是的，我很傻，但是，我知道有人比我更傻，我花5块钱买来的东西很快就有更傻的人以10块钱买走。"

几天后，就有一个人听了别人的小道消息，认为此人手里持有的是黄金，以50元的价格买走了。这个傻瓜认为这块市场价值为100元的黄金自己花50元就买了，还算便宜呢！

初次买这块钱币的人的理论是：自己买贵了无所谓，只要找到一个比自己更傻的人，那么自己就不会吃亏。这便是著名经济学家凯恩斯提出的"笨蛋理论"，也有人将其称为"博傻理论"。

什么是"博傻理论"呢？凯恩斯曾举过这样一个例子：

从100张照片中选出你认为最漂亮的脸，选中的有奖，但确定哪一张是最漂亮的脸需要大家投票来决定。

试想，如果是你，你会怎样选呢？此时，因为有大家的参与，所以正确的策略并不是选你认为最漂亮的那张脸，而是猜大多数人会选择谁，哪怕那个人丑得不堪入目。这时候，你的行为是建立在对大众心理猜测的基础上而并非是你的真实想法。

凯恩斯说，一些专业的投资就可以比作这种比赛。这些比赛由读者从100张照片中选出6张最漂亮的面孔，谁的答案最接近全体读者作为一个整体得出的平均答案，谁就能获奖。因此，为了获胜，每个参加者所挑选的就不一定是他自己认为的最漂亮的面孔，而是他认为最能吸引其他参加者注意力的面孔，而同时，其他的参与者也以同样的方式思考这个问题。这时候，我们要选的就不是根据个人最佳判断确定的真正最漂亮的脸，甚至也不是一般人的判断，而是，运用我们的智慧预测一般人的意见，认为一般人的意见是什么……这与谁是最漂亮的人无关，你关心的是怎样预测其他人认为谁最漂亮，又或是其他人认为其他人认为谁最漂亮……

现实生活中，人们都会跟随别人的选择，猜测别人的选择，进而根据这些信息来做出自己的判断，而不是根据自己的理性推断。这就是博傻理论产生的根源。敢于博傻的人，都是在利用人们内心中存在的"从众心理"，找到更大的笨蛋，从而成为最终的胜利者。

炒股也一样，这个策略同样影响着人们。我们常常看到，有些投资产品的价格明明已经高于它本身的价值了，但还是有人愿意买。人们之所以完全不管这个东西的真实价值，而愿意花高价购买，是因为他们预期将会有一个更大的笨蛋会花更高的价格，从他们那儿把它买走。比如说，你不知道某个股票的真实价值，或者你知道这只股票的真正价值不值20元，但你还是愿意花20元去买一股。为什么呢？因为你预期当你抛出这支股票的时候，就会有人花更高的价格来买它。

所以，我们也可以这样说，投资成功的关键就是你能否准确地判断出究竟有没有比自己更大的笨蛋出现。只要你能断定出自己不是最大的笨蛋，那么，你要考虑的就仅仅是赚多赚少的问题了。但如果在这次投资中，你所预期的那个笨蛋没有出现，那么，很显然，你就是最大的笨蛋。

博傻策略是高价之上还有高价，低价之下还有低价，其游戏规则就像接力棒，只要不是接最后一棒就会有利可图，做多者有利润可赚，做空者减少损失，只有接到最后一棒的人才是最倒霉的那一个。

"博傻理论"所揭示的是投资行为背后的动机，其动机就是判断"有没有比自己更大的笨蛋"，只要自己不是最大的笨蛋，那么自己就一定是赢家。可以这样说，任何一个投资者信奉的无非是"最大的笨蛋"理论。

第五节　防范心理误区

从众心理

刚进股市的张小姐以前对股票一窍不通，可听同事说，有人在股市中投入20万元资金，盈利就高达10多万元，这让张小姐心动不已。再看看周围的朋友似乎也都在炒股，好像这年头谁要是不炒股，就落伍了似的。

于是，她赶紧开户，拿出自己的全部积蓄，跟着朋友加入炒股大军，起初还真有收获，但经过股市的初步调整，几天下来，赚的钱亏了不说，本金也损失了不少。

其实，当前股市里像张小姐这样迷迷糊糊挣钱，稀里糊涂赔钱的人不在少数。他们往往是这场炒股热潮中跟风入市的新股民，多数人都有从众心理，见别人炒，自己也一哄而上。

趋利避害是人之常情。有些人确实能在股市中获得较高的收益，于是，渴望赚钱的人也就跟了进去，进入股市的人越来越多，人们的从众心理也就越来越强：别人都这么做，我也要这么做。而且人们只从成功范例中看到了赚钱的一面，却忽略了其赔钱的一面。很多股民没有风险意识，没想过自己会赔钱。

股民的忽略风险还跟"群体压力分散"心理有关。每个人都想着，万一股票下跌，还有这么多人跟我一起扛呢，又不只我一个。殊不知，有钱人能扛得起，没钱的人能扛多久？

每个人进入股市都有自己的理由，每个人对股票也有自己的预测，炒股好或不好，不能一概而论。炒股应戒除这种从众心理，保持一颗平常心：

1. 找准自己的定位。

并不是每个人都适合做同一样的事，如性格过于内向，虚荣心强且敏感，心理承受力较差、经济状况不好的人最好不要涉足，一遇风浪容易导致心理危机。

2. 分清主次。

炒股毕竟不是生活的全部，享乐和暴富欲望助长了人们急功近利的投机心理，最终也会摧毁人们幸福生活的基础，任何时候我们都不要偏离自己人生的主航向。

3. 学会及时认输。

在股市浪潮中，只有认输才有可能令自己保持冷静，从而从泥潭中脱身而出。不认输的人，往往把人生没有看成是一个由无数阶段所组成的整体，于是认为任何一个阶段上的重大挫折，都意味着对他整个人生的否定，所以很容易崩溃。

4. 要想在股海中经得住风雨，站得稳脚跟，获得预期的回报，就要以提高自己的综合素质为前提。如：身体、心理、文化素质，了解必要的政治经济政策和股市基本知识，才能做到理性投资，不当盲目的"跟风人"。

贪婪

作为投资者，进入股市的主要目的就是为了赚钱，因此每个人都希望自己能够操作得比较成功，赚得更多些，这是正常的心理。但是这种心理如果演变成一种对金钱贪得无厌的追求，则会在操作时形成严重的心理障碍，不但有可能使自己失去很多获利机会，还有可能遭受巨大的损失。

股票买卖的基本原则就是低买高卖，但究竟什么点位叫高，什么点位叫低，在不同的股民心中，就有不同的含义。有些人企图总是卖到最高点，买到最低点，实际上这是不大可能的，从事股票交易本身并没有最佳的买点和卖点。有些新股民在股票价格上涨过程中，在没有经过认真研究的情况下，不断提高股价上涨的目标期望，担心卖了以后股价继续上涨使自己失去了可能得到的利润，甚至在价格已经很高的情况下仍然加码买进，这种贪念经常使投资者由赚大钱变成赚小钱，甚至最后变成亏本。有的新股民则是在股价下跌过程中，迟迟不肯买进，总是盼望股价跌了再跌，以期买到最低点。这种心理看上去是谨慎，实际上是贪心，往往坐失良机。

在炒股贪心方面表现得最为突出的是在抛股上。有的人一心想抛个最高价，今天涨了还想明天涨，赚了一万还想赚两万，欲望无穷，不知道股市里有这样一句谚语："树木再长也长不到天上去"，股价再涨也会有个限度，世界上没有只涨不跌的股票。事实上，相当多的股票在经过一段时间的大涨尤其是暴涨后，随之而来的必然是大跌甚至暴跌。

股价涨起来难，但跌起来却相当快。正如美国一位投资家说的："股市就像纽约的帝国大厦，爬上去需要八分钟，掉下来只需两秒。"这个比喻形象地告诉股民，股市向上走时很难，当你好不容易爬上去了，眼看着收益也要到手了，但突然出现一个意外，或者出来利空消息造成恐慌，股价在极短的时间里就可以使以前的努力前功尽弃。

所以，这就提醒股民朋友们，在股票市场中，一定要把握好时机。必须当机立断，使劳动果实及时到手，如果稍慢一步，就有可能由盈利变成亏损。抛股要果断，要有决心，关键就在于一定要克服过于贪心的毛病，不要总想着鱼头鱼尾一个人吃。实际上，吃了鱼身就足了，非要连鱼头鱼尾一起吃，是容易卡喉咙的。

美国股市有句名言："多头和空头都可以发大财，只有贪得无厌的人例外。"这是被中外股市发展史所反复证明了的事实。因此，对于新股民来说，克服贪婪心态，是保证投资成功的基本条件。

把炒股当赌博

"炒股就像买彩票，买中了你就赚；买错了你就赔。简单说，就是靠运气。"在股市中，抱有这种心态的股民不在少数。他们认为，炒股就是无数次的赌博：赌你选股准不准、抛售时机对不对……

在当前的中国股市，大多数股民都习惯于这种短线"赌"股，而缺乏中长线的投资思想，这是当前中国股市频繁波动的一个重要原因，也是大多数股民在股市里不是套牢就是亏损的关键症结。

炒股不是打仗，更不是赌博，需要的不是孤注一掷的赌劲，更不是破釜沉舟的勇气，而是冷静理智的操作。但在真正的操作中，许多股民却偏偏忽视了这点，虽然有不少著作提醒股民要理性选股、适量投入，但发财心切的人们，根本不屑于这种论断，他们只想着一夜暴富，一口吃成胖子。一旦发现有哪只股票涨势见好，或者听说某只股票有什么题材，便倾其所有，全仓杀入，只想赚个盆满钵满，一如想钱想得发疯的赌徒。

但他们却忽略了股市的瞬息万变，大涨的局面或许就在某一个瞬间就变成了大跌，那些看似赚得满满的纸上富贵顷刻间化为乌有。

所以，作为一个理性的投资者，如果你想要在股市中有所作为，就一定要克服这种赌博的心态。

1. 在股市中，不要有孤注一掷的想法。

孤注一掷的人总想着一夜暴富，恨不能买卖一次股票就成为百万富翁，当其一旦在股市上有所斩获后，更容易利令智昏，失去理智，继而把所有的资金，甚至不惜借贷资金，全部投入。反之，在失利时，又输红了眼，拼死一搏。在股市输得精光的人多是这种人。孤注一掷的人最容易犯的错误就是将所有的资金放在一只股票上，这就好比赌轮盘时独押一个号码，这种独押方式如能获利将十分丰厚，但一旦出现意外，造成的损失也是难以估计的。

股市不是赌博，所以千万不要有这种孤注一掷的做法。

正确的做法就是分散投资，在不同的时间购买不同的股票，在获利和亏损轧平后，往往不会有太大的损失，即使是在空头市场，也可以降低损失。股票投资是高收益与高风险的混合体，从事股票买卖就必须正视这种特点，在保本的过程中使自己的资金增值。俗话话得好：留得青山在，不怕没柴烧。

2. 不要把所有的钱全部投在股市中。

股市有句格言：投资股市就如同放风筝，风筝线切不可放尽。这是提醒投资者，股票投资具有很高的风险性，无论如何不能把所有的钱都拿来进行冒险性的投资。如果手边留一点钱，行情下跌时，就可以在适当时候再次买进，以弥补损失，如果把"风筝线"即资金全用完了，即使股价跌到很低的水平，也不能买进，只能坐视机会从身边错过。

所以，在投资的时候，一定要合理分配自己的资金，可以用1/3的资金投资股票，用剩下的资金购买国债和参加储蓄，这样既保持了资金的较高收益，也保持了资金的安全性。

总之，股票投资是一项高风险投资，虽然可能带来高收益，但也可能带来高额损失，甚至赔得倾家荡产。有的股民只看到股票投资高收益的一面，看不到或不愿看到风险性的一面，这是十分危险的。

更重要的是，股市虽然有一定的投机性，但它毕竟是一个理性的资本市场，我们不能把它当做赌博场所，一味抱着赌的心态进行股票交易，不认真分析大盘的形势，不详细研究上市公司的基本情况，完全依靠运气孤注一掷，侥幸取胜。这种带有"赌"心的股民，绝大多数也是炒股的失败者。

贪便宜货

在股市中，有些股民喜欢"便宜货"，什么是便宜货，在那些喜欢"便宜货"的股民眼中，价格低的就是便宜货。这听起来多少有点可笑，但这种现象在股市中却屡见不鲜。从寻找"价值洼地"的角度来考虑，买"便宜货"当然没有错。比如在股市中，找到一些暂时被低估，但是存在着后续上涨空间的股票，是不少成功的股民战无不胜的秘诀。但是，这种寻找价值洼地的真正含义却被一些股民误认为是寻找那些表面上便宜的股票。

张阿姨的选股原则是：只买 10 元以下的股票。她认为，10 元以下的股票，属于自己的承受范围，而且，上涨的空间大，下跌的空间小，这样，还能避免更大的损失。对于那种三四十元的股票，张阿姨从来都不碰，原因就是"太贵了"，一下子涨涨跌跌，自己犹如坐过山车，太煎熬。

张阿姨的道理貌似站得住脚，可事实真是这样吗？假设，现在有 A、B 两只股票，A 股票目前的股价为 5 元，属于许多新股民喜爱的低价股；B 股票的股价为 50 元，基本可以算作高价股。我们假设，A、B 两只股票都买入 10 万元。那么，A 股票可以买入 2 万股、B 股票可以买入 2000 股。假设，两只股票同时上涨或下跌。首先看上涨的情况，A 股票的股价增长为 0.5 元，B 股票的股价增长为 5 元。尽管看上去 B 股票比 A 股票"赚得多"，但是在实际投资额一定的情况下，两只股票的获利都是一样的，也就是 10 万元×10％＝1 万元。不同的只是投资 A 股票每股获利为 0.5 元，但持股量大；B 股票的每股获利虽然高为 5 元，但持股量小；无论是 A 股票，还是 B 股票，投入 10 万元两者的获利总额都是一样的。反之也是同样的道理。假使两只股票同时下跌，A 股票当日只跌了 0.5 元/股，B 股票的跌幅则达到了 5 元/股，可是在投资额固定的情况下，不管你买的是 A 股票，还是 B 股票，你实际亏损的总额是一定的，都是 1 万元。

从这方面来看，不管是便宜的还是贵的，并不会改变投资的本质。其实，真正的便宜指的是当某一只股票的内在价值被低估的时候买入，这样，获利的可能将非常大。我们所熟悉的投资大师巴菲特就是专拣"便宜"股票买的典型。但和只注重"表面便宜"的投资者不同，巴菲特在选择一只股票的时候，会对这只股票进行研究、分析，找出这个股票被低估的价值。比如，这只股票本身值 20 元，但现在它的价值被低估了，成了 12 元，那么，这时候，巴菲特才买入。正是这种购买"便宜"投资产品的做法，让巴菲特获利不菲。

只注重"表面便宜"带给投资者的一个弊端就是，在股票真正便宜的时候，他们却不敢买了。比如说，在 2008 年突如其来的熊市之中，真正出现了不少"便宜"的股票，好多股票的价格都跌到二三元钱，甚至还有 1 元股票。但那些偏好"低价股"的股民却产生了畏惧，他们不知道在这种情况下，下跌还会不会持续下去，如果买了，会不会一无所有，于是，就在极度悲观中，他们失去了大片"价值洼地"。

还有一个非常能说明这种问题的例子，那就是 QDII 产品。QDII 产品刚刚推出时对投资市场产生了巨大撼动。某基金公司的QDII基金首发当日，认购规模就达到了900多亿元。事实上，不少积极认购的投资者当时对QDII基金并没有足够的认识，他们疯狂认购的背后，是对其"便宜"面值的追逐。然而，随着全球投资环境的迅速恶化，很多人真正觉悟到了，以"白菜理论"来投资是站不住脚的。

随着QDII产品的巨亏，不少QDII基金的净值甚至跌到了3角、4角的水平，一时间QDII基金也成为了人人避之不及的产品。可是让投资者们没有想到的是，2009年的经济回暖，让QDII基金"浴火重生"，QDII基金的平均涨幅达到了55.22%，不少银行系QDII产品也拿出了相当不错的成绩单。

看到QDII的表现，很多投资者感叹，没有在便宜的时候，出手多买一些。如果投资者以这种心理出现在投资市场上，那么，当真正的"便宜"出现时，敢于大胆介入的投资者就没几个了。

总之，"表面便宜"并不会给投资者带来多少"便宜"，也不会为你的投资带来多少保险，对于理性的股民来说，只有寻找到那些真正被低估的便宜的股票，才能为你带来真正的"便宜"。

过度谨慎不可取

"谨慎"不论是对身处风起云涌的股票市场的投资者，还是对每天过着清闲安逸生活的人们来说，听上去都是一个褒义词。但是，凡事都有一个度，过分的谨慎就不是一件多么好的事了。我们甚至可以说，过度的谨慎就会陷入保守，导致做事的时候犹豫不决、畏畏缩缩，该出手的时候不敢出手。尤其是对于那些处在变幻莫测的股票市场的股民来说，过度的谨慎往往会让投资机会白白溜走，自己却只能追悔莫及。

在投资过程中，这种因为过于谨慎而错失大好机会的失误被称为"踏空"，世界顶级投资大师格雷厄姆关于踏空有这样一段经典诠释："投资就像吃饭和睡觉一样，该吃饭的时候就吃饭，该睡觉的时候就睡觉，这样人就能保持健康。如果一个人在该吃饭的时候选择睡觉，在该睡觉的时候选择吃饭，那么他的身体很快就会垮掉。同样，在股市中，当好的投资机会出现的时候，就应该迅速地做出判断。只要机会中的风险因素低于50%就可以出手投资，否则就有可能因为踏空而追悔莫及。有时候甚至是达到50%或稍稍高出50%，在自身实力比较雄厚的情况下也应该出手投资。该投资的时候就投资，不该投资的时候就保持自己的冷静。"

选择适当的买卖时机对炒股来说至关重要。但是，更重要的还是在机会来临时，将其紧紧抓住。正如格雷厄姆所说："该投资的时候就投资，是一个投资者水平高低的分界线。在投资市场上最让人后悔的事情，不是你的投资没有收益或者投资失败，而是你在该投资的时候没有投资。"

一个投资者，想要在市场上获利，谨慎的作风必不可少，但凡事过犹不及，过度谨慎往往会给自己带来遗憾。

切莫沉迷于老经验

"历史总是惊人的相似"，这句话在股票市场上备受推崇，许多股民认为，在股市上，应该关注以往的经验数据及走势，借助类似于汽车后视镜那样的"回顾"作用来选择股票，这样获利的几率才会更大。但投资大师索罗斯却告诉我们：经验不是万能的，如果一味地相信经验，则有可能为你带来更大的损失。

是的，有些经验只在某一状况下才能够适用，实际投资中很多时候只需要运用某一理论的一部分，不能完全依靠过去的经验，因为市场是难以捉摸的。即使是自己过去成功操作过的投资经验，也要避免过分相信它。

然而，在实际投资活动中，很多股民都对以往的投资经验表示出了极大的热情。不管是在市场上还是在媒体上，各种经验之谈铺天盖地，经验之类的书籍更是令人眼花缭乱。尤其是那些在股市上获得了较大利润的股民，他们的经验被人吹捧和夸大，以至于最后传得神乎其神。

事实上，在市场中，往往会出现这样一种现象，当你拿着别人的成功经验去买卖股票的时候，得到的却是糟糕的结局。这究竟是什么原因呢？索罗斯说，除了经验之外，每个股民的特点各有不同。每一项投资，只有当事人的体会最为深刻，那是一种亲身的体验。由于投资特点不一致，所以其中的教训也是不一样的。因此，一个投资者的经验未必适合另外一个投资者。

为此，建议广大股民，在股票投资过程中，不要一直盯着"后视镜"，过于眷恋过去。但也要注意，不要过于眷恋过去，并不是否认总结经验的重要性。股票市场背后有近乎"天然"的规律，这种规律是人难以改变的，但它的运行又受到方方面面的影响。所以说，以往数据、行情、业绩等可作为个人投资的参考之一，但不能过分依赖，也不能全盘照搬来用。

还有一点与"过去时"有关的是，很多人过分看重过去的投资，比如2008年中国发生股灾，很多人在投资上出现了较大的损失，有人因此"一朝被蛇咬，三年怕井绳"，从此绝口不提投资。其实，不管你抛掉还是不抛掉股票，损失已经发生了，应该想的是未来如何盈利，而不是天天沉浸在亏损的苦恼中。

总之，经验对于新股民来说是必不可少的，甚至可以说是相当重要的因素。一个人在投资时没有掌握投资的经验，他肯定难以成功。但真正（有用）的经验并不需要你每时每刻都进行回顾，正确的做法是将过去的经验经过自己的分析、思考、融化，并在其中加入自己的才智和个性，使经验真正为己所用。

第十一章
实战中如何选股:这样选股,一定大赚

新股民实战导读:

在股市实战操作中,投资的核心要点就是"选股"。股民投资于股市就是希望能买到好的股票,以便能在交易中获利。对于股民来说,选好一只股票,就可以高枕无忧,轻松赚钱;而一旦选错股票,就要饱受套牢之苦。

因此,什么时候买股,买什么股,就成了广大新股民的重中之重。那么,如何才能选好一只股票呢?其实,股市中市场的基本信息资料以及历史沉淀下来的数据和图形分析对大部分人都是公开的,新股民通过自己的分析和判断,并结合实战操作中自己的特点,不断地学习、印证,从而形成自己的选股方法,比被动接受和相信别人要可靠得多。

基于此,本章根据股市的特点和新股民的需要,在怎样选股方面做了详细介绍,使广大散户通过对本章的阅读,得到一些在选股方法和操作上的指导。

第一节 成长性选股

买股票就是买对上市公司的预期,所以新股民在寻找适合投资的潜力股时必须使用价值甄别的眼光,对上市公司的经营战略、市场竞争力、企业规模、扩张潜力等方面进行全面分析,从中挑选出成长性最好的股票,进行战略投资。

成长性选股之一:公司经营战略

对于上市公司的经营战略分析,一般可以从以下几方面进行:
1. 考查和评估公司高级管理层的稳定性及其对公司经营战略的可能影响。

2. 在对公司所处行业市场结构分析的基础上，进一步分析公司的竞争地位，是行业领先者、挑战者，还是追随者，公司与之相对应的经营战略是否合适。

3. 分析和评估公司的竞争战略是成本领先、别具一格，还是集中突出某一方面。

4. 结合公司产品所处的生命周期，分析和评估公司的产品策略是专业化还是多元化。

5. 公司的投资项目、财力资源、研究创新、人力资源等是否适应公司经营战略的方向和要求。

【实例链接】

华侨城A（600069）

如图11－1所示，该上市公司于2008年11月7日的最低点7.08元，出现一个不断上行的大趋势，虽然出现几次震荡回调，但是上升的主旋律并没有改变，尤其是进入2009年5月之后，其上升速度明显加快，直至7月6日，上摸于25.50的最高点，涨幅高达260％，远远高于同期大盘涨幅。如果新股民朋友们握有该股，便可在不到9个月的时间里让财富翻两番。

图11－1

该股跑赢大盘的主要原因便是其经营战略的独树一帜，"旅游＋地产"是华侨城的经营模式，将酒店、房地产融入华侨城的文化旅游产业链，实现从旅游主导产业到房地产业等相关联产业的延伸和发展。正是这样的经营战略让该公司成为中国拥有主题公园数量最多、规模最大、效益最好的公司。

从锦绣中华到波托菲诺，从生态旅游到文化创意园，该公司以其独创的"旅游＋地产"模式，打造出了中华民族自主的文化旅游品牌，并在主题地产、主题酒店、电子信息产业、包装印刷业等多个领域战果累累。2008年，华侨城集团实现利润总额21.5亿元，在央企中名列第42位，连续4年超额完成了国资委下达的业绩考核指标。与1998年相比，华侨城集团2008年的销售收入、利润总额、总资产、净资产分别增长了102％、209％、156％、138％，显示出极强的成长扩张能力，这样的成长能力使得该股在2008年至2009年的走势出现了持续性上扬。

成长性选股之二：企业竞争力

股票上涨的动力关键在于其内在的价值因素，即使是身处受宏观调控影响较大的周期性行业，那些具有核心竞争力，通过提高市场份额来保持持续成长趋势的龙头企业也应当获得新股民朋友们的高度关注，挖掘这些股票的成长潜力有可能让投资获得超额收益。

国内上市公司多数缺乏自主知识产权，也就没有核心竞争力，无法保持持续增长。在一些被舆论看好的成长型上市公司中，"一年优、二年平、三年亏"的现象屡见不鲜，很多所谓的成长股如ST银广厦（000557）、东方电子（000682）、ST生态（600709）等在东窗事发、神话破灭后才发现其一向标榜的优异业绩都是海市蜃楼。

2009年7月9日，由中国产经新闻报社产业经济研究中心编制的《2009年中国上市公司竞争力100强》在北京隆重发布。"最具竞争力的百家上市公司"中，汇聚了中国上市公司中的许多"大佬"：苏宁、万科、南航、格力，等等。

报告指出，从2006年到2008年，是世界经济和中国经济跌宕起伏的3年，是从经济景气、股市牛气到寒流滚滚、熊市突降的3年，是在顺境和逆境两重天中挑战公司竞争力的3年。上市公司竞争力100强企业，引领中国上市公司迎接了这场严峻的挑战，表达了中国经济的不凡竞争力。在这三年中，国内上市公司的营业收入总量增长了46％，其中竞争力百强公司增长了51％，高出上市公司5个百分点。通过《2009年中国上市公司竞争力100强》，新股民朋友们可以很清楚地看到，竞争力对于上市公司而言的重要性。

从股票投资的角度考虑，只有具有核心竞争力的公司才具有较高的投资价值，才能拥有较高的成长潜力和盈利水平。因此，新股民朋友们要注重分析有关上市公司核心竞争力发展变化的信息，比如公司主导产品的技术含量、市场份额、新产品的研发能力，等等。

上市公司竞争力评价的硬指标主要有：主营业务收入、每股收益、每股现金流量、净利润，等等，同时也应该考虑其生产规模、技术水平、自主知识产权、经营管理团队等软指标。股民朋友们在对一只股票进行竞争力评价时，既应当考虑其硬指标，又应当顾及软指标，这样才能真正掌握一家上市公司的核心竞争力情况，从而进行正确的投资决策。

成长性选股之三：公司规模及扩张潜力

公司规模变动特征和扩张潜力一般与其所处的行业发展阶段、市场结构、经营战略密切相关。它是从微观方面具体考查公司的成长性，可以从以下几个方面进行分析：

（1）将公司销售、利润、资产规模等数据及其增长率与行业平均水平及主要竞争对手的数据进行比较，了解其行业地位的变化。

（2）纵向比较公司历年的销售、利润、资产规模等数据，把握公司的发展趋势是加速发展、稳步扩张还是停滞不前。

（3）分析公司规模的扩张是由供给推动还是由市场需求拉动的，是通过公司的产品创造市场需求还是生产产品去满足市场需求的，是依靠技术进步还是依靠其他生产要素的，等等。以此找出企业发展的内在规律。

（4）分析公司的财务状况以及公司的投资和筹资潜力。

（5）分析预测公司主要产品的市场前景及公司未来的市场份额。对公司的投资项目进行分析，并预测其销售和利润水平。

【实例链接】

万科 A 股（000002）

如图 11－2 所示，该股进入 2009 年后，一直处于横盘调整阶段，从 2009 年 4 月 28 日开始触底反弹拉升，由 7.92 元的最低点一路飙升至 7 月 6 日的最高点 14.94 元，涨幅接近 90%。在短短 3 个月的时间里该股股价接近翻番，绝对适合新股民朋友们的投资需要。

图 11－2

根据万科公司 2009 年第一季度公告来看，该公司 2009 年第一季度实现投资收益 3543.49 亿元，主营收入同比增长 27.56%。增长原因一是市场对该公司产品需求持续上升。有研究结果表明，中国每年需求商品住宅面积为 5.35 亿平方米，而市场上只有 3.38 亿平方米的商品住宅供应量，市场需求远远大于供给量；二是该企业的地产行业龙头地位。《2008 年中国房地产百强研究报告》披露，综合考虑企业规模性、盈利性、成长性、偿债能力、运营效率和纳税六个方面的 20 个指标，万科企业股份有限公司位列房地产企业综合实力第一，成为国内首家销售规模突破 500 亿元的住宅企业。

在公司规模不断扩张的同时，政府还不断对房地产行业提供政策支持：从 2008 年 11 月 1 日起，对个人首次购买 90 平方米及以下普通住房的，契税税率统一下调至 1%；对个人销售或购买住房免收印花税；对个人销售住房免收土地增值税。2008 年 12 月 17 日，国务院新出台三项措施，包括加大保障性住房建设力度、放宽二套房贷款优惠政策，放宽二手房营业税征收范围。2009 年 5 月底，国务院决定，保障性住房和普通商品房项目的最低资金比例由 35% 降至 20%，其他房地产开发项目降至 30%，这一系列措施对房地产行业而言是绝对的利好。在不断改善的大环境作用下，该股的规模优势和扩张能力得到了充分的发挥，在 3 个月的时间里涨幅达 90% 也就是自然而然的事了。因此，新股民在选股时，要对这一类规模及扩张潜力巨大的优秀企业给予高度关注。

成长性选股之四：企业成长潜力

企业成长潜力是推动其股价不断上升的基础，是企业长远发展的关键，新股民朋友们在选股时必须牢牢抓住这一点。关于企业成长潜力的分析，新股民主要可以从三个方面来进行：成长性比率、生命周期和资产结构。

1. 成长性比率。

企业成长性比率是分析上市公司成长性潜力的一个重要指标，通过数据可以直观地看出该上市公司成长性潜力的大小。成长性比率是财务分析中的重要比率之一，一般反映公司的扩展经营能力，同偿债能力比率有密切联系，在一定意义上也可以用来评估公司扩展经营能力。因为安全乃是收益性、成长性的基础，公司只有制定一系列合理的偿债能力比率指标，财务结构才能走向健全，才有可能扩展公司的生产经营。

对于一家上市公司来讲，利润留存率和再投资率等比率是其成长性比率中最重要的部分。

（1）利润留存率。

利润留存率，即公司税后盈利减去应发现金股利的差额和税后盈利的比率。它表明公司的税后利润有多少用于发放股利，多少用于保留盈余和扩展经营。利润留存率越高，表明公司越重视发展的后劲，不致因分红过多而影响企业的发展，利润留存率太低，或者表明公司生产经营不顺利，不得不动用更多的利润去弥补损失，或者是分红太多，发展潜力有限。其计算公式是：

利润留存率=（税后利润－应发股利）÷税后利润×100%

（2）再投资率。

再投资率，又称为内部成长性比率，它表明公司用其盈余所得再投资，以支持本公司成长的能力。再投资率越高，公司扩大经营能力越强，反之则越弱。其计算公式是：

再投资率=资本报酬率×股东盈利率=税后利润÷股东权益×（股东盈利－股东支付率）÷股东盈利

2. 生命周期。

新股民朋友们在选择股票时，还需要关注企业的生命周期。如果一不小心选中一个短命的绩优股或蓝筹股长线持有，有可能血本无归。例如四川长虹（600839），曾经是绩优蓝筹股中的龙头老大，也曾带给股民朋友数十倍以上的回报，但因为行业的局限性，在恶性竞争中因人为因素导致决策失误提早步入衰退期。

企业的生命周期与人的生命一样，大致要经历青少年期、中壮年期、老年期三个状态，新股民朋友最好在企业的青少年期介入，也许现在它业绩平平，但它却拥有一个前程不可限量的未来。企业的青春成长期越持久，增值潜力也越大。绩优成长股是新股民朋友们股票投资时的首选，考察上市公司的成长性，就不得不考察其主业，看其主业是否处在一个社会长期需求或独特的行业；主导产品的生命周期是否持久，市场前景是否广阔等，都是需要股民朋友们长期观察的。"发展才是硬道理"，上市公司的生命周期对于新股民朋友们的选股来说，具有极为重要的意义。

3. 资产结构。

资产结构也是判断上市公司成长性潜力的重要标准。企业在生产经营过程中，其资产结构决定了企业的盈利能力，同时也决定了企业未来的发展潜力。分析企业资产结构的合理性主要依据三个指标：

流动资产率（流动资产÷总资产）；

产权比率（总负债÷所有者权益）；

负债经营率（长期负债÷所有者权益）。

根据上市公司所属的不同行业，分别求得每个行业三个指标的平均值，以此数据确定三个指标的合理值。根据企业实际情况与其所确定的这三个指标的合理数值的偏离程度，我们来判定上市公司的经营类型，进而判定上市公司的成长潜力，从而决定是否对该上市公司进行投资。

(1) 业务萎缩型企业。

此企业主要特征为低于合理流动资产比率。这类企业生产能力利用不足、应变能力差。但在分析时要注意，如果固定资产、长期投资增长过快是资产增长的主要原因，并不意味着企业经营业务的萎缩；如果销售收入减少，或者毛利率减少，并且流动资产率下降，说明经营业务萎缩，企业需进行结构调整。

(2) 业务超前发展型企业。

这种企业的主要特征为高于合理流动资产比率。这类企业支付能力强、应变能力强。但是新股民朋友们应当注意的是，如果流动资产增加的主要原因是存货或者是应收账款，则企业有可能出现支付困难或者偿债困难。

(3) 不独立经营型企业。

这种企业的主要特征为低于合理负债经营率。在分析时要注意，企业的利润率如果持续增长，说明企业的负债经营比较安全，可以考虑长线持有。

(4) 投资不安全型负债结构企业。

这种企业的主要特征为产权比率高于合理水平。如果流动资产周转率升高，企业的销售收入增加，则可以继续保持较高的产权比率。

(5) 独立经营型企业。

这种企业的主要特征为负债经营率高于合理水平。如果企业的结构性资产比重过高，则生产经营性资金不足，长期负债偿还有可能出现问题，新股民朋友在选股时应当注意。

(6) 潜力待发挥型负债结构企业。

这种企业的主要特征为产权比率低于合理水平。如果长期投资增多，则企业使用自由资金比长期负债更有利，即保持这种较高数量的自由资金是必要的。

第二节　基本面选股

基本面选股关键是抓价值

基本面选股也就是利用上市公司的一些基本情况来选股，基本面包括了公司所属的行业、公司的经营业绩、公司的管理能力等。基本面是选股最基础的分析方法，是新股民朋友进行股票投资决策最基本的工具。

股民购买股票其实就是在购买企业的价值，从基本面的角度来说，准确分析企业的价值就要从企业的资产和成长性进行分析。

基本面选股的关键是：买价值，不买价格。在股市中，价格是虚的，它有可能被人为地抬高或者是庄家做出来的，只有企业的价值是真实的、理性的。所以，在通过基本面选股的过程中，首要的就要抓住企业的价值，认真分析企业的行业前景和经营状况，只有立足于对企业价值的分析，你才能在股市中长久立足。

宏观经济对股市的影响

宏观经济形势的发展和状况对股市有着非常直接和重大的影响，成熟的股民一般都会非常关注宏观经济形势的变动。

1. 股价能否稳定上涨，首要得益于一个国家或一个地区的经济能否持续稳定地增长。当一国或地区的经济运行态势良好，大多数企业的经营状况也会较好，股价上升的可能性就会较大。

2. 宏观经济运行因受各种因素的影响，常常呈现周期性的变化。经济周期是由经济运行内在矛盾引发的经济波动，是一种不以人的意志为转移的客观规律。经济周期一般经历上升期、高涨期、下降期和停滞期四个阶段。由于股市是经济的"晴雨表"，它会随着经济周期性的波动而变化。因此，当经济处于经济周期的不同阶段时，股价就会表现出相应的变化。

3. 货币政策和财政政策也会对股市产生一定的影响。比如说，中央银行放松银根，增加货币供应，资金需要新的投资机会，一旦资金进入股市，将会引起股票需求的增加，立即促使股价上升。同样，积极的财政政策会扩大财政赤字，增加财政支出，刺激经济发展，另外调节税率等财政政策会影响企业利润和股息，发行国债等也会改变证券市场的证券供应和资金需求，从而间接影响股价。

此外，市场利率、汇率变化和国际收支状况等都会给股票市场带来直接或者间接的影响。

了解股东变化情况

股东的变化在一般情况下意味着公司经营范围和经营方式的改变，特别是在中国现有的市场条件下，股东的变化更是常常成为市场炒作的导火索，尤其是当庄家知道散户投资者会关注股东变化情况来了解市场动向时，更会采用使用多个账户、制造股东人数增加、筹码分散的假象，以此来掩护庄家悄悄建仓。

俗话说，魔高一尺，道高一丈，散户们必须学会能够用来对付庄家的办法，基于此的选股才能使自己获利。

什么办法能达到"魔高一尺，道高一丈"的效果呢？办法就是留心观察上市公司前10名股东的持股情况，一般来说，前10名股东的资料是很难隐蔽的，留心里面的变化,你完全可以从中发现庄家的动向。

你可以通过上市公司的年报、中报、配股或增发后的股份变动公告来了解前10大股东的持股情况。一般来说,前10大股东所占的流通股比率呈显著增加趋势,说明筹码在迅速集中,演变成强庄股的可能性就很大,将来这类股票涨幅就比较可观。

结合市盈率选股

市盈率是股价除以每股收益得出的数值。它的真正意义是,你投资以后,按照现在的盈利水平,多少年以后能够收回投资成本。当你看到一只股票的市盈率是25的时候,你就应该意识到,如果你买入这只股票,25年以后才能收回投资成本。这个指标主要是用来衡量股价的高度是否存在高估或者低估。中外很多著名的股票投资大师都善于使用市盈率指标来衡量股价的高度是否合理。

用市盈率衡量一家公司股票的质地时,并非总是准确的。一般来说,如果一家公司股票的市盈率过高,那么该股票的价格具有泡沫,价值被高估。然而,当一家公司增长迅速以及未来的业绩增长非常被市场看好时,股票目前的高市盈率可能恰好能够准确地估量出该公司的价值。需要注意的是,利用市盈率比较不同股票的投资价值时,这些股票必须属于同一个行业,因为此时公司的每股收益比较接近,相互比较才有效。

美国20世纪90年代的科技股市盈率很高,并不能完全用泡沫来概括,当初一大批科技股,确确实实有着高速成长的业绩作为支撑,比如微软、英特尔和戴尔,他们1998年以前市盈率和业绩成长性还是很相符的,只是后来网络股大量加盟,市场预期变得过分乐观,市盈率严重超出业绩增长幅度,甚至没有业绩的股票也被大幅度炒高,这才导致泡沫形成和破裂。科技股并不代表着一定的高市盈率,必须相伴有企业业绩增长,如果没有业绩增长作为保证,过高市盈率就很容易形成泡沫。同样,缓慢增长行业里如果有高成长企业,也可以给予较高的市盈率。

处于行业拐点,业绩出现转折的企业,市盈率可能过高,随着业绩成倍增长,市盈率很快滑落下来,简单用数字高低来看待个别企业市盈率,是很不全面的,比如2006年中信证券市盈率100多倍,但在股价大幅度飙升时,其市盈率却不断下降。包括一些微利企业,业绩出现转折,都会出现这种情况。因此,在用市盈率的同时,不应该忘记三样东西:一是企业业绩提升速度如何;二是企业业绩提升的持续性如何;三是业绩预期的确定性如何。

结合市净率选股

诺贝尔经济学家哈里·马科维茨教授曾经说过:"股票净值是股市投资最可靠的

指标，投资者最应该注意的是股价与每股净值的关系，而不是人们通常人们所使用的股价与每股税后利润的关系。"

股价与每股净值的关系即我们本节所提到的市净率，市净率的计算公式为：

市净率＝股价÷每股净值

每股净值是公司资本金、资本公积金、资本公益金、法定公积金、任意公积金、未分配盈余等项目的合计，它代表全体股东共同享有的市净率权益。净资产的多少是由公司经营状况决定的，股份公司的经营业绩越好，其资产增值越快，股票净值就越高，股东所拥有的权益也越多。

在其他条件相同的情况下，市净率越小，表示其投资价值越高，投资者最应该买入，相反，其投资价值就越小，投资者宜卖出。

因此，市净率是新股民决策的好帮手。

结合市销率选股

市销率是总市值与主营业务收入的比值。总市值是当前公司的股价乘以总股本计算出来的。市盈率是衡量股价与企业利润的关系，而市销率则衡量股价与企业销售收入的关系。

一般来说，市销率越低，股票的投资价值相对就越高，尤其是有的企业每股收益很低或者亏损，用市盈率去衡量就显得不太合适。而市销率则不存在这个问题，只要公司在经营，市销率就一定是一个正值。

利用市销率选中了备选股票，但这并不等于这些股票都值得买，它离最终确定其为投资目标还有一段距离。新股民还要考察备选股票的其他情况，如公司是否具备从困境中走出的可能，可能性有多大？公司采取了什么新的措施？行业出现了什么新的转折，等等。只有综合考虑这些因素，选股获利的几率才会更大。

看看股本规模和分红纪录

股本是按照面值计算的股本金。股本规模是指公司的总股本，上市公司与其他公司比较，最显著的特点就是将上市公司的全部资本划分为等额股份，股东以其所认购的股份对公司承担有限责任。股份是很重要的指标，股票的面值与股份总数的乘积为股本，股本应等于公司的注册资本，所以，股本也是很重要的指标。

股本规模的大小直接关系着股东的利益，因此，股本规模是股东关心的一个非常重要的因素，也是选股时所考虑的重要指标。

一般情况下，股市现象有以下几个规律：

股本规模越小，送配能力就越强，因而投资价值就越高；

另外，在分析股本规模时，还要了解流通股所占总股本的比例。一般来说，此比例越高就越好，即投资价值越高。

另外，业绩增长也是选股的一个重要依据，而直接衡量业绩增长情况的即是分红，所以，我们可以说，上市公司的分红记录也是股民在选股的时候必须要考虑的一个因素。

分红在考察一家公司的过程中往往可以起到"信号灯"的作用。公司当期派现的多少是公司当期经营业绩好坏的反应，同时也是股民检验公司盈利真实性的标准。一般来说，具有稳定分红记录的公司往往是绩优公司。

所以，在选股的时候，股民也可以将公司的分红记录作为一个参考依据。

看年报，选"白马"

上市公司每年必须公布年度报告，向社会公告公司经营状况。可以说，每当年报披露期到来，股民们就迎来了选白马股的黄金季节。

白马股指本身具有一定实力、经营业绩良好且稳定、有较好成长性的股票。相对于黑马股而言，基于业绩与成长性的个股升势更持久，特别是业绩优良、送配优厚的白马股更易于投资者把握。因为白马股的有关信息已经公开，业绩较为明朗，很少存在"触地雷"的风险，内幕交易、黑箱操作的可能性大大降低，同时因为兼有业绩优良、高成长、低风险的特点，因而具备较高的投资价值。

在选股过程中，许多新股民认为每股收益高的股票就是白马股。其实，这种看法并不全面。每股收益高仅是白马股必要条件之一，但不是白马股的充分条件。这样的个股充其量只能说是绩优股。那些真正的白马股具有业绩优良、市盈率低、公司基本面情况向好等特点，从炒作价值而言，还具有股价偏低、未来有较大上升潜力等特点。

那么，利用年报中的哪些信息，可以帮股民朋友们选出白马股呢？

1. 总资产收益率。

总资产收益率是企业利润总额与其总资产的比率。总资产利润率高，说明该公司全部资产的运营效率高，反之则低。

年报中总资产利润率的变化，可以帮助新股民把握上市公司的资产运营趋势及方向，准确地评价该公司资产运行的质量水平，即投入产出比例是否科学，是否符合经济学上的"优势最大化与劣势最小化"原则。

2. 利润构成。

在利润总额中，主营利润所占的比重不同，对企业前景的评估也应有所不同。主营利润比重较高的上市公司，盈利一般较为稳定，企业利润大起大落的概率较小，相反，若主营利润比重小，总利润由非主业以外的收益构成，那么，企业利润的不确定性将会大大增加。

所以,股民在看年报的时候,一定要详细了解上市公司的主营利润这一块,选择主营收入和主营利润稳定增长的上市公司,其风险性要小得多,收益也比较稳定。

3. 净资产收益率。

净资产收益率是反映上市公司盈利的重要指标。一般而言,净资产收益率每年至少要保持在 6%～10% 之间;市盈率要保持在 20 倍左右或者低于 20 倍。财务状况良好的"白马",以其优异的业绩对股价形成有力的支撑,非常适合新股民进行中长线投资。

4. 每股收益。

一般来说,新股民应当注意年报中的每股收益,并与其上年相比较,看其是增加了还是减少了,并分析其增减的原因所在。

另外,还要注意,在利用年报选股的时候,不要忽略了"或有事项"。

所谓或有事项,是指那些并没有成为事实,但又极有可能成为事实的事,是一种潜在的可能发生的事项。需要在年报中披露的或有事项包括:未决诉讼、未决索赔、税务纠纷、债务担保等。

举个例子来说,债务几乎大部分公司都有,但关键问题是这些债务有没有影响公司的发展,比如,2010 年 7 月,太子奶集团因债台高筑,资不抵债,不能清偿到期债务,而不得不走向破产重整程序。

所以,新股民朋友们在分析年报的时候,一定不要忘记或有事项,对它的分析也将影响你的选股。

看中报,优中选优

中报就是每年 7～8 月份公司公布的本公司上半年的财务报表,半年报是上市公司上半年经营业绩的总结,更是上市公司向股民提交的一份半年"答卷"。对于新股民来说,上市公司半年报是一份难得的投资指导书,要仔细阅读,找到其中的投资亮点。

要想真正了解中报的内涵,必须弄清以下几个问题:

1. 中期业绩和全年业绩并不是 1/2 的关系。

从时间上看,中报是公司上半年业绩的披露,但这并不意味着他们是 1/2 的关系。它们只是时间上的 1/2 而已。

2. 销售的季节性会对公司业绩产生一定的影响。

在分析公司年报的时候,要特别注意,许多公司经营的产品是有季节性的,如果上半年的业绩不是太理想,并不意味着下半年的业绩同样也不理想,这就需要股民对公司所生产的产品的季节性进行分析，以确保是否是季节性的影响。

3. 宏观经济对微观经济的影响有滞后性。

尽管股票市场会对宏观经济立即或提前作出反应，但宏观经济对上市公司业绩的影响却有滞后性，不同行业的上市公司滞后的程度也不尽相同。

利用中报选股，具体来说，可以从以下五方面入手：

1. 看业绩。

上市公司的业绩当然是第一位的，但仅仅关注当期的每股收益和净利润等数据是不够的，股民还要尽可能地分析业绩增加的原因。

因为在股市中，造成公司业绩大增，还有一些特殊的原因，比如说，债务重组。有些上市公司通过债务重组之后，虽然公司的收益增加了，但通过这种方式得到的收益是不可能长久的。

这种因为其他原因造成的公司的业绩大增，是没有延续性的，所以，股民不应该只注重表面上的一些数据，还要分析其内在的原因。

2. 扫描"股东人数变化情况"。

股东人数的变化会对股市造成一定的影响。一般来说，当股东人数减少的时候，就意味着筹码的集中，筹码的集中必然会引起股价的上涨或被庄家看好。

3. 注意次新股。

部分在调整市道中上市的次新股没有受到主流资金的关注，股价定位偏低，由于这类次新股上市时间不长、业绩优秀、成长性强，上挡没有套牢盘和成交密集区，上升阻力小，拥有实施高比例送转等丰富的后继题材等优点。一旦公布良好的中报，将很容易成为主流资金介入的契机。

4. 比较"三费"增幅与净利润增幅。

管理成本是否持续上升是评价一个公司业绩好坏的标准之一。而营业费用、管理费用、财务费用这"三费"的增幅就是衡量公司管理成本最好的标准。通常情况下，是将三费的增幅与净利润的增幅放在一起比较的。净利润的增幅明显，而三费增幅不明显的公司的竞争力要强。

5. 毛利率。

股神巴菲特在选股的时候，最看重的就是毛利率，他认为一个把成本控制得很低的公司其盈利能力一定很好。成本低也就意味着其毛利率高。一家公司的效益和其主营收入的毛利率有很大的关系。因为经营利润率、税前利率、净利率等，都是从毛利率一层一层减下来的。毛利率不好，其他利率也不会好。

当然，各种行业的毛利率水平是不同的。比如说，造纸业超过20%就算不错，水泥超过30%就算优秀，医药一般可以达到70%，钢铁只有20%左右。所以，股民在分析的时候，还要具体问题具体分析，想要一个数据涵盖了所有行业，这显然是不现实的。

怎样找到基本面的这些信息

基本面信息主要包括公司的行业、经营状况、财务状况、市场前景、宏观经济政策等。上市公司一般都会以公告的方式把这些资料对外公开，股民就可以通过这些信息进行分析。

要找到这些信息，股民可以到交易所和上市公司网站上找，另外，还可访问中国股票顾问网，找到这些资料。

第三节　技术分析选股

K 线选股

单日 K 线形态与选股

单日 K 线形态通常是指单一的 K 线，它主要是由实体部分与上下影线两部分组成的，新股民可以通过分析单日 K 线的实体部分的长短与上下影线的长短以及它们之间的相互关系，借以判断多空双方量能的大小、动能的多少或者买卖力度的强弱。

单日 K 线形态一般有如下几种基本的 K 线形态：大阳线（长红）、大阴线（长黑）、下影阳线、下影阴线、上影阳线、上影阴线、下十字线、倒十字线、十字星和一字线。

K 线的组合形态很多，其意义也不尽相同，应依据不同价格水平及其变动趋势来分析。单日 K 线形态的研判分析如下：

1. 看阴阳。

阴线指开盘价高于收盘价的 K 线。当收盘价低于开盘价，也就是股价走势呈下降趋势时，我们称这种情况下的 K 线为阴线。中部的实体为蓝色。此时，上影线的长度表示最高价和开盘价之间的价差，实体的长短代表开盘价比收盘价高出的幅度，下影线的长度则由收盘价和最低价之间的价差大小所决定.

阴线表示卖盘较强，买盘较弱。此时，由于股票的持有者急于抛出股票，致使股价下挫。同时，上影线越长，表示上档的卖压越强，即意味着股价上升时，会遇到较大的抛压；下影线越长，表示下档的承接力道越强，意味着股价下跌时，会有较多的投资者利用这一机会购进股票。

当收盘价高于开盘价,也就是股价走势呈上升趋势时,我们称这种情况下的K线为阳线,中部的实体以空白或红色表示。这时,上影线的长度表示最高价和收盘价之间的价差,实体的长短代表收盘价与开盘价之间的价差,下影线的长度则代表开盘价和最低价之间的差距。一般而言,阳线表示买盘较强,卖盘较弱,这时,由于股票供不应求,会导致股价的上扬。

2. 看实体大小。

实体大小代表内在动力,实体越大,上涨或下跌的趋势越是明显,反之趋势则不明显。我们以大阳线和大阴线为例来说明:

(1) 大阳线

一般而言,大阳线的出现表示多方力量的强大,后市看好。但是,对于在不同情况下出现的大阳线也要区别对待。比如说,在连续下跌情况下出现大阳线,则反映了多方力量的聚集,是多方的反攻,股价可能见底回升;在涨势刚刚形成时出现大阳线,表示股价可能加速上扬。但如果是在股价连续上涨的情况下拉出大阳线,则有可能多方能量耗尽而股价见顶回落。

(2) 大阴线

大阴线虽然是多头的不祥之兆,预示着以后下跌,但在分析大阴线的时候,也要具体问题具体分析。如果在股价大幅上涨之后出现大阴线,往往表示行情已经走向尽头,股价极有可能是由上升转为下跌,这时候,新股民应果断卖出手中的股票,以避免大幅下跌带来的损失;如果是在大幅下跌或连续下跌之后出现的,这往往是做空能量的最后宣泄,有可能会成为多头反攻的契机,此时不必急于抛出手中的股票,可密切关注大盘的走势,一旦出现做多信号,就尽快介入。

3. 看影线长短。

影线代表转折信号,向一个方向的影线越长,越不利于股价向这个方向变动,即上影线越长,越不利于股价上涨,下影线越长,越不利于股价下跌。

以上影线为例,在经过一段时间多空斗争之后,多头终于晚节不保败下阵来,一朝被蛇咬,十年怕井绳,不论K线是阴还是阳,上影线部分已构成下一阶段的上档阻力,股价向下调整的概率居大。同理可得,下影线预示着股价向上攻击的概率居大。

单日K线能够清晰地描述一日内股价的变动状况,比直线图等表达的意义更为丰富和形象。在实战操作中,新股民可以通过分析单日K线的形态,判断多空双方量能的大小、动能的多少或者买卖力度强弱。比如我们上面提到的影线的长度,上下影线的长度往往可以透漏多方或者空方所具备的韧性,所积蓄的动能的多少,回旋的余地究竟有多大。股民可以通过对影线长短的分析从而找出有利于自己的东西。

但也要注意，虽然单日K线有其优势，但单日K线所揭示的信息是有限的，而且也有可能受到机构大户的操纵，形成骗线。所以，新股民在了解利用单日K线，分析股价未来走势的时候，有必要结合双日的K线形态进行分析。

周K线形态与选股

很多股民在分析K线的时候，常常特别注重对日K线的分析，当然，通过对日K线的分析，的确能够帮投资者发现一些投资机会，但由于日K线分析中所存在的一些陷阱也常常给股民朋友们造成亏损。这时候，如果能够将日K线和周K线结合起来，那么，它的指导效果就会好很多。

现在我们就来详细了解一下什么是周K线。

周K线的画法与日K线基本相同，它是以星期一的开盘价为开盘价，以星期五的收盘价作为收盘价，一周中的最高价和最低价分别定为周K线的最高点与最低点。

周K线反映的是一周的交易状况，短期K线上出现的较大波动在周K线上一般都会被过滤或烫平，新股民更容易观察出大盘的走势。

在实际操作中，对于买卖时机的把握首先要分析周K线是否安全，然后再分析日K线的组合和量价关系配合是否合理，最后才能在适当的时机选择操作方向。周K线不止在中长线投资中被广泛运用，在短线实战中也可灵活运用。

1. 运用周K线寻找潜力股。

周K线相对于日K线来说，具有很强的稳定性。因此，一些中线的牛股我们就可以在周K线上找到。而如果你想寻找到一只黑马股，那么，你可以在周四收盘前寻找一些周K线走势较佳的股票。

2. 周K线选强势股。

在周K线中，中阳线的走势为强，但如果是带有短上影线的中阳线，其走势最为看好。因为中阳线的出现，就意味着买方占据优势地位，带一个短小的上影线，则又表明买方有适度地让步。

这种中阳线出现的话，就表明主力开始洗盘，虽然这种洗盘是有限度的，却十分有效，因为主力在周末最后一两个交易日内打压股价，这种动作将迫使短线持股者在周末之前卖出该股。同时该股由于本周涨幅已大且在周末遭打压，有时候，也会给股评造成一种误解，认为这只股票不被看好，然而股价却在众人犹豫之中再度大幅向上。

短上影线实际上是多方有限度的退让，其目的是为了更好打败空方。

但新股民也要注意，在使用这种分析方法的时候，还有一个必要的前提。股市中，股民追逐的对象是最强势个股，所以最好是当该股在拉出周 K 线的中阳线后，已创出半年来甚至是历史新高。另外，在这一周的日 K 线中，最好是连续地放大量，这样买进比较有把握。

由于周 K 线的时间跨度要远远大于日 K 线，在同样的 K 线组合出现的情况下，周 K 线所预示的买卖信号的可信度要远远高于日 K 线。

此外，如果能把对周 K 线的分析和其间的股价形态分析结合起来，分析的效果会更佳。

用月 K 线选中长线潜力股

月 K 线是以一个月的第一个交易日的开盘价，最后一个交易日的收盘价和全月最高价与全月最低价来画的 K 线图，月 K 线常用于研判中期行情。

月 K 线是从更长的周期来观察股价的变化，省略了许多"细枝末节"，所以更能看到一些大的趋势。新股民可利用月 K 线图来选择中长线潜力股，具体方法如下：

1. 将 3 条月 K 线参数设定为 6、12、18，当上述三条均线呈多头发散向上时，可重点关注。

2. 关注月 K 线形态呈矩形、圆弧底及双底形态的个股。这类股票一般筑底时间较长，主力有充足的时间进行底部充分换手，以便能够吸足低价的筹码。底部横盘时间越长，低位筹码锁定越多，中长线潜力越大。

3. 在关注个股月 K 线和形态的同时也关注月 K 线对应的成交量的变化，月 K 线底部放出大的成交量，证明庄家已经在底部积极吸筹。

平均线选股

移动平均线交叉

在股票技术分析的各项指标中，移动平均线是运用得最多、准确性也相对最好的指标之一。移动平均这一概念是建立在著名的道·琼斯理论上的。道·琼斯理论虽已名扬天下，但这一理论又因有一定的难度不是人人都懂，而移动平均则将这套理论加以数字化，从数字的变动中去预测未来股价短期、中期、长期的变动方向，更易为广大股民所接受。

移动平均公开了平均成本这一秘密，事实上，移动平均数就是平均成本。平均成本对于个股乃至大势的未来走向有研判的作用。如果平均成本远远超过了该股所值，走势必然要掉头向下。因为股价太高，购股成本日益增大，无人接手，持股者则要忙不迭地清仓获利。反之，走势向下时，平均成本势必越来越小，小到远远低于该股所值时，被套牢的持股者，自然不肯抛；空仓的以为时机已到，开始接手，行市到了有买无卖的时候，走势便又会掉头转上。

以时间的长短划分，移动平均线可分为短期、中期、长期几种，一般短期移动平均线5天与10天；中期有30天、65天；长期有200天及280天。

N日移动平均线＝N日收市价之和÷N

这些移动平均线可单独使用，也可多条同时使用。综合观察长、中、短期移动平均线，可以判研市场的多重倾向。如果三种移动平均线并列上涨，该市场呈多头排列；如果三种移动平均线并列下跌，该市场呈空头排列。

下面我们在图示中分析移动平均线所表示的意义：

1. 在上升行情初期，短期移动平均线从下向上突破中长期移动平均线，形成的交叉叫黄金交叉。此交叉预示着股价将上涨。如图11－3所示：5日均线上穿10日均线形成的交叉；10日均线上穿30日均线形成的交叉均为黄金交叉。

图11－3

2. 当短期移动平均线向下跌破中长期移动平均线形成的交叉叫做死亡交叉。预示股价将下跌。如上图11－3所示的5日均线下穿的10日均线形成的交叉；10日均线下穿30日均线形成的交叉均为死亡交叉。

3. 在上升行情进入稳定期，5日、10日、30日移动平均线从上而下依次顺序排列，向右上方移动，称为多头排列，预示股价将大幅上涨。

4. 在下跌行情中，5日、10日、30日移动平均线自下而上依次顺序排列，向右下方移动，称为空头排列，预示股价将大幅下跌。如图11－4所示：

图 11-4

5. 在上升行情中股价位于移动平均线之上，走多头排列的均线可视为多方的防线；当股价回档至移动平均线附近，各条移动平均线依次产生支撑力量，买盘入场推动股价再度上升，这就是移动平均线的助涨作用。

6. 在下跌行情中，股价在移动平均线的下方，呈空头排列的移动平均线可以视为空方的防线，当股价反弹到移动平均线附近时，便会遇到阻力，卖盘涌出，促使股价进一步下跌，这就是移动平均线的助跌作用。如图 11-5 所示：

图 11-5

7. 移动平均线由上升转为下降出现最高点，和由下降转为上升出现最低点时，是移动平均线的转折点，预示股价走势将发生反转。

作为运用得最多、准确性也相对最好的指标之一的移动平均线也有其优点与不足。它的优势是：

1. 适用移动平均线可观察股价总的走势，不考虑股价的偶然变动，这样可自动选择出入市的时机。

2. 平均线能显示"出入货"的讯号，将风险水平降低。无论平均线怎样变化，但反映买或卖信号的途径是一样的。若股价（一定要用收市价）向下穿破移动平均线，便是卖货讯号；反之，若股价向上冲移动平均线，便是入货讯号。利用移动平均线，作为入货或卖货讯号，通常可获得颇为可观的投资回报率，尤其是当股价刚开始上升或下降时。

3. 平均线分析比较简单，使新股民能清楚了解当前价格动向。

它的缺点是：

1. 移动平均线变动缓慢，不易把握股价趋势的高峰与低谷。

2. 在价格波幅不大的牛市期间，平均线折中于价格之中，出现上下交错型的出入货讯号。使分析者无法定论。

3. 平均线的日数没有一定标准和规定，常根据股市的特性及不同发展阶段，分析者思维定性而各有不同，新股民在拟定计算移动平均线的日子前，必须先清楚了解自己的投资目标。若是短线投资，一般应选用10天移动平均线，中线投资应选用90天移动平均线，长期投资则应选用250天移动平均线。很多投资者选用250天移动平均线，判断现时市场是牛市或熊市，若股价在250天移动平均线之下，是熊市；相反，若股价在250天移动平均线之上，则是牛市。

为了避免平均线的局限性，更有效掌握买卖的时机，充分发挥移动平均线的功能，一般将不同期间的平均线予以组合运用，目前市场上常用的平均线组合有"6、12、24、72、220日平均线"组合；"10、25、73、146、292日平均线"组合等，组内移动平均线的相交与同时上升排列或下跌排列均为趋势确认的讯号。

5日均线选股

所谓5日均线即是最近5个交易日内个股收盘价的平均价，可以说5日均线是多方的护盘中枢。一旦跌破，会严重影响持筹者的持股信心，从而引发大量恐慌性抛盘，导致股价进一步下挫。当股价由下向上穿越5日均线收盘的时候，显示在5天内买入的投资者已经全部获利，这是新股民入场的最佳时机，一方面有着5日均线的强力支撑，而另一方面庄家会利用散户想获利的迫切心理，不断推高股价。当股价被推升达到一定高度时，会导致获利盘的打压，股价便会在一定的时候跌破5日均线收盘，这个时候便是新股民离场的最佳时机。

【实例链接】

如图11—6所示，盘江股份（600395）于2009年4月16日向下跌破5日均线之后，连续走出一波跌势，至 4 月 22 日下冲 30 日均线方才止跌。而后横向盘整，于 4 月 28 日宣告突破 5 日均线成功，同时放出巨量，无疑这是新股民最好的介入时间，第二个交易日股价在 5 日均线以上，可以认为此次突破有效。随后庄家发力上攻，该股一路飙升，途中虽有几次破位调整，但次日都回抽 5 日均线，破位无效。股价一直上扬至 5 月 21 日的 27.58 元，短期涨幅高达 67%，此时新股民需要注意的是，5 月 22 日股价向下跌破 5 日均线，而且第二个交易日并没有回抽，同时再次伴有巨额成交量，庄家出货意图明显，新股民此时千万不可犹豫，将利润套现，持币观望方为上策。

图 11—6

30 日均线选股

与 5 日均线不同，30 日均线算是沪、深股市大盘的中期生命线，每当一轮中期下跌结束，指数向上突破 30 日均线后，往往会带来一轮中期上升。在股票市场中，运用的周期越长，股价变化趋势的可靠性也越高，30 日均线有着非常强的趋势性，无论其上升趋势还是下跌趋势一旦形成都是很难改变的。

股价向上突破 30 日均线时必须要有成交量放大的配合。有时股价向上突破 30 日均线后会回抽确认，但不应再收盘在 30 日均线之下，且成交量必须较突破时显著萎缩，此时是新股民的最佳买入时机。无论是在突破当日买入还是回抽时买入，万一不涨反跌，而股价重新跌破 30 日均线，走势疲软，特别是股价创新低继续下跌时，应该止损出局。因为，前期的上涨很可能是下跌中途的一次中级反弹，真正的跌势尚未结束。

当一只股票长期运行在30日均线之下后，突然有一天向上穿越了30日均线收盘的时候，表明庄家已经准备行动了。在这个时候，我们就可以参考5日均线的变化，通过短线做差价，从而快速套利。

【实例链接】

从图11－7中可以看出，片仔癀（600436）于2009年5月27日向上突破30日均线，并于第二个交易日回抽30日均线，确保突破有效，新股民可以在收盘前介入该股。其后，该股表现出强劲的上升势头，一路走高，于6月8日上摸26.70元的最高点，上涨幅度达18％。其后横盘震荡，期间多次下穿5日均线，不过次日回抽都证明破位无效。终于在6月17日该股再次下穿5日均线，次日回抽无法完全上穿5日均线，这时候必须坚决出局，以防止庄家更为凶猛的洗盘。随后该股大幅回落，于6月30日向下突破30日均线，并于次日回抽证明破位有效，延续下跌走势。

图11－7

120日均线选股

120天的时间周期，相当于6个多月的交易日，可能有的新股民认为这样的时间周期相对于短线而言过于漫长，不过事实证明，120日均线是新股民朋友们不可不看的重要参照。当股价在120日平均线之下长期运行，在积蓄了一定的能量后，庄家会放量向上突破120日平均线。在这个时候，许多获利盘会耐不住庄家的长期折磨，而选择离场，底部筹码也随之落入庄家的口袋，股价就会不断上扬。当股价在120日平均线上运行了一段时间后，会有一个回抽120日平均线的过程，而这个过程我们就可以理解为庄家的洗盘。许多投资者会在庄家洗盘的时候选择出局，而许多想入场的投资者又怕股价不在底部而不敢买入,这时恰恰是回调中的最佳买点。

【实例链接】

从图11-8中可以看出,士兰微(600460)2009年1月16日之前,该股一直于120日均线下运行,积蓄了一定的能量,庄家已经在低价位吸取了大量筹码。1月16日,庄家开始向120日均线发起进攻,遇到空头顽强抵抗,收出阳十字星。1月19日,该股继续上攻120日均线,庄家表现出坚定的拉升态度,而且成交量很小,体现出庄家手中握有大量筹码,为以后的大幅拉升创造了条件。1月20日,该股反抽成功,站上120日均线,此时敢于冒险的新股民可以考虑建仓进场了,而稳健的新股民可以再等一个交易日。1月21日,该股收出长下影线,多头力量彻底战胜空头,站稳120日均线,最佳买点出现,此时可以放心大胆地入场操作。此后该股在强大的多头力量拉升下,走出了大幅上涨的态势。

图11-8

指标选股

改进BBI指标,捕捉长线牛股

BBI指标是新股民经常听到的一个指标,也就是平常我们说的多空指标。这个指标可以用来判断目前市场是处于多头市场还是空头市场,借以决定买进和卖出的行为。

多空的判断有很多方法,股市中不少人喜欢用移动平均线来判断,通过设定不同周期的移动平均线来寻找多空转换的迹象，但是，这种方法并不能有效解决不同周期移动平均线互相协调的问题。而 BBI 多空指标的设计原理是综合多个移动平均线的数值后，将它们进行平均处理，这样得到的数值更客观、更形象，因为它如同一个议会，是在综合了大家的意见后得出结论，而不是单独作出评判，所以，用"多空指标"来判断多空的效果比较理想，特别是在判断中长期走势的时候。

　　BBI 指标的使用方法很简单，它只有一条参考线，当股价站在 BBI 指标线的上方，就说明这只股票正处于多头趋势，股价如果跌到了 BBI 指标的下方，就说明这只股票进入了空头趋势。由于 BBI 指标判断多空的特性，对一些成长性较好的股票有特殊的指导意义，熟练掌握 BBI 指标对新股民来说十分必要。

【实例链接】

　　从图 11－9 中可知，ST 石砚（600462）于 2009 年 3 月 11 日放量上攻 BBI 指标，庄家大力吸引短线跟风盘的介入。随后便连续三个交易日回调，同时伴以成交量减少，显示庄家洗盘目的非常明确，这个时候便是新股民最好的切入点。随着成交量的缩小，该股终于在 3 月 17 日再次放量上攻，开始了大阳线拉升走势，如果股民一路持有到 4 月 9 日再次击穿 BBI 指标时出局，盈利可以达到 39%，最高盈利更是达到 46%。

图 11－9

当个股的股价上穿 BBI 指标线时，有时已经远离了该指标线，即使第二天回抽也有可能走出失败的态势，那么怎样才能找到风险最小的购买点呢？原来当股价突破 BBI 指标后放量拉升，必然会出现几天的回调态势，只要在回调时伴以成交量逐步减少，那么在它第一次回调时便可以逢低入场，失误的概率会大大降低。

适宜捕捉翻番黑马的 WVAD

WVAD 指的是威廉变异离散量，它是一种将成交量加权的量价指标，其主要的理论精髓在于重视一天中开盘到收盘之间的价位，而将此区域之上的价位视为压力，区域之下的价位视为支撑，求取此区域占当天总波动的百分比，以便测量当天的成交量中，有多少属于此区域，成为实际有意义的交易量。

如果区域之上的压力较大，将促使 WVAD 变成负值，代表卖方的实力强大，此时应该卖出持股；如果区域之下的支撑较大，将促使 WVAD 变成正值，代表买方的实力雄厚，此时应该买进股票。

WVAD 正负之间，强弱一线之隔，非常符合我们推广的东方哲学技术理论，由于模拟测试所选用的周期相当长，测试结果也以长周期成绩较佳。因此，建议长期投资者使用，如同 EMV 使用法则一样，应该在一定的投资期限内，不断地根据 WVAD 讯号进行交易买卖，以求得统计盈亏概率的成果。

1. 计算公式。

A＝当天收盘价－当天开盘价

B＝当天最高价－当天最低价

V＝当天成交金额

$WVAD = \sum (ABV)$

参数周期可更改为 6 天或 12 天

2. 应用法则。

（1）当 WVAD 由负值变成正值的一刹那，视为长期的买入点。

（2）当 WVAD 由正值变面负值的一刹那，视为长期的获利点。

注意：依照 WVAD 讯号买入股票时，可以不必等待 WVAD 卖出讯号，而在买入股票之后交给 SAR 管理。

由于交易的周期颇长，WVAD 也有长期指标共同的特点，买点离最近一次的低价区稍远，卖点也距最近一次的高价区稍远，如果长期使用 WVAD 为买卖交易的依据，一旦其他指标已领先出现讯号时，对于投资者的心理压力而言，很难持续坚持等待 WVAD 讯号的出现，只要有一次无法克服障碍忍耐到底，则 WVAD 的统计交易模式，很可能因为个人主观情绪的左右，导致全盘投资计划的挫败。

"探底神针" RSI 指标

RSI 指标是判断买卖力强弱程度的一种技术分析指标，可以用来预测股价未来的趋势，通过计算一定时期内股价平均收盘涨数、平均收盘跌数及其变化的关系，来分析市场买卖双方的强弱程度。一般情况下，投资者和专家都十分看重个股或大盘的 RSI 指标。当个股或大盘的 RSI 指标值出现高位钝化的现象时，他们一般会以此来决定应否抛出手中的股票或应否看淡后市。反之，若个股或大盘的 RSI 指标值跌至 20 以下，许多投资者会把这当做买入信号。

【概念一点通】

对某种股票的过度买入称为超买，反之，对于某种股票的过度卖出则称为超卖。股市上，经常会出现因某种消息的传播而使投资者对大盘或个股作出强烈的反应，以致引起股市或个股出现过分的上升或下跌，于是便产生了超买超卖现象。当投资者的情绪平静下来以后，超买超卖所造成的影响会逐渐得到适当的调整。因此，超买之后，股价就会出现一段回落；超卖之后，股价则会出现相当程度的反弹。

一般可以把 RSI 指标超过 70 以上认为是超买，在 30 以下为超卖。但对于变化起伏比较剧烈的市场，或有理由认为能够形成趋势行情的市场，可以设定 RSI 指标在 80 以上为超买区，20 以下为超卖区。

由于 RSI 指标实用性很强，因而被多数股民所喜爱。虽然 RSI 指标有可以领先其他技术指标提前发出买入或卖出信号等诸多优势，但也应当注意，RSI 指标同样也会发出误导的信息。由于多方面的原因，该指标在实际应用中也存在盲区。RSI 指标只能是从某一个角度观察市场后给出的一个信号，所能给投资者提供的只是一个辅助的参考，并不意味着市场趋势就一定向 RSI 指标预示的方向发展。尤其在市场剧烈震荡时，新股民还应参考其他指标进行综合分析，不能简单地依赖 RSI 的信号来作出买卖决定。

在"牛市"和"熊市"的中间阶段，RSI 值升至 90 以上或降到 10 以下的情况时有发生，此时指标钝化后会出现模糊的误导信息，若依照该指标操作可能会出现失误，错过盈利机会或较早进入市场而被套牢。很多新股民都曾经买到过超级黑马股，这些黑马股有的后来走出了翻番，甚至翻两番的大行情，可惜的是，买过这些大牛股的投资者几乎无人持股到最后，都在中途退场。原因很简单，就是他们太过注重技术指标如 RSI 指标，一旦发现该指标过高时无不获利了结、离场观望。

ROC 指标的系统选股技术

ROC 变动率指标可以用来测量价位动量，同时监视常态性和极端性两种行情。ROC 以 0 为中轴线，可以上升至正无限大，也可以下跌至负无限小。以 0 轴到第一条超买或超卖线的距离，往上和往下拉一倍、两倍的距离，再画出第二条、第三条超买超卖线，则图形上就会出现上下各三条的天地线。其计算公式为：ROC＝AX÷BX（AX＝今天的收盘价－n 天前的收盘价；BX＝n 天前的收盘价）。

利用 ROC 变动率指标界定某一只股票的超买超卖值时，可以在画面上显示至少一年的走势，观察一年来 ROC 在常态行情中，大约上升至什么地方就下跌，下跌至什么地方就上涨。这个距离就是第一条超买超卖线的位置，再以此等距离向上和向下，画第二条、第三条超买超卖线。

ROC 波动于"常态范围"内，上升至第一条超买线时，应卖出股票；ROC 波动于"常态范围"内，下降至第一条超卖线时，应买进股票。

ROC 向上突破第一条超买线后，指标继续朝第二条超买线涨升的可能性很大，指标碰触第二条超买线时，涨势多半将结束；ROC 向下跌破第一条超卖线后，指标继续朝第二条超卖线下跌的可能性非常大，指标碰触第二条超卖线时，跌势多半将停止。

ROC 向上穿越第三条超买线时，属于疯狂性多头行情，涨不停，回档之后还要涨，应尽量不轻易卖出持股；ROC 向上穿越第三条超卖线时，属于崩溃性空头行情，跌不休，反弹之后还要跌，应克制不轻易买进股票。

十拿九稳的布林线指标

BOLL 指标称为布林线，它属于路径型指标，是根据统计学中的标准差原理设计出来的一种相对比较实用的技术指标。参考布林线进行买卖，不仅能指示支撑位、压力位，显示超买、超卖区域，进而指示运行趋势，还能有效规避庄家惯用的技术陷阱——诱多或诱空，短线操作的胜率远高于 MACD 等常用技术手段，尤其适用于波段操作。

该指标在图形上画出三条线，其中上下两条线可以分别看成是股价的压力线和支撑线，而在两条线之间还有一条股价移动平均线。布林线指标对行情的发展具有神奇的预告作用，通常在股价盘整的过程中，新股民最想知道的一定是股价要盘整到什么时候才会产生行情，因为如果太早买入股票，而股票却又迟迟不涨，资金的利用率就会降低，自己还得承担股价下跌的风险。而布林线指标恰恰可以在这时发挥其神奇的作用，对盘整的结束给予正确提示，使新股民避免太早买入股票（如图 11－10）。

图 11—10

如图所示，布林线由上轨、中轨、下轨组成带状通道，上轨和中轨之间为强势区，中轨和下轨之间为弱势区。观察布林线中股价的经常运行位置将有助于揭示市场的强弱，股价多数时间在上轨与中轨之间运行，表示该股在强势区中运行，有市场参与价值，股价有望不断走高；股价多数时间在下轨与中轨之间运行，表示股价处于弱势区运行，缺乏市场参与价值，股价有不断走低的可能。

带状通道揭示了未来股价的波动范围，带状通道具有变异性，它的宽窄随股价波动幅度的大小而变化和调节。布林线具有压力和支撑的作用，布林线的上轨构成对股价的压力，布林线的下轨构成对股价的支撑，布林线的中轨是压力和支撑转换的敏感位置。看布林线可以帮助新股民形成逢低买入、逢高卖出的投资习惯。

利用布林线指标选股主要是观察布林线指标开口的大小，对那些开口逐渐变小的股票就要多加留意了，因为布林线指标开口逐渐变小代表股价的涨跌幅度逐渐变小，多空双方力量趋于一致，股价将会选择方向突破，而且开口越小，股价突破的力度就越大。

在选定布林线指标开口较小的股票后，先不要急于买进，因为布林线指标只告诉我们这些股票随时会突破，但却没有告诉我们股票突破的方向，如果符合以下三个条件，股票向上突破的可能性较大：上市公司的基本面要好，这样庄家在拉抬股价时才能吸引大量的跟风盘；在 K 线图上，股价最好站在均线支撑位上；要看当前股价所处的位置，最好选择股价在相对底部的股票，对那些在高位横盘或上升和下降中横盘的股票要加倍小心。

乖离率指标 BIAS 综合应用技巧

乖离率（BIAS）是测量股价偏离均线大小程度的指标。当股价偏离市场平均成本太大时，会有一个回归的过程，即所谓的"物极必反"。

1. 计算公式。

（1）BIAS＝（收盘价－收盘价的 N 日简单平均）÷收盘价的 N 日简单平均×100

（2）BIAS 指标有三条指标线，N 的参数一般设置为 6 日、12 日、24 日。注意：为了指标在大周期（例如，38、57、137、254、526 等）运用中更加直观，更加准确把握中期波动，可以将公式进行简化：

BIAS＝［EMA（收盘价，N）－MA（收盘价，M）］÷MA（收盘价，M）×100；

其中，N 取超短周期，例如 4、7、9、12 等；M 为大周期，例如，38、57、137、254、526 等。

2. 应用法则。

（1）乖离率可分为正乖离率与负乖离率。

若股价大于平均线，则为正乖离；股价小于平均线，则为负乖离。当股价与平均线相等时，则乖离率为零。正乖离率越大，表示短期超买越大，则越有可能见顶；负乖离率越大，表示短期超卖越大，则越有可能见底。

（2）BIAS 指标表示收盘价与移动平均线之间的差距。

当股价的正乖离扩大到一定极限时，表示短期获利的可能性越大。则获利回吐的可能性越高；当股价的负乖离扩大到一定极限时，则空头回补的可能性越高。

（3）股价与 BIAS 指标究竟达到何种程度的百分比才算是买进或卖出时机，不同市场、不同时期、不同周期即不同移动平均线算法所得出的 BIAS 值是不同的。在多头行情中，会出现许多高价，太早卖出会错失一段行情，可于先前高价的正乖离率点卖出；在空头市场时，亦会使负乖离率加大，可于先前低价的负乖离点买进。

（4）BIAS 指标的缺陷是买卖信号过于频繁，因此要与随机指标（KDJ）、布林线指标（BOLL）搭配使用。

（5）6 日 BIAS＞＋5％，是卖出时机；6 日 BIAS＜－5％，为买入时机。

（6）12 日 BIAS＞＋6％，是卖出时机；12 日 BIAS＜－5.5％，为买入时机。

（7）24 日 BIAS＞＋9％，是卖出时机；24 日 BIAS＜－8％，为买入时机。

新股民在应用乖离率指标的时候，有以下两点需要注意：

（1）股价因受重大突发事件的影响而瞬间暴涨与暴跌，BIAS 指标会因此出奇地过高或过低。但发生概率极小，仅能视为特例，不能作为日常研判标准。

(2) 由于个股的特性不同，新股民需要具体测算出适合个股行情的最佳极限买卖值。

中轴线选股的技巧

中轴线指标 AXES 是震荡行情中波段操作的专用指标。中轴线 AXES 指标是通过股价的极限运动范围测算出震荡行情波动的中轴线，以中轴线的运行特征研判市场发展趋势，并作为高抛低吸、获取差价的重要操作依据。

1. 计算公式。

中轴线指标＝(最高价的 5 日简单移动平均＋最低价的 5 日简单移动平均＋最高价的 8 日简单移动平均＋最低价的 8 日简单移动平均＋最高价的 13 日简单移动平均＋最低价的 13 日简单移动平均＋最高价的 21 日简单移动平均＋最低价的 21 日简单移动平均＋最高价的 34 日简单移动平均＋最低价的 34 日简单移动平均)÷10。

2. 应用原则。

当中轴线指标 AXES 保持强劲上升势头时，表明个股具有上升潜力，后市股价仍有上行空间。当中轴线指标 AXES 持续性下跌时，表示个股仍有做空动能，后市股价将以跌势为主。

当股价位于中轴线指标 AXES 之下，中轴线由下跌趋势转入走平阶段时，投资者可以采用越跌越买，逢低逐阶建仓的投资方式。

当股价位于中轴线指标 AXES 之上，中轴线由上升趋势逐渐转入走平阶段时，投资者可以采用越涨越卖，逢高逐级派发的投资方式。股价经历过较长时间的下跌过程或较深跌幅后，如果出现股价迅速有效上穿中轴线 AXES 的情况，可以果断追涨买入；当股价经历过较长时间的上涨过程或涨幅较大时，如果出现股价有效跌穿中轴线 AXES 的情况，需要果断止损离场。

在使用中轴线指标的时候，股民朋友们也要注意以下几点：

中轴线 AXES 作为波段操作的重要指标，其依据适用于震荡行情中，如果股价处于单边上涨的牛市或快速跳水的暴跌市中都不适宜应用该指标。即使对于震荡行情，中轴线 AXES 也主要适用于宽幅震荡行情，对于缩量横盘整理行情，由于股价波动区间小，不适合短线操作。

依据中轴线 AXES 指标进行实际操作时，不能将盈利目标定得过高。因为，横盘震荡行情中绝大多数股票都不可能有暴涨暴跌，自然也没有获暴利的空间，新股民需要遵循适可而止的获利原则。

第四节 热点题材选股

行业选股

由于中国市场经济发展尚不完善，企业创新能力有待提高，导致同一行业中企业产品同质化严重，在很大程度上可以相互替代，因而同一行业间企业往往联系紧密。股票投资以上市公司作为投资对象，换句话说就是以上市公司所在行业做为投资对象，分析行业所属不同市场类型和所处的不同生命周期，以及影响行业发展的若干因素，对新股民朋友们的选股是相当重要的。

根据各行业中企业的数量、产品的属性、价格控制程度等因素，可将行业分成四种类型：完全竞争、不完全竞争、寡头垄断或完全垄断。在选择股票的过程中，股民朋友们应该将主要注意力放在具有一定垄断性的行业和公司上，这类企业由于其垄断地位，在国家发改委限定范围内拥有自主定价权，利润水平较高。

任何行业都要经历一个由成长到衰退的发展演变过程，这是行业的生命周期，即便是垄断行业也不例外。通常一个行业的生命周期可以分为开拓、扩展、稳定和衰退四个阶段。行业的生命周期一般表现为开拓、扩展期增长率很高，到稳定期增长率逐步放慢，在经过一段较长的成熟期后出现停滞和衰败的局面。

新股民朋友们在选股时，应该尽量避开正处于开拓阶段的行业，因为这些行业的发展前景尚难预料，投资风险较大；同样也不应选择已处于衰退阶段且缺乏竞争力的行业，这类行业的投资收益较低，风险也很大。新股民朋友们可以侧重于选择处于扩展和稳定期的行业和公司。

那么行业兴衰到底是如何影响新股民朋友们选股的呢？

1. 如果相关行业的产品与该行业生产的产品是互补关系，那么相关行业产品价格上升，对该行业的公司股票价格会产生利空影响。例如，政府调高成品油价格，消费者纷纷开始追捧新能源汽车，这对传统汽车制造业会造成极大的打击，此时新股民朋友们最好不要购买传统汽车类股票。

2. 如果相关行业的产品是该行业生产的投入品，那么相关行业产品价格上升，就会造成该行业生产成本增加，利润下降，使得股价出现下跌趋势；反之，则相反。例如，钢材价格上涨，就会使房地产行业和汽车行业的成本提高，从而导致其产品利润降低，此时新股民朋友们最好不要购买这两个行业的股票。

3. 现代社会，人们的生活水平和教育水平不断提高，引起人们对某些商品的需求产生变化，并进一步影响行业的兴衰。例如，在基本温饱解决以后，人们更注意生活的质量，没有污染的天然食品和纺织品备受人们青睐；在收入水平大幅提高后，汽车、旅游等就成了新的消费热点，与此有关的公司业绩会提高，股票也就具有一定的投资价值，新股民朋友们可以有选择地购买该类型的股票。

4. 如果相关行业的产品是该行业产品的替代产品，那么如果相关行业产品的价格上涨，就会提高对该行业产品的市场需求，从而使市场销售量增加，公司盈利也因此提高，股价上升；反之，则相反。例如在2009年，中国北方大部分地区普遍出现严重雪灾，这对煤炭的生产和运输带来极大的困难，进而导致煤价上涨。而作为煤炭等传统能源的替代产品，新能源板块成为市场投资的热点，新股民朋友们可以选择该板块股票进行投资。

5. 当政府限制某一行业的发展时，会采取对该行业的融资进行限制，提高该行业的税收，并允许国外同类产品进口等措施，从而导致该行业的利润下降，使该行业的股票价格下跌。因此，新股民要密切关注政府对待整体行业的态度。2009年8月，中国政府出台行业政策，收紧多晶硅和风能发电等行业的再融资，此令一出，立马导致多晶硅和风电板块股票价格大幅下跌，新股民朋友们最好不要涉猎这两个行业的股票。

垄断选股

世界著名的投资大师巴菲特称其"一生追求消费垄断企业"。在巴菲特的选股原则中我们可以发现一些规律：巴菲特所选的股票有很多是具有垄断性的公司，比如早期的美国运通信用卡公司和迪士尼。尽管迪士尼目前在电影界面临多家公司竞争，但其拥有的早期卡通片资源却无人能够替代。如果从行业属性的角度分析比较，垄断性无疑是最容易出现潜力股的行业属性，就中国而言，电力、供水、电信类公司属于此类。

新股民朋友们从以往沪深股市的强势潜力股中可以发现，一些超级潜力股往往具备以下一些特征：公司主营业务突出，资金集中投资于专门的市场、专门的产品或特别的服务和技术，而此种产品和技术基本被公司垄断，其他公司很难插足投入。这些股票往往能吸引大量的市场资金，并促使股价出现较快上涨。

相反，那些产品和技术市场竞争能力不强，把资金分散投入，看到哪样产品赚钱即转向投入，毫无公司本身应具有的特色，以及无法对产品和技术形成垄断，在竞争程度很高的领域中进行投资的上市公司很难成为超级潜力股。

为什么垄断企业往往会成为潜力股呢？原因很简单：行业的垄断意味着具有垄断利润。通俗的说法就是：有些生意只有它独家能做，别家无法跟它竞争，其绝大多数客户有求于它，公司的现金流量等指标极为良好。比如说旅游业中的桂林旅游（000978），该股就具有垄断优势，因为全世界只有一个桂林，即使票价上涨了，游客也还会络绎不绝（如表11-1所示）。

表11-1　部分具有垄断能力的上市公司

股票代码	股票名称	行业	垄断理由
600519	贵州茅台	白酒	世界三大蒸馏名酒之一，中国白酒行业第一个原产地域保护产品，国内唯一获绿色食品及有机食品称号白酒，是世界名酒中唯一纯天然发酵产品，中国高档白酒的两大品牌之一，酱香型白酒典型代表，构成持久核心竞争力，具备强大的品牌地位
600900	长江电力	电力	拥有世界最大水利枢纽工程三峡工程全部发电资产，水电龙头企业
000402	金融街	房地产	垄断拥有北京西城区金融街规划区商业地产独家开发权
000726	鲁泰A	纺织服装	世界最大的色织布生产基地
600019	宝钢股份	钢铁	国内最大的汽车用钢供应商，冷轧汽车板国内市场占有率50.4%，汽车用钢国内市场占有率14.7%，高附加价值的板材产品具有一定的垄断壁垒
600018	上港集团	港口	大陆地区最大的港口集团，也是全球最大的港口集团之一，依托中国最大的港口——上海港，行业龙头的地位不容动摇
600309	烟台万华	化工	世界级MDI巨头，国内唯一能生产MDI的公司。技术壁垒确立公司在MDI市场上的垄断地位，国内市场占有率36%，预计2010年将成为亚洲最大，世界第五大MDI供应商
600352	浙江龙盛	化工	浙江龙盛染料产量位居国内第一，其中分散染料国内市场份额40%以上；活性染料市场份额近20%；间苯二胺等芳香类中间体占国内市场份额70%
600009	上海机场	机场	上海机场作为中国三大枢纽机场之一，经营着上海地区全部国际地区航线，该地区其他机场无法与之竞争
600320	振华重工	机械	公司集装箱起重机国内市场占有率100%，国际市场占有率78%，产品订单持续排名世界第一
000039	中集集团	机械	依靠成本优势，逐步形成技术优势，公司已经成为全球集装箱市场的领导者，2008年公司在世界集装箱市场达到55%的市场占有率，产销量居世界第一；中国最大道路运输车辆生产商；中国最大半挂运输车辆生产商；中国最大、世界第三大半潜式海洋工程装备建造商
000888	峨眉山A	旅游	所依托的旅游资源是世界自然与文化双重遗产，具有不可再生性和不可替代性，中国文明风景旅游区第一名

(续)

股票代码	股票名称	行业	垄断理由
601857	中国石油	石油化工	中国最大的原油和天然气生产商
000063	中兴通讯	通信设备	国内最大的3G网络设备提供商,国内最大的CDMA系统供应商,也是在海外销售规模最大的CDMA系统供应商之一。在资金规模、研发水平、市场开发能力上中兴通讯都远远超过国内除华为以外的其他厂商
600037	歌华有线	信息技术	北京市经营有线广播电视网络的唯一企业,具有明显的垄断优势和政策支持优势
002019	鑫富药业	医药	世界最大D—泛酸钙生产厂商,国内唯一D—泛醇生产厂家
600362	江西铜业	有色金属	矿产资源储备位居中国第一,其铜矿产量目前占中国铜消费量的15.5%,精铜产量占中国的18.5%,还是中国最大的黄金、白银生产商之一。

高送转选股

高送转概念股,是中国股市中长盛不衰的炒作题材,曾经造就了许多股价翻番的大"黑马"。作为一种炒作题材,高送转概念股在大盘处于上涨阶段时容易受到主力资金的追捧,相同时期内的股价涨幅往往远高于大盘指数,若能提前布局此类概念股将会获得丰厚收益。

从高送转概念股的市场历史走势情况看,可以分为高送转方案公布前、公布后和方案实施三个阶段。在这三个阶段中,方案公布前的走势最为强劲,最受市场资金追捧,例如2009年中报公布高送转的赣粤高速(600269)、利尔化学(002258)和西部资源(600139)就是此种类型。因此,若能在高送转方案公布前发现此类个股而及时介入,将很有可能使新股民获得较大的利润空间。

上市公司在高送转分配方案公布后,其市场走势一般将会出现两种情况:

1. 股本扩张能力和成长性较强的公司,股价多数会走出连续上涨行情。
2. 较早公布中报和高送转方案的上市公司,股价上涨往往具有较强的持续性,而较晚公布的公司,由于股价已提前反映,且处于概念炒作末期,因此在方案公布后往往会出现回调走势。

在送转方案实施前,一般都会出现飙升的高送转抢权行情,如果公司业绩良好且成长性高,则在除权后将会出现填权走势。但由于大多数高送转个股在除权之前已出现较大涨幅,其未来填权走势将存在很大的不确定性,因此在抢权阶段追高会存在较大的投资风险。

通过对中国股市高送转上市公司历史情况分析，我们发现高送转上市公司往往具有以下特征：

1. 所属行业处于稳定发展期、收益相对稳定且位于行业龙头地位的上市公司。当此类公司存在较强烈的扩张需求时，如有新建项目需要大量资金，则将会优先考虑高送转方案。例如，曾实施过高送转方案的西飞国际（000768）、中兵光电（600435）等均属于军工行业的龙头企业，收益呈现持续稳定增长态势。

2. 上市公司有充足的资本公积金和丰厚的滚存未分配利润，这是高送转的重要条件。资本公积金的主要用途有两个，一是转增资本，二是弥补亏损。因此每股资本公积金越多，送转股的能力就越强，而每股未分配利润则代表分红潜力的高低。从历史情况看，进行高送转的上市公司每股资本公积多数超过2元，而每股未分配利润基本大于1.5元。

3. 上市公司的业绩相对优良，净资产值高。投资高送转股必须要重点关注上市公司的盈利能力及成长性，毕竟盈利能力是股本扩张最基本的条件，优秀的业绩是进行高比例送配的基础。从历史上公布高送转的上市公司来看，其每股收益高于0.2元占绝大多数。一般来说，如果每股收益高于0.2元，主营业务增长率达到50%以上，也确实有投资关注的必要。

4. 在上市公司近年来的分配情况方面存在以下一些特征：

（1）上市时间不足两年的次新股。

（2）最近两年尚未实施过增发、配股等融资方案。

（3）最近两年没有分配过红利，未分配利润处在不断滚存中的上市公司。

（4）最近两年尚未进行过高比例送转的上市公司。

5. 在股本结构和特点方面，通常股本扩张能力强的上市公司流通股本和总股本都比较小，上市公司总股本一般小于1.5亿股，流通股本一般小于6000万股。主要原因在于中小板公司的总股本小、业绩优良，其成长性相对主板具有明显优势，虽然在许多细分行业内，中小板公司处于龙头地位，但在大行业分类中优势不突出，为在市场中抢占更大份额，且业绩支撑性良好，中小板公司都会竭力对其资本进行扩张。如苏宁电器（002024），2004年上市以来连续大比例送转，股本最初为0.93亿股，连续5年进行高比例送转，于2009年已达44.87亿股，成为中小板中的大盘股。

6. 上市公司有急于融资的需求。由于受增发门槛提高和配股比例的限制，一些净资产值高、业绩非常优秀的上市公司，为了考虑日后能更多地融资，往往会积极地实施高送转方案，为将来更大规模的融资提供便利条件。

当然，新股民朋友们在对高送转题材股进行投资时，也要注意控制以下几方面的风险：

1. 注意主力机构凭借利好出货。

当庄家将股价拉高以后，很多股民朋友们不愿追高，而庄家又不愿降下辛苦拉高的股价兑现利润，因此常常会使用高送转的方式，降低上市公司的股价，打开个股的炒作空间，利用高送转股的利好出货。

2. 注意上市公司借高送转股"圈钱"。

因为上市公司在配股再融资时，一般有不超过总股本30％的限制，这就会促使上市公司在配股前先扩大股本。而在融资额不变的前提下，较低的配股或增发价更加容易吸引投资者认购，上市公司通过高比例送转股，可以扩大股本、降低股价，从而有利于上市公司从市场中圈得更多的钱。

3. 注意上市公司利用高送转制造给予股东高回报的假象。

上市公司的年度分配是给予股东的回报，在西方较为成熟的证券市场中，现金分红才是回报股东的最主要方式，而送转股则被视作股份拆细的方法，主要是为了提高股票的流通性。现金分红要求上市公司有良好的盈利能力和充足的现金流，而高送转股对上市公司经营业绩的要求很低，即使公司亏损，只要具有高额的资本公积金和每股净资产，也可以实施。高送转股帮助那些在资金周转上捉襟见肘的公司制造了给予股东高回报的假象，但是这些股票即使推出高送转方案，也对市场缺乏吸引力。

【实例链接】

如图11-11、图11-12所示，2009年7月21日，利尔化学（002258）和西部材料（002149）两家中小板公司同时发布中报，分别公布了拟10转增5派3.8元和拟10转增5派1.5元的分配预案，但当日两家公司的股价走势却出现很大分歧，利尔化学强势涨停而西部材料却大跌7.66％。造成这种现象的主要原因是两家公司业绩的差异。

通过对两家公司的中报分析，虽然都推出了分配预案，但业绩差异却十分明显，利尔化学业绩尚处于上升通道，但是西部材料2009年前三季度的业绩却不容乐观。利尔化学2009年上半年实现净利润6470.47万元，同比增长58.13％，而且由于出口收入保持稳定增长等利好因素推动，公司还预测2009年1～9月净利润将同比增长50％～80％。与利尔化学相比，西部材料2009年上半年净利润仅为1430.11万元，同比减少了29.91％。受金融危机的影响，公司订单减少，预计2009年1～9月净利润或将同比下降30％。

图 11-11

图 11-12

股本扩张能力是由上市公司业绩的持续成长决定的，但事实上很多公司在不具备业绩支持的情况下，仍有扩张股本的要求，其股价因投机炒作而被过分推高，而这种情况往往具有很大的风险性。因此，新股民朋友们在选股时，首先要关注的是企业的基本面和成长性，其次再考虑股本的扩张，同时应全面了解各种信息，才可能获得较好的投资收益，降低投资风险。

第五节　板块选股

行业板块分析选股

行业板块的意思是将那些同处在一个行业的股票划分为一类。比如，金融板块、农业板块、高科技板块，等等。

对上市公司进行板块的划分，有利于新股民找到具有行业相关性的股票。前文我们已经讲过，同处在一个行业中的股票，其相关性是非常强的，可以用我们经常说的一荣俱荣，一损俱损来形容。对股票的相关行业进行分析研究，已成为股民选股时的重要依据。

在进行行业投资的时候，应主要考虑两方面的问题：

1. 行业的生命周期以及未来的增长潜力。

一个行业的生命周期基本是四个阶段：初创阶段、成长阶段、成熟阶段和衰退阶段。初创阶段的企业的风险比较大，稍有不慎，就会破产，但是，如果能选择好的话，这种行业将会给新股民带来丰厚的回报。处于成长阶段的行业，可以形容为朝阳产业，其增长潜力是很大的，是大多数股民共同的选择。

成熟阶段的行业，行业利润增长稳定，企业稳步成长但增长率不高。由于处于成熟阶段行业的公司其短期前景容易预测，风险较小，往往受到稳健投资者的关注，或被列入大资金的投资组合中。

处于衰退阶段的行业，如果不进行产业转型，其未来增长潜力几乎为零，所以，股民在选择的时候，一定要慎之又慎。

2. 观察各个行业在股市上的表现。

分析行业板块来选股，仅仅考虑其行业周期显然是不够的，你要从这一行业在股市中的表现来判断。举个例子来说，某行业也许显示出未来增长潜力很大，但是该行业的股票价格过高，以致不能充分证明这些股票是可以购买的；相反，一些有着适度收入的行业，如果其股票价格很低，并且估计其未来收入的变动很小，那么，这些股票是值得购买的。许多时候，市场上各方力量相互作用的结果，常使有些股票的价格过高或过低，远离其实际价值，这就出现了很好的市场机会。

区域板块分析选股

区域板块是以上市公司所处的不同区域进行的划分，并将处于同一区域的上市公司进行归总的板块，比如厦门板块、海南板块、上海浦东板块等。

区域板块的形成是由于各地区经济发展状况的不一样，而且政府部门对不同地区的上市公司的具体政策也有差别，因此，在一定时期某一地区上市公司的走势会显示出很强的联动性。

2010年6月20日，中共福建省委书记孙春兰宣布，国务院已批准厦门经济特区扩大到全市，并建立两岸区域性金融服务中心。消息一出便立刻在资本市场上发挥积极效果。福建板块中，中国武夷、三木集团、三钢闽光、厦门港务悉数涨停。同时，该消息还带动三通概念股的"振翅腾飞"。

区域经济的发展为相关上市公司带来前所未有的发展机遇，从而刺激业绩快速增长，投资价值也不断提升。深知其意的市场"炒手"自然不会放过这一绝好的机会。事实上，2010年以来，A股市场鲜有的几次较大反弹几乎都与区域经济有关。相关专家认为，未来区域概念股仍然"有戏"，一些成长性较好的相关企业估值仍有望更上一层楼，新股民可以重点关注。下面就为股民朋友们介绍几种"有戏"的区域板块，以供参考。

1."西部"放大。

如果说海南、厦门、深圳板块已经是被反复爆炒的题材，那么敏感的游资和机构也不会只满足于这几个板块。不少投资者已经将目光逐步放到中西部地区，希望在依托西部大开发新十年的开启，在资本市场上得到更大的回报。

华泰联合证券分析师刘国宏指出，在区域热潮营造的内需驱动经济增长中，城市化将成为中国经济增长主要驱动力。因此，以关中、成渝、中部六省、北部湾、东北亚辐射区、中亚国际合作区的城市化进程大大加快，而新兴的产业集群也将在区域结构的变革进程中实现外延扩张。对比国际城市群的发展，可以预期中国西部城市化扩张的动力将持续增强。同时，刘国宏也预计，新疆、云南、广西、黑龙江、内蒙等省区的沿边开发开放将加快。

2.海西、海南板块绽放光芒。

2010年6月19日，《海南国际旅游岛建设发展规划纲要》获国家发改委批复，海南将建6大功能组团，这是继2010年1月初，国务院发布《关于支持海南国际旅游岛建设的若干意见》后，海南国际旅游岛建设的"基本蓝图"和"行动纲领"获得正式通过；海西方面，中共福建省委书记孙春兰在第二届海峡论坛大会上致辞时透露，国务院已批准厦门经济特区扩大到全市，并建立两岸区域性金融服务中心。

随后，海南、海西两大区域公司全线上涨。在海南板块中，包括海南高速、罗牛山、海南航空等个股全线涨停；海西板块中，则是三木集团领涨，包括中国武夷、厦门港务等 5 只个股涨停。

对此，有分析人士认为，"区域板块是投资者基础最好的板块，如果这个板块能够持续走强，那对 A 股进一步反弹将有正面作用。"

区域板块已经成为最佳的主题投资机会，再加上政策面的扶持，新股民可以关注这些板块带来的投资机会。

小盘股的四种选股策略

小盘股是相对于大盘股而言的。大盘股通常指的是发行在外的流通股份数额较大的上市公司股票。小盘股就是发行在外的流通股份数额较小的上市公司的股票，中国现阶段一般不超过 1 亿股流通股票都可视为小盘股。

小盘股获利能力强，股本扩张弹力好，适合控盘，对应的机构投资者多，即使业绩不佳，也容易获得外力的利润支持，无数次的小盘股炒作故事都反复说明了这一点。许多头脑灵活的投资者都有这种思维，小盘股的后续业绩常常与股价呈正比，不少小盘股在低位时是垃圾股，在高位时是绩优股。

所谓控盘是说庄家持有一笔资金以短炒的方式进进出出，其买卖保持平衡，只通过把握买卖节奏影响和控制股价。举个例子来说，对一只 1 亿股的盘子，庄家已经锁定了 70% 的筹码，但外面仍有 3000 万股未锁定。另一只只有 1 千万的盘子，即使不锁定筹码，外面的筹码规模也比前者少，控盘难度比前者锁定 70% 后还低。如果这只股也锁定 70%，则外面只剩下 300 万股，如果按平均每个人 10 手计算，则只有 3000 人参与，如果每天有 10% 的人参与交易，则只 300 人，相当好控制了。而前一只股票要达到同样的程度需要锁定 97% 的筹码，这显然是不可能的。

精选小盘股，新股民可以参考一下技巧：

（1）业绩均在 0.60 元以上，而且明朗，行业景气度适合中线。

（2）总股本小于 1 亿（或流通盘低于 5000 万）的袖珍股，后市具有股本扩张能力。

（3）属于中价股（低于 20 元）一旦有高送转或业绩提升，后市就会有潜力。

（4）技术面符合强势特征，具有通道支持和密集区支持要素。

在股市中，每个股民的眼光和思维是不一样的，对于品种的选择需要新股民自己衡量。

ST 股中的淘金技巧

自从 1998 年我国股市实施 ST 制度以来，ST 板块就在市场中形成了一个特殊群体。从实施以来至今，ST 家族不断添丁增口，发展壮大。

所谓的 ST 股，意即"特别处理"，该政策针对的对象是出现财务状况或其他状况异常的股票。但在这个板块里也不断演绎出乌鸦变凤凰的神话来。主要是因为：

1. ST股的朦胧特性。

股市中，人们的炒作一般都侧重在对题材的挖掘，而ST股票最大的优势就是朦胧的资产重组题材。不管是真是假，只要是ST股票，市场总会想象其重组可能，相应地ST股票也就会被市场反复炒作。

2. 虽然目前已经实施了退市制度，但迄今为止真正退市的股票还寥寥无几。

3. 随着ST队伍的不断扩容，在该板块中沉淀的存量资金不断增加。

在股市中，相当多的ST类股票在经过戏剧性的重组后，就从丑小鸭一跃成为了白天鹅。鉴于这种性质，很多股民都加入了ST的淘金行列。

当然，ST板块高度投机的背后其市场风险也是不能忽略的。而股民们要做的就是在沙里淘金，寻找获利机会。一般来说，以下技巧可以给投资者一定的帮助：

1. 选择有实质性重组题材的ST股。

选择有实质性重组题材的ST股，就要求股民分析选择重组可能性较大的个股，比如，持续关注个股的股本结构和股本大小，相对来说总股本越小的股票，重组比较容易，成功概率较大。

（1）关注中报已经预告盈利的ST个股。

这类ST股透明度较高，虽然获暴利的可能性不大，但能够大大降低股民的投资风险。

（2）将ST股的净资产和亏损程度进行比较分析。

股票如果出现了严重亏损，但是净资产较高，可以相互抵消亏损面，使外来重组者风险减小，有利于提高重组的成功率。

2. 选择有投机价值的ST股。

有些ST股票，虽然本身重组潜力不大，但是往往会被主力用来作为蓄意炒作的题材。参与这类ST股的炒作要重点关注三个方面的情况：

（1）成交量。

（2）增量资金的动向情况。

（3）个股的移动成本分布情况。

3. 稳健的投资者可以重点选择戴帽时间不长的ST个股。

这类个股是因为连续两年亏损、每股净资产低于面值或者财务状况异常而被戴帽。它们由于离退市相对有段时间，重组压力轻，退市的风险相对较小。而且，由于刚刚戴帽，股价遭受严重抛压，严重超跌，存在报复性反弹的强烈要求。一旦客观环境转暖，往往会连拉涨停地急速飙升。

除了技巧方面，新股民还要注意，要遵守ST股票的淘金纪律，一旦买错，要坚决止损。如果你觉得自己没有壮士断臂的魄力，那么，最好的办法就是别踏进ST股这个大家庭中。

科技股的选股策略

所谓科技股，简单地说就是指那些产品和服务具有高技术含量，在行业领域领先的企业的股票。比如：从事电信服务、电信设备制造、计算机软硬件、新材料、新能源、航天航空、有线数字电视、生物医药制品的服务与生产等公司通称为科技行业。

从行业前景来看，随着我国经济持续快速发展，科技在经济发展中体现出了越来越重要的作用，比如，通信科技的发展，为人们的工作和生活带来的极大的便利；磁悬浮列车的即将出炉，也为人们的出行带来了极大的便利。总之，科技股的大体前景是被看好的。事实也证明，科技股也一直是人们追捧的对象。

投资科技股，你可以参考以下三个策略：

1. 关注行业的发展前景。

新股民首要的即是关注该行业的发展前景，总的来说，科技股的发展前景是被看好的，但这并不表示所有的科技股都具有成长价值。在选择的时候，要结合现在的热点题材来选，比如说现在的新能源汽车、3G、数字电视等。

2. 关注行业的周期。

关注行业的周期就要求新股民从宏观方面来观察，要观察本国甚至全球该行业的周期是什么。比如说，现在的半导体行业在全球处于上升周期中，处在上升周期中的行业，具有高增长的潜力。但也要注意，这只是宏观上观察，具体的也要结合该企业的特点以及在整个行业中的位置来选择。

3. 公司的规模。

虽然说规模大的公司不一定好，但规模大常常是公司业债良好最起码、最直观的表现形式。一般来说，在高科技领域，规模比较大的，其技术实力也一定不错。比如说，中科三环（000970），目前是国内规模最大、技术实力最强的钕铁硼生产企业，同时也是全球第二大钕铁硼供应商，其走势在大盘反复震荡的2010年可谓一枝独秀。如图11—13所示。

农业板块的选股策略

2010年1月4日，备受瞩目的中央农村工作会议落下帷幕，新一年的"一号文件"仍涉及"三农"。如此一来，这也是中央连续第七年以"一号文件"的形式关注"三农"问题（一号文件指中共中央每年发的第一份文件，该文件在国家全年工作中具有纲领性和指导性的地位）。

图 11-13

尽管很难从数值上判断这些对农业的扶持政策会对农业上市公司带来多少收益，但作为国家连续七年的一号文件，表明政府对农业、农村和农民的高度重视，良好的政策支持有利于行业运行环境的改善，有利于上市公司的长远发展，同时也推动了市场中农业板块股票相对活跃的发展态势。

由于农业股板块的上市公司数量较多，涉及农林牧渔类的公司有50多家，新股民要想从中选出黑马，可以参考以下策略：

1. 选择位于粮食主产区的板块。

近年来，国家逐渐加大了对粮食主产区的投入，将集中一定比例的国有土地出让金，用于支持主产区农业土地开发，国家用于直接补贴农民的资金也主要用于主产区，所以选处于粮食主产区的板块一定错不了。

2. 选择属于种业的板块。

在农业板块中，也要关注那些种业上市公司，比如说丰乐种业、亚华种业、隆平高科、秦丰农业、华冠科技、敦煌种业。

3. 选择属于种植业的板块。

种植业价格的提升无疑是解决农业问题的一个选择。越是接近于产业链上端的行业越能享受到价格上涨所带来的利润高成长，种植业就是如此。因此，新股民要注意选择和种粮直接相关，并且能够有直接收益的上市公司。

4. 选有高科技投入的板块。

据测算，如以蔬菜、药材、花卉、畜禽、鱼虾等作为研究与生产对象，当科技进步贡献率达到 60%时，直接效益可提高 1~2 倍，投入产出比达到 1∶6 以上。因此，我们分析农业板块个股时，要看其科技投入量，以及它的实际效益。换一句话说，谁在这方面做得出色，谁就可能是未来的黑马。

第六节　结合市场走势选股

除了前面介绍的基本面选择和技术选股分析以外，在不同的市场走势中，选股的思路也是不同的，新股民还可以结合市场的走势来选股。当然，结合走势选股也需要新股民有一定基本面分析和技术分析能力。

牛市中的选股

牛市中大盘的走势是整体向上的，大部分个股都会上涨，新股民仅要求获利，难度应该不是太大。但如果想要有不菲的收入，那就要费点心思，尽心选股。

1. 选择超强势股。

超强势股在牛市中有如顺风扬帆、高速前进。超强势股一般有以下几个特点：

（1）公司基本面情况有重大变化或情况良好。

（2）该股在拉升前有一段较长的蓄势过程。

（3）社会公众对该股评价甚高。

（4）介入机构实力强大。

2. 选择龙头股。

龙头股是股市的灵魂和核心，牛市中的龙头股更是起到带领大盘冲锋陷阵的作用，往往在整个牛市中一直向上不回头，一旦龙头股涨势乏力，也许牛市就快到了尽头。新股民只要跟定龙头股，一般均可收获不菲，而且风险较小。这一选股思路简单、易行，尤其对散户投资者来说，可操作性强。

抓龙头股需要良好的看盘能力，敏锐的嗅觉加果断的决策。一般来说，龙头股具有如下三个显著特点：

一是涨势迅猛，二是巨量换手，三是相对低价。

在股市中，龙头股几乎清一色全是中低价位的股票。每一波行情的龙头股在启动之际，大盘一般都经过了大幅或中幅的调整，大盘一般都处在相对低位。

大盘的每个波段都有各自的"领头羊"，每个龙头行情的终结，则意味着一个上升波段的结束。于是，也就有了"龙头一倒，大家拉倒"的说法。因此密切关注"龙头股"的走势，对研判大盘的运行趋势有着重要的意义。

而且这些龙头个股都具有板块联动效应，都能起到以点带面的作用，进而带动市场人气，促使行情向纵深发展。由于它们涨幅巨大，也就是说，在对大盘做出短期趋势能够向上的判断之后，即使错过了该股的启动之初最佳介入时间，只要在该股拉升途中，即短期涨幅还没有超过20%，大胆杀入，并且注意及时了结，也同样可以获得一定的收益。

熊市中的选股

每个股民都希望能天天牛市，好让自己能大赚一笔，但事实上，永远的牛市根本不存在，熊市总是会来的。其实，熊市虽然不如牛市赚钱的机会多，但熊市有时候也能让你大赚一笔，只要你知道如何在弱市中选择最有潜力的那只股票。

俗话说，强市选股易，弱市选股难，但也并非没有机会。以下三种个股最容易在弱市中有所表现，投资者可以关注：

1. 低市值，小盘子的个股。

流通股本在5000万元，价位在16元以下的个股，在弱市中常常被庄家青睐。由于流通市值小，大资金持有后股价的可控性强，再加上总股本不大，公司结构简单，具备重组、经营转型等题材可供庄家炒作。因此，这类个股往往就是大资金在弱市中最佳的避风港。

2. 弱市中上市的新股。

此类个股在低迷时期上市，由于人气涣散，一级市场投资者急于压低股价进行套现，所以此时正是主力机构大力收集筹码的最佳时机，主力将筹码快速收集完成之后，往往会出现一波快速拉升。

3. 股价跌至30日均线未有效击破并有所回升的个股。

强庄驻守的个股一般不会有效击破30日均线，因为30日均线也叫做主力的成本线，所以当股价跌至此位置时，主力一般大多会护盘，促使其股价止跌回升。此类股票企稳上攻时便是最佳买入时机。

虽说有盈利机会，但在熊市中选股，应坚持谨慎原则，总体上调低收入预期，评估某只股票是否有投资价值，也应根据当时的市场情况和平均市盈率水平来确定。

盘整市道中选股

盘整市道中，大盘一般在一个箱体中运行，上有顶、下有底，上下振荡，这时可以选择走势与大盘相仿的个股，进行一些短线操作。

这类个股典型的形态是矩形，如果在矩形的早期，能够预计到股价将按矩形进行调整，那么就可以在矩形的下界线附近买入，在矩形的上界线附近抛出，来回作短线的进出，如果矩形的上下振幅较大，则这种短线收益也很可观。

反弹市道中选股

当大盘从谷底反弹时,正是新股民买进的好时机,但这时新股民却面临一个问题,哪些股票在反弹中涨得比较快、涨幅比较大,这是最需要解决的问题。这里有几项原则供参考:

(1) 一般来说,当股价滑落时,跌幅最深的反弹较为迅速、也较为凶猛,即压得很、弹得高。

(2) 某一板块或个股被冷落或压抑的时间越长,股价低于价值的幅度越大,越可能成为新的热点。

(3) 庄家深套其中的个股,反弹力度大。

(4) 在沉寂的股市中,率先带领大盘反弹的领头股票。

第七节　结合市场热点选股

股票市场永远是一个推陈出新、热点不断变换的场所。一般而言,一个比较大的热点形成后,通常要持续较长一段时间,因为一个较大热点的形成,需要经历挖掘、培育、人气的聚集、持续、反复等过程。在这个过程中,股市中存在着许多机会,就看你能不能把握住。

捕捉市场热点,需要敏锐的感觉和深邃的洞察力,在热点形成之初即及早抓住,不要等到市场尽人皆知时才后知后觉,因为在最开始的时候的那一段的利润往往是最丰厚的。更进一步来说,如果你还可以通过对市场运行情况、特点及当前热点的分析,找出今后可能出现的热点所在,成为先知先觉者,那么,你就能股市中占据非常有利的地位。

一般来说,热点板块有以下一些特点:

(1) 该板块存在价值被低估的情况,换句话说,该板块长期遭人冷落。

(2) 热点板块中的个股,经常不能用业绩和市盈率的标准来衡量股价的高低,而与市场认同程度的高低有关。

(3) 由于科技的进步或政策上的变化等基本面情况的改变,形成新的热点。

(4) 市场对该板块的兴趣越来越浓,最终达成共识。或者突然出现的热点,市场有顿悟,认同度极高。

(5) 该板块中存在超强势股,即板块的领头羊,都是长时间持续走强。

第十二章
炒股软件应用技巧

新股民实战导读：

  炒股软件是股民炒股必备的工具，炒股软件的实质是通过对市场信息数据的统计，按照一定的分析模型来给出数（报表）、形（指标图形）、文（资讯链接），用户则依照一定的分析理论，来对这些结论进行解释。

  市场中，有些傻瓜式的易用软件会直接为股民出谋划策，给出买卖的建议，其实，比较正确，或者实在的用法，应该是挑选一款性能稳定、信息精准的软件，结合自己的炒股经验，经过摸索之后，形成一套行之有效的应用法则，那样才是值得信赖的办法，而机械地轻信软件自动发出的进场离场的信号，往往会谬以千里。

  本章主要为股民朋友们介绍了四种比较常见的炒股软件，同时以大智慧软件为例，为股民朋友们介绍如何利用电脑软件辅助炒股。

第一节　市面上常见的炒股软件

"大智慧"股票行情软件基本介绍

  大智慧是一个集行情揭示、资讯咨询、技术分析和盘面检测等功能于一体的软件平台，它用户多、使用广并且信息全面，它将证券、期货以及外汇有机整合在一起，是投资者的投资利器。

  如图12-1所示，此界面是登陆大智慧后显示的界面。

  在此界面上有横向菜单栏和纵向菜单栏，你可以从菜单栏中选择自己所要了解的信息。

图 12-1

横向菜单栏中包括：行情、指数、板块、分析、功能、大智慧、平台、工具、外汇、委托 10 个选项。

关于大智慧软件的详细介绍，股民朋友们可以查看本章第二节至第六节。

钱龙旗舰版证券行情软件基本介绍

钱龙旗舰是国内著名的证券软件金融资讯提供商上海乾隆网络科技公司推出的基于互联网的证券行情分析软件。钱龙证券分析软件集深沪实时行情、资讯、分析、选股等功能为一体。人性化的界面和操作设计更容易上手，可以简化股民的操作步骤。如图 12-2 所示的界面是钱龙旗舰版的初始界面。

图 12-2

钱龙的主菜单分为系统、大盘、行情、分析、功能、基本资料、资讯、风云榜、公司展示、智能、工具、委托、帮助。

1. 系统。

钱龙的系统选项主要是辅助股民看盘操作的，比如说，你想保存现在观察的某只股票，你就可以通过系统菜单中的"保存画面"或"画面截图"将这只股票现在的走势图保存下来。如图12－3所示。

图 12－3

2. 大盘。

股民通过大盘选项可以选择自己想了解的系列指数。其后面的数字，比如说，上证领先指标，F3O（03）是其快捷操作方式，你可以直接键入 F3 或者 03 进入其界面。如图12－4所示。

图 12－4

3. 行情。

钱龙的行情选项是根据股票的不同分类总结的，股民在查找的时候，可以在其下拉菜单中选择自己想关注的股票。同时在不同的分类后面的数字也是其快捷操作方式，按数字键即可快速进入所查找的界面。如图 12－5 所示。

图 12—5

4. 分析。

在分析菜单栏中，主要有分时走势分析、成交明细分析、价量分布图、技术分析、技术指标、动态指标等。在每一项后面的数字或字母代码分别是其快捷操作方式，股民朋友们可以通过这些快捷操作方式直接进入界面。如图 12—6 所示。

图 12—6

5. 功能。

在功能选项中，你可以选择变换分析周期来查看不同时段的走势图，通过多股同列来查看多个股票的走势图，还可以通过画面操作选择将画面转化成多种组合的图形。如图12－7所示。

图 12－7

6. 基本资料。

通过基本资料选项，你可以直接查看一些个股的信息。这些信息，钱龙软件将其分为了不同的种类，在查看的时候更方面、快捷。如图12－8所示。

图 12－8

7. 资讯。

资讯中，主要是上市公司的一些最新消息。每一个选项后面的数字都代表的是它的快捷操作方式，通过这些快捷操作，股民可以很方面、快捷的进入想要了解的界面。如图12－9所示。

图 12—9

8. 风云榜。

股民要想查看哪些股票属于强势股，未来有哪些股票即将上市，在钱龙的风云榜上你可以轻松的看到。风云榜为股民未来的操作计划提供了一个有力的参考。如图 12—10 所示。

图 12—10

9. 公司展示。

股民朋友们可以通过公司展示，查找有关上市公司的各类详细信息。如图 12—11 所示。

图 12—11

10. 智能。

如图 12－12 所示。

图 12－12

11. 工具。

工具选项可以帮助股民朋友们做不同的设置。比如，你可以通过工具选项选择"资讯设置"，你可以选择不同的咨询商来为你提供资讯服务。如图 12－13 所示。

图 12－13

12. 委托。

通过委托选项，股民可以根据自己的习惯设置委托。如图 12－14 所示。

图 12－14

13. 帮助。

如果在操作中，钱龙的软件出现了什么问题，股民朋友都可以通过帮助选项帮自己解决这一问题。如图 12－15 所示。

图 12－15

通达信网上交易系统券商集成版基本介绍

通达信软件是多功能的证券信息平台，与其他行情软件相比，有简洁的界面和行情更新速度较快等优点。通达信允许用户自由划分屏幕，并规定每一块对应哪个内容。至于快捷键，也是通达信的特色之一。通达信还有一个有用的功能，就是"在线人气"，可以了解哪些是当前关注，哪些是持续关注，又有哪些是当前冷门，可以更直接了解各个股票的关注度。如图12-16所示，此界面是通达信的初始界面。

在其界面的菜单栏中，主要分为系统、功能、报价、分析、资讯、查看和帮助7个选项。细心的股民可以观察到在界面的左侧一列，有不同的图标，这是通达信的快捷操作图标，这些图标都位于菜单栏不同的选项中。通达信将一些重要的、经常用到的功能放在界面的左侧一列，这样方便股民朋友们查找。

另外，你还可以看到，在菜单栏下方，有行情报价、近期热点、重要概念、行业研究、机构持股、新股评价、权证、核心内参等选项，这些功能键的设置也同样能够方便、快捷地满足股民朋友们的要求。如果你点击上述不同的选项，在界面的最下方将会出现对应的选项，比如说，点击行情报价选项，那么，在界面的最下方我们就可以看到A股、中小股、B股、权证、基金等不同的分类，这时候，你可以根据自己的选择点击查看不同的股票。

图12-16

1. 系统。

图12-17是系统选项的下拉菜单，你可以通过不同的选项，对界面进行不同的操作。

图 12—17

2. 功能。

在功能菜单中,如图 12—18,股民最要注意的是"在线人气"选项,其对应的快捷键是 33,通过在线人气选项你可以了解哪些是当前关注,哪些是持续关注,又有哪些是当前冷门,可以更直接了解各个股票的关注度。

图 12—18

3. 报价。

在报价选项的下拉菜单中,如图 12—19,可以看到通达信设置的报价主要是根据股票的分类、股票排名、综合排名来进行报价的,股民可以根据自己的爱好选择任意一种报价方式。

图 12－19

4．分析。

通达信的分析选项还是比较清晰的，股民通过下拉菜单可以清晰地找出自己需要的信息。其后面对应的单词代码分别是其快捷操作方式。如图 12－20 所示。

图 12－20

5．资讯。

在资讯选项中，如图 12－21，股民可以选择查看个股资料以及其他的一些最新的相关信息。后面的数字是其快捷操作方式。

图 12－21

6. 查看。

查看选项最主要的功能就是帮助股民设置界面，比如说，工具栏，现在我们看到的工具栏选项前边有一个小对勾，这说明此时的工具栏是在界面上显示的，如果你还想在界面上添加其他的显示，就可以在查看选项中添加，添加完成后，就会像工具栏一样在前面出现一个小对勾。如果你不想此功能在界面上显示，还在查看选项中，再次点击该选项即可。如图12－20所示。

图12－22

7. 帮助。

帮助选项主要是帮助股民解决一些关于此软件应用的问题。股民有什么不明白的，可以直接点击帮助中的"帮助说明书"或者其他选项进行查看。如图12－23所示。

图12－23

"同花顺"证券行情软件基本介绍

同花顺股票行情分析软件是目前最受股民欢迎的免费炒股软件。同花顺全面支持创业板行情查询和新股申购、委托交易等功能，能够满足股民炒股需要的行情、数据、交易、社区、资讯等功能，同时还可以免费查看29个国家的股指和港股，是股民炒股必备的免费工具。如图12－24所示，此图是同花顺的初始界面。

图 12－24

同花顺的主菜单栏可以分为系统、报价、分析、股指期货、港汇、基金、创业板、理财、资讯、智能、工具和在线服务 12 个选项。

1. 系统。

系统菜单如图 12－25 所示。

图 12－25

2. 报价。

同花顺的报价菜单主要可以分为大盘指数、商品顺序、涨幅排名、综合排名、分时同列、K 线同列等。在其下拉菜单的选项中，如图 12－26，后面的数字代表快捷操作键，比如说，选择涨幅排名中的沪深 A 股涨幅排名，你可以直接键入 60 进入界面。

图 12－26

3. 分析。

分析选项又划分了财务分析、分时走势、超级盘口、成交明细等,股民可以根据不同的选项查看不同的分析结果。如图 12－27 所示。

图 12－27

4. 股指期货。

同花顺对股指期货的分类比较细,可以说,股民能够从这些细分中方便地查找出信息。如图 12－28 所示。

图 12－28

5. 港汇。

股民通过港汇可以查看香港证券、香港证券的综合排名、涨幅排名、分时走势、技术分析等。其快捷操作键就是后面对应的数字。股民查看的时候，只需输入数字，点击回车键即可。如图 12－29 所示。

图 12－29

6. 基金。

在基金选线的下拉菜单中，如图 12－30，我们可以看到其对应的快捷操作就是基金的名称的拼音，这种方式方便股民记忆，在查找的时候，只需输入拼音的开头字母，按回车键即可。

图 12－30

7. 理财。

同花顺的理财选项分为小财神、委托下单、第三方委托和导航者四类。在这里股民注意小财神选项，通过小财神股民可以实现对理财账户的管理和傻瓜荐股。如图 12－31 所示。

图 12－31

8. 资讯。

通过资讯选项查看不同的信息。如图 12－32 所示。

图 12－32

9. 智能。

在智能选项中，如图 12－33，通过个股雷达，你可以设置个股的预警；还能依照不同的分析来进行选股。

图 12－33

10. 工具。

在工具里面，如图 12－34，股民可以对板块进行设置以及进行一些其他方面的设置。

图 12-34

11. 在线服务。

在在线服务中，如图 12-35，股民可以查看现时股市中的一些小道消息、可以通过聊天室和其他股民聊聊炒股的心得。

图 12-35

指南针证券行情软件的基本介绍

指南针是中国最早的证券信息服务商之一，指南针推出的筹码分布和庄家成本分析理论，是指南针早期对中国证券研究市场最大的贡献之一，并成为证券分析领域的标杆。如图 12-36 所示，此界面是指南针的初始界面。

图 12-36

在此界面上，最顶端的指南针的菜单栏，主要有系统、报价、决策、工具、信息、股市交易、期货交易、帮助 8 项。在菜单栏的下面，我们可以看到很多图标菜单栏,这些是指南针的快捷操作栏,主要有盘后数据下载、市场全景、A股行情、期货行情、股-期联动分析、操盘精灵监控、手机监控、资金流向、指数贡献、席位龙虎榜、智能精灵和启动界面。

1. 系统。

通过系统选项,股民可以完成盘中实时接收、盘后数据下载、软件升级、窗口控制等内容。如图12-37所示,系统选项的下拉菜单。

图12-37

2. 报价。

通过报价选项,如图12-38,股民朋友们可以浏览整个股市的全景图,也可以选择A股或者指数的行情分别浏览。

图12-38

3. 决策。

股民通过决策选项可以查看操盘精灵监控、手机监控、股-期联动分析、主力动向分析、资金流向分布等。如图12-39所示。

图12-39

4. 工具。

菜单栏工具选项包括"选股平台"、"自定义板块平台"、"编辑自选股"、"模拟训练"和"股商鉴定"。对于新股民朋友来说,可以通过"模拟训练"来练练手。如

图 12－40 所示。

图 12－40

5. 信息。

股民查看信息可以通过菜单栏中的"信息"选项，如图 12－41，在这里，注意"席位龙虎榜"。席位分析既是大家关心且热议的焦点，又是广大普通类型投资者感到无从下手的分析途径，主要是大家都已经知道席位中是藏龙卧虎之地，把握好席位将是战胜熊市的关键。指南针的席位龙虎榜极大限度地提升了席位方面的分析方法，针对市场中的席位更加有效地分辨孰强孰弱，更有效地提升了针对强势席位集群的追踪功能。

图 12－41

6. 股市交易。

股市交易选项主要是股市委托工具的设置。如图 12－42，在这里，你可以点击"添加委托"按钮，添加委托，如果想删除委托，直接点击"删除委托"按钮即可。

图 12－42

7. 期货交易。

期货交易选项主要是股市委托工具的设置。如图 12－43，在这里，你可以点击"添加委托"按钮，添加委托，如果想删除委托，直接点击"删除委托"按钮即可。

图 12—43

第二节 怎样用炒股软件看大盘

怎样看大盘分时走势图

大盘分时走势图,又称大盘即时走势、大盘当日分时走势,具体分析见第八章第二节。

怎样看大盘指标曲线图

在大盘走势图下面是指标曲线图窗口,可以显示 ADL 指标、MACD 指标等曲线指标。如图 12—44 所示。

图 12—44

怎样了解指标的含义

如果你想了解其他指标,只需在 K 线图页面的菜单栏上点击"分析"按钮,在其下拉菜单中选择"技术指标",在"技术指标"的下拉菜单中选择"技术指标",然后根据需要选择你想看到的指标。如图12－45所示。

图12－45

如果你想了解此指标的含义,在菜单栏中,选择"分析"按钮,在"分析"按钮的下拉菜单中,选择"指标属性",在其下拉菜单中选择"指标注释",查看该指标的含义。

怎样看大盘的K线图

当你进入"大盘分时走势"界面以后,双击分时走势界面就可以进入大盘的K线图形。按上下键可以放大缩小图形,按左右键可以移动查看历史K线。按ESC键就可以退回大盘分时走势。如果在大盘的分时图形和K线之间进行切换,可以按F5键进行转换。如图12－46所示。

图12－46

如果你想查看当天的资讯信息可以按F10，就会出现当天的资讯信息。

怎样了解个股大单买卖的数据

进入大盘的分时图或者日线图，你可以看到在此界面右下角与"指数"按钮并排的"大单"按钮，用鼠标点击"大单"可以查看当时个股大单买卖数据，或者你也可以选择小键盘上的"＋"按钮，切换到大单的买卖数据。如图12－47所示。

图12－47

点击"大单"按钮之后，你就会看到即时的个股大单买卖数据。

怎样查看类别指数

要了解类别指数，你可以在大盘K线的界面上按回车（Enter）键直接进入指数行情列表，按ESC键退回大盘分时走势。可以在键盘上按上下键进行指标选择，按Page Up或者Page Down上下翻页。同时你还可以按选项排列，以涨跌幅为例，用鼠标点击涨跌幅，各类指数将按照涨跌幅的降序排列，如果你再次点击涨跌幅，各类指标将按照从低到高进行排列。如图12－48所示。

图12－48

怎样看大盘行情

查看大盘行情，可以通过菜单栏中的"行情"按钮进行。比如，查看上证 B 股行情，操作步骤如下：点击"行情"按钮，选择"分类报价"，在其下拉菜单中选择"上交所分类"，选择"上证 B 股"。如图 12－49 所示。

图 12－49

点击"上证 B 股"按钮之后，即可进入上证 B 股行情界面。

怎样使用智慧排行

智慧排行可以从行情中选取，也可以从开机菜单中进入。如图 12－50 所示。

图 12－50

另外，还有一种查看智慧排行的方式，就是从左上角的"行情按钮"中选择"智慧排行"进行查看。

怎样分类看股票

如果你只想了解某一类股票的动向，比如说，你只想看上交所或者深交所的股票动向，那么，你可以选择通过"行情"菜单，选择"分类报价"来选择。

怎样看大盘今日的综合排名

如果你想了解大盘今日的股价涨幅、跌幅、振幅、5 分钟涨幅、5 分钟跌幅、量比、委比、总金额排名，可以按以下步骤操作：在菜单栏中，选择"行情"，点击，然后出现"综合排名"按钮,点击选择。

你可以在"综合排名"的下拉菜单中选择一项,查看其综合排名。系统会用9个排成方阵的小窗同屏列出所选市场的股票涨幅、5分钟涨幅、今日委比前六、跌幅、5分钟跌幅、今日委比后六、今日震幅、量比、总金额。在某一窗口锁定某只股票之后,你可以用鼠标左键双击进入该只股票的当日分时走势图。

第三节 怎样用炒股软件看板块

怎样看板块指数

查看板块指数,你可以在菜单选项中选择"板块"按钮,然后选择"板块指数"。如图12－51所示。

图12－51

怎样看分类板块

大智慧将板块分为"行业"、"地域"和"概念"三类。查看不同的分类只需要在"板块分类"的下拉菜单中,选择你要查看的分类即可。如图12－52所示。

图12－52

怎样进行板块监测

运用板块监测，可以帮助股民发现热门板块、潜力板块以及板块中的潜力股。你可以从菜单栏中的"板块"按钮中，选择"板块监测"选项。

点击"板块监测"按钮，就会进入板块监测的界面，查看板块监测的结果。

第四节　怎样用炒股软件看个股

怎样看个股分时走势图

对于个股分时走势图，股民朋友们可以参考第八章第二节。

怎样看个股指标曲线图

技术指标的分析可以通过 K 线图界面下方的指标曲线图窗口查看。我们现在只截取指标曲线图的部分，如图 12－53 所示，以方便股民朋友们看得更清晰一些。

图 12－53

用鼠标在曲线图上点击任意区域，然后就可以通过 Home 或者 End 切换指标。

怎样看个股 K 线图

关于个股 K 线图的分析，股民朋友们可以参考第八章第二节的解析。

怎样了解个股的基本面

如果你想了解个股的基本情况，你可以按 F10 键进入个股基本面界面，查询你感兴趣的信息。退出此界面按 Esc 键即可。

怎样设置个股预警

股市中的股票很多，股民朋友们不可能每只股票都能监视到，这就有可能使股民错失良机。为了减少这种错失良机带来的损失，股民朋友们可以通过"个股预警"来帮助自己。

个股预警可以按照股民拟定的条件与范围监控股票，通过这种方式，股民几乎可以监控到任何值得注意的情况。

大智慧的个股预警的监控条件有四个，分别是：价格预警、涨跌幅预警、成交量预警和成交额预警。监控的范围股民朋友们可以自由设定。你可以将 A 股的所有股票都设定在监控的范围内，也可以只设定自己感兴趣的几只股票。

设定个股预警之后，一旦有符合预警条件的个股出现，系统就会立即发出提示，或者立即弹出窗口或者发出声音，这在于股民所设定的提示方式。

但股民也要注意，太多的预警设置会降低预警的反应速度，所以，不要加入太多的预警。如果股民朋友想要删除预警，可以直接从窗口的预警记录中删除。

1. 启动"个股预警"。

从菜单栏的"功能"选项中，选择"个股预警"。点击"个股预警"按钮以后，进入"个股预警"的界面。如下图 12—54 所示。

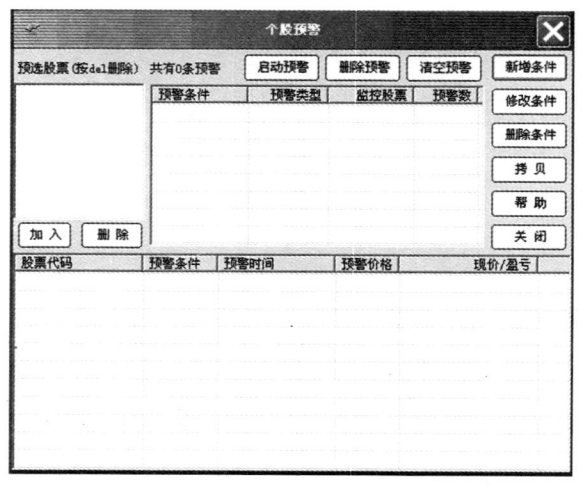

图 12—54

你可以点击"个股预警"界面上的"加入"按钮，选择所要加入的股票。然后点击"确定"按钮。然后，设置预警的条件。点击"个股预警"界面上的"新增条件"，来审定预警的条件。设置成功以后，点击"确定"键，返回到"个股预警"的界面。

完成上述操作步骤，回到"个股预警"界面之后，点击界面上的"启动预警"，即可设置预警成功。

怎样使用"阶段排行"来挑选潜力股

使用"阶段排行"，股民朋友们可以了解一段时间内股票的累计涨跌幅、换手率以及最大涨幅，同时，依据"阶段排行"，你还可以了解主力的动向，从中挑选潜力股。在菜单栏中选择"功能"按钮，在其下拉菜单中选择"阶段排行"。如图12－55所示。

图 12－55

点击"阶段排行"进入其界面。在"阶段排行选项"界面中选择你所选定的条件，点击"确定"按钮，即可查看阶段排行的股票。

怎样使用"精确复权"来避免主力陷阱

大智慧的"精确复权"功能可以消除除权后股价失真和技术指标走样的情况，从而避免主力利用"除权"、"填权"等概念引诱投资者高位接货，长期被套。在菜单栏中，选择"分析"按钮，在其下拉菜单中选择"复权处理"。你可以选择前两种复权方式，也可以选择"手动复权"。如图12－56所示。

图 12－56

怎样查看个股的分析周期

大智慧提供的分析周期有 5 分钟线、15 分钟线、30 分钟线、60 分钟线、日线、周线和月线。想查看个股的分析周期，你只需在个股的界面下面，选择快捷键 F8，即可在不同的周期间进行循环切换。

另外，你还可以在菜单栏中，选择"分析"选型，点击其下拉菜单中的"分析周期选择"，来选择你想要看到的周期。如图 12－57 所示。

图 12－57

怎样查找股票

查找股票，你可以直接输入个股的代码或者个股的名称，大智慧就会自动寻找出与之相匹配的股票，在显示的界面中，选择你想要查看的股票，按 Enter 键即可。

第五节　怎样用炒股软件看信息

怎样通过"实时解盘"了解最新股市分析讯息

大智慧在盘中的时候，会定时由分析师发布最新的股市动态信息。如图 12－58 所示。

另外，如果收盘之后，你还想观察实时解盘的有关信息，你可以从菜单栏中，

图 12—58

选择"大智慧",在其下拉菜单中选择"时实解盘"按钮,你就可以查看当日的全部内容。

怎样通过"信息地雷"了解重要的公告与新闻

"信息地雷"是大智慧的独有功能,只要盘中出现重要市场评论及预测、买卖参考等内容,在大智慧的行情列表、走势图甚至排名列表中都可以看到地雷标志。

想查看所出现的地雷,鼠标移到相应的位置,即可显示标题,如果想查看详细内容,Enter 即可。

怎样通过"短线精灵"及时了解个股的走势

在菜单栏中,选择"大智慧"选项,在其下拉菜单中选择"短线精灵"。如下图 12—59 所示。

图 12—59

利用短线精灵功能,股民可以及时了解到大单买入和卖出的情况以及个股的走势等。

在短线精灵中，有各种名词，比如，高台跳水、火箭发射、加速下跌等，这些词语表示什么意思呢（见表12－1）？

表12－1

词语	解释
大笔买入	出现换手率大于0.1%的外盘成交
大笔卖出	出现换手率大于0.1%的内盘成交
有大买盘	5档卖盘合计大于80万股或和流通盘的比值大于0.8%
有大卖盘	5档卖盘合计大于80万股或和流通盘的比值大于0.8%
打压指数	5分钟内对指数的打压值大于0.5
拉升指数	5分钟内对指数的拉升值大于0.5
加速下跌	延续原来下跌的状况并且加速下跌
快速反弹	由原来的下跌状态转变为快速上涨
高台跳水	由上涨的状态转为快速下跌
火箭发射	快速上涨并且创出当日新高

怎样查看"咨讯平台"

大智慧的"资讯平台"上是大智慧每日收集的各大证券媒体的重要新闻，让你随时了解股市风云。你可以点击菜单栏中的"大智慧"按钮，在其下拉菜单中选择"资讯平台"。如图12－60所示。

图12－60

第六节　对散户最有用的分析工具

怎样使用"多股同列"在同一界面显示多种股票

如果你想同时观察多只股票的走势,就可以使用"多股同列",将多只股票的走势同时放在一个画面中。

使用"多股同列",你可以在菜单栏的"行情"中,选择"多股同列",在其下拉菜单中,选择"四股同列"、"六股同列"或者"九股同列"。

点击"四股同列"——"上证A股"之后,进入四股同列的界面。如图12-61所示。

图 12-61

在此界面上,你可以通过键盘上的上下左右键选择个股走势,你也可以在某一只个股上双击左键,直接进入个股走势。如果你想替换其中的某只个股,只需在你想替换的个股界面上点击左键,然后输入想要替换的股票代码或者拼音,按Enter确定。

怎样使用"画面组合"在一个界面看多种技术分析

"画面组合"可以使你在同一个界面上看到多种技术分析。具体步骤如下:在大智慧菜单栏中选择"分析"按钮,在其下拉菜单中选择"画面组合",然后选择你想要查看的"二画面"、"三画面"、"四画面"、"五画面"、"六画面"、"七画面"或者"八画面"。

点击"四画面"后,进入四画面组合的界面。如图12-62所示,西部建设(002302)的四画面组合。

图 12－62

怎样进行个人理财

大智慧的"个人理财"功能可以快速帮你计算出你的投资成本，清晰地记录下来你的投资历史，有效的进行投资风险分析，同时它还能实时计算盈亏，从不同的角度汇总每笔交易，让你结合市场实际迅速调整资金比例和持仓结构。

你可以从菜单栏中的"工具"选项中选择"个人理财"选项。如果是初次使用的话，按照提示信息登记一个新账户，并填写你的相关资料。再次使用的时候，选择指定的账户即可。

怎样进行个性化设置

个性化设置，在菜单栏"工具"选项的下拉菜单"设置"中。包括"委托设置"、"系统设置"、"行情字段设置"和"大字模式"。如图 12－63 所示。

图 12－63

1. 委托设置。选择"委托设置"按钮，进入委托设置的界面，如图 12－64 所示。

图 12－64

在此界面上选择"添加现有委托"。

2. 系统设置。如图 12－65 所示。

图 12－65

3. 行情字段设置。如图 12－66 所示。

图 12－66

4. 大字模式。

如果你觉得此时界面上的字号比较小，那么你可以通过"大字模式"来改变字号的大小，以适应你的习惯。

怎样通过"龙虎看盘"了解盘口信息

盘口分析是K线技术分析的重要补充,可以大大提高研判的准确性。龙虎看盘通过细分成交,分类统计,综合评测等功能,为新股民提供了极其重要的盘口数据。

在个股分时走势图界面上,点击右下角的"盘口"按钮,即可通过"龙虎看盘"了解盘口信息。如图12—67所示。

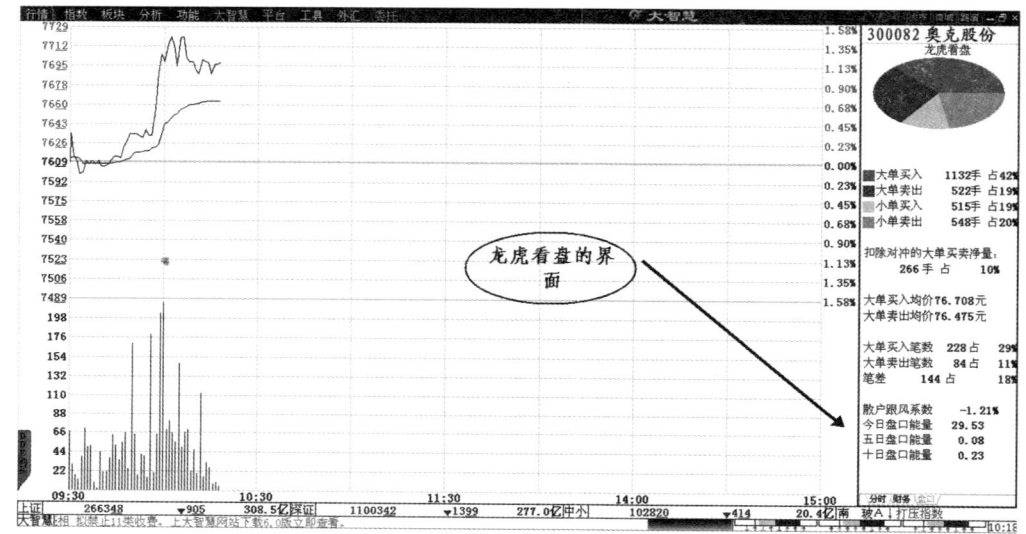

图12—67

现在让我们详细了解龙虎看盘中的信息。

1. 细分成交。

龙虎看盘将细分成交分为大单买入、大单卖出、小单买入和小单卖出四种成交模式,并做了饼状图形。

2. 扣除对冲的大单买卖净量。

这个数据可以看做是主力通过主动的市场运作吃进或放出的筹码量。

3. 大单买入均价和大单卖出均价。

买入大单的加权平均价和卖出大单的加权平均价。

可以看做是主力买入的平均成本和卖出的平均股价。

4. 大单买入比数、大单卖出比数和比数差。

这是意义非常重要的三项数据。大单买入比数指的是所有买入大单的成交比数的累加值,可以看做是所有大单吃掉小单的数量;大单卖出比数是所有卖出大单的成交比数的累加值,可以看做是大单抛出导致的小单接单的数量;比数差是大单买入比数和大单卖出比数的差值。

5. 散户跟风系数。

散户跟风系数指的是小单买入比例与小单卖出比例的差值，用于衡量小单的主买和主卖程度，反应的是散户的参与程度。

6. 盘口能量。

盘口能量是一种上涨能量值，是根据上述各项指标综合得出的，该值越大越好。

对于新股来说，一般盘口能量大于50才有参与价值，但市场环境不同，该值也要作相应的调整。

怎样通过"自选设定"将关注的股票放在一起

在看盘的时候，你可以将你经常关注的股票加入到自选股列表中，从而可以不用反复去切换K线图。

在大智慧的菜单栏中，选择"工具"选项，在其下拉菜单中选择"自选设定"按钮。选择"自选设定"，进入自选设定的界面，如图12－68所示。

图12－68

在此界面上，直接输入个股的代码或者拼音字母，按Enter键确定，然后选择"退出"按钮，你选的股票就被添加到自选股行列中了。如果你想查看自选股，按F6键就可。

另外，添加自选股你还可以在个股的分时走势图或者K线走势图的界面上直接点击鼠标右键，选择"添加股票至自选"。

怎样查看股票的移动筹码分布

移动筹码分布反映的是在不同价位上投资者的持仓数量，你可以在个股K线走势图的界面上，点击右下角的"筹码"按钮。如图12－69所示。

图 12—69

怎样查看基金平台

大智慧的基金平台为基金投资者提供了方便。你可以从菜单栏"平台"中选择"基金平台",进入基金平台的界面。

第七节　怎样解决用户常见的问题

1. K 线全变成一个颜色。

K 线全部变成一个颜色,如绿色和红色,这是无意中启用了五彩 K 线效果造成的,解决办法是通过在 K 线区空白处单击鼠标右键,选择弹出菜单中的"删除五彩 K 线"来解决。

2. 均线被无意中删除。

均线系统经常会被无意删除,仅剩下 K 线,可以输入"MA"回车后就可以返回带均线的 K 线状态。

3. 如何删除日 K 线上的箭头。

K 线上的标记都是因为使用技术分析里面的指标技术系统叠加造成的,它可以用来提示买进卖出的参考时机和价位,如果感觉有碍看盘,可以通过在 K 线区空白处单击鼠标右键,选择弹出菜单中的"删除交易系统"来解决。

4. 如何取消指标的叠加。

有许多技术指标是需要叠加在 K 线附近进行,如布林线(BOLL),它会一直停在每只个股的 K 线附近，这时可以通过输入 MA 回车，让均线系统代替叠加的指标。

5. 如何切换到全屏查看 K 线。

在 K 线图下，按 Alt＋F5。

6. 如何在大智慧上找到新的题材。

比如最近炒作的新能源，那么你可以到大智慧软件中功能菜单 F10 搜索引擎，在里面敲入诸如太阳能、风力等词汇，就能尽快找到相关的股票了。

7. 如何查看历史走势图。

在 K 线图下，直接双击日 K 线，在屏幕的右下角会显示（目前只能查看个股的历史走势）。

F 功能键

[F1]：个股分时成交明细表

[F2]：个股分价成交明细表

[F3]：上证领先

[F4]：深证领先

[F5]：实时走势图/K线分析图切换

[F6]：查看［自选一］个股

[F7]：K线画面下指标参数设定

[F8]：分析周期切换

[F9]：K线画面下划线工具

[F10]：个股概况

[F12]：自助委托

常用热键清单

[Alt＋D]：除权标记

[Alt＋H]：当前帮助

[Alt＋1]：信息地雷标记

[Alt＋M]：最高/最低标记

[Alt＋Q]：退出大智慧

[Alt＋X]：自选设定

[Alt＋Z]：选择自选

[Alt＋F1]：个股概况

[Alt＋F2]：板块监测

［Alt＋F5］：静态分析

［Alt＋F7］：自定义指标参数

［Ctrl＋D］：清除画线

［Alt＋F9］：画线工具选择

［Ctrl＋F］：手动复权

［Alt＋F12］：自助委托

［Ctrl＋Q］：区间统计

［Ctrl＋P］：开启/暂停自动翻页

［Ctrl＋R］：向前复权

［Esc］：退回上页

［Ctrl＋T］：向后复权

［Space］：路演中心

［Ctrl＋2－8］：画面组合切换

［888］：智慧投票箱

［/］：切换指标

［Shift＋Tab］：画面坐标变换

［19＋Enter］：市盈率排行

［O＋Enter］：系统功能菜单

［20＋Enter］：股价排行

［7＋Enter］：上证基金排行

［21＋Enter］：总市值排行

［8＋Enter］：深证基金排行

［22＋Enter］：流通市值排行

［11＋Enter］：涨幅排行

［23＋Enter］：信息地雷排行

［12＋Enter］：震幅排行

［31＋Enter］：板块指数涨幅排名

［13＋Enter］：成交量排行

［30＋Enter］：板块指数行情

［14＋Enter］：现手排行

［41＋Enter］：开放式基金排行

［15＋Enter］：量比排行

［42＋Enter］：LOF 基金排行

［16＋Enter］：资金流向排行

［43＋Enter］：ETF 基金排行

［17＋Enter］：委比排行

［51…58＋Enter］：切换至自选板块（1—8）

［18＋Enter］：换手率排行

［59＋Enter］：实时解盘

［Enter］：K 线，分时走势，排行报价画面快速切换

指标快捷键一览表

［110］：MA 移动平均线记

［112］：CHANNELS 通道线

［114］：主力成本

［115］：TDX 天地线

［116］：SAR 抛物转向

［117］：XS 薛氏通道

［118］：PBX 瀑布线

［120］：ROC 变动速率

［121］：MTM 动力指标

［123］：DMI 趋向指标

［125］：RSI 相对强弱指标

［126］：主力轨迹

［128］：DMA 平均离差

［130］：DPO 区间震荡线

［132］：MACD 指数平滑异同平均线

［133］：KDJ 随机指标

［134］：CCI 顺势指标

［139］：PSY 心理线

［140］：BIAS 乖离率

［141］：W&R 威廉指标

［142］：%B 布林极限

［143］：CR 能量指标

［144］：BRAR 人气意愿指标

［148］：TRIX 三重指数平滑平均数

[149]：ASI 振动升降指标

[150]：OBV 能量潮

[151]：主力进出

[154]：MFI 资金流量指标

[155]：PVI 正量指标

[156]：NVI 负量指标

[157]：VMACD 指数平滑异同平均线

[158]：VR 容量比率

[161]：WVAD 威廉变异离散量

[163]：EMV 简易波动指标

[164]：拉升在即

[165]：底部构成

[166]：主力买卖

[170]：MIKE 麦克指标

[171]：CDP 逆势操作

[180]：ADL 藤落指数

[181]：ADR 涨落比率

[182]：ABI 指标

[183]：STIX 指数平滑广量指标

[187]：EXPMA 平滑移动平均线

[188]：散户线

[189]：KCX 控筹线

[190]：成交笔数

[191]：每笔手数

第十三章
实战中如何跟庄：一眼看穿庄家

新股民实战导读：

在这财富高速流动的场所，有一股巨大的力量，往往把股市搅得天翻地覆，这就是庄家（主力）。通俗地讲，庄家是指股市中资金实力雄厚的机构、社会团体或个人大户，他们以市场为敌手，通过拥有的大资金，利用各种手段影响和操纵股市和股价的涨跌，以图获取丰厚的利润。

散户对于庄家在股市上翻江倒海可以说是爱恨交加，想依靠庄家获取暴利，又怕庄家掏空自己口袋里的钱，也就有了"防火防盗防庄家"和"庄家就是希望，就是金钱"的矛盾说法。在这里，散户没必要过分谴责庄家的控盘行为，关键是散户要与庄共舞，巧妙利用庄家赚钱。

第一节　如何看清庄家

坐庄必须具备的条件

坐庄必须具备以下条件：

1. 雄厚的资金实力。

资金是坐庄的先决条件，是庄家的生命线，如果没有资金，其他一切都无从谈起。一般来说，短线庄家手中掌握的筹码可以少些，但起码也要占有股票流通股的两成以上。举个例子来说，如果流通盘子在1000万股以上，股价10元，要坐庄的话，最低资金要求也在2000万元以上。倘若要考虑在不得已时进行护盘，则资金需要量还要大些。如果是做中长线庄家或板块及大市的庄家，其所需要拥有的资金必须更多。

2. 要有较高水平的操盘手进行操作。

要坐庄,就必须拥有较高水平的操盘手,通常来说,这些操盘手要精通基础分析和技术分析技巧,具备操纵股价的技巧和经验,而且还要深谙散户股民心理。

3. 庄家必须要有严密的组织管理。

股票市场情况瞬息万变,存在很多可能性,既提供了获取利润的巨大空间,又蕴藏着高度的风险。庄家坐庄,面对着如何组织资源投入,参与市场运作竞争,同时尽可能避免风险的重大课题。庄家投入巨大的财力人力,必须在保证安全和盈利的基础上,通过制定严密的计划和管理规章制度,建立完善的决策和风险控制机制。

在进行任何一次坐庄之前,庄家都必须经过事先认真研究,精心策划,打有准备之仗。一方面有助于对形势的准确分析,减少失误;另一方面,对可能发生的不测,事先定好了应对之策,这就避免了临事时手足无措而延误战机,或仓促决断而酿成大错。

大机构坐庄,高度重视坐庄的保密性、计划性和过程控制。一般先由操盘人制定严谨的投资计划,在经过决策者研究批准之后正式实施。高层统一进行资金的筹措调拨,严密监视坐庄过程,造市动作严格按照计划进行,目标价位事先制定,利润目标明确,注意控制市场风险。

4. 要有畅通的信息渠道。

信息渠道包括获取信息的渠道和传播信息的渠道。对庄家有价值的信息,也就是能够影响股市价格的信息,如国家经济、政治、社会的重大事件,法律法规的出台,重大的政策调整,尤其是国家金融政策的重要事项,以及上市公司的重要信息等。

(1)要和媒体保持良好的关系。

庄家为便于炒作,往往与传媒建立和维持良好的关系,以期在传播信息时,得到传媒的支持与配合,至少不至于作对或拆台。

(2)多了解一些上市公司的内部消息。

对庄家来说,最重要的莫过于上市公司的内部消息。上市公司的内部消息是影响股票价格的最直接因素,因此,能否在这些信息尚未向社会公开之前而预先获得对庄家来说至关重要,因为这有利于庄家提前采取对策。这方面的信息主要有:

①与其他公司订立的重要合同;

②股东或董事会管理层的变动以及其他商业秘密;

③上市公司的经营政策或重大投资项目的决策;

④公司的资本和资产运营情况等。

此外,还有上市公司对其经营利润、盈利水平是否进行了人为操纵、弄虚作假因有的公司连年亏损,担心受到停牌或摘牌处理,于是人为提高公司的经营业绩,以达到规定要求的标准。

世界上有了股票市场,就也有了各式各样的庄家,是庄家首先发现股票的投资和投机价值,挖掘了股票的多种功能,才使得股市成为融资和实现资本资源配置的重要渠道。所以,对于散户来说,要做的不是一味地排斥庄家,关键就是要了解庄家,学会识庄、粘庄,最后甩庄、赚庄,这才是最终的目的。

庄家的分类

在分析庄家之前,首先要了解庄家的分类,因为不同类型的庄家,操盘手法是不同的。

根据操作周期的长短可分为短线庄、中线庄、长线庄;

根据走势振幅和幅度可分为强庄和弱庄;

根据股票走势和大盘的关系,可分为顺势庄和逆市庄;

根据庄家做盘顺利与否,可分为获利庄和被套庄。

1. 短线庄家。

短线庄具有如下特点:

(1) 收集的筹码少,通常是5%~10%,收集期短,收集手法十分隐蔽,不容易被发现。

(2) 升幅有限,有10%~20%,超过20%就要有好消息配合,或大市牛气十足。

(3) 快进快出。盈,固然尽快落袋为安;亏,它也会尽快止损离场,极少出现"游击战"变"持久战"。

短线庄大致可分为两种,一种是抄反弹的,在大盘接近低点时接低买进,然后快速拉高,待广大散户也开始抢反弹时迅速出局。另一种是炒题材的,出重大利好消息前拉高吃货,或出消息后立即拉高吃货,之后继续迅速拉升,并快速离场。

短线庄家是股市上数量最多、最常见的庄家。不仅在上升单边市中见到他们活跃的身影,就是在反弹中、盘局中,甚至是盘跌中,仍然可以见到他们在股海大显身手的足迹。

短线庄家之所以数量最多,首先是由于坐庄的机会多,这些机会包括大市、个股超跌的反弹,大市、个股的各种利好消息,也包括个股落后于同一板块而产生的补涨需要。这些机会可以说是什么时候都会有,所以短线庄家在什么市道里都有可能出现。

其次短线庄家需要的资金不多,对于小盘股,有八九百万元,甚至更少,就可以坐一把庄。而有这样资金量的机构、个人大户也有许许多多，也就是说，潜在的、有资格坐庄的人众多。

此外，短线庄家要求的操盘技术远没有中线庄家复杂。从投资机会看，短线坐庄机会比较简单明了，远没有中、长线庄那样，对中长线走势要有一个较准确的判断、对个股潜质要有良好的分辨、要有一套塑造概念的真功夫。

2. 中线庄家。

中线庄的特点：

（1）有一个明显的收集期。

由于吃进的筹码比较多，最少三成，最多可达八成，杀入个股的资金以千万元计，所以收集时间长，在K线图上不得不留下明显的痕迹。如：底部附近，大市下跌该股不跌；大市盘整，它却盘升，等等。

（2）升幅可观，最少达五成以上。

像曾经轰动一时的琼民源、苏物贸均是中线庄家的杰作。可以说，在一波大行情中，升幅排前五名的股都是中线庄家在操作。因为中线庄家锁定大量筹码，很容易把股价拉上去，并且庄家调动巨额资金，苦心经营数月，没有丰厚的利润，是不会罢休的。

（3）拉升大都配合中级或大行情进行。

中线庄家特别讲究顺势而为。由于拉升的幅度大，只有配合中级或大行情，才能顺利达到目的。

（4）派发时间长。

中线庄家手上筹码多，派发时间自然较长，它不仅高位派发，中位也派发，甚至到了低位仍贱价出售，弃庄而去。

中线庄家看中的往往是大盘的某次中级行情，或是某只股票的题材。中线庄家经常会对板块进行炒作，他们往往是在底部进行建仓，持仓量并不是很高，然后借助大盘或利好进行拉高，通过板块联动效应以节省成本、方便出货，然后在较短的时间内迅速出局。中线庄家所依赖的东西都是他本身能力以外的，所以风险比较大，操作起来自然比较谨慎。

中线庄家是一段行情中影响最深、最被投资者关注的庄家。中线庄家最突出的一个特点是升幅较大，通常有五成左右，100％也是常见的。

正是由于中线庄家操作的升幅大，所以不少跟庄者都十分热衷于跟这类庄家。而作为机构只要有条件，也都会尽可能做中线庄，以图获得丰厚的利润。

3. 长线庄家。

长线庄的特点：

谷底附近，不会计较几十个价位，埋头苦吃；

在峰顶附近，也不斤斤计较价钱，低数十个价位便出货。

长线庄家往往看中的是股票的业绩，他们是以投资者的心态入市的。由于长线庄家资金实力大、底气足、操作时间长，在走势形态上才能够明确地看出吃货、洗盘、拉高、出货。所谓的"黑马"，一般都是从长庄股票中产生。长线庄的一个最重要的特点就是持仓量。由于持股时间非常长，预期涨幅非常大，所以要求庄家必须能买下所有的股票，其实庄家也非常愿意这样做。这样，股价从底部算起，有时涨了一倍了，可庄家还在吃货。出货的过程也同样漫长，而且到后期时不计价格地抛，这些大家都应注意。

4. 强庄。

强庄的前提是持仓量大，持仓量越大，庄家拉高的成本就越低。所谓的强庄，并不是庄家一定就比别的庄家强，而是某一段时间走势较强，或是该股预期升幅巨大。

5. 弱庄。

一般是资金实力较弱的庄家。由于大幅拉升顶不住抛盘，所以只能缓慢推升，靠洗盘、打差价来垫高股价。由于庄家持仓量低，靠打差价就能获得很大的收益，所以股票的累计升幅并不大。

6. 顺势庄。

即股价走势与大盘一致的，这是高水平的庄。

7. 逆市庄。

从狭义上讲，就是大盘下跌时上涨的庄，从广义上讲，就是走势与大盘完全没有共性的庄。逆市庄由于白白放弃了一个重要的工具，所以做盘难度大，失败的较多。当然，有些庄家在建仓时逆市，在出货时顺势，那也是高水平的。

8. 获利庄。

获利庄是指成功出货，获得丰厚利润的庄家。

9. 被套庄。

被套庄分为两种，一种是股价低于庄家的建仓成本，且庄家已没有操纵股价的能力了。这种庄家比散户被套要惨得多，因为没有新庄入场的话，就没有解套的可能，而割肉的话，又苦于没有接盘。

另一种被套庄，是由于手法不对，或所炒股票明显超出合理价值，导致没有跟风盘，结果虽然股价高于成本，但无法兑现。这类庄家由于具备控盘能力，所以通过制造题材，以及借助大盘，总会有出来的可能。大家看到的跳水股，往往属于这一类。

庄家的分类不同，其特性必然也不相同，只有了解了庄家的特性，才能巧妙地利用庄家。

洞察庄家的软肋

相对于散户来说，庄家的优势非常明显，如雄厚的资金、高素质的操盘手、灵通的信息渠道等。但是，庄家也有自己的软肋和劣势，其软肋和劣势一旦被多数散户看破，庄家就未必赢得了散户。庄家的软肋和劣势主要表现在以下几个方面：

庄家软肋之一：时常被套。

庄家相对于散户来说更容易被套，只要散户愿意，什么时候都可以卖，可庄家不同，在没有行情的时候，庄家想多卖出点，价格就下降，散户就开始抛售，价格就降更多，这样的结果，庄家货没出多少价格却下降了很多，这样会得不偿失。有时候大盘突然下跌，人们大量抛压，庄家就会被套在高处。例如2007年5月30日的大跌，不少庄家来不及反应就被巨大的卖盘压了下来，但自己也不愿接棒。有的干脆直接封到跌停，谁也跑不了，等待机会再反击。有的则盲目自信，认为大盘会迅速企稳，开始被动性接盘，结果没等到大盘涨的那天资金已经用完了，数亿资金就被套在上面了，没有接盘也无法卖出。

庄家软肋之二：费用和成本很高。

庄家从建仓到拉升，需要非常大的资金量。庄家的一部分资金是在卧底阶段用于吸纳大量低价筹码来长期锁仓，这部分资金虽然在拉升以后获利，但为锁仓之需无法动用，还有一部分资金则要在拉升阶段配合使用。在整个坐庄过程中，某一个时段可能需要动用大量资金，单靠自有资金是难以实现的，即使庄家有那么多的资金，它也不会在大部分时间里囤积起来，而用于某个时间段。因为在大多数时间里，股票价格都处于盘整阶段，此时大资金派不上用场，闲置就会增加成本。如果是借贷的资金，则费用更高。有的时候，庄家为了提高人气或成交量，还要自拉自唱，进行对敲。这就需要交纳一定的手续费。如海虹控股（000503），2005年8月8日44438.39万元交易额中庄家对敲有43922.80万元，占98.84%。4亿多交易额的手续费即使优惠也不下40万元/天。这都增加了坐庄的风险。

庄家软肋之三：资金量大，低吸高卖并不容易。

庄家的资金量虽然很大，但建仓很难，吸筹必然会推高股价，使成本提高，必然会增加成交量，使自己的踪影曝光，无法买到最低价。庄家的筹码虽然很多，但出货很难，减仓必然会打压股价，使成交量增大，引起其他持股者的警惕，导致无法成功出货，无法卖个最高价。

第二节　寻找庄股的方法技巧

庄家如何选股

找庄是一门学问,有很多的方法技巧,其中最重要的一点就是要了解庄家是如何选股的。只有知道庄家是如何行动的,把准庄家的脉,才能完成最终的跟庄行动。

庄家选定炒作的股票称为庄股,坐庄不是随便进行的,在坐庄之前庄家都要经过周密的分析、认真的调查。一般来说,庄家进行选股会从以下几个方面来考虑:基本面、技术面、题材面、操作面。

1. 基本面。

首先,庄家会综合考虑宏观经济环境、市场人气、公司情况等方面因素,其次庄家会重视分析个股的下面情况:

募股配股资金产生效益的质量与时间;

未分配利润及资本公积金,净资产值;

有无送股历史,流通股比例;

基本面有无改观潜力。

那些基本面优异,受到国家产业政策扶持的市场热点股票,由于市场前景看好,价格不菲,容易导致筹码分散,庄家难以吸到货,但那些基本面差,人人避之不及的股票,若是能通过潜在题材使基本面得到改观,就会成为庄家青睐的对象。

庄家偏好选择有利润增长潜力、未分配利润多、资本公积金与净资产值高、无送股历史、流通股占总股 1/3 以上的股票。

2. 技术面。

(1) 看流通盘大小是否与自己的资金量相匹配,庄家资金主要来自自有资金、上市公司发行、配股募集资金、个人大户、集团公司、境外资金等。

用太小的资金炒作太大的盘子,会感到力不从心,推不动盘口。一般来讲,庄家如果能够拥有 50% 以上的流通盘,就可以操纵股价。

(2) 看筹码分布是否均匀,这是指筹码分布在不同价位、不同投资者手中。从筹码分布中可以看出上方套牢区主要集中在什么部位、在哪一类投资者手中。

(3) 看个股走势,看个股是已经初步探底完成,还是正处于下跌过程,逆个股走势,往往难以奏效。

3. 题材面。

题材和概念的运用是我国证券市场的一大特色。我们几乎天天都可以在各个媒体上看到或是听到各种各样的题材和概念。这些都是庄家利用出货的借口。在庄家的操作步骤中，出货是最为关键的一点，因此，题材的选用也就十分重要了。

4. 操作面。

庄家偏好那些股性活跃，包袱较轻的个股，特别是股价在高位和低位时，庄家会坚决地逆反操作。股价与指数位于高位的现象有：

（1）巨量现象反复出现；

（2）对于大跌，散户麻痹；

（3）众多中线指标处于高位；

（4）较多的获利盘，且散户多集中在热门股上获利；

（5）利多放大，利空也涨。

反之，则说明股价与指数处于低位，庄家喜欢在股价较低时进庄，而不是在较高时挺身而出。股价价位选择的一个基本原则就是至少有 50% 以上的上升空间。

做好功课觅庄影

很多股民抱怨自己为什么选不到庄股，其根本原因是你没跟上庄家的操作思路。这只能说明你的功课做得还不够，如果你想跟庄，首先要提高的就是自己的炒股本领。那么，若想很容易地找到庄股，你需要做足哪些功课呢？

散户寻庄功课之一：注意多积累。

"功夫在诗外"，平时做功课时，将一些你认为有可能成为黑马股的股票列入黑名单。每日跟踪瞄准，不断筛选淘汰。

散户寻庄功课之二：关注公司基本面。

庄家敢于对某只股票大动干戈，没有一定的后续题材是不会造次的。尽管散户无法获得上市公司的内部消息，但可以时时关注有庄介入的个股公司财务报表、公告及其他公开信息，从而从消息面上印证你对某只庄股的判断，如此就更增加了跟庄的胜算。有时一段时间内，某只你认为有庄的个股公司连发消息，一会儿是参股金融机构，一会儿是股权转让……面对如此多的消息，你可以将它们串在一起，放到一个大的立体背景中去分析，或许你就会成竹在胸了。

散户寻庄功课之三：重点研究成交量。

如果庄家大量进出某只股票，那么就一定会在 K 线图上留下痕迹，量的突破性就说明庄家在活动。从技术分析的角度来看，底部区域和横盘都属于庄家活动的区域。庄家在建仓阶段，常将大资金化整为零，在大家都看淡之际悄悄吸纳。底部收集到的筹码越多，其拉升的成本就越低。庄家这种化整为零的手法在量价关系上能看出踪影，即股价波动愈来愈窄，成交量屡创地量。一旦庄家筹码吸足进入拉升时，必然伴随着价升量增。因此适时关注底部或横盘区域个股成交量的异动，就能在庄家拉升之前介入，坐享庄家拉升之利。

【实例链接】

山推股份，1999年"5.19"行情结束后一直盘跌，12月份在利空因素影响下加速下跌，12月底股价接近历史低点，此时该股庄家见时机一到，立即进场收集廉价筹码。我们从成交量的变化及日K线的变化可以看出庄家的影子。成交量极度萎缩后间歇性突然放大，日K线图上伴随着间断出现的大阳线，吸筹特征非常明显（见图13—1）。

图13—1

到哪里寻找庄家

对于广大散户来说，面对众多只个股，该如何判断哪一只有庄或强庄，哪一只无庄或弱庄，如果有庄又处于哪一阶段呢？这就要对该股的基本面及技术面作全面的、详细的、科学的分析，再得出结论来。下面介绍几种根据市场的公开信息寻找庄家的方法。

1. 从强于大盘的板块中寻找庄家。

在板块指数中找出近期强于大盘的板块，再从该板块中找出领头羊个股，再从个股中分析庄家的情况。

2. 从基金持仓变化中寻找庄家。

基金是当前市场中最大的庄家，这是不争的事实。基金每一季度要公布一次持仓结构，新股民可关注其新近增加的品种或增持的品种，如果在K线上股价并没有涨升很多，此时可寻机介入。

3. 从媒体、名家的股评中寻找庄家。

有些股评为配合庄家拉抬，也会及时作出"个股点评"或"热门股推荐"等，值得参照，但一定要保持足够的谨慎。

4. 根据个股股东的变化情况判断。

每年年底和年中要公布两市个股的股东分布情况。新股民要详细分析持股结构的数量大小、成本情况，结合以前的资料进行对比，可以发现主力介入时间。挑选其中的潜力个股，从盘中寻找介入机会。

5. 在涨跌排行榜的名列前茅股中选择。

从第一名开始，一只一只翻开它们的近期走势，将强于大盘的股筛选出来，再从以前的成交量和盘口去找庄家的身影。

6. 按吸引主力的基本面因素判断。

随着经济的日趋活跃，股市的成熟，以后的基本面分析技术越来越重要，新股民要改变重技术分析不重基本面分析的习惯。符合下列特征的个股容易被主力相中，如果发现可以先坐上等待主力来抬轿。

股本扩张能力强、公司基本面较好、流通盘（1亿元以下）和总盘子偏小、资本公积金高、净资产高（净资产值低于1元的就要被ST）、滚存利润多、上市以来没有分配过。

庄家介入的迹象

股市中，很多股民四处打听小道消息，以此作为判断庄家是否介入的依据，还有的股民喜欢"揭秘"、"据传"之类的市场消息。这种方法不是不行，只是准确率并不高。要想准确了解庄家的介入迹象，最好的办法就是从多个方面进行综合分析。通常而言，如果出现下文所述的迹象，庄家介入的可能性会很大。

知道了庄家介入的迹象，你就会比别人更早地知道哪些股票有庄家介入，并及时跟进"搭车"，日后必有收获！

庄家介入迹象之一：成交量经常忽大忽小。

庄家无论是建仓还是出货都需要有成交量配合，有的庄家会采取底部放量拉高建仓的方式，而庄股派发时则会造成放量突破的假象借以吸引跟风盘介入从而达到出货目的。另外，庄家也经常采用对敲的方式转移筹码或吸引投资者注意。无论哪一种情况都会导致成交量的急剧放大。同时由于庄股的筹码主要集中在少数人手中，其日常成交量会呈现极度萎缩的状况，从而在很大程度上降低了股票的流动性。

【实例链接】

铜峰电子（600237）2002年10月以后的两个月走势，庄家参与迹象明显，重要信号就是成交量的不规则：2002年10月9日暴跌时成交25.7万股，10日只有2.67万股，11日又增到87.6万股。类似的还有10月28日成交167.9万股，29日7万股；11月29日32万股，次日379.9万股，12月6日5万股，次日96万股，12月24日12万股，25日221万股。如此连续多次出现成交量突然放大与缩小10倍以上的现象，唯一的解释是庄家的参与（见图13—2）。

图13—2

庄家介入迹象之二：交易行为表现异常。

庄股走势经常出现的几种情况是，股价莫名其妙地低开或高开，尾盘拉高收盘价或偶尔出现较大的买单或抛单，人为做盘迹象非常明显。还有，盘中走势时而出现强劲的单边上扬，突然又大幅下跌，起伏剧烈，这种现象在行情末期尤其明显，说明庄家控盘程度已经非常高。

庄家介入迹象之三：个股的行情往往逆市而动。

一般股票走势都是随大盘同向波动，但庄股往往在这方面的表现却与众不同。在建仓阶段，逆市拉抬便于快速拿到筹码；在洗盘阶段，利用先期搜集到的筹码，不理会大盘走势，对敲打压股价，造成技术上破位，引起市场恐慌，进一步增加持筹集中度；在拉升阶段，由于在外浮筹稀少，逆市上涨不费吹灰之力，其间利用对敲等违规虚抬股价手法，股价操纵易如反掌，而且逆市异军突起，反而容易引起市场关注，培植跟风操作群体，为将来顺利出货打下伏笔；到了出货阶段，趁大势企稳回暖之机，抓住大众不再谨慎的心理，借势大幅震荡出货，待到货出到一定程度，就上演高台跳水反复打压清仓的伎俩，直至股价从哪里来再到哪里去。

庄家介入迹象之四：股价容易暴涨暴跌。

坐庄的基本过程就是先拼命将股价推高，或者同上市公司联系，通过送股等手段造成股价偏低的假象，在获得足够的空间后开始出货，并且利用投资者抢反弹或者除权的机会连续不断地抛出以达到其牟取暴利的目的，其结果就是股价暴涨后长期下跌。

庄家介入迹象之五：利空或利多消息对股价影响反常。

在公正、公开、公平信息披露制度下，市场股价会有效反映消息面的情况，利好消息有利于股价上涨，反之亦然。然而，庄股则不然，庄家往往与上市公司联手，上市公司事前有什么样的消息，庄家都了然于胸。甚至私下蓄意制造所谓的利空、利好消息，借此达到庄家不可告人的目的。例如，庄家为了能够尽快完成建仓，人为散布不利消息，进而运用含糊其辞的公告最终动摇散户的持股信心。又如，待到股价涨幅惊人后，以前一直不予承认的利好传闻却最终兑现，但股价却是见利好出现滞涨，最终落得个暴跌。

庄家介入迹象之六：股东人数变化比较大。

通常来说，长庄黑马股都是筹码集中度较高的股票。庄家吸筹就是筹码从分散趋向集中的过程，此时股价上涨；庄家派发则是筹码从集中转向分散，股价趋于下跌。根据上市公司的年报或中报中披露的股东数量可以看出庄股的股价完成一个从低到高，再从高到低的过程，实际也是股东人数从多到少，再从少到多的过程。不过，庄股在股东名单上通常表现为有多个机构或个人股东持有数量相近的社会公众股。因为庄家要想达到控盘目的的同时又避免出现一个机构或个人持有的流通股超过总股本5％的情况就必须利用多个非关联账户同时买进，这种做法也给市场的有效监管增添了难度。如1999年底深圳证券交易所公布上市公司的持股情况，筹码最集中的是亿安科技，当年底持有其10万股以上的股东仅131家，但持股总数占总流通股比例高达82％，筹码集中度高证明当时庄家控盘之彻底。

地量是寻找庄家的好时机

地量是相对于大盘处于高位的天量而言，一般来说，地量在行情清淡的时候出现得最多。在行情清淡的时候，人气涣散，交投不活，股价波动幅度较窄，场内套利机会不多，可以说，此时的股市几乎没有任何赚钱效应。持股的不想卖股，持币的不愿买股，于是地量就出现了。但在这一时期，往往是长线进场的最好时机。

地量在股价即将见底的时候出现的也很多。一只股票经过一番炒作之后，总有价格向价值回归的趋势。在其慢慢下跌过程中，该卖的都已经卖了，没有卖的也不想再卖了，于是地量不断出现，而且持续性较强。如果在这一时期选择一个基本面向好的企业，只要能耐得住时间的考验，一般都会有所收获。

地量在庄家震仓洗盘的末期也必然要出现。任何庄家在做庄的时候，都显然不愿意为散户抬轿子，以免加大自己拉升途中的套利压力，于是，拉升前反复震仓、清洗获利盘就显得非常必要了。

地量在拉升前整理的时候也会间断性地出现。一只股票在拉升前，总要不断地确认盘子是否已经很轻，以免拉升时压力过大而做庄失败。换句话说，就是拉升前要让大部分筹码保持良好的锁定性，即"锁仓"。而要判断一只股票的锁仓程度，从技术上来说，地量间断性地出现是一个较好的信号，由于庄家需要不断地对倒制造成交量以达到震仓目的，所以，这一阶段中，地量的出现是间断性的。如果能在这一时期的末期跟上庄，你可能会吃到这一只股票最有肉的一段。

由此可见，地量作为成交量指标的一种表现形式，由于其不可能存在欺骗性，而且对投资者的操作具备相当的实战指导价值，因而被授予"最有价值的技术指标"的桂冠，实为众望所归，其真实性及实用性也是其他技术指标所望尘莫及的。

通过盘口判断庄家的强弱

在股市中，庄家既是中小散户的对手，又是中小散户所依赖的对象。只有跟着庄家的节奏走，你才能有获利的机会，尤其是那些较强的庄家。反之，一旦你跟上的是弱庄，那你的获利将会大大折扣，甚至有可能亏损。那么，如何判断你跟上的庄是强还是弱呢？我们根据盘口一般的规律，总结出如下几个判断庄家强弱的标准：

1. 强庄股往往能长时间保持独立于大盘的走势。

从时间角度来说，能够更长时间保持独立于大盘走势的个股，其控盘的庄家实力相对就比较强，表现在股价形态上，中、短期均线呈多头排列，形态上升趋势明显，涨跌有序，起伏有章，这也是强庄的特征之一。

2. 可以经常性地观察到个股在上涨的时候力度比较大，在涨幅的前列常常看到它的影子；而下跌的时候幅度却远远小于其他的个股，并且成交量高于盘中个股的一般水平。这样的个股一般都有强庄介入。

3. 强庄股有较强的抗跌性。

对于突发性利空引起的股价下跌，强庄股会有效地稳定股价。对于这种"突发性"许多机构往往都没有思想和资金等方面的准备，于是常以股价的下跌来回应，而实力强大的庄家则有能力应付和化解各种不利因素，不会轻易随波逐流，它在利空的情况下，可能会以横盘，甚至逆市上扬的走势来表现。

4. 单纯从K线判断，一般强庄股多表现为红多绿少，这表明涨的时间多于跌的时间，阳K线的实体大于阴K线的实体，庄家做多的欲望较强，市场的跟风人气也比较旺盛。

5.强庄股比同类板块中的其他股票走势更好。

在目前的市场中，板块联动是较为明显的一个规律，常常表现为齐涨齐跌。而较强庄家介入的个股，在大部分基本条件相差不大的情况下，则会在走势上强于同类板块中的个股。

第三节 熟悉庄家建仓的手法

哪些股票会成为庄家建仓的对象

庄家在股市找炒作对象时，首要考虑的是该股是否有炒作价值，而不是根据该股是否有投资价值来决定取舍。何谓"炒作价值"，一般来说，应具有以下特点：

1.股权较为分散，第一大股东持股比例低于30%，便于庄家吸筹建仓。

2.基本面有改观的潜力。

只有基本面差，人人避之不及的股票，才能给庄家人弃我取的机会，若基本面优异，市价自然不菲，且市场都看好其前景，进而"长线投资"，庄家难以吸到货，自然难以走强。

3.启动前绝对价位较低，通常不高于10元。

根据这些特点，最有可能成为庄家选择坐庄的股票有以下几种：

庄家建仓对象之一：冷门问题股。

有些股票由于存在这样或那样的问题备受市场冷落，有些庄家便人弃我取，在较低价位吸纳大量筹码，成为坐庄对象。

庄家建仓对象之二：价值低估股。

在任何市况之下，市场上总有一些股票的价值被低估，有时低估程度还会非常严重。价值低估必然导致价值回归，所以那些价值被低估的股票经常会成为庄家吸纳的首选目标。

庄家建仓对象之三：题材股。

股票有无炒作题材，是庄家选股的一个重要标准。股票只有题材丰富，才会产生庄家登高一呼，市场万众响应的局面，庄家才能在高位顺利出货。几年以来沪深股市较受市场青睐的题材主要有送配题材、收购题材、资产重组题材以及西部概念题材、生物制药题材、奥运题材等。

散户跟庄，当然是跟庄家所坐的庄，惟有这样，才能搭着庄家的顺风车，获得股票的价差。所以，散户对庄家的选股特点和习惯要有一个比较全面而深入的了解，然后，在此基础上，再决定如何介入、如何跟庄。

了解庄家吸筹建仓的时间

在什么时间入庄关系到庄家的操作能否成功。一般来说，为了降低自己的持仓成本，确保成功，庄家会耐心等待利空消息或大盘底部的出现。利空消息在任何时候都可能会发生，但在每年年末、两次报表的披露之际，或在重要的政策底部、技术关口时机会相对较多。而大盘底部的出现，每年机会很小，大底的出现可能只有1～2次。总的来讲，庄家的建仓时机有这样几种。

庄家建仓时间之一：公司年报公布之际。

此时庄家所要建仓的个股一般都是年报出现巨大亏损，或业绩大幅下滑，如果上市公司提前放出消息，股价会在朦胧利空传闻的影响下一路下跌，而在公布年报时会加速下跌，此时，庄家全线进场，不但容易吸取筹码，而且不易被发现，有时会被散户误认为贱价出售，庄家出局。这类庄家吸货的方法属于借利空吸货。

庄家建仓时间之二：当宏观经济处于低谷时。

宏观经济运行到低谷时，市场萧条，股市处于熊市之中，股民对股市的前景不看好，投资意愿不强，此时庄家则乘机在底部收集筹码。当散户觉醒过来，指数已高，庄家正好借人气旺盛之际顺势拉抬，套现获利。

庄家建仓时间之三：在年末介入。

管理部门要进行财务税收大检查，政府部门要相继召开财政、金融、外贸等领域的工作会议，以确保年底计划的实现，并安排下一年度的发展计划。此时，股市受传闻、消息的影响比较大，波动剧烈。而且，年内出现低点的机会较大，建仓相对容易。即使跨年度持仓，胜算率也比较高。

庄家建仓时间之四：股价超跌有反弹迹象时。

这种建仓时机主要是针对短线庄家来说的，这时入场往往能起到四两拨千斤的效果。超跌股的比价关系偏低，有些价值被严重低估。庄家在下跌接近尾声时主动买套，股价一企稳，短线抄底盘会蜂拥而入，庄家很快就能将股价拉高。如果此时的大盘处于盘整市道或上升市道对庄家来说则更为有利。

庄家建仓时间之五：公司业绩大有改观但未被市场发现时。

要想在这个时间建仓，庄家就必须要和上市公司保持密切的联系，也就是说，要有近水楼台先得月的优势，这样庄家就能提前得知上市公司的业绩有所改观的消息，此时逢低吸纳，日后坐享其成。这类股票随着价值被发现，价格会有一个回归过程，市场把此作为题材来炒作，认同度较高，庄家不需要费很多周折。

庄家建仓时间之六：在重要政策底部介入。

当大盘跌至重要的整数关口，尤其是政策底部时，庄家已经做好了建仓的准备，而且往往都是在场内庄家的配合下诱空，使散户恐慌无比，斩仓割肉，叫苦连天。场外庄家则在人气最为悲观的时候，实行"三光政策"，卖单通通吃掉，大摇大摆地进场。

了解庄家的各种建仓手法

庄家建仓手法之一：悄悄地吸筹建仓。

悄悄地吸筹建仓是庄家常用的方式，这种"人不知鬼不觉"的方式被庄家们屡试不爽。一般来说，用这种方式建仓的股票都是一些冷门股，它们与大盘的走势几乎一致，成交量很小。

庄家在建仓的时候，一般都会将大资金拆小，小量地、多次性地购买。因为这样不容易被散户发觉。所以，庄家的这种建仓时间就比较长，庄家用这种方法在底部吸的筹码越多，其建仓成本也就越低，那么庄家的未来收益也就有可能最大。

虽然庄家竭力地掩饰自己的坐庄行为，但既然庄家做了，那么，就肯定会有一些蛛丝马迹显现出来，比如说，带有长长上影线或下影线的十字星。

K线图中十字星的出现往往意味着不寻常的事情。高价区带巨量的十字星常常是出货信号，而低价区反复出现小十字星则是庄家吸货的痕迹。这些十字星往往伴随着温和的成交量、低迷的市场气氛、隐约的利空传闻和散户们失望的心情。然而，这些小十字星夹杂着小阴小阳不断出现，逐渐连成一个窄窄的横盘区域，延续的时间达几个星期或更长，这便是十分明确的庄家吸货痕迹。如果看到这样的K线形态的时候，心里还犹豫着不敢介入，那就将错失至少是小赚一笔的机会。所以，新股民应该在这一区域下方勇敢吸纳，不要被市场的悲观气氛吓倒。

在吸货区末段，由于浮动筹码已非常稀少，庄家不得不将股价稍稍推高，以便吸到更多的货。这时的K线形态表现为逐步向上的小阳线。但这些小阳线还没有达到足以引起人们注意的程度，这时候成交量温和放大，股价悄悄上升，似乎一切还是那么平静。但敏锐的投资者知道，大幅上涨就在眼前了。

散户在寻找吸货型K线形态时一定要牢记一点，那就是这种形态必须发生在股价长期下跌之后的低价区，发生在被人忽视的角落。如果出现在众目睽睽之下的高价区，或是在热门股走势图中，那恐怕是骗人的把戏。原因非常简单，庄家只会在低价区进庄，不会去接被人炒热的烫手山芋。

不管庄家怎样想方设法掩饰其行动，狐狸尾巴总会露出来。那是由于庄家资金庞大，实在难以藏匿其身。庄家可以虚构价位，可以用对敲假造成交量，但吸货时他必须实实在在地买进，出货时他必须实实在在地卖出。这就为从成交量的变化中寻找庄家的踪迹提供了可靠线索。

主力介入某只股票必然造成该股成交量放大。在吸货阶段，这种放大是温和的，不引人注目的。大多数投资者在这一阶段都没有注意到这种变化，甚至根本很少关心这只股票。

主力吸货造成成交量变化一般有两种情况。一种情况是，在原本成交量极度萎缩的情况下，从某一天起，成交量突然放大到某个温和但不引人注目的程度，之后连续很多天一直维持在这个水平，每天成交量极为接近，而不是像原先那样时大时小。这种变化不是偶然的，而是庄家有计划地吸货造成的。把这些成交量累加起来，便能大概估计出庄家吸货的多少、是否吸够了。一般这样的进货过程要持续两个星期以上，否则无法吸够低价筹码。这一批筹码往往是主力最宝贵的仓底货，不会轻易抛出。

主力吸货造成成交量变化的另一种情况是，某只股票成交量突然温和而有规律地递增，同时股价也小幅走高。几乎可以肯定：有庄家在迫不及待地进货，股价大幅攀升的日子已经很近了。

【实例链接】

郑州煤电（600121）在2006年中一直没有好的行情，不受人们重视，但是到年底的时候，就显现出庄家介入的迹象，从K线图上可以看出庄家在悄悄地吸筹。该股果然在2007年大幅飙升（见图13—3）。

图13—3

还有，当庄家在静静吸货的时候，往往会借助消息面作掩护，偶尔放出一点利空消息就是常见的手法。人们只有在对这只股票感到失望时才会抛出它，有了散户的抛售，庄家才能顺利建仓。

有实力的庄家一定也有能力影响传媒，并且大多也能得到上市公司的合作。当走势图上出现庄家吸货的种种迹象时，如果再有那些似是而非的坏消息出现，那正表明了庄家的意图。这些谣言除了坚定聪明人进货的信心之外，还有什么作用呢？

股市是个充斥着各种传闻的地方，有相当一部分人也愿意相信这些传闻，特别是那些对股市内幕不太清楚的散户。其实对传闻最好的利用就是拿它来与盘面对照。利空袭来但盘面似跌非跌，则应看好；好消息满天飞的时候股价并不上涨，那当然要警惕了。

当然，消息及舆论并非总是在误导投资者，但直接接受消息和舆论的观点是非常危险的。成熟的投资者能从舆论与盘面表现的关系中察觉市势的真正变化。

庄家建仓手法之二：打压式吸筹建仓。

买东西讲的是物美价廉，庄家买股票也一样，他们总是想尽一切办法要将物美价廉的股票尽收囊中。可现实也不尽如人意，并不是所有的股票都能满足庄家的意愿，为了完成达到自己的目的，只有采取一些手段，这就是本节的内容，打压式吸筹。

庄家先大幅打低股价，打得多方落花流水，打得散户丢盔弃甲，最后散户不得不半卖半送"处理"掉手中的股票。

庄家的这种吸筹方式通常适用于大盘或板块人气极度悲观或者个股有利空袭来的时候。在恐慌气氛正浓，下档又无人承接时，庄家在下档首先埋下大单子，然后以小单子向下卖出，促使关注或者持有该股的人在股价不断下跌的心理压力下，眼看着下档买单一点点被卖单吞噬掉，忍不住产生一种想卖出去的冲动，最终忍痛割肉。其实庄家还是把大多数筹码自己卖给自己，只是向下打压股价，大多数投资者看到股价下跌而且带着成交量，都纷纷卖出，这正中庄家下怀！

庄家"打"的方式主要有如下几种情况：

（1）利用市场或个股的利空消息打低股价吸筹。

市场或个股的利空消息往往是股价下挫的"重磅炸弹"，庄家会充分利用这枚"炸弹"迫使散户吐出筹码，自己进行低价收购。

1998年是ST板块最为风光的年份，部分个股连拉十几个涨停至今仍让人津津乐道，但是，在刚开始实行ST处理时，哪个ST股票都没能逃脱下跌的命运。正是由于此种利空，给庄家打开了大举介入的方便之门，庄家纷纷提着箩筐，扮成收破烂的破烂王逐门逐户收"垃圾"，把ST板块炒得天翻地覆。

（2）利用大盘调整之际，趁机不断打低股价进行吸筹。

庄家对在跌潮中苦苦挣扎的股票不是伸出援手，而是往往趁机踹上一脚，让股价跌得找不着北。此时投资者无不愁眉苦脸，看到日日往下掉的股票就心慌。在经过连续数月的调整，在个股跌得面目全非的情况下，很容易出现各路庄家纷纷出动抢购便宜货的现象。特别是绩优股板块和科技板块个股，在一年多的时间里持续被"打"，然后就出现庄家提着篮子大肆采购的现象。

【实例链接】

振华科技（000733），该股1997年7月上市时适逢大盘转势，定位尚合理，但被主力反复打压至9元附近止跌，与最高价相比，跌了6元，1997年10月借送股题材拉升至1998年6月做完成第一波。大盘再度走软，主力难以出局，于是又玩起打压的把戏，最低将股价打至8.01元，致使很多散户将8.8元/股的筹码抛出，一个月后股价翻倍。由于高位派发完成得不好，该股主力再度利用这套把戏，把股价从1999年9月的高点18.4元打压至12月最低点11.8元，然后利用2000年的"网络热"成功完成了筹码的派发（见图13—4）。

图13—4

（3）构筑各种顶部形态。

庄家在个股中刻意操纵股价走势图，在形态上构筑头肩顶、圆弧顶、M形顶、尖顶、多重顶等形态，达到诱导投资者抛出手中筹码，而自己在低位吸筹。

【实例链接】

长安汽车（000625），由于该股流通盘较大，主力收集筹码的时间较长，待主力建仓股价完毕，该股已经从5元上升到8元一线，并且吸引了大量的跟风盘。为了摆脱困境，主力利用自身的控盘优势，从2002年11月到2003年1月，让该股在走势图上出现一个时间跨度长达3个月的大型M形顶，并将股价打压到7.6元附近。根据形态经典理论，头部越大，后市下跌空间越大。因此，不少投资者在7.6元附近不惜割肉出局，以回避风险。而主力正是借助这种大型M形顶，恐吓投资者卖出。2003年1月6日，就在即将击穿M形顶颈线位的刹那间，股价突然被主力拉起，并且随即展开一轮强势上攻行情，至2003年5月份，该股已经涨到19元多（见图13—5）。

图 13-5

（4）个股业绩有逊预期，成为打低股价的大棒。

每年公布年报、中报期间，都有部分个股难以令人满意，或业绩"倒"着长，或盈利由正数变为负数。散户看看自己精心挑选的金凤凰变成了秃头鸡，只得忍痛把金砖以破铜烂铁的价格大甩卖，此时的价格往往便宜得令庄家眉开眼笑。

【实例链接】

1998 年 3 月 28 日鑫茂科技（000836）公布 1997 年报，当年每股收益 0.429 元，大大低于上年的每股 0.72 元，引起股价连跌三个停板（如图 13-6）；1998 年 7 月 22 日许继电器（000400）公布中报，每股收益 0.319 元，低于上年同期，使人对该股"绩优高成长"的形象感到怀疑，股价大幅低开，引来有实力的庄家进驻。1998 年开始实行亏损预告，丑媳妇提前见公婆，吓得胆子小的投资者落荒而逃，股价提前大缩水，庄家趁机大肆吸纳，在 1999 年 3、4 月份走得最好的反而是这些"预亏股"。每年的年报公布期间，都会有些报表"地雷"引爆，此时往往是便宜货集中上市的时间。大家把握此种规律，可备足银两准备抢购。

图 13-6

（5）大盘及个股跌破重要的技术支撑位，引发股民的恐慌性抛售，也是主力打低吸货的惯用招式。这些关键支撑位包括：

①均线系统的支撑位。

②前期密集成交形成的支撑区。

③上升或下降趋势线的支撑线。

④各种技术形态的颈线位，如：头肩顶或圆弧顶等头部形态的颈线位。

⑤大型缺口的下边缘线。

⑥上升通道的下轨线。

⑦技术指标的支撑位。

庄家建仓手法之三：长期震荡整理式吸筹建仓。

这种建仓方式，庄家常常用于绩优股上。有时候，个股的基本面非常优良，股价一有异动，就会使很多小散户闻风而动。这种状况是庄家最不愿意看到的。为了逃过散户监视的眼睛，庄家常常会用长期震荡整理的方式建仓。

在大盘上涨的时候在上档的阻力位处放上虚张声势的大卖单，适时阻止住股价的上涨，吓走多头；在股价下跌的时候，在下档分批埋上小买单，吸纳筹码。在跌到关键位置时，在支撑位上放上大买单，吓跑空头。这样股价在上有盖板，下有托盘的区域内运行，主力可尽情吸筹，也可以利用主动性的买卖单量控制股价，走出平台走势。由于平台横盘时间较长，有时连个差价也难以打出来，看着其他的股票潮起潮落，频频有差价可赚，绝大多数投资者都会耐不住寂寞，抛出廉价筹码，去追求短线收益。

此种震荡式建仓手法表现在走势图上又可分为以下几种：

（1）横盘型建仓。

此种手法指庄家在某一价位上横刀立马，把抛单照单全收。此时庄家只让这匹马"埋头吃草"，不让其"抬头看路"，股价稍稍冒头。庄家便一棍打下，若有压价抛售的，庄家趁机大捡便宜货。此时的马儿，却是全身皆"黑"，一般人是难以发觉的，但仔细观察，也可发现蛛丝马迹：

①K线图上阴阳相间，甚至多次出现十字星。

②成交量比较均匀。

建发股份（600153）庄家吸筹期间，成交量柱状图几乎齐头并进，5日均量线与10日均量线几乎粘连在一起，显然非一般散户所为。狡猾的狐狸总会留下一些痕迹，成交量即为庄家掩饰不住的尾巴。一般来说，庄家吸货时的成交量都比较均匀，或呈明显的涨时量增、跌时量缩的态势，聪明的猎人可紧盯住其尾巴不放。根据成交量，可以判断庄家何时进驻，实力如何，进而可大致推测出庄家可能拉升的幅度。

(2)低位加码型建仓。

庄家把价位推高一个台阶后,若大盘走弱,庄家无法抵挡蜂拥的抛盘,只好且战且退。待空方力量消化殆尽时,再调集重兵,做好打歼灭战的准备。此类个股往往具有未来大黑马的潜质。从外面看,此股风平浪静,哪知里边已埋伏有庄家的百万雄兵。

因此,散户平时需要多关注一些"市场弃儿",特别是那些一年半载无人理睬的个股,别天天盯着涨幅榜前十名。其次,关注长期横盘之后出现的第一根长阳。此时往往是庄家吹响冲锋陷阵的号角,也是向庄家抢钱的大好时机。投资者宜随时准备一个铁钩,把自己的小舢板钩住庄家的航空母舰,从而跟庄轻松赚钱。

(3)箱体型建仓。

低位震荡吸货的个股,股价走势犹如关在箱体内的乒乓球上蹿下跳,庄家此时左右开弓,既当买家又当卖家,价格跌下来则吸,价格涨上去则用大单打下来,在分时图上多为急跌后缓慢爬升,升时量逐渐放大。庄家用"大棒加胡萝卜"的两手政策,时而对有货者用小阳线之类的小恩小惠诱使其抛售,时而用高开低走的阴线之类的大棒逼迫使其吐出筹码。当然,对长期低位振荡的个股有无庄家伏兵,也要结合基本面来分析。一般来说,这种建仓方式庄家主要用于新股、次新股、盘子较小等个股。只有庄家充分控盘的个股,股价才可以由庄家自由发挥,做到多高也没有人敢(或无权)投反对票。

庄家建仓手法之四:拉高式吸筹建仓。

这是一种逆向思维的建仓方式。散户一般都有一种这样的思维,庄家建仓的时候一定会打压股价在低位进行建仓,庄家就是利用了散户的这种思维进而采取逆反手段,把股价推升至相对高位而建仓。

与一般庄家在底部慢悠悠地悄悄买进不同,拉高建仓则是庄家提高买价收购。能让庄家如此让利于民,只可能发生在以下几种情形:一是有些赚钱心切的短线庄家采用迅速建仓的方式,建仓、洗盘、拉升一气呵成,实现快速致富;二是有些股票质地优良,庄家软硬兼施散户还是死捂着不放,不得已提价收购;三是为了与大盘或板块炒作同步,制造市场的狂热气氛,把股价炒得炙手可热,吸引股民争先抢购。

这种建仓方法的好处是能够加快吸取筹码的速度,缩短建仓时间,争取拉升战机。这种方法往往容易误导散户,促使其发生方向性的错误判断。散户往往把主力推高建仓误解为主力拔高,推高后的建仓行为理解为主力派发,这样主力就很容易买进大量筹码。虽然主力成本相对较高,但由于大盘处于大牛市的初中级阶段,个股背后有重大题材和利好,在推高建仓的背后,个股就会存在更大的涨幅。

拉高建仓的具体形式又可分为：

（1）短庄快速建仓。

短线游庄，俗称"大鳄"，他们挟巨资张开血盆大口，把一只股票的筹码鲸吞。这些短庄一般选中的目标都是那些流通盘较小、易于控盘的个股。短庄敞开大门，大肆提价收购，吸引散户"获利为安"，迅速完成建仓过程。由于介入的程度不深，形成的行情也较短暂，主力常常是把炒作的几个步骤"浓缩"在一起，让人分不清何时是吸货，何时是拉高，同时制造越卖越涨的狂热气氛，吸引追高买盘的杀入。这些短庄的主要特征有：

①市场炒作氛围较好，常常形成明显的板块效应，散户和各路庄家群策群力，市场上"万马奔腾"。炒股本来就是"博傻"，庄家只有"火上浇油"，把散户烧昏了头才能脱身而逃。

因短庄上下震荡幅度较大，常常是涨停与跌停合奏交响乐。散户在跟此类短庄时，可采用追跌杀涨的战略，暴跌可买，暴涨则卖。

②股价呈暴涨暴跌的态势，洗盘一般通过短期大幅调整的方式进行，把趁机搭顺风车的散户颠得肠胃倒置。

③短期内换手率高，筹码由散户迅速向庄家集中。

（2）台阶式建仓。

若股票质地优良，庄家在低位难以吸到充足的筹码，此时，要斩仓的早已斩仓，套牢的也做好持久战的准备，死活不卖。庄家不得已，与散户讨价还价之余，只得逐步提高收购价，走势图上看像在走一个个台阶，故称台阶式建仓。

对台阶式上扬的个股，宜耐心一路持平，让平时作威作福的庄家当当轿夫。

拉高吸筹建仓，庄家成本提升得较快，后市一般行情不会很快结束，投资者要有耐心，别把送上门的财神硬推出门。

如何判断庄家已完成建仓

沪深股市最大的特点在于：股价涨不涨，关键看庄家炒不炒。那么，庄家什么时候最有炒作激情？庄家在廉价筹码吃了一肚子时最有激情。因此，散户跟庄炒股若能准确判断庄家的持仓情况，盯牢一只建仓完毕的庄股，在其即将拉升时介入，必将收获一份财富快速增值的惊喜。这里面的关键是如何发现庄家已锁定筹码。

一般来说，具备了下述特征之一就可初步判断庄家已锁定筹码，建仓进入尾声：

1. 突遇利空，股价能快速企稳。

遇利空打击股价不跌反涨，或当天虽有小幅无量回调，但第二天便收出大阳，股价迅速恢复到原来的价位。这表明庄家已完成建仓。突发性利空袭来，庄家措手不及，散户筹码可以抛了就跑，而庄家却只能兜着。于是盘面可以看到利空袭来当日，开盘后抛盘很多而接盘更多，不久抛盘减少，股价企稳。由于害怕散户捡到便宜筹码，第二日股价又被庄家早早地拉升到原位。

2. K线走势起伏不定，而分时走势图剧烈震荡，成交量极度萎缩。

庄家到了收集末期，为了洗掉短线获利盘，消磨散户持股信心，便用少量筹码做图。从日K线上看，股价起伏不定，一会儿到了浪尖，一会儿到了谷底，但股价总是冲不破箱顶也跌不破箱底。而当日分时走势图上更是大幅震荡。委买、委卖之间价格差距也非常大，有时相差几分，有时相差几毛，给人一种莫名其妙、飘忽不定的感觉。成交量也极不规则，有时几分钟才成交一笔，有时十几分钟才成交一笔，分时走势图画出横线或竖线，形成矩形，成交量也极度萎缩。上档抛压极轻，下档支撑有力，浮动筹码极少。

3. 放很小的量就能拉出长阳或封死涨停。

相中新股的庄家进场吸货，经过一段时间收集，如果庄家用很少的资金就能轻松地拉出涨停，那就说明庄家筹码收集工作已近尾声，具备了控盘能力，可以随心所欲地控制盘面。

4. K线走势我行我素，不理会大盘而走出独立行情。

有的股票，大盘涨它不涨，大盘跌它不跌。这种情况通常表明大部分筹码已落入庄家囊中，具体表现为：当大势向下，有浮筹砸盘，庄家便把筹码托住，封死下跌空间，以防廉价筹码被人抢了去；当大势向上或企稳，有游资抢盘，但庄家由于种种原因此时仍不想发动行情，于是便有凶狠的砸盘出现，封住股价的上涨空间，不让短线热钱打乱炒作计划。股票的K线形态就横向盘整，或沿均线小幅震荡盘升。

如何计算庄家的建仓成本和持仓量

庄家坐庄，正如做其他生意一样，也要从"销售收入"中减去成本，销售收入减去成本为正值，庄家才能获取利润。投资者在买入股票前，不妨先帮庄家算算账，看看目前的价位庄家有无获利的空间。若目前价位庄家获利微薄，甚至市价低于庄家的坐庄成本，那么，投资者买入该股的话，获利前景就非常光明；若目前的价位庄家已有丰厚的账面利润，这时，庄家关心的就是如何将账面的利润变成实际利润，也就是说，在目前的价位上，庄家不会再处心积虑地拉升股价，而是伺机出货逃脱。在这种情况下，投资者如果还要指望股价再攻城夺寨，勇创新高，显然是不现实的。因此，当股价已经远离庄家的建仓和控盘成本时，投资者不宜在目前的价位上买入该股，不能将获利的希望寄托在这样的庄股上。

散户跟庄，或者是分析一只股票在目前的价位上是否值得买入，就必须了解庄家的"底细"，也就是说，要了解庄家的控盘程度即持仓量，以及庄家的建仓成本。

严格意义上讲，庄家的成本只有庄家自己才真正知道，它属于一种高度的商业机密。我们只能根据股价的走势、成交量的变化大致地去分析、判断，最多只能算一个近似值。

（1）庄家在潜伏性建仓时，属于初级建仓。这个时候的股价多为低位盘整时，其成本也大致在箱体的中心值附近。如果庄家是拉高建仓，这个时候的建仓成本大致为初级拉升时的最高价的1/2和最低价的2/3的位置。

（2）以股价最低价作为基准，低价股上浮0.50～1.50元；中价股上浮1.50～3.00元；高价股上浮3.00～6.00元。这是一种非常简单的计算庄家成本的方法。

（3）找出股价一段时期内的最低价，在这个价位附近的成交密集区的平均价格，就是庄家吸筹的大致成本，这个幅度大约在最低价的15%以上和30%以下。

（4）新股上市后，股价的运行一直保持较为强势的特征，如果在连续好几个交易日股价总体向上，换手频繁，并且一周之内达到了100%以上，这种情况下，股票的平均价格就大致接近庄家的成本。

（5）利用钱龙炒股软件中的静态分析系统确定庄家成本。

具体的方法就是进入钱龙静态分析系统，从众多的技术指标中选择"支撑压力"一项，设定一个时间区间，这个区间应该是一个较长的时期，比如一年以上甚至更长。在这个指标中显示出来的累积密集成交区内，平均价位附近所对应的巨大成交量的价位，基本上就是庄家的建仓成本。

而对于庄家的持仓量的计算，股民可以根据不同的阶段、不同的时间，用某种方法去大致估算它。

1. 根据阶段换手率判断。

在许多情况下，如果股价处于低价位区域时，成交相当活跃，换手率很高，但股价的涨幅却很小，一般都是属于庄家的吸筹行为。就这方面因素来说，股价在低位区域换手率越大，表明庄家吸筹就越充分，这点也提醒散户应该重点关注那些股价在低位，但成交量变化较大的个股，它们将是下一阶段机会较多的一批个股。一般来说，换手率以50%为基数，每经过倍数阶段如2、3、4等，股价走势就进入新的阶段，也预示着庄家持仓发生变化。利用换手率计算庄家持仓的公式：个股流通盘×(个股某段时期换手率－同期大盘换手率)，计算结果除以3。此公式的实战意义是主力资金以超越大盘换手率的买入量（即平均买入量）的数额通常为先知先觉资金的介入，一般适用于长期下跌的冷门股。因此，主力一旦对冷门股持续吸纳，我们就能相对容易地测算出主力手中的持仓量。所取时间一般以60～120个交易日为宜。因为一个波段庄家的建仓周期通常在55天左右。例如：某股流通盘为8000万股，2003年底至2004年初该股连续90个交易日的换手率为250％，而同期大盘的换手率为160％，据此可算出：8000万×（250％－160％）＝7200万股；7200万股÷3＝2400万股。因此，庄家实际持股数可能在2400万股之间。也就是说，庄家的持仓量可能处于流通盘的30％左右，据此分析，我们可以得出主力参与的时间较短，股价仍有波折。

2. 根据底部周期的长短判断。

对吸货期很明显的个股，简单算法是将吸货期内每天的成交量乘以吸货期，即可大致估算出庄家的持仓量。庄家持仓量＝吸货期×每天成交量（忽略散户的买入量）。吸货期越长，庄家持仓量越大；每天成交量越大，庄家吸货越多。因此，若投资者看到上市后长期横盘整理的个股，通常是黑马在默默吃草。有些新股不经过充分的吸货期，其行情难以持续。主力为了降低进货成本所以高抛低吸并且不断清洗短线客；但仍有一小部长线资金介入。因此，这段时期主力吸到的货，至多也只达到总成交量的1/3～1/2。所以忽略散户买入量的主动性买入量可以结算为总成交量×1/3或总成交量×1/2。例如，有一个5000万的中盘股，经过长期下跌后进行横盘整理。最近一段时期出现成交活跃的现象，从走势图上分析，确定前期最低价为主力吸筹的起始日，并从这个起始日起至250日均线附近已经有90个交易日，累计成交量5500万股，主动性买入量为1700或2700万股左右，那么我们就可以估计得出这段时期主力吸筹的数量为1700～2700万股之间，但分析时最好以低持仓作为基点，以免受其误导。

3. 从分时走势和单笔成交来判断。

若分时走势极不连贯、单笔成交量小，通常庄家持仓量较大、筹码集中度较高，如ST东锅（600786）2003年初一段时间的分时走势上上下下，波动不连续，成交稀落，成交时间间隔长，有时数分钟过去才成交一两笔，5400万的流通盘有时每天仅成交数百手，这是典型的筹码被主力通吃（持仓在60％），涨跌完全取决于主力意愿，大盘走势对其影响甚微。

第四节　看清庄家拉升的手段

庄家拉升阶段的特征

1. K线系统。

在拉升阶段中，庄家经常在中高价区连拉中、长阳线，阳线的数量多于阴线的数量；阳线的涨幅实体大于阴线的跌幅实体；日K线经常连续收阳，股价时常跳空高开，并且不轻易补缺口，日K线形态中常出现红三兵、上升三部曲、大阳K线等，而其中间常伴随几次必要的震荡。

2. 成交量系统。

成交量持续稳步放大，呈现价升量增、价跌量缩的特点，价量配合良好，在这段时期内，成交量整体上保持活跃状态，市场投资者积极参与、人气旺盛。

3. 均线系统。

由于庄家的拉升是一种股价上涨的趋势，所以，均线系统呈现典型的多头排列。5日、10日均线上升角度陡峭，一般都大于45度以上。收盘价在3日均线上运行的具有短期黑马的性质；收盘价站在5日均线之上的，具有牛股的特性；5日、10日、30日、60日均线呈有序多头排列，股价向上运行，在这一段时期中，股价往往表现为主升浪，短、中期升幅可观。

【实例链接】

*ST康达（000048）的拉升阶段（如图13—7），虽然几次除权，但从1999年开始就呈上升趋势，而且反复涨权。股价（以下指除权价）由13元涨到30元、50元、60元，成交量由原来的一两千手，放大到五六万手。中间也经过震荡，股价也跌破过40元。但总体股价表现出稳步上行特点。

图13—7

庄家拉升的盘面特征

庄家经过试盘，基本已知道了整个盘面形势，在清楚了大概有多少筹码是不流动的以后，也就明白了有多少力量会和它进行财富争夺。拉升前主力将仓位基本部署完毕，也可以说，接下来的股票走势图基本已先期画好，只有在遇到大异动时才

会修改方案。筹码是武器,资金是兵,激烈快速的筹码资金对流——拉升战宣告展开。这种拉升战的特征主要表现在以下几方面:

1. 盘面特征:

(1) 经常在中(高)价区连拉阳线。例如桂冠电力(600236)在2007年4月份的K线图走势(如图13－8)。

图13－8

(2) 经常跳空高开形成上攻缺口,且短线不予回补。例如飞乐音响(600651)在1998年9月9日、10日与11日、14日的走势(如图13－9)。

图13－9

(3) 经常在通过前期某一阻力位(区)时会进行震荡整理以消化该阻力的压力,而且突破之后又将加速上扬。例如盐湖钾肥(000792),在1998年10月20日时已攻至其7月底以前的平台阻力区,遂马上展开短暂调整,至10月28日开始又再次实施连续上攻(如图13－10)。

图 13—10

（4）具有良好的技术形态，如均线系统呈典型的多头排列，主要技术指标处于强势区，日 K 线连续飘红收阳。例如太原刚玉（000795），在 1998 年 5 月 21 日至 6 月 2 日的走势（如图 13—11）。

图 13—11

2. 技术特点：

（1）经常走出独立于大盘的走势，一般发生在大势乐观之时。此时大盘表现较好，能够吸引场外资金介入。一旦这类个股走强于大盘，将更加吸引散户跟风。

（2）强调快速，具有爆发性。

个股在启动初期经常出现连续轧空的走势，同时随着行情的展开，成交量连续放大，构成突破初期的另一个盘口现象，对这一类庄家来说，时间比资金更重要。同时快速拉升容易产生暴利效应，能够更好地起到诱惑的作用。

（3）在同一交易日开市后不久或收市前几分钟最易出现拉升现象。

这主要是因为中小散户在刚刚开市时（和闭市前）并不知道自己所持的某只股票会上涨和上涨多少，所以此时挂出的卖单较少。庄家在这两个时刻只需动用很少的资金就可将散户的抛单统统吃掉，从而轻易达到拉升效果。另外，在尾市时拉升经常带有刻意成分，其目的主要是为了显示庄家的实力，吸引散户注意和跟风，或者是为了做 K 线（骗线）图和构筑（维系）良好的技术形态。

(4) 利好消息不断出现。

当庄家企图大幅度拉升股价的时候,将通过媒介或者庄托放出题材,散布各种利好消息,并联系大户助庄,制造成交量放大的现象,吸引跟风。

庄家拉升的时机

拉升时机的选择对庄家来说非常重要,他们也讲究"天时、地利、人和"。如果选择了良好的拉升时机,就会事半功倍;如果选择不恰当的拉升时机,则会事倍功半,甚至前功尽弃。具体来说,庄家最喜欢选择以下几种时机拉升股价。

庄家拉升时机之一:逆势拉升。

在低迷的市场中,或者牛皮市中,人气散乱,多数人持币观望,若哪一只个股庄家敢于脱颖而出,使股价拔地而起,甚至逆势放量上涨,也将吸引投资者跟风。当然这需要很强的实力和高超的技巧,而且风险也很大。

庄家拉升时机之二:构筑漂亮的K线图拉升。

每个庄家以及他们的操盘手都是画图的高手,他们往往会借助K线图来诱导广大散户。特别是一些实力较弱的庄家,由于拉升需要依靠市场的力量,所以往往会将图形指标K线等做得非常漂亮和好看,吸引那些热衷于技术分析的散户跟风介入,比如各种图形的突破、成交密集区的突破等。

庄家拉升时机之三:借助重大利好消息拉升。

重大利好的出台,主要包括市场和公司基本面两方面的利好。在市场方面,如国家有利于股票的政策出台,庄家趁机拉升股价。在公司基本面方面,重大利好消息发布,使原先市场鲜为人知的或炒作的朦胧题材明朗化,让散户作出积极的判断,此时庄家的拉升,使散户更加确定自己的判断是正确的,从而踊跃跟风。有时候,庄家会通过各种渠道将消息逐步泄漏出去,将题材反复炒作,创造多次拉升的机会,比如重组、兼并等题材。

庄家拉升时机之四:借助股市大势拉升。

在大势趋势加速上升时,市场人气旺盛,场外资金蜂拥入市,庄家借机拉升,可以引起散户注意,纷纷入市帮庄家抬轿,这样庄家不需要花费多少资金就可以四两拨千斤,起到风助火势、火借风威的效果,成功地将股价拉高。

庄家拉升时机之五:借助高比例配送的题材拉升。

股票分配方案本身就是庄家的一个炒作题材。庄家可以利用股票除权的缺口效应、低价效应让众多散户将股价的走高与填权补缺口联系起来。因为市场中有一股热衷于炒作除权股票之风,散户会认为除权的股票有潜在的填权要求。除权后的股票价格相对较低,尤其是经过大比例送配之后,除权后的低价效应使得散户认为捡到廉价股票，同时庄家也是根据散户的这一个心理再根据市场情况来决定后一步的操作计划，比如为了填权拉升，激活市场跟风盘加入。

这是庄家拉升出货最常见、最基本、最有效的方法，许多散户的亏损也是入了这方面的陷阱。这种方法主要是利用了人们"贪便宜"心理，而这种心理是绝大多数人难以克服的普遍社会心理。送股后股票变多以及除权后股价变低成了一种虚假的引诱，所以庄家就常常采用抢权和填权的方式来拉升。

庄家拉升时机之六：借助热点板块拉升。

市场历来就有板块联动的规律，特别是趋势向上时表现得格外明显，如果庄家的目标股刚好处于市场的热点板块，庄家的拉升就具有很好的隐秘性。

庄家拉升股价的方式

股市中多数人的本性是追涨，如果大盘稳步上扬，市场人气聚集，增量资金纷纷进场，庄家拉升就能够吸引大量的追风买盘，主力则可用少量的资金达到"四两拨千斤"的功效，成功地拉升股价。庄家在拉升过程中，一般会根据自身的实力以及市场及股票的具体情况采用不同的拉升方式，但总的来说主要有以下 3 种：

拉升股价方式之一：台阶式拉升。

有些庄家由于自身实力有限，而且操作的又是大中盘股，所吸筹码占筹码总量比例不大，于是只能利用好消息拉升一个台阶然后盘整，抬高散户持股成本，再往上拉，如此稳步上升。台阶式拉升的过程中，往往不出现太大的洗盘调整。这是因为，一方面庄家持仓量不重，没有多少筹码用于砸盘；另一方面，庄家也担心太过凶狠的洗盘会引起散户的恐慌抛盘，自身没有那么多的资金顶住，于是采取拉升一个台阶再横盘整理的方式给散户以安全感，使那些胆小的散户愿意追买。当然，有些庄家本身喜好做波段操作，个股走势大致与大盘一致，也采用台阶式拉升。

【实例链接】

粤高速 A（000429），该股上市以来在 6 元附近长期横盘，时间长达一年之久。主力吃饱喝足之后将股价从 6.8 元附近打压到 5.3 元，创出历史新低后，一鼓作气将股价拉升到 9 元区域。由于股价从 5 元附近上涨到 9 元，涨幅达到 80%，况且该股当时流通盘较大（一个亿左右），新的价位由于短时间内得不到广大散户的认可，于 1999 年 6 月 25 日该股产生一波小幅度的下挫行情，一周后即 7 月 5 日，主力把股价重新推回到 9 元，并构筑了一个长达 5 个多月的平台，使下档的获利盘充分换手，在新多头的投资成本进一步提高后于 2000 年 1 月 13 日开始将股价推升到一个新的境界 15 元附近。而 5 个月的平台整理使得大部分散户如同在沸腾的开水里游泳的青蛙，逐渐适应了新的环境，无缘无故地认可了新的价位。

该股在 15 元附近再次整理，历时两个多月的平台后再次向上突破，创下 19.5 元的新高，又稍经整理后最高创下 21.75 元的历史高点。回顾该股，共经历了三个台阶，升幅达 300% 多，时间跨度长达 1 年零 1 个月（如图 13—12）。

图 13—12

拉升股价方式之二：45°斜线式拉升。

这种手法在一些强庄股中屡见不鲜，主要表现在个股某一日的走势上，有时甚至是连续多日。从当日走势上，庄家为显示其实力和坐庄决心，在买盘位置挂进强大买单，有时达到 4 位数，这种做法要求庄家绝对控盘，至少控制 70% 以上筹码方可使抛盘减小。在这种炒作方式下，市场的注意力，尤其是短线跟风者的注意力经常被其吸引，使犹豫不决的人为不早买而感到后悔。但由于股价推高缓慢，要追涨总有机会，容易吸引大户跟进。庄家采用这种手法的原因一是自身实力雄厚，资金充裕；二是有上市公司的题材配合，获利与派发的双重机会。

【实例链接】

著名的庄股中粮屯河（600737）就是采用这种方式拉高的典型（如图 13—13）。该股属德隆概念股，主力实力较强，拉升方式上甚至有些蛮横，而正是由于这一点，启动行情之前准备的时间，特别是资金上的准备时间长达 3 年半。拉升的准备阶段股性偏死，一旦启动就是直奔目标，不达目的不罢休。该股在每天的盘面中，下方有大量巨额买单，在每一个买单上挂上几百手的买单，然后在三笔委卖盘上挂上几十手的卖单，一个价位一个价位向上推，都是大笔的主动性买盘，其实这上面的卖单都是庄家的，吸引跟风盘跟进，以显示庄家实力。然后一分一分地把股价往上拉升，等拉升一段时间后，会突然把大额买单撤掉，用一两笔抛单把股价迅速打低，好像放下鱼钩，以吸引买盘去逢低吸纳，然后又将股价拉上去，对于上方的抛盘毫不犹豫地统统吃进。拉升时不但当天分时图呈 45 度斜线上升，日 K 线图也近似于沿着 45 度斜线上涨。同时盘中不时放出钓鱼钩，但振荡不放量。从 2000 年 3 月中旬至 2000 年 9 月底，半年内涨幅达 250% 以上。

图 13—13

拉升股价方式之三：突飞猛进式拉升。

用这种手法拉高股价，庄家都是凭借朦胧的或是特别容易振奋人心的利好题材对股价实施大幅的拉升，犹如火箭式一样。庄家如此凶狠的手法是以完全控盘为基础的，采用此方法能够快速地把股价拉升至高位，离预期目标价位也不远，随后在高位长时间地缩量横盘，呈现牛皮走势，让市场在逐渐接受此价位的时候采取缓慢出货的方式，不知不觉中已金蝉脱壳。

【实例链接】

如图 13—14，2000 年 3 月 13 日，盘整 3 个月的河池化工（000953）突然放量涨停——蛰伏其中的庄家开始行动了。3 月 14 日股价创出上市以来的新高。许多套牢盘、跟风盘蜂拥而出，股价大幅振荡，成交也创出天量，庄家则照单全收，补进大量筹码。其后的几天也是天天涨停，至 4 月 13 日，股价最高拉升到 25.41 元，与拉升前一天的收盘价 8.85 元相比涨幅达 187%。

图 13—14

总之，庄家在拉升过程中总的原则就是利用资金实力，配合个股题材，利用各种手法或急或缓地拉升股价，以吸引散户的注意，让市场接受其股价的变化，最终说服散户在拉高后的价位上接走庄家的筹码。

如何计算庄家拉升的目标位

许多散户跟庄，要么提前下轿，赚头不大；要么反应迟钝，被高位套牢。这其中一个非常重要的原因，就是不知道庄家的目标位，也就是说不知道庄家会将股价拉到多高。显然，庄家的目标位是其最高机密，一旦泄露则前功尽弃。但这是否意味着散户就只能凭感觉靠运气呢？也并非如此。根据坐庄长短、市价高低、盘子大小等因素，散户也可估算出庄股可能的升幅。

1. 庄家成本越大越需向上拓展空间。

散户可观察目前价位庄家是否有获利空间，若庄家获利菲薄，自然可放心持股。

具体来说，散户可根据下面的公式大概估算庄家的拉升目标位。

目标点位＝持股成本×(1＋庄家持仓量占全部流通股的百分比×2)

如庄家持仓成本是 10 元，持仓量是 30％，那最低拉升目标就是 10×(1＋30％×2)＝16 元。

如庄家持仓成本是 10 元，持仓量是 50％，那最低拉升目标就是 10×(1＋50％×2)＝20 元。

2. 小盘股上升空间广阔。

流通盘越大上升需要的能量越多，升幅自然受到限制，而真正升幅能翻几番的庄股，其流通盘大都在 2000 万股～3000 万股之间。

3. 坐庄时间越长升幅越可观。

庄家有短线庄家、中线庄家、长线庄家之分，短线庄家控制的筹码不多，有 10％的升幅即可达到坐庄目标，行情极难把握；中线庄股在升幅 100％左右的位置会遇到较大的阻力，一般说升幅达到 100％时属于高风险区；一些长线庄股，如湘火炬、合金股份、南通机床等累计升幅高达 10 倍。散户可从走势图上观察庄家坐庄的长短，若某股庄家介入很早且一直没有出货迹象，可推算此庄家的目标较远大。

一旦把握了庄家的目标价位，就要耐心忍受股价涨落的煎熬，与庄同行。但值得注意的是，庄家坐庄是一个复杂的过程，需要天时、地利、人和的有机配合，当外部环境或内部情况发生变化时，庄家也可能调整目标位，甚至提前撤庄，对此散户股民还需要结合其他指标全面判断，不可过于机械刻板。

第五节　识破庄家的震仓洗盘

庄家震仓洗盘的目的

一般来说，庄家的资金介入量是比较大的，如果中途不慎被套，损失将会还很惨重。所以，为了减少自己的损失，庄家都要进行震仓洗盘。只有经过充分地调整，浮动筹码才基本上得以清洗，庄家拉升才能得心应手。

归纳起来庄家洗盘主要出自以下几个目的：

1. 吸引新的投资者入市跟风。

洗盘，其实也是一种股票的换手。庄家需要不断地有新的投资者入市跟风接盘，从而提高市场的平均持股成本，以增强新入市者的筹码的稳定性，减轻股价继续上行的压力。

2. 摆脱跟风的短线客。

在庄家吸筹阶段，一些精明的投资者可能对庄家的动向有所察觉而及时跟进，这是庄家所不能容忍的，庄家只能让这些跟风短线客有小利可图，不允许他们在自己的费力拉升中坐享其成。因此必须通过洗盘，把短线客的筹码洗出来。

3. 清洗底部的获利盘。

如果庄家在吸筹之后一味拉高，必然会遭受沉重的获利抛压，增加了拉高派发的难度，因此庄家必须经过洗盘，将盘中一些不坚定分子的底部筹码震出来，以减轻上行压力。

4. 使庄家有差价可做。

通过高抛低吸获取一笔可观的差价收益，从而降低持仓成本，也增加了新的套牢一族，使浮筹在跟风者手中具有相对稳定性，一举两得。这样，既增添了其后拉升股价的信心和勇气，拉大获利空间，又让市场弄不清庄家的持仓成本，辨不清今后庄家的出货位置。

5. "教育"跟庄者以后不要轻易抛售该股票。

庄家通过洗盘令跟庄者"吃一堑"然后"长一智"——不轻易抛出，而情愿被套。庄家最后则可以从容地"胜利大逃亡"，使散户即使上当受骗，也始终蒙在鼓里，"心甘情愿"地帮庄家"站岗放哨"。

如何识别庄家的刻意打压

一般来说，如果庄家已经完成建仓之后，就会推高股价，以便于他们将来高位派发出货，如果庄家还没有充分建仓时，他们一般会采用刻意打压的方法，这样有利于自己逢低进货。

有时主力的刻意打压行为往往能从反面揭示个股的投资价值，从而给散户提供最佳的建仓时机。主力是否刻意打压，主要从以下几方面判断：

1. 根据成交量来判断。

当股价下跌到一定阶段时，投资者由于亏损幅度过大会逐渐停止交易，成交量会逐渐缩小，直至出现地量水平。这时如果有巨量砸盘或者有大手笔的委卖盘压在上方，股价却没有受到较大的影响，表明这是主力在恐吓性打压。

2. 根据均线系统与乖离率判断。

股价偏离均线系统过远、乖离率的负值过大时，往往会向 0 值回归，这时如果有资金仍不顾一切地继续打压，则可视为庄家刻意打压行为。

3. 根据走势的独立性来判断。

如果大盘处于较为平稳的阶段或者跌幅有限的正常调整阶段，股价却异乎寻常地破位大幅下跌，又没发现任何引发下跌的实质性原因，则说明主力正在有所图谋地刻意打压。

4. 根据移动成本分布的情况判断。

主要是通过对移动筹码的平均成本和三角形分布进行分析，如果发现该股票的获利盘长时间处于较低的水平，甚至短时间内没有什么获利盘，股价仍然遭到空方的肆意打压，可以断定这是主力的刻意打压行为。

根据成交量判断庄家是否洗盘

在技术分析中，量价关系是很多股民最看重的指标，但有时候，根据量价关系买卖股票，常常会出现失误，尤其是在根据成交量判断主力出货与洗盘方面失误率更高，不是错把洗盘当成出货，过早卖出，从而痛失获利的良机，就是误将出货当成洗盘，该出手时不出手，痛失出货良机。

如何根据成交量的变化正确地判断出主力的进出方向，或者说，如何根据成交量的变化，准确地判断出主力是在出货还是在洗盘呢？

通常来说，当主力尚未准备拉抬股价时，股价的表现往往非常沉闷，成交量的变化也非常小，此时不能断定主力的意图。但一旦主力放量拉升，其行踪就会暴露，研究成交量的变化就具有非常重要的实际意义。此时如果能够准确地捕捉到主力洗盘的迹象并果断介入，往往能在较短的时间内获取非常理想的收益。实践证明，根据成交量变化的以下特征，可以对强庄股的主力是不是在洗盘作出较为准确的判断：

由于主力的积极介入，原本沉闷的股价在成交量明显放大的推动下变得活跃起来，出现了价升量增的态势。然后，主力为了给以后的大幅拉升扫平障碍，不得不将短线获利筹码强行洗去，这一洗盘行为在K线图上表现为阴阳相间的横盘震荡。

洗盘时股价快速走低，但下跌时成交量无法持续放大，在重要支撑位会缩量盘稳，表明下方获得支撑；由于盘面浮码越来越少，股价回升不一定需要成交量的配合，但关前止步后不再放量下挫，而是对前期高点跃跃欲试。

【实例链接】

航天机电（600151），2000年8月16日以涨停价21.51元报收，第二天略微冲高后即下滑，随着大势下调，股价没有反弹，毫无抵抗地跌回18元的平台。不过下跌过程没有大的成交量配合，其后股价也没有破位下行，而是缩量盘整，小步放量回升，又爬到前期高点的边缘，股价的中线上升趋势没有改变，基本确定下调是庄家的洗盘行为，果然，股价随后轻松地创出了新高（见图13－15）。

图13－15

在主力洗盘时，作为研判成交量变化的主要指标能量潮（OBV）、均量线也会出现一些明显的特征，主要表现为，出现巨量大阴时，股价的5日、10日均量线始终保持向上运行，说明主力一直在增仓，股票交投活跃，后市看好。另外，成交量的量化指标OBV在股价高位震荡期间，始终保持向上，即使瞬间回落，也会迅速拉起，并能创出近期新高，这说明单从量能的角度看，股价已具备大幅上涨的条件。

判断是否洗盘，还要关注基本面的因素和股价的潜质。以上面所列举的航天机电为例，该公司虽然主营汽车仪表器械，但大股东背景技术实力雄厚，公司配股资金用于卫星接收设备等高科技产品，使"航天"两个字名副其实。可见，公司基本面良好，股票价格有一定的支撑，大幅下跌的可能性很小。由此可以判断这是主力在进行洗盘。

庄家洗盘的盘口特征

庄家洗盘是为了吓走信心不足的散户,所以庄家一定会想尽办法制造出盘面疲软的假象,但在关键的技术位,庄家往往会护盘。因为庄家在洗出一部分人的同时还要让另外一批看好后市的人进来,以达到垫高平均持股成本的目的。具体地说,庄家洗盘的时候有以下几种盘口现象:

1. 在整个洗盘的过程中不会出现利好消息,散户持股者心态不稳。
2. 大幅震荡,阴线阳线夹杂出现,市势飘忽不定,成交量较无规则,但有逐渐缩小的趋势。
3. 股价下跌时庄家多会与大势或技术配合,比如空头陷阱,跌破重要的支撑位,但破位后跌势并不延续。
4. 股价一般维持在10日平均线之上,常常在即将破位的时候获得支持。
5. 股价下跌时成交量无法持续放大,在重要的支撑位会缩量企稳,上升途中成交量缓慢放大。
6. 当盘面浮筹越来越少,最终向上突破放出大量,表明洗盘完成,新的升势开始。
7. 有控盘要求的庄家,多有复合洗盘动作,或者诱空充分吃货动作,洗盘的盘口现象也不同,如果时间充足,可能在日K线上产生不同的形态,如果时间紧迫,可能在分时走势图上产生不同的形态。
8. 洗盘之初都做出一种顶部的假象。
9. 洗盘末期都有缩量和庄家惜售动作。
10. 洗盘之初涨幅不大,洗盘中跌幅也不深,而且会常常出现带上下影线的十字星,股价一般维持在庄家持股成本的区域之上。

庄家洗盘结束的标志

洗盘的基本目的无非是为了清理市场多余的浮动筹码,抬高市场整体持仓成本。庄家为达到炒作目的,必须于途中让低价买进、意志不坚的散户抛出股票,以减轻上档压力,同时让持股者的平均价位升高,以利于施行做庄的手段,达到牟取暴利的目的。

洗盘是坐庄过程中的必经环节,能够识别主力意图的散户完全可在主力洗盘时趋利避害,也就是说,你完全可以在股价出现一定的涨幅之后先行退出,等庄家完成洗盘环节之后再进入。但是,怎样才能判断出主力洗盘马上要结束了呢?

1. 缩量之后再放量。

部分主力洗盘时会将股价控制在相对狭窄的区域内反复振荡整理,主力放任股价随波逐流，成交量跟前期相比明显萎缩，某天成交量突然重新放大，表明沉睡的主力已开始苏醒，此时即可跟进。

2. 在股价下跌的后期成交量大幅萎缩。

这是洗盘即将结束的明显信号。出现这种情况表明抛盘枯竭，获利盘、套牢盘、斩仓盘、场外买盘全部出局，浮动筹码基本清除干净，留下的都是意志坚定的持股者。他们不会为各种震荡致亏的可能所吓倒和为获取到手的绳头小利所诱惑。无奈，庄家只有奖励他们，让他们在今后的行情中赚到信心动摇的胆小鬼、叛逃分子赚不到的大钱。

3. 回落后构筑小平台，均线由持续下行转向平走、再慢慢转身向上。

洗盘都表现为股价向下调整，导致技术形态转坏，均线系统发出卖出信号，但股价跌至一定位置后明显受到支撑，每天收盘都在相近的位置，洗盘接近结束时均线均有抬头迹象。

4. 下降通道扭转。

有些主力洗盘时采用小幅盘跌的方式，在大盘创新高的过程中该股却不断收阴，构筑一条平缓的下降通道，股价在通道内慢慢下滑，某天出现一根阳线，股价下滑的势头被扭转，慢慢站稳脚跟，表明洗盘已近尾声。

第六节　怎样识别庄家正在出货

庄家派发出货的目的

庄家做庄的最终目的就是盈利，当主力将股价拉高以后，如果不能将手中的筹码兑现成现金，无论账面显示的盈利多么丰厚，都只能算是一个美丽的泡影。因此，主力会通过拉涨、打压等手段，将手中的筹码顺利派发出去，形成出货套现的事实。

庄家要坐庄成功，就必须完成将最先的资金转换为筹码、再由筹码变换为资金的循环演变。之前庄家的建仓、拉高、洗盘等一系列的操作，无论操作得多好，都不是最后的投资成功。最后巨大的兑现动作，是庄家重中之重，也是投资成功的最后目的。

一般来说，庄家只有把股价拉到30％的高度，才有获利空间。庄家对自己坐庄的考虑，不论是大盘的因素，还是个股的因素，一旦出现不利会马上应变展开出逃的动作。大局不好，山雨欲来风满楼的关键时刻，庄家便会采用狠毒、快捷、打压、不计成本、横扫一切的仓惶弃庄逃命离场。这样对不明真相的跟风者的杀伤力巨大，也是散户跟庄最应该注意的地方。

了解庄家出货的时机

出货是庄家做庄的最后一步，是庄家做庄的重中之重，是其成功的关键，所以，对于出货，庄家会非常谨慎，他会选择最佳的时机完成出货。但有的时候会出现一些意外情况，迫使庄家赶快出货套现。这时候庄家就没有多少选择的余地，只能就近寻找机会派发出货。所以，庄家的出货情况大致可以分为两种：主动出货和被动出货。主动出货是指在人气最旺的时候顺势出货；被动出货是指情况发生变化，被迫出货。

1. 人气最旺的时候派发出货。

（1）难得利好消息出现，引来大量的买盘。

（2）股价已经达到庄家的目标价位。

（3）上市公司基本面达到历史最好水平，是庄家全身而退的好时机。

（4）大盘的人气已上升到极点，买盘汹涌，是大规模套现的最好时机。

2. 情况发生变化，庄家被迫出货套现。

（1）上市公司基本面恶化，出现大问题，必须套现。

（2）丑闻曝光，引来无数抛盘，股价发生崩盘，庄家自己也不得不卖出。

（3）政策打压，必须顺应，不得不派发套现。

（4）庄家团队发生内讧，有人提前出逃，而其他也被迫卖出。

（5）行业利空政策突然出台，不得不改变初期设想，紧急出货。

（6）大盘的转势，无法拉抬，必须暂时套现，等待更佳时机。

（7）庄家的资金出现问题，必须不计成本地卖出套现。

庄家出货前的征兆

及时跟上庄只是买进了未来有升值潜力的股票，尽管你的账面上盈利喜人，但若不及时将账面利润变为现实利润，一旦大盘或庄家"变脸"，你的账面利润就会化为乌有，甚至会被套牢。所以，及时套现是跟庄操作至关重要的一环，否则将是空欢喜一场。

为了能保证自己最终的收益，最关键的是要敏锐地觉察庄家出货的前兆，我们可以从五个方面进行观察：

1. 正面消息增多。

正面消息增多，就是指报刊上、电视上、广播电台里的利好消息多了，这时候散户就要非常小心。股价在上涨的过程中，媒体上一般见不到多少利好消息，如果正面的宣传开始增加，利好不断，说明庄家已萌生退意，要出货了。

2. 放量不涨。

不管在什么情况下，只要是放量不涨，就基本可确认是庄家准备出货。

3. 股价该涨不涨。

在形态、技术、基本面都向好的情况下不涨，这就是庄家要出货的前兆。如海马股份（000572）在1999年5月10日有个突破，突破当日放了巨量，理论上第二天应该上涨，结果股价不涨，反而从高位下来，这就是庄家出货的前兆，随后股价果然连续暴跌。这就是形态上要求上涨，结果不涨（如图13－16）。还有的是技术上要求涨，但不涨。比如说活力28在1999年的5月6日，它的底部形态非常漂亮，而且还往上突破了5日和10日均线，5日均线开始往上翘，这在技术上是应该涨的，但第二天却收出阴线而且放量，技术上该涨不涨，也是出货。还有的是公布了预期的利好消息，基本面要求上涨，但股价不涨，也是出货的前兆，这样的例子很多。所以，基本面、技术面支持股票上涨而不涨，大都是庄家出货的前兆。

图 13－16

如果有了这些征兆，一旦出现了股价跌破关键价位的时候，不管成交量是不是放大，都应该考虑卖出股票出逃。因为对很多庄家来说，出货的早期是不需要成交量的。

庄家出货派发的方式

当股价达到预期价位后，能够顺利出货的，才能算坐庄成功，而要想顺利出货，需要天时、地利、人和三个条件。天时，就是大盘的走势。只有在大盘行情火暴、成交活跃的时候，才能顺利出货。地利，就是上市公司的消息配合，包括业绩、送股、重组和其他一切利好。人和，就是操盘手的做盘水平。这是出货最关键的一环，但不是惟一的。庄家出货时会千方百计地吸引买盘。吸引买盘首先是要吸引注意力，在最后出货之前必须有大的涨幅，出货过程中必须有大的振幅，争取天天都出现在活跃股排行榜上；其次是盘中快速震荡，和震仓时差不多，争取经常上5分钟排行榜；再次是做大成交量，成交量大本身就吸引注意，大量的成交可以掩盖庄家的出货操作，也可以吸引炒短线的大资金进入。但是，现在的散户也不是那么好骗的，如果没有基本面的支持，他们是不会轻易跟风买入的。所以庄家会制造题材、提供想象空间，让人觉得买了之后还有数倍的利润可赚，最终引诱散户上当受骗。庄家在吸引买盘，完成出货的过程中，主要会采用以下5种方式。

庄家出货方式之一：利用除权出货。

庄股被主力控盘后，经过长期炒作，大部分筹码已被高度锁定，成交量十分稀少，很难吸引散户跟风，正所谓高处不胜寒，要完成出货绝非易事，但股价一旦经过除权之后，就会回到一个相对低位，令人感到并不是那么高了。事实上，经过复权之后，股价仍处于高位，许多散户不明真相，以为股价是刚从底部启动，盲目跟风，很容易成为主力拉高出货的牺牲品。

庄家出货方式之二：快速打压出货。

庄家已经将股价拉升到足够的高位，为了尽快出清手中的筹码，会通过横向的K线上影线拉高股价随时准备出货，只要盘口有买盘就对准买盘进行果断的打压出脱筹码。打压出货更适用于绩差类个股。由于此类个股的参与者绝大多数都抱着投机心态，在股价快速上涨的过程中，都奢望卖个更高的价钱，极少有人出手。但由于这类个股基本面较差，如果采用高位震荡手段出货的话，鉴于散户资金较小，比较灵活，反而造成主力派发困难。因此主力采用快人一步，趁投机散户好梦未醒时，抢先抛售的策略，首先套住高位介入的跟风盘，再一路抛售，将敢于抢反弹者一网打尽。此手法讲究的是心狠手辣，利用大盘或者个股人气极为火暴的时候，使用回马枪的手法，反手做空，往往令众多散户猝不及防！

庄家出货方式之三：利用反弹出货。

庄家在完成了一段中级出货动作后，巨大的坐庄利润已经兑现。这时庄家会利用手中最后的筹码迅速往下打压股价砸穿30日均线的重要技术支撑位在高位套牢跟风盘。同时由于股价快速下跌的短期乖离率巨大，庄家就顺势在低位补进筹码做反弹行情获取该股最后利润，彻底完成出货任务。

反弹出货是庄家常用的标准方法之一。虽然在这个运作过程中，往往股价还有不小的差价，但对于中小散户来说，要抓住这个机会是相当困难的，同时风险也是很大的。

庄家出货方式之四：不断震荡出货。

庄家通过反复进行洗盘拉抬的造势，使所有抛出的人都后悔，而回调进场和持股不动的股民都赚钱。这样，当所有人对此都深信不疑，持股者不愿抛，拿钱者纷纷进场，把出货当洗盘回调时，庄家就找到了出货良机。

庄家的高明之处在于将对大众情绪的调控与自己的炒作阶段巧妙地协调起来。在吸货阶段，让散户看空，主要利用传媒唱空，以便吸到廉价筹码。在拉抬和洗盘的初期，让散户对升势半信半疑，由于每次洗盘结束后都是向上突破。到中后期，散户多头心态越来越明确和强烈，升不愿抛，跌则当成吸纳的好时机，此时养多（培养散户的死多头心态）成功，庄家此时出货没有人与他争跑道，同时，他抛出的股票尽数为多头承接，账面利润套现成功。

震荡出货的K线图具有一定的特点：K线组合一张一合，起伏拉锯。均线穿越K线上下波动。成交量无法放大，保持中量。庄家大批出货后，后续的出货开始混乱。均线横向式走平。

这种出货方式和洗盘比较像，不好区分。不过细细分析还是可以找到一些痕迹。由于主力是派发出货目的，所以从盘面上看，股价在采取向下震荡的时候，向下抛出的卖单具备连续性，成交量比较真实，基本上都是真刀真枪的卖单。并且在向下震荡至箱体底部或较低价位时仍有较大的抛单抛售。这些较低位的抛单出来后，股价仍然疲软，股价借大盘走好或利好公布而采取向上震荡时，买单往往不具备连续性。或者持续性的买单很假，绝大部分为主力诱多时的对敲盘。当股价向上震荡到一定价位时，只要上档持筹投资者稍有抛售意愿，主力根本不愿正面交锋，股价遂掉头向下。

庄家出货方式之五：设置多头陷阱出货。

股民一般都知道，重要阻力关口一破即变为支撑，因而，冲破阻力位就成为相信技术分析的广大股民的操盘准则，于是庄家就会制造这种假突破，诱使散户进场，庄家乘机派发出货。

主力利用这种出货方式的时候，还会充分利用涨停的机会。通过对股价的快速拉升，使场外观望的投机者禁受不住股价快速上涨的诱惑，已获利的股民也因利润的快速增值而产生惜售的心理。主力通常在这个时候以巨量的买单将股价封至涨停，从而使多头买入激情达到高潮，更多的跟风投机资金纷纷涌入。

由于国内的交易规则采取的时间优先和价格优先的原则成交，那么在涨停价格的挂单是一致的，无法比出高低，而时间上却仍有先后之分。首先时间上处在前列的是主力的巨量买单，排在后面的是中小散户的跟风盘。这样，主力采用明修栈道、暗渡陈仓的方法悄悄撤出挂在前列买单，然后再将这些买单后继在跟风盘的后面。如此看来，涨停板上的巨量买单数量并无变化，甚至还有增多。主力可以以小批量的卖单，逐步将手中的筹码过渡给排列在第一时间段内的散户投资者。这种涨停出货的手段既能卖上一个好的价格，又不会引起一般投资者的警觉，可谓一箭双雕，而且也是市场中最常见的出货方式之一。

如何区别庄家的洗盘和出货

分清洗盘和出货是件很考验炒股者能力的事，很多股民不仅无法完全正确判断出洗盘和出货，而且往往会在两者之间造成误会。当庄家洗盘的时候误以为是出货，慌忙出逃，结果眼睁睁看着到嘴的肥肉被别人抢走。而等到庄家出货了，又误以为那只不过是庄家在洗盘而已，在最危险的时候反而死抱股票，结果煮熟的鸭子又飞了。

简单点说，洗盘的目的是甩掉不坚定的短线跟风盘。庄家洗盘是股价在上升中途所进行的技术性整理，其目的是通过整理换手，清洗掉市场内的获利筹码，使市场内的持股成本趋于一致。洗盘的结果造成大量的筹码被主力战略性地锁定，从而导致市场内的浮动筹码大量减少，使筹码进一步集中。洗盘现象在技术上的具体表现是随着整理股价波动的幅度逐渐减小，成交量快速萎缩，股价在中长期均线附近被控盘，盘面浮动筹码稀少，成交量低迷。

庄家出货的目的是尽量吸引买盘，通过各种手段稳定其他持股者的信心，而自己却在尽量高的价位上派发手中尽量多的股票。

出货的结果与洗盘恰恰相反，出货会导致市场筹码由原来的"集中锁定状态"逐渐变为"分散状态"。随着筹码的逐渐分散，这就必然会导致盘面"浮动筹码"的数量增加，其具体的表现是成交量在较长的时间内始终无法萎缩，并且始终保持较为活跃的状态，盘面浮动筹码很多，而且消息面会有很多朦胧的题材或利好消息配合。

弄清庄家洗盘和出货的区别是十分关键的，直接关系到散户在此只个股上的获利率。但在实际操作中，许多散户却把庄家的洗盘当出货，把出货当洗盘，结果卖出的股票一路狂升，死捂住的股票却一跌一再跌，被深度被套。以至于在经济上造成损失外，还对投资心态产生了较大的破坏。

那么，庄家洗盘和出货到底有什么不同，散户如何区别呢？

1. 从持续时间上区别。

上涨途中的洗盘持续时间不长，一般5～12个交易日就结束，因为时间过长的话，往往会被散户识破，并且乘机大量建仓。而出货的时候，股价即使超出这个时间段以后，仍然会表现着不温不火的震荡整理走势或缓慢阴跌走势。

2. 在盘口方面的区别。

庄家出货时在卖盘上是不挂大卖单的，下方买单反而大，显示委比较大。造成买盘多的假象，或下方也无大买单，但上方某价位却有"吃"不完的货，或成交明细中常有大卖单卖出而买单却很弱，导致价位下沉无法上行。

庄家洗盘时在卖盘上挂有大卖单，造成卖盘多的假象。若庄家对敲下挫时分不清是洗盘还是出货，但在关键价位，卖盘很大而买盘虽不多却买入（成交）速度很快，笔数很多，股价却不再下挫，多为洗盘。

从盘口方面，散户还可以具体从盘尾异动、成交量和价格等来分析区别。

（1）从尾盘异动的情况来区别。

洗盘时一般在尾盘常常会出现异动，例如：股价本来全天走势非常正常，但临近尾盘时，却会突然遭遇巨大卖盘打压。而庄家出货时尾盘出现异动的现象相对要少得多。

（2）以成交量的变化来区别。

洗盘的成交量特征是缩量，随着股价的破位下行，成交量持续不断地萎缩，常常能创出阶段性地量或极小量。庄家出货时成交量的特征则完全不同，在股价出现滞涨现象时成交量较大，而且在股价转入下跌走势后，成交量依然不见明显缩小。

（3）以价格变动的情况来区别。

洗盘的目的是为了恐吓市场中的浮动筹码，所以其走势特征往往符合这一标准，即股价的跌势较凶狠，用快速、连续性的下跌和跌破重要支撑线等方法来达到洗盘的目的。而出货的目的是为了清仓套现，所以，其走势特征较温和，以一种缓慢的下跌速率来麻痹散户的警惕性，使散户在类似"温水煮青蛙"的跌市中，不知不觉地陷入深套。

3. 从重心移动来区别。

重心是否下移是判别洗盘与出货的显著标志。庄家的洗盘是把图形做得难看，不想让其他人买到便宜货，所以日K线无论收乌云线、大阴线、长上影、十字星等，或连续四五根阴线甚至更多，但重心始终不下移，即价位始终保持。

4. 从K线形态方面区别。

从日K线形态上分析庄家是出货还是洗盘更为关键。一般洗盘时的走势常常伴有长线实体的大阴线出现，而出货的时候往往会在股价正式破位之前，出现一连串的小阳线，使得投资者对后市抱有期望。

庄家洗盘的目的仅想甩掉不坚定的跟风盘，并不是要吓跑所有的人，否则庄家就要去买更多的筹码了。其必须让一部分坚定者仍然看好此股，仍然跟随他，帮他锁定筹码。所以其在洗盘时，某些关键价位是不会跌穿的，这些价位往往是上次洗盘的起始位置，这是由于上次已洗过盘的价位不需再洗，也即不让上次被洗出去的散户有空头回补的价差。这就使K线形态有十分明显的分层现象。

而庄家出货则以力图卖出手中大量的股票为第一目的，所以关键位是不会守护的，导致 K 线价位失控，毫无层次可言，一味下跌。

区别洗盘和出货还可以从成交密集区来区别。洗盘还是出货往往与成交密集区有一定的关系，当股价从底部区域启动不久，离低位成交密集区不远的位置，这时出现洗盘的概率较大。如果股价逼近上档套牢筹码的成交密集区时遇到阻力，那么，出现出货的概率比较大。

第七节 巧妙地让庄家给自己抬轿

跟短线庄的技巧

跟短庄能够较快地获利，但是风险非常大，需要股民有高超的技巧、理性的思维和敏锐的感觉。因此，散户在跟短线庄操作时应注意以下策略：

1. 要设立止损点。

再精明的投资者也难免看走眼，出现判断失误的时候，所以设立止损点是一个防止长线被套的措施，尤其对散户特别重要，止损点一般定在 10% 较为合理。

2. 资金投入要集中。

股票最多不能超过两种，资金应集中投入，一般在 90%～100%，这样才有利于跟踪观察，才可能取得较高回报。

3. 要注重热点转移。

强势市场有一个热点轮转的特征，短线炒家必须紧扣市场脉搏，注意观察下一板块的启动迹象，以免延误时机。

4. 低位突然放量时应立即跟进。

散户跟短庄应突出一个"快"字，没有必要作基本面分析，只要有量就行，既然庄家要做，就一定会有题材。

5. 上涨 20% 时就卖出。

一般来说，如果没有发生特大的变故，庄家炒作的第一步最低目标价位应在 20%～50%。但作为散户不能贪高，应及时获利出货，取得切实成果。

跟中线庄的技巧

跟中线庄家就要采取中长期投资策略。具体来说可从以下几方面进行：

1. 研判中期走势。

一般来说，决定股市中线走势的关键在于政策面的指导，因为一切经济活动都必须服从政治的需要。所以，领会政策导向是把握中线行情的主要脉络。当政府鼓励大家投资的时候，股市绝对不会坏；当市场投机气氛较浓，大力强调提高风险意识时，股市也基本到顶。散户要绝对相信宏观经济政策的调控能力。

2. 研判供求关系情况的变化。

在一般情况下，影响股市的供求关系，一定的时间内供大于求时，股价就会下跌；而当求大于供时，股价就会上涨。因此把握好资金面增减情况与新股扩容的矛盾所产生的变化，是估计中期走势的一大要素。

3. 要看市场投资者的信心。

市场的波动是靠人的买卖行为发生的，而买卖行为则是由投资者对股市的认识来决定的。这种对股市的认识往往有一个渐进的过程，不会一下子逆转过来。所以，一段中级行情也是由信心的逐步丧失或逐步树立来推动的，投资者对此要具备敏锐的观察力。

根据对中期走势的研判，散户应采取以下策略：

1. 中线炒作应在有量盘整时介入。

如不注意几角钱的差价，很可能就是在买套时抄底成功。

2. 买股要集中在一只股票上，资金最好为80％，留20％资金作配股之需。

3. 做足波段，不轻易退出。

只要该股的基本面情况没有变化，不管它的短线涨跌，坚决持股不放，待大盘见顶时再卖出。

4. 一年之中只做1～2波行情，即年报行情和中报行情。如中间另有特别利好消息刺激股市时，也不要放弃，应积极跟进。

5. 跟庄要注重所选股票的业绩和成长性。

中报行情应注重绩优股，因为绩优股始终是报表行情的热点，庄家也会借题发挥；而年报行情应注重次新股，尤其是资本公积金高、股本较小、业绩又不错的股票，因为这类股题材丰富，易受市场追捧。

跟长线庄的技巧

散户跟长线庄就必须测估长线的发展趋势。主要看以下几个方面：

1. 看世界经济的情况。

国家与国家的经济发展并不是孤立的，所以你很难想象如果全世界的经济处于衰退时期，还会有哪一个国家的经济是在迅速增长的。所以，如果要进行长线投资就一定要对世界经济整体大环境有一个大体的认识。

2. 看经济处于什么阶段。

经济的发展具有周期性，同时又会受到外部条件的影响。因此，估测股市的长期趋向，就要考虑到目前的经济处于什么阶段，衰退或者复苏，如处于复苏期，则可大胆介入，否则应谨慎处之。

3. 看政治环境是否稳定，稳定的政治环境是经济发展的保障。所以，要对一个时期的政治局面有一个大概的认识。

4. 还要考虑股市周期性的影响。股市周期与经济周期虽相差不大，但有一个滞后性。所以，做长线跟庄在介入这个市场以前，应对目前股市处在牛市的末期还是熊市的末期作一番了解，前者不能跟进，后者则可介入。

从事股市长线投资跟长线庄，必须采取以下策略：

1. 入市时间应选择市场较为清淡时，因为这样可以避免高位套牢。

2. 在基本面条件没有发生根本变化的情况下，无论庄家如何炒作，不轻易抛售股票，下决心捂股，中间也坚决不做差价，非到自己设定的价位方才出货。

3. 选择股票应以公用事业板块中的能源股为最佳，因为这类股票不存在行业风险，只是业绩好与差的差别，亏损的可能性极小。

4. 平时可以不理会股价的波动，但中报及年报时应注意上市公司送配的方案，以免错过配股时间。

一般来说，散户跟庄，应该尽量选择长线主力庄，因为这类庄家的实力很强，一般不会受挫，而且庄家炒大市所借助的手段往往是炒作大盘股板块、新板块或龙头股板块，散户较易于鉴别，加上庄家进货、出货量大，时间长，散户可以从容应对。

如何对付主力洗盘

炒股的人都想骑黑马，但不幸的是常常爬上去却坐不稳。持有一只牛股，却因不堪忍受其走势而斩仓离场，然而刚刚卖出，股价就一飞冲天，似乎就差你这一股，你不抛它不涨。这种痛苦的经历想必炒股的人都经历过。其实，这不是偶然的，这正是庄家洗盘的目的所在。庄家通过洗盘，垫高投资者的持股成本，将跟风客赶下马去，同时在高抛低吸中还可兼收一段差价。

如果没有中途的洗盘，那么在股市真正有大风险的位置，主力将会很被动，因为没有经历过大洗盘的普通投资者持仓成本很低，一旦高位抛盘套现，主力将无力招架。所以主力会用尽各种手段进行洗盘。

那么对于散户来说，该如何应对主力的洗盘呢？

1. 要研究股票，熟悉股价运行的规律，在哪个环节，价格将如何行动，要有起码的常识，心中有数，就不会无原则地急躁。

2. 要有良好的心态。

散户之所以能让主力洗盘成功，无非是自己太心急、浮躁而已。买入股票，马上就要求上涨，指数上涨而自己的股票不涨，就不能忍受；三天不涨，就到了必欲除之而后快的程度。一轮涨势里买卖了无数股票，回头看看，几乎所有的股票都成黑马，自己却一匹也没有骑到底。如此心态怎能赚钱？所以散户要应对主力的洗盘，就必须开发出自己的"反洗盘术"。而反洗盘的首要任务，就是要调整心态，赚钱要以月计、以季计，甚至是以年计，而绝非以日计、以周计。天天都梦想着赚钱，反而往往总是亏损。

3. 要随时准备纠正错误。

散户对于主力的洗盘，应该耐得住"寂寞"。即使判断失误，过早地卖，也要马上返身再买。道理很简单，你被主力"玩出局"的同时，"左邻右舍"也倒下了，而股价又和你的预期相反，反而轻松地再创新高。当你喘气的时候，谁在买呢？当然是主力庄家。清理浮筹后的创新高，意味着主升浪的展开，此时不买，更待何时！

其实，随时准备纠正错误，本身也是对自己实力的"洗盘"。刚才的"卖"是过去，哪里有什么"百战百胜"的说法，除非他是神仙。不要为刚卖了而痛心，关键是要有"吃回头草"的勇气，知错即改，及时跟进。

4. 要尊重趋势，只要股票的趋势向好，没有迹象表明行情异常，就坚定信心，一直持有下去。最简单的办法，往往也是最有效的。作为散户，买入股票后，完全没有必要整天盯盘，涨了当然高兴，跌了就懊恼不已。走势正常，就一路持有下来，心态淡然，思路就清晰，到了该卖的时候，一刀卖出，果断了结。卖出后，再细心寻找新的目标。

第八节　应对庄家做盘的特殊手法

突然涨停的应对策略

涨停板制度是规定交易价格在一个交易日中的最大波动幅度为前一交易日收盘价上下百分之几，超过后停止交易。设置涨跌停板制度的目的是为了防止交易价格的暴涨暴跌，抑制过度投机现象。

我国的涨停板制度规定，除上市首日之外，股票（含 A、B 股）、基金类证券在一个交易日内的交易价格相对上一交易日收市价格的涨跌幅度不得超过 10％，ST 股票的涨跌幅不得超过 5％，超过涨跌限价的委托为无效委托。

我国的涨跌停板制度与国外制度的主要区别在于股价达到涨跌停板后，不是完全停止交易，在涨跌停价位或之内价格的交易仍可继续进行，直到当日收市为止。

一般来说，如果股票因为上市公司公布重大利好或主力纷纷买入，股价会大幅向上攀升，往往形成涨停。当某只股票涨停后以涨停价格买入的买单数量高达数百万，要打开较困难，散户要想买入该股只有以涨停价格排队等待买入，通常难以买到。涨停对主力和机构较为有利，大笔买单把价格推高到涨停再用大笔买单封住涨停，能够在行情看好的情况下，优先买入股票；当封住涨停的买单高达几百万股甚至上千万股，常常容易形成第二个涨停，甚至第三个涨停板。

大家都觉得涨停板的出现，代表着此股强势特征明显，后市很看好。其实涨停板恰恰也最危险的，很多庄家利用这种方法进行出货，因为这样既可以卖到好价钱，又可以不吓跑接货者。只有当资金链断裂，急要出货的庄家，才会用杀跌出货的方法。当一只股票，在相对高位出现涨停，而且成交量很大，换手率很高，然后查看分时图，一天中涨停被打开很多次，每次打开都有很多量放出，这种涨停板绝对不能跟。在没有重大利好情况下，市场资金不可能将股价推向涨停牌。这个大家一定要记住，这时候涨停板一定是庄家打上去的。如果庄家想将股价封上涨停，散户是不可能有能力将涨停打开的，而且一般散户在涨停板也不会抛出，此时能打开涨停板的也只能是庄家自己。可是已封上涨停，庄家为什么又要打开涨停呢？如果大家以这种思路想下去的话，就不难发现庄家的意图了，再配合成交量，和股价所在位置，庄家出货意图就一目了然了。

那么，对于散户来说，面对突然涨停的股票该怎样操作呢？

中小散户明白主力在涨停下玩的把戏后，一旦有大笔卖单涌出后，主力出货迹象明显，就应抢在主力卖出前行动，以低于主力卖出价格 0.1 元或 0.2 元争先卖出。若自己不幸以涨停价格买入被套其中，第二天也应主动认赔离局为好。主力面对你这样精明的对手，只能自叹弗如了。

1. 涨停股的卖出时机。

（1）追进后的股票如果 3 日不涨，则予以抛出，以免延误战机或深度套牢。

（2）会看均线者，当 5 日均线走平或转弯则可立即抛出股票，或者 MACD 指标中红柱缩短或走平时应予以立即抛出。

（3）一段行情低迷时期无涨停股，一旦强烈反弹或反转要追第一个涨停的，后市该股极可能就是领头羊，即使反弹也较其他个股力度大很多。

（4）不看技术指标，如果第二个交易日 30 分钟左右又涨停的则大胆持有。如果不涨停，则上升一段时间后，股价平台调整数日时则予以立即抛出，也可第二个交易日冲高抛出。

2. 买入涨停后第二个交易日的操作手法。

（1）开盘就继续涨停，可不急于抛出，但要死盯着买一上的买盘数量，一旦买盘数量迅速减少，则有打开的可能，此时须立即抛售，获利了结。如果一直涨停至收盘，则可以继续持股至第三个交易日再考虑。

（2）高开低走（涨幅在3％以上），则要立即抛售，并以低于买三的价格报单。因为按照价格优先的原则，可以迅速成交，且成交价也一般会高于自己的报价。

（3）高开高走，紧盯盘面，一旦出现涨势疲软（指股价回调下跌1％），则立即填单抛售。

（4）平开高走，紧盯盘面，一旦出现涨势疲软（指股价回调下跌1％），则立即填单抛售。

（5）低开高走，紧盯盘面，一旦出现涨势疲软（指股价回调下跌1％），则立即填单抛售。

（6）平开后迅速一跌，乘反弹逢高择机出货。

（7）低开低走，乘反弹逢高择机出货。

3. 涨停板出局技巧。

（1）第二个交易日5分钟内出现昨天的收盘价，无论盈亏，出局。

（2）参照分时系统，15分或30分钟MACD一旦出现小红柱，出局。

（3）止跌涨停、龙头涨停或尾市跳水涨停等后市利润较大的涨停，参照30分钟的30日均线，当其走平或高位震荡，出局。

突然跌停的应对策略

散户在跟庄的过程中，经常会遇到股票突然跌停的情况，这时候，散户首先要判断主力的意图，根据主力的意图来决定自己的操作行为。主力把股票打到跌停的目的不外乎有两种：洗盘吸筹或派发出货。

1. 主力利用跌停洗盘吸筹。

在强势市场里，主力会选择有利空袭击的个股，破坏技术和走势形态，引起止损盘抛售；或采取炸弹的形式，促使日K线上阴线越跌越快，越跌越大，促使持股者的心理压力大增，引起投资者不抛售将会出现下跌空间无限的恐惧感。

这时散户的抛盘竞相而至，待散户抛盘达到一定程度时，主力可釜底抽薪，采取撤单形式撤走自己的卖单，然后以实质性的买单大肆吸收上档的抛盘，达到快速建仓的目的。

对于散户来说，一直处于跌停的股票，如果先跌停后打开或开低后上升，且放量打开跌停，即为买入机会。由于股价一路杀跌，量缩，现在又跌停再打开表示杀跌的人少，多方已开始反攻，当放量打开跌停后且稳步上升，表示主力已回头杀入。

2. 主力利用跌停派发出货。

散户跟庄时，最大风险就是主力庄家采取"自杀式"突然跌停出货，跟风者若不迅速以跌停价排队抛出，将被主力庄家狠狠套在高价区。

主力能否顺利完成跌停出货，主要是利用散户抢反弹的心理。抢反弹是许多股民短线炒作的一个惯用手法，某只股票突然大幅度地下挫甚至跌停，按大跌后一般会有大涨的规律，许多股民会冲进去买入，准备以后反弹时抛出，以获取短线利润。这种想法不能说没有道理，也确实有许多短线高手因此赚了大钱，但是，这是火中取栗、空中接刀的游戏，其风险相当大，许多股民因此而被套牢。尤其是一些庄家在狂炒某只股票后，由于获利丰厚，往往采取跌停板出货手法，在连续三日跌停之后打开跌停，诱使股民认为反弹来临，大举跟进，结果把散户套在半山腰。

对于大多数散户来说，在跌停时买入是有一定风险的，必须先判断主力庄家是什么意图。即使要介入，也要非常谨慎，可采用分批增量的操作方法。例如，一次跌停先买1000股，再跌停时再买2000股，跌停打开时买入3000股，如果跌停反弹后很快就可能获利。

突然放量的应对策略

突然放量对于散户来说，可能是绝好的跟进时机，但这也有可能是庄家故意设置的陷阱。所以，对于突然放量的出现，散户先不要急着高兴，首先要弄明白庄家的真正意图。一般来说，突然放量的出现有两种意图：拉升或出货。

许多技术派分析师认为，成交量是不会骗人的。成交量的大小与股价的升跌成正比关系，比如说量增才能价涨、量缩价不会大跌、长期盘整的股票带量突破盘局常意味着庄家要拉高、股价高位放巨量后一定还会创新高等。

不可否认，这些观点有一定的道理，但在某些情况下，成交量不仅会骗人，而且会成为庄家将计就计设置的陷阱。

例如久盘突然放量就是典型的"出货陷阱"之一。久盘有的是指股价在炒高了相当大的幅度后的高位盘整，有的是炒高后再送配股票除权后的盘整，还有的是中报或年报公告前不久的盘整。

通常的情况是，庄家在久盘以后知道强行上攻难以见效。为了赶快脱身，就会采取对敲的方式，造成成交量放大的假象，在推高的过程中，许多追涨的人接下了庄家的大量卖单。那些在追涨时没有买到股票，然后就将买单挂在那里的人加强了买盘的力量，并为庄家出货提供了机会。庄家就这样利用量增价升这一普遍被人认可的原则，制造假象，达到出货目的。

主力对敲的手法通常有两种，最常用的手法是使用两条交易跑道，同时对某一只股票发出买卖指令，价位与数量大致相同，这时庄家不预先挂单，因此有时大家在盯盘中会发现，委托盘中的买单、卖单的量都很小，成交盘中却突然冒出大笔的成交。另一种手法就是庄家事先在委托盘中挂出一笔大的买单，然后一路打下去或买上来，迅速吃掉预埋的委托单，从而造成虚假的成交量。

由于许多散户经常孤立地、静止地看待成交量，即只注重当日的成交量与价位，主力庄家就投其所好，大量地利用对敲制造骗量和骗线。又由于对敲与普通的大手成交具有相同的形式，比较容易隐蔽，难于判别，因此常常给散户造成不少麻烦。

我们认为，研判庄家对敲主要应该从成交量的放大情况以及价量配合的情况入手，庄家对敲最直接的表现就是成交量的增加，但是由于掺杂了人为操纵的因素在里面，这种放大会不很自然，前后缺乏连贯性。在价量配合上也容易脱节。具体实践中，散户可以用以下几种方法甄别：

1. 股价突然放量上攻，其间几乎没有回档，股价线一路攀升，拉出一条斜线。这明显有人为控制的痕迹，往往是主力对敲推高股价，伺机出货。这种走势一般还会持续，尾盘往往以跳水告终，人称"小猫钓鱼"，上钩就被套。

2. 股价无故大幅波动，但随即又恢复正常，如股价被一笔大买单推高几毛钱，但马上又被打回原形，K线图上留下较长的上影线，这种情况也多为庄家的对敲行为。

3. 从每笔成交上看，单笔成交手数较大，经常为整数，例如100手、500手等等，买盘和卖盘的手数都较接近，出现这样的情况，通常买卖方都是同一人，亦即是对敲行为。

4. 实时盘中成交量一直不活跃，突然出现大手成交，这种成交可能只有一笔或连续的几笔，但随后成交量又回到不活跃的状态。这种突发性的孤零零的大手成交是庄家的对敲行为。

5. 在邻近的买卖价位上并没有大笔的挂单，但盘中突然出现大手笔成交，此一般为庄家的对敲盘。

6. 当各档卖挂单较小，随后有大笔的买单将它们全部扫清，但买单的量过大，有杀鸡用牛刀之感，且股价并未出现较大的升幅。这种上涨状态的大手成交是庄家的对敲行为。

7. 上一交易日成交并不活跃的股票，当天突然以大笔的成交放量高开，这是典型的庄家对敲行为，目的是为了控制开盘价格。

8. 整日盘中呈弱势震荡走势，买卖盘各级挂单都较小，尾盘时突然连续大手成交拉升。这是庄家在控制收市价格，为明天做盘准备，也是典型的庄家对敲行为。

9. 从成交量上看，短期成交量成倍放大而股价涨幅有限的个股，通常为主力对敲所致。另外，有些个股短期升势较快，但成交夸张地放出巨量，这些量中的水分较大。

10. 当股价出现急跌，大笔成交连续出现，有排山倒海之势，往往是庄家为洗盘故意制造恐怖气氛。这种大手成交的放量下跌是庄家的对敲行为。

11. 在实际操作中，散户要特别注重均价、均量的作用。当不同区间的均量、均价相距很远时，很有可能是庄家对敲所致，风险就增加了，散户一定要倍加谨慎小心。

分析对敲盘需要耐心地长时间连续观察，结合大盘情况和个股的价位以及消息面等情况综合分析。一旦学会观察和把握对敲盘，就好像是掌握了庄家的脉搏，只要你有足够的耐心，就能成功跟庄盈利。

突然放量的应对策略：

1. 如果是在底部突然放量，则是行情开始的征兆，要大举建仓。
2. 放量的同时，如果股价也跟着飙升，则可以适当买入，但要防止主力出逃；如果股价跟着大跌，则要及时逃离。
3. 如果在高位突然放量，则是在逐步造顶，应随时准备出货。
4. 如果发现主力在通过对敲的手法制造成交量，就要保持足够的谨慎。

突然缩量的应对策略

突然缩量对处于不同阶段中的个股的发展趋势具有非常重要的指导意义，是一种很值得散户重视的技术指标。下面我们分几种情况进行分析：

1. 突然缩量下跌。

很多散户，只要一听到放量下跌，往往认为这是一个危险的信号，而认为缩量下跌的危险不大。事实上，缩量下跌的情况往往更加不妙。

对个股而言，高位持续震荡放巨量，突然再放巨量暴跌，必然有强劲的反弹，之后即突然缩量下跌，如果你以为该股有主力庄家在托盘，成交量萎缩，主力庄家难以出局或许还要托盘，行情还可看好，那就错了。一方面没有理由保证主力资金就绝对不会被套牢，另一方面在成交量萎缩之前的高位震荡放量过程中，主力资金到底玩了什么花招还很难断定，因而许多强势庄股在缩量阴跌之后，后期往往跌势漫漫，更重要的是它往往看起来下跌幅度不大，给人一种下有支撑的错觉，散户心理上也很能够承受这种小幅下跌，不料这是钝刀子割肉，初看起来没什么危险，过一段时间回头一望，已经滑下崇山峻岭。因此，对大震荡之后缩量阴跌的股票要保持高度的警觉。这些股票往往会跌到让持有者绝望、使欲买者失望、最终被人遗忘的程度。

通常而言，股价在下跌过程中缩量是正常现象，一是没有接盘因此抛不出去，二是惜售情节较高没有人肯割肉。实战中往往出现缩量阴跌天天跌的现象，只有在出现恐慌性抛盘之后，再次放量才会有所企稳。其实放量下跌说明抛盘大的同时接盘也大，反而是好事，尤其是在下跌的末期，显示出有人开始抢反弹。

2. 突然缩量上涨。

通常情况下，如果是价涨量增，则表示上涨动能充足，预示股价将继续上涨；反之，如果缩量上涨，则视为无量空涨，量价配合不理想，预示股价不会有较大的上升空间或难以持续上行。

但事实上很多时候这种说法并不是都准确，要具体问题具体分析。比如说，上涨初期需要价量配合，上涨一段后则不同了。主力控盘个股的股价往往越是上涨成交量反而越萎缩，直到再次放量上涨或高位放量滞涨时反而预示着要出货了。

股价的上涨根本没有抛盘，因为大部分筹码已被主力锁定了，在没有抛压的情况下，股价的上涨并不需要成交量的。许多大牛股涨幅的很大一部分往往都在缩量空涨这一阶段。最典型的是南通机床，1999年4月初在持续震荡放巨量上台阶之后，成交量开始萎缩，股价也小幅盘升，仿佛大势不妙，后来却一路狂升；再如超级大牛股康达尔也曾在漫长的牛市中，多次出现无量空涨的状态。当然这种缩量空涨之前，必然有一个放量震荡逐渐形成明朗上升趋势的过程。因此，这种缩量空涨并不是坏事，只要无量，其主力资金的结构就明显没有改变，一般而言行情会持续向好，直到成交量改变，使行情性质发生改变为止。

总之，不管是缩量空涨或者缩量阴跌，往往都代表一种趋势，只要成交量萎缩的特征不改变，行情的性质往往也会延伸，但是成交量突然之间发生了巨变，那么以前所有判断行情的基础条件，比如基本面、技术面、主力资金、市场热点结构等都得重新审视，绝对不能因惰性而沿用前期的判断定势。比如无量空涨之后，再放巨量飙升或者突然震荡放巨量下跌；比如缩量阴跌之后，突然低位放巨量震荡，行情必须以此为起点重新判断，很可能行情的性质正在发生改变，很可能行情已经涨过头或者跌过头。

通常来说，行情在漫长的缩量阴跌之后，第一次放量往往还很难扭转颓势，并且这种成交量往往也仅是在成交量图上显示出一根长长的红柱，只是相对前期成交量放大若干倍，绝对成交量巨变并未出现，行情还有反复；但如果反复震荡，不断放量，行情在低位持续较长时间，则要将成交量累积起来看。不管上行突破，还是下行突破，这样的行情都需要引起注意。成交量趋势不变，行情趋势延伸；成交量改变，行情需要重新判断。这不仅是研究缩量个股趋势的重要依据，也是研究放量个股趋势的重要前提。

开盘特殊手法的应对策略

开盘价一直是散户关心的重点，它往往决定着股票一天的走势，这也就使得很多庄家会在开盘价上做文章，希望以此来引诱散户投资者，从而使他们做出有利于自己的买卖行为。开盘有多种形式，主要有三种情况，高开、平开和低开，通常情况下，这三种方式代表了想要拉升、进行整理、想要打压的主基调，当然这三种可能完全可以出现相反的走势，这还需要对K线形态的整体分析。在这里，我们主要讨论庄家做盘的特殊手法：大幅高开和大幅低开。

1. 股票大幅高开。

股票大幅高开有两种可能：有准备的高开和无准备的高开。

有准备的高开这种现象在股价强势拉升过程中较常见，因个股所处的不同运行阶段有不同的差异，这种有准备的高开具有鲜明的目的性。而没有准备性的高开则出现在市场出现较强烈的求大于供的现象，导致股价以市场行为自然地高开，这种现象经常出现在突发性利好的时候。

有准备的高开是庄家普遍使用的一种试盘手腕，目的是探视以下获利盘的反应，以便再做出决策，为日后的上攻行情铺路。另外，这种有准备的高开是庄家完成强势洗盘的需要。这是在强势市场里比较多见的快速洗盘方法，主力利用刻意的高开后回落整理，日k线上就会形成显而易见的大阴线，让一些信心不足的投资者及早离场。

那么对于散户来说该怎样应对这种大幅的高开呢？

（1）如果确认是主力在试盘，散户就可以持股待涨或者快速跟进买入。

（2）如果确认是主力在竭力营造上涨的氛围，避免自己唱独角戏，为出货做准备，持有该股的散户就应该赶快减仓，或者可以暂时持有，但随时保持高度的警惕，一有风吹草动就抛掉筹码。

（3）如果庄家是在利用高开回落的手法震仓洗盘，散户要有耐心，逢低吸纳筹码。

2. 股票大幅低开。

这是主力做盘的特殊手法之一，是指某股票的当日开盘价低于前一交易日收盘价的情况。在盘前半分钟突然挂出一笔大卖单，把股价砸至很低位。主力这样做的目的一般有以下几种：

（1）可能是股票的最后一跌，底部将马上出现。

（2）新一轮的下跌行情即将开始。

（3）庄家在诱空，达到洗盘的目的。

（4）主力在出货。

一般来讲，反转发生时或发生后的向下跳空为突破跳空，代表着一个旧趋势的结束和一个新趋势的开始。如果跳空是发生在顶部的话，就是趋势将反转向下的重要信号。但是，如果某只个股跳空低开，然后再低走的话，就会收出十分明显的跳空阴线，一般投资者都很容易看得出这是出货信号，不会上当。所以，庄家就发明了一种掩人耳目的新方法去骗股民，其具体做法是以跌停板的价格低开，然后再稍微拉高一点，就可以使之变成阳线，但股价其实是下跌的，这就是我们所要说的留下跳空缺口的向下破位阳线。这其实也是庄家的出货手法之一，主要意图是使不明真相的散户误以为该类股票已经见底，于是纷纷入场抢便宜货，但是，他们却白抢了，因为该股日后将继续下跌。

那么散户该如何应对主力的这种大幅的低开呢？

（1）如果是一轮下跌行情的开始，则尽快卖出手中的筹码。

（2）如果是主力在进行出货，则不要抢反弹，逢高及时卖出筹码。

（3）如果是主力在进行洗盘，则在底部及时介入。

收盘特殊手法的应对策略

主力收盘特殊手法，指的是在分时走势图上接近尾市收盘时，股价突然有所异动，出现较大幅度的涨跌幅或震荡，使全天的日K线形态发生了较大改变，从而也对短期K线组合产生了较大影响，进而短线技术分析的结论也会有所变化。

一般来说，主力收盘时的特殊手法表达的含义为：当日接近收盘时股价突然快速下跌，而次日放量低开高走，是短线上涨的信号；反过来说，当日接近收盘时股价突然快速上涨收于高位，次日高开低走，是短线下跌的信号。

1. 收盘前瞬间拉高。

在全日收盘前半分钟（14:59）突然出现一笔大买单加几角甚至1元、几元把股价拉至很高位。

主力这样做的目的是：由于主力资金实力有限，为节约资金而能使股价收盘收在较高位或突破具有强阻力的关键价位，尾市"突然袭击"，瞬间拉高。假设某股25元，庄家欲使其收在28元，若上午就拉升至28元，为把价位维持在28元高位至收盘，就要在28元接下大量卖盘，需要的资金量必然非常大，而尾市偷袭由于大多数人未反应过来，反应过来也收市了，无法卖出，主力因此达到目的。

2. 收盘前瞬间下砸。

在全日收盘前半分钟（14:59）突然出现一笔大卖单减低很大价位抛出，把股价砸至很低位。

主力这样做的目的：由于大部分技术指标都以收盘价计算，改变收盘价可以直接改变技术指标的数值，但同时又不对全天其他时间的交易产生较大影响。所以主力会选择在收盘时进行打压。具体来说，其目的为：

（1）便于操盘手把股票低价位卖给自己或关联人。

（2）使第二日能够高开并大涨而跻身升幅榜，吸引散户的注意。

（3）使日K形成光脚大阴线、十字星等较"难看"的图形，使持股者恐惧而达到震仓洗盘的目的。

那么，对于散户来说，该如何应对主力的这种收盘手法呢？

（1）临收盘时放量打压，造成当日K线为长阴线，但第二个交易日即轻松涨回，这是典型的震仓洗盘行为，如果此时30日均线为明显的上行趋势，股价涨幅并不是很大，就可认定是庄家在打压，目的是震仓洗盘，以收集更多的廉价筹码。这时，散户就可以大胆跟进。

（2）庄家利用收市前几分钟用几笔大单放量拉升，刻意做出收市价。此现象在周五时最为常见，庄家把图形做好，吸引股评免费推荐，骗散户以为庄家拉升在即，周一开市，大胆跟进。这时，散户就不要贸然介入。

对于主力收盘特殊手法的技术分析，往往比较复杂，因为它出现的原因是多种多样的，有一种简化的办法就是将这根K线从日K线图中去掉，去看没有这根K线存在的日K线走势图，这样得出的结论往往会客观一点。

第十四章

实战中如何选择买卖点：
会买的是徒弟，会卖的是师傅

新股民实战导读：

　　股市投资，最主要的利润来源就是赚取股票的差价，也就是大家所谓的"低买高卖"。在股市中生存，最大的风险来自于不知道何时买进，何时卖出。因此，能否掌握股票的买卖机会，直接影响到股市投资的成败。

　　股市中流行一句话："会买的是徒弟，会卖的师傅。"这句话的意思是说，投资者不仅要能够把握其中的买入机会，更重要的是能够把握卖出的时机，这样才能够实现最终的盈利。

　　有人说，做股票只要选好了买卖时机，那么无论买什么股票都能赚钱。这句话基本上是正确的。因此，对于投资者来说，股票买卖点的把握非常重要，是股市获利非常关键的一个环节。本章将通过各种分析技术全方位地讲解，指导投资者如何把握个股的买卖点。

第一节　K线买点

底部形态的买进时机

　　底部形态，对于投资者特别是对于短线投资者来说，如果能够及时把握住底部启动行情的话，那么，在很短的时间内就能获得可观的收益。对于长线投资者来说，如果把握住了股价的底部行情，也能使收益大大提高。

股市中，比较重要的底部形态主要有W底、V底、圆弧底、头肩底，现在我们来详细看看这些底部的买进形态。

1. W底买进形态。

所谓的W底就是指股价在运行过程中，在K线走势图上形成了两个底部，这两个底部的最低价格有可能是相同的，但有点价差也是可以的，但从整体形状上来看，两个底部几乎是相同的，就像大写字母W一样。

W底的形成时间比较长，但一旦形成的话，上涨的可能是非常大的。也就是说，这种底部形态是一种股价将上涨的信号。一旦W底形成，股价上涨的幅度也是非常可观的。

如图14－1所示，双钱股份（600623）：该股在股价经历了一波下跌行情之后出现了双底形态的走势，此后股价便走出了一波上涨的行情。此时当股价从第二个底部开始反转到前一次反弹的高位时就会放量上涨，此时最佳买点出现，图中箭头所标示的位置就是最佳买点。

图14－1

2. V底买进形态。

V底有时也称为尖底，这种形态经常会在大盘中出现，这种形态的底部股价具有很大的爆发力，但这种形态把握起来很难，因为它的形成时间比较短，走势发生反转具有一定的突然性和不可测性。

对于新股民来说，这种底部具有很大的风险性，但如果把握得当的话，收益将是非常可观的。如图14－2所示。

图 14—2

梭光实业（600629）在出现了 V 底形态之后，就走出了一波上涨的行情。一般在该形态形成之后，股价都会有一个反抽回探的过程，如果此时的成交量出现萎缩，那么，在股价再次拉升的时候，就是买进的最佳时期。

V 底主要出现在股价上涨了一定的幅度之后，当然也不排除股价经过一轮下跌行情之后的底部，也会出现这种形态。如果股价在上涨中途出现这种形态，最大的可能就是庄家故意打压股价震仓而形成的。

3. 圆弧底买进形态。

圆弧底形态属于一种盘整形态，多出现在价格底部区域，是极弱势行情的典型特征，其形态表现在 K 线图中宛如锅底状。

圆弧底形态的形成是由于价格经过长期下跌之后，卖方的抛压逐渐消失，空方的能量基本上已释放完毕，许多的高位深度套牢盘，因价格跌幅太大，只好改变操作策略，继续长期持仓不动。但由于短时间内买方难以汇集买气，价格无法上涨，加之此时价格元气大伤，价格只有停留在底部长期休整，以恢复元气，行情呈极弱势。持仓人不愿割肉，多头也不愿意介入，此时，价格便会形成圆弧底形态，该形态也被称之为价格"休眠期"。

在圆弧底形态中，由于多空双方皆不愿意积极参与，价格显得异常沉闷，这段时间也显得漫长，在形态内成交量极小。圆弧底形态通常是大型投资机构吸货区域，由于其炒作周期长，故在完成圆弧底形态后，其涨升的幅度也是惊人的。如图 14—3 所示。

图 14—3

江西铜业（600362）在股价处于低位区域时出现了这种圆弧底形态的走势。一旦股价突破了圆弧底的颈线，此时股民就可以放心大胆地买入，特别是在放量突破颈线的时候，是稳健型的投资者最佳买入点。

4. 头肩底买进形态。

头肩底形态跟随下跌市势而行，并发出市况逆转的讯号。顾名思义，图形以左肩、头、右肩及颈线组成。三个连续的谷底以中谷底（头）最深，第一和最后谷底（分别为左、右肩）较浅及接近对称，因而形成头肩底形态。如图 14—4 所示。

图 14—4

出现头肩底是一个买进信号，把握这种信号要特别关注它的量能变化。从左肩和右肩的成交量能上来看，右肩的量能要明显大于左肩的量能，并且要待股价放量突破颈线之后,才算是有效的头肩底,此时股民可以买进。但是也要注意,如果在构造右肩的时候,量能不能有效放大,那么,它的市场意义将大打折扣,特别是不能突破颈线的时候,股民最好不要参与。

特殊形态的买点

1. 旭日东升形态。

股价经过长期下跌之后,跌势就会有所减缓,年线也会由原来的持续下行变成慢慢走平,最后转身而上。股价在年线的压制下反复走低,并创出一个明显的低点后缓慢回升,某天放量突破年线,表明股价已确立升势,意味着后市走势一片光明,这种形态即为"旭日东升"。

"旭日东升"的市场意义为:如果股价始终在年线之下滑跌,则始终不会有向上攻击的爆发力。当股价放量突破年线时,有可能成为向上转势的信号。如果股价能在年线之上启稳,则转势向上的把握更大。如图14－5所示。

图14－5

宝钢股份(600019)以放量中阳一举突破了年线,稍作休整之后,以放量巨阳突破了半年线,由于这是在年线已横盘半年之久且年线底部抬高的背景之下出现的,为典型的旭日东升买入信号,该股从此踏上漫漫"牛"途。

实战中有三种情况都可称为"旭日东升":

(1)当股价长期在年线之下横向震荡,有一天突然放量冲过年线并收盘于年线之上,这一根阳线则称为旭日东升。

(2)有时股价分几次上冲年线,其中有一根阳线最终能冲稳在年线之上,这根阳线也称为旭日东升。

(3) 当股价长期在年线之下滑跌，有一天突然放量冲过年线并能收盘收在年线之上，这一根阳线称为旭日东升。

旭日东升的买入时机有三：

(1) 在出现旭日东升之际逢低买入，最好在出现旭日东升的当天收盘前积极买入，比如图中放量中阳的旭日东升。

(2) 在旭日东升出现后上攻途中出现回档时买入，比如股价在回档时可在10或20日均线附近逢低吸纳，只要股价仍保持原始上升趋势，这不失为较好的介入时机。

股民也要注意，旭日东升的买入时机只适用于那些上市超过一年的个股，特别是前期已经过长期、深幅调整的个股，对上市时间短的新股、次新股不适用，一些呈波段式走势的个股，此法的参考价值亦不大。同时旭日东升出现时个股普遍已有一定的涨幅，即使该形态并不能保证能买到最低点，但一般是长期升势的低位区，若及时介入，持股稍长一段时间一般都会有所斩获。

2. 两阳夹一阴形态。

两阳夹一阴（有时会是三阳夹一阴）的K线组合形态，指的是某只个股在第一天收出了一根实体中阳线，次日该股的价格并未出现持续性的上升，而是收了一根实体基本等同于第一天阳线的阴线，但第三天又未承接第二天的跌势，反而再次涨了起来，还是收出中阳线，实体也基本等同于前两日K线的实体部分。出现这种形态便是个股即将起飞的征兆，是一种典型的强势上攻形态，是非常难得的买入点位，一般出现在股价即将上破箱顶阶段，或者出现在上攻过程中的中途换档阶段，有时会出现在股价脱离底部的启动阶段。但是，如果庄家的筹码相对不足的话，他们有时会把两阳夹一阴做成三阳夹一阴的K线组合形态，这种形态同样具上攻动力。如图14－6所示。

图14－6

天坛生物（600161）在正式形成两阳夹一阴的形态之后，正式往上突破，走出了一轮非常猛烈的主升段行情。

在实际操作中，一旦两阳夹一阴这种K线组合形态明显形成，不管是空仓者还是刚被震出仓者，均可立即半仓介入，另外半仓可待该股的价格创出新高后再次介入。

股民在遇到这种形态的个股时，也要注意，介入这类个股的前提是均线系统必须正好形成多头排列。

3. 震荡型阳线。

在下跌行情的底部区域，股价开始反复筑底，或者是在股价上涨途中，股价出现反复震荡整理。当股价经过一段时间的震荡整理之后，突然拉出一根阳线，这跟阳线带有长长的下影线，或者是一根光头光脚的大阳线。出现这种走势形态，即为震荡型阳线，是一种看涨的信号。如图14-7所示。

图14-7

赤天化（600227）的股价在之前经过了一段时间的震荡，对应股价的震荡下跌，成交量也开始逐渐缩小。仔细看图，在出现这跟阳线的时候，出现了两根十字星K线，十字星K线是明显的止跌信号。

震荡性阳线出现以后，股价虽然并没有立即上涨，但它的出现就意味着股价将会走出一波上涨的行情。换句话说，震荡型阳线的出现就意味着股价将改变以往的震荡走势，出现上涨的趋势。这种形态的出现，提示股民，此时不适宜做短线，而应以做波段的思路来进行操作。

4. 出水芙蓉形态。

就像潜伏在水中的荷花一样，一晚之后突然高高地浮出水面。股价也一样，当某只个股已止处于低迷的走势之中时，突然出现快速地拉高，收出了漂亮的大阳线，这种形态就是"出水芙蓉"。

出水芙蓉是股价经过一轮下跌行情之后，开始在底部进行充分的横盘蓄势。由于股价长时间处于横盘蓄势状态，所以会导致大部分的均线粘合在一起，但长期均线不会粘合在一起，股价就在这些短期均线上下来回震荡。突然某一天，股价发力收出一根大阳线，并且是向上跳空的大阳线，紧跟着股价在第二天再次拉出一根大阳线，并且是向上跳空的大阳线，使得股价远远脱离了原来的整体平台。出现这种走势，意味着股价将会迎来一波上涨行情。如图14－8所示。

图14－8

振华重工（600320）在底部收出一根大阳线，这根大阳线同时向上穿越5日、10日及20日均线，随后股价在第二个交易日再次拉出一根大阳线，并且是典型的向上跳空的大阳线，股价远远走出了原来的整理平台，强劲拉升，由此可见出水芙蓉的巨大威力！

大阳线一次突破三根均线，表明多头上攻势头极为强劲。当股价在下跌末期出现此K线形态，说明股价见底，后市将回升，其上攻力度的强弱取决于成交量的大小。当股价在上涨途中出现此K线形态，说明多头休整充分，重新展开强势攻击，股价将加速上扬。新股民如果碰到这样的形态，千万不要错过。

出水芙蓉出现时，如果5日均线向上穿越10日均线，同时20日均线保持上倾，则说明股价后市上涨可能性极大。此时新股民可在股价回抽至5日均线附近时低吸，一旦5日均线向上穿越20日均线，且成交量配合理想，则股价有望进一步上攻，轻仓者还可考虑伺机加码跟进。

当然，在具体操作过程中也应该注意，如果出水芙蓉形态出现后，成交量没有有效放大，此时就要保持警惕。

经典买点信号

K线图里的买入信号主要包括以下几种。

1. 超越覆盖线。

行情上涨途中若是出现覆盖线，表示已达天价区，此后若是出现创新天价的阳线，代表行情有转为买盘的迹象，行情会继续上涨，为最佳买点。如图14－9所示。

图14－9　超越覆盖线

2. 反弹线。

在底价圈内，行情出现长长的下影线时，往往即为买进时机，出现买进信号之后，股民即可买进，或为了安全起见，可等候行情反弹回升之后再买进，若无重大利空出现，行情必定反弹，为最佳买点。如图14－10所示。

图14－10　反弹线

3. 反弹阳线。

确认行情已经跌得很深，某一天，行情出现阳线，即"反弹阳线"时，即为买进信号，若反弹阳线附带着长长的下影线，表示低档已有主力大量承接，行情将反弹而上，为最佳买点。如图14－11所示。

图14－11　反弹阳线

4. 上涨插入线。

在行情震荡走高之际，出现覆盖阴线的隔日拉出一条下降阳线，这是短期的回档，行情即将上涨，为最佳买点。如图14－12所示。

图 14－12　上涨插入线

5. 跳空上扬。

在上涨行情中，某日股价跳空拉出一条阳线后，即刻出现一条下降阴线，此为加速价格上涨的前兆，股民无须惊慌做空，价格必将持续前一波涨势继续上升，为最佳买点。如图 14－13 所示。

图 14－13　跳空上扬

6. 上档盘旋。

行情随着强而有力的大阳线往上涨升，在高档将稍做整理，也就是等待大量换手，随着成交量的扩大，即可判断另一波涨势的出现。上档盘整期间为 6 日～11 日，若期间过长则表示上涨无力，为最佳买点。如图 14－14 所示。

图 14－14　跳空上扬

7. 最后包容线。

在连续的下跌行情中出现小阳线，隔日即刻出现包容的大阴线，此代表筑底完成，行情即将反弹。虽然图形看起来呈现弱势，但该杀出的均已出尽，行情必将反弹而上，为最佳买点。如图 14－15 所示。

图 14－15　最后包容线

8. 下档五条阳线。

在底价圈内出现五条阳线，暗示逢低接手力道不弱，底部形成，即将反弹，此处为最佳买点。如图 14－16 所示。

图 14－16　下档五条阳线

9. 二颗星。

上涨行情中出现极线的情形即称为二颗星、三颗星，此时价格上涨若再配合成交量放大，即为可信度极高的买进时机，价格必将出现另一波涨升行情，为最佳买点。如图 14－17 所示。

图 14－17　三颗星

10. 舍子线。

在大跌行情中，跳空出现十字线，这暗示着筑底已经完成，为反弹之征兆，为最佳买点。如图 14－18 所示。

图 14－18　舍子线

11. 下降阴线。

在涨升的途中，出现如右图般的三条连续下跌阴线，为逢低承接的大好时机。当第四个交易日阳线超越前一天的开盘价时，表示买盘强于卖盘，应立刻买进以期价格扬升，为最佳买点。如图 14－19 所示。

图 14－19　下降阴线

12. 阴线孕育阴线。

在下跌行情中，出现大阴线的次日行情呈现一条完全包容在大阴线内的小阴线，显示卖盘出尽，有转盘的迹象，行情即将反弹，为最佳买点。如图 14－20 所示。

图 14－20　阴线孕育阳线

13. 并排阳线。

持续涨势中,某日跳空出现阳线,隔日又出现一条与其几乎并排的阳线,如果隔日开高盘,则可期待大行情的出现,为最佳买点。如图 14－21 所示。

图 14－21　并排阳线

14. 三条大阴线。

在下跌行情中出现三条连续大阴线,是行情陷入谷底的征兆,行情将转为卖盘,价格上扬,可以买入。如图 14－22 所示。

图 14－22　三条大阴线

15. 向上跳空阴线。

此图形虽不代表大行情出现,但可持续 7 天左右的涨势,可以视为短线投资的买进时机。如图 14－23 所示。

图 14－23　向上跳空阴线

16. 三空阴线。

当行情出现连续三条跳空下降阴线,则为强烈的买进信号,行情即将反弹,可以买入。如图 14－24 所示。

图 14－24　三空阴线

17. 二条插入线。

此图形暗示逢低接手力道强劲，行情因转盘而呈上升趋势，为买进时机。如图 14－25 所示。

图 14－25　二条插入线

18. 五条阴线后一条大阴线。

当阴阳交错拉出五条阴线后，随后出现一条长长的大阴线，可判断"已到底部"，如果隔日高开，即可视为反弹的开始，可以买入。如图 14－26 所示。

图 14－26　五条阴线后一条大阴线

19. 上升三法。

行情上涨中，大阳线之后出现三根连续小阴线，这是蓄势待发的征兆，价格将进一步上升，可以买入。如图 14－27 所示。

图 14－27　上升三法

20. 连续下降三颗星。

确认价格已跌深，于低档盘整跳空出现连续三条小阴线（极线），这是探底的前兆，如果第四个交易日出现十字线，第五个交易日出现大阳线，则可确认底部已筑成，价格反转直上，为买进时机。如图 14－28 所示。

图 14—28　连续下降三颗星

第二节　分时买点

在股价与日均线中寻找买点

在分时走势图中，有两条线，一条是股价线，另一条是日均线。虽然很多股民已经对这两条线习以为常，不过很少有人想到可以从两者之间的关系入手，去寻找当日的最佳买点。下面让我们从股价在日平均线以上运行时、股价在日平均线以下运行且平均线平缓移动时、股价在日平均线以下运行且远离日平均线时这3种情况里来寻找黄金买点。

1. 股价在日平均线以上运行。

如果大盘运行平稳，而且在分时走势图中个股股价是在日平均线以上运行，并且日平均线的运行也是平稳向上的，那么每次股价回落到日平均线的支撑点附近时，都是买点所在，股民应该把握好这个时机建仓入场。如图14—29所示。

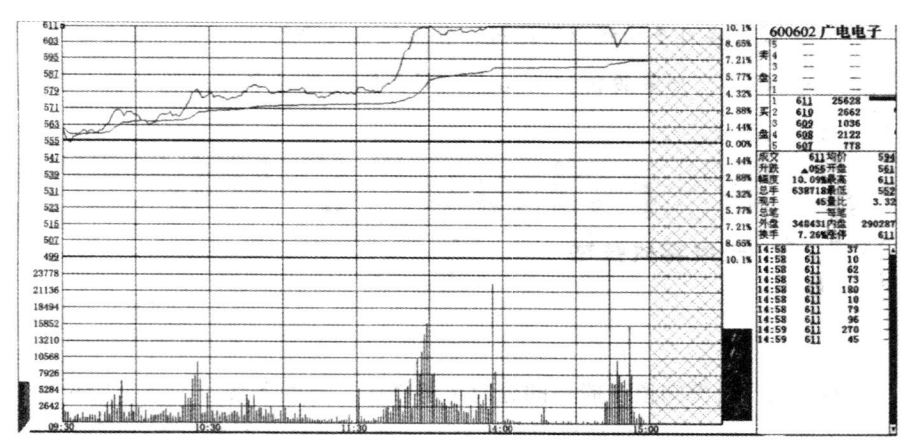

图 14—29

该股小幅高开后回落，一度跌破前日收盘价，随后上冲至日均线开始震荡。在10点左右股价回落至日均线并得到支撑，此时是黄金买点。随后股价开始拉高，并一直处于日均线之上平稳移动。在下午开盘后该股出现了放量的拉升动作，直接拉至涨停。

一般来说，如果在走势图中出现这种走势，第二个交易日的股价大部分都会冲高。如果第二个交易日大盘走低，那么股民可以先将手中筹码抛出套利，以免股价随大盘下行；如果第二个交易日大盘走势良好，那么股民就可以持筹不动，将利润最大化。

2. 股价在日平均线以下运行且平均线平缓移动。

如果股价在日平均线以下运行，当日平均线走势平稳，并且该股从平均线以下开始调头向上放量突破日平均线，说明多方在发起攻击，股民应该抓住这样的机会进场买进。

如图14－30所示，开盘后该股经过一段上冲后开始回落，随后股价回落到日平均线以下震荡运行，庄家是想通过这种方式，把那些持股信心不坚定的短线投机者震荡出局。该股在14点左右再次下行至日平均线，并得到支撑开始放量突破日平均线，此时是一个黄金买入点。随后由于多头力量巨大，该股股价直接被拉至涨停。

图14－30

这种情况下，大盘的情况必须引起股民的注意。如果大盘运行状态平稳，或者处于上涨阶段，股民便可以放心地入场操作；如果大盘不断下行，最好持币观望，不要轻易入场。当然，在操作的同时也要注意个股当时处于什么阶段，如果是处于上涨阶段的后期，也就是说股价已经大幅度上涨，甚至股价已经是翻番了，那股民就应该多看少动；如果个股处于长期下跌的底部，或者是在上涨的中期，那就不要放过这样的天赐良机，放心进场参与短线操作，实现快速套利的目标。

3. 股价在日平均线以下运行且远离日平均线。

如果股价在日平均线下面运行，并且股价远离日平均价格（一般离日平均线2

个点以上),一旦股价掉头向上,那么此时就是股民的最佳买入点。如图14-31所示。

图14-31

该股低开高走随后回落,在股价回落过程中并没有放量,这就说明盘中的恐慌性抛盘并不多。这种回落只是庄家洗盘的一种手段而已。股价再次下穿日平均线,并且出现巨量,明显属于庄家快速打压股价。随后股价远离日平均线一路下行,在11点左右开始横盘调整,下午开盘后,该股开始掉头向上,此时可以入场买进。随后由于巨量支持,股价一路拉升,尾盘时回调盘整。

需要注意的是,在实际操作过程中,也要结合当时大盘的情况进行理性分析。如果大盘处于低迷时期,那么就要控制好仓位,最好只用一小部分资金参与这种走势的短线操作。还要注意的一点是,如果此时个股的价格处于高位区域,也就是说经过大幅度上涨之后出现这种走势,股民最好不要进场操作;如果此时个股股价处于底部,或者股价刚刚启动的初期,那么就可以大胆进场。

高开高走

如果股民在看盘时发现,某只股票的开盘价高于前一天的收盘价,开盘后股价继续走高,这就是我们所说的"高开高走",出现这种走势,表明盘中多头力量强大,上升势头强劲。如果股价在回落的过程中没有跌破开盘时的价格,或者在前日收盘价附近盘整,那么你就可以在股价再次上涨,突破当天第一波高点时买进。但是需要注意的是,这种走势如果出现在股价已经上涨了一波大行情之后,特别是在历史高点时,就要特别谨慎了,此时进场风险很大,很有可能是庄家故意在诱多出货。所以,这时候入场就一定要慎之又慎。如图14-32所示。

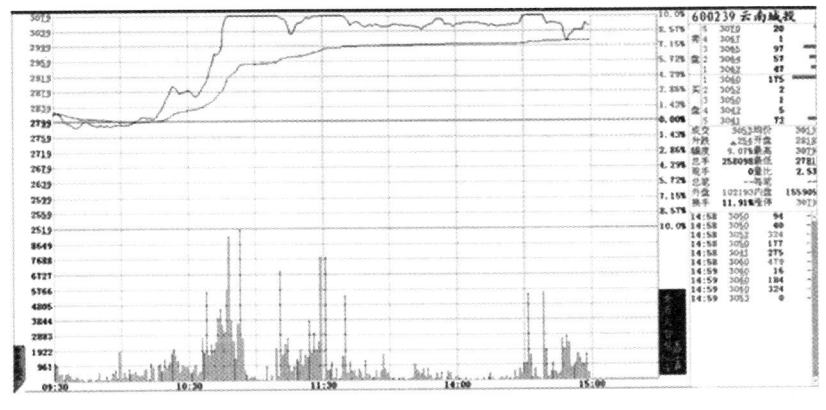

图 14-32

该股小幅高开后走高,随后回落,在前日收盘价附近盘整。在 10 点 10 分左右,该股终于企稳上涨,很轻松地突破了第一高点,成交量放大,股价上涨坚决。数次冲上涨停,虽尾盘时有所回调,但受到日均线的支撑,再次走高。此时的黄金买点应该是在股价突破第一次上涨高点时。

低开高走

股价以低于前一天的收盘价格开出,但开盘后股价开始走高,并且盘中回落时,也没有跌破开盘时的价格。遇到这种低开高走的走势情况,如果股价能够放量上涨,突破前一天的收盘价格,那么此时就可以进场参与操作。

出现这种低开高走的走势,一般都是庄家洗盘的动作。大部分散户看见股价低开,就会认为股价会继续下跌,从而被庄家清洗出局。如果行情已经上涨了很大幅度时出现这种走势情况,那么就要谨慎,不要轻易进场操作。因为这种情况很有可能是庄家制造的假象,为了吸引跟风盘接盘以达到出货的目的。如图 14-33 所示。

图 14-33

该股股价以低于前一天的收盘价格开出,但开盘后股价不但没有继续下跌,反而是直接拉高,形成了低开高走的走势形态。从图上可以看到,股价上涨突破前一天的收盘价格后,有一个回落的过程,但这次回落并没有跌破前一天的收盘价格,而是在日均线附近反复震荡,每一次震荡的下端,都是买点所在。在下午开盘后,股价直接突破日均线,开始快速上涨,尤其是14点之后,成交量大幅放大,股价直线上升。

尾市快速拉升

在看盘的过程中,股民朋友们是不是经常会看到一些个股在下午2:30之前的走势都比较平淡,有的甚至还表现出非常低迷的状态,即便大盘走势不错的时候,它的表现也让人非常失望。但是到了收盘半小时前,或者是收盘几分钟的时候,它的股价却突然飙升,呈现出直线型上涨趋势,让股民们措手不及。这种形态就是尾市快速拉开。如图14-34所示。

图14-34

在实际操作中,如果股价在上涨的中途出现这种尾市拉升,那么,最大的可能是主力拉升股价的前兆,如果股价在第二个交易日出现走强的趋势,就要抓住机会买进,并且尽量在股价出现尾市拉升的当天追进;如果这种走势出现在个股的低位时,短线投资者可以先不要急于入场操作,因为这可能只是主力的一个试盘动作,股价是否出现马上拉升,还需要看盘面的动态。此时,可以观察股价第二个交易日的走势情况,如果第二个交易日股价能够走强,盘面表现强劲的话,那么就可以入场买进;否则就要继续等待,一旦股价出现放量上涨的话,则可果断买进。

对于中线投资者而言，可以在出现这种走势现象的当天买进一部分筹码，先进行筹码的布局。如果股价在接下来的走势里出现放量拉升的话，可以加重仓位进行操作，如果在接下来的走势里，股价先出现回落的话，那么一旦股价在回落之后得到了强烈的支撑，就要果断地补仓。

一般来说，如果在尾盘出现这种走势，说明主力在拉抬股价。主力在尾盘拉抬股价主要有以下几个目的：

1. 引起场外资金的注意。

尾市出现急拉，很多投资者在收市之后就会认真地研究它、分析它。有些投资者会把它纳入自己的股票池，等待第二个交易日开盘后关注它的动态。一旦第二个交易日股价继续走强的话，就会有很多投资者跟进，这样一来，主力就达到了自己的目的。因为主力无论是想要出货还是想要拉升，都希望有场外资金进来。如果主力想拉高股价的话，那么采取这种尾市拉盘的手法，可以吸引更多的场外资金去推高股价，这样主力就可以节省很多拉盘的成本。

2. 主力利用有限的资金推高股价。

有些主力资金实力不是很强，为了达到推高股价的目的，他们经常会采用尾市拉升股价的手法。尾市把股价拉上去，至少可以避免股价出现回落时去托盘，因为在尾市拉盘，那些想获利了结的浮动筹码都来不及卖出。等到第二天开盘的时候，主力只要稍微让股价高开，就会有不少资金进入，帮助主力把股价继续推高。这样一来，那些原本想卖出筹码的投资者看到股价继续上涨，就会打消抛售的念头。

盘尾拉升是实战中经常遇到的问题，研究其意义及应对的办法，可以更好地把握买卖时机，提高收益，减少损失。

震荡盘升

震荡盘升一般出现在股价刚刚启动之后的上涨途中，或者是在上涨中途经过一段整理之后再次上涨时。出现这种走势，说明做多力量在逐步地向上攻击，空方的做空力量不断减弱。如果后市买盘表现很积极的话，那么股价将会迎来一波上涨行情。如图14－35所示。

在实际操作中，如果股民在分时走势图上发现股价出现这种震荡走势的个股时，首先要打开它的日K线图，如果此时的股价不是处于大幅度上涨的高位区，就可以密切关注它。一旦股价脱离震荡平台向上拉升时，激进型的投资者就可以入场买进，此时的盘面上会有一个很明显的特点，那就是当股价开始拉升的时候，会出现很明显的吃单现象，成交明细中会不断显示出主动性的买单。作为激进型的投资者，可以在这种现象出现后入场买进一部分筹码。由于震荡式走高的个股往往会在一个交

图 14—35

易日内出现好几波的拉升,所有投资者可以分批买进。对于稳健型的股民来说,可以在股价出现震荡走高的第二个交易日观察股价的走势情况,然后再决定是否买进。如果股价在第二个交易日一开盘就走强的话,就可以果断地买进。如果股价在第二个交易日的走势中也呈现出比较强势的震荡走高局势,可以按照上述讲解方法买入。

在分时走势图上,我们常常看到的震荡上涨形态主要有以下几种:

1. 先围绕均线小幅度震荡,然后再以均线为依托逐步震荡向上盘升。

股价开盘后,先出现小幅度的震荡,盘中的买卖盘都比较稀少。维持一段时间的这种走势以后,股价就会慢慢活跃起来,买盘也会有所增加,此时的股价就会慢慢呈现出震荡盘升的走势,股价运行的重心会明显向上移动,均线呈现出向上运行的趋势,并且始终托举着股价向上盘升。图 14—30 就是这种形态。

2. 阶梯型的震荡向上。

股价开盘后,先出现小幅度的震荡,维持一段时间以后,盘中突然出现快速拉高,股价在分时走势图上呈现出直线式拉升。随后,股价又开始停顿不前,维持一段时间之后,等待分时均线运行上来,股价再次急速拉升。在一天的走势里,主力反复采用这种手法来抬升股价,这就是阶梯型震荡向上。

早盘冲高

当股市突发利好消息时,股价会以高盘开出或者是平盘开出,买单不断涌出,把股价逐步推高,有的甚至还会出现大单向上调高几个价位把股价直线型拉起,此形态即早盘冲高形态。如图 14—36 所示。

图 14－36

这种形态的出现，除了是因为受到利好消息的刺激以外，大部分的个股都是主力有预谋的。当这种走势是在主力有准备的情况下发生时，那么，股价后期走势将会迎来一波上涨行情。如果是利好消息的刺激的话，那么股民就要认真分析此利好消息的"含金量"，如果此消息确实能够支撑股价上涨，那么股价将会迎来一波上涨，反之，股民就要谨慎对待了。

遇到这种形态，首先要看其K线走势图，如果K线的走势很完美，符合上攻的条件，那么，就可以考虑买进，但注意不要盲目追高。

如果股价一开盘就出现大幅度拉升，股价远离了均线，这时不要着急入场，因为在这种情况下，一般还会有一个回探的过程，股民可以等待股价回探以后受到支撑并再次向上运行的时候买进。

尾市快速打压

在看个股分时走势图的时候，我们有时候会发现这样一种情况，股价在一天的大部分时间里，都维持着比较平稳的走势，但在临近收盘的时候，却突然出现了几笔大手笔的卖单，直接把股价打下去，有的甚至会把股价打压到开盘价格附近。如图 14－37 所示。

出现这种走势，很多股民会误认为庄家在出货，因此在第二个交易日一开盘的时候，都会纷纷离场。然而，庄家打压股价的真正目的并不是想出货，而是另有目的。试想，如果庄家真的是在这个时候选择出货的话，那么他选择在尾市大幅度打压股价就等于告诉散户自己要出货了。此时，散户已经明白庄家的意图了，怎么可能为庄家接货，没有散户为庄家接货，庄家的坐庄就是失败的。所以这种形态的出

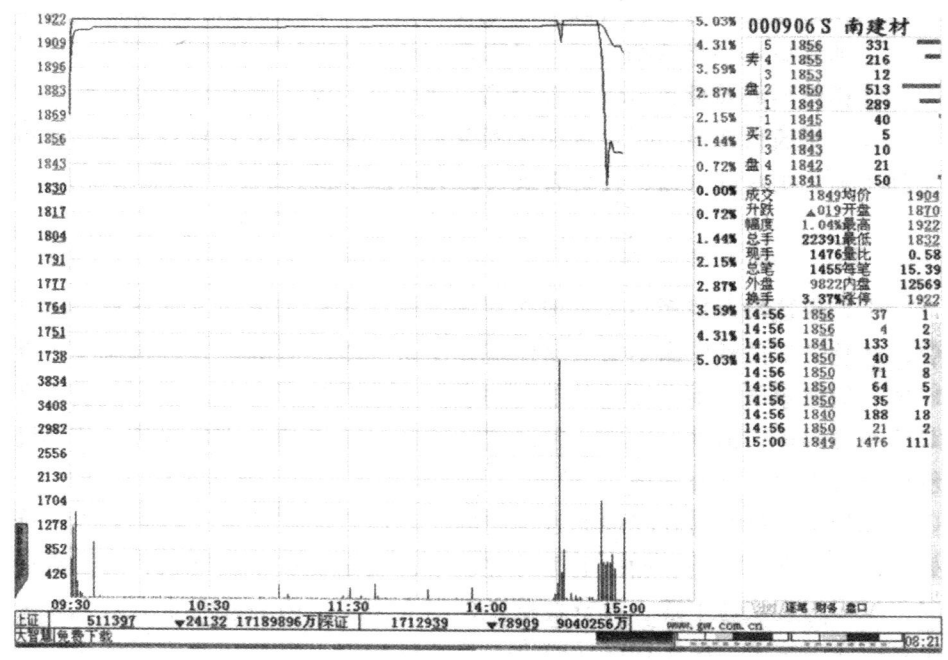

图 14—37

现决不是庄家在出货,而是庄家在试盘。

这种走势现象一般出现在强庄类个股上,庄家在尾市趁股民不注意,一口气把股价大幅度打压下去。此时,庄家的主要目的并不是真正要把股价打下去,而是想测试一下盘面的反应,看看是否有较多的浮动筹码。因此,股民在遇到这种走势的个股时一定要加以留意,以便寻找买入时机。

一般来说,如果股价在第二个交易日出现快速回落的话,那么只要股价在回落过程中受到了强大买盘的支撑,股民就可以大胆地买进。

对于激进型的股民可以大胆地在庄家向下试盘时进入。如果持有该股票,那就一定不要恐慌担心,只需耐心持有,等待庄家拉升即可。而稳健型的股民则可以在股价第二个交易日开盘后出现走强时入场买进。

从跌停拉到涨停

从跌停拉到涨停这种走势现象,大多都是强庄所为,并且一般都是出现在股价启动没多久,或者是在股价上涨的中途,这种形态让股民们有种"坐电梯"的感觉。出现这种走势,虽然不代表股价马上就会出现大幅度的上涨,但至少标志着股价将会出现一波上涨行情。如图 14—38 所示。

出现这种走势现象,一般在分时走势图上会呈现出以下几种情况。

实战中如何选择买卖点：会买的是徒弟，会卖的是师傅 | 第十四章

图 14－38

  1. 股价刚开始处于平稳的走势状态，但在运行中途，突然出现快速下跌，直至下探到跌停板位置，而后出现快速反弹，并且逐步拉升到涨停。

  2. 股价开盘后就出现逐级震荡下跌，直至下探到跌停板位置。但在尾市接近收盘前，突然出现大单拉盘，并且是一气呵成地快速把股价拉到涨停板，最终以涨停价格收盘。

  3. 股价开盘后就出现快速下跌，并且一口气把股价打压至跌停。但不久后，股价又被快速拉起至前一天收盘价附近，随后再慢慢盘升至涨停板，最终以涨停价格收盘。

  股民如果在分时图上发现这种形态的个股，首先要打开 K 线走势图进行分析，只要此时股价不是运行在长期上涨的高位区域，就要对其跟踪观察。

  对于激进型的股民来说，可以在股价从跌停板开始放量拉高时买进一部分筹码，但一定要注意，此时的拉升一定要有明显的大单拉抬股价，并且是连续的买单把股价从跌停板附近迅速拉起，而且此时委卖处的挂单在逐步地减少。而对于稳健型的股民来说，可以在股价第二个交易日开盘出现走强时买进。因为有些凶悍的庄家可能会在第二个交易日继续打压股价，此时在分时走势图上就会呈现出快速回落的走势。一旦股价在快速回落时受到强大的买盘支撑，就可以大胆地买进，这是一个很好的买进时机。

第三节 成交量买点

庄家送红包

当一只股票在相对低位或者上涨的过程中，突然有大成交量出现，而且在成交之后，股价迅速下跌，但随后又有大买单将股价直线拉起，这种走势在日K线图上会留下长长的下影线。如果股民在股市里遇见这种情况的K线走势，那么恭喜你，这是庄家在给你"送红包"。庄家将股价压低洗盘吸筹，然后快速拉升出货，而对于股民来说，在股价快速下跌后，一旦出现了大买单，便是最好的买点。如图14－39所示。

图14－39

上港集团（600018）在收盘前突然异动，大笔的卖单一度将股价砸到跌停板处，但是收盘时却并未跌停。一般来说，散户是不可能在瞬间有如此大手笔的，这种形态无疑是庄家所为。从图中看出，股价并非位于高点仍处于上升阶段，那么可以肯定，此时并不是庄家出货。那么情况很明朗了，这是庄家的洗盘行动。庄家故意把股价压低，赶走跟风的散户，以便更容易地继续拉升股价。激进型的投资者如果在实际看盘过程中，发现这样的情况，便可以果断地建仓进场，这是快速套利的最佳买点。但股民也要注意，选择这种形态跟进的前提是股价不是在高位区域。

整理之后的底部放量

整理之后底部出现放量这种走势形态，往往意味着股价将会上涨。这种走势说明庄家经过长时间的收集筹码的过程后，已经达到了一定的空盘量。此时庄家会突然打破股价原本低迷的状态，使股价出现放量上涨。如图14－40所示。

图 14－40

太龙药业（600222）的股价一直在低位维持长时间的震荡横盘走势，从图中，我们可以看到，此时的成交量很低迷，股价的波动范围也不大，随着股价长时期的震荡，大部分的均线都趋于走平的状态，有些甚至还会粘合在一起。

股价在底部区域整理一段时间之后，很多股民都会觉得无利可图，有的纷纷卖出离场。就在这时候，庄家突然开始拉抬股价，庄家拉抬股价时，一般都是先发力拉出一根放量的大阳线，有的甚至还会进入涨幅排行榜的前列，从而引起市场对它的关注。

在实际操作中，如果遇到这种长期在底部区域震荡的个股时，就要对它进行密切的跟踪，看它何时放量向上突破。如果股价在某一天出现放量上涨，投资者就要注意观察盘中的抛压情况。如果盘中的抛压很小，那么激进型的投资者可以适当地入场买进，稳健型的投资者可以在收盘前几分钟确认能收出一根大阳时买进。

收出大阳线走势的第二个交易日，如果股价出现回落的话，只要在回落的过程中不放量就不用担心，一旦在回落之后受到支撑，并且盘中买单表现得很积极的话，就应该果断地入场，这是一个买入的好时机。

洗盘之后的放量

庄家在操纵一只股票的时候，洗盘是必不可少的程序，洗盘之后，股价就会继续走出上涨行情。也就是说，如果股民能够把握住洗盘结束后的拉升过程，将会有很大的获利机会。

庄家的洗盘手法很多，我们在这里主要了解庄家横盘的洗盘手法，通过这种手法，庄家让股价长时间地维持在一个平台上，利用幅度很小的震荡来清洗那些浮动筹码，耐心不足的投资者看到股价长时间没有什么大作为就会抛售，从而让看好后市的投资者进来，股价经过长时期的小幅度震荡，会在K线走势图上形成一个整理平台，各个短期均线系统基本上处于走平的状态。

当洗盘接近尾声之后，庄家就会拉出一根放量向上突破的阳线，让股价脱离这个调整平台。这根放量阳线的出现，基本上宣告此次整理告一段落，股价将会迎来新一轮上涨行情。如图14－41所示。

图14－41

新华百货（600705）在经过一波上涨行情之后，出现了整理洗盘的走势。在这个阶段，股价始终处于忽上忽下的状态，基本上都是在均线附近活动，经过一段时间的洗盘整理之后，股价拉出了一根放量上涨的大阳线，伴随着成交量的放大，而后该股走出了一波上涨的行情。

这种形态的操作策略，对于稳健型的投资者来说，可以等待股价在第二个交易日出现继续走强，并且买单很积极入场的时候买进。如果股价在第二个交易日开盘就大幅度高开，并且此时买盘表现得很积极，不断地有大单吃进，而且盘中的抛售很稀少，此时就应该果断地买进。出现这种情况，往往开盘不久股价就会被封涨停。

放量上涨之后的第二个交易日，如果股价出现冲高回落，那么一旦股价在回落之后受到明显支撑，此时股民就可以大胆买进。

股价在第二个交易日一开盘出现回落的话,股民如果在第一个交易日买进了也不要着急。出现这种走势,股价一般在回落到 5 日均线附近,或者是回落到 10 日均线附近,就会受到强大的支撑而上涨。一旦股价在 5 日或者 10 日均线附近受到支撑调头向上的话,已入场的股民可以果断地补仓,空仓的股民可以大胆买进入场。

对于激进型的股民来说,可以在股价出现放量上涨的当天临近收盘前几分钟入场买进,也可以在出现放量上涨后分批买进,等待第二个交易日股价出现走强后再补仓。

缩量涨停

缩量涨停这种走势形态一般出现在股价上涨的中途,或者是在股价经过洗盘后再次启动的时候。出现这种走势,特别是一开盘就涨停,标志着股价后期将会迎来一波大行情,尤其是出现在一些 ST 类个股中时。

个股经过长时间的洗盘之后,股价呈现出横盘走势,或者是比较低迷的走势。这时,股价突然向上发力,收出一根大阳线,第二个交易日股价承接第一个交易日的强势继续走高,并且出现缩量涨停,或者是股价一开盘就出现涨停,涨停后成交量很稀少,就形成了这种缩量涨停的走势形态。

如图 14—42 所示,长百集团(6008561)的股价经过停顿整理之后拉出了一根上涨的大阳线,出现了这种缩量涨停的形态,并且股价在一开盘就被封住涨停。

图 14—42

还有一种就是在股价不断盘升的中途,突然出现开盘就涨停并且成交缩量的走势,或者是开盘后股价一路走高,不久后就被封在涨停板上,在一天的交易中成交量都很稀少。在这个时候出现缩量涨停，说明持股者一致看好股价的后期走势，因此在股价涨停后很少有获利盘抛售；同时也说明主力牢牢控盘了，只要放很少的量，就能把股价封住涨停。

　　无论股价是在不断盘升的过程中，还是在股价经过整理之后出现这种走势，都预示着股价即将迎来一波上涨行情。股民在实际操作过程中遇到这种走势的个股时，一定要高度重视，把握好买入的机会。

　　当股价在洗盘之后出现一根放量上涨的大阳线，并且紧接着就出现这种缩量涨停的走势时，股民当天就可以果断地在涨停板排队买进。

　　当股价在上涨中途突然出现一开盘就涨停的走势时，只要盘中的抛盘很稀少，也就是说股价涨停后很少有人卖出，那么，此时就要大胆地买进。

　　稳健型的股民可以在股价出现这种走势后，密切观察第二天的走势情况。如果股价第二个交易日能够继续走强，那么，就可以放心地买进。

第四节　K线卖点

大阴盖阳

　　如果股价上涨态势已经持续数天，隔日股价仍以高盘开出，随后买盘不愿追高，股价持续滑落，收盘价跌至前一日阳线之内。这是超买之后形成的卖压涌现，获利套现盘大量抛出之故。出现这种走势形态，行情即将下跌，股民应该立刻抛出筹码套利，保住胜利果实。

　　如图14—43所示，北京银行（601169）股价在较长时间上涨之后，在高位出现了一根大阴线，这根大阴线将前一日收出的阳线实体全部覆盖了，这是一个看跌的信号。当股价运行在高位区域时，出现这种覆盖线走势形态，就必须引起股民的高度重视，因为股价处于此位置时，只要有一点风吹草动，盘中的获利筹码就会极度不稳定，特别是散户跟风盘，一旦看到股价上涨无力后，就会立刻卖出手中的筹码，获利了结。

　　因此，作为散户，在盘中发现这种走势图的时候就要立刻卖出。其实卖出信号早就在前天就已经有所体现，当日收出一根带长长上影线的阴线实体。在这一天的走势里，股价放量上冲后，受到上面的压力而快速回落，并且创出了本轮上涨行情的新高。但在随后的一个交易日里，股价没能再次突破这个阶段性高点，这就表明股价已经缺乏上涨的动力。所以，当"大阴盖阳"出现时，就确认了该股即将迎来下跌行情。

图 14-43

大阳生小阳

如果股价已经连续数天一路上涨，隔天出现一根小阳线，并完全孕育在前日的大阳线之中，这说明多头的力量已是强弩之末，下跌行情即将开始，股民应该立刻卖出手中股票。如图 14-44 所示。

图 14-44

广深铁路（601333）的股价从低位开始快速拉升，在短短一个月左右，股价就上涨了将近70%。在上涨的过程中，成交量也在不断地放大。从图上的圆形区域可以看到，该股放量拉出一根大阳线并创出新高之后，第二天收出一根小阳线实体，并且这根小阳线实体全部处于前一根大阳线的实体之内。这种走势表明该股上涨缺乏动力，买盘不积极。股民遇到这种走势，应该果断卖出手中筹码套现，因为这是股价即将下跌的前兆。

阳包阴后收低

如果某只股票持续数天涨势，在收出一根阴线之后，隔天又低开高走，拉出一根大阳线，将前一日的阴线完全包住。这种现象看来似乎买盘增强，但只要隔日行情出现比大阳线的收盘价低的情况，股民就应该果断抛出手中股票。若是隔日行情高于大阳线的收盘价，也很有可能成为覆盖阴线，就是我们前面说的大阴盖阳，股民也应该小心对待。如图14-45所示。

图 14-45

中江地产（600053）于2009年4月29日起连续5日反弹上涨，至5月7日回调，收出一根带下影线的阴线实体。而5月8日该股拉出一根长阳线，把前日收出的阴线全部覆盖，且伴随着成交量的较大放量，收于8.59元。从这里来看，股价走势似乎依旧强劲，但是在收出阳线的第二个交易日，该股高开上冲至9.08元，创出新高之后，就开始回落。最终收盘时，收出了一根阴线，并且收盘价格为8.19元，低于前一天的收盘价格，成交量也放出巨量。出现巨大的成交量，说明此时卖盘涌出，获利盘回吐比较严重，股价即将迎来下跌行情。因此，股民如果遇到这种走势形态，便应该卖出手中的筹码。

连续跳空后收阴线

所谓跳空，就是指个股开盘价格超过前个交易日最高价格或者开盘价格低于前个交易日最低价格。如果是前者，就是向上跳空高开（如图14－46）；如果是后者，则是向下跳空低开（如图14－47）。从K线图上体现就是两条阴阳线之间不互相接触，中间有空缺。

图 14－46

图 14－47

连续出现三根跳空阳线后,卖方压力就肯定开始显现,像 * ST 九发（600180）那样在 2009 年连续 20 多个跳空涨停的情况少之又少。在连续出现跳空阳线后,如果紧跟着就出现阴线的话,股民就可以考虑卖出筹码获利了结,以防股价回档,惨遭套牢。

图 14-48

从图 14-48 中可以看出,中信证券（600030）在一浪接一浪的跌潮后横盘调整,随后放量拉升,连续向上跳空。在连续三个交易日出现跳空后收出一条带长长上影线的阴实体,说明多方力量开始衰竭,股价上升空间减少,而空方开始发力放量,股民此时便应该卖出手中筹码,离场观望。其后该股一路下滑,止于 15.95 元的阶段性底部。

向下跳空阴接阳

股价在连续多日阴线下跌之后,出现向下跳空的阴线,次日拉出一根带上影线的阳线,出现这种情形虽然股价可能横盘调整甚至反弹,但仍属于回光反照,应当找准时机卖出筹码,否则其后的股价下跌会让你套得更深。如图 14-49 所示。

伊力特（600197）的股价在连续拉出 7 条阴线,大幅下跌,随后向下跳空收出一条带长长下影线的类似十字星的阴线实体,同时成交量有所放大。长下影线意味着多头力量开始显现,个股有反弹趋势。不过次日缩量,收出一条带较长上影线的阳线,这条阳线将前日阴线全部覆盖。在股价连续下跌的过程中出现这种走势,并不是止跌信号,反而是卖出信号,是被套盘的止损信号。因为较长上影线反映出空头力量不甘示弱打压股价,不肯让出市场。这样的 K 线走势属于回光返照,股民应该在高点卖出手中的筹码,否则股价继续下跌,将会带来不必要的损失。

实战中如何选择买卖点：会买的是徒弟，会卖的是师傅 | 第十四章

图 14－49

连续三根大小几乎相同的阴线或者是阳线

如果在下跌行情中，发现手中某只股票连续拉出三根大小几乎相同的阴线或阳线时，不要犹豫，这是卖出手中筹码的好机会，因为价格将会再往下探底，让你蒙受更大损失。

如图 14－50 所示，大冶特钢（000708）在下跌的过程中，连续出现了三根阳十字星，并且这三根阳十字星的大小几乎是相同的。从 MACD 指标的走势来看，此前 DIFF 指标与 DEA 指标已经出现死叉，为股价持续下跌预警。虽然出现三根阳十字

图 14－50

477

星,但还是无法扭转行情走势,股价在稍做挣扎之后,就走出了一波快速下跌的行情。因此,股民在实际操作过程中遇到这种走势,就应该立刻止损,对后期的走势不应该抱有什么幻想。

一根大阳线,将前面一根甚至是几根 K 线全部覆盖

当个股走势持续下跌时,如果 K 线图中出现一条大阳线,将前一个交易日或者前几个交易日的 K 线完全覆盖,这条大阳线就是股民绝好的逃命线。遇到这种 K 线走势形态,股民应该趁股价回调尽快卖出手中筹码,因为随后该股将会持续下跌。如图 14－51 所示。

图 14－51

明星电力 (600101) 在连续下跌过程中出现短期盘整,在收出一根大阴线之后,连续拉出三根小阳线,可是较长的上影线说明空方力量依旧强大,股价仍然处于弱势。随后又出现一根下跌的阴线实体,虽然接下来收出了一根阳线,但是没有明显放量,多方力量疲软,这并不能改变股价下跌的趋势。因此,这根阳线是被套股民的逃命机会。随后股价结束盘整,重新向下滑落。

跳空下降两条阴线

在下降行情中,出现跳空下降的连续两条阴线,这种走势称为跳空下降两条阴线。通常在两条阴线出现之后,会有一小段反弹行情。但若反弹无力,连续出现阴线时,表示该股即将大崩盘,行情将继续往下探底。出现这种走势,股民应该趁早卖出,哪怕是有亏损,也应该止损出局,这是股价即将暴跌的前兆。如图 14－52 所示。

图 14-52

东睦股份（600114）处于下跌趋势中，出现了连续跳空下降两条阴线的K线走势形态。在下跌趋势中出现这种走势，说明场内看空的持股者越来越多。看见股价下跌，大家都纷纷卖出手中所持有的筹码。场外资金在下跌没有明显扭转之前，也不会积极进场操作。出现这种走势，股价将会继续下跌，股民就应该立即卖出手中筹码，离场观望。从图上可以看到，在下跌的过程中，还伴随有缩量、MACD死叉等股价下跌的信号，股民可以综合借鉴。

第五节　分时卖点

尾盘冲涨停后回落

在看分时走势图的时候，你可能会发现这种形态的走势图，在下午2:00之前，其股价一直围绕着分时走势图的均线上下震荡运行，但震荡幅度一般都不是很大。在震荡过程中，成交量呈现出萎缩的现象，盘中买卖并不是很积极。

但当股价运行到下午2:00之后，突然盘中出现一股力量，将股价大幅度拉高，并且是快速拉起，股民根本来不及作出反应，股价就被拉至涨停板上。在快速拉升的过程中，成交量也迅速放大，盘中连续出现大买单吃进的现象，这些大买单基本上都在1000手以上。

股价被快速拉至涨停后，会在涨停板上停留一段时间。在这段时间里，盘中的卖单不断涌出，成交量同样呈现出放大的现象。随后不久，股价在大量卖盘的抛压下出现了快速回落。在股价回落的过程中，很少有主动性买盘出现，股价呈现出直线式下跌。截至收盘时，股价仍然未被拉回到涨停板上。这种形态就是盘尾冲涨停后的回落。如图 14－53 所示。

图 14－53

尾盘冲涨停后回落，这种走势在股价冲高的过程中往往是快速拉起的，给股民一种股价相当强势的感觉，成交量也迅速放大，但股价拉高后又迅速回落。出现这种走势，一般都预示着第二个交易日股价将会下跌。

在实际操作中，如果遇到这种走势的个股时，那么无论此时股价处在什么位置，一旦股价在涨停后出现大量的抛单，只要涨停板被打开，就要迅速卖出，不要等待股价回落了再卖出。如果在当天没有来得及卖出，那么股价在第二个交易日开盘后一旦出现走弱的话，就应该卖出。

午后回落跌破均线

在股价处于上涨趋势时，某一天股价在分时走势图上呈现出逐步震荡向上盘升的走势，股价基本上在分时均线之上运行，在这个过程中，成交量也逐渐放大。细心的股民此时可以发现，在股价震荡向上的过程中，不断有主动性的卖单出现，虽然不是很明显，但总的来说主动性卖盘要大于主动性买盘。

当股价运行到午后,盘中的上涨动力开始逐步减弱,股价出现滞涨,盘中的抛盘也在不断地增加,随后股价就开始震荡向下运行。在这个过程中,买盘显得比较稀少,股价呈现出逐步下行的状态。当股价下探到分时均线附近时受到一定的支撑,但最终支撑线还是没能把股价托住,股价迅速击破了分时均线的支撑,呈现直线式的下探,此时盘中出现了恐慌性的抛盘。这种形态即为午后回落跌破均线。

如图 14-54 所示,嘉凯城(000918)在 2010 年 8 月 19 日出现此种走势图以后,在随后的 8 月 20 日和 8 月 23 日连续走出了两个阴线,8 月 24 日股价虽有小幅上涨,但 25 日股价随即继续下跌,整体走势呈现向下的趋势。

图 14-54

一般来说,这种走势经常出现在股价反弹的过程中。当股价反弹到重要技术位置时,比如 30 日、60 日均线附近,由于上档的压力盘不断涌现,从而导致股价上涨受阻,在午后出现回落的现象。

因为此时的股价处于反弹阶段,一旦股价运行到主要阻力位置时,大部分的股民都会比较谨慎,场外资金会选择观望,而持股者随时都会选择出局。因此,只要盘中的上涨动力稍有不足,这些持股者就会纷纷抛出筹码,导致股价遇阻回落,并跌破分时均线的支撑。

在分时走势图上出现午后回落跌破均线这种走势,标志着股价经过上午的上涨后,盘中积累了不少获利筹码,这些获利者的持股信心出现了动摇,午后纷纷抛售了结,从而导致股价出现回落,并且跌破了均线的支撑。出现这种现象,预示着第二个交易日股价将会走弱,甚至出现下跌的行情。

在实际操作中,如果遇到这种走势的个股时,要看此时的 K 线图,看股价是否处于高位,如果是,就要果断卖出股票。如果股价在此时已经跌破了分时均线支撑,最好是能够清仓出局，如果来不及卖出，在股价再次回拉到分时均线附近受到阻力，无法继续向上运行时，就要坚决卖出。因为此时出现的这种走势，标志着做多能量正在被耗尽，后市股价即将会出现快速回落。

早盘反弹遇阻再次下跌

当股价以低于前一天的价格开出后，就出现快速下滑，但随后不久出现回拉，在股价回升到分时均线附近时受到阻力而回落，并且是一触到分时均线就调头向下。出现这种走势，标志着盘中的做多动能不足，空方占据了主导权。股价连续几次反弹到分时均线附近都受到阻力而回落，每次反弹的力度都比前一次弱，随后股价一直在分时均线的压制下运行。如图14－55所示。

图14－55

这种走势形态一般出现在股价上涨的高位区域，或者是在股价经过快速拉高的中途，有时也会出现在股价反弹的阶段性高点附近。在K线走势图上，日K线会呈现出跳空低开的阴线，并且在这之前的一天，一般都是收出一根阳线。

无论在高位区域还是在反弹的过程中出现这种走势，都说明股民对后市的股价走势不太看好，或者是对股价的短期走势不太乐观，从而导致早盘一开盘就有很多股民开始抛售自己手中的筹码。由于场外资金也存在观望的心态，因此当股价出现反弹的时候，买盘表现得并不是很积极，从而使得股价反弹无力，转而继续下跌。

当股价低开低走后，在回升过程中遇到分时均线的阻力时不能有效突破，而是迅速调头向下运行。出现这种走势时，标志着股价处于弱势状态，特别是当股价运行到市场高位时出现这种现象，往往预示着后市股价将会出现反转下跌。

在实际操作中，如果遇到这种形态的个股，首先要看其K线走势图，看看股价是在高位运行还是低位运行。如果股价是处于上涨的高位区，那么，股价出现低开后反弹到分时均线附近受阻回落，此时就要果断地卖出，因为股价后市出现下跌的概率相当大。如果在高位区没来得及卖出的话，那么当股价在首盘时跌破5日均线的支撑后，就要果断地卖出，因为此时的风险已经远远大于其所带来的收益；如果股价是在快速反弹阶段出现这种走势，特别是当股价反弹到重要技术关口附近，如30日、60日均线或者是年线附近时，那么就标志着股价反弹力度在减弱，盘中的解套盘在不断地涌出。在受到阻力的情况下，股价很有可能会结束反弹行情而反转下跌，因此，在这种情况下，股民就应该首先将手中的筹码卖出。

午后放量冲高后震荡回落

当股价运行到高位区域，或者是反弹到阶段性高点时，某一天股价开盘后运行比较平稳，上下波动的幅度一般不会超过2%，成交量也比较稀少。但在午后开盘后，就开始出现向上拉升。在拉升的过程中，股价一般呈现出震荡向上的走势，有时也会呈现出推土机式的拉升。在股价拉升的过程中，成交量出现快速放大。

但随着股价的不断攀升，主动性买盘却开始减弱，股价在冲高后出现回落，在回落的过程中买盘也不是很积极。虽然股价回落后出现了反弹，但每次的反弹力度都要比前一次弱，几乎每一次震荡回落的低点都要低于前一次的低点。股价在分时走势图上出现这种走势形态，标志着股价上涨乏力，股价面临回落的风险。如图14-56所示。

图14-56

在实际操作中，如果在分时走势图上出现这种形态，首先要看其K线走势图，如果此时的股价处于长期上涨的高位，就要做好随时准备卖出的打算，一旦股价放量冲高无力，调头向下时，就要立刻卖出。在股价调头向下时，如果没有来得及卖出的话，收盘前一定要找到机会卖出，因为股价在回落过程中重心会不断下移，每一次的反弹高度都低于前一次的反弹高度，不能对后市抱有什么幻想。另外，出现这种走势时，至少标志着股价第二个交易日会出现下跌，因此必须在收盘前卖出。如果这种走势出现在股价反弹过程中遇到重要技术压力线时，那么一旦股价触及压力线并伴有大量抛单的出现，就应该立刻卖出，这是一个很好的卖点，没必要等到股价出现明显的回落后再卖出，因为在此位置出现这种走势，绝大部分股票都会继续出现回落，反弹行情会告一段落。

尾市泻盘

股价在上午的运行中，一直是处于震荡的走势，成交量时大时小，盘中偶尔会出现快速的冲高，但很快就出现回落。当股价运行到下午2:00左右，往往会出现一波杀跌，同时伴随成交量的快速放大。股价跌破分时均线后，就一直处于弱势的走势，截至收盘时股价依旧没有出现反弹，最终以大阴线报收。出现这种走势，就称为尾市泻盘。

尾市泻盘在分时走势图上有一个明显的特征，那就是股价在午后会出现直线式的下跌且成交量迅速放大。成交量的放大是由于盘中出现大量的恐慌性抛盘导致的，在分时盘口中，可以发现经常出现连续的主动性卖单。如图14－57所示。

图14－57

这种走势一般都是出现在股价上涨的高位区域。股价经过长时期的上涨后，盘中积累了大量的获利筹码，这些获利筹码的持股信心不坚定，再加上场外资金此时都是持观望态度，因此导致了股价滞涨。此时，一旦股价出现下跌，就会引发这些获利盘的恐慌性抛售。

股价在高位横盘时，也会出现这种走势。股价经过长时期的横盘后，盘中的持股者信心出现动摇，场外资金的关注度也会不断地下降，此时属于股价选择运行方向的敏感时期。在这种情况下，股价经过横盘整理之后，主动权逐步向空方倾斜，就会导致股价向下破位，盘中持股者纷纷抛售，导致出现快速的下跌。

当股价出现尾市泻盘这种走势时，标志着盘中出现了恐慌性抛盘，从而导致股价在尾市出现非理性的下跌。无论什么原因导致这种恐慌性的抛盘，都会影响股价后期的走势，至少会影响到第二天的股价走势，第二天股价往往会大幅度低开。因此，在遇到这种走势时，股民一定要注意防范风险。

在实际操作中，如果遇到这种走势，首先要判断引发这种走势的原因是什么，如果是受到突然的利空消息刺激的影响，那么就要认真分析这种消息的真伪，并且分析该消息是否会影响股价的长期走势。如果确定利空消息会给股价后市带来影响，那么无论股价是处于哪个阶段，都应该立即卖出；如果不是由于利空消息的突然刺激引发尾市泻盘，那么就要分析该股的K线走势图，如果此时股价处于长期上涨的高位区域，就应该果断地清仓出局；如果股价是在高位区域出现快速拉高之后回落，并且在下午的运行中股价重心逐步下移，只要股价在回落的过程中买盘表现不积极，稳健型的股民此时就可以立即卖出，不必等到股价在尾市出现泻盘后再卖出；一旦股价在运行到高位区域时出现这种走势现象，并且跌破5日均线的支撑，此时就要无条件卖出，哪怕是被套了也要斩仓出局，这是最后的逃命机会。

早盘冲高回落跌破均线

股价以高于前一天的价格开盘，或者是以前一天的收盘价格开出，有的甚至出现低开，开盘后股价快速上冲，在分时走势图上呈现出直线式的上涨，股价远离分时均线。从分时盘口来看，股价这种上冲动作一般都是由一两手大买单吃进所导致的。但股价冲高之后很快就出现回落，并且是快速地回落，同时直接击穿分时均线的支撑，直至跌破前一天的开盘价。在这个过程中，分时均线也迅速调头向下。出现这种走势，一般被称为早盘冲高回落跌破均线。如图14-58所示。

出现早盘快速冲高后股价回落跌破均线这种走势现象，往往预示着庄家诱多，庄家意在通过早盘的影响力来迷惑散户入场接盘。因为这种走势很容易给散户造成一种错觉，让他们认为，股价开盘后能够冲高走强的话，就会有更大的上涨空间，因此就会迫不及待地追进。但追进以后，股价就开始回落，并且一直跌破分时均线，从而被套牢在里面。这种走势往往出现在股价上涨的高位区域，或者是股价上涨到阶段性高点时。

图 14—58

在实际操作中，如果在股价运行的高位区域出现这种走势，只要股价冲高回落后跌破了分时均线，就应该立即卖出。如果在股价冲高过程中，或者是在股价跌破分时均线时，没有来得及卖出的话，那么当股价反弹到前一天收盘价附近受到阻力无法继续上涨时，就应该果断卖出。

直线式快速冲高

直线式快速冲高这种走势无论股价处于高位区域还是底部区域，都有可能出现，这种走势形态最明显的特征就是：股价运行到上午 11：00 以后，盘中突然出现快速冲高，股价呈现出一根坚挺的直线。在股价上升的过程中，一般都不会出现震荡，而是一口气拉上去的；在成交明细上会出现主动性的大买单，这些大买单直接向上跳高几个价位吃进，从而导致股价出现迅速的上升。

股价迅速拉高后，很快就会出现回落，并且在随后的走势里，股价呈现出逐步震荡下跌的走势形态。在股价下跌的过程中，不断有主动性的卖单抛售，股价的重心逐步下移。当股价在高位区域出现这种分时走势时，一般来说，在这之前股价已经出现了滞涨，或者是经过了几天的回落，并且成交量出现明显的萎缩。如图14—59所示。

出现这种突然袭击式的快速拉升，股价一般都会随之出现回落，并且回落的速度和幅度都会比较大。当股民遇到这种分时走势时，不要去追高，反而要考虑先卖出。

在实际操作中，如果遇到这种类型的个股，如果是做短线的话，那么无论此时股价处于什么位置，只要股价出现快速拉高远离分时均线时，一旦股价调头向下，

图 14—59

就要立即卖出。这里需要注意的是,所谓远离分时均线,一般是指股价快速上涨后,距离分时均线在 1.5 个百分点以上;如果这种走势出现在股价上涨的高位时,那么无论做短线还是做中长线,一旦股价快速上冲远离分时均线,当股价调头向下时,就要果断地卖出清仓,这是一个很好的卖点;如果在股价上冲的过程中没有来得及卖出,那么在临近收盘前,一旦股价冲高回落的走势已成定局,就要果断地卖出,此时不要对后市抱有什么幻想。

第六节 成交量卖点

高位放量长阴

股价经过一波大幅度的上涨之后,运行到了市场的高位区域,这时场内持股者的信心开始动摇,同时场外资金也转为以观望为主,使得股价在高位出现滞涨现象,显示在 K 线图上,就会形成很多小阳小阴的走势形态。某一天,股价突然大幅度高开,但开盘之后就出现了大量的抛售筹码,股价出现回落,并且在股价回落过程中抛盘不断增加,同时买盘却表现得很稀少,截至收盘时收出一根长长的阴线,成交量也出现明显的放大,有的时候,甚至还会出现巨量放大的现象。出现这种走势,就称为高位放量长阴。

当股价在高位区域出现放量长阴的走势时,标志着股价经过大幅度的上涨之后,盘中积累了大量的获利筹码，这些获利筹码看到盘中出现滞涨现象之后，就会蜂拥而出，从而引发大量的抛盘。出现这种走势标志着股价后期将会进入下跌通道。股民如果在大盘中发现类似这种形态的时候，一定要注意防范风险。

还有一种形态，也可以看作高位放量长阴。在大盘中，有些个股在运行到高位的时候，会出现加速上涨的现象，股价突然出现向上跳空甚至连续向上跳空进而收出大阳线的走势。经过几天的加速上涨之后，突然某一天股价跳空高开后就一路低走，并且在下跌的过程中伴随着成交量的放大，抛盘不断涌现，截至收盘的时候收出一根高开低走的大阴线，并且是放量的大阴线，有时候，这根大阴线还带有比较长的下影线，这种走势形态，也可以看成高位放量长阴。如图14-60所示。

图14-60

在实际操作中，如果你发现在某一阶段股价突然加速上涨，并且连续拉出大阳线，此时就一定要特别警惕，一旦股价在某一天出现大幅度高开低走的走势，并且抛盘很严重，就要立刻清仓出局，不要等到大阴线形成后再卖。

如果股价是在高位区域出现大幅度高开低走的走势，十有八九都会收出一根放量的大阴线，并且基本上可以断定这种走势是庄家采用拉高的手法出货。如果收出一根放量的大阴线，将前面的一根甚至几根K线实体全部覆盖，那么，无论股价是低开还是高开，或者是平盘开出，此时都应该立刻卖出，不要对后市抱有什么幻想。如果在收出放量大阴线的当天没有来得及卖出，那么第二个交易日股价开盘后一旦走弱，就要果断卖出，如果第二个交易日股价出现冲高走势，那么在冲高受阻后，也要立刻卖出，这是一个比较好的逃命机会，此时最好不要幻想股价后市还会上涨。

颈线放量冲高回落

当股价经过一轮下跌之后，会有一定幅度的反弹，但有时会因为反弹的动力不足而导致股价无法持续反弹，特别是当股价反弹到重要技术压力位置时。此时由于股价经过一定幅度的反弹后，做多动能不断被消耗，从而导致股价无法成功突破这个重要技术位置的压力而回落。此时，盘中出现的大量成交并不是主动性买盘产生的，而是由于获利回吐盘的抛售导致成交量迅速放大。出现这种走势，就称为颈线放量冲高回落。这里所说的颈线是指压力线，如 30 日均线、60 日均线、120 日均线等。如图 14－61 所示。

图 14－61

出现这种走势现象，股价的 K 线表现形式为收出放量的阴线，有时也会收出放量的阳线，但无论是收阳线还是收阴线，都会带有比较长的上影线，并且其预示的市场意义都是一样的，预示着上档压力比较大，后市将会进入休整，甚至是下跌的走势。

在实际操作中，当股价运行到前期高点区域出现放量冲高就要时刻注意，一旦股价快速冲高后远离分时均线，随之出现上涨无力向下调头，就要果断卖出，不必等到股价回落后再卖出。出现这种走势现象，绝大部分当日都会收出一根放量冲高回落的 K 线。因此，一旦股价冲高无力，就要抢先卖出，先知先觉才能卖个好价钱。

如果在股价冲高的时候，没有来得及卖出，那么当股价临近收盘前确定会收出放量回落的 K 线时，就要果断地卖出。特别是在股价快速上涨到前期套牢区域时出现这种走势现象，如果在第一天没有来得及卖出，那么当股价跌破 5 日均线时，要无条件地清仓出局，哪怕是有亏损也要斩仓出局。

放量滞涨

在股价上涨过程中，随着股价的不断上涨，获利盘也在不断地增加。突然有一天股价出现大幅度的低开后放量冲高，在冲高的过程中，股价上冲的最高价要高于前一天的最高价，但股价冲高后，很快就出现了回落，截至收盘时，股价收在前一天的收盘价以下，K 线走势图上收出一根带长长上影线的阴线。出现这种走势，就称为放量滞涨。如图 14-62 所示。

图 14-62

在股价上涨的中途，或者是在股价经过大幅度上涨的高位区域，都会出现放量滞涨这种走势现象。出现这种走势，标志着股价上涨遇阻，上档压力很大，股价面临着调整，甚至是进入下跌行情的可能。

在实际操作中，如果这种形态出现在股价运行的高位区域，股民要做好卖出的准备，一旦股价在冲高过程中受到强大的阻力后调头向下时，就要果断地卖出，这是一个绝佳的卖出机会。出现这种走势的个股，股价绝大部分都会有一个快速冲高的过程，或者是先震荡走高，然后突然出现快速拉高，此时成交量迅速放大。当大量的对倒盘将股价迅速拉高至远离分时均线时，一旦股价上冲无力调头向下，就是卖出的好时机。

出现这种走势的个股，一般在收盘时，股价都会收在 5 日均线附近，有的甚至会收在 5 日均线之下，此时 5 日均线呈现走平的态势。如果股民在股价冲高的时候没有来得及卖出，那么此时就要立刻卖出，不要对后期的走势有什么幻想。

实战中如何选择买卖点：会买的是徒弟，会卖的是师傅 | 第十四章

还有一种放量滞涨的情况。如图14－63所示，该图中放量滞涨的形态出现在股价从底部启动之后的上涨过程中。从图中我们可以看到，股价在出现放量滞涨这种形态之后，走出了一段时期的回落整理走势，经过整理之后，股价并没有下跌，而是走出了一波拉升的行情。

图14－63

由此我们可以得知，如果这种形态出现在股价启动上涨之时的底部，那么，这并不一定就意味着股价将会结束上涨的行情，相反，经过整理之后，股价将会继续向上拓展空间。

高位放量上吊线

股价经过大幅度的上涨之后，突然出现加速上涨，在加速上涨时拉出长阳线，有些个股还会出现连续拉出长阳线的走势。股价加速上涨不久后，突然某一天股价出现大幅度的高开，但股价开盘后就一路下跌，回补了当天向上跳空的缺口，收盘前股价出现了回拉，最终收出一根带下影线的阴线，当天的开盘价格就是当天的最高价格，同时成交量也出现明显的放大。出现这种走势形态，就称为高位放量上吊线。如图14－64所示。

有些个股运行到高位区域后出现一波回落，在回落整理之后，股价突然向上大幅度跳空高开，有的甚至是以涨停的形式开盘，但在大幅度高开后，股价就开始出现回落，试图回补向上跳空的缺口。在股价回落的过程中，成交量也出现明显的放大，盘中不断有主动性的卖盘出现，相反很少看到有主动性的买盘出现。截至收盘时，收出一根带长长下影线的阳线，出现这种走势形态，也可以称为高位放量上吊线。如图14－65所示。

491

图 14—64

图 14—65

从上述两幅图中,我们可以得出,形成此上吊线的可以是阳线,也可以是阴线,无论是阳线还是阴线,都具有同等的市场意义,预示着股价后市将会出现下跌走势。

在实际操作中,如果在股价上涨到高位区域时遇到这种大幅度高开的个股时,一旦股价高开后出现走弱的迹象,就应该果断地卖出。

如果股价在高位区域时出现开盘涨停,并且涨停板很快就被打开,在涨停板打开的过程中,不断有大量的卖单抛售,此时股民就要立刻卖出,这是一个比较好的卖点。一般来说,如果在盘中出现这种现象,最大的可能就是庄家故意以涨停板的形式来诱惑散户接盘,从而达到庄家顺利出货的目的。因此,如果遇到这种类型的个股时,最好是尽快清仓出局,因为后市下跌幅度一般都相当大,并且下跌的速度也会非常快,有的甚至会出现连续跌停的走势。

如果在股价加速上涨之后出现这种走势,那么一旦股价跌破了分时均线,股民就要立刻清仓出局，因为这往往是最后的逃命机会。

下跌中的放量阴线

股价在经过一波上涨之后的回落过程中出现震荡下跌的走势，在下跌的过程中，突然出现放量快速的下跌，股价在分时走势图上呈现出急跌的现象，盘中抛盘纷纷涌现，而主动性买盘相当小，截至收盘时收出一根放量的阴线。这种走势称为下跌中的放量阴线。如图14－66所示。

图 14－66

下跌中出现放量阴线，这种走势现象大多出现在下跌通道中，或者是出在股价经过上涨之后的回调过程中，但无论是哪一种情况，都预示着股价将会继续下跌，甚至出现大幅度的下挫。

在实际操作中，如果股价在下跌通道中出现横盘整理的走势后，突然出现这种放量阴线的走势，只要股价向下跳空并且跌破这个整理平台，那么一开盘就要卖出；当股价出现这种走势时，开盘后呈现出逐步震荡向下的走势，并且买盘表现得很稀少，那么可以断定股价会继续下跌，因此必须立刻卖出。

有些个股在经过一段时间的下跌以后，会出现横盘震荡的走势。但股价经过横盘震荡或者是放缓下跌速度之后，某一天突然放量下跌，并且最终收出一根阴线。如果股价是在下跌之后的横盘时出现放量下跌阴线，那么股价往往是以低盘开出，并且开盘之后就出现一路下跌，在下跌的过程中不断有主动性卖盘出现，而且在收出下跌阴线之前，股价一般会收出一根阳线，随后的第二天就出现了这种放量阴线破位的现象。有些个股是在跌势绵绵的途中，突然某一天出现放量下跌的阴线，并且下跌幅度一般都在5个百分点以上。这种走势也可以称为下跌中的放量阴线，预示着盘中出现了恐慌性的杀跌。

第十五章

实战中如何投资创业板：
创业板，享受成长先要看透风险

新股民实战导读：

据万得咨讯统计，截至 2010 年 8 月 18 日，共有 56 家创业板公司公布上半年业绩。半年报显示，这些创业板公司每股收益均值为 0.31 元，高于已披露半年报的主板公司（0.16 元）和中小板公司（0.25 元）。

由此平均收益也可以看出，创业板中的企业确实有着非凡的成绩，其竞争力极强，未来中国最具发展前景的上市公司有很多都会从中诞生。

但在其高成长的背后也隐藏着隐隐的不安：创业板的成绩高于主板公司和中小板公司，但其 63.59 倍的平均估值，低于预期的业绩增长，被管理层寄予厚望的创业板目前还只是个眼高手低的"新手"，还面临着许多未知的风险。

可以说创业板的开闸为广大投资者提供了另一个致富的机遇，但创业板蕴藏的风险也必须要引起广大投资者的重视。

总之一句话，淘金创业板，在享受成长的同时必得先看透风险。

第一节 创业板震撼，触手可及的财富机会

创业板开闸，怎样抓住这场财富"盛宴"

2009 年 10 月 23 日，创业板正式开闸。中国设立创业板的目的主要有以下几点：

1. 为高科技企业提供融资渠道。

2. 通过市场机制，有效评价创业资产价值，促进知识与资本的结合，推动知识经济的发展。

3. 为风险投资基金提供"出口"，分散风险投资的风险，促进高科技投资的良性循环，提高高科技投资资源的流动和使用效率。

4. 增加创新企业股份的流动性，便于企业实施股权激励计划等，鼓励员工参与企业价值创造。

5. 促进企业规范运作，建立现代企业制度。

创业板的开闸是中国创新中的中小企业的福音与希望，也为股民朋友们提供了一个新的盈利场所。

在创业板上市的企业都是处于创业期的中小企业，拥有较高的成长性。比如说，人人都熟悉的微软。

微软公司于1986年在美国的创业板市场纳斯达克（NASDAQ）发行上市，发行上市前的1985年，微软的总收入、营业利润和净利润分别为1.4亿美元、0.41亿美元和0.24亿美元，到2007年末，其总收入、营业利润和净利润分别增加到511.22亿美元、185.24亿美元和140.65亿美元，分别增长了364倍、450倍和582倍。其首发时的1股普通股，经过9次股票分拆，到2007财政年度末，已经变为288股。如果投资者在1986年买入1股普通股，到2007年末，每股已经增值为8928美元，按照复利计算的年收益率为51%。

美国的创业板市场纳斯达克孕育了许多像微软、思科这样给投资者带来巨额回报的上市公司，而中国的创业板市场也已经真切地为投资者创造出众多致富机会，当然随之而来的还有巨大的投资风险。

看一看已有的创业板市场，高收益与高风险并存的特征是十分明显的。纳斯达克市场可以在1999年一年内上涨80%，戴尔公司的股价可以在10年中翻上六七百倍，可5年中也有近千家公司被摘牌，令投资者血本无归。同样，在一片掌声中开市的香港创业板，初期指数是1000点，而2000年底只剩下了不到400点，大盘跌去了60%以上，多数股票都已跌破了发行价甚至面值。

所以，对于急切地想投身于创业板、实现追求财富理想的股民来说，首先要做的第一件事，就是要对创业板的目标和宗旨、市场制度、监管体系、交易特征等有一个充分的了解，做到心中有数，不打无准备之仗。然后在此基础上制订自己的投资原则，坚持理性投资，选择真正有增长潜力和投资价值的公司，分享其成长带来的收益。

创业板投资，享受成长先要看透风险

创业板市场这朵"带刺的玫瑰"一启动就吸引了众多投资者的关注。但投资者想要享受创业板公司高增长所带来的高收益，首先就要看透创业板的风险。

美国的创业板纳斯达克取得成功以后，不少发达国家在20世纪90年代纷纷仿效，设立了自己的创业板，但发展并非一帆风顺，其中不乏有益的经验和教训。对于中国的股民来说，在创业板成立之初，看透其风险，才是最重要的关注点。

创业板公司都处于成长期，与在主板、中小板等上市的处于成熟期的公司相比，企业的生命周期、起点规模、产业形态、商业模式、市场定位等决定了其具有高速成长的基因。

但在这高成长的背后，也存在一定的风险，那就是有些企业熬不过成长期，还没有进入成熟期就已经消亡了。除了面对企业"消亡"的风险，投资者还面临着信息披露"掺水"的风险和道德风险。同时，还有行业政策等宏观经济环境变化的风险。

老话常说，"船小好掉头"，但船小不仅容易掉头还容易翻船。创业板公司大都规模比较小，经营时间比较短，所处的行业或其生产的产品比较新、经营模式比较特殊。这样，一旦公司经营出现问题，达不到预期的目标，就很难维持企业的平稳发展。在海外的创业板市场上，能够维持高速增长有，但亏损破产的也占了一部分。显然，谁也无法保证现在的创业板公司未来都会保持很强的成长性。

另外，股民还面临着企业退市的风险。创业板实行更严格的退市制度，不仅退市标准更加多元化，而且是直接退市、快速退市，不存在像主板那样的ST、*ST等警示过渡阶段。如果在创业板市场投资失误，特别是选错了公司，将可能产生非常大的损失。

针对创业板市场的特点，监管部门、交易所和中介机构已经做了大量风险防范工作，避免在制度设计上出现系统性风险，尽量防止道德风险，充分揭示创业板公司的自身风险。但揭示风险并不等于消除风险，发行审核只是合规性审核，剔除了不合格企业，挤掉了合格企业信息披露的"水分"，向投资者充分揭示了创业板公司所存在的风险因素，从而在源头上降低了投资风险。但这并不意味着该企业就是无风险企业，因为企业发展过程中的经营失败、技术失败等风险是难以预见的。

所以，对于想要参与创业板投资的股民来说，首先要充分了解创业板市场和创业板公司的特点。如果经过评估决策、再三权衡，最终决定"试水"创业板投资，还要审慎投资，合理配置金融资产，避免投资创业板带来超出自身承受能力的损失。

另外，投资创业板的钱，最好是"闲钱"，即除去生产、生活、教育、养老等必需支出后剩余的那些既没有投资期限约束,又没有具体盈利要求,更没有各种负担压力,能赚最好、亏也无妨的多余的资金。

创业板 10 年历程回溯

十年磨一剑,经过 10 年的筹划,2009 年 3 月 31 日创业板终于瓜熟蒂落了。回首创业板推出的 10 年历程,足迹依然清晰可见。

1998 年 1 月,国家科技领导小组第四次会议召开,会议决定由国家科委组织有关部门研究建立高新技术企业的风险投资机制总体方案,进行试点。

1998 年 3 月,民建中央向九届政协会议提出《关于借鉴国外经验,尽快发展我国风险投资事业的提案》,被列为"一号提案"。

1998 年 8 月,中国证监会主席周正庆视察深圳证券交易所,提出要充分发挥证券市场功能,支持科技成果转化为生产力,促进高科技企业发展,在证券市场形成高科技板块。

1998 年 12 月,国家计划发展委员会向国务院提出"尽早研究设立创业板块股票市场问题",国务院要求中国证监会提出研究意见。

1999 年 1 月 15 日,深交所向证监会正式呈送了《深圳证券交易所关于进行成长板市场的方案研究的立项报告》,并附送实施方案。

1999 年 3 月 2 日,证监会第一次明确提出"可以考虑在深、沪证交易所内设立高科技企业板块"。

1999 年 8 月 20 日,中共中央、国务院出台《关于加强技术创新,发展高科技,实现产业化的决定》,文件称,要培育有利于高新技术产业发展的资本市场,逐步建立风险投资机制,适当时候在现有的上海、深圳证券交易所专门设立高新技术企业板块。

1999 年 12 月 25 日,全国人大常委会通过了《关于修改(中华人民共和国公司法)的决议》,决议指出,根据高新技术股份有限公司的特点,其上市交易的股票将在现有的证券所内单独组织交易系统进行交易。这次会议还对《中华人民共和国公司法》作了修改,在《中华人民共和国公司法》第 29 条增加一款作为第 2 款:"属于高新技术的股份有限公司,发起人以工业产品和非专利技术作为出资的金额占公司注册资本的比例,公司发行新股、申请股票上市的条件,由国务院另行规定。"

1999 年 12 月 29 日,全国人大常委会对《中华人民共和国公司法》做了一处修改,即高新技术企业,可以按照国务院新颁布的标准在国内股票市场上市;同时通过了一个拟建单独高科技股票交易系统的决议。

2000 年 2 月 21 日,深圳证券交易所高新技术板工作小组成立,以做好高新技术企业板的各项准备和建设工作。

2000年4月，刚出任中国证监会主席不久的周小川在"2000年中国企业高峰会"上表示，中国证监会对设立二板市场已做了充分准备，一旦立法和技术条件成熟，我国将尽快成立二板市场，为我国证券市场补充新的内容。与此同时，证监会向国务院呈报《关于支持高新技术企业发展设立二板市场有关问题的请示》，就二板市场的设立方案、上市条件、上市对象、股票流通以及风险控制措施等问题提出了建议。

2000年5月16日，国务院讨论中国证监会关于设立二板市场的请示，原则同意中国证监会的意见，将二板市场定名为创业板市场。

2000年6月30日，深交所第二交易结算系统正式启用。

2000年9月15日，中联重科在深交所上网发行后，深交所已停止在主板市场的新股发行。

2000年9月18日，深圳证券交易所设立创业板市场发展战略委员会、国际专家委员会两个专门委员会和发行上市部等八个职能部门，标志着创业板市场的组织体系基本建立。

2000年10月18日，深交所通过巨潮网首次正式发布了《创业板市场规则咨询文件》，面向社会各界广泛征求意见和建议。

2000年10月20日，深交所向各会员单位出《关于创业板系统全网测试的通知》。10月28日，深圳证券交易所组织全部会员单位顺利完成创业板技术系统全网测试。

2000年下半年开始，以纳斯达克为代表，以高科技企业为主要投资对象的全球各股票市场开始单边下跌，科技网络股泡沫破灭，国际市场哀鸿遍野，中国创业板"流产"。

2001年11月7日，国务院领导指出，吸取香港和世界其他市场的经验，把主板市场整顿好后，才推出创业板市场。在证券市场未整顿好之前，如果贸然推出创业板市场，担心会重复出现主板市场的错误和弱点。

2001年11月22日，全国人大常委会副委员长成思危在香港出席新经济与中国21世纪的发展研讨会时表示，内地创业板短期内不会推出。他指出，应先整顿主板市场、建立风险投资基金，再推出创业板。

2002年11月28日，深圳证券交易所在给中国证监会《关于当前推进创业板市场建设的思考与建议》的报告中，建议采取分步实施的方式推进创业板建设。

2003年，《中华人民共和国中小企业促进法》实施，对发展中小企业提出包括直接融资在内的一系列要求，使得创业板市场的分步实施具有了紧迫性和必然性。

2003年3月5日，全国人大代表、广东省副省长宋海领衔向十届全国人大一次会议大会提交了《关于尽快推出创业板的议案》。其中提出了两点建议：第一，国家抓紧出台创业板市场的相关法规，尽快推出创业板市场；第二，采取分步实施方式，推进创业板的市场建设。在不改变现有证券市场的法规、上市标准、发行审核程序和市场规则的前提下，将具有成长性及科技含量的中小型企业流通股集中到深交所发行上市，作为深圳现有市场的一个板块单独监控、独立运作。

2003年10月14日，党的十六届三中全会通过的《中共中央关于完善社会主义市场经济体制若干问题的决定》，明确指出：建立多层次资本市场体系，完善资本市场结构，丰富资本市场产品，规范和发展主板市场，推进风险投资和创业板市场。

2004年1月31日，国务院发布《关于推进资本市场改革开放和稳定发展的若干意见》，其中指出：建立满足不同类型企业融资需求的多层次资本市场体系，分步推进创业板市场建设，完善风险投资机制，拓展中小企业融资渠道。

2004年2月1日，《国务院关于推进资本市场改革开放和稳定发展的若干意见》颁布。《意见》提出，分步推进创业板市场建设，完善风险投资机制，拓展中小企业融资渠道。

2004年2月14日，深交所进行配售新股测试，证券市场认为深市新股发行进入实质性技术准备阶段。

2004年5月17日，经国务院批准，中国证监会正式批复深交所设立中小企业板市场。这个在主板市场框架内相对独立运行、并逐步推进制度创新的新市场的诞生，标志着分步推进创业板市场建设迈出实质性步伐，它肩负着为创业板市场建设积累经验和打下坚实基础的使命。

2006年12月1日，中国证监会主席尚福林称资本市场面临转折性变化，将适时推出创业板。

2007年6月，深圳创业投资协会副会长王守仁透露，创业板市场已经进入实质性筹设阶段，建立总体思路已经确定，筹设方案意见稿已经草拟完成，正在业内广泛征求意见。

2007年8月，国务院批复以创业板市场为重点的多层次资本市场体系建设方案。《创业板发行上市管理办法》（草案）于8月22日获得国务院批准。

2008年1月27日，中国证监会主席尚福林表示争取2008年上半年推出创业板。

2008年3月5日，政府工作报告中指出，优化资本市场结构，促进股票市场稳定健康发展，着力提高上市公司质量，维护公开公平公正的市场秩序，建立创业板市场，加快发展债券市场，稳步发展期货市场。

2008年3月17日，证监会主席尚福林在全国证券期货监管工作会议上表示，2008年将加快推出创业板，积极发展公司债券市场，力争多层次市场体系建设取得突破。尚福林再次表明争取在2008年上半年推出创业板。

2008年3月22日，证监会发布《首次公开发行股票并在创业板上市管理办法》，就创业板规则和创业板发行管理办法向社会公开征求意见。

2009年3月31日，证监会发布《首次公开发行股票并在创业板上市管理暂行办法》，办法自5月1日起实施。这意味着筹备十余年之久的创业板有望于5月1日起正式开启。

2009年5月8日，深交所发布《深圳证券交易所创业板股票上市规则（征求意见稿）》，向社会公开征求意见。

2009年5月14日，证监会发布就修改《证券发行上市保荐业务管理办法》和《中国证券监督管理委员会发行审核委员会办法》公开征求意见。

2009年6月5日，深交所正式发布《深圳证券交易所创业板股票上市规则》，该规则从7月1日起实施。

2009年7月2日，深交所正式发布《创业板市场投资者适当性管理实施办法》，该办法自2009年7月15日起施行。

2009年7月20日，证监会决定自7月26日起受理创业板发行上市申请。

2009年8月14日，创业板第一届发审委正式成立，中国证监会主席尚福林表示，这标志着创业板发行工作即将正式启动。

2009年8月19日，深交所宣布，拟于2009年9月19日和10月10日举行两次全国范围的创业板全网测试。

2009年9月17日，中国证监会召开首次创业板发审会，首批7家企业上会，并且全部有条件通过。

2009年9月20日，首批10家企业获得IPO批文，其后创业板加快了前进的步伐。

2009年10月23日，深交所举行创业板开板仪式，创业板正式登上中国证券市场舞台。

2009年10月30日，首批28只创业板股票上市交易，投资者可以进行创业板股票交易。

2010年6月30日，创业板市场共有90家公司上市。

摘自涂成洲《创业板上市操作指引》，法律出版社2009年版。

第二节 创业板"命脉"透视——政策与趋势

创业板与主板市场的区别

当下,细观中国创业板上市企业,最大的特点便是进入门槛低,运作要求严,目的很明确,就是为了帮助有较强发展潜力的中小企业获得向社会融资的机会。在中国,发展创业板市场是为了给中小企业提供更方便的融资渠道,为风险资本营造一个正常的退出机制。同时,这也是中国调整产业结构、推进经济改革的重要手段。

也许有些投资者对创业板市场并非十分了解,那么创业板和主板到底有什么区别?在创业板市场中投资与主板市场又有何不同之处?一般来说,创业板市场与主板市场相比,差异主要体现在以下几个方面:

1. 功能定位不同。

创业板市场的特有功能是作为风险投资的退出机制,也是企业经过风险资本的培育后进入公共资本市场的第一步。而主板市场主要是为经营较为成熟的大中型公司提供融资、实现公司治理的场所。

2. 送配制度不同。

创业板市场企业的股票将放宽配股比例的限制,创业板市场的上市公司的配股不受证监发字(1994)131号文件第2条第7款关于"公司一次配股发行股份总数,不得超过该公司前一次发行并募足股份后其普通股股份总数的30%"规定的限制。此外还放宽了配股条件,包括对将资产收益率的比例降低及对一定会计期间的要求放松,在《征求意见稿》中明文取消了"前一次发行的股份已募足,间隔一年以上"的配股条件限制。

3. 市场流动性不同。

创业板市场是风险资金从原有公司退出以便进入新一轮高科技项目投资的重要保障,创业板市场中将不再有公众股、国家股和法人股的划分,是一个全流通市场。而《中华人民共和国公司法》规定发行人股票上市3年内不得转让,高层管理人员在任职期间所持股票不得转让。为此《中华人民共和国公司法》的相关条款将作修改,仍有禁售期限制,但可适当放宽禁售期。

4. 服务对象不同。

按照证券市场发展的国际惯例,主板市场的服务对象是那些在相对稳定的产业中经营业绩较好的大中型企业,创业板市场的服务对象是那些在相对稳定的产业中有一定经营风险但同时极具发展潜力的中小型企业。比如，在《首次公开发行股票并在创业板上市管理办法（征求意见稿）》中，中国创业板市场规定的上市对象已有所扩大，不仅包括以电子信息、生物医药、新材料、环保等为主导的高科技产业，而且还包括运用高新技术对传统产业改造后具有很高科技含量的企业，其中的中小型企业只要其产品销路好、经济效益高、发展潜力大、成长性强，就可获得上市机会。

5. 上市板块的可转换性不同。

高新技术企业在创业板上市满两年后可申请转主板上市。在创业板上市的高科技公司能否在满足一定条件后，转入主板市场进行交易？这是一个政策性较强的问题。一般来说，创业板市场的设置，主要目的是确保风险投资低廉、高速的投资渠道，从根本上说，是为了促进高科技企业的发展。而在主板市场上市的公司不能再转到创业板市场上市。

6. 上市要求不同。

创业板市场规模可相对较小，但其他财务要求、业务和管理要求严格。在创业板市场成立初期，考虑到新兴市场的特点，为防止过度投机，保证市场高质量运作，除了适当放松对公司股本总额和发起人拥有股本总额的限制外，其他财务业绩指标并不低于主板市场。另外，证监会曾要求创业板上市企业有一年的盈利记录，而在《征求意见稿》中，则不仅取消了对企业发行股票的最低盈利要求，并且对公司的预期利润率不再作出硬性要求。此外，《中华人民共和国公司法》第80条规定的，"发起人以工业产权、非专利技术作价出资的金额不得超过注册资本的20％"，而在《征求意见稿》内的规定是：内地高新技术的股份有限公司，其发起人以工业产权和非专利技术作价出资的金额占公司注册资本的比例不得高于70％。

7. 发行机制不同。

创业板市场在发行机制上一般先采用审核制，但不再按照不同条款预先分配额度的办法，而采取以综合业绩为主要标准在全国范围内筛选的审核办法。见表15—1。

表15—1 创业板市场与主板市场发行机制的区别。

条件	A股主板IPO办法	创业板IPO办法
主体资格	依法设立并且合法存续的股份有限公司	依法设立且持续经营3年以上的股份有限公司
经营年限	持续经营时间应当在3年以上（有限公司按原账面净资产值折股整体变更为股份公司可连续计算）	持续经营时间应当在3年以上（有限公司按原账面净资产值折股整体变更为股份公司可连续计算）

（续）

条件	A股主板IPO办法	创业板IPO办法
盈利要求	1. 最近3个会计年度净利润均为正数且累计超过人民币3000万元，净利润以扣除非经常性损益前后较低者为计算依据 2. 最近3个会计年度经营活动产生的现金流量净额累计超过人民币5000万元；或者最近3个会计年度营业收入累计超过人民币3亿元 3. 最近一期不存在未弥补亏损	最近2年连续盈利，最近2年净利润累计不少于1000万元，且持续增长或者最近1年盈利，且净利润不少于500万元，最近1年营业收入不少于5000万元，最近2年营业收入增长率均不低于30% 净利润以扣除非经常性损益前后低者为计算依据（注：上述要求为选择性标准，符合其中一条即可）
资产要求	最近一期末无形资产（扣除土地使用权、水面养殖权和采矿权等后）占净资产的比例不高于20%	最近一期末净资产不少于2000万元
股本要求	发行前股本总额不少于人民币3000万元	企业发行后的股本总额不少于3000万元
主营业务要求	最近3年内主营业务没有发生重大变化	发行人应当主营业务突出。同时，要求募集资金只能用于发展主营业务
董事及管理层	最近3年内没有发生重大变化	最近2年内未发生重大变化
实际控制人	最近3年内实际控制人未发生变更	最近2年内实际控制人未发生变更
同业竞争	发行人的业务与控股股东、实际控制人及其控制的其他企业间不得有同业竞争	发行人与控股股东、实际控制人及其控制的其他企业间不存在同业竞争
关联交易	不得有显失公平的关联交易，关联交易价格公允，不存在通过关联交易操纵利润的情形	不得有严重影响公司独立性或者显失公允的关联交易
成长性与创新能力	无	发行人具有较高的成长性，具有一定的自主创新能力，在科技创新、制度创新、管理创新等方面具有较强的竞争优势（请参考"两高五新"。即高科技：企业拥有自主知识产权的。高增长：企业增长高于国家经济增长，高于行业经济增长。新经济：互联网与传统经济的结合、移动通讯、生物医药。新服务：新的经营模式（金融中介、物流中介、地产中介）。新能源：可再生能源的开发利用，资源的综合利用。新材料：提高资源利用效率的材料。节约资源的材料。新农业：具有农业产业化；提高农民就业、收入的）

(续)

条件	A股主板IPO办法	创业板IPO办法
募集资金用途	应当有明确的使用方向，原则上用于主营业务	应当具有明确的用途，且只能用于主营业务
限制行为	1. 发行人的经营模式、产品或服务的品种结构已经或者将发生重大变化，并对发行人的持续盈利能力构成重大不利影响 2. 发行人的行业地位或发行人所处行业的经营环境已经或者将发生重大变化，并对发行人的持续盈利能力构成重大不利影响 3. 发行人最近一个会计年度的营业收入或净利润对关联方或者存在重大不确定性的客户存在重大依赖 4. 发行人最近一个会计年度的净利润主要来自合并财务报表范围以外的投资收益 5. 发行人在用的商标、专利、专有技术以及特许经营权等重要资产或技术的取得或者使用存在重大不利变化的风险 6. 其他可能对发行人持续盈利能力构成重大不利影响的情形	1. 发行人的经营模式、产品或服务的品种结构已经或者将发生重大变化，并对发行人的持续盈利能力构成重大不利影响 2. 发行人的行业地位或发行人所处行业的经营环境已经或者将发生重大变化，并对发行人的持续盈利能力构成重大不利影响 3. 发行人在用的商标、专利、专有技术以及特许经营权等重要资产或者技术的取得或者使用存在重大不利变化的风险 4. 发行人最近一年的营业收入或净利润对关联方或者有重大不确定性的客户存在重大依赖 5. 发行人最近一年的净利润主要来自合并财务报表范围以外的投资收益 6. 其他可能对发行人持续盈利能力构成重大不利影响的情形
违法行为	最近36个月内未经法定机关核准，擅自公开或者变相公开发行过证券，或者有关违法行为虽然发生在36个月前，但目前仍处于持续状态；最近36个月内无其他重大违法行为	发行人最近3年内不存在损害投资者合法权益和社会公共利益的重大违法行为；发行人及其股东最近3年内不存在未经法定机关核准，擅自公开或者变相公开发行证券，或者有关违法行为虽然发生在3年前，但目前仍处于持续状态的情形
发审委	设主板发行审核委员会，25人	设创业板发行审核委员会，加大行业专家委员的比例，委员与主板发审委委员不互相兼任
初审征求意见	征求省级人民政府、国家发改委意见	无
保荐人持续督导	首次公开发行股票的，持续督导的期间为证券上市当年剩余时间及其后2个完整会计年度；上市公司发行新股、可转换公司债券的，持续督导的期间为证券上市当年剩余时间及其后2个完整会计年度。持续督导的期间自证券上市之日起计算	在发行人上市后3个会计年度内履行持续督导责任

(续)

条件	A股主板IPO办法	创业板IPO办法
创业板其他要求		1. 发行人的经营成果对税收优惠不存在严重依赖 2. 在公司治理方面参照主板上市公司从严要求，要求董事会下设审计委员会，并强化独立董事履职和控股股东责任 3. 要求保荐人对公司成长性、自主创新能力作尽职调查和审慎判断，并出具专项意见 4. 要求发行人的控股股东对招股说明书签署确认意见 5. 要求发行人在招股说明书显要位置作出风险提示，内容为"本次股票发行后拟在创业板市场上市，该市场具有较高的投资风险。创业板公司具有业绩不稳定、经营风险高等特点，投资者面临较大的市场波动风险，投资者应充分了解创业板市场的投资风险及本公司所披露的风险因素，审慎作出投资决定" 6. 不要求发行人编制招股说明书摘要

新政策、新规则分析

规则是股市的生命，政策是股市的保障，创业板市场也不例外。创业板市场的正式开板，对于中国众多中小创业型企业而言，无疑是一个重大的利好消息。因此可以这样说，正确的政策导向与恰当的规则指引是中国创业板市场顺利、有序运行不可或缺的组成部分。

1. 新政策：创业板投资者的准入门槛。

中国证监会2009年6月8日就创业板投资者适当性管理暂行规定向社会征求意见。创业板投资者准入门槛逐渐明晰：自然人投资者申请参与创业板市场，原则上应当具有两年以上（含两年）交易经验。

所谓两年以上（含两年）交易经验，是指从起算时点起，至投资者本人名下的账户在上海或深圳证券交易所发生首笔股票交易之日有两年或两年以上时间。

创业板投资者准入门槛一直是监管机构比较重视的问题。在6月8日公布的《创业板市场投资者适当性管理暂行规定（征求意见稿）》中，证监会表示，建立投资者适当性管理制度的目的并不是要限制某一类投资者投资创业板企业的权利，而是希望通过适当的程序和要求，使投资者能够真正理解创业板市场的风险，审慎做出投资决策，从而达到保护投资者合法权益的目的。

2009年7月15日，中国证监会正式发布《创业板市场投资者适当性管理暂行规定》，决定不对投资者设置资金门槛而是侧重于风险投资经验，有两年以上交易经验的投资者可快速获得创业板投资资格。

满足两年投资经验要求的投资者基本都经历了2007年的大熊市，具有较强的投资风险意识，而未满足两年投资经验要求的投资者通过额外的风险提示或者是通过相关基金，也同样可以入市，因此绝大多数投资者都能满足创业板的适当性管理要求。

2. 新规则：创业板上市首日涨跌幅停牌限制。

2009年9月24日，深交所为配合创业板股票发行上市，警示和防范创业板股票上市首日过度炒作风险，发布《关于创业板首次公开发行股票上市首日交易监控和风险控制的通知》，表现出深交所高度重视并积极采取措施最大限度地降低创业板上市首日交易风险的决心。

《通知》规定，当股票上市首日盘中成交价格较当日开盘价首次上涨或下跌达到或超过20％时，深交所可对其实施临时停牌30分钟；首次上涨或下跌达到或超过50％时，深交所可对其实施临时停牌30分钟；首次上涨或下跌达到或超过80％时，深交所可对其实施临时停牌至14时57分。股票临时停牌至或跨越14时57分的，深交所将于14时57分将其复牌并对停牌期间已接受的申报进行复牌集合竞价，然后进行收盘集合竞价。临时停牌期间，投资者可以继续申报，也可以撤销申报。

《通知》还沿用了中小板现有上市首日交易监控和重大交易异常账户处理方式，并对证券公司在投资者交易和客户交易行为规范方面提出明确要求。

无疑，这样的游戏新规则对于创业板市场而言属于长期利好，对防止市场的暴涨暴跌，维持市场稳定，防范和控制交易风险，保护投资者利益起到了很大的用。制定这样的游戏规则，显然有利于创业板市场的成功推出。

第三节　创业板"淘金"导航——开户与交易

创业板淘金，你准备好了吗

创业板市场的机遇与风险并存，在带给投资者高收益的同时，也蕴藏着极大的投资风险。香港创业板开市之初万人空巷申购由李嘉诚控股的汤姆网，上市后其股价曾涨至发行价 3 倍以上，达到 15.35 港元，但随着美国股市的回落，香港创业板也一路下跌，汤姆网曾跌到 3.92 港元。在全球范围内，相当多数的创业板股票跌破发行价，甚至直接退市，使投资者遭受很大损失。

所以，一个拥有足够知识储备的投资者，才能真正享受到创业板带来的高收益。因此，在进入创业板市场之前，投资者应该先学习相关证券知识和规则，充分考虑自身的资产状况和风险承受能力，做好创业板投资的相应准备。那么，投资者应该做足哪些准备呢？

1. 资金准备。

虽然创业板没有明文规定拥有多少资金才能投资，但其隐性风险也提醒投资者对入市资金的要求，因为创业板市场的投机性和流动性要远远大于主板，所以，投资者要投资创业板的钱一定要是闲钱，如果这些钱亏损了，你仍可以保证自己的生活质量不受影响，那么，这就是所谓的闲钱。

2. 知识准备。

投资创业板对其基本的知识一定要掌握，比如说，交易规则、入市标准等，同时还要了解本身的条件是否适合投资创业板，比如风险承受能力、有没有一定的炒股实战经验等。进行知识储备，是不打无准备之仗的第一步。

3. 风险准备。

由于创业板市场的涨跌幅度相对较大，一次操作不当造成的损失有可能较大，因此投资者在入市之时应有较强的心理承受能力和风险意识。

4. 资讯准备。

在创业板市场上，市场瞬息之间的变化就有可能会给投资者带来极大的影响，所以，你一定要保证自己能有足够的时间分析市场上的一些信息，比如上市公司的动态。

5. 目标准备。

目标准备是要求投资者在进行投资之前要先对自己所投资的企业有一个基本的了解，比如说公司所处的行业、经营状况、盈利水平，等等。

在分析了解上市公司的各种基本情况之后，再具体操作也不晚，千万不要像苍蝇一样闷头乱撞，那样，亏损的可能性会很大。

6. 全局观准备。

股市具有一定的联动性，随着经济全球化的发展，国外的一些经济动向或多或少都会对中国股市产生一定的影响，这就要求股民对世界经济状况有一个基本的了解，并在入市之时，对比目前国外主要创业板市场上市公司股价、市盈率等，以提供比价效应作为入市参考。

创业板交易规则

1. 创业板市场交易日为每周一至周五。

每交易日上午9:00～9:25为开市集合竞价时间；上午9:30～11:30，下午13:00～14:57为连续竞价时间；14:57～15:00为收市集合竞价时间。

遇国家法定假日及深交所公告的休市时间，创业板市场休市。

2. 创业板市场交易的证券品种主要是股票。

3. 参加交易的主体。

开立《深圳证券交易所证券账户》的自然人、法人及证券投资基金，均可参与创业板市场交易。

4. 创业板交易单位。

创业板股票的交易单位为"手"，1手为100股，买入时必须为100股的整倍数，卖出时不足1手（100股）时，也就是零股，可一次性全部卖出。

5. 创业板有涨跌幅限制，和主板相同。

创业板涨跌幅限制比例为10%。涨跌幅的价格计算公式为：涨跌幅限制价格＝(1±涨跌幅比例)×前一交易日收盘价

计算结果四舍五入至人民币0.01元。

6. 创业板的交割采用"T+1"的交易形式，即券商接受投资者委托或者自营，当日买入的股票，不得在当日卖出，这与主板的交割方式一样。

7. 创业板股票上市首日，当盘中成交价格较当日开盘价首次上涨或下跌达到或超过20%时，交易所可对其实施临时停牌30分钟；较当日开盘价首次上涨或下跌达到或超过50%时，交易所可对其实施临时停牌30分钟。

这部分内容与《关于完善中小企业板首次公开发行股票上市首日交易监控和风险控制的通知》相同。不过，创业板的相关规定在中小板的基础上又新增了"一档"。

2009年9月23日，证监会颁布《关于创业板首次公开发行股票上市首日交易监控和风险控制的通知》，《通知》规定，当较当日开盘价首日上涨或下跌达到或超过80%时，深交所可对其实施临时停牌至14:57。股票临时停牌至或跨越14:57的，深交所于14:57将其复牌并对停牌期间已接受的申报进行复牌集合竞价，然后进行收盘集合竞价。临时停牌期间，投资者可继续申报，也可撤销申报。同时，《通知》还沿用了中小企业板现有上市首日交易监控和重大交易异常账户处理方式，并对证券公司在投资者教育和客户交易行为规范方面提出了明确要求。

附：

关于创业板首次公开发行股票上市首日交易监控和风险控制的通知

各会员单位：

为防范创业板首次公开发行股票（以下简称"股票"）上市首日交易风险，维护证券市场秩序，保护投资者的合法权益，根据本所《交易规则》、《会员管理规则》、《创业板股票上市规则》和《限制交易实施细则》等有关规定，现就创业板股票上市首日交易监控和风险控制的有关事项通知如下：

一、当股票上市首日盘中成交价格较当日开盘价首次上涨或下跌达到或超过20%时，本所可对其实施临时停牌30分钟；首次上涨或下跌达到或超过50%时，本所可对其实施临时停牌30分钟；首次上涨或下跌达到或超过80%时，本所可对其实施临时停牌至14:57。

股票临时停牌至或跨越14:57的，本所于14:57将其复牌并对停牌期间已接受的申报进行复牌集合竞价，然后进行收盘集合竞价。

临时停牌期间，投资者可以继续申报，也可以撤销申报。

二、本所可视盘中交易情况采取进一步的风险控制措施。

三、本所将严密监控创业板股票上市首日的交易，对通过大笔集中申报、连续申报、高价申报或频繁撤销申报等异常交易方式影响证券交易价格或证券交易量的账户，本所将依据有关规定采取限制交易、上报中国证监会查处等措施。

采取盘中限制交易措施的，本所在当日收市后向相关托管会员发出《限制交易通知书》，该会员的会员代表应尽快将《限制交易通知书》送达相关当事人。

四、各会员单位应严格按照本所《交易规则》、《会员管理规则》等有关规则和本通知的规定，积极配合本所的自律监管工作，采取切实有效措施，及时告知、警示、制止异常交易，防范违法违规行为；对不尽责配合的会员，将依据有关规定采取纪律处分等措施。

五、本通知自发布之日起施行。

深圳证券交易所
二〇〇九年九月二十三日

创业板投资的注意事项

中国证监会公布了《首次公开发行股票并在创业板上市管理暂行办法》，具体包括总则、发行条件、发行程序、信息披露、监管与处罚、附则等内容。从各个细节上警示创业板高风险高收益的特性，因此，投资者在投资创业板时应注意以下三项：

1. 估值过高会导致股东减持套现。

对许多创业企业而言，股东往往就是管理层，或管理层往往来自于股东，股东和管理层一般情况是合二为一的。而在国内现有的制度体系和法律框架下（如缺乏类似辩方举证、集团诉讼等对内幕交易、证券欺诈有效制约的法律制度），对上市公司股东及其管理层的约束能力可能相对较弱。

一旦出现企业估值过高，特别是极度偏高的情况，企业管理层在了解公司实际经营情况并非市场预期的情况下，将难以抑制减持套现的冲动。因此，投资者应该明白，创业板市场本身是一个高风险市场，尽管证监会严令禁止创业板上市公司的发行人及其股东最近 3 年内未经法定机关核准，擅自公开或者变相公开发行证券，但是在国内制度与法律还不能有效约束内幕交易的情况下，应该谨防大股东利用信息优势高位套现。

2. 企业不宜作为长期投资标的。

创业企业一般以高新技术类企业为主，除具有一定的技术壁垒之外，一般不具备其他准入壁垒，如政府特许经营壁垒、资源壁垒、规模壁垒、资金壁垒、市场壁垒等，其被仿效和复制难度也不大，成本也较低。

鉴于创业企业运作满 3 年即可上市融资，因此，对多数创业企业而言，往往还没有经历完整的经济周期检验，没有经历过危险情况的考验。而且，一般情况下，创业企业在经营管理上往往带有很大的随意性，在管理模式上还没有达到制度化和流程化，管理水平上也可能难以应付危机时期的需要。这时，一旦公司外部经营环境与条件发生巨大变化，往往难以作出及时与正确的应变。因此，投资者在进行创业板投资时，可以进行中短线炒股，最好避免长期持有某只创业板股票。

3. 海外市场经验：前期走势并不乐观。

从海外的创业板市场发展状况来看，美国的 NASDAQ 市场、英国的 AIM 市场和韩国的 KOSDAQ 市场是目前世界上发展较好、交易量较大、具有重大影响的创业板市场。这些市场在最初上市的两年时间内，当指数涨幅达到 20% 左右的时候，先后出现了大幅度回调。如美国的 NASDAQ 指数，在涨幅超过 25% 后的半年内迅速下滑，击破了正负分界线。1973 年 12 月，NASDAQ 指数再创新低。韩国及英国的创业板上市后，其指数的走势几乎与美国的 NASDAQ 指数完全吻合。

还有一些发展状况不太好的创业板市场，几乎没有什么起色。例如，日本和中国香港的创业板，一经上市，其指数便不断走下坡路。尤其是日本的 JASDAQ 市场，在上市后半年多，指数呈现大幅下跌走势。因此，从风险和收益的角度综合来看，投资者可以关注创业板市场，进行少量的配置，但决不能将主要投资资本投入到创业板市场。

第四节　创业板投资策略——个股选择与买卖点操作

创业板的投资主线

证监会发布的《首次公开发行股票并在创业板上市管理暂行办法》第一条指出，促进自主创新企业及其他成长型创业企业的发展，是创业板设立的主旨。证监会市场部副主任欧阳泽华则说得更形象，他说，按生命周期划分，企业可以分为初创期、成长期和成熟期。主板针对的是处在成熟期的企业，而创业板面向处在成长后期、接近成熟期的企业。可见，创业板更加重视上市公司的成长性。

如果能够挖掘到一个成长性非常出众的公司进行投资，那么，回报将是非常惊人的。全世界创业板最典型的这类公司，无疑当属比尔·盖茨领导的微软。微软公司是比尔·盖茨与保罗·艾伦在1975年合伙创建的，1986年在纳斯达克上市，当时资产只有200万美元，刚刚达到纳斯达克小型市场当时的最低上市门槛，但2010年，微软的市值已经达到2190亿美元。

虽然我们不能十分肯定地说，中国创业板今后也会诞生中国的微软，但我们能够肯定的是，中国的创业板一定会孵化出高成长性的公司，同样会给投资者带来很好的回报。

这方面，深圳的中小企业板已经有了先例。从2004年6月挂牌以来，中小板的确涌现出一批成长性良好的公司，最典型的当数大牛股苏宁电器。2002年苏宁电器的营业收入为35亿元，净利润为5856万元，只是一家中小型企业。到2009年其营业收入近583亿元，净利润28.82亿元。正是这种惊人的成长性，使其由一家中小企业一举成为国内大型商业企业。业绩高速增长，自然使股价大幅上涨。

事实上，大企业都是由小企业发展起来的，一家小企业发展速度越快，变成大企业的时间越短，带给投资者的回报也就越高。

创业板的正式推出带来了新的投资机会。但是，股民也要认识到，并不是所有的小企业都会变成大公司，创业板企业有可能发展成为一个很好的企业，也有可能昙花一现最终退市了。

因此，对于创业板企业的成长性一定要仔细研究、深刻认识，不能贸然入市。此外，即使一家企业有很好的成长性，如果股价过高，已经将未来的成长性透支炒作。典型的是2004年6月25日，首批8只股票在中小企业板挂牌上市，受到市场追捧，结果股价过高，导致高开低走，持续下跌，股价在几个月里普遍被"腰斩"，直到几年后才解套获利。这个教训投资者要认真吸取。

如何寻找创业板中价值被低估的大牛股

投资创业板市场，估值选股是极为重要的选股方法，寻找价值被严重低估的公司，买进该公司股票，等待其价值回归，是一种风险较小的投资策略。一般来说，大机构有庞大的研发机构，普通投资者只是单兵作战，随着创业板上市公司日益增加，要长期跟踪创业板所有上市公司无疑是天方夜谭，而且也不可能熟悉所有行业。因此普通投资者最好放弃自己盲目寻找公司的想法，而应该借助各种媒介，从上市公司现有的公开信息中寻找价值被低估的创业板股票。

目前权威的证券报或营业部都会提供一些研究报告，将投资者的选股范围大大缩小。但并不是所有报告提到的公司都是可以投资的，对于普通投资者而言，学会以下7个估值诀窍也许可以让你更轻松地发现适合投资的创业板股票。

1. 研究行业。

投资者应该研究一下该上市公司所处的行业，目的是为了验证研究报告中所提到的诸如产品涨价可能性有多大之类的假设条件。当然，这项工作可以通过互联网来完成。

2. 要对选中的股票进行重新估值。

不要轻信研究员的估值，一定要自己根据上市公司未来的业绩进行重新估值，这样才可能把风险降到最低。

3. 成交量选股。

一般而言，成交量的大小与股价的涨跌成正比关系，但是这种量价配合的观点也有局限性。有时候，成交量也会骗人，因为制造成交量往往是主力设置陷阱的最佳办法，它对那些多少了解一些量价分析，但又似懂非懂的技术派而言很有诱惑力，许多人往往深受其害。在实战中，成交量的变化关键在于趋势。趋势是金，所谓的"天量天价，地量地价"，只是相对某一段时期而言的，具体的内容则需要看当时的盘面状态以及所处的位置，才能够真正确定未来可能的发展趋势。在股价走势中，量的变化有许多情况，最难判断的是一个界限，多少算放量，多少算缩量，实际上并没有一个可以遵循的规律。很多时候只是一个"势"，即放量的趋势和缩量的趋势，这种趋势的把握来自于对前期走势的整体判断以及当时的市场变化状态，还有很难说明白的市场心理变化。

4. 观察盘面，寻找合理的买入点。

投资者一旦做出投资决定，还要对盘中的交易情况进行了解，特别是对盘中是否有主力或者主力目前的情况做出大致的判断，最终找到合理的买入点，要避免买在一个相对的高位。

5. 尽量选择自己熟悉或者有能力了解的行业。

研究报告中提到的公司其所在行业有可能是投资者根本不了解，或者即使以后花费很多精力也难以了解的行业，这种公司最好避开。

6. 客观对待业绩增长。

业绩预测是关键，考虑到研究报告的撰稿者可能存在的主观因素，投资者应该自己重新核实每一个条件，直到有足够的把握为止。

7. 不要相信研究报告中未来定价的预测。

研究报告中可能会在最后提出未来二级市场的定价。这种预测是根据业绩预测加上市盈率预测推算出来的，其中的市盈率预测一般只是简单地计算一下行业的平均值，波动性较大，对于投资者的估值选股意义不大。

创业板小盘股的投资技巧

相比于主板市场中流通盘动辄过亿的大盘股，创业板股票具有一个显著特征，就是流通盘普遍较小，一方面容易被庄家高度操控，另一方面也有被爆炒的风险。那么如何投资创业板小盘股呢？以下技巧希望能给投资者的创业板之旅带来帮助。

1. 投资创业板应以短线为主。

创业板小盘股容易被控盘，1000万～2000万流通盘的个股，即使是几个大户资金也能控制。这导致创业板上个股容易暴涨暴跌，炒作周期较短，走势变动较大，在参与时要注意把握介入时机和快进快出的操作技巧。主力资金介入袖珍小盘股比较容易，但退出时则有一定困难，所以，制造概念、拉高出货等手段将被经常采用，投资者在参与创业板小盘股时应快进快出。

2. 关注小盘股题材等因素。

选择小盘股不能仅仅看流通盘的大小，还要分析其是否具有热点题材，并且属于市场热点板块中的领涨股票。在选股时要从流通市值小、增量资金介入迹象明显、股性活跃度高和具有热点题材这些角度进行筛选。

3. 关注小盘股的分配方案。

投资者应关注创业板小盘股的业绩变化和分配方案情况。随着行情的进一步发展，创业板小盘股行情将会出现分化，过分依赖概念及想象空间炒作的小盘股将会很快沉寂下去，而业绩优良并且有良好分配方案的小盘股将具有更好的涨升潜力。

4. 关注小盘股价格因素。

投资创业板小盘股要关注价格这个关键性因素。历史经验表明，绝大多数小盘黑马都是在8元以下开始启动的。上市后定价过高的创业板股票往往透支了未来的成长性，投资者需要谨慎对待。

5. 关注主力资金运作模式。

主力资金运作小盘股有两种模式：

（1）主力资金深幅介入小盘股。

不需要什么业绩或题材的配合，凭借资金优势及筹码优势积极主导着个股的涨跌起落。一般股价达到某一高度，主力会选择清仓出货。

（2）主力资金波段运作小盘股。

如果小盘股有一定的业绩支撑或有股本扩张题材配合，主力资金通过反复的送股——除权——填权——再送股的波段运作而赚取丰厚的利润，许多大牛股都遵循着这种运作模式。这种模式下，主力往往长期持有该小盘股，通过反复运作获取高收益。

6. 关注个股与板块的局部机会。

参与创业板投资时不要过多关注指数，重点要关注个股的机会。因为，创业板小盘股行情与主板上大盘股行情不同，后者往往会直接刺激指数的涨跌。但小盘股的涨跌对股指影响不大，在小盘股盛行的创业板市场行情中，投资者要关注其中丰富的短线机会。

7. 关注与市场热点联动的个股。

创业板小盘股的投机炒作之风毕竟与市场已经形成的价值投资理念相违背，所以，大部分小盘股不具备长久的生命力，仅适合于短线参与。因此，投资者应重点关注与市场热点有联动效应的小盘股。

8. 挖掘次新小盘股价值。

从股市历史走势分析，小盘股基本上都有主力资金深度参与其中，新机构资金很难收集到足够的筹码，因此新上市的创业板小盘股往往备受大资金的关注。而且上市时间越短的个股，其上涨动力也越强，上挡阻力比较少，个股行情一旦启动，将表现出更强的弹性。

9. 创业板投资禁区。

投资者不论进行何种投资都存在着巨大的风险，而进行创业板投资风险更大。因此投资者应借鉴主板市场中的投资禁区，作为投资创业板时的决策参考。

10. 忌频繁买卖。

投资者在投资股票市场时最忌频繁买卖，好大喜功。为风险投资、创业资本提供退出机制是创业板的功能定位，但它也把风险传递给了投资者。正如言多必失一样，频繁地进行短线操作，最终肯定有"马失前蹄"的时候，因为好运气不可能永远地陪伴着你。因此股民朋友们要谨慎地对待自己的每一次操作，特别是在自己对行情不能正确把握的时候，应该停止操作，离场观望与休息，切忌盲目操作。

11. 炒股不能过于自信。

众多散户往往由于跟随主力大户，缺乏自主性，所以赚的时候少，赔的时候多。对于散户来讲应独立思考，坚持正确的投资理念，但千万不能过于自信，甚至自负。因为股市走势的决定因素不以投资者的意志为转移，主要取决于各种投机机构对于经济、金融、政策取向的变化的反应态度和行为。

创业板市场上市公司股本规模小，更容易为机构所操纵，投资者应顺势而动。切忌过于自信。

12. 避免迷信专家。

通常情况下，当人们从事一项新的工作时，如果能得到专家的帮助，会有一种安全感，心理也踏实许多，这是因为，专家在某领域中具有较强的能力和较多的经验，而站在专家的肩膀上，成功总会容易许多。但是，在股票领域，专家的判断并不经常是正确的，更确切地说是经常不正确的，如果总正确，专家早就成了富翁，也就不会与投资者讨论股票了。

对于股评专家们的荐股，不可不信，不可全信。真正正确的投资，绝不是简单的投机，还是要靠自己独立思考，靠正确的投资理念、投资纪律和科学的操作方式。要知道，在股票市场，没有任何人可以控制风险。因此，股民最重要的是要相信自己，提高自己的分析能力，而不要轻易就被股评专家所鼓动。

13. 忌合伙炒股的做法。

由于中国创业板市场还不成熟、不完善，投资者有可能因为资金有限又不想放弃盈利机会而想到合伙炒股。合伙炒股在长线投资中较为流行，而在创业板中，合伙炒股必然会在投资理念、价值判断等方面发生冲突，在盈利的情况下有可能不会产生过大的矛盾，一旦亏损，则免不了互相抱怨。三个和尚没水吃的故事提醒投资者，合伙炒股不仅要冒更大的法律风险，还要冒更大的道德风险。

合伙炒股还容易使投资者失去判断上的独立性。投资者在投资决策时互相制约形不成独立的意见，而且不能及时地根据股市的变化作出决策改变。因此，合伙炒股会造成更大的风险，这些风险一般来说都是人为造成的。

14. 切勿超支炒股。

注意创业板投资只能使用闲钱，不能拿自己的全部资金炒，更不能拿吃饭、看病、购房、买车的钱往股市里砸。在保证正常生活不受影响的前提下，拿1/3，顶多2/3的资金投资股市。俗话说：不能将全部鸡蛋都放在一个篮子里，分出一部分资金存入银行，投入房地产或债券之类，这是防止因创业板投资损失过大影响生活进而败坏情绪的最佳措施。著名股民杨百万说:"股市不是银行。如果你没有富余的钱,你不要玩。不考虑生活的股民不是成熟的股民。"有位理财专家为股民指点迷津时说:"创业板投资是有门槛的。这个门槛就是你首先得问问自己:全家人的各类基本保险缴了吗?家里是否留有3年家庭开支的钱?子女未来几年的教育经费预留了吗?……如果答案都是肯定的,那么创业板投资对于你来说,才不会是心惊肉跳的,你才有可能在股市里收获快乐。"

15. 不介入流动性差的股票。

投资者在投资决策时,应以投资变现能力强的股票为前提。在需要现金,或者需要调整股票的种类时,能够及时"脱手"变现。由于创业板中上市公司本身发行规模小,使得股票在二级市场上市初期股权相对比较分散,行业背景和公司质量特别受到市场关注的股票会出现拉高建仓的盛况,一般品种就容易处于长期横盘整理状态,但每只股票仍然会有一定的市场表现。创业板市场是提倡创新的市场,创新的结果有可能是辉煌,也有可能是死亡。因此,创业板市场情况非常复杂,投资者的投资策略需要做相应的调整,而必须坚持的原则便是选择流通性强的投资对象。

第五节 创业板IPO投资技巧

从创业板新股中寻找明天的微软

在全球的创业板市场中,最成功的莫过于美国纳斯达克(NASDAQ)市场,截至2009年8月底,纳斯达克共有上市公司3141家,其中,美国本土公司2865家,境外公司276家。而从2009年9月21日收盘情况来看,虽然在与席卷全球的国际金融风暴不期而遇后,各股的股价均有不同幅度的下跌,但是依然有11只100美元以上的高价股挺立在纳斯达克。其中,股价最高的是Google,股价为497美元;而市盈率最高的是Intuitive Surgical,市盈率为48.91。也就是说,NASDAQ的高价股虽然股价很高,但是市盈率并不高,这表明NASDAQ的高价股并不是过度投机暴炒上去的,也不是过大泡沫堆积上去的。

以铜为鉴,可以正衣冠;以人为鉴,可以明得失;以史为鉴,可以知兴替。NASDAQ的百元高价股究竟是何方神圣?它们又具有怎样的特质和风范?通过对这些高价股的分析,或许能为股民朋友们的创业板炒"新"之路提供借鉴。见表15—2。

表 15－2　NASDAQ 百元以上高价股品质比较

代码	公司名称	每股净资产	每股收益	收盘价	市盈率
GOOG	Google	$99.85	$14.43	$497.00	34.47
BIDU	百度	不详	不详	$400.25	不详
CME	CME Group	$285.98	$10.03	$304.60	31.90
ISRG	Intuitive Surgical	$33.51	$5.04	$246.53	48.91
STRA	流浪者教育	$11.89	$6.59	$221.63	33.58
AAPL	苹果公司	$28.90	$5.72	$184.02	32.12
NWLI	全国西部寿险	$293.20	$9.60	$170.00	17.17
PCLN	在线定价	$20.13	$4.64	$165.05	35.73
FSLR	First Solar	$27.00	$6.93	$157.25	22.72
ATRI	ATRION Corp	$55.19	$8.30	$141.61	17.06
ISRL	Isramco	$7.30	$13.56	$136.48	10.58

注：表中"每股净资产"是截至 2009 年 6 月 30 日的数据；"每股收益"则是 2008 年 7 月 1 日～2009 年 6 月 30 日连续 12 个月的"年度"数据。

从表 15－2 中，股民朋友们不难发现以下特征：

1. 净资产是高价股的基本支撑。

在 11 只百元股中，除了 Isramco 公司的每股净资产只有 7.3 美元外，其余 11 只股票的每股净资产均在 10 美元以上，其中，达到或超过 100 美元的就有 3 只，有 2 只股票的每股净资产竟接近 300 美元。

2. 盈利能力是高价股的重要保证。

在 11 只百元股中，每股收益基本上都在 5 美元以上，其中，有 3 家公司的每股收益高达 10 美元以上。

3. 百元股的股价虽高，但没有过度投机或泡沫之嫌。

在 11 只百元股中，除了百度财务数据不详外，只有一只股票的市盈率高于 40 倍，其余 9 只股票市盈率均低于 40 倍，其中，有 3 只股票市盈率竟不足 20 倍。仅从高价股的炒作来看，NASDAQ 并不存在有些人所言的泡沫化或过度投机的巨大风险。

通过下面这张表格，见表 15－3，让我们看看这 11 只百元股从美国股市的谷底到 2009 年 9 月 23 日的股价波动情况。

表 15-3　NASDAQ 百元以上高价股 52 周股价波动

股票代码	最近 52 周内		最高价/最低价（倍数）
	最高价	最低价	
GOOG	$497.37	$247.30	2.01
BIDU	$408.00	$100.50	4.08
CME	$440.00	$155.06	2.84
ISRG	$293.01	$84.86	3.45
STRA	$239.99	$143.53	1.67
AAPL	$186.79	$78.20	2.39
NWLI	$275.00	$52.51	5.24
PCLN	$169.00	$45.15	3.74
FSLR	$249.90	$85.28	2.93
ATRI	$143.87	$63.00	2.28
ISRL	$178.00	$19.20	9.27

注：最近 52 周的长度正好跨越了从美国股市的谷底到持续反弹后的 2009 年 9 月 23 日。

原本创业板就具有高风险性，股价动荡幅度一般较大，再加上 2008 年发生的世界性金融危机，更使得 NASDAQ 股价波幅加大。在 11 只百元股中，最大波幅为微型公司 Isramco，在过去 52 周中，其最高股价为 178 美元，最低股价仅为 19.2 美元，最高价相当于最低价的 9.27 倍。不过，大多数公司股价最高与最低相差只有 2 倍左右。如果避开这类特殊的金融危机灾难，NASDAQ 高价股的股价波幅会收窄许多。股价波动幅度巨大，正说明了创业板炒股风险性的大小。

明白了创业板炒股的风险性后，让我们通过表 15-4 来看看哪些行业更有酝酿高价股的潜力。

表 15-4　NASDAQ 百元以上高价股基本概况

代码	行业	创立及上市时间	雇员人数	总股本	流通股
GOOG	因特网信息	1998；2004 年	19786 人	3.17 亿	3.15 亿
BIDU	因特网信息	2000；2005 年	6387 人	0.35 亿	不详
CME	期货交易所	1898；2002 年	2250 人	0.66 亿	0.66 亿
ISRG	医疗器械	1995；2000 年	1049 人	0.38 亿	0.37 亿
STRA	教育培训	1892；1996 年	1488 人	0.14 亿	0.14 亿
AAPL	个人计算机	1976；1984 年	32000 人	8.96 亿	8.89 亿
NWLI	人寿保险	1956；1990 年	296 人	0.04 亿	0.02 亿
PCLN	因特网信息	1997；1999 年	1925 人	0.42 亿	0.42 亿
FSLR	电力模块	1999；2006 年	3524 人	0.85 亿	0.65 亿
ATRI	医疗器械	1944；1984 年	485 人	0.02 亿	0.02 亿
ISRL	石油天然气	1982；1995 年	16 人	0.03 亿	0.01 亿

注：在美国，"总股本"是指"已发行股本"，包括流通股和限售股两类。

显而易见，百元股公司大多都从事高新技术产业。在 11 只百元股中，有 3 只是因特网信息服务供应商，它们大都属国际知名品牌，如 Google、百度。此外，百元股公司还覆盖了医疗器械、计算机、人寿保险、电力模块、教育培训、期货交易、石油天然气等行业。

此外，百元股公司一般是技术密集型，而非劳动密集型，雇员人数较少。在 11 只百元股中，雇员人数最少的公司居然是一家石油天然气公司，仅有 16 个雇员，该公司主要联合它的一些子公司在美国从事石油、天然气的并购、开发、生产和勘探工作。此外，除苹果、Google 及百度因高速成长而规模变大外，其他公司雇员规模均不算大。

百元股公司还有一个显著特点，那就是股本规模小。在 11 只百元股中，除苹果及 Google 股本过亿外，其余公司总股本均只有数千万股，其中，有 3 只股票总股本不足 500 万股，最小股本只有 200 多万股。

他山之石，可以攻玉。以上的分析并不是让股民朋友们在投资新股时盲目选择股价最高的，而是选择最具有创新能力和成长潜力的。股价相对较低的股票，其上市公司不一定就差。最为人们所知的一个例子，NASDAQ 的骄傲和形象代言人——微软公司。2009 年 9 月 21 日，微软（MSFT）收盘价仅为 25.3 美元。然而，它的总股本却高达 89.11 亿股，其中流通股为 77.74 亿股，市盈率为 15.63 倍，雇员为 93000 人。至今，它仍是全世界"最牛"的高科技企业之一。如果没有微软这一类高科技企业，也许就没有今天的网络时代。

根据资金的多少选择新股

申购新股时有这样一个原则：小资金的投资者可申购中签率最高的新股，大资金的投资者可申购收益最大的新股。

那么如果投资者的资金量相对较少，远远达不到申购上限，那怎么办？如果遇到这样的情况，投资者在申购时可以借鉴以下的申购技巧：

1. 集中资金申购，加大申购新股的资金量。

整合账户间的资产或是调高短线操作资金比例。有条件的投资者可以将多个账户的资金集中到一个账户进行申购，可以提高中签机会。一般是将亲人好友的资金集中起来进行新股申购，中签后按比例分配。

以夫妻两人为例，在现有的账户基础上利用配偶的身份证再开一个账户，便可以将总申购金额的上限提高一倍。由于现有规定只要有身份证便可以开户，因此若家中已有适龄子女，便可以再行开设一个证券账户，进一步提高申购上限。类似的道理，还可以使用父母的身份证开账户，使得申购金额的上限进一步提高。当然，由于牵涉到资金在账户之间的转移，还需家人间事先商量好中签获利的分配方案，免得日后引出利益纠纷，导致家庭关系失和。

诚然，多账户可以在一定限度上提高散户投资者的申购金额，但这并不等于可以提高中签的概率，这点与许多散户的第一直觉并不吻合。相反若是在单一账户并未达到申购上限的前提下使用多账户申购策略，反而有可能降低中签概率。

以某上市新股为例，若最后中签率为1%，即只需要有连续100个申购申请号，便可保证必然能够中签一手。但是，若将100手的申购分散在两个账户，则很有可能遇上"错号"的风险。比如规定尾号是"02"的申请能够中签，但因为分账户，你的两批共100个申请或许恰好没有"02"的，则无法确保必中。

2. 选择理财产品。

资金量较大的投资者可以分账户申购新股，而资金量小的投资者往往很难中签，更适合的方法是将有限的资金放到相应的申购新股的基金或者理财产品上面，这样可以取得稳定的平均收益。

创业板新股上市当日投资技巧

纵观海外创业板的新股发行历史，投资者可以发现这样一个现象：只要上市公司的基本面较好，二级市场均会有机构介入，机构为了取得日后对该股的控制权，往往在上市的首日就会去主动建仓，为其日后的操作做准备；即使质地较差的品种也会因为市场氛围的因素吸引部分资金进行短线炒作。因此，如果投资者能够把握住较好的新股投资时机，短线操作的利润极为惊人。那么从哪些方面可以看清创业板新股是否具备短线操作的机会呢？在创业板新股上市首日的具体炒作中，投资者要注意以下几点：

1. 关注新股上市首日的风险。

新股上市首日定位过高的往往面临着价值回归过程，对此，投资者要有清醒认识，并且要采用正确的投资方法来平衡新股投资中风险与机会的矛盾。因此我们给投资者提出以下建议：

（1）研读公告，了解公司基本情况。

（2）参考专业机构的估值分析意见，掌握普遍认可的一个相对合理的定价范围区间，减少买卖的盲目性。

（3）关注交易所的风险提示和临时停牌公告，及时了解市场风险状况，避免遭受不必要的损失。

（4）理性投资，切忌盲目跟风。

2. 关注上市首日换手率大小。

新股是否有主力机构在主动吸筹,以及吸筹的力度如何,是判断新股未来走势的重要标准,这要求投资者观察盘中成交情况以及股价运行是否具有方向性和持续性。有机构收集的股票,这些特征比较明显。特别是新股前15分钟的走势,一般来说,若开盘换手率达到5%以上,同时前10分钟拉出阳线,并且换手率达到15%以上,表明该股明显有新主力主动吸纳迹象。这是因为主力机构如果看中某只新股,会利用开盘后的5～15分钟,乘广大投资者犹豫、观望之际,快速介入其中收集筹码。投资者可以在该股随后回档时介入,当天可能就会有较好的市场表现。所以,前5～15分钟及前半小时的换手率及其股价走势,往往能分析是否有大主力介入。一般情况下,10分钟换手率在20%左右、一小时换手率在30%以上、上午换手率在40%以上,这样的新股都是值得投资者高度关注的。而前30分钟换手率在20%以下的新股,往往当天会收出阴线,随后的表现也不理想。

一般来讲,在开盘后前30分钟,换手率能够达到40%左右,同时相对价位并不过分高,就可以考虑在股价回落时适当介入。特别是出现大笔成交量买入的迹象时,更可以考虑重仓介入。

3. 从开盘成交量看走势。

新股开盘成交量的大小是观察二级市场主力是否介入的最早信号。经验表明,开盘竞价成交量达到上市新股流通总股本的5%以上,并且开盘价偏高时,可认为有主力参与接盘,后市看好;新股开盘价并不低,但开盘成交量明显偏小,则为一级市场持股人严重惜售,如果新股为中小盘股,很可能有主力在其中操盘,后市同样值得看好。

4. 从价格形态看走势。

新股上市首日的价格走势常见以下形态:

(1) 高开低走,多为出货行情,不宜介入。

(2) 高开平走,多形成震荡出货行情,早期可用少量资金低吸高抛做超短线。

(3) 低开高走、平开高走或偏高开高走,后市常有一段较好行情。

这里是以新股的理论定位市价为平开标准,低于此价为低开,高于此价约25%为高开。

5. 把握卖出的时机。

首日大资金进行建仓之后,一般会有一个震荡洗盘的过程,只要市场处于平稳的态势,震荡的幅度并不会太大,投资者都可以继续持有。但是若股价没有出现震荡而是继续冲高,则主力可能以短炒为主,应尽早离场。

第六节　创业板风险规避技巧

创业板风险来自何方

由于创业板公司处于成长期，与在主板、中小板等上市的处于成熟期的公司相比，有高成长的准入门槛，企业的生命周期、起点规模、产业形态、商业模式、市场定位等决定了其具高速成长的特性。但是，在拥有高成长性的同时，一旦公司经营出现问题，达不到预期的目标，甚至有可能难以维持可持续的平稳发展。在为投资者带来巨大机遇的同时，创业板市场也蕴藏着以下5种风险。

1. 退市风险。

质量不合格的商品应当撤柜，同样，不符合标准的上市公司也应当退市，这种强制退市制度有助于维护证券市场优胜劣汰的竞争秩序，充分保护投资者的合法权益。在《深圳证券交易所创业板股票上市规则》中对创业板上市公司的强制退市制度作出了有别于主板的规定。投资者应全面认识这些规定，牢固树立审慎投资的理念，警惕创业板的退市风险。其规定概况起来主要有3个特点："多元退市标准、直接退市、快速退市程序"。

（1）多元退市标准。

《深圳证券交易所创业板股票上市规则》制定了多元化的退市标准，除了主板规定的退市标准外，创业板将新增若干退市标准，包括：

①上市公司财务报告被会计师事务所出具否定意见或无法表示意见的审计报告而在规定时间未能消除的。

②上市公司净资产为负而未在规定时间内消除的。

③上市公司股票连续120个交易日累计成交量低于100万股，限期内不能改善的。

一旦触发以上任何一项退市标准，上市公司都将面临退出创业板的命运。

（2）直接退市。

创业板公司退市后不再像主板一样，必须进入代办股份转让系统，如符合代办股份转让系统条件，退市公司可自行委托主办券商向中国证券业协会提出在代办股份转让系统进行股份转让的申请。

（3）快速退市程序。

为提高市场运作效率，避免上市公司该退不退，无意义地长时间停牌。创业板将针对三种退市情形启动快速退市程序，缩短退市时间。这些退市情形包括：未在法定期限内披露年报和中期报告；净资产为负；财务会计报告被出具否定或拒绝表示意见。

和主板上市公司不同，创业板上市公司平均规模较小，经营也尚不稳定，在具有较大成长潜力的同时也蕴含着较高的风险。因此，适用严格的退市标准是保证创业板上市公司质量、发挥资源优化配置的必要"过滤阀"。这点既是对海外成熟创业板做法的借鉴，也是对中国证券市场以往经验的总结。

在海外创业板市场上，公司退市是一种十分普遍和正常的市场行为，其退市率（退市公司数÷当年年末上市公司总数）明显高于主板市场。例如，美国纳斯达克每年大约8%的公司退市，而美国纽约证券交易所的退市率为6%；英国AIM的退市率更高，大约12%，每年超过200家公司由该市场退市。

通过较高的退市率，海外创业板市场形成了良好的信号传递效应，逐步建立起对上市公司严格的约束机制，保证了市场形象和整体质量。统计显示，2003～2007年间，纳斯达克退市公司数为1284家，超过了同期该市场新上市公司1238家的数量，以至于纳斯达克在2007年末的公司总数仅为3069家，低于2003年末3294家的水平；日本佳斯达克、加拿大多伦多创业板和英国AIM的退市公司数量尽管不及新上市公司数量，但退市与新上市数量之比均超过了50%；而韩国科斯达克退市公司数超过100家，为该市场新上市公司数量的1/3。源源不断的公司流出和流入是创业板市场得以保持活力的根本保证。

当然，严格的退市制度对于投资者的影响将会是巨大的。从有利的方面来看，优胜劣汰的充分竞争将有助于保证创业板上市公司的质量，为投资者提供更多优质的上市资源；而从不利的方面来看，投资者也将会面临更多的公司退市风险。上市公司如果被强制退市，其股票的流动性和价值都将急剧降低甚至归零，这就意味着投资者手中的股票有可能变为一堆废纸，这一风险应当引起投资者的高度重视。

严格的退市制度也有助于防止过去主板市场上对"壳资源"的炒作和对"垃圾股"的吹捧。由此可见，实行严格的退市制度是为了切实保护投资者合法权益的基础性制度安排，也是创业板的特殊需要。

2. 信息不对称和理解偏差风险。

创业板上市公司所处的行业特殊，技术含量比较高，投资者理解上市公司所披露的信息有相当的难度，难以正确把握创业板上市公司未来发展的前景。在不深入了解上市公司的情况下就进行盲目投资，会给投资者带来较大的交易风险。

3. 流动性风险。

所谓流动性，也就是股价变现时价格的波动幅度和撮合成交的速度。创业板公司普遍规模较小，发行的股数少，而且公司经营与主板上市公司相比不太稳定。从理论上讲，股本越小的企业，价格波动越大，业绩好的时候股价会大幅上涨，业绩不好的时候股价就大幅下跌。在创业板中，股票普遍面临股价大幅波动的风险，变现难度也比较大，这就容易导致投资者交易成本的明显提升，进而影响到整体的投资收益。

4. 估值风险。

创业板市场的启动，意味着一批投资者相对陌生的中小企业，登上中国资本市场的舞台。这些企业，无形资产比重高、成长性好、经营不确定性大，主板市场中传统的每股收益（EPS）、净资产收益率（ROE）、市盈率（PE）等估值指标在创业板上不太实用。如果投资者简单地将主板市场的投资策略、分析方法复制到创业板企业中去，投资风险会被放大。

此外，创业板市场还涌现出一些行业划分更细更专业的企业，投资者要想较为全面地了解这些企业，必须具备一定的专业背景，如果仅从财务数据发掘，有时候无法做出理性的分析。

5. 盲目炒作风险。

创业板市场初开，上市公司数量少、规模小，加之主板市场一贯的"炒新"行为，难免出现短暂的过度"繁荣"，如果投资者盲目追高，则有可能面临极大的风险。将以小博大的投机心态带入创业板市场，将会使投资者承受巨大的投资风险和心理压力。

此外，由于中小投资者资金水平有限，很难以投资组合的方式来规避单个企业的非系统性风险。过度投机往往会给创业板市场整体带来影响，美国纳斯达克的网络泡沫就是前车之鉴。所以，过度投机炒作不仅对于投资者来说容易引发较大的投资风险，也对创业板市场的长久发展不利。

创业板风险防范技巧

创业板市场的风险是由外在因素和内在因素两方面造成的，因此，投资者要想通过创业板赚取财富，同时有效规避创业板风险，便需要同时考虑到这两方面的因素，具体做法有以下几个方面：

1. 防范上市公司退市风险。

在创业板市场上市的公司基本都属于新兴公司，具有高成长、高科技与新经济、新服务、新农村、新能源、新材料、新商业模式的"二高六新"特点，这一特点决定了上市公司业绩参差不齐，有的可能像微软、思科、英特尔公司一样具有持续盈利的能力，有的可能业绩一路下滑，被逐步淘汰。由于创业板市场的退出机制相当严格，不符合上市标准则要退出市场，这无疑使市场风险进一步加大，这就是创业板市场中影响最大的退市风险。

2. 防范创业板的联动风险。

由于创业板市场与主板市场具有高度的联动性，投资者必须随时保持两个市场资金流动的趋势，以选择投资对象，香港创业板市场 GEM 就常常受国外成熟市场的影响，与美国纳斯达克市场保持高度的联动性。中国创业板市场之门也刚刚开启，必然会受到主板市场较大影响，因此投资创业板必须回避两市联动性所造成的风险，这就要求投资者对两个市场都加强了解，而且还应随时关注国外创业板市场的动态和市场热点。

3. 技术分析要长短结合。

不同的市场应选择不同的投资分析方式，创业板市场相对风险更大，在技术分析参数选择上要比主板市场更加敏感。如果观察 K 线图，不仅要观测日常周期的 K 线，还要注意观察 15 分钟、30 分钟、60 分钟等短时间周期的 K 线图，这样能够较敏锐地感知股价的短期波动。

对于一些主要的分析指标，如相对强弱指标、随机指标和乖离率指标等也应适当观察。对于当天走势的判断，成交量和买卖力量对比分析是关键。成交量比较大的价位往往会形成短期的支撑或阻力位，投资者可以结合买卖盘来确定盘中买卖的时机。

4. 随时准备应对风险侵袭。

投资者在进入创业板市场之前，必须具备一定的专业知识和高度的风险承受能力。创业板市场的高风险主要体现在股价剧烈而频繁的波动，以及上市公司有破产的可能性，同时对于一个新设立的市场还存在流动性较差的风险。对于个人投资者而言，要随时准备应对风险的侵袭。

第十六章

实战中如何投资融资融券：掌握全新的股票投资方式

新股民实战导读：

融资融券业务因为引入了双向交易机制而具有标志性意义，这将改变中国股市"单边市"状况，投资者不仅能在上涨行情中做多盈利，也可以在下跌行情中通过融券卖空来实现盈利，从而增加了市场投资机会。

虽然从事融资融券交易可以放大盈利，但是同时也增加了一定的风险。所以，投资者应当具备一定证券投资经验，具有相应风险承担能力和趋势研判能力，并了解熟悉相关业务规则后，才能参与此项业务。

本章从融资融券的基础知识开始，详细陈述相关规则，解答相关问题，说明参与融资融券交易的技巧与方法，以及风险控制策略和对趋势的研判技巧，以期望能够给投资一定的指引。

第一节 永远别做自己没把握的投资：融资融券到底是什么

融资融券的概念

"融资融券"又称"证券信用交易"，是指投资者向具有上海证券交易所或深圳证券交易所会员资格的证券公司提供担保物，借入资金买入本所上市证券或借入本所上市证券并卖出的行为。它包括券商对投资者的融资、融券和金融机构对券商的融资、融券。

融资是借钱买证券，证券公司借款给客户购买证券，客户到期偿还本息，客户向证券公司融资买进证券称为"买空"。

融券是借证券来卖，然后以证券归还，证券公司出借证券给客户出售，客户到期返还相同种类和数量的证券并支付利息，客户向证券公司融券卖出称为"卖空"。

融资融券是对现有的证券交易模式的一种全新补充，尤其是融券业务，使市场出现了真正的空头，改变了以往的"单边下跌"和"单边上涨"行情，弥补了我国证券市场的一个重大缺陷。

融资融券的特点

融资融券具有如下特点：

1. 杠杆性。

融资融券最大的特点就是借钱买证券，借证券卖证券。我们知道，普通证券的交易必须支付全额交易金，但融资融券交易只需要缴纳一定比例的保证金就可以，缴纳保证金之后，你就可以向证券公司借钱或借券了。举个例子，如果交纳50％的保证金，意味着可以用同样多的金额进行两倍的操作。投资者通过向证券公司融资融券，扩大交易筹码，可以利用较少资本来获取较大的利润，这就是信用交易的杠杆效应。

2. 资金疏通性。

资本市场和货币市场作为金融市场的两个有机组成部分，它们之间的资金流动必须保持顺畅状态，如果相互间资金流动的通道阻塞或狭窄，就会降低金融市场的整体效率。

而融资融券交易的出现有效地提高了市场的整体效率。融资融券机制以证券金融机构为中介，一头联结着银行金融机构，一头联结着证券市场的投资者，通过融资融券交易，可以引导资金在两个市场之间有序流动，从而提高了证券市场的整体效率。

因此，从融资融券交易机制的基本功能看，它是资本市场和货币市场之间重要的资金通道，具有资金疏通性。

3. 信用双重性。

融资融券交易中存在双重信用关系。

在融资信用交易中，由于保证金的存在，投资者只需要支付一部分价款就可以买进证券，不足的金额由经纪人垫付。经纪人向投资者垫付资金是建立在信用基础上的，也就是说，经纪人垫付部分差价款，是以投资者日后有能力来偿还这部分价款及利息为前提的。这是第一层信用关系。

从经纪人的角度来说，其所为投资者垫付的价款，一般都是来源于券商的自有资金、客户保证金、银行借款或在货币市场融资。这称为转融通，包括资金转融通和证券转融通。我国由于试点期间只允许证券公司利用自有资金和自有证券从事融资融券业务，因此融资融券建立初期，我国只有第一层信用关系。

4. 做空机制。

普通的证券交易必须先买后卖，当价格上涨时很容易获利，但是当价格下跌时，投资者要么割肉止损要么等待价格重新上涨。

而引入融资融券制度后，投资者就可以一改往日的交易方式。投资者可以先借入证券卖出，等证券价格下跌以后再买回归还给证券公司。这种交易方式就意味着在证券价格下跌的时候，投资者也能获利。这种方式改变了证券单边市场的状况。

融资融券的意义

历经一波三折，融资融券终于走到了台前。作为完善证券市场交易机制的一项重要措施，融资融券的推出将为当前的证券市场注入新的活力，对促进我国资本市场稳定发展与改革创新具有积极意义。融资融券制度的巨大意义在于四方面：

1. 提高市场的流动性。

融资融券的启动为市场输入了新鲜的资金血液，这对市场产生积极的作用。融资融券交易可以在一定程度上放大资金和证券供求，增加市场交易量，从而活跃证券交易，增强证券市场的流动性。

2. 有助于内在价格稳定机制的形成。

融资融券交易可以将更多的信息融入证券的价格中，可以为市场提供方向相反的证券交易活动，有利于股票价格趋于合理，总体上有助于市场内在的价格稳定机制的形成。

3. 提供更多的投资手段。

在融资融券交易中，当市场持续走强的时候，投资者可以通过融入资金购买股票而放大获利倍数；而通过融券，投资者就可以在市场持续下跌的过程中卖空股票再于低位平仓补回即可。

融资融券为投资者提供一种新的获利方式，不再像以前那样，只有在市场上涨的时候才能够获利。而目前在市场下跌的时候，投资者仍然也可以获利。

4. 提高金融资产的运用效率。

融资融券交易拓宽证券公司业务范围，在一定程度上增加证券公司自有资金和自有证券的运用渠道。在实施转融通制度后，还可以增加其他合乎规定的资金和证券的融通配置方式，提高金融资产的运用效率。

推出融资融券将更有利于增强证券市场的活跃程度，平滑市场价格波动，改变证券市场"单边市"的状况，形成证券市场内在的稳定机制，促进证券市场功能的进一步发挥和市场长期稳定健康发展。

融资融券与普通证券交易的区别

融资融券交易，与普通证券交易相比，在许多方面有较大的区别，归纳起来主要有以下几点：

1. 保证金要求不同。

普通证券交易在买入的时候，必须先存入足额的资金，比如说，你要买1万元的股票，那么，你的账户中必须有对应的1万元；卖出证券的话，也必须要有足额的证券，比如，你要卖出1万股股票，那么，此时你的账户中也必须有1万股股票才行。

而融资融券交易则不同，在进行交易的时候，投资者只需交纳一定的保证金，就可以进行保证金一定倍数的买卖（买空卖空），在预测证券价格将要上涨而手头没有足够的资金时，可以向证券公司借入资金买入证券，并在高位卖出证券后归还借款；预测证券价格将要下跌而手头没有证券时，则可以向证券公司借入证券卖出，并在低位买入证券归还。

2. 法律关系不同。

普通的证券交易，投资者和证券公司只存在委托买卖的关系；而如果从事融资融券交易的话，投资者与证券公司之间就不仅仅是委托买卖的关系，还存在资金或证券的借贷关系，因此还要事先以现金或证券的形式向证券公司交付一定比例的保证金，并将融资买入的证券和融券卖出所得资金交付证券公司一并作为担保物。

投资者在偿还借贷的资金、证券及利息、费用，并扣除自己的保证金后有剩余的，即为投资收益（盈利）。

3. 风险承担和交易权利不同。

普通证券交易，风险完全由投资者自行承担，所以，投资者几乎可以买卖所有在证券交易所上市交易的证券品种（少数特殊品种对参与交易的投资者有特别要求的除外）；而从事融资融券交易时，投资者如果不能按时、足额偿还资金或证券，承担风险的就不仅仅是自己，还会给证券公司带来风险。所以，投资者只能在证券公司确定的融资融券标的证券范围内买卖证券。因为证券公司确定的融资融券标的证券均在证券交易所规定的标的证券范围之内，这些证券一般流动性较大、波动性相对较小、不易被操纵，投资者选择证券交易所规定的证券在一定程度上会降低证券交易所的风险。

融资融券交易与卖空交易的区别

在对融资融券的认识上,有些投资者认为,"融券交易＝卖空交易"。对于这一理解,有关专家表示,融资融券交易与卖空交易是有区别的,"融券交易"并不等于"卖空交易",原因有三:

1. 不可简单理解融券为卖空。

卖空交易是指,当投资者认定某种证券价格将下跌时,可以通过缴纳一部分保证金向证券商借入证券卖出,等价格跌到一定程度后再买回同样证券交还借出者,以牟取价差。在这种交易方式中,投资者手里没有真正的证券,交易过程是先卖出后买回,因此称为卖空。

中国的融券交易,要求投资者在有抵押、交纳一定数额保证金的基础上,按照一定比例向证券公司借券卖出。这种交易虽然存在一定的卖空特征,但因抵押担保机制的存在,事实上类似于信贷行为,与一般意义的"卖空"不可同日而语。

2. 制度设计显著区别于卖空。

中国融资融券业务的制度设计,从标的证券范围、担保品范围到交易规则,都显著区别于一般理解的卖空制度。

具体来说,中国融资融券业务制度设计中,对担保品、标的证券范围和交易杠杆比例都有严格规定。

其中,担保品包括一部分可流通证券以及一定级别以上的债券等资产,计算担保品价值时,需参照一定的折算率。就融券业务来说,可进行融券交易的标的证券范围极小,基本上限制在指数成分股内。

在交易杠杆比例方面,相关业务规则已经确立了50%的初始保证金比例要求,同时,随着股票价格的波动,投资者还要满足维持保证金比例130%的要求,在一定时期需追加保证金。

此外,投资者向证券公司融券还要承担利息,对融券者形成了一定的成本约束。上述制度设计,都对交易杠杆比例形成了直接和间接控制,融券做空交易的杠杆比例"很可能不到一倍"。

最后,由于在转融通制度建立之前,只允许券商用自有证券开展融券业务,不允许券商相互借券,也不允许券商挪用客户证券,所以,可用于融券的证券数量非常少,客观上也限制了融券业务的规模。

3. 融券做空报价必须高于前日价格。

为了避免融资融券交易过程中出现市场操纵行为,监管部门设定了较为严格的监管规则:

融券做空的报价必须要高于前一交易日价格，交易所会对融券做空交易行为进行前端控制；

单只股票融资融券的交易金额超过股票成交量25％的时候，要暂停该股票的融资融券交易，来限制投资者运用杠杆操纵股票价格；

交易所能够在有明显的市场操纵和卖空迹象时，自主调整保证金比例与担保品折算率；监管部门还能够通过对证券公司进行窗口指导发挥导向作用；

单个投资者买卖股票超过5％，要举牌并遵守信息披露等方面的相关规定。

融资融券交易与股指期货的联系

融资融券是指券商为投资者提供融资和融券交易。根据对香港市场的研究表明，在开放融资融券交易机制以后，股指期货偏离现货的幅度与次数均明显减少。

推出融资融券，将对促进股指期货期现套利交易、平抑过度投机，进而保证套期保值功能、促进股指期货乃至我国资本市场的健康发展起到关键作用。

同时，股指期货的推出对于融资融券的发展也有推动作用。特别对机构投资者而言，如果没有股指期货，进行大量的融券抛空业务，风险是极大的。另外，股指期货的价格发现功能可以实现对融资融券业务的有效引导，避免融资融券变成一种纯粹的高风险投机行为。

融资融券的一般盈利模式

融资融券业务具有杠杆效应及做空机制的特点，将提供双向盈利的模式。当证券价格上涨的时候，投资者通过融资购买股票，就可以放大收益。从另一方面来说，融券业务也为投资者提供了做空的途径。投资者如果预期某只股票在将来的一段时间内将要下跌，就可以先跟券商借来该只股票卖出，如果该股真如预期一样下跌，投资者就可以再低位买回该股还给券商，其间的差价就是投资者的收益。

融资融券给投资者带来的机遇和风险

1. 融资融券给投资者带来的机遇。

（1）对融资者而言，投资者可以借助杠杆的效应放大财富，在上涨的行情中获得更可观的利润。

例如，通过融资使资金放大两倍，股价上涨一成，投资收益就变成两成，在不考虑融资利息的情况下，利润可以增加一倍。

（2）对融券者而言，在下跌市场进行投资，仍然可以获得收益。

普通的证券市场，由于没有融券，因此投资者只能做多赚钱，不能做空，所持股票只有价格上涨才能获利。

这种单边的交易，使投资者无法防范价格下跌所带来的风险，更不用说在证券价格下跌的过程中获利了。如果遇到下跌的行情，投资者除了暂时退出就没有更好的选择了。

而融券机制则给了投资者提供了一个从下跌行情中获利的可能。普通的证券交易，投资者只能选择市价被低估的证券，但在融券业务中，投资者还可以选择市价被高估的证券。

有了融券交易以后，投资者就可以根据自己对市场的预期来选择做多还是融券，这样即使是市场下跌，如果投资者能够准确操作的话，也能够有获利的机会。

(3) 融资融券不仅使投资者多了一个投资选择机会，而且在下跌的行情中，投资者还可以融券交易规避风险。

在严格把握融资融券余额指标的情况下，投资者既可以通过"股票持仓＋卖空"组合规避股价下跌风险、锁定投资收益，又可以通过"股票持仓＋融出券"组合改善盈利水平，还可以利用融资买空的财务杠杆效应提高资金的利用效率。

总之，融资融券的引入为投资者提供了新的盈利模式。融资使投资者可以在投资中借助杠杆放大收益，而融券可以使投资者在市场下跌的时候也能实现盈利；同时，融资融券为投资者提供了新的规避风险的手段。

2. 融资融券交易带给投资者的风险。

融资融券交易是一个全新的事物，投资者需要充分考虑融资融券业务可能产生的各类风险。

(1) 杠杆效应带来的风险。

融资融券是杠杆式的投资工具，是一把"双刃剑"，它在放大收益的同时，也放大了投资的风险。投资者在将股票作为担保品进行融资时，既需要承担原有的股票变化带来的风险，又得承担新投资股票带来的风险，还得支付相应的利息。另外，融资融券交易的复杂程度较高，如果投资者判断正确，可获得较大的利润，如判断失误或操作不当，亏损可能比在现金交易方式下更为严重。对融资者而言，如果股价深跌，投资者所投入的资金便可能会全部化为乌有。

(2) 股票被操纵而产生的风险。

在融资融券交易方式下，交易所需的资金和证券都比现金交易方式要少，那么，操纵股票所需要的资金和证券也就会相对变少，这就使得市场的操纵行为更易发生。

这就要求投资者在选择股票的时候，一定要谨慎，如果不慎选择易被炒作者盯上的股票，就可能出现较大损失。

(3) 投资者对趋势判断错误的风险。

就整个证券市场来说，过多的融资融券交易有可能形成一种虚假的市场需求，造成过度投机，甚至引发"股市泡沫"，加大市场的系统性风险。

另外融资融券交易还将增强市场的投机气氛，市场震荡的幅度会大很多，上涨或下跌的空间就会大很多。

因此，投资者对大盘和个股趋势的判断变得十分重要，如果对趋势的判断相反，即在上涨趋势中融券卖空或在下跌趋势中融资买股，将出现资产的损失。

另外，还存在投资者超出自己风险承受能力的风险，以及中介机构的信用风险。

融资融券在中国的发展历程

融资融券最早起源于美国，是发达国家通行的交易机制。在亚洲市场中，日本融资融券的发展历史也是比较悠久的。日本1951年通过了证金交易制度，保证金率及相关的管理由大藏省进行。1954年日本通过了《证券交易法》，在规范了买空交易的同时，又推出了融券卖空制度。

中国A股市场融资融券业务开展得更为谨慎。

2005年10月27日，《中华人民共和国证券法》新加入的条款，规定证券公司可以为客户融资融券提供服务，为融资融券扫清法律障碍。

2006年6月30日，《证券公司融资融券试点管理办法》公布。

2006年8月21日，《融资融券交易试点实施细则》公布。

2006年8月29日，《中国证券登记结算有限责任公司融资融券试点登记结算业务实施细则》公布。

2006年9月5日，《融资融券合同必备条款》和《融资融券交易风险揭示书必备条款》公布。

2008年4月8日，证监会公开征求意见。

2008年4月25日，国务院正式出台《证券公司监督管理条例》、《证券公司风险处置条例》。

2008年10月5日，证监会宣布启动融资融券试点。

2009年，融资融券暂时搁置。

2010年1月8日，国务院原则上同意开展融资融券业务试点。

2010年3月19日，首批6家融资融券试点券商名单公布。

2010年3月30日，深圳、上海证券交易所正式向6家试点券商发出通知，2010年3月31日起，接受券商的融资融券交易申报。这标志着经过4年多精心准备的融资融券交易正式进入市场操作阶段。

2010年6月8日，继首批6家试点券商平稳开展业务两个多月后，融资融券第二批5家试点券商也于6月7日拿到证监会核准函。

2010年8月,第三批融资融券试点技术系统联网测试已经启动,共有15家证券公司冲刺第三批融资融券试点资格。

第二节 想游泳,先要弄明白水有多深: 融资融券实务操作其实并不难

在参与融资融券之前应做的准备

1. 了解哪些投资者可以参与融资融券交易。

根据中国证监会《证券公司融资融券试点管理办法》的规定,投资者参与融资融券交易前,证券公司应当了解该投资者的身份、财产与收入状况、证券投资经验和风险偏好等内容。对于不满足证券公司征信要求、在该公司从事证券交易不足半年、交易结算资金未纳入第三方存管、证券投资经验不足、缺乏风险承担能力或者有重大违约记录的投资者,以及证券公司的股东、关联人,证券公司不得向其融资、融券。

2. 了解证券公司是否有开展融资融券业务的资格。

根据《管理办法》,只有取得证监会融资融券业务试点许可的证券公司,方可开展融资融券业务试点。未经证监会批准,任何证券公司不得向客户融资、融券。

3. 一些其他的准备工作。

投资者向证券公司融资、融券前,应当按照《管理办法》等有关规定与证券公司签订融资融券合同以及融资融券交易风险揭示书,并委托证券公司为其开立信用证券账户和信用资金账户。

根据《管理办法》的规定,投资者只能选定一家证券公司签订融资融券合同,在一个证券市场只能委托证券公司为其开立一个信用证券账户。

融资融券的操作流程

融资融券业务包括8个流程:

1. 征信。

投资者提出融资融券申请,证券公司根据投资者提供的征信材料对其进行信用评估,并对投资者提交的担保物进行价值评估。

2. 签定合同。

通过征信的合格投资者与证券公司签定融资融券交易风险揭示书、融资融券业

务合同，合同对双方的权利和义务关系作出详细明确的规定。

3. 开立账户。

投资者持开户所需要的资料到证券公司开立证券信用证券账户，到证券公司开立信用证券账户，到证券公司指定的商业银行开立信用资金账户。

4. 转入担保物。

投资者可通过银行将担保资金划入信用资金账户，将可冲抵保证金的证券从普通证券账户转入信用证券账户。

5. 评估授信。

证券公司根据投资者信用账户整体担保资产，评估确定可提供给投资者的融资额度和融券额度。

6. 融资融券交易。

融资时，投资者可在融资额度范围内用融资款买入标的证券，证券公司用自有资金为其提供融资，资金不划入投资者的信用资金账户，而是代投资者完成和证券登记结算机构的资金交收；融券时，证券公司以融券专用证券账户中的自有证券代投资者完成和证券登记结算机构的证券交收。

7. 偿还资金和证券。

在融资交易中，投资者进行卖出交易时，所得资金首先归还投资者欠证券公司款项，余额留存在投资者的信用账户内。在融券交易中，投资者买入证券返还给证券公司并支付融券费用。此外，投资者还可以按照合同约定直接用现有资金、证券偿还证券公司的融资融券债务。

8. 结束信用交易。

当投资者全部偿还公司的融资融券债务后，投资者可以向证券公司申请将其信用账户中的剩余资金转入其普通账户，结束信用交易。

如何开立投资信用证券账户

信用证券账户是投资者为参与融资融券交易，向证券公司申请开立的证券账户，投资者用于一家证券交易所上市证券交易的信用证券账户只能有一个。

信用证券账户的开立和注销要根据会员和交易所指定登记结算机构的有关规定办理。融资买入、融券卖出的申报数量应当为100股（份）或其整数倍。投资者在从事融资融券交易，融资融券期限不得超过6个月。投资者卖出信用证券账户内证券所得价款，须先偿还其融资欠款。

信用证券账户记录的明细数据是反映投资者委托证券公司持有的担保证券的数量，投资者可以根据信用证券账户记录的明细数据，向证券公司主张相关权利，因此，开立信用证券账户是投资者参与融资融券交易的前提。

投资者开立信用账户应满足以下条件：

1. 投资者申请开立信用证券账户前，应当已经持有普通证券账户，且已经在该证券公司从事证券交易达半年或半年以上。

2. 投资者申请开立信用证券账户时提供的姓名或名称以及有效身份证明文件应当与其普通证券账户一致。

3. 通过证券公司的客户征信程序，符合证券公司规定的条件。有关证券公司客户征信要求参见证监会《证券公司融资融券试点管理办法》规定。

准备工作做好以后，现在我们来了解一下开立信用证券账户的程序：

1. 投资者向证券公司提出开户申请；

2. 证券公司办理客户征信；

3. 证券公司审核通过后向证券登记结算机构发送配号申请；

4. 证券登记结算机构对符合要求的配号申请予以配号；

5. 证券公司收到信用证券账户号码后，印制信用证券账户卡并交付给投资者。

什么股票可以作为标的证券

股票作为融资买入，融券卖出的标的证券，应当符合下列条件：

1. 在交易所上市交已满 3 个月；

2. 融资买入标的的股票的流通股本不少于 1 亿股或流通市值不低于 5 亿元，融券卖出标的股票的流通股本不少于 2 亿股或流通市值不低于 8 亿元；

3. 股东人数不少于 4000 人；

4. 在过去 3 个月内没有出现下列情形之一：

（1）日均换手率低于基准指数日均换手率的 20%。

（2）日均涨跌幅平均值与基准指数涨跌幅平均值的偏离值超过 4%。

（3）波动幅度达到基准指数波动幅度的 5 倍以上。

5. 股票发行公司已完成股权分置改革；

6. 股票交易未被交易所实行特别处理；

7. 交易所规定的其他条件。

学会计算保证金

保证金是指投资者在从事融资融券交易时，所需要交纳的自备款。那么，投资者如何来计算保证金呢？

保证金的计算分为两种情况，一种是以现金作为保证金时的计算，另一种是以证券抵充保证金时的计算。

以现金作为保证金的，可以全额计入保证金金额；

以证券抵充保证金的，应当以证券市值或净值按交易所规定的下列折算率进行折算：

1. 深证 100 指数成分股股票的折算率最高不超过 70%，非深证 100 指数成分股股票的折算率最高不得超过 65%。

2. 交易所交易型开放式指数基金折算率最高不超过 90%。

3. 国债折算率最高不超过 95%。

4. 其他上市证券投资基金和债券折算率最高不超过 80%。

需要指出的是，证券公司可以在不高于上述标准的基础上，根据证券流动性、波动性等指标自行确定各类充抵保证金证券不同的折算率。

举个例子来说，假设某投资者信用账户内有 200 元现金和 200 元市值的证券 A，假设证券 A 的折算率为 65%。那么，该投资者信用账户内的保证金金额为 330 元。

计算如下：

200 元现金×100%＋200 元市值×65%＝330

什么是保证金比例

保证金比例是指投资者交付的保证金与融资融券交易金额的比例。保证金比例用于控制投资者初始资金的放大倍数，投资进行的每一笔融资融券交易交付的保证金都要满足保证金比例。在投资者保证金金额一定的情况下，保证金比例越高，证券公司向投资者融资融券的规模也就越少，财务杠杆的效应越低。具体分为融资保证金比例和融券保证金比例。

融资保证金比例是指投资者融资买入证券时交付的保证金与融资交易金额的比例。其计算公式为：

融资保证金比例＝保证金÷（融资买入证券数量×买入价格）×100%

根据《融资融券试点交易实施细则》，投资者融资买入证券时，融资保证金比例不得低于 50%。

证券公司在不超过交易所规定比例的基础上，可以根据融资买入标的的证券在计算保证金金额时所使用的折算率标准，自行确定相关融资保证金比例。

例如，某投资者信用账户中有 200 元保证金可用余额，拟融资买入融资保证金比例为 50% 的证券 B，则该投资者理论上可融资买入 400 元市值的证券 B（200 元保证金÷50%）。

融券保证金比例是指投资者融券卖出时交付的保证金与融券交易金额的比例。其计算公式如下：

融券保证金比例＝保证金÷(融券卖出证券数量×卖出价格)×100%

根据《融资融券试点交易实施细则》，投资者融券卖出时，融券保证金比例不得低于50%。

证券公司在不超过交易所规定比例的基础上，可以根据融券卖出标的的证券在计算保证金金额时所适用的折算率标准，自行确定相关融券保证金比例。

例如：某投资者信用账户中有200元保证金可用余额，拟融券卖出融券保证金比例为50%的证券C，则该投资者理论上可融券卖出400元市值的证券C（200元保证金÷50%）。

如何偿还融资融券债务

偿还融资款项的方式有下列两种：

1. 通过证券交易所卖出证券，以所得价款偿还融资款项和利息。
2. 直接还款。

投资者在向信用资金账户存入与融资数量加上应计利息等额的现金后，通过证券公司交易系统申报融资还款指令，偿还融资款项和利息。

需要指出的是，投资者卖出信用证券账户内证券所得资金，需优先偿还其融资欠款。

偿还融券债务的方式有下列两种：

1. 买券还券。

通过申报"买券还券"指令，买进与融券证券同品种的证券后，在结算时偿还融券证券。客户买券还券的申报数量不得高于融券数量＋100股（份）。

2. 直接还券。

客户从普通证券账户向信用证券账户转入与融券同品种的证券或直接用信用证券账户买入与融券同品种的证券后，通过证券公司交易系统申报直接还券指令。证券登记结算机构根据指令将有关证券从客户信用交易担保证券账户划转到证券公司融券专业证券账户，并相应维护投资者信用证券账户的明细数据。

搞清你的交易成本

融资融券交易经过8年研究酝酿和4年精心准备已经进入了市场。可以说，融资融券交易的推出对投资者的诱惑是非常大的，单是杠杆效应就能让很多投资者趋之若鹜。理论上讲是这样，但事实上，很多投资者对融资融券的态度显得比较冷静，理由是，融资7.86%的利率和融券9.86%的费率，这样高的成本将部分有意开户的投资者挡在了门外。

首批试点券商，比如，国泰君安证券、国信证券、中信证券等六家券商采取的是统一的融资利率7.86％和融券费率9.86％，制定标准是在中国人民银行6个月以内贷款基准利率4.86％的基础上上浮3个百分点作为融资利率，上浮5个百分点作为融券费率，这一标准与国际惯例接轨。单笔融资（融券）债务最长期限设定为6个月。

如果按照融资利率7.86％，融券费率9.86％的情况，我们分别来计算一下融资买入的成本和融券卖出的成本假设，某投资者资金中可作为保证金的有两部分：信用账户中的现金300万元，进行半仓操作就是150万元、证券账户市值20万元。首先，融资保证金比例不得低于50％，其次，以证券冲抵保证金需进行折算。

按照深证、上证成分股股票折算率最高不超过70％来计算，这位投资者的保证金一共为150＋20×70％＝164万，理论上，他可以买入164÷50％＝328万的证券。

由于授信期限最长只有半年，因此我们仅计算5个月的融资利率成本（按成交金额）：328万×7.86％＝257808元，257808元÷12个月×5个月＝107420元。

融券费率成本计算：

当这位投资者融券卖出时，保证金比例不得低于50％，他的信用账户中的现金300万元，进行半仓操作就是150万元（仅以信用账户中的现金作为保证金，可全额计入保证金金额）。

融券卖出150万÷50％＝300万证券×融券费率9.86％＝295800元。

根据计算结果，我们可以发现，融资利率和融券费率确实不低，再加上投资者需要交纳的交易佣金和印花税等，着实是一笔不小的费用，而且在这种收益和风险都被放大的交易中，个人散户赢率的不稳定性就会更大。

除了以上费用，投资者还可能需要支付信用额度管理费、违约金等相关费用。投资者的收益需超过利率和费率才能获利，如股票不涨不跌，就仍在亏钱。而且当银行基准利率调高时，投资者的资金成本将会进一步提高。

融资融券交易如何了结

1.投资者如何了结融资交易。

投资者融资买入证券后，可以通过直接还款或卖券还款的方式偿还融入资金。投资者以直接还款方式偿还融入资金的，按照其与证券公司之间的约定办理；以卖券还款偿还融入资金的，投资者通过其信用证券账户委托证券公司卖出证券，结算时投资者卖出证券所得资金直接划转至证券公司融资专用账户。

需要指出的是，投资者卖出信用证券账户内证券所得资金，须优先偿还其融资欠款。

2.投资者如何了结融券交易。

投资者融券卖出后，可以通过直接还券或买券还券的方式偿还融入证券。投资者以直接还券方式偿还融入证券的，按照其与证券公司之间约定，以及交易所指定登记结算机构的有关规定办理。以买券还券偿还融入证券的，通过其信用证券账户委托证券公司买入证券，结算时登记结算机构直接将投资者买入的证券划转至证券公司融券专用证券账户。

投资者采用买券还券方式偿还融入证券时，其买券还券申报内容应当包括：

（1）买入价格（市价申报除外）；

（2）买入数量；

（3）投资者信用证券账号；

（4）融资融券交易专用席位代码；

（5）"融券"标识；

（6）标的证券代码；

（7）交易所要求的其他内容。

需要指出的是，未了结相关融券交易前，投资者融券卖出所得资金除了用于买券还券外，不得另作他用。

第三节 小指标，大趋势：把握大盘趋势中的投资机会

运用绝对广量研判大势

绝对广量指标（ABI），是大势型的动量指标。该指标不以价格趋势为目标，主要是侦测市场潜在的活跃度。也可以将 ABI 想象成"极端指标"，ABI 的数据越高，表示整体市场的涨跌家数差异越大。

一般情况下，市场行情有涨有跌，而上涨家数多于下跌家数，或者下跌家数多于上涨家数，这在股市中属于正常现象。但是，当上涨家数与下跌家数的差异大幅增加时，往往会出现物极必反的情况。由于行情大涨或大跌的关系，股市通常容易出现涨跌一面倒的行情，而 ABI 指标正是针对这种"极端"行情而设计的。

1. 计算公式。

（1）绝对广量（ABI）＝100×（上涨家数－下跌家数的绝对值）÷（上涨家数＋下跌家数）

（2）MAABI＝ABI 的 M 日异同移动平均

（3）参数 M 一般设置为 10 天。

2. 应用法则。

（1）绝对广量（ABI）主要用于发现市场潜在的活跃度，寻找行情可能反弹的转折点。

（2）ABI值数据在0～100之间波动，数据越高代表市场立即转折的概率越大；ABI值高于95以上时，市场行情将极容易产生短期转折点。

（3）对于中期市场的判研，需要采用观察ABI的10日异同移动平均线MAABI，当MAABI大于75以上时，要注意上涨行情可能会随时结束。

（4）ABI值处于较低位置时，表示行情陷入牛皮盘整市道。如果此前股市出现过大幅上涨行情，而MAABI下降到20以下的极低位置，也意味着行情将转变。

运用腾落指标研判大势

腾落指标（ADL）是以股票每天上涨或下跌的家数作为计算与观察的对象，以了解股市人气状况，探测股市内在的资金动能是强势还是弱势，用以研判股市未来动向的技术性指标。

腾落指标只反应大势的走向与趋势，不对个股的涨跌提供讯号。由于股价指数在一定情况下受制于权值大的个股，当这些个股发生暴涨或暴跌时，股价指数则可能反应失真，从而给投资者提供不确切的信息。腾落指数则可弥补这类缺点，看图时应将二者联系起来共同分析。

一般情况下，股价指数上涨，腾落指数也随之上升，股价指数下跌，腾落指数也随之回落，在二者趋同的情况下，可以对升势或跌势予以确认。但如股价指数异动而腾落指数横行，或两者反方向波动，二者不能互相印证，则说明大势不稳，不宜贸然入市。

1. 计算公式。

腾落指标（ADL）＝∑（上涨家数－下跌家数）

2. 应用法则。

（1）股价指数持续上涨，腾落指数随之上升，表明股价可能将继续上升。

（2）股价指数持续下跌，腾落指数随之下降，表明股价可能将继续下跌。

（3）股价指数上涨，腾落指数却下降，表明股价可能回落。

（4）股价指数下跌，腾落指数却上升，表明股价可能回升。

（5）股市处于多头市场时，腾落指数呈上升趋势，其间如突然出现急速下跌现象，接着又立即拐头向上，创下新高，则表明行情可能再创新高。

（6）股市处于多头市场时，腾落指数呈现下降趋势，其间如突然出现上升现象，接着又掉头下跌，突破原先低点，则表明下跌趋势仍将延续并创出新低。

一般来说，在多头市场里，要维持上升走势不一定要有热点，热门板块大涨小跌，而其余股票则采取轮涨的方式上扬时，上升的趋势是十分稳定的。如果 K 线上升而腾落指数下降，则表明大盘的上升趋势已有所偏离，而涨势不均匀并非是件好事，通常在连续出现这种背离现象时，就是大势逆转的预兆。

反之，在空头市场中，K 线下降，但腾落指数掉头向上，这时候，则表明多头主力企图以点的攻击增强面的扩张，既然大多数的股票已回升，那么大盘的反转也为期不远了。

运用超买超卖指标研判大势

超买超卖指标（OBOS）是一种衡量股市涨跌气势的分析工具，通过计算涨跌家数的相关差异性，来研判大盘指数未来走向的指标。

OBOS 指标的原理主要是对投资者心理面的变化作为假定，认为当股市大势持续上涨时，必然会使部分敏感的主力机构获利了结，从而诱发大势反转向下，而当大势持续下跌时，又会吸引部分先知先觉的机构进场吸纳，触发向上反弹行情。

因此，当 OBOS 指标逐渐向上并进入甚至超越正常水平时，即代表市场的买气逐渐升温并将最终导致大盘超买现象。

同样，当 OBOS 指标持续下跌时，则导致超卖现象。

对整个股票市场而言，由于 OBOS 指标在某种程度上反应了部分市场主力的行为模式。因此在预测上，当大盘处于由牛市向熊市转变时，OBOS 指标理论上具有领先大盘指数的能力；而当大盘处于由熊市向牛市反转时，OBOS 指标理论上稍微落后于大盘指数的缺陷，但从另一种角度看，它可以真正确认大盘的牛转熊是否有效。

1. 计算公式。

N 日 OBOS 值＝N 日内股票上涨累计家数－N 日内股票下跌累计家数

参数设置：计算公式中 N 位待设定参数，通常参数值为 10 日。

2. 应用原则。

（1）OBOS 指标的买卖信号：大多数情况下，OBOS 指标是在－80 至 80 之间波动的，这时候，指标没有研判意义。当 OBOS 指标进入超买超卖区以后，甚至进入严重超买超卖区时所出现的反转信号才是有效的。如果这时候 OBOS 指标出现反转，并突破 6 日 OBOS 指标均线和 0 轴线时，就是明确买卖的时机。

（2）将指数运行和 OBOS 指标联系起来分析，当指数运行方向与 OBOS 指标的运行方向相同时，表明市场发展趋势将加强，如果两者均向上运行，则意味着后市行情可看多；如果两者同时下降时，则意味着后市行情需看淡。

（3）当指数与 OBOS 指标的运行方向相反，出现走势相背离特征时，投资者要随时注意大势可能反转。假如指数持续往上，而 OBOS 线朝下走，此种背离现象，这表示大多数小盘股已经走软，因此市场可能会趋向弱势。假如 OBOS 线持续向上，代表上涨股票家数超过下跌家数，而指数却向下滑落，此时表示市场即将反转向上。

（4）指数严重超买超卖时，往往是市场中难得出现的历史性底部。指数与个股不同之处在于，指数难以被主流资金任意操控，因此指数的严重超买超卖信号，往往比个股更加真实可靠。但观察大盘是否严重超买超卖时不能使用普通的常见指标，而要重点参考指数专用指标。其中，计算原理相近，并且各具特色，能够相互补充的主要有 STIX、超买超卖 OBOS、涨跌比率 ADR、腾落指标 ADL 这四种专用指数指标。当分析大盘是否见历史性的重要顶部和底部位置时，一定要结合这四种指标配合使用，共同研判。

运用指数平滑广量研判大势

指数平滑广量指标（STIX）是衡量大盘指数的超买超卖指标，它是从涨跌比率（ADR）演变而来，主要是将 ADR 指标经由指数平均的方式平滑求出。

简单点说，可以将 STIX 指标，当成大盘专属的相对强弱指标（RSI）。一般 RSI 是以价格或者指数为计算因子，而指数却经常会有失真的现象发生。例如：某些占权值重的大型股上涨，而占权值较小的小型股下跌，但是，指数却仍然会呈现上涨的局面，这种状况就是所谓的"指数失真"。因为，当大部分小型股已经领先下跌时，通常是市场走到尽头的前兆，而依指数为计算基础的 RSI 却持续上涨，这种状况下参考 RSI 指标，显然客观性不够。

当指数失真的时候，相对于超买超卖现象也会失真。但以 STIX 指标来研判大盘超买超卖就会改变这种失真的现象。因为，STIX 指标是不以指数为计算依据的，而改用涨跌比率为计算依据。

1. 计算公式。

STIX＝100×上涨家数÷（上涨家数＋下跌家数）

MASTIX＝STIX 的 M 日异同移动平均线，参数 M 设置为 6。

2. 应用原则。

（1）常态行情下，STIX 指标一般波动于 20～80 之间，强势行情波动于 10～90 之间。

（2）当 STIX 指标下跌至 10 以下时，表示大盘已经进入超卖区，通常是适宜投资者建仓的时机。

(3) 当 STIX 指标上涨至 90 以上时，表示大盘已经进入超买区，通常被视为获利了结的位置。

(4) 由于 STIX 指标会非常频繁地跌至+10 以下，也会经常达到 90 以上，所以，需要计算 STIX 指标的异同移动平均来把握中期的买卖点。当 STIX 的 6 日异同移动平均线达到 80 以上时，说明股市即将见顶；如果 STIX 的 6 日异同移动平均线跌至 20 以下时，大盘即将见底。

运用广量冲力指标研判大势

广量冲力指标 BTI，是由马丁·茨威格博士所创，它是一种市场动量指标，属于超买超卖类型。它最主要的作用在于侦测市场是否即将展开大多头行情。

很多分析师相信，股市存在着"相对力量"，与某些物理现象吻合。举个例子来说：经验丰富的棒球迷，在比赛场上，能够依据棒击打棒球的清脆响声，进而判断出这一球会飞多远。同样的，要判断市场是否将产生大行情，那么，起涨点的强势与否可以比拟成球棒打击的声响。连续上涨的大阳线，代表强劲的打击力道，后市发展成大行情的机会相当高。

茨威格博士发现，美国股市自 1945 年以来，总共出现 14 次这种强劲的"冲力"现象。平均每一次冲力出现时，市场至少上升 24.6% 以上，涨幅相当可观。因此，茨威格博士相信，大多数的多头市场开始之前，都是由这种"冲力"现象所引起的。

总而言之，打击的力量越大，球就会飞得越远，两者之间成正比。有气无力的初升力道，后市很难变成大行情。这一点，是 BTI 指标的理论基础。

1. 计算公式。

(1) BIT＝100×上涨家数÷(上涨家数＋下跌家数) 的 N 日加权移动平均

(2) 参数 N 一般以 10 天为基准。

2. 应用原则。

(1) BIT 指标一般在 40 至 60 之间波动。60 是 BTI 的"天线"位置，如果其上升至 60 以上则表明现在是超买区，回档机会大。

(2) 40 是 BTI 的"地线"位置，如果其下降到 40 以下时则为超卖区，反弹机会大。

(3) BTI 从低于 40 之下，10 天之内，直线上升至 60 之上，是一种冲力的表现，暗示未来市场发展成大行情的机会大。

运用新三价率研判大势

新三价率是计算上涨家数占涨跌家数的比例及其 6 日线指标，是反映价格变动的一系列竖线，它忽略了价格变动的时间因素。

之所以叫新三价线，是因为绘制这种图表时，需采用典型的数字"三"作为转值的标准。其原理是若三根K线持续上涨（或下跌）创短期新高（或新低），则发出红色（或黑色）的柱状买入（或卖出）信号。与平时常用指标不同的是，该指标在平时盘整时并不轻易出现信号，是一类在大盘出现明显单边趋势时提示追涨杀跌的指标。它能有效地去除行情中无关紧要的盘整和波段上升中的震荡回调干扰，更适合于做较大波段、做大趋势的中长期投资。

1. 计算公式。

新三价＝上涨家数÷（上涨家数＋下跌家数）×100

MATBR1＝TBR的M1日异同移动平均

MATBR2＝TBR的M2日异同移动平均

参数M1为6天，M2为12天。

2. 应用原则。

（1）当大盘上升至顶点或下跌至底部之前，TBR指标会提前反应。

（2）大盘处于下跌阶段，TBR领先止跌转为横向走平时，大盘随后将止跌。

（3）指数处于上涨阶段，TBR也呈同步上升时，可放心继续投资。

（4）指数仍处于上涨阶段，TBR却呈现领先下降的倾向时，暗示指数即将达到顶点。

（5）由于新三价率波动比较频繁，所以，在分析中主要参考新三价率的两条异同移动均线。当新三价率处于高位，而MATBR1向下跌穿MATBR2时，需要果断买进。

新三价线指标的优缺点：

1. 新三价线指标的优点。

新三价线的优点是在判断转势时，去除了主观武断的感情因素，通过发生的价格的真实状态，得出了反转的信号。

2. 新三价线指标的缺点。

在产生转值时，新趋势已经延续了一段时期。不过，许多交易者乐意接受迟缓的信号，以求跟踪主要趋势。

第四节　别人贪婪时我恐惧：学会控制融资融券的风险

融资融券不同于普通证券交易的持有风险

1. 融资融券交易与普通证券交易相比哪些风险是相同的？

（1）由于无法控制和不可预测的系统故障、设备故障、通讯故障、电力故障等可能导致证券交易系统非正常运行甚至瘫痪，可能导致投资者的交易委托无法成交或无法全部成交，可能给投资者造成经济损失。

（2）由于国家宏观经济形势的变化以及周边国家、地区宏观经济环境和周边证券市场的变化，以及由于国家法律、法规及相关政策、规则发生变化，可能引起证券市场价格变动，给投资者造成经济损失。

（3）其他可能存在的风险：如技术风险、不可抗力因素导致的风险和投资者操作不当导致的风险等，均可能给投资者造成经济损失。

2. 同普通证券交易相比，融资融券交易有哪些特有风险？

与普通证券交易相比，融资融券交易存在着《融资融券交易风险揭示书》列明的特有风险，如证券公司是否具有开展融资融券业务资格的风险、授信额度足额使用的不确定性风险、证券投资亏损放大风险、被强制平仓的风险、交易成本增加的风险、标的证券范围调整、暂停交易或终止上市风险。

融资融券实务中的亏损放大风险

融资融券交易利用了一定的财务杠杆，放大了证券投资的盈亏比例。

以融资买入股票为例，假设：客户拥有资金100万元，融资保证金比例为50%。则：客户可以先普通买入股票100万元，再将普通买入的股票作为担保物向证券公司融资买入股票140万元（融资买入金额＝100万元×70%÷50%＝140万元，折算率按70%计算），即总共买入240万元的股票。如果该股票价格下跌10%，则亏损240×10%＝24万元，是普通交易亏损的2.4倍。

不过，根据交易所相关规则，融资保证金比例不得低于50%，股票折算率最高不超过70%，因此保证金比例通常要高于0.5，投资亏损放大倍数较举例情况要低一些。融券业务也同样存在风险放大的情况。

授信额度带给你的额外风险

《融资融券合同必备条款》第九条：证券公司根据客户的资信状况、担保物价值、履约情况、市场变化、证券公司财务安排等因素，综合确定或调整对客户的授信额度。即授信额度是客户可融资融券额的最高限额，也就是说，如果证券公司融资、融券总额规模或证券品种融资融券交易受限，则存在授信给投资者的融资融券额度在某一时点无法足额使用的可能。

被强制平仓的风险

根据相关规定，证券公司将实时计算客户提交担保物价值与其所欠债务的比例（即维持担保比例），如果客户信用账户该比例低于130%，证券公司将会通知客户补足差额；如果此时客户未按要求补足，证券公司将立即按照合同约定处分其担保物，即强制平仓。

一般来说，强制平仓的过程是不受投资者的主观意识控制的，投资者必须无条件接受平仓结果，如果平仓后投资者仍然无法全额归还融入的资金或证券，还将继续被追索。

业务参数调整时可能产生的风险

证券交易所、证券公司对可充抵保证金的有价证券折算率、融资保证金比例、融券保证金比例、维持担保比例等重要参数的调整，会直接影响到投资者信用资产的风险状况，例如降低可充抵保证金的有价证券折算率，可能会触发平仓。

第十七章

实战中如何投资股指期货：打破涨赚跌赔的股票魔咒

新股民实战导读：

股指期货是以某种股票指数为基础资产的标准化期货合约，股指期货市场能有效转移股票风险，它不仅为投资者提供了一个有效的避险场所，也为风险投资者提供一个很好的投机交易渠道。作为金融期货的一种，股指期货具有保证金交易、高杠杆及现金交割等特点。

股指期货可以用来进行套期保值，能够有效地规避股票市场的系统风险，但同时，在指数的随机波动中和高杠杆的作用下也存在着很大的风险。

可以说，股指期货是一种高风险、高回报的投资工具。要想在这个市场中成为赢家，就必须要掌握一些全新的市场知识和科学的投资分析方法。

第一节 股指期货的基本常识

什么是期货

要了解股指期货，首先必须了解期货。期货，一般指期货合约，是由期货交易所统一制定的、规定在将来某一特定的时间和地点交割一定数量标的物的标准化合约。这个标的物，又叫基础资产，可以是某种商品，如铜或原油；也可以是某种金融资产，如外汇或债券；还可以是某个金融指标，如3个月期银行同业拆借利率或股票指数。

期货是在远期交易的基础上发展起来的。远期交易是指买卖双方先谈好价格，未来的某个时间再按照这个价格进行交易。例如农民与粮食加工商谈好，5个月后以6元/kg的价格把100吨大米卖给粮食加工商。这就是一笔远期交易。

期货交易也是未来的买卖活动，但和远期交易有很大区别。首先，期货交易是在期货交易所发生的、公开进行的标准化合约的交易。每个期货合约的条款都是标准化的，如到期日规定好是每月15日或最后一个交易日，基础资产是某种规格的电解铜或者是5年期国债，一张合约的买卖相当于5吨铜或是10万元面额的国债买卖等。远期交易并没有这样的规定。

其次，期货交易的对象是期货合约，而不是实物商品。因此，期货投资者可以在合约到期时进行实物交割或者现金交割。就实物交割来说，一方交纳现金，另一方交出合约中约定的规定规格的商品，这和远期交易是相同的；不同的地方在于，期货合约可以在合约到期前采用平仓的方式冲销原来的交易。因此，期货交易的流动性更强。

最后，也是最重要的一点，期货交易实行保证金制度和当日无负债结算制度，因而其违约风险远远低于远期交易。

什么是股票价格指数

股票价格指数是股指期货的标的物，它是用以反映整个市场上各种股票市场价格总体水平及其变动情况的指标。在股票市场上，成百上千种股票同时交易，股票价格的涨落各不相同，因此需要有一个总的尺度标准，即股票价格指数来衡量整个市场的价格水平，观察股票市场的变化情况。

股票价格指数一般是由证券交易所或金融服务机构编制，并定期及时公布。

什么是股指期货

所谓股指期货，就是以某种股票指数为基础资产的标准化的期货合约。买卖双方交易的是一定时期后的股票指数价格水平。在合约到期后，股指期货通过现金结算差价的方式来进行交割。

股指期货和股票交易的区别

股指期货交易与股票交易相比，有很多明显的区别：

1. 股指期货合约有到期日，不能无限期持有。

股票买入后正常情况下可以一直持有，但股指期货合约有确定的到期日。因此交易股指期货必须注意合约到期日，以决定是提前平仓了结持仓，还是等待合约到期进行现金交割。

2. 股指期货交易采用保证金制度，即在进行股值期货交易时，投资者不需支付合约价值的全额资金，只需支付一定比例的资金作为履约保证；而目前我国股票交易则需要支付股票价值的全部金额。由于股指期货是保证金交易，亏损额甚至可能超过投资本金，这一点和股票交易也不同。

3. 在交易方向上，股指期货交易可以卖空，既可以先买后卖，也可以先卖后买，因而股指期货交易是双向交易。而股票只能先买后卖，不允许卖空，股票交易是单向交易。

4. 在结算方式上，股指期货交易采用当日无负债结算制度，交易所当日要对交易保证金进行结算，如果账户保证金不足，必须在规定的时间内补足，否则可能会被强行平仓；而股票交易采取全额交易，并不需要投资者追加资金，并且买入股票后在卖出以前，账面盈亏都是不结算的。

为什么要推出股指期货

股指期货作为基础性风险管理工具，具有风险规避、价格发现、资产配置等功能，它的推出填补了由于我国股票市场缺乏卖空机制，市场缺乏针对系统性风险的管理手段这一空白，将改变证券市场缺乏规避系统性风险工具的现状，为机构投资者提供资产配置和风险管理的全新选择；对于普通投资者而言，则丰富了投资手段，使价值投资理念更加深入人心。

1. 风险规避功能。

股指期货的风险规避功能是通过套期保值来实现的，投资者可以通过在股票市场和股指期货市场反向操作达到规避风险的目的。股票市场的风险可分为非系统性风险和系统性风险两个部分，非系统性风险通常可以采取分散化投资的方式将这类风险的影响降低到最小程度，而系统性风险则难以通过分散投资的方法加以规避。股指期货具有做空机制，股指期货的引入，为市场提供了对冲风险的工具，担心股票市场会下跌的投资者可通过卖出股指期货合约对冲股票市场整体下跌的系统性风险，有利于减轻集体性抛售对股票市场造成的影响。

2. 价格发现功能。

股指期货具有发现价格的功能，通过在公开、高效的期货市场中众多投资者的竞价，有利于形成更能反映股票真实价值的股票价格。期货市场之所以具有发现价格的功能，一方面在于股指期货交易的参与者众多，价格形成当中包含了来自各方的对价格预期的信息。另一方面在于，股指期货具有交易成本低、杠杆倍数高、指令执行速度快等优点，投资者更倾向于在收到市场新信息后，优先在期市调整持仓，也使得股指期货价格对信息的反应更快。

3. 资产配置功能。

股指期货交易由于采用保证金制度，交易成本很低，因此被机构投资者广泛用来作为资产配置的手段。例如一个以债券为主要投资对象的机构投资者，认为近期股市可能出现大幅上涨，打算抓住这次投资机会，但由于投资于债券以外的品种有严格的比例限制，不可能将大部分资金投资于股市，此时该机构投资者可以利用很少的资金买入股指期货，就可以获得股市上涨的平均收益，提高资金总体的配置效率。

股指期货的特征

1. 合约标准化。

期货合约的标准化是指除价格外，期货合约的所有条款都是预先规定好的，具有标准化特点。期货交易通过买卖标准化的期货合约进行。

2. 交易集中化。

期货市场是一个高度组织化的市场，并且实行严格的管理制度，期货交易在期货交易所内集中完成。

3. 对冲机制。

期货交易可以通过反向对冲操作结束履约责任。

4. 每日无负债结算制度。

每日交易结束后，交易所根据当日结算价对每一个会员的保证金账户进行调整，以反映该投资者的盈利或损失。如果价格向不利于投资者持有头寸的方向变化，每日结算后，投资者就须追加保证金，如果保证金不足，投资者的头寸就可能被强制平仓。

股指期货的优势

1. 提供较方便的卖空交易。

卖空交易的一个先决条件是必须首先从他人手中借到一定数量的股票。国外对于卖空交易的进行有较严格的限制，这就使得在金融市场上，并非所有的投资者都能很方便地完成卖空交易。例如在英国只有证券做市商才有资格借到英国股票；而美国证券交易委员会规定，投资者借股票必须通过证券经纪人来进行，还得交纳一定数量的相关费用。因此，卖空交易也并非人人可做。而进行指数期货交易则不然。实际上有半数以上的指数期货交易中都包括拥有卖空的交易头寸。

2. 交易成本较低。

相对于现货交易而言，股指期货的交易成本是非常低的。股指期货的交易成本包括：交易佣金、买卖价差、用于支付保证金的机会成本以及可能的税项。股指期货的交易成本大约为股票交易成本的 1/10,明显低于现货交易成本。

3. 较高的杠杆比率。

股指期货因为采取的保证金制度使投资者用很少的钱就能操作。举个例子来说,如果按 12% 的保证金比例来算,假如某位投资者想要购买 10 万元的股指期货,由于保证金的存在,他真正所必须拥有的钱就不必是 10 万元,只要 1.2 万元他就可以操作了。

4. 市场的流动性较高。

有研究表明,指数期货市场的流动性明显高于现货股票市场。

常用的期货交易术语

1. 期货市场:指的是大宗期货产品和金融证券以公开竞价方式买卖标准化合约实行远期交割的有组织的集中交易场所和空间。

2. 期货交易:期货交易是指投资者只需交纳少量的保证金,通过在期货商品交易所公开竞价买卖期货合约并在合约到期前进行对冲,用期货转现货进行实物交割来了结业务的一种方式。

3. 现货市场:以现行市场价格为基础,买卖双方以即期现货合同和远期货合同进行商品实物所有权转移的场所和空间。

4. 现货交易:指的是根据现货合同或远期合同所确定的价格与付款方式,以买卖实物为交易目的,在一定时期内进行实物交割,从而实现商品所有权转移的买卖方式。现货交易包括即期交易和远期合同交易。但是,值得投资者注意的是,这里的远期合同交易并不是期货交易。

5. 期货合约:由商品交易所规定的在未来某一特定时期购进或卖出某种商品和金融证券的法律约束的、标准化的协议或契约。期货合约是根据每种期货交易商品的品质、数量和交货地点而规定的标准化合约,合约的唯一的变量是在商品交易所内产生的价格。

6. 期货合约的交易单位制:为了便于交易双方进行交易,期货商品交易所对标准化合约不同商品的每张合约所包含的商品的数量单位数都有明确规定。合约单位是指以公制单位计算的每张合约代表数量。

7. 最小变动单位:也可以称为最小价位或最小价格波动。指的是在某一期货交易中,在报价时所允许的最小价格变动额,也就是说,在每次报价时,加或减的最小额度必须是最小价位的整数倍。

8. 合约月份:指的就是交割月份,是由商品交易所规定的期货合约卖方与买方之间进行的现货商品交收和转移业务的月份。

9. 最后交易日：是指合约买卖停止之日。根据商品期货交易所规定，可确定某一期货或期权合约交割月份中进行交易的最后一天。

10. 交割等级：是指期货合约规定的交收商品的标准品级。

11. 交割方式：是指到期合约办理实物交易业务的具体方式。

12. 最后交割日期：是指从最后交易日的次日起到交割月的最后一个营业日止。

13. 跌停板：指的是每日价格以昨日收盘价为基点下跌的最大波动限制。

14. 涨停板：指的是每日价格以昨日收盘价为基点向上的最大波动限制。

15. 佣金制：佣金是指期货公司经纪人代理客户进行交易，为执行交易指令而收取的手续费。

16. 履约制度：交易双方必须依法履约。若发生违约情况，将对违约方处于相当于违约金额数倍的罚款，并取消其会员资格，逐出交易所。情况严重者会追究其法律责任。

17. 开盘价：指的是期货商品交易所开市时的第一笔成交价格。

18. 收盘价：指的是期货商品交易所收市时的最后一笔成交价格。

19. 最高价：在某一特定期货合约当日行情中最高成交价格。

20. 最低价：某一特定期货合约当日行情中最低成交价格。

21. 最新价：也就是最新成交价格，指的是某一特定期货合约当日即时行情中按价格优先、时间优先撮合的最新成交价格。

22. 成交量：指每一交易日即时成交的期货（期权）合约的数量。

23. 空盘量：又称持仓量，指尚未平仓的数量。

24. 牛市：指处于价格上升期间的市场。

25. 熊市：指处于价格下跌期间的市场。

26. 鹿市：指处于价格平稳及稳中稍动期间的市场。

27. 买空者（多头）：指已买进期货合约或拥有现货商品的人。

28. 卖空者：指卖出期货合约或准备买进现货商品的人。

29. 交易部位：又称头寸。这是一种市场的约定或承诺，即尚未对冲处理的买或卖期货合约的数量。对于购进期货合约者处于多头买空部位，对于卖出期货合约者则处于空头部位。

30. 平仓：又称对冲、衡抵，指通过卖出（或购进）相同交割月份、相同数量的期货合约，来抵消了结原先所购买（或卖出）的合约或根据期货合约规定交易现货商品。

31. 订单：又称指令。指进行期货交易时客户下达的指令。

32. 基差：指同种商品的现货价格与期货价格之间的差额。通常是用近期期货合约月份来计算基差（基差＝现货价格－期货价格）。

33. 对赌：指接受客户委托但没有下单到期货交易所或私下挪用客户保证金进行交易。这种行为称为对赌。

34. 递盘：指买方出价，而要价则是指卖方要价和空头要价。

35. 阻力线：又称压力线。指价格难以突破和超越某一价格水平和价格波动区域范围。

36. 支撑线：指因对期货合约的惜售和需求的拉动，使得期货价格难以跌过某一特定价格或价格波动区域水平范围。

37. 商品基金：是指以进行金融证券、商品期货或期权合约交易为目的而由若干投资者（客户）集资，并将该项基金集中运用的一种合资组织，它也是经营或募集散户资金的组织，借以增强投资力量以便对抗大户操纵市场。

38. 套利交易：套利指期货交易者在期货市场上买进一定数量期货合约的同时，卖出一定数量与其相关的期货合约，然后在适当的时候对两种期货交易部位进行平仓，从中赚取一定差价的做法。

39. 跨月份套利的含义：又称同类商品套利交易，指在买进某一交割月份的商品期货合约的同时，卖出另一交割月份的同一商品期货合约，然后在适当的时候进行平仓以赚取一定的差价。

40. 跨商品套利：是指利用不同相关商品期货合约价格变动的差异，同时买卖两种交割期相同的期货合约，借以从中获取差价的一种分散交易方式。

41. 跨市场套利：是指利用不同交易所之间的同种期货商品差价套利。换言之，交易者利用同一种期货商品在不同地点的交易所之间的价格差异，同时在不同市场买进和卖出，以期获取差价利润的一种分散交易方式。

38. 投机交易：投机实质上是投机者参与某种商业活动的一种投资行为。期货市场上的投机交易就是利用市场价格的频繁波动，根据行情预测来买空、卖空，期望以小搏大，获取高额利润。投机交易可分为买空投机和卖空投机两种。

42. 期权交易：期权又称选择权，是指在确定的日期或在这个日期之前，按照事先确定的价格买卖一种特定商品或金融工具的权利。该项权利是由买卖双方以期权合约的形式确定下来的。期权交易指的就是这种期权合约的买卖。

43. 期货期权：即期货合约的期权交易，是指期权的买方在期权到期日或之前，有权按执行价格建立一定数量的多头或空头期货交易部位。

44. 结算价：指清算所规定的用来清算每个职员净交易头寸盈亏状况的价格。

45. 正常市场：指期货市场价格表现为远期货价格高于近期货价格。

46. 倒挂市场：指期货市场价格表现为远期货价格低于近期货价格，即远期货价格对近期货价格贴水。

47. 对冲或平仓：是指达成期货合约的交易者，或者持有期货头寸者采取与最初交易头寸或未增仓的交易头寸相反的第二个期货头寸来对冲其合约义务的做法。

48. 头寸：是指商品期货持有量。

49. 金融期货合约：是指以标准金融工具为契约基础的期货品种。

50. 利率期货：是指在金融期货市场上，对带息证券的标准化合约进行买卖，并指定在将来的某一日期交割的期货品种。

51. 股票指数期货：是指买卖双方在金融期货市场上买卖的是以股票指数这一特殊"商品"为内容的期货合约。交割时以现金结算，而不是交给对方一定数额的股票。这一期货交易的主要目的是避免股票交易中的系统风险，对股票投资起保值的作用。

52. 外汇期货：也称汇率期货，是在金融期货市场上买卖以标准化的外币为基础的期货合约。

53. 大头寸交易者：是指专业化很强的投机者，他们经常会在入市时取得较大的交易头寸，而且持仓的时间短则几天，长则一周到两周。

54. 小价位抢帽子者：是指那些资金有限、利用期货价格的微小波动赚取蝇头小利的投资者。

55. 合约规格（价值）：合约规格是由相关标的指数的点数与某一既定的货币金额乘积来表示，这一既定的货币金额常被称为乘数。合约价值的大小既与标的指数的高低有关，也与规定的乘数大小有关。

56. 最小跳动点（变动价位）：股指期货合约交易的报价是按照指数点进行的，其价格必须是交易所规定的最小价值的整数倍。指数期货中的最小变动价位通常比基础指数的实际最小变动价位来得大。

57. 持仓限额：一些交易所对交易者规定了最大持仓限额，制定最大持仓限额的目的是为了防止少数资金实力雄厚者凭借掌握超量持仓操纵及影响市场的企图。有些交易所为了及早发现与监控大户的动向，还设置了大户持仓申报制度，如香港的恒生指数期货合约。

58. 每日价格波动限制：为了防止市场发生恐慌和投机狂热，也为了限制单个交易日内太大的交易损失，一些交易所规定了单个交易日中合约价值最大的上升或下降极限。这个极限通常是与前一交易日的结算价相联系的。假如价格达到极限，随后的交易只允许在极限内进行，或者暂停交易直到下一交易日，在停市的情况下，当天的结算价等于前一交易日的结算价加上或减去当天的涨跌幅极限。

59. 开仓、持仓和平仓：在股指期货交易中，无论是买还是卖，凡是新建头寸都叫开仓。交易者建仓之后手中就持有头寸，这就叫持仓。而平仓是指交易者了结持仓的交易行为，了结的方式是针对持仓方向做相反的对冲买卖。

60. 换手交易：换手交易有"多头换手"和"空头换手"，当原来持有多头的交易者卖出平仓，但新的多头又开仓买进时称为"多头换手"；而"空头换手"是指原来持有空头的交易者在买进平仓，但新的空头在开仓卖出。

交易时间及最后交易日交易时间

早上 9:15 开盘，比股票市场早 15 分钟。9:10 到 9:15 为集合竞价时间。下午收盘为 3:15，比股票市场晚 15 分钟。最后交易日下午收盘时，到期月份合约收盘与股票市场收盘时间一致，为下午 3:00，其他月份合约仍然在下午 3:15 收盘。

合约乘数

股指期货的合约价值以一定的货币金额与标的指数的乘积表示。股指期货标的指数的每一个点代表固定的货币金额，这一固定的货币金额称为合约乘数。

因为金额固定，所以期货市场以该合约标的指数的点数来报出期货合约的价格。假设沪深 300 指数现在是 3000 点，那么一张沪深 300 指数期货合约的价值为 3000×300＝900000 元。如果指数上涨了 10 点，则一张期货合约的价值增加 3000 元，反之，如果指数下跌了 10 点，其合约的损失为 3000 元。

保证金

保证金是清算机构为了防止指数期货交易者违约而要求交易者在购买合约时必须缴纳的一部分资金。保证金水平的高低，将决定股指期货的杠杆效应，保证金水平过高，将抑制市场的交易量，而保证金的水平过低，将可能引致过度的投机，增加市场的风险。

中国金融期货交易所为沪深 300 指数期货设定的保证金水平为合约价值的 12％。假定某人在 3000 点买进一手合约，那么投资者交易 1 手股指期货需要缴纳的保证金就是 3000×300×12％＝108000 元。如果出现亏损，还需要客户准备随时追加资金，弥补亏损带来的保证金缺口。

假设一个投资者有 15 万元的资金，他买入一手股指期货，价格是 3000 点，这时候他所要支付的保证金就是 108000 元。如果沪深 300 指数当天跌了 200 点，那么，这位投资者第一天的损失即为 200×300＝60000 元，这时该投资者的账户内就仅剩下 90000 元，已不足以支付保证金，所以在第二天开盘的时候，就必须要追加保证金，否则交易所就会采取强行平仓的措施。

股指期货的交割

股指期货合约到期的时候和其他期货一样,都需要进行交割。不过一般的商品期货和国债期货、外汇期货等采用的是实物交割,而股指期货和短期利率期货等采用的是现金交割。所谓现金交割,就是不需要交割股票指数成分股,而是用到期日或第二天的现货指数作为最后结算价,通过与该最后结算价进行盈亏结算来了结头寸。

股指期货的结算

股指期货的结算大致分为两个层次:首先是结算所或交易所的结算部门对会员结算,然后是会员对投资者结算。不管是哪个层次,都需要做三件事情:

(1) 交易处理和头寸管理,就是每天交易后要登记做了哪几笔交易,头寸是多少。

(2) 财务管理,就是每天要对头寸进行盈亏结算,盈利部分退回保证金,亏损的部分追缴保证金。

(3) 风险管理,对结算对象评估风险,计算保证金。

其中第二部分工作中,需要明确结算的基准价,即所谓的结算价。持仓合约用其持有成本价与结算价比较来计算盈亏,而平仓合约则用平仓价与持有成本价比较计算盈亏。对于当天开仓的合约,持有成本价等于开仓价,对于当天以前开仓的历史合约,其持有成本价等于前一天的结算价。

从法律关系上说,股指期货不是在买卖双方之间直接进行,而由结算所成为中央对手方,即成为所有买方的唯一卖方,和所有卖方的唯一买方。结算所以自有资产担保交易履约。

股指期货的合约月份

沪深300指数期货同时挂牌4个月份合约。分别是当月、下月及随后的两个季月月份合约。如当月月份为2010年6月,则下月合约为7月,季月合约为9月与12月。表示方式为IF1006、IF1007、IF1009和IF1012。其中IF为合约代码,10表示2010年,06表示6月份合约。

股指期货的最小变动单位

最小变动单位(即一个刻度),通常也是用点数来表示,用最小变动单位与合约乘数相乘即可得到最小变动单位的货币形式。最小变动单位对市场交易的活跃程度有重要的影响,如果变动单位太大,将可能打击投资者的参与热情。最小变动单位的确定原则,主要是在保证市场交易活跃度的同时,减少交易的成本。

沪深 300 指数期货的最小变动单位为 0.2 点,按每点 300 元计算,最小价格变动相当于合约价值变动 60 元。

表 17－1 给出了沪深 300 股指期货仿真交易合约表。

表 17－1　沪深 300 股指期货仿真交易合约表

合约标的	沪深 300 指数
合约乘数	每点 300 元
报价单位	指数点
最小变动价位	0.2 点
合约月份	当月、下月及随后两个季月
交易时间	上午 9:15～11:30,下午 1:00～3:15
最后交易日交易时间	上午 9:15～11:30,下午 1:00～3:00
每日涨跌幅限制	上一个交易日结算价的±10%
最低交易保证金	合约价值的 12%
最后交易日	合约到期月份的第三个周五,遇法定节假日顺延
交割日期	同最后交易日
交割方式	现金交割
交易代码	IF

股指期货交易流程

1. 开户的条件。

(1) 保证金账户可用余额不低于 50 万元。

(2) 具备股指期货基础知识,通过相关测试(评分不低于 80 分)。

(3) 具有至少 10 个交易日、20 笔以上的股指仿真交易记录,或者是最近三年内具有 10 笔以上商品期货交易成交记录(两者是或者关系,满足其一即可)。

(4) 综合评估表评分不低于 70 分。

(5) 不存在严重不良诚信记录;不存在法律、行政法规、规章和交易所业务规则禁止或者限制从事股指期货交易的情形。

按照相关规定,有下列情况之一的,不得成为期货经纪公司客户:

(1) 国家机关和事业单位。

(2) 中国证监会及其派出机构、期货交易所、期货保证金安全存管监控机构和期货业协会的工作人员。

（3）证券、期货市场禁止进入者。

（4）未能提供开户证明文件的单位。

（5）中国证监会规定不得从事期货交易的其他单位和个人。

2. 开户的流程。

（1）客户提供有关文件、证明材料。

（2）期货公司向客户出具《风险揭示声明书》和《期货交易规则》，向客户说明期货交易的风险和期货交易的基本规则。在准确理解《风险揭示声明书》和《期货交易规则》的基础上，由客户在《风险揭示声明书》上签字、盖章。填写客户资信情况登记表和确定交易手续费。

（3）期货经纪机构与客户双方共同签署《客户经纪合同书》，明确双方权利义务关系，正式形成合作关系。

（4）期货经纪机构为客户提供专门账户，供客户从事期货交易的资金往来，该账户与期货经纪机构的自有资金账户必须分开。客户必须在其账户上存有足额保证金后，方可下单。

股指期货开户需要提供以下资料：

（1）银行卡复印件或者扫描件一份。

（2）身份证扫描件（电子版）（如果是旧身份证，扫描正面；如果是新身份证，正反两面都扫描）。

（3）个人数码大头照（500万以上像素，整体上身尺寸占整个照片比例的60%），签合同时候的正面照。

（4）个人：客户本人的身份证原件，客户本人的银行卡或者存折。

（5）法人：营业执照（正本复印件，副本原件、复印件）、税务登记证（复印件）、组织机构代码证（原件、复印件）机构法定代表人身份证件原件或加盖机构公章、法定代表人名章的《法人授权委托书》及开户代理人的身份证件原件、银行开户许可证，机构授权的指令下单人、资金调拨人、结算单确认人的身份证件原件。

3. 交易。

股指期货的交易在原则上与证券一样，按照价格优先、时间优先的原则进行计算机集中竞价。交易指令也与证券一样，有市价、限价和取消三种指令。与证券不同之处在于，股指期货是期货合约，买卖方向非常重要，买卖方向也是很多股票投资者第一次做期货交易时经常弄错的，期货具有多头和空头两种头寸，交易上可以开仓和平仓，平仓还分为平当日头寸和平往日头寸。

交易中还需要注意合约期限，一般来说，股指期货合约在半年之内有四个合约，即当月现货月合约，后一个月的合约与随后的两个季度月合约。随着每个月的交割过后，进行一次合约的滚动推进。比如在 9 月份，就具有 9 月、10 月、12 月和次年 3 月四个合约进行交易，在 10 月底需要对 10 月合约进行交割。

开户入资后投资者的法律保障问题

投资者的法律保障主要体现在 3 个方面：

1. 交易编码。

每个投资者签订期货合同并开户后，都将拥有一个独立的交易编码。期货交易编码是在《条例》的指导下。由交易所统一制定的，实行一户一码制。投资者的所有交易都存在自己的编码之下，这就保证了投资者交易的真实和可靠性。

2. 期货经纪合同。

投资者与期货公司签署的《期货经纪合同》，从法律上明确了期货投资者应有的权利、义务。它是在期货行业的基本法规《期货交易管理暂行条例》的框架下制定的。

3. 资金安全问题。

为更好地保护期货投资者的资金安全，2006 年 5 月 18 日成立了中国期货保证金监控中心，该中心网站上提供了投资者查询服务系统，通过该系统期货投资者可以查询自身交易结算报告等信息，防止期货公司可能发生的欺诈行为。投资者开户时可以从各自期货经纪机构获取自身访问查询系统的用户名和初始密码；然后通过互联网访问监控中心官方网站，并点击"投资者查询"链接进入查询系统；系统提供"资料维护"、"基本信息"、"投资者交易结算报告"、"操作记录"、"保证金账户"、"公告牌"、"术语说明"、"操作指南"等页面，可点击这些页面的标题进入相应页面。

根据《期货交易管理暂行条例》的要求，投资者的资本金是通过期货经纪公司以"封闭运行"的方式转存在期货交易所的。证监会要求的"保证金封闭运行"的规定，已消除了一切非正常因素动用保证金的可能，从根本上保证了投资者的资金安全。

第二节 股指期货的具体操作

进行股指期货交易的好处

我国目前的股票市场，是一个单边市场。股市涨的时候大家都赚钱，跌的时候都只能赔钱或离场。股指期货的最大好处就是：可以使单边的股市成为双边市场。

无论股市上升或下跌，只要预测准确，就能赚钱。因此，对股民而言，股票指数期货市场是一个大有可为的市场。除此之外，进行股指期货交易还有以下几方面的好处：

1. 当个人投资者预测股市将上升时，可买入股票现货增加持仓，也可以买入股票指数期货合约。这两种方式在预测准确时都可盈利，但买卖股票指数期货的交易手续费比较便宜。

2. 对持有股票的长期投资者，或者出于某种原因不能抛出股票的投资者来说，在对短期市场前景看淡的时候，可通过出售股票指数期货，在现货市场继续持仓的同时，转移风险。

3. 当个人投资者预测股市将下跌时，可卖出已有的股票现货，也可卖出股指期货合约。卖出现货是将以前的账面盈利变成实际盈利，是平仓行为，当股市真的下跌时，就不再能盈利。而卖出股指期货合约，是从对未来行情的正确预测中获利，是开仓行为。由于有了卖空机制，当股市下跌时，即使手中没有股票，股民也能通过卖出股指期货合约获得盈利。

4. 买卖股票指数期货相对于买卖股票的另一个好处是，个人投资者常常为选股困难而发愁，既没有内幕消息参考，又缺乏充分全面的技术分析和基本面分析；与机构投资者相比，在资金上也处于劣势。而投资股指期货能得到与大市同步的平均利润，是一种比较好的选择，买卖股票指数期货相当于证券指数化，与大市同步。

股指期货交易

历史上的期货交易是在交易大厅通过交易员的口头喊价进行的。目前大多数期货交易是通过电子化交易完成的，交易时，投资者通过期货公司的电脑系统输入买卖指令，再由交易所的撮合系统进行撮合成交。

首次买入合约叫建立多头头寸，首次卖出合约叫建立空头头寸。然后，手头的合约要进行每日结算，即逐日盯市。

建立买卖头寸（术语叫开仓）后不必一直持有到期，在股指期货合约到期前任何时候都可以做一笔反向交易，冲销原来的头寸，这笔交易叫平仓。

如第一天卖出 10 手股指期货合约，第二天又买回 10 手合约。那么第一笔是开仓 10 手股指期货空头，第二笔是平仓 10 手股指期货空头。第二天当天又买入 20 手股指期货合约，这时变成开仓 20 手股指期货多头。然后再卖出其中的 10 手，这时叫平仓 10 手股指期货多头，还剩 10 手股指期货多头。这是投资股指期货常用的交易方法。当然，投资者也可做中长期交易，开仓后一直持有到最后交易日再进行现金交割。

股指期货的交易方式

传统的交易方式有书面方式和电话方式。书面方式是客户在现场填写交易指令单,通过期货经纪公司的接单员将指令下达至交易所;电话方式是客户通过电话将指令下达给期货经纪公司的接单员,接单员在同步录音后再将指令下达至交易所。

随着计算机技术的进步,期货经纪公司在提供上述交易方式之外,又增加了如下的电子化交易方式:

1. 电脑自助委托交易。

客户在交易现场,通过电脑(该电脑通过期货经纪公司的服务器与交易所交易主机相连接)进行交易。

2. 电话语音委托交易。

客户通过电话键盘将交易指令转化为计算机命令,再由计算机送入交易所主机。但电话语音委托交易操作过程非常繁琐,必须按照提示语音分步骤完成,每个步骤之间还必须等待,所以,即使有一些期货经纪公司推出了这种交易方式,实际使用的人也不多。

3. 网上交易。

利用互联网进行交易。由于网上交易不受地域限制,具有成交及回报快、准确性高、成本低等优点,故深受交易者和期货经纪公司的欢迎,也是目前推广速度最快的一种交易方式。

但这些新的交易方式由于主要采用电脑进行,可能会因计算机系统或通讯传输系统出现一些额外的风险,因而,客户如果选择电子化交易方式,期货经纪公司会要求客户在签署《期货经纪合同书》的同时,签署《电脑自助委托交易补充协议》、《网上期货交易风险揭示书》、《网上期货交易补充协议》等相应的协议。

什么是程式交易

程式交易(program trading)是指借助电脑,自动选择交易的品种,并自动进行委托买卖的电脑化交易。在程式交易的整个过程中,完全由电脑自动执行。程式交易广泛应用于指数套利。

简单的程式交易主要是通过电脑系统,以单一委托指令买进或卖出一揽子预先选定的股票。但是,用于指数期货套利的程式交易要复杂得多,一般由以下几组相互连接的电脑系统组成:

1. 资料库。

资料库记录股票指数期货、股票指数以及现货股票的历史交易价格。套利者可根据该资料库的历史价格资料,设计出模拟误差最小的投资组合,并随时更新。

2. 即时信息系统。

该系统即时显示现货股票指数与股票期货指数的价格,套利者可通过该系统及时了解现货指数与期货指数价格之间的差别及价差变化情况。

3. 套利机会发现系统。

套利机会发现系统的目的是寻找套利机会,提供持有成本、交易成本、模拟误差程度等信息。即时信息系统与套利机会发现系统相连。套利机会发现系统通过分析即时信息系统的指数期货与现货的价格,根据套利模型估算套利利润。每次套利的规模必须在套利机会发现系统中预先设定,包括计划交易的期货合约及股票现货的手数,一旦系统发现套利机会,便会自动把买卖指令即时传达电脑辅助报盘系统。

4. 电脑辅助报盘系统。

电脑辅助报盘系统负责接收套利机会发现系统发出的交易指令,并按原有的设定即时向撮合系统报盘。

5. 结算与风险管理系统。

结算系统用于记录所有套利活动的信息,如测得套利的时间、当时的股指期货价格、现货指数、股票价格、报盘时间、成交时间、各套利证券的成交价等。风险管理系统则根据这些数据控制模拟误差及其他套利风险,同时随时监控用于套利但未平仓的期货合约与现货,观察损益的账面变化。

6. 成交报告系统。

一旦电脑辅助报盘系统发出的买卖盘得以成交,成交报告系统将迅速报告成交情况。套利者即可根据成交资料,评估套利获得的利润是否与预期利润相符合,若发现出现若干套利误差,则可修正原有的套利模型。

程式交易大大提高了套利交易的效率,但当多家机构采取大致相同的标准进行股指期货套利的程式交易时,便会促使被低估的价格因竞相购买而急剧上涨,被高估的价格则因竞相卖出而迅速下跌,最终导致套利机会消失。也就是说,程式交易在提高效率的同时,成功地联接了股票期货市场和现货市场,起到消除两者价格偏差的作用,使期货和现货价格的关系日渐紧密。

如何申请交易编码和资金账号

投资者在开户的过程中,在签完《期货经纪合同书》完毕后,还应该填写"期货交易登记表",这张表格将由期货经纪公司提交给交易所,为客户申请交易所的专用交易编码。同时经纪公司还会向客户分配一个专用的资金账号。

为什么要引进结算会员制度

结算会员制度是国际期货市场普遍采用的制度,也就是说不是所有的交易所会员都可以自动取得结算资格,只有那些资金实力雄厚、风险管理能力强的机构才能成为交易所的结算会员。结算会员不仅要达到比较高的财务要求,还要根据其业务量向交易所结算部门缴纳一定数量的结算担保金,作为抵御结算会员(包括其他结算会员)出现结算违约时的风险屏障。非结算会员必须通过结算会员才能进行股指期货的结算。

引进结算会员制度,是因为股指期货本身波动较大,对参与结算业务的中介机构要求更高,通过结算担保金制度可以增加抵御系统性风险的能力,维护市场的稳定,增强投资者的信心。

根据中金所的设计,结算会员分为三类:交易结算会员,可以为自己的客户进行结算;全面结算会员,可以为自己的客户和非结算会员进行结算;特别结算会员,本身不参与股指期货的经纪业务和自营业务,但可以为非结算会员进行结算。

如何确认股指期货的账单

客户对当日交易账户中记载事项有异议的(远程客户可通过网上查询),应当在下一交易日开市前向期货经纪公司提出书面异议;客户对交易账户记载事项无异议的,视为对交易结算的自动确认。

如何对股指期货进行销户

客户不需要保留其资金账户时,对其资金账户所有交易和资金进出确认无误,且资金账户中无资金和持仓,填写《销户申请表》,即可办理销户。远程客户可以用约定方式异地办理。

《期货经纪合同书》的内容

《期货经纪合同书》对合同约定双方的权利和义务做出了明确的约定。由于合同书具有法律效应,受到法律保护,双方必须按照合同书的约定,履行自己的权利和义务。

合同书通常有下列内容:

1. 委托。
2. 保证金。
3. 强行平仓。
4. 通知事项。

5. 指定事项。

6. 指令的下达。

7. 报告和确认。

8. 现货月份平仓和实物交割。

9. 保证金账户管理。

10. 信息、培训和咨询。

11. 费用。

12. 免责条款。

13. 合同生效和修改。

14. 账户的清算。

15. 纠纷处理。

16. 其他事宜。

在这些条款中，投资者应该特别关注3～7条的内容。其中第三项是有关风险度量方法及在什么情况下期货经纪公司可以采取的相应措施；第四项是双方约定期货经纪公司如何尽通知义务及怎样认定期货经纪公司已经尽了通知义务；第五项中的指定事项是指"指定指令下达人"、"指定资金调拨人"及"指定联系方式"。注意，如果"指令下达人"和"资金调拨人"不是投资者本人，意味着已经对他人进行了授权，投资者必须对被授权人的行为负责；第六项中的内容是环绕着指令下达方式展开的，如果交易投资者选择电子化交易方式，还需签署相应的补充协议；第七项中的内容则是结算报告的确认或发生异议时如何解决的约定。

股指期货的行情表中的内容

当天行情的动态、人气强弱、高低起伏都显示在行情表上，每日行情表揭示了当天现货、期货的开盘价、最高价、最低价、最后成交量、涨跌幅度、结算价、未平仓合约数量，这些资讯除了让投资者了解当天行情外，还可以据此进一步判断行情可能的多空走向。

行情表上的合约名称是指目前现有的各种指数期货商品，包括沪深300指数期货合约、小型股指合约。

开盘价是交易日上午9:15分撮合出的第一个成交价格。上午9:15至下午3:15全程交易时间内成交的最高价格是行情表上的最高价，最低价则是交易时间内成交的最低价格。最后成交价是下午3:45分最后撮合的成交价。涨跌幅度（点数）是当日最后成交价减去前一交易日最后成交价得出的数值，涨跌点除以前一日交易的最后成交价所得出的比值就是涨跌幅度。成交量是指交易日当日所有成交数的总和。

结算价是指某品种某合约当天的成交价格按照成交量的加权平均计算出来的价格，它是反映保证金账户当天盈亏的价格。

未平仓合约就是指市场中尚未了结的期货合约单边力量的合计，简单地说就是目前还留在市场中尚未了结的仓位数量。

未平仓合约和行情之间的关系，可将行情视为一架飞机，未平仓量就好比是燃料，未平仓合约持续大量增加，代表往同一个方向的推力增加，飞机前进的速度就会加快，反之，则代表往同一个方向的推动减少，飞机前进的速度就会减缓。

如何计算股指期货的当日盈亏

因为期货结算实行每日无负债结算，所以，投资股指期货有必要每日都计算一下盈亏。期货合约以当日结算价作为计算当日盈亏的依据。具体计算公式如下：

当日盈亏＝Σ[(卖出成交价－当日结算价)×卖出量]＋Σ[(当日结算价－买入成交价)×买入量]＋(上一交易日结算价－当日结算价)×(上一交易日卖出持仓量－上一交易日买入持仓量)

当日盈亏在当日结算时进行划转，盈利划入结算准备金，亏损从结算准备金中划出。

举例来说，假设某位投资者在上一个交易日持有某股指期货合约20手多头持仓，上一个交易日的结算为2000点。当日该投资者是以2005点的成交价买入该合约10手多头持仓，又以2010点的成交价平仓5手，当日结算价为2015点，当日的盈亏具体计算如下：

当日盈亏＝(2010－2015)×5＋(2015－2005)×10＋(2000－2015)×(0－20)＝375点

如果该合约的合约乘数为300元/点，则该投资者的当日盈亏为375点×300元/点＝112500元。

股指期货的交易结算账单

我国股指期货交易与现行的期货交易结算账单大同小异，投资者能看懂交易结算账单，对了解一些交易结算规则，进行投资决策有着非常重要的作用。股指期货交易结算账单主要包括以下几方面的内容。

1. 结算账单内容一：客户权益。

客户权益栏指的是投资者在期货账户上拥有多少的资金，客户权益＝投入本金±投资收益（包括浮动收益）。投资收益由实际了结的投资收益和持仓浮动盈亏两部分组成。它不同于股市的收盘价结算原则，期货结算实行每天无负债结算，而持仓盈亏是按交易所公布的当日交易结算价结算。投资者当日买入或卖出，当日平仓的，按实际差价结算。

比如说，某位投资者在 2009 年 7 月 1 日在期货账户上打入资金 60 万，当天买了 3 手 8 月股指期货合约，价格是在 3000 点，其中一手在 3100 点当天卖出，还有一手作为持仓打算。当天收市后，该合约的结算价是 3050，那么 7 月 1 日我们就可以给这个账户进行结算（手续费暂不计），假设股指每点为 300 元。

该投资者当天权益＝60 万＋(3100－3000)×300＋(3050－3000)×300×3（此部分为浮动盈亏）＝67.5 万。

7 月 2 日，该投资者除了原有持仓的一手股指合约外，并没有进行交易，而该日的结算价是 3120，该投资者权益＝67.5 万＋(3120－3050)×300×3＝73.6 万。

7 月 3 日，该投资者把 7 月 1 日买入的 3 手合约以 3150 点位卖出了结，其余无交易，该日投资者权益＝73.6 万＋(3150－3120)×300×3＝75.4 万。

2. 结算账单内容二：保证金。

期货交易进行保证金制度，如保证金按合约价值的 12％收取，上述该投资者在 7 月 1 日的初始保证金计算如下：3000×300（此部分为合约价值）×3×12％＝324000 元

7 月 1 日的账单结算保证金按 7 月 1 日的结算价＝3050×300×3×12％＝329400 元

7 月 2 日的账单保证金＝3120×300×3×12％＝336960 元

保证金也就是账户所占用的资金。

3. 结算账单内容三：可用资金。

账户上的客户权益－所占用保证金＝可用资金。

可用资金也就是该投资者尚可用来继续交易的资金或用来维持持仓所用的资金。一旦行情的变化发展出现不利于该投资者，使得账户上有足以维持住持仓所需的保证金，免得追加保证金或被强制平仓，是十分重要的。

股指期货的换手交易

换手交易有"多头换手"和"空头换手"之分，当原来持有多头的投资者卖出平仓，但新的多头又开仓买进时称为"多头换手"；"空头换手"是指原来持有空头的投资者买进平仓，但新的空头在开仓卖出。假定统计之初的总成交量为 5000 手，同时总持仓量为 80000 手，多空双方开仓、平仓与成交量及对应持仓量的变化关系如表 17－2 所示。

表17-2 多空双方开仓、平仓与成交量及对应持仓量的变化关系

单位：手

序号	成交量	买方成交	卖方成交	总成交量	总持仓量	说明
0				5000	80000	
1	100	50 多头开仓	50 空头开仓	5100	80100	双开仓、持仓增加
2	200	100 空头平仓	100 多头平仓	5300	79900	双平仓、持仓减少
3	300	150 多头开仓	150 多头平仓	5600	79900	多头换手、持仓不变
4	150	75 空头平仓	75 空头开仓	5750	79900	空头换手、持仓不变
合计	750	375，其中： 多头开仓200 空头平仓175	375，其中： 空头开仓125 多头平仓250			开仓325 平仓425 平仓为主、持仓减少

结算会员的出金业务

中金所本着准确、快捷的原则为结算会员办理出入金业务。结算会员可在每个交易日交易结束之前提出书面或电子划款申请，中金所审核后按《中国金融期货交易所结算细则》办理出入金。特殊情况下，中金所办理出入金业务时间顺延。

结算会员出金必须符合中金所相关规定。在《中国金融期货交易所结算细则》（征求意见稿）中，结算会员出金标准为：

可出金额＝实有货币资金－交易保证金－结算准备金最低余额

中金所可根据市场风险状况对结算会员出金标准做适当调整。结算会员的经纪账户和自营账户的可出金额应分别计算。

结算准备金余额的计算

在《中国金融期货交易所结算细则》中，当日结算准备金余额具体计算公式如下：

当日结算准备金余额＝上一交易日结算准备金余额＋上一交易日交易保证金－当日交易保证金＋当日盈亏＋入金－出金－手续费

中金所对结算会员的经纪账户和自营账户的结算准备金余额分别结算。结算完毕后，结算会员的结算准备金余额低于最低余额标准时，该结算结果即视为中金所向结算会员发出的追加保证金通知，两者的差额即为追加保证金金额。结算会员必须在下一交易日开市前补足至结算准备金最低余额；逾期未补足的，该账户不得开新仓或按《中国金融期货交易所风险控制管理办法》的规定处理。

第三节　交易规则

开户实名制度

根据证监会的要求，期货市场新的实名制自 2007 年 12 月 1 日起全面推行，严格了此前实名开户的要求，并新增了留存影像资料等新要求。这项制度要求期货投资者开户时必须本人持身份证亲自办理，期货结算账户户名必须与开户人姓名一致，并且期货公司将按规定留存投资者的影像资料。新的实名制工作要求，既延续了期货公司开户环节的普遍操作，又提出了更高的要求，并增加中国期货保证金监控中心的事后审核来加强对实名制落实情况的监控。全面落实开户实名制并且配合事后审核将有助于防范开户环节的违法违规行为，推动股指期货的平稳运行。

保证金制度

在期货交易中，投资者必须按照其所买卖期货合约价格的一定的比例留存一部分资金，作为其履行期货合约的财力担保，然后才能参与期货合约的买卖，并视价格确定是否追加资金，这种制度就是保证金制度，所交的资金就是保证金。

保证金分为结算准备金和交易保证金两种。

结算准备金是指会员为了交易结算在交易所专用结算账户中预先准备的资金，是未被占用的保证金。结算准备金的最低余额由交易所决定，目前，我国会员结算准备金的最低余额为 200 万元；交易保证金是是指会员在交易所专用结算账户中确保合约履行的资金，是已被合约占用的保证金。

保证金的收取是分级进行的，因此保证金又可分为会员保证金和客户保证金。会员保证金是期货交易所向会员收取的，收取标准由期货结算所规定，属于会员所有，用于会员的交易结算。客户保证金是期货经纪公司向客户收取的，收取比例由期货经纪公司规定，高于期货结算所对会员收取保证金的水平，属于客户所有，用于客户缴存保证金并进行交易结算。

期货合约交易过程中，出现下列情况之一的，交易所可以根据市场风险调整交易保证金标准，并向中国证监会报告：

1. 出现连续同方向涨跌停板。
2. 遇国家法定长假。
3. 交易所认为市场风险明显增大。

4. 交易所认为必要的其他情况。

调整期货合约交易保证金标准的，交易所应在当日结算时对该合约的所有持仓按新的交易保证金标准进行结算。保证金不足的，应当在下一个交易日开市前追加到位。

每日涨跌停板制度

涨跌停板是指期货合约在一个交易日中的交易价格波动不得高于或者低于规定的涨跌幅度，超过该涨跌幅度的报价将视为无效。通过制定涨跌停板制度，能够锁定会员和投资者每一交易日所持有合约的最大盈亏；能够有效地减缓、抑制一些突发性事件和过度投机行为对期货价格的冲击。

《沪深300指数期货合约》中沪深300指数期货合约的涨跌停幅度为前一交易日结算价的正负10%，最后交易日的涨跌停幅度为上一交易日结算价格的正负20%。股指期货交易中的涨跌停板是依据前一交易日的结算价进行计算的，而不是按前一交易日的收盘价进行。

套期保值审批制度

套期保值是股指期货的基本功能，投资者可以通过套期保值操作来管理投资组合所面临的系统性风险。

交易所实行套期保值额度审批制度。客户申请套期保值额度的，应当向其开户的会员（期货公司）申报，会员（期货公司）对申报材料进行审核后向交易所办理申请手续。会员（从事自营业务的交易会员，即某些机构投资者）申请套期保值额度的，直接向交易所办理申请手续。

申请套期保值额度的会员或者客户，应当填写《中国金融期货交易所套期保值额度申请（审批）表》，并向交易所提交下列申请材料：

1. 自然人客户应当提交本人身份证复印件，会员或者法人客户应当提交营业执照副本复印件、组织机构代码证复印件以及近两年经审计的财务报告。
2. 近6个月的现货交易情况。
3. 申请人的套期保值交易方案。
4. 申请人历史套期保值交易情况说明。
5. 会员（期货公司）对申请人材料真实性的核实声明。
6. 交易所规定的其他材料。

交易所根据套期保值申请人的现货市场交易情况、资信状况和市场情况对套期保值额度进行审批。套期保值额度自获批之日起6个月内有效，有效期内可以重复使用。由于有4个合约在同时交易，为提高套期保值的效率和效果，获批套期保值额度可以在多个月份合约使用，各合约同一方向（指买入套保方向或卖出套保方向）

套期保值持仓合计不得超过该方向获批的套期保值额度。在某一合约最后 10 个交易日内获批的新增套期保值额度不得在该合约上使用。

交易所有权根据市场情况对套期保值额度进行调整。申请人需要调整套期保值额度时，应当及时向交易所提出书面变更申请。调整后的套期保值额度自获批之日起 6 个月内有效。

限仓制度

限仓制度是期货交易所为了防止市场风险过度集中于少数交易者和防范操纵市场行为，对会员和客户的持仓数量进行限制的制度。

根据不同的目的，限仓可分为以下几种形式：

1. 根据保证金的数量规定持仓限额。

根据保证金的数量规定持仓限额，也就是说，交易所会根据客户和会员投入的保证金的多少，然后按照一定的比例给出一定的持仓限额。交易所根据保证金的数量规定的持仓限额，可以使得保证金维持在一个风险较低的水平。当客户要求持有更多的期指合约，那么，他就要在规定的时间内补足保证金，这样才能有更多的合约。

2. 对会员的持仓量限制。

为了防止市场风险过度集中于少数会员，交易所对会员的持仓量也有一定的规定，规定一个会员对期指合约的单边持仓量不得超过交易所期指合约持仓总量（单边结算）的一定百分比，否则交易所将会对会员的超量持仓部分进行强制平仓。

此外交易所还按照合约离交割月份的远近，对会员规定了持仓限额，距离交割期越近的合约，会员的持仓量越小。

3. 对客户的持仓量限制。

为了防止大户过量持仓，操纵市场，大部分交易所会员对会员所代理的客户进行编码管理，每个客户只能使用一个交易编码，交易所对每个客户编码下的持仓总量也有限制。

我国期货交易所对持仓限额制度的具体规定如下：

1. 交易所可以根据不同期货品种的具体情况，分别确定每一品种每一月份合约的限仓数额。

某一月份合约在其交易过程中的不同阶段，分别适用不同的限仓数额，进入交割月份的合约限仓数额从严控制。

2. 采用限制会员持仓和限制客户持仓相结合的办法，控制市场风险。

3. 套期保值交易头寸实行审批制，其持仓不受限制。

4. 同一投资者在不同经纪会员处开有多个交易编码，各交易编码上所有持仓头寸的合计数，不得超出一个投资者的限仓数额。

5. 交易所可根据经纪会员的净资产和经营情况调整其持仓限额，对于净资本金额或交易金额较大的经纪会员可增加限仓数额。经纪会员的限仓数额，由交易所每年核定一次。

6. 交易所调整限仓数额须经理事会批准，并报中国证监会备案后实施。

7. 会员或客户的持仓数量不得超过交易所规定的持仓限额。对超过持仓限额的会员或投资者，交易所按有关规定执行强行平仓。一个投资者在不同经纪会员处开有多个交易编码，其持仓量合计数超出限仓数额的，由交易所指定有关经纪会员对该客户超额持仓执行强行平仓。经纪会员名下全部投资者的持仓之和超过该会员的持仓限额的，经纪会员原则上应按合计数与限仓数之差除以合计数所得比例，由该会员监督其有关投资者在规定时间内完成减仓；应减仓而未减仓的，由交易所按有关规定执行强行平仓。

大户报告制度

大户报告制度是与限仓制度紧密相关的另外一个控制交易风险、防止大户操纵市场行为的制度。期货交易所建立限仓制度后，当会员或客户某品种持仓合约的投机头寸达到交易所对其规定的投机头寸持仓限量80%以上（含本数）时，必须向交易所申报。申报的内容包括客户的开户情况、交易情况、资金来源、交易动机，等等，便于交易所审查大户是否有过度投机和操纵市场行为以及大户的交易风险情况。

大户报告的要求最早被实施于1923年，那时《联邦谷物期货法案》刚刚通过，该法案确立了美国联邦政府对商品期货的监管。美国商品期货交易委员会于1975年成立，它是一家对美国期货交易进行监管的独立监管机构。这个新机构的监管范围很广，包括国内和国际农产品、金属期货市场和金融、能源等新兴期货市场。

大户报告是一个高效的工具，可以让监管机构及时了解可能造成市场价格操纵的所有大户的头寸。大户报告制度还有另一个优点可能没有被完全意识到，那就是它也可以帮助监管机构理解，当市场运行正常的时候，价格剧烈波动或者高度波动都可能创造价格操纵的表象。当市场监管可以准确实施的时候，公共政策就会改进，力求最大化地发现市场问题。当没有证据表明市场存在这种问题的时候，力求使监管对市场的阻碍作用最小化。

另外，这一制度还可以向监管机构提供关于市场构成的有用信息，比如市场参与者中的商业与非商业交易者，特定种类的投资者（如现货商、互换交易者、生产者、制造者和管理者基金交易者）持有的头寸等。

强行平仓制度

强行平仓是指交易所按有关规定对会员、投资者持仓实行平仓的一种强制措施。

举个例子来说，假如现在你的保证金是 20 万元，但你的账户中可用的保证金余额为 18 万元，这就意味着你的保证金不足了。此时你必须在下一个交易日之前将保证金补足，此举为追加保证金。如果你在下一交易日开市之前没有将保证金补足，按照规定，期货经纪公司可以对该账户所有人的持仓实施部分或全部的强制平仓，直至留存的保证金符合规定的要求。

一般来说，会员、投资者出现下列情况之一的，交易所对其持仓实行强行平仓：

1. 会员结算准备金余额小于零，并未能在规定时限内补足的。
2. 持仓超出持仓限额标准，并未能在规定时限内减仓的。
3. 因违规受到交易所强行平仓处罚的。
4. 根据交易所的紧急措施应予强行平仓的。
5. 其他应予强行平仓的。

强行平仓的执行原则是先由会员执行，时限除交易所特别规定外，一律为开市后第一天。规定时限内会员未执行完毕的，由交易所强制执行。

强行平仓的执行程序是：第一，通知。交易所以"强行平仓通知书"（以下简称通知书）的形式向有关结算会员下达强行平仓要求。通知书除交易所特别送达以外，随当日结算数据发送，有关结算会员可以通过交易所系统获得。第二，执行及确认。开市后，有关会员应自行平仓，直至达到平仓要求；结算会员超过规定平仓时限而未执行完毕的，剩余部分由交易所执行强行平仓；强行平仓结果随当日成交记录发送，有关信息可以通过交易所系统获得。

强行平仓的执行顺序

在不同账户间的强行平仓的顺序不同，在《中国金融期货交易所风险控制管理办法》（征求意见稿）中对不同账户间的强行平仓给出明确规定。

1. 在当会员结算准备金余额小于零，并未在规定时间内补足而被强行平仓时，分为三种情况：第一，当只有自营账户违约时，对自营账户的持仓按合约总持仓量大小顺序进行强行平仓。如果强行平仓后，结算准备金仍小于零，对其代理账户中的投资者进行移仓；第二，当只有经纪账户违约时，首先动用自营账户的结算准备金余额和平仓金额进行补足，再对经纪账户中的持仓按一定原则进行强行平仓；第三，当自营账户和经纪账户都违约时，强行平仓顺序是先自营账户，后经纪账户。如果经纪账户持仓强行平仓后，结算准备金大于零，对投资者进行移仓。

2. 在持仓超过限仓规定而被强行平仓时，也分为三种情况处理：第一，当只有一个会员出现此种情况时，先平自营账户持仓，再平经纪账户持仓，经纪账户持仓按会员超仓数量与会员持仓数量的比例确定有关投资者的平仓数量；第二，当有多个会员出现此种情况时，优先选择超仓数量大的会员作为强行平仓的对象。投资者超仓的，对该投资者的超仓持仓进行强行平仓；投资者在多个会员处持仓的，按持仓数量由大到小的顺序选择会员强行平仓；第三，会员和投资者同时超仓的，先对超仓的投资者进行平仓，再按会员超仓的方法对会员平仓。

强制减仓制度

强制减仓制度对长期做股票的投资者来说相对陌生，也是未来投资者可能产生疑惑的地方。专家表示，强制减仓制度是风险控制措施中的重要一环，投资者需要事先有个了解。

根据《中国金融期货交易所风险控制管理办法》，强制减仓是当市场出现连续两个及两个以上交易日的同方向涨（跌）停等特别重大的风险时，中金所为迅速、有效化解市场风险，防止会员大量违约而采取的措施，即中金所将当日以涨（跌）停板价申报的未成交平仓报单，以当日涨（跌）停板价与该合约净持仓盈利投资者按持仓比例自动撮合成交。同一投资者双向持仓的，其净持仓部分的平仓报单参与强制减仓计算，其余平仓报单与其反向持仓自动对冲平仓。

具体到沪深300股指期货，强制减仓制度是指在收市后，将已在交易系统中以涨（跌）停板价申报无法成交的、且投资者合约的单位净持仓亏损大于或等于当日结算价的10%的所有持仓，与该合约净持仓盈利大于零的投资者按持仓比例自动撮合成交。强制减仓的价格为该合约当日的涨（跌）停板价。由上述减仓造成的经济损失由会员及其投资者承担。强制减仓当日结算时交易保证金恢复到正常水平，下一交易日该合约的涨（跌）停板幅度按合约规定执行。

风险警示制度

在《中国金融期货交易所风险控制管理办法》中提到的风险警示制度是指，中金所认为必要时，交易所实行风险警示制度。交易所可以分别或同时采取要求报告情况、谈话提醒、书面警示、公开谴责、发布风险警示公告等措施中的一种或多种，以警示和化解风险。

出现下列情形之一的，即期货价格出现异常；会员或投资者交易异常；会员或投资者持仓异常；会员资金异常；会员或投资者涉嫌违规、违约；交易所接到投诉涉及到会员或投资者；会员涉及司法调查；交易所认定的其他情况，交易所有权约见指定的会员高管人员或投资者谈话提醒风险，或要求会员或投资者报告情况。

中金所要求会员或投资者报告情况的，有关报告方式和报告内容参照大户报告制度。通过情况报告和谈话，发现会员或投资者有违规嫌疑、交易持仓有较大风险的，中金所有权对会员或投资者发出书面的《风险警示函》。

发生不按中金所要求报告情况和谈话的；故意隐瞒事实，瞒报、错报、漏报重要信息的；故意销毁违规违约证明材料，不配合中金所调查的；经查实存在欺诈投资者行为的；经查实参与分仓和操纵市场的；以及中金所认定的其他违规行为之一的，中金所有权在指定的有关媒体上对有关会员和投资者进行公开谴责。中金所对相关会员或投资者进行公开谴责的同时，对其违规行为，按中金所违规处理办法处理。如发生期货价格出现异常；期货价格和现货价格出现较大差距；会员或投资者涉嫌违规、违约；会员或投资者交易存在较大风险；以及中金所认定的其他情况情形之一的，中金所有权发出风险警示公告，向全体会员和投资者警示风险。

当日无负债结算制度

中金所实行当日无负债结算制度。当日交易结束后，中金所按当日结算价对结算会员结算所有合约的盈亏、交易保证金及手续费、税金等费用，对应收应付的款项实行净额一次划转，相应增加或减少结算准备金。

结算会员在中金所结算完成后，按照相关原则对投资者及非结算会员进行结算；非结算会员按照相关原则对投资者进行结算。

分级结算制度

中金所借鉴国际期货市场惯例，在制度设计中引入了分级结算制度，以强化中金所的整体抗风险能力。在分级结算制度下，资金实力雄厚、管理经验丰富的机构才能成为结算会员，而其他不具备结算会员资格的非结算会员必须通过结算会员进行结算，从而形成多层次的风险管理体系。分级结算有助于市场逐级控制和吸收风险，有利于形成多元化、多层次的金字塔式风险控制体系，使很多局部风险在结算会员层面就得到化解，确保期货市场的平稳运行。见图17-1。

中金所结算模式如下图所示：

图 17-1

第四节　学会股指期货的分析方法

股指期货的投资分析无非是基本面分析和技术分析，因为，无论是做股票投资、外汇投资还是期货投资，应用的分析方法和手段都是相似的。当然，不同投资者有适合自己和喜欢用的方法。

基本面分析包括对商品价格供求关系、宏观经济指标，以及政治因素的研究。宏观经济指标包括经济增长率等数字，有国内生产总值、利息率、通货膨胀率、失业率、货币供应量、财政政策、外汇储备以及生产率等要素。基本面分析的目的是为了判断证券的价位是否合理并描绘出它长远的发展空间，确定证券的内在价值；技术分析则主要是预测短期内价格涨跌的趋势。

技术分析是以市场行为的图形、图表、形态、指标为手段，使用数学、统计学原理研究市场行为的价格预测方法。

技术分析的理论很多，大家耳熟能详的就有道氏理论、波浪理论、江恩理论等。技术分析的方法也有 K 线分析、形态分析、趋势通道分析以及若干技术指标分析。

股指期货的价格主要由股票指数决定。由于股票指数要受到很多因素的影响，因此，股指期货的价格走势同样也会受到这些因素的作用。

这些因素包括：宏观经济数据，例如 GDP、工业指数、通货膨胀率等；宏观经济政策，例如加息、汇率改革等；与成分股企业相关的各种信息，例如权重较大的成分股上市、增发、派息分红等；国际金融市场走势，例如 NYSE 的道琼斯指数价格的变动、国际原油期货市场价格变动等。

另外，和股票指数不同，股指期货有到期日，因此股指期货价格还要受到到期时间长短的影响。

股指期货的基本面分析方法

股指期货买卖只有特定的两个方向，不是买升建仓，就是买跌沽空，有些像是在赌场中买大小。股指期货市场上永远是有人看涨有人看跌，也只有如此才能保证整个市场的正常运行。股指期货交易的结果也只能是有人盈利，有人亏损，不可能出现共赢的局面。

但股指期货买卖与赌大小之间又有很明显的分别，那就是赌大小全凭运气，但买卖股指期货却可以进行分析。股指期货与股市变动息息相关，股指是股票市场走势的反映，而股指期货买卖的对象，是股市的成分股票所组成的特定的指数。因此，影响股市的因素，其实就是影响股指期货走势的因素。

影响股市的最主要的因素，包括政治因素和经济因素。政治因素包括国内政治和世界政治，经济因素也包括国内经济和国际经济。另外，所有与个别行业或个别股票相关的因素，如果其足以影响在股票指数计算中占较大比例的股票，也会影响股指期货的走势。

基本面分析法强调的就是影响市场的主要外部因素，它是相对于技术分析法而言的。基本面分析法的大前提是，认为客观因素足以影响股市指数的变化。当客观环境有利于股市走势时，股市很快就会上升；当客观环境不利于股市时，股市很快就会下跌。而技术分析法只注重市场交易本身，只分析由于交易而产生的数据，如价格和成交量等。

基本面分析人员相信，股价是股票投资价值大小的反映，而股指期货价格则是这些股价的反映。所以，没有实质的因素支撑股市指数，股市一定会跌；相反，如果利好及推高股市的因素占主导，则股价一定会飙升，股市指数也自然会向上。

基本面分析法的意义已毋庸置疑，但是，政治经济因素对股票市场的影响是间接的，其对股票指数的影响，在市场上的反映首先是影响股票的供给和需求。这个供求关系再影响股市指数，所有政治经济因素的混合结果，就是供求的变化。

当政治经济因素有利于股票市场时，投资者对市场有信心，对股票的需求增加，在供应不变，需求增加时，股价就会上升；反之，如果政治经济因素不利于股市的上涨，投资者由于对未来的不确定，对股市一般持观望态度，对股票的需求就会减弱，在供给量增加而需求不变或减少时，股价就会下跌。当供给和需求的关系发生变化后，股价发生变化，股市指数也会变化，股指期货价格也会因此而变化。因此，股票市场上的供求关系是直接影响股票指数的因素，使股票指数或升或跌。

基本面分析法的对象，从最根本上看，就是股市的供给和需求。掌握了供需动态，就大致掌握了股指的走势。当需求和供给不平衡时，股价会有变化，指数便会出现变动，从而影响股指期货的价格。

股指期货的基本面分析步骤

影响股指期货的基本因素有很多，也很复杂。所以，有很多投资者在对股指期货进行分析时会感到无从下手。但如果分析者掌握了一些步骤，就会简单很多。下面是基本面分析一般采用的步骤：

1. 了解背景材料。

在选择好需进行分析的市场之后，第一步就是尽可能地了解该市场。我们可以通过互联网、报刊等途径，对影响该市场的基本因素和关于该市场的基本统计信息来源进行了解。

2. 收集统计数据。

在对市场基本情况有了一定的了解后，就可以开始收集该市场与价格分析有关的统计数据，这些数据包括一些基本面数据，以及股价数据和股票指数数据。

3. 根据通货膨胀水平调整价格数据。

为使基本面数据对股票价格的影响有一个准确的估计，有时我们需要根据通货膨胀率对股价和股票指数进行一定的调整，以剔除通货膨胀对市场的影响。

4. 构建与修正模型。

在收集齐足够的统计数据后，需要选择自变量和因变量，构建计量经济模型，并在初步分析的基础上，对模型进行修正，确定并剔除一些无法量化的因素，并在此基础上估计独立变量，通过推导分离并量化出占主导地位的因素，得出一个可用于预测的反映基本面因素和股票市场走势的计量经济模型。

5. 预测一个价格范围。

在计量模型建立后，便可以根据基本面数据的数值及其变化，使用该模型预期未来的股票指数的涨跌范围。

6. 评估其他因素可能带来的影响。

在若干基本面因素中，有些因素（如政府的决策和对金融市场、股票市场的干预，一些属于不可抗力的偶然因素等）是无法定量化的，很难纳入计量经济模型之中。因此，我们还必须认真分析、评估这些无法量化的基本面因素对股票市场走势的影响。

7. 判断交易机会。

在构建模型预测股票指数点数范围，并充分考虑一些无法量化的因素的影响之后，就可以判断出股票市场基本走势，然后就是比较现行股票指数水平与预期股票指数水平的高低，决定是买进股指期货，还是沽出股指期货。

政治因素对股指的影响

中国的改革开放之所以能够顺利进行，完全是以政治上的稳定为先决条件的。政治是经济的集中体现，政治产生于经济，又服务于经济。

所有政治不稳定的国家，经济发展一定受到严重冲击。就算在政治稳定的地区，当权力顺利转移时，也一样会冲击经济。例如，美国有两个政党，共和党和民主党。总统改选后，新总统由一党成员变成另一党成员时，由于两党的经济政策有异，公众对新总统的印象也不同，他们的反应就会影响股指期货的走向。

政治可以影响股指走势，如领导人的变化可能会影响到原有政策的连续性；一国对外国的态度可以演变成对境外投资者的态度而可能影响外资的进退；一国的外交策略可能会导致国与国之间关系的变化，从而导致与国外联系较紧密的行业发生变化；一国内部的稳定状态更影响到别国对本国的支持或制裁，等等。

除了与本国有直接联系的政治因素外，那些表面上与本国无关的政治因素也可能会影响本国的投资情况。例如，如果对全球经济影响较大的国家的政治状况发生变化，则会影响到世界经济，进而影响到本国经济，而且该国的经济变化也会在该国股指上有所反映。

但在种种影响股指走势的政治因素中，政府对市场的直接干预行为，对市场的影响最大。比如我国政府做出的非流通股上市流通的决定，以及采取何种流通方式的决策，对市场都会造成重大影响。

所以，如果投资股指期货，就要讲政治，关心政治，关注政治对股指期货的影响。

经济因素对股指的影响

在股指期货分析中，不管是基本面分析派的人士，还是技术分析派的人士都会十分注重经济因素对股指期货的影响。这是因为，股价指数的真正驱动力量还是经济基本面因素。经济基本面因素种类繁多，但对股指期货有较大影响的主要有以下几方面的指标。

1. 经济周期指标。

经济周期是工业化社会以来人类经济生活不可避免的一种现象。几乎所有经济活动都呈现出起伏的周期。一个产业不仅会受到整体经济周期的影响，也可能会受到其他行业经济周期的影响。股指期货作为整体经济的一部分，必然会受到经济周期的影响。

一般情况下，在经济景气循环的开始阶段，经济活动渐趋活跃，生产扩大、工资上升、失业率下降，企业的利润也相应增加，股票价格也随着股息的上涨而稳定攀升，股票指数上升。

在经济周期的头部，企业的订单会突然减少，生产开始萎缩，利率也由于融资需求的增加而上升，导致生产成本上升，企业利润减少，失业开始增加，工资的增长赶不上通货膨胀的增长，股价开始下调，股票指数开始反转向下。

进入经济周期的萧条阶段和谷底后，到处弥漫着悲观气氛，利率下调，股息减少，物价下滑，经济利空消息接踵而来，股价和股票指数迅速下跌。

通常情况下，在一轮经济景气周期开始之前，股票市场通常会领先上涨，股指期货也会上涨。

2. 经济增长指标。

对股指期货有较大影响的总体经济增长指标主要以下两个：

（1）国内生产总值（GDP）。

国内生产总值是一国经济在某一特定时期内所生产的产品与服务的总量。国内生产总值不重复计算半成品和中间产品，仅计算企业或个人提供的增加值部分，即"投入"和"产出"之间的差额。出口商品被视为"产出"，包含在国内生产总值内，而进口商品被视为"投入"，不包含在国内生产总值内。

国内生产总值数据是代表一国总体经济增长率的最重要的指标。一般来说，国内生产总值增长速度快的国家，其股指期货的上涨也快。如果国内生产总值持续稳定增长，股指期货一般也将出现持续上扬行情；相反，国内生产总值增长速度放慢，或出现负增长，股指期货也将出现空头行情。

（2）消费者支出。

在国内生产总值指标中，最重要的部分是个人的消费支出。个人的收入扣除税收，即个人可支配收入。个人可支配收入是国内生产总值中比例最高的构成部分，而且更能反映人们生活水平的变化。

个人可支配收入中没有进入储蓄的部分，即消费者支出。消费者支出与零售销售量之间有密切的关系，可较直接地反映消费者对产品和服务的需求和增减情况，进而可反映整体经济状况。对于股指期货而言，消费者支出更具有即时性。

经济活动指标

经济活动指标是反映经济活力的动态指标。对股指期货有重要影响的经济活动指标有：

1. 制造业产量。

一般来说，制造业产量的增加代表经济周期处于上升的趋势，通常产量增加后公司盈余也会增长，这种情况有利于股指的上涨。相反，产量减少则是经济活动趋缓的征兆，此时公司盈余将减少，股指将下跌。

分析制造业产量指标必须结合存货指标，因为如果增加的产量未能进入消费，而仅仅是增加了公司的存货，那么就需要作进一步的分析。

2. 失业率。

失业率减少是经济周期处于上升阶段的典型现象，因为在经济扩张时期，为扩大生产能力，必须增加就业人口。但由于工资和就业的刚性现象，失业率的上升，通常会滞后于经济萧条。

3. 存货。

存货可以分为三大类：原料和燃料存货、半成品存货、成品存货。存货指标对股票市场的影响十分复杂。在不同的经济周期，对存货的解释各不相同。例如，同样是成品存货的突然增加，既可能代表销售量的下降，也可能表示生产者预期产品的销量将增加。

一般来说，在需求增加时，成品的存货会首先下降，半成品的存货上升。如果利率较高，存货的增加将增加企业持有存货的成本；另外，如果企业能够有效地进行存货管理，存货的正常数量也可以减少。因此，对存货指标的分析，要结合其他的经济指标，进而判断其对股指的影响。

4. 平均收益。

平均收益指标通常以公司的平均盈余来衡量。一般来说，公司盈余持续增加表示经济处于强劲增长阶段，同时表明公司可以向股东和职工分配更多的股息或工资，股票价格一般会上涨，进而股指上涨。

通货膨胀指标

通货膨胀指标通常以零售商品物价指数来表示。一般来说，当通货膨胀率上升时，将引起货币贬值，从而可能会引起利率上涨。在短期内，通货膨胀上涨所导致的利率上升将对股指期货市场产生负面影响，但就长期而言，通货膨胀对股指期货的影响并不严重，因为股票的价格，如同其他商品一样，迟早会随着通货膨胀而上涨。

金融指标

影响股指期货市场走势的金融指标主要有：

1. 利率。

利率对股指期货市场的影响十分明显。利率上升将直接影响投入股指期货市场的资金量，从而造成期指下跌。反之，利率下降则导致资金进入股市，股市价格上涨。

2. 汇率。

汇率对股指期货市场的影响有两个方面。以本币升值为例，一方面，汇率上升会导致进口增加，出口减少，通过影响出口企业进而影响到股指期货；另一方面，汇率上升可能会使国内市场利率下调，进而影响到股指期货。

3. 货币供给量。

货币供给量是影响股票市场的一项重要指标。如果货币供应大幅增加，将导致利率下降，从而推动股指上扬。反之，如果货币供给量下降，利率上升，将对股指期货市场产生不利影响。

4. 国际收支余额。

国际收支余额是表示一国资金流入和流出的差额的指标。资金流入部分主要包括出口商品和服务的价值，利息、利润和股息等无形资金流入；资金流出部分主要包括进口商品与服务的价值，以及无形资金流出。

一般来说，如果国际收支处于赤字状况，会对汇率造成贬值的压力，于是需要提高利率来支撑汇率，从而对股指期货市场造成不利影响。反之，国际收支盈余，则对股指期货市场在短期内造成显著的利多影响。

5. 公共部门借款需求。

公共部门借款需求是政府支出减去政府收入的差额，该指标反映了政府的财务状况，也是一项短期利率的指标。政府的收支差额通常必须靠发行公债来弥补，因此，如果公共部门借款需求上升，政府需要大量借款，将导致利率上升，会对股指期货市场产生不利影响。

了解经济信息的途径

任何一个成功的期货市场投资者，都离不开经济信息。只有掌握比较全面的经济信息，并进行合理的信息处理，才能做出比较正确的判断，来指导买卖活动。获取经济信息的主要途径有：

1. 通过期货交易所获取各种市场交易的信息。

一般期货交易所都有定期和不定期报告制度。不定期报告，主要是对一些临时性的重大事件的报告。定期报告又分为日报、月报、年报等，有的还有季报。

对交易所的这些公告应特别注意，如交易所规章制度，交易规则的变更，证券公司、证券经纪人的重大情况，有关重大的经济信息等。

2. 利用专家的预测性意见和文章。

政府的报告所提供的信息往往具有滞后性，一般在信息发布前市场已经产生变化，致使当信息被获得时，就已经被市场消化了。为了获得及时的信息，可以多关注有关专家发表的讲话，以及对经济形势预测和评论的文章，或参加一些关于某个专题的讨论或座谈。一般来说，这些专家都有较好的理论素养，亲自经历和观察着国内外经济形势，他们的见解较有预见性，可以指导我们进行决策。当然，对专家我们也不能盲从，专家也受时空局限，受到各种主观和客观的限制，难免会预测不准，甚至和事实完全相反。所以，我们要重视专家的意见，但不能迷信专家的话。

3. 政府及其机构的有关报告。

政府公布的经济形势报告比较详细，资料也比较准确，因而是股指期货投资者获取经济信息的重要来源。中央银行的货币政策及金融监管措施的调整对金融系统，乃至整个经济的发展起着举足轻重的作用，所以这方面的经济信息是进行基本性分析不可缺少的资料。

一个国家的财政政策直接影响到整个国家的有效需求和收入的分配，从而影响到国民经济的增长和国民收入的变化。财政部门所发表的报告将使我们了解到国家有关财政预算收入和支出、预算盈余和赤字、制度变革等政策性经济信息。

4. 图书馆是投资者获得历史性经济信息的好地方。

对期货市场进行分析，不但需要当时的信息，而且还需要历史信息。掌握历史性信息，即过去的经济信息，是为了对当前的信息做出历史性的指导。通过历史性的经济信息，我们会发现很多有益的结论，可以历史为借鉴，采取适当的行为，在期货市场进行有利可图的交易行为。而收集历史性经济信息最好的地方就是图书馆。图书馆，特别是好的图书馆，都收集了许许多多、方方面面的资料，通常能找到投资者所需要的东西。

5. 报刊、杂志、电视、广播。

新闻传播媒介往往会给投资者带来意想不到的重要信息，它们不仅对判断宏观经济环境有用，对判断个别市场也非常有用。不管是政府公布的经济形势报告，还是专家的谈话、预测性文章，或者信息公司所收集到的有关信息，都会通过报刊、杂志、电视、广播等新闻媒介传播。同时，通过新闻传播媒介，投资者可以获得许多国际、国内的政治事件、经济动态、产业新闻等。所有这些，对投资者进行基本性分析都非常有用，有时甚至是至关重要的。新闻媒介所传播的信息，几乎是无所不能的，关键是投资者如何选择好、如何利用好这些消息。一个成功的投资者，必须善于通过这些传播媒介来获取自己所需要的信息，并且在市场交易过程中灵活运用好这些信息。

6. 从信息咨询公司获取自己所需的资料。

为了获得全面、及时、准确的经济信息，并尽量节省自己亲自收集信息、处理信息的时间，投资者可以求助信息咨询公司。同商品经济中所有商品生产者一样，金融市场上投资者所需的信息几乎都可以由投资者自己去收集和处理，但这样搜集和分析信息，对一个单独的投资者来说，速度会很慢，花的时间会很多，代价会很大，而且误差也大。因此，由专业化的企业来做这些事情效率要高得多，而且还可以把成本降低到相当低的水平。也正是这种低成本、高效率地生产大量信息的要求，导致了金融市场上一个专门生产和出售金融信息的产业的发展，投资者可以充分地利用信息咨询公司，以达到高效、准确地搜集到自己所需要的信息的结果。

股指期货的技术分析方法

技术分析法是相对于基本面分析法而言的一种市场分析方法。技术分析法研究的是股指期货市场交易本身,而不是影响股票指数走势的外部因素。因此,技术分析人员使用的是市场交易所产生的各种统计数据,通过跟踪这些数据,来描述、解释并判断市场价格运动。

与基本面分析相反,技术分析不考虑影响市场走势的各种外部因素,仅关注市场自身产生的成交量、价格等各种统计数据。它是仅从市场行为来分析未来变化的趋势。市场行为包括市场价格、成交量和价与量的变化以及完成这些变化所经历的时间。技术分析相信"市场昨日的行为方式预示着今日的市场走势"。

基本面分析和技术分析之间最大的差别,就在于它们所考虑的因素和所强调的因素不同。基本面分析主要关心供求因素的变化,认为这些因素将影响期货交易的价格。基本面分析通常更关注相对较长期的变化,技术分析强调的是市场交易信息的变化。纯粹的技术分析完全不考虑所交易的商品本身和基本面因素的影响。

但技术分析和基本面分析都认为股指期货是由供求关系所决定。基本面分析主要根据影响供需关系的种种因素来预测股指走势,技术分析则是根据股指本身的变化来预测股指走势。技术分析的基本观点是:所有股指期货的实际供需量及其背后起引导作用的种种因素,包括股指期货市场上每个人对未来的希望、担心、恐惧等,都集中反映在股指期货的价格和交易量上,也最终集中反映在股指的变化上。

技术分析方法的形式

技术分析方法虽然有很多,也很复杂,但无论这些方法多么复杂,通常也可归入以下四个大类之中:

1. 趋势跟踪法。

趋势跟踪法指采取一定的统计手段,根据过去的价格走势,分析价格变化的较长期趋势的一种技术分析方法。最常用的趋势跟踪法即移动平衡线法,但也有相当多的技术分析人员偏爱支撑位、压力线、趋势通道等分析方法。

2. 价格形态图分析法。

价格形态图分析法指根据市场交易所产生的价格数据、成交量数据或其他数据进行作图,作图的形式多种多样,但基本上均以能够描述市场价格的变化及趋势为基本目的。在此基础上,有些技术分析图还能够显示价量关系等统计数据。

3. 结构化理论分析法。

结构化理论分析法偏重对市场的历史表现进行集中深入的研究,试图概括出市场在一个较长期的时间内价格上下波动的规律，如价格的周期性波动等。结构化理论分析法主要有季节性价格变化分析法、时间周期法、艾略特波浪理论、甘氏理论等。

4. 市场特征分析法。

市场特征分析法不力图解释价格的长期走势，而是利用市场的供给和需求的统计数字，来分析市场的特征，如价格的震荡、买卖力度的强弱等。最常用的市场特征分析法主要有三种，即震荡指标分析法、成交量与未平仓量分析法和逆向思维法。

如何用成交量和未平仓量进行分析

成交量和未平仓量的变化可以用来确认某个趋势是否在蓄积动能，成交量和未平仓量分析法是一种传统的技术分析方法。"成交量"是指在某个既定时期所交易的期货合约或期货商品单位的总数，它衡量的是该时期期货市场总的交易情况。"未平仓量"是指未平仓的买入合约或卖出合约的总数，在任一时点，买入合约的总数或者说"多头"合约的数据总是等于卖出合约的总数，或者说等于"空头"合约的数量。未平仓量代表的是单边交易的数量。

交易对成交量的影响比较直接，交易增多，成交量就上升，交易减少，成交量就相应下降。但交易对未平仓合约量的影响却比较复杂，一般来说，各种不同类型的交易及其对未平仓量的影响是：老卖方从老买方手中买入，对平仓量的影响是减少；老买方卖给老卖方对平仓量的影响是减少；老卖方从新卖方手中买入对平仓量的影响是不变；新卖方卖给老卖方对平仓量的影响是不变；新买方从老买方手中买入对平仓量的影响是不变；老买方卖给新买方对平仓量的影响是不变；新买方从新卖方手中买入对平仓量的影响是增加；新卖方卖给新买方对平仓量的影响是增加。

老买方是指那些已经持有未平仓多头合约的交易者，老卖方是指那些已经在市场上持有空头合约的交易者，新买方或新卖方是指那些刚刚进入市场要持有多头合约或空头合约的交易者。

从交易对平仓量的影响可以看出，只有当新的买入合约被新的卖出合约对冲时，未平仓合约才会增加，也只有当以前的买入合约被卖出并且被对冲，而且这种对冲是通过以前已被卖出的合约买入行为实现时，未平仓量才会减少。

成交量和未平仓量的显著变化可能持续几天，也可能持续很长的时间。在变化较大的季节，未平仓量的变化通常要比成交量的变化更为大，也更为显著。如果不考虑季节性的影响，可能会由于严重误解原始数据表面上的较大增加或减少，从而导致决策失误。由于对成交量来说不存在可以进行衡量的季节形态，因此，技术分析人员的做法一般是把它与刚刚过去的那一时期的成交量进行比较。

一般来说，成交量增加可以用于确认当时的趋势。"价涨量增"代表市场的动能增加，说明上涨趋势可以继续维持；"价涨量缩"显示市场动能下降，说明市场可能发生逆转。反之，"价跌量增"则是进一步确认市场下跌的趋势，"价跌量缩"则表明市场有可能会反转向上。

对于未平仓量而言，与成交量一样，未平仓量增加表示当时的趋势仍将继续。在多头行情中，如果未平仓量继续增加，说明市场将继续上涨；反之，在空头行情中，如果未平仓量继续增加，则说明市场仍将继续下跌之势。如果未平仓量开始减少，则说明市场的趋势开始减弱，行情可能接近一个短期的顶部（或底部），市场可能会出现反转。

在利用成交量和未平仓量分析市场走势时，两者的一个很重要的差别是，在趋势刚开始形成时，成交量增加是较重要的指标，而在动能减缓时，未平仓量是较重要的指标。

如何通过股指期货成交量捕捉市场走势

供求关系是影响股指期货价格的直接因素。供给量大而需求量小，价格就下跌；供给量不足而需求量大，价格就上升。股指期货市场行情变化也是一样。成交量反映了供求情况，也反映了投资者对市场的态度。通过成交量，投资者可以分析出影响股指动向的一些因素。

在指数上升时，成交量变化对市场走势的关系主要有以下三种情况：

1. 一般来说，股指期货价格上升，则成交量也会相应上升，即所谓"价增量增"。

股市行情好的时候，比行情看淡的时候，更能够引发投资者的投资欲望。当大家对股指的前景看好时，都不愿意放弃对利益的追逐，故成交量就会上升。面对盈利的诱惑，大家争相入市建仓。那些已经建了仓的，因为相信暂时没有跌市的风险，而不满足已有的盈利，所以亦抱着观望的态度，不会立即平仓离场。

在股指期货价格上升，成交量也上升时，跟风做仓，胜算会比较大。但是，如果投资者进入的价位过高时，就应该有随时准备平仓离场的心态，见好就收。

2. 股指上升时，成交量的走势却刚刚相反，反而下降，即所谓价升量缩，这种情况也很普遍。

这主要是因为，市场的上升是人为炒作的结果，好比是建立在浮沙上，没有实际利好的消息作根基，股指存在着严重的泡沫，故人人可望而不可及，很少有人敢进行追涨。这时，往往是大户在进行最后的行动，意欲引诱更多的投资者入场，帮助其顺利出货退场。等到他们卖出手上的股指合约，或卖出先前的股指期货合约后，股指说变就变。

投资者如果选择此时入市，往往是入市之后就回落，结果是损失巨大。在这种情况下，投资者最好是等一等，用时间澄清疑问，可能很快就会见到跌势，到时就可以做空仓。

此外，当指数已经上涨了一段时日之后，也可能出现股指上升而成交量下降的情况。这是因为，持有长仓的投资者在赚取一定的利润后，为了保持住已有的利润进行平仓结算。所以，当指数越升越高后，股指期货市场上就会陆续有投资者平仓离开，先前的投资者已经离场，新的投资者又觉得风险过高而不敢草率进场，市场上的股指期货合约就减少了，成交量自然下跌。

在这种情况下，投资者最好不要马上作出建仓或沽仓的决定，仍以观望为佳。此时若建仓，由于大多数投资者不看好市场，股指随时有可能说调头就调头，风险较大；而此时建空仓，股指又在继续上升，可能还存在一定的上涨空间，选择此时进场，不仅提高了入市成本，更可能在短期内还要承担损失。所以，不妨在场外稍作休整，等到另一轮的行情出现，或等到股指下跌时，再进行股指期货交易。

3. 指数上升，但成交量却没有什么变化，不升也不跌，或仅是很小幅度的涨跌。

这也是一种很常见的现象，其原因是虽然股指走势较好，有继续上升的潜力，但投资者认为股指上升缺乏实质性利好的支撑，或觉得市场中存在着较多泡沫，所以，对指数能否继续上扬持保留态度，或静观其变。虽然有的投资者已经建好仓，市场却吸引不到更多的买盘。

这种情况，大多都是因为一般的投资者不敢入市，只有市场内的专业机构投资者支持的原故。当有利好消息出笼，或机构投资者为了抬高股指期货价格采取了一系列行动，市况明朗化时，跟风入市的投资者就会增加，到时成交量便会提高。

指数上升，而成交量不见上涨的另一情况可能是股指期货虽然上升，但实际上却是反复振荡的市场，指数时起时落，并不稳定。因此，很多投资者会认为，这时股指期货的上升，可能只是虚火，股指走势并不明朗化，与其为了挣每日的股指差额而冒被套牢的风险，不如将资金留在自己手上。因此，他们并不趁机入市。市场吸引不到更多的投资者，而原先的投资者也因为形势不明，而不愿将手上的股指期货合约进行平仓结算，以免日后股指朝有利于自己的方向变动时，白白损失应有的利润。

在股指上升而成交量没有涨跌时，投资者最好还是以观望为佳，等到涨跌势态明朗化后，再作出投资决定。

以上讨论的是股指上升时的三种成交量情况。同样，股指下跌时，成交量变化也有三种不同的情况。

1. 股指下跌，成交量上升。

这是最常见的一种情况。这代表了沽仓增多，很多人都不看好市场前景。这种集体行为会令指数产生变化，大家都看淡，即使在没有利空消息的影响下，股价和股指都会因为人为因素而继续下跌。这种情况对于做长仓的投资者而言，十分不利。

一般来说，率先沽空仓的，有可能是某些大户，他们具有比一般小户更专业的分析能力，财力也比一般投资者雄厚得多，加上他们获取影响股票价格和股指变化信息的渠道和时间都比一般人有优势，故他们的行动会是一个很重要的启示。通过股指期货合约的成交量，投资者可以分析出沽空股指期货合约的增多，到底是大户的率先行为，还是一般投资者的跟风。

上面这种情况的出现，无论是出于哪种原因，总会持续一定的时间。所以，投资者若考虑建长仓，实在不是明智之举。此时，应以跟风为上，既然沽空仓的投资者居多，甚至有大户在沽空，就不妨搭顺风车，反而容易获利。

2. 股指下跌，成交量减少。

成交量之所以减少，说明大家抱着观望的心态，不敢随便跟风。股指下跌而投资者不敢跟风买跌，大多是由于大家估计大市可能会好转，尤其是在牛市中多有此情况。遇此情况，不可以随意沽空，要以观望为宜，可能跌势已经见底。

股指下跌而成交量下跌，也可能在市场疲软时出现，这时参与股票和股指期货的投资者较少，所以就算股指下跌，也一样没有很多跟风者买跌，故交投清淡。在这种情况下，投资者以静制动为宜。

3. 股指下跌，但成交量却保持稳定，没有什么变化，最多不过微升微跌。

这说明，市场在表面上供需平衡，没有出现大量沽盘或买盘，因此市场可能处于振荡阶段。此时，股指期货价格虽然下跌，但看淡和看好的势力正在争持。一般投资者由于未认清形势，不敢贸然入市，仍然在静观其变。

任何事物都是物极必反，价格上升了一段日子后就一定会跌，当股指持续下跌一段日子之后，投资者估计大盘已经跌得差不多了，所以就放缓了沽空的行动，等待时机到来或消息明确再做长仓。所以，即使股指下跌，但大家认为将有升势，故不敢轻举妄动，这也是股指下跌，成交量保持稳定的一种情况。

对投资者而言，遇到股指下跌而成交量没有多少变化时，最好是暂时观望，认清形势之后再作决定。尤其是想沽空买跌者，更要小心在意，不可草率。

如何正确运用技术分析方法

技术分析方法是市场经验的科学总结，经过现代市场几代人的研究、创新和发展，技术分析方法体系愈加成熟和完善。然而，技术分析方法也有其局限性，任何一种技术分析方法都不是万能的，它可能只适合于某一市场环境，而对于另一种市场环境无能为力，甚至会导致错误。因此，正确认识和深入理解技术分析方法的特点，掌握每一种技术分析方法所适用的市场环境，是有效应用技术分析方法的关键。

在技术分析方法应用中，缺乏分析经验的投资者常有以下错误的认识和应用：

1. 忽略市场环境，错用技术分析方法。

有些投资者不考虑市场环境，片面、习惯应用自己所熟悉的技术分析方法，比如习惯应用移动平均线和KD指标等，对其他分析方法的应用缺乏研究。有的还习惯使用单一的分析方法，忘记了"不同分析方法要相互印证"的教诲。

2. 把某种分析方法作为市场预测的万能工具。

有一些投资者这样认为，每一种技术分析方法都可以应用到任何市场环境中。例如，他们不管市场是有趋势还是无趋势，都要看移动平均线，或者不管波浪形态清楚与否，都执着地数浪。很明显，移动平均线方法适用于有趋势的市场，但如果用于振荡盘整市场，它提供的买卖信息大多是伪信号，投资者如果用这些信息做交易，就会受到严重的经济惩罚。

而对于波浪分析，由于波浪的延伸、再延伸会造成数浪者的迷茫，当市场处于无趋势的盘整时期，由于调整浪存在多重性和多种结构，使得数浪十分复杂或容易数错。

3. 过分依赖技术分析结果。

有一些投资者认为技术分析方法应该是准确无误的分析工具，所以迷信某一种分析方法得出的预测结论。

上述错误的认识和应用，极大地影响了技术分析方法的有效发挥。所以，正确认识和理解是技术分析应用的关键，以下几个方面是正确的技术分析方法：

1. 技术分析方法是一面镜子，历史会重演，但绝不是简单的重复。技术分析方法的出现使人们可以借助市场的历史信息，对今后市场的变化进行推断预测。

技术分析方法的开创者们认为，"历史会重演"，但是这种重演绝不是简单的重复。比如，1994年7月至2001年6月，上证指数经历了7年牛市，展现出完整的5个上升浪形态，其中1、3、5三个推动浪都具有5个子浪结构，但它们的内部结构、运行时间、浪的长度都各有不同。

2. 每一种技术分析方法都有优缺点，并且都各自适用于一定的市场环境，而非适用于所有的市场。

例如，趋势指标适合在有趋势的市场使用，在盘整市场，其应用价值会降低。摆动指标适合于盘整行情，在有趋势的市场行情中应用价值会降低。所以，技术分析方法没有优劣之分，只有对特定市场适用和不适用的区别，不要轻易放弃某种方法，也不要随意应用某种方法。投资者一定要掌握技术分析方法的应用特点，针对不同的市场环境，选用不同的分析方法。

第五节　掌握股指期货的投资技巧及策略

投资股指期货的基本策略有哪些

在股指期货市场，最基本的买卖策略有三种，即套期保值策略、套利策略和投机策略。我们把进行这些买卖策略的市场投资者，分别称为套期保值者、套利者和投机者。下面我们对这三种基本策略分别介绍。

1. 套期保值策略。

套期保值策略也称为对冲策略，其最大的特点就是对冲风险。股指期货交易要能够顺利进行下去，就需要相当数量的利用股指期货进行套期保值以规避风险的投资者。

从各国市场的实际情况看，套期保值者主要是证券投资基金、证券公司和保险公司等机构投资者。证券公司进行套期保值的动机，主要是为了规避一级市场承销风险，避免被套牢的风险，同时也为了规避由于大规模资金的高转换成本而产生的股票二级市场系统性风险。投资基金进行套期保值则是为了利用证券投资组合，规避大量的非系统性风险和系统性风险。

2. 套利策略。

套利行为是指利用股指期货市场的实际价格与股指期货的理论价格之间的差异，而获取利润的一种买卖策略。其简单而典型做法是：买入价格相对较低的资产，同时卖出价格相对较高的资产。

"套利"一词具有以下三个方面的含义：一是绝无净额风险；二是绝无净额投资；三是投资者在执行交易时，已知未来的获利数量，并最终可以实现这个预期利润。

套利机会大多发生于价格的短暂失衡，或是同一资产在两个市场的价格有别时。例如，假设某股指期货合约在伦敦证券交易所的价格为100美元，但在巴黎证券交易所的价格却是110美元，于是投资者便可在伦敦证交所买入一定数量的期货合约，同时在巴黎证券交易所卖出相同数量的期货合约。结果，投资者便可取得10美元无风险的利润（不包括交易成本）。假如交易成本低于无风险利润，就存在套利机会。所以，交易成本在很大程度上影响套利策略的执行。交易成本越低，套利机会越大，套利利润也越高。

在股指期货市场上，套利主要针对股指期货与现货之间的价格差额。期货代表的是股指的未来价格，现货则是目前的价格，两者之间存在的差距，就是所谓的基差。基差代表持有成本，即买入期货指数比买入现货指数多支付的金额部分。基差有到期收敛的性质，越接近结算日，基差便会越小，最后缩小到零。也就是说，从理论看，期货价格在最后结算日与现货价格将一致。

但股指期货的套利，却不是看基差的大小，而是看基差是否偏离理论水平，或者说，是看股指期货的价格是否偏离了其理论价格。一旦股指期货的市场价格与其理论价格存在差额（不管是高估还是低估），且该差额大于交易成本，就存在套利机会，投资者便有机会获取无风险利润。

3. 投机策略。

在股指期货市场，投机并非是一个贬义词；投机在这里是指冒遭受损失的风险，希望从市场价格的变化中获取利润的一种买卖方式。在这里，投机和投资没有本质的区别。投机者是期货市场不可缺少的参与者，没有他们，期货市场的套期保值功能，就可能会因为卖方缺乏买方，或买方缺乏卖方而无法实现。

套期保值的原理是什么

股指期货套期保值和其他期货套期保值一样，其基本原理是利用股指期货与股票现货之间的类似走势，通过在期货市场进行相应的操作来管理现货市场的头寸风险。

由于股指期货的套利操作，股指期货的价格和股票现货（股票指数）之间的走势是基本一致的，如果两者步调不一致到足够程度，就会引发套利盘入市。这种情况下，如果一个投资者预期要几个月后有一笔资金投资股票市场，但他觉得目前的股票市场很有吸引力，要等上几个月的话，可能会错失建仓良机，于是他可以在股指期货上先建立多头头寸，等到未来资金到位后，股票市场确实上涨了，建仓成本提高了，但股指期货平仓获得的盈利可以弥补现货成本的提高，于是该投资者通过股指期货锁定了现货市场的成本。这就是所谓的多头保值。

另一个基本的套期保值策略是空头保值。保值者持有一篮子股票现货，他认为目前股票市场可能会出现下跌，但如果直接卖出股票，他的成本会很高，于是他可以在股指期货市场建立空头，在股票市场出现下跌的时候，股指期货可以获利，以此可以弥补股票出现的损失。这就是所谓的空头保值。

套期保值应遵循什么原则

对股指期货进行套期保值时应遵循以下原则：

1. 月份相同或相近原则。

该原则要求投资者在进行套期保值操作时，所选用期货合约的交割月份与现货市场的交易时间尽可能一致或接近。

2. 数量相当原则。

该原则要求投资者在进行套期保值操作时，所选用的期货品种和其合约上所载明的商品数量必须与现货市场上要保值的商品相当，只有如此，才能使一个市场上的盈利（亏损）与另一市场的亏损（盈利）相等或接近，从而提高套期保值的效果。

3. 品种相同或相近原则。

该原则要求投资者在进行套期保值操作时，所选择的期货品种与要进行套期保值的现货品种相同或尽可能相近，只有如此，才能最大程度地保证两者在现货市场和期货市场上价格走势的一致性。

4. 方向相反原则。

该原则要求投资者在实施套期保值操作时，在现货市场和期货市场的买卖方向必须相反。由于同种（相近）商品在两个市场上的价格走势方向一致，因此必然会在一个市场盈利而在另外一个市场上亏损，盈亏相抵从而达到保值的目的。

怎样利用股指期货进行套期保值

股指期货的套期保值分为卖期保值和买期保值。卖期保值是股票持有者（如投资者、承销商、基金经理等）为避免股价下跌而在期货市场卖出所进行的保值；买期保值是指准备持有股票的个人或机构（如打算通过认股及兼并另一家企业的公司等）为避免股价上升而在期货市场买进所进行的保值。投资者通过股票指数期货套期保值可以用来降低或消除系统性风险。利用股指期货进行保值的步骤如下：

1. 计算出持有股票的市值总和。

2. 以到期月份的期货价格为依据算出进行套期保值所需的合约个数。

例如，当日持有 10 种股票，总市值为 3400000 元，到期日期货合约的价格为 3800，一个期货合约的金额为 $3800 \times 300 = 1140000$ 元，因此，需要出售 3 个期货合约。

3. 在到期日同时实行平仓，并进行结算，实现套期保值。

进行跨品种交易股指期货

利用两种不同的但相关联的指数期货产品之间的价差进行交易就是跨品种套利交易。这两种指数之间具有相互替代性或受同一供求因素制约。跨品种套利的交易形式是同时或几乎同时买进和卖出相同交割月份但不同种类的股指期货合约。例如标准普尔指数期货与道琼斯指数期货、迷你标准普尔指数期货与迷你纳斯达克指数期货等之间都可以进行套利交易。

由于股票指数是一国经济的晴雨表，是判断经济周期波动的领先指标，因此，以股票指数为标的物的股指期货在某种程度上可以作为投资者规避经济周期波动的工具，尤其在世界上两个主要经济体的经济周期不同步时，股指期货的跨市套利更会有用武之地。

期货投资，首先要制定周密的交易计划

期货投资要考虑的因素很多，因为投资股指期货不仅涉及股指期货本身的市场状况，而且还涉及标的股指和重要股指现货市场的市场状况，涉及指数权重股和活跃股的业绩和市场走势等这些投资股票不必考虑的问题。

投资股指期货采取的是部分保证金交易，收益和风险都因此被大大地放大了。而且，期货交易所和期货公司对客户的保证金采取当日无负债结算制度，这一制度对投资者的现金管理提出了更高的要求。而现金是股指期货投资者得以在市场中生存的生命线，在期货交易中，首先要考虑的不是赚钱，而是生存，因为投资指数期货市场比股票市场有更大的风险性。投资股指期货采取的是当日无负债结算，因此，它不可能像投资股票一样可以无限期地被套牢，甚至是无限期地被深度套牢。

境外早期的一项研究表明，在商品期货交易中，有85％的商品期货投机者是亏损的，有10％的商品期货投机者打了平手，仅有5％的商品期货投机者是盈利的。但这并不等于说是5％的人赚了85％人的钱。事实上，从长期来看，这85％的亏损者并不是输在交易中，而是因为过于频繁的交易输在佣金和手续费的支付上。

期货市场的发展，带来了期货咨询行业的发展，也产生了许多交易系统。但大多数的交易系统的准确率在50％左右，而一个期货市场的投资者要在长时间内立于不败之地，只有当他在多次成功交易中所获得的利润大于其在失败交易中所遭受的损失，而其总体利润为正时才有可能实现。

投资股指期货确实比投资股票更为复杂和难以把握，但并不是就无法控制自己的投资行为。应该说，有一些交易系统还是相当不错的，也有许多投资建议是非常正确的。但不少期货投资者即使获取和认同这些交易系统发出的正确建议和信号，在具体的操作中仍然是输钱。这些输钱的期货投资者并不笨，也不缺乏信息，他们之所以输钱在于这些期货投机者在交易过程中没有制定一个周密的交易计划，或是定了计划但没有做到严守纪律，没有去全面地考察标的物以及影响标的物走势的所有因素。股指期货市场跌宕起伏，在交易中，如果没有周密的计划和铁的纪律，交易行为就很容易被个人的情绪变动所左右，而在交易中追涨杀跌，但这时往往是市场变盘的时候。由于没有周密的计划和铁的纪律，投机者往往不能果断地获利了结和斩仓止损。特别是当亏损出现时，他们往往无视市场已发生的根本性变化，而一味寄希望于行情会有转机，结果却事与愿违，越亏越大。

在交易过程中，个人的情绪极容易随盘面的变化而波动，而个人的情绪波动对交易的结果又会产生很大的影响。但是，如果股指期货投资者在事先制定了周密的交易计划，其个人情绪就相对会较为稳定和冷静。

也许有人会说，我尽管没有详细的书面交易计划，但我心中自有计划。但事实证明，心中的计划难以取代书面计划，心中的计划往往从人们的意志和意愿出发，而不是从对各种影响因素进行客观分析的角度出发，且很容易在跌宕起伏的市场行情中发生变化。

期货交易计划应具备的内容

一个周密的期货交易计划是必不可少的，在制定计划的时候，首先要考虑一个计划的完整性，既要考虑基本面的因素还要考虑技术面的因素，任何偏废都是片面的、危险的。一般而言，一个完整的交易计划需要有以下几个部分组成。

1. 总体部分。

该部分主要是有关基本信息的介绍。如指数的名称、合约的月份、保证金、佣金、日期等。

2. 基本因素分析部分。

基本因素涉及的面较广，常见的和股指期货市场密切相关的基本性因素包括经济周期因素、通货膨胀因素、利率因素、货币供应量因素、GDP 增长率、境外股指期货市场的情况，等等。

3. 股指期货的技术分析部分。

分析的内容主要有趋势分析、对成交量和未平仓合约数量的考察、K 线图的阻力位和支撑位、形态、超买或超卖情况，等等。

4. 现货指数的技术分析部分。

该部分的分析内容由三部分组成。

（1）股指期货标的指数的阻力位和支撑位、形态、趋势以及量能变化的研究和分析。如上证指数的最重要指数的阻力位和支撑位、形态、趋势，量能变化，等等。

（2）股指成分股中的权重股和活跃股技术面的研究和分析，成分股中的权重股和活跃股的走势往往是指数的先行指标。

5. 其他问题部分。

这部分主要考察期货和现货间的"基差"及其变动，考察各指数间的差额及其变动。除此以外，就是些不可预测的因素，如战争、恶劣的气候、政府对价格的管制和对证券与期货市场政策的变化等。

6. 具体操作部分。

该部分是整个交易计划最为重要的部分。在该部分中，首先要明确交易者要买卖哪一个合约、明确买卖的点位、明确止损和加仓的点位、明确获利了结的点位。

7. 总结部分。

这部分可以说是整个交易计划中必不可少的部分。总结的因素不仅要有对近期因素的考察，还要有中长期因素的考察。

总结的部分主要起到一目了然的作用。有一个简单可行的办法，即把所有的有利因素放在左边，而把所有的不利因素放在右边。

如果这些因素都在预期之中，那么，按此交易就有可能盈利，但如果这些因素出于预料之外，那么按此交易就有可能导致亏损，这要求交易者要么迅速获利了结，要么迅速斩仓。

8. 一个完备的交易计划应该在计划中有一些纪律性的规定，如买入和卖出点位，加仓、斩仓、止损点位。

有了这些纪律性的规定，投机者每天确定一个进出点位后，就基本没有必要整天盯着盘看个不停，而多出来的时间完全可以考虑市场中更广和更深的问题。

除此之外，股指期货交易计划的制定、执行和总结是一项程序性很强的工作，在制定股指期货交易计划前，从自己的具体情况出发，还应当考虑到以下几个因素：

1. 要考虑自己的风险承受能力，要尽量把风险控制在自己可以承受的范围内，这是投资最基本的要求。

2. 要减少不必要的交易，同时增加有效交易，控制自己的交易成本。

3. 要考虑到风险控制因素。在交易计划中有其保证金盈亏的计量，并有可用资金和客户权益变动的提示。

股指期货的到期日效应

股指期货的到期日效应是指在股指期货结算日，目标指数的成交量和波动率显著增加的现象。到期日效应产生的根本原因是指数期货采用现金交割的方式进行结算，而套利的平仓交易、套期保值的转仓交易与投机交易者操纵结算价格的欲望，在最后结算日的相互作用产生了到期日效应。

由于我国证券交易法规定不能卖空股票，套利交易只有在股指期货价格高于现货价格才会出现，套利交易者卖出股指期货，买入现货。对于期货到期日仍持有现货的套利者，需要按照期货结算价格出清股票。如果套利交易者比较多，同一时间内的卖压就会集中出现，对指数产生下跌压力。对于套期保值者，在合约即将到期时需要将空头合约转到其他月份去，因此合约到期前当月期货合约价格将有一定的压力，而期货的价格发现作用将影响传导到现货指数。该合约的投机者希望在最后结算日尽量使现货价格向自己比较有利的方向发展，以达到获利或者减少损失的目的，因此投机者在最后交易日有操纵价格的意愿。

在以上所述的不同因素影响下，股指期货到期日的交易量、波动率和收益率与平均水平有明显差异。

为了避免结算价格被操纵，中金所将到期日股指期货交割结算价定为最后交易日标的指数最后两小时的算术平均价，并有权根据市场情况对股指期货的交割结算价进行调整。由于时间跨度较大，成分股票权重比较分散，大大降低了被操纵的机会。同时，中金所将股指期货的结算日定为每月第三个星期五，避开了月末效应、季末效应等其他可能引起现货波动的因素。

股指期货的投机交易

投机是指根据对市场的判断，把握机会，利用市场出现的价差进行买卖从中获得利润的交易行为。根据交易者买卖的方向，投机可分为做多投机和做空投机；根据股市的大趋势，投机可分为牛市投机和熊市投机；根据交易者持有股指期货合约时间的长短，投机可分为三类。

1. 中长线投机者，此类交易者在买入或卖出股指期货合约后，通常将合约持有两天、一周甚至几周，待价格对其有利时才将合约对冲平仓。如果投资者顺应大势做多的话，投机获利颇丰。但中长线投机对投资者的大势判断和心理素质要求很高，既要认准大方向，咬定青山不放松，又要经得起大风大浪，即使股指上蹿下跳，也要沉着镇定，坐观云起云落。

2. 短线交易者，一般进行当日或某一交易时段的股指期货买卖，其持仓不过夜。

短线交易对投资者的技术分析水平要求较高，而且投资者对这个市场越熟悉、越有感觉，操作的成功率会更高。

3. 逐小利者，又称"抢帽子者"，他们的技巧是利用价格的微小变动进行交易来获取微利，一天之内他们可以来回做很多次的买进卖出交易。

在过去，只有做市商和场内自营商才有机会和可能"抢帽子"，随着电子化交易和网上交易的广泛使用，现在一般的投资者也可以进场"抢帽子"了。这种交易策略关心的不是市场大趋势，甚至不是短暂的趋势，而只关心价格的瞬间波动。因此，投资者运用这种交易策略，除了要拥有交易成本低廉的优势，还必须拥有良好的盘面感觉。

在牛市中进行股指期货买卖

牛市是持续的涨市，而熊市则是持续的跌市。然而，市场不可能总是牛市或熊市。任何一个股票市场，都必定会经历牛市和熊市的循环，牛市之后是熊市，熊市之后又是牛市，周而复始。

在牛市和熊市的看法上，股指期货市场与股票市场有所不同的是，股市投资者无一例外地喜好牛市，而在股指期货市场上，只要头脑清醒，眼光准确，牛市和熊市都可以使投资者盈利。但是，熊市和牛市的投资方法，各有不同，只有认清牛、熊二市，才能准确判断出买卖股指期货的方向。

在牛市时期，股价和股指一路向上，虽然有技术性的调整，但总体走势仍然是涨市。由于牛市是一个持续涨市，故股指期货宜于建长仓。这也是一个人人都明白的最浅显的道理，但是，如何识别股市的上涨仅仅是后一轮下跌势头的短暂调整，还是确认市场已经进入牛市？如果是牛市，又会持续多长的时间？在牛市是不是任何时间都适合买进股指期货呢？

这些都是投资者在实际操作中必须面临的问题。因此，如何识别牛市，便成了问题所在。一般而言，牛市将经历三个主要阶段，每一个阶段都各有特色。只要明白了各个阶段的特色，就能判断如何买卖股指期货。

1. 牛市第一阶段。

牛市第一阶段便是刚刚脱胎于熊市，市场初现涨机的时期。

一般来说，市场在经历了熊市的循环后，经济和市场都已经到达了谷底，大家对市场已经信心尽失，很多投资者在熊市的时候，由于害怕损失过重或已保住已有的盈利选择杀跌，从而退出市场。当然，也有些投资者，会因为害怕损失而选择继续持仓等待机会。

在牛市第一阶段，市场初现生机，会因为一些利好的经济数据而复活，不过，市场生机还不很强烈，市场的走势仍然还不明确，投资者的信心仍然可能会转瞬即逝。此时率先建立信心进货的，主要是一些机构投资者，如基金和金融机构。他们以其专业认识对市场进行分析，深谙牛熊二市循环的道理，而且他们获得利好消息的渠道和速度都优于广大中小投资者。经过分析之后，他们认为有一些实质的利好即将支撑大盘上扬，新一轮的行情即将产生，故会采取一定的投资策略以迎接牛市的到来。

2. 牛市第二阶段。

牛市第二阶段属于试探性质。经过试探之后，投资者发现危险不大，跌市的大趋势已经停止了。在投资大户的影响下，买盘将持续增加，因为这时期的股价很低廉，低价买进，风险相对而言小很多，故这时是进场的良机。随着入市投资者相继增加，市场渐渐再次活跃起来，交易量有所增加。这时期是以反复上升市为主，不断有人进货，但同时，很多人由于还未从前期熊市大跌的惨痛中恢复过来，心有余悸而不敢持货太久，涨了就沽，因此市场的供求不断地发生变化，股票指数上涨回落自然是反反复复。由于经济复苏，前景比较光明，股市的需求大于供给。在成交量的配合下，股指走势总体而言是上涨的。

在牛市第二阶段，经济向好的迹象和证据很多。公司业绩提高、股息增加、股票价格上涨，股票投资者的腰包自然就鼓了起来，消费能力增加，失业率下降，从而促进了经济的增长，反映在市场上就是股市更加兴旺。到了牛市第二阶段后期，股票指数就像芝麻开花一样在节节攀升。

3. 牛市第三阶段。

在经历第二阶段之后，股市利好消息增多，数据显示经济形势大好，多家公司都公布良好业绩，更有些获得丰厚盈利，又派股息又派红利，股价和指数自然上涨。

在牛市第三阶段，形势对广大投资者而言已经完全明朗化，股指像脱缰的野马一样飞驰向前，行情在一天天看涨。投资者个个好像吃了定心丸，都爆发雄心壮志，各有各的宏图大计，仿佛只要在此时入场就能够赚钱。

此时，资金源源不断地流进，价格再高的股指都有人敢接，价格在投资者的哄抬下，渐渐超出了它们应有的价值。而很多投资者也不再考虑企业的内在价值，他们只知道市场还会继续上涨。最后，股价和指数都已经不足以反映经济情况，股价严重偏高，等到无法再支持时，就会完全坍塌。

在牛市第三阶段的末期，一些较为理性的投资者已经觉察到，股指已经严重超过了其真正价值，他们便趁股价到达极高水平时，及时沽货赚钱。结果，市场开始出现大量沽盘，股价就迅速下跌，形成恐慌性抛售，熊市又再度出现。

牛市是一个很容易赚钱的市场，财富在牛市的转移非常顺利，也非常明显。尽管在牛市中，并不是每天市场都在涨，市场一样会涨涨跌跌，但从牛市的走势可见，股指尽管偶然有起有落，但短暂的调整往往是为下一轮的强攻而作准备。调整之后东山再起，上涨势头更加旺盛。

在牛市中，投资者的买卖策略，主要就是顺应牛市做长仓的潮流。一方面，可利用任何一个跌势，做一些短线买卖；另一方面，只要把握住股指长期上涨的走势，就不妨建一些中长线的股指期货长仓，不必计较每日的亏赢，利用较长时间，累积涨幅。在牛市最为主要的是，应以做多头投机为主，通过在低价时买进、在高价时卖出来获得因价格变动带来的利润。

当然，在牛市阶段也能沽空，牛市中也始终有反反复复的涨跌势头，有时在风险降临前，只要对自己有信心，先沽股指期货，也可以赚快钱。但总体上看，在牛市做长仓的风险要小得多，而对于不具有专业眼光的投资者而言，最好还是不要铤而走险，以免得不偿失，错过盈利的大好良机。

在熊市中进行股指期货买卖

在牛市的第三个阶段，就是熊市开始之际，市场处于熊市时，股票指数下跌，因此，熊市投资股指期货的基本策略就是沽空。但是，我们必须明确分辨出，股市的下跌是后一轮强势上攻的短暂调整，还是市场确实已经进入熊市；此外，即使在熊市阶段，也可能存在建长仓的机会。与牛市一样，熊市一般也可划分为三个阶段。

1. 熊市第一阶段。

当股市处于牛市最高峰时，人人都乐于炒股指期货，其价格远远超出了它们应有的价值，但价格似乎仍然有涨无跌。这时，牛市便已到了尽头，转眼熊市就将开始。

由牛市进入熊市的跌市，往往是突如其来的。一些压力大的沽盘一出现，其他人瞬即跟风。绝大多数投资者事前都没有嗅到跌市的气息，说跌就跌，令大家非常愕然，而跌幅也绝不是像平常窄幅整理那样温和，在几日之间，可以跌去好几成。

市场下跌后，同时必然会有很多利空的消息出笼，众说纷纭，也不知是真是假。但大家都宁可信其有，不敢信其无。小投资者甚至也不知道有什么消息，只知道跌势很厉害，怕损失惨重，就开始出货。有股票的便卖出股票，买进股指期货的便选择及时平仓，而调过头做空仓。

此时，理智的投资者开始调整心态，接受牛熊二市反复循环的事实，开始做如何在熊市投资的准备。然而，也有很多人对市场认识不深，不愿意接受大势已去的事实，认为市场只不过是一些不利消息的反应而已，相信只要有些利好消息出笼，甚至当市场消化了不利的消息后，股指就会反弹向上。

2. 熊市第二阶段。

在熊市的第二阶段，由于很多人仍然迷恋在对牛市的无尽向往中，认为大市跌了之后，很快会回涨。所以，他们考虑逢低吸纳，股价暴跌之后，趁机捡便宜货，低价买入股指期货以搏反弹。

由于逢低吸纳的买盘增多，在短期内，可能会出现需求大于供给的情况，股价也许会回涨，指数也有所上扬。这个现象，令依然眷恋着牛市的投资者有一份奢望，于是股市有再度兴旺的迹象。

但是，这其实是一个危险的陷阱。股票市场也就好比定时炸弹，随时可能会爆炸。而且会让广大对股市继续看好的投资者措手不及。当股市第二次大跌的时候，熊市便进入第三阶段。

3. 熊市第三阶段。

在熊市第二阶段趁低入市的人，希望股指会再度上扬。但是，由于利好消息的影响短暂，而且往往被证实为虚假，而坏消息却有可能一个接一个。此时，无论是机构投资者，还是散户投资者，大多数都被套牢。这时很多公司都出现亏损，失业人数上升，股市投资更加惨淡。这一切反映在股市上就是股指持续走低，大家收入减少。于是，大家终于接受了现实，都宁可手上多持一些现金，对市场也绝不看好。

因此，在熊市第三阶段，市场再度大幅下跌，使得原本在熊市第二阶段入市的投资者再度受挫，尤其是在熊市第二阶段补仓准备减少损失的投资者，现在损伤更重。

在熊市第三阶段的后期，股价已经严重缩水，绝大多数投资者都对市场不再抱有期望。然而，正在此时，市场开始悄悄发生变化，新一轮牛市可能即将来临。

在熊市买卖股指期货，最主要的是先能把握住大势，认清楚熊市的几个阶段，然后依据熊市不同阶段的特点，身处逆境而不败。

熊市的特色是市场持续下跌，原则上这段时期最适宜沽空股指期货。一般来说，在熊市时，在短期内股市的涨幅始终没有股市的跌幅那么大。而股市的暴跌一般是由于投资者的恐慌性抛售而产生，如果没有实质性利好，投资者很难再有勇气入市。所以，熊市时的暴跌跌幅非常惊人。这时只要沽空股指期货，便可以获得较大的利润，这也正是股指期货市场的魅力所在。

但在熊市时，市场并不是每天都在跌，大势是跌，小波浪依然存在。有良好技术分析能力的投资者，也可以每次趁反弹时机在短期内做多。但在熊市中捕捉短期的股指上涨，风险很大，再加上在熊市大盘反弹的力度往往很有限，之后盈利也是有限的。所以，面对熊市这个走势明确的时期，投资者最好放弃对短期利益的追逐，而去沽空一些中长线的股指期货，即使指数有时会负隅顽抗几下，但下跌是大势所趋，累积几个月的跌幅，之后盈利也会比较高。

需要注意的是，无论是在牛市，还是在熊市，进行股指期货单边买卖，一定要以能够准确地预测股指期货价格的变动方向为前提。如果投机者对股指期货价格的变动方向的预测是正确的，那么，他就可因期货的杠杆原理而取得数倍于其原始投资的利润；而如果投机者对股指期货变动方向的预测是错误的，那么，他同样可能因期货的杠杆原理而招致原始投资数倍的亏损。

第六节　风险管理

投资者从事股指期货交易主要面临的风险

股指期货风险类型较为复杂，常见的主要有以下几类：

1. 操作风险。

和股票交易一样，行情系统、下单系统等可能出现技术故障，导致无法获得行情或无法下单，或者由于投资者在操作的过程中出现操作失误，都可能会造成损失。

2. 价格风险。

由于股指期货的杠杆性，微小的价格变动可能造成客户权益的重大变化，在价格波动很大的时候甚至造成爆仓的风险，也就是损失会超过投资本金。所以说投资者进行股指期货交易，在获得高额投资回报的同时会面临重大的价格风险。

3. 结算风险。

股指期货实行每日无负债结算制度，对资金管理要求非常高。如果投资者经常满仓操作，那么就可能会经常面临追加保证金的问题，甚至有可能当日被多次追加保证金，如果没有在规定的时间内补足保证金，那么按规定将被强制平仓，可能会造成投资资金的重大损失。

4. 市场风险。

由于保证金交易具有杠杆性，当出现不利行情时，股价指数微小的变动就可能会使投资者权益遭受较大损失；价格波动剧烈的时候甚至会因为资金不足而被强行平仓，使本金损失殆尽，因此投资者进行股指期货交易会面临较大的市场风险。

5. 连带风险。

为投资者进行结算的结算会员或同一结算会员下的其他投资者出现保证金不足、又未能在规定的时间内补足，或因其他原因导致中金所对该结算会员下的经纪账户强行平仓时，投资者的资产可能因被连带强行平仓而遭受损失。

6. 法律风险。

如果选择了不具有合法期货经纪业务资格的期货公司从事股指期货交易，投资者权益将无法得到法律保护；或者所选择的期货公司在交易过程中存在违法违规经营行为，也可能会给投资者带来损失。

股指期货有哪些特有风险

股指期货市场的风险规模大、涉及面广，具有放大性、复杂性与可预防性等特征。股指期货风险类型较为复杂,从风险是否可控的角度划分,可分为不可控风险和可控风险;从风险产生主体可分为交易所风险、经纪公司风险、投资者风险与政府风险;从交易环节可分为代理风险、流动性风险、强制平仓风险;从投资者面临的财务风险又可分为信用风险、市场风险、流动性风险、操作风险与法律风险。但股指期货除了金融衍生产品都具有的这些一般性风险外,由于标的物自身的特点和合约设计过程中的特殊性,还具有一些特定的风险。这些特定的风险可分为以下四大类。

1. 标的物风险。

股指期货交易中,标的物设计的特殊性,是其特定风险无法完全锁定的原因。从套期保值的技术角度来看,商品期货、利率期货和外汇期货的套期保值者,都可以在一定期限内,通过建立现货与期货合约数量上的一致性、交易方向上的相反性来彻底锁定风险。而股指期货由于标的物的特殊性,使现货和期货合约数量上的一致仅具有理论上的意义,而不具有现实操作性。因为,股票指数设计中的综合性,以及设计中权重因素的考虑,使得在股票现货组合中,当股票品种和权数完全与指数一致时,才能真正做到完全锁定风险,而这在实际操作中的可行性几乎是零。因此,股指期货标的物的特殊性,使完全意义上的期货与现货间的套期保值成为不可能,因而风险将一直存在。

2. 基差风险。

基差风险是股指期货相对于其他金融衍生产品(期权、掉期等)的特殊风险。从本质上看,基差反映着货币的时间价值,一般应维持一定区间内的正值(即远期价格大于即期价格),如美国标准普尔 500 种股票价格指数期货的基差,在一般情况下为 2 到 3 点。但在巨大的市场波动中,也有可能出现基差倒挂甚至长时间倒挂的异常现象。基差的异常变动,表明股指期货交易中的价格信息已完全扭曲,这将产生巨大的交易性风险。

3. 交割制度风险。

股指期货采用现金交割的方式完成清算。相对于其他结合实物交割进行清算的金融衍生产品而言,存在更大的交割制度风险。如在利率期货交易中,符合规格的债券现货,无论如何也可以满足一部分交割要求。股指期货则只能是百分之百的现金交割,而不可能以对应股票完成清算。

4. 合约品种差异造成的风险。

合约品种差异造成的风险,是指类似的合约品种,如日经 225 种股指期货和东京证券股指期货,在相同因素的影响下,价格变动不同。表现为两种情况:一是价格变动的方向相反。二是价格变动的幅度不同。类似合约品种的价格,在相同因素作用下变动幅度上的差异，也构成了合约品种差异的风险。

股指期货风险的成因

股指期货市场风险来自多方面。从期货交易起源与期货交易特征分析，其风险成因主要有四个方面：

1. 杠杆效应。

期货交易实行保证金制度，交易者只需支付期货合约价值一定比例的保证金即可进行交易。这种以小搏大的高杠杆效应，吸引了众多投资者的加入，也放大了本来就存在的价格波动风险。较小价格变化也会导致较大风险，市场状况恶化时，他们可能无力支付巨额亏损而发生违约。期货交易的杠杆效应是区别于其他投资工具的主要标志，也是股指期货市场高风险的主要原因。

2. 价格波动。

股票市场是国民经济的晴雨表，受政治、经济与社会诸多因素的影响，股票价格指数时刻在变化。而股指期货市场特有的运行机制可能导致价格频繁乃至异常波动，从而产生较大风险。

3. 非理性投机。

投机者是期货交易中不可缺少的组成部分，他们既是价格风险的承担者也是价格发现的参与者，他们不仅促进价格合理形成，而且提高了市场流动性。但是，在风险管理制度不健全的情况下，投机者受利益驱使，极易利用自身的实力、地位等优势进行市场操纵等违法、违规活动。这种行为既扰乱了市场正常秩序，扭曲了价格，影响了发现价格功能的实现，还会造成不公平竞争，损害其他交易者的正当利益。

4. 市场机制不健全。

股指期货市场在运作中由于管理法规和机制不健全等原因，可能产生流动性风险、结算风险、交割风险等。在股指期货市场发展初期，这种不健全的机制会产生相应风险，并可能导致股指期货与现货市场间套利有效性的下降，导致股指期货功能难以正常发挥。

网上交易应规避什么风险

网上交易最大的风险就是客户账户资金被盗的现象，主要是作案人窃取客户网上交易账户，利用网上自助委托交易系统，选择交易不活跃的远期交易合约进行对敲交易，使被害人蒙受较大亏损，同时将被害人资金转移至自身账户，然后利用期货经纪公司出金管理不严的漏洞，完成资金盗取。

上海期货交易所在对客户账户资金被盗案件进行调查时发现，犯罪嫌疑人多为刚开户不久的新客户，盗取他人账户密码后，在对方不知情的情况下利用网上交易系统进行对敲交易，交易成功后，立即通过银期转账将非法所得转移。

网络已经成为人们必不可少的工具，便捷的网络省却了原本必须通过人工转送的中间环节，故具有成交快、回报快、准确性高等优点。这些优点，对于交易者来说，都是非常重要的。对那些以短线交易为主的交易者来说，更是必不可少的条件。但采用网上交易的交易者应特别关注两件事：保密与应急方案的制定。

在互联网上交易，必须输入自己的账户号码及密码，一旦您的账户号码及密码被不怀好意的人知晓，并且非法进入进行交易，很可能给您带来很大的损失。所以在网上交易不要轻易下载一些不明真相的软件，以免给电脑黑客有可乘之机，另外一个办法是经常更改密码，确保不被他人知悉。

应急方案是指一旦因为电脑、电话或网络联接上出现暂时故障，导致无法交易时的应对方法。您应该记住期货经纪公司提供给您的应急热线电话，一旦出现上述情况，可以通过该电话询问行情或下达交易指令。

股指期货中有哪些风险可以规避

在诸多风险中，有些风险是投资者无法防范的，如信用风险和结算风险是普通投资者不需要花费太多精力考虑的，因为一方面它们对于投资者来说不可控。另一方面，它们发生的概率极其微小。但有些风险投资者可以通过自身的努力避免。

比如，法律风险的防范控制关键在于严格依法操作，杜绝违规，认清眼前利益和长远利益的关系，同时加强机构投资者内部的监管和防范。

对会计风险的防范依赖于会计制度的完善，以及相关人员在实际工作中学习、遵守相关制度。

对系统风险的防范主要在于合理的运用期货保值手段，确保期望的利益不完全暴露于系统风险中。

对资金流动性风险的防范，一方面要对头寸的规模进行控制，防止超过能力的投入；另一方面要保证有足够的后备资金以预防发生极端不利的变化。

对市场流动性风险的防范主要在于对交易的期货合约的种类要有一定的选择，一般优先选择那些流动性好、市场深度、广度都大的期货品种，对流动性小的品种应少考虑或将可能的收益水平与流动性风险联系起来考虑。

对市场风险的防范在于对市场信息的全面、及时、准确的把握和准确的判断、行动，这依赖于投资者的投资技巧。

具体来说，投资者对自身风险的控制主要可以从以下几方面着手：

1. 充分掌握股指期货交易的知识和技能，制定正确的投资策略，将风险控制在自己可承受的范围；

2. 加强对各类市场因素的分析，提高判断预测能力，通过灵活的交易手段降低交易的风险；

3. 在充分交流和了解的基础上，选择经营规范的经纪公司，并及时认真检查自己每笔交易的具体情况和交易资金情况；

4. 控制好资金和持仓的比例，避免被强行平仓的风险；

5. 在遇到自身的利益受到不公平、不公正侵害的时候，投资者可以向中国证监会及其他有关机构进行投诉，要求对有关事件和问题进行调查处理；

6. 规范自身交易行为，提高风险意识和心理承受能力，保持冷静的头脑。

投资者如何评价期货公司风险

如果投资者决定参与股指期货投资，首先应当寻找合格的期货公司进行开户。投资者在评价期货公司时可以参考以下几点：

1. 具有中国证监会许可的期货经纪业务资格，且具备中金所会员资格的期货公司。

2. 考察期货公司的硬件和软件。比如，该公司是否开通了自助委托交易，是否开通网上交易，交易速度和系统稳定性如何，等等。

3. 考察期货公司或营业部的服务水平及收费水平。例如，期货公司是否提供专业的投资分析，收取的手续费是否合理等。

4. 考察期货公司的商业信誉。例如，期货公司是否具有好的市场口碑、是否加入保证金封闭运行系统等。一般说来，具有良好市场声誉、运作规范的期货公司可靠程度比较高。

第十八章

实战中如何解套：能否成功解套，直接左右股票投资效果

新股民实战导读：

股民最怕什么？被套。有人说，没有被套过的股民，不是一个成熟的股民。的确，只有切身体会被套的感觉，才会让股民学会理智思考股市的风险。股票被套，意味着投入资金的严重缩水，如果非要解套，只有割肉出局，那种透彻心扉的痛，是股民们一辈子也无法抹去的伤痕。

被套虽然可怕，但被套的股民也并非只能任其宰割，完全可以通过积极主动的解套操作策略，尽量减少损失，甚至全身而退，问题是你需要学会解套的技巧。

本章就为股民朋友们讲述了解套的方法，是股民朋友们破除套牢的极好选择。

第一节 被套与解套

什么是被套

炒股，结果无非就两种，盈利抑或亏损，而不赔不赚的状态几近理想，可以不予以考虑。被套只有在股票发生亏损时才谈得上。当股票的亏损较大，而且超出了股民设定的实际停损位置或者心理停损位置，我们称这样的情况为被套。

被套只是大家看到的结果，究其根本，股民的观念才是被套的关键所在。由于投资观念的错误使得股民一步步走向了自己设下的圈套，他们不断重复错误和不恰当的操作步骤，最终得到的结果就是交易破产。

错误的观念使得投资者的投资态度出现问题，而投资者的态度又决定了投资者的投资决策，决策的失误就会使得投资行为不合时宜，持续交易的结果必然不尽如人意。如果仅仅知道股票被套的含义并不足以解决问题，要真正摆脱股票被套甚至套牢的顽疾，只能从投资观念和心态入手。

规避解套误区

1. 只要补仓就能解套。

补仓能够解套确实不假，但认为只要补仓就能解套这种看法太片面了，补仓其实是一种风险很大的解套方式，尤其是在大盘趋势向下的时候，补仓的结果只能是越套越深。

2. "被套不怕，不卖就不赔"。

有些被套的股民认为，只要自己不卖就不会赔。这种想法是很极端的，因为谁也不知道你的股票将会跌到哪里去，想等股票自然解套，也不是没有这种可能，但这需要的时间就很长了。一旦被套，想办法解套才是正经的，等待解套这种想法最好还是不要有。

3. 没有止损的概念。

这是导致新股民被套的最大原因，没有止损的概念，就是把自己往火海里推，还不知道反抗。对于新股民来说，在买股票之前就先要想好止损的计划，这才是能保证你少被套的最佳办法。

解套的风险提醒

1. 低位补仓依赖于对行情的判断，如果趋势已经发生反转，或在反弹前过早进场补仓，则面临越补仓亏损越大的风险。

2. 逢高减仓的难处在于如何确认行情判断有误以及做出决策的时机。如果行情主趋势与自己原有判断一致，只是当前走势与原有判断相悖，投资者很可能白白丧失盈利机会，但是如果投资者发现行情判断有误，可醒悟时间较晚，往往已经造成一定损失。

3. 倒价差的风险相对比较小，只要依托振荡区间的上下轨，就可以顺利地进行操作，但如果振荡区间转为底部，则在上轨抛出时面临踏空的风险，如果振荡区间转为下跌中继，则在下轨买进时面临再次套牢的风险。

4. 交叉盘尽管波幅大，机会多，但风险同样很大。多数投资者对于交叉盘的走势和规律比较陌生，容易误判行情，而且在转换交叉盘时，如果操作不当，容易发生资金越转越少、越套越深的情况，对于新股民来说，一定要慎用这种解套手段。

解套的操作方法

1. 留朦胧题材股换题材明朗股。

市场中经常传一些朦胧题材，其一旦兑现将引起基本面的巨大变化，只要能得到投资大众的认同，股价常有喜人的表现。可是题材一旦明朗，价格就已在高位，风险就会增大。所以，换股时，要注意选择一些有潜在朦胧题材的个股，利好兑现的个股不要再选。

2. 留绩优股换绩差股。

业绩是股价的支持和保证，没有业绩支撑的个股将会不断探索股价的下跌空间。

3. 留强换弱。

有些弱势股，大盘调整时随着大盘大幅回落；如果大盘反弹，弱势股仍然下跌，即使反弹也明显弱于大盘。所以，一旦发现自己手中持有的是这类弱势股，都要及时清仓，另选强势股。

4. 留价值低估股换价值高估股。

价格围绕价值波动，低估值股票由于相对价低，进一步下跌空间有限，风险较低。而高估股票价格本身存在下调需要，风险较大。

5. 当明显感觉股指将深幅下挫时，对于涨幅过大股、非合理估值范围内个股，应第一时间止损。

6. 当个股放量下跌，出现异常卖盘时，说明主力资金无力护盘或获利出场意愿强烈，应果断止损。

7. 如果股价快速下跌，而你未能在第一时间抽身，就不要再恐慌杀跌。经过深幅快速下跌后的股市极易反弹，投资者可趁大盘反弹时卖出。

8. 分批解套法。

主要利用手中的股票分批做差价以降低成本。比如，可将套牢个股分成多等分卖出，如第一批卖出后股价回落，则于低位补入同数股票，如第一批卖出后股价不降反升，寻机再卖出第二批，如有回落，就补入第二批卖出的股票数量，以此类推，通过运作几次可在滚动中降低成本甚至解套。当然这种操作方法的前提是要了解个股的股性，特别适合波动较大的股票。如此给操作失败留有回环的余地，不必过于担心一卖了就涨而陷入被动的境地。该策略操作要领在于对市场走势敏感，熟悉个股特性，决断快速果敢。

9. 向上波段法。

股票被深套后，如果大盘开始企稳，不建议再有割肉动作，而是寻找低点买入股票，等反弹到一定的高度，估计到短期高点了就可卖出，不必非得等到第一次买入被套的价格才卖出。这样来回操作几次，即可降低成本，完成解套。

10. 向下波段法。

股票被套后，先对大盘与手中个股之间的联系进行正确判断。如果大盘还有下跌迹象，可以先在此点位卖掉部分股票，等待个股下跌。当发现大盘有止跌迹象时，就立即重新买回该股票，然后等待大盘反弹。当发现大盘与个股向上的走势再次遇到阻力，就继续卖掉部分股票，再次等大盘下跌到下一个相对低点时买入，然后到相对高点再卖出，如此循环下去。通过这样不断地高卖低买来降低成本，最后完成解套。

第二节　你为什么被套

要想解套，首先必须分析被套的原因。归纳起来，主要有这样几种情况：

1. 轻信被套。

和被套的股民交流，你会发现大多数股民并不是自己选择购买股票，而是听朋友、同学、同乡、亲戚等熟人和媒体、股评的介绍而介入的，当时的理由往往非常充分，要么业绩不错，要么有某某题材，要么有某某概念，或者有主力在其中运作，结果冲进去后不久被套，当然中间可能涨过，但别人往往建议不要急着出，还说会涨到多少多少元，连具体的价位都说的明明白白、清清楚楚，但结果却越套越深。

其实，推荐股票的人也未必存有坏心，但任何根据、任何道听途说，都只有经过市场的检验和自己的分析判断，才可能减少操作失误，否则一次侥幸、两次侥幸可以，但最终必然会输多赢少。

2. 入市不明被套。

股神巴菲特说：不熟不做。所以即使和比尔·盖茨是几十年的好友，他也从来没有将自己的钱投资在微软上，相反，他总是习惯于投资那些自己熟悉的、看得见的实业项目上。正是坚守着这一投资理念，巴菲特才成了人人争相效仿的股神。

虽然股神用实际行动告诉股民，不熟悉的不要做，但很多股民却置若罔闻，结果被套。这也就是你为什么被套的原因，不是明明白白的入市，而是盲目入市。

股市中，有很多这样的股民，今天看到人们热捧这个行业，于是就大肆买进，明天听到人们又开始热捧另一个行业，然后又赶紧转战另一行业。这样来来回回，只是在跟风，很少有人会问问自己，对这一行业了解多少，对其前景的乐观度有多高，所以，被套也只是时间早晚的问题。

还有一些股民，被套也是因为入市不明。他们不明的重点是对大势的不明了。2008年的股市令很多股民困惑不已，在解析这些变化与困扰之前，就必须得先明白引起股市这种行情的起因到底是什么。因为不弄清起因，就很难明白，这轮行情为什么会暴涨暴跌到如此地步，也难以明白在此过程中，到底发生了什么状况，谁是受益者，谁又是受害者。

另外一个入市不明的原因就是新股民对自己不了解，即不了解自己的风险偏好，在选股的时候，没有结合自己的资金自有量来选股，而是一味地根据自己的喜好来选择，还有一个方面就是股民对自己所掌握股票知识的多少不了解，有的股民在入市之前学习了一些关于股市的理论知识，就自以为自己能够在股市中驰骋了，熟不知，股市中，实践和理论还有很长一段的距离，空有理论，没有实战经验也是不行的。

入市不明的最终结果就是被套，所以，新股民在入市之前，一定要问问自己，自己能够承受股市的风险吗？自己对股市了解吗？对自己所要投资的行业了解吗？对当前的宏观经济了解吗？如果你能非常准确的回答这些问题，那么，虽说不能保证你一定不被套，但肯定能减少你被套的概率。

3. 凭运气、凭感觉买股票，或过分依赖个别自己喜欢的技术指标买股票。

不管出于什么动机，他们往往具备一个共同特点，就是不认真学习股票的基本知识，不善于控制自己的情绪，而且过分自信、盲目自信。

有些股民甚至在选股的时候，遵循着中国人对数字的崇拜，只选代码含有6、8的股票，或选名字较怪、代码和自己有缘的股票。

而有些股民则过分依赖某个技术理论和指标，比如，有些股民过分偏爱波浪理论、MACD和KDJ等极少数指标，并对其进行了深入的研究、全面的研究、反复的实验与调整，技术批标能对投资决策起到一定的正面作用，但容易导致技术骗套。

其实，能依照技术指标来选股的股民相对于那些按照数字来选股的多少要靠谱很多，但单纯的技术分析也是不准确的，美国证券分析大师、布林线的创始人布林格说，在使用技术分析的同时，也要结合其他理论和指标进行综合研判，同时要根据市场的变化不断修正参照值，最终的成功率能达到66%以上就不错了。

4. 消息骗套。

中国股市作为一个新兴的资本市场，法制不全，漏洞太多，制造了一系列获取暴利的神话。在这背后的大资金操纵者，由于介入股市较早，积累了一定的经验，或者由于特殊的背景关系，总之具备了相应的优势，在国家管理较松的情况下，自觉不自觉地掌握了当时股市的某种特点：如股民对股市缺乏认识，并有羊群效应。他们利用股民的弱点，运用自己大资金能控盘的优势，借鉴类似三十六计等军事谋略，大胆采用趁火打劫、声东击西、上屋抽梯等方法，或者在媒体制造舆论、编制谎言、夸大题材的影响，或者有针对性小范围散布假消息，或者利用对倒对敲做出漂亮的图形，尽可能诱使别人上当，当"跟风效应"出现后，便在高位趁机出货，将烫手的山芋交到别人手中，完成"大鱼吃小鱼，小鱼吃虾米"的大吃小过程。这种骗套现象，由于广大投资者不明真相，致使被套。

5. 由于心理障碍被套。

炒股其实就是炒心态。所以，你想进入股市，就应该懂得"心态第一，技术第二"的原则。如果自己的心态不端正，经常在股市的涨跌起伏中患得患失，那么，失败或被套是随时可能的。所以，在炒股的时候，你一定要克服以下几种心理障碍：

障碍1：不认赔或不获利了结。

有一个古老的交易定律是"第一次的亏损是最好的亏损"。亏损是完整过程的一部分。其反面——获利了结——也是如此。市场到达你的目标区时，不要怕出场，在很多情况下，市场不会给你第二次机会。

障碍2：没有界定亏损。

在从事交易时，没有人假设会造成亏损。在预期市场将下跌的情况下，没有人会买进；相反，预期市场将会继续上涨而创下新高时，没有人卖出。在进入市场时，界定下档空间是很重要的，不是在你从事交易之后，而是要在其之前！如果你怕赔，就不要交易。

障碍3：对于自己的判断产生犹豫。

你完成了所有的工作——日线图、周线图与月线图。你研究了甘氏理论、费伯纳西数列、怀可夫理论与艾略特波浪理论。市场已经进入你所判断的区位与价位，但你就是犹豫不决！

障碍4：执著于某个信念。

它正是一座监狱。如同乔治·席格所说的："市场是老板。"你认为白金将上涨到九霄云外，或美元将跌到第十八层地狱，这都无关紧要。市场会告诉你一切！记住耶利·贝拉所说的："只要观察，便可以发掘很多。"

障碍5：想投资正确，却少想获利。

几乎在全世界所有的交易室内，总有人跑来跑去向同事宣布，他们知道几乎所有市场走势的高、低价位，但他们却不曾获利。这个游戏的名称为"赚钱"。是的，它只是一场游戏。

障碍6：陶醉式的交易。

当你感到绝对的所向无敌，如同英雄一般，此时你还是不要妄动为好。

障碍7：自杀式的交易。

你的交易就像自杀特工队的飞行员在执行第44次的任务。你可能感受到背叛、愤怒，你要报仇。但务必立即停止，否则，你将会粉身碎骨！

实质上，成功的交易源于：克服个人心理障碍，自我调整产生自信，高度自尊，不可动摇的信念，而信心可以自然的导致良好的判断，并可以根据已证实的方法赢得交易。但如何做到呢？唯有耐心。在这里，需要扎实的价值投资技术分析能力，更需要拥有平常心，股市操作心法胜于技法，如果技术抵黄金百两，心态就值黄金万两。

第三节　成功解套常用的方法

防套"五必须三不可"

在变幻莫测的股市中，新股民要想在熊市中独善其身，在牛市中快速套利，首先应该明白如何防止被套，而不是被套之后该怎么补救，争取不被套，至少不被深套。想要避免遭受套牢之苦，以下"五必须三不可"需要新股民朋友们注意。

1. 五必须。

（1）必须做好止损计划。

在股市中血本无归的炒股者，他们的失败都是由于入市的时候没有设立止损点，而设立了止损点就必须执行。

（2）必须考虑清楚。

不管大势怎样，新股民买股票之前必须考虑好买进的理由，并事先想好多少钱出货。盲目买股、盲目等待上涨，最后的结果就是盲目地被套牢。

（3）必须谨慎对待放量。

股票无缘无故地下跌并不可怕，可怕的是成交量的放大。一旦出现，十有八九是主力出货。所以，对任何情况下的突然放量都要极其谨慎。

（4）必须舍得放弃。

一旦发现自己误买了弱势股时，应懂得舍弃，以避免更大的损失。

（5）必须注意自己的仓位结构。

尽量避免出现持股单一的现象，或满仓持有一股的现象，如果资金过于集中，一旦遇到"业绩地雷"等意外情况发生，往往会一败涂地。

2. 三不可。

（1）不可刻意追求暴利。

新股民在入市时应该具备清醒的头脑，量力而行，适可而止。记住落袋为安这句话，只有套现了才是你自己的钱。千万不可刻意追求暴利，这样做的结果有时非但不能快速套利，反而会被深套其中。

（2）不可盲目追高。

有些新股民喜欢追龙头股，尽管这是一种投资的好方法。但是由于它对操作者的心态、操盘技巧、看盘基本功和对盘面中出现突发情况的应变能力等都有非常高的要求，不是新股民通过简单模仿、学习就可以掌握的。所以，在没有一定把握的情况下，不可盲目追高，防止被套。

（3）不可奢望。

最低点买进，最高点卖出是新股民最希望看到的事，问题在于你并不是庄家，只有庄家才知道股价可能涨跌到何种程度，而且连庄家都不能完全控制走势，何况普通的投资者。

正所谓"防患于未然"，未雨绸缪总不会错。对于刚进入股市的新股民来说，与其研究被套时如何解套，倒不如认真想想如何才能不被套。当然话说回来，人非圣贤，总有马失前蹄的时候，一旦决策失误，也别着急，正确应对才是上策。

止损解套法

1. 什么是止损。

止损也叫"割肉"，是指当投资出现的亏损达到预定数额时，及时斩仓出局，以避免形成更大的亏损。止损的目的就在于把投资失误所造成的损失限定在最小的范围内。

关于止损的重要性，专业人士常用鳄鱼法则来说明。

鳄鱼法则的原意是：假定一只鳄鱼咬住你的脚，如果你用手去试图挣脱你的脚，鳄鱼便会同时咬住你的脚与手。你愈挣扎，就被咬住得越多。所以，万一鳄鱼咬住你的脚，你唯一的机会就是牺牲一只脚。

将鳄鱼法则运用到股市中，意思就是，当你发现自己的交易背离了市场的方向，就必须要立即止损，不要有任何延误，更不要心存侥幸。

俗话说，留得青山在，不怕没柴烧。止损也就是适当的放弃才能使你在股市中长久地存在，甚至有人将止损定义为再生。如果你不懂得止损，甚至你抱有侥幸的心理，那么等待你的就将是更大的亏损。

举个例子来说：当你的资金从 10 万亏成了 9 万，亏损率就是 $1 \div 10 = 10\%$，此时，你想，我一定要将亏损的那 1 万元赚回来，再卖掉。那么，此时，你的盈利率必须达到 $1 \div 9 = 11.1\%$，你才能达成这一目标。如果你从 10 万亏成了 7.5 万元，亏损率是25%，你要想恢复的盈利率将需要33.3%。如果你从10万亏成了5万，亏损率是50%，你要想恢复的盈利率将需要100%。

在市场中，找一只下跌50%的个股不难，而要寻找一只上涨100%的股票，那难度堪比"上青天"，但也并不是说没有，只是这里面运气的成分就大多了。

所以说，一旦你已经亏损了，而且在你的预期内，他还会继续下跌，那么果断地止损就是重中之重，不能有片刻的犹豫，因为或许就在你犹豫的时候，你的股票就又下跌了不少。

需要止损的原因有两个方面。

(1) 主观的决策错误。

进入股市的每一位投资者都必须承认自己随时可能会犯错误，这是一条十分重要的理念。究其背后的原因，是因为股市是以随机性为主要特征，上千万人的博弈使得任何时候都不可能存在任何固定的规律，股市中唯一永远不变的就是变化。当然股市在一定时期内确实存在一些非随机性的特征，例如庄家操控、资金流向、群体心理、自然周期等，这是股市高手们生存的土壤，也是不断吸引更多的人们加入股市从而维持股市运行发展的基础，但这些非随机性特征的运行也肯定不会是简单的重复，只能在概率的意义上存在。如果成功的概率是70%，那么同时就有30%的概率是失败。另外任何规律都肯定有失效的时候，而这个时候也许就会被聪明的你碰到。当遇到失败概率变为现实，或者规律失效，这时就有必要挥刀止损了。

(2) 客观的情况变化。

例如公司或行业的基本面发生意料之外的突发利空，宏观政策重大变动，战争、政变或恐怖事件，地震、洪水等自然灾害，做庄机构资金链断裂或操盘手被抓，等等。

不管是投资者的主管因素还是股市中的客观因素，总之，股市就是充满了不确定性，在股市中，所有的分析，就仅仅是对股市的一种预测而已，既然是预测，交易自然也就是不确定的，不确定的行为就必须有措施来控制其风险的扩大，于是止损就产生了。

止损是人类在交易过程中自然产生的，是投资者保护自己的一种本能反应，市场的不确定性造就了止损存在的必要性和重要性。成功的投资者可能有各自不同的交易方式，但止损却是保障他们获取成功的共同特征。世界投资大师索罗斯说过，投资本身没有风险，失控的投资才有风险。学会止损，千万别和亏损谈恋爱。止损远比盈利重要，因为任何时候保本都是第一位的，盈利是第二位的，建立合理的止损原则相当有效，谨慎的止损原则的核心在于不让亏损持续扩大。

对于止损的意义，相信大多数股民都明白，但事实的结果却是，大部分的股民并未将止损落到实处上，于是，在股市中血本无归的悲剧几乎每天都在上演。为什么止损就如此难呢？原因有三：

（1）侥幸的心理作祟。

某些投资者尽管也知道趋势上已经破位，但由于过于犹豫，总是想再看一看、等一等，导致自己错过止损的大好时机；

（2）价格频繁的波动会让投资者犹豫不决，经常性错误的止损会给投资者留下挥之不去的记忆，从而动摇投资者下次止损的决心；

（3）执行止损是一件痛苦的事情，这就像赌桌上的赌徒，输了就要想尽办法回本，不回本，心里就发痒，不甘心，于是，一再下注，结果输得更多。不懂得止损的人，结果只能和赌徒一样。可以说，止损就是对人性弱点的挑战和考验。

正是由于上述原因，当价格到达止损位时，有的投资者错失方寸，患得患失，止损位置一改再改；有的投资者临时变卦，逆势加仓，企图孤注一掷，以挽回损失；有的投资者在亏损扩大之后，干脆采取"鸵鸟"政策，听之任之。

止损是一种成本，是寻找获利机会的成本，是交易获利所必须付出的代价，这种代价只有大小之分，难有对错之分，你要获利，就必须付出代价，包括错误止损所造成的代价。

坦然面对错误的止损，不要回避，更不必恐惧，只有这样，才能正常、正确地交易下去，并且最终获利。

2. 止损应注意的问题。

止损应该注意以下几个问题：

（1）"凡事预则立，不预则废"，所有的止损必须在进场之前设定。

做股票投资，必须养成一种良好的习惯，就是在建仓的时候就设置好止损位，而在亏损出现时再考虑使用什么标准常为时已晚。

（2）止损要与趋势相结合。

趋势有三种：上涨、下跌和盘整。在盘整阶段，价格在某一范围内止损的错误性的概率要大，因此，止损的执行要和趋势相结合。在实践中，可将盘整视作看不懂的趋势，投资者可以休养生息。

（3）选择交易工具来把握止损点位。

这要因人而异，可以是均线、趋势线、形态及其他工具，但必须是适合自己的，不要因为别人用得好你就盲目拿来用。交易工具的确定非常重要，而运用交易工具的能力则会导致完全不同的交易结果。

3. 止损的要求。

止损被称为股民进行短线操作的前提条件之一，对于爱好短线操作的投资者来说，止损有利于将自己的投资损失控制在一定的范围之内，因而它又被视为短线操作的重要法宝。

做好止损，投资者要有两个忘记：

（1）忘记买入价。

不管是在什么价位买进的，买进后都要立即忘掉自己的买入价，只根据市场本身来决定自己什么时候应该止损，不要让自己的主观意识与情绪影响对市场的客观判断。

（2）忘记止损价。

执行止损之后就如同自己从来没有炒过这只股票，不要被止损所牵制，当发现这只股票有新的买进信号出现后，就要毫不犹豫地再次杀进。

4. 止损的方法。

止损方法之一：技术止损法。

它是将止损设置与技术分析相结合，剔除市场的随机波动之后，在关键的技术位设定止损单，从而避免亏损的进一步扩大。

这一方法要求投资者有较强的技术分析能力和自制力。技术止损法对投资者的要求更高一些，很难找到一个固定的模式。

止损方法之二：定额止损法。

这是最简单的止损方法，它是指将亏损额设置为一个固定的比例，一旦亏损大于该比例就及时平仓。它一般适用于两类投资者：一是刚入市的投资者；二是风险较大市场（如期货市场）中的投资者。定额止损的强制作用比较明显，投资者无需过分依赖对行情的判断。止损比例的设定是定额止损的关键。

定额止损的比例由两个数据构成：

一是投资者能够承受的最大亏损。这一比例因投资者心态、经济承受能力等不同而不同，同时也与投资者的盈利预期有关。

二是交易品种的随机波动。这是指在没有外界因素影响时，市场交易群体行为导致的价格无序波动。定额止损比例的设定是在这两个数据里寻找一个平衡点。这是一个动态的过程，投资者应根据经验来设定这个比例。一旦止损比例设定，投资者可以避免被无谓的随机波动震出局。

止损方法之三：空间止损法。

当投资的股票已经有所盈利的时候，由于股价上升形态完好或题材未尽等因素，投资者认为还有上涨的动力，因而继续持股，一直等股价回落到比最大盈利减少5%至10%时再卖出。

这种方法是根据盈利空间的减少来止损，实际上也是止赢的方法之一，它的目的也是减少损失，只不过是减少盈利部分的损失。

止损方法之四：无条件止损法。

不计成本，夺路而逃的止损称为无条件止损。当市场的基本面发生了根本性转折时，投资者应摒弃任何幻想，不计成本地杀出，以求保存实力，择机再战。基本面的变化往往是难以扭转的，基本面恶化时，投资者应当机立断，砍仓出局。

5. 适用止损的情况。

（1）短线操作或超短线操作要用止损策略。

做短线最大的失败之处，不是一时盈亏的多少，而是因为一点零星失误就把浅套做成深套或重套，把短线做成中线，甚至做成长线。因此，不会止损的人是不适合短线操作的，也永远不会成为短线高手。

（2）后市看淡的股票应当止损。

当市场整体趋势向下运行时，投资者需要研判大盘指数和个股的后市下跌空间的大小，以此做为是否止损的参考，对于后市下跌空间大的个股要坚决止损，特别是针对一些前期较为热门、涨幅巨大的股票。

（3）对于追涨型买入操作要用止损策略。

追涨型买入是出于获取快速利润目的，对已有一定涨幅的个股的追高买入行为，一旦发现判断失误，要果断地止损。如果没有这种坚决止损的决心，就不能随便参与追涨。

（4）当技术形态出现破位走势时，要用止损策略。

如：股价跌破重要支撑区时、向下跌穿底部形态的颈线位时，收敛或扩散三角形选择下跌走势时，头肩顶、圆弧顶、多重顶等顶部形态即将构筑完成时，都需要应用止损策略。

（5）当技术指标发出明确的卖出信号时，要用止损策略。

如：当股价跌破某条重要均线时要止损，当随机指标的 J 值向下穿破 100 时止损，当成交量放出天量时止损，MACD 形成死叉时要止损，等等。

（6）对于投机性买入操作要用止损策略。

投机性买入是指不考虑上市公司的基本面情况，仅从投机价值角度出发的选股，投资者一旦发现原有的买入理由不存在时要立即止损。

（7）投资者在大盘指数处于牛市顶峰位置进入股市的要用止损策略。

这时市场中的各项技术指标均处于同步顶背离状态中，移动成本分布显示市场中获利盘比例偏多、股民们常常得意洋洋并且夸夸其谈，此时市场已经濒临危险的边缘，遇到操作不利要及时止损。

（8）对于激进型投资者要用止损策略。

有些操作风格和操作技巧比较激进的投资者,在出现投资失误时,可以凭借足够的看盘时间和敏锐的盘中感觉,通过盘中"T+0"或短期做空的止损方式来降低套牢成本。

(9) 当亏损达到一定程度时,要用止损策略。

这需要根据交易前设置的止损位做为衡量标准,一旦跌到止损位时,投资者可以通过果断的止损,来防止损失的进一步扩大。

(10) 对于主力出货的个股,要坚决彻底的止损。

庄家清仓出货后到下一轮行情的重新介入,期间往往要经历相当长的整理过程。而且,随着我国股市的不断扩容,有些曾经极为辉煌的热门股,可能会陷入长久无人问津的漫漫熊途中。

(11) 根据趋势是否扭转,决定是否要用止损策略。

通过对政策面、公司基本面、市场资金面等各方面多角度的研判分析大势,如果发现市场整体趋势已经转弱,长线稳健的投资者应该不论是否亏损都坚决卖出。

(12) 仓位过重的投资者或满仓被套的投资者,要适当止损部分股票。

这样做的目的,不仅仅是为了回避风险,而是更加有利于心态的稳定。

换股解套法

所谓换股解套法就是当你觉得自己手中的股票实在是没有什么机会了,就换一只与该股票价格差不多的、有机会上涨的股票,也就是等价(或基本等价)换入有上涨希望的股票,用后面买入的股票上涨后的利润来抵消前面买入的股票因下跌而产生的亏损。

换股解套法是一种主动性的解套策略,运用得当的话,可以有效降低成本,增加解套的机会。一旦操作失误,也会陷入刚换的股票一路下跌,而原先的股票却止跌反弹的"两边挨巴掌"的窘境,所以新股民在换股时要非常慎重,实际应用中要掌握换股的正确思路。

那么,换股有什么具体方法,应该遵循什么原则呢?说到这里,我们提供四种基本的换股解套技法,供新股民参考。

1. 认清趋势、准确判断。

要准确研判市场整体趋势和发展方向以及热点的轮换和分化现象,不要漫无目标地随意追涨杀跌,而要做到有的放矢。只有认清趋势并确认股指是在上涨趋势中,而打算换入的股票价格离底部区域不远时,才适宜使用换股策略。在大盘处于下跌通道中,如果手中持有股被套牢,应该采取捂股和割肉止损等方式,切不可急于换股,只有等到股指确认企稳,才能考虑换股。

2. 换股不宜过于频繁。

即使新股民朋友们对大盘后市发展方向有肯定的把握,也绝不能频繁换股,最有效的换股是一次成功。多次换股的操作行为,说明新股民存在选股思路紊乱、实施操作轻率等问题,这很容易导致操作失误。而且,多次换股还会增加交易税费,抬高持仓成本,减少未来的获利空间。

3. 换强不换弱。

换股应当换入有庄家护盘、走势相对较强的股票。新股民朋友们要根据市场行情的特点和个股的表现情况,卖出手中持有的非主流热点的个股,买入目前属于主流热点板块的强势个股;卖出手中持有的弱势股,把握时机,逢低买入前期明显有增量资金介入、近期能在大盘强势整理期间保持缩量抗跌的强势股,才能取得跑赢大盘的收益。

4. 换朦胧股。

炒股就是炒题材,市场中经常传出一些朦胧题材,至于是否真实并不重要,只要能得到投资大众的认同,股价常有喜人的表现即可。可是题材一旦明朗,炒作便宣告结束了。所以,换股时,要注意选择一些有潜在朦胧题材的个股,不必选利好已经兑现的个股。

补仓解套法

新股民朋友们在投资股市时,常会碰上这样一种情况,在买进一只股票之前,由于自己经验少,往往会对这只股票进行方方面面的分析和研究,有了足够说服自己的理由,才会采取行动进场。如果这只股票出现大幅上涨,或者一直处于横盘状态都没有关系,但是一旦这只股票出现暴跌,马上就不知所措,把买进前想好的理由忘得一干二净,只恨自己没来得及在高位抛出。这时候你面临的选择是:第二天赶紧割肉解套,或者继续补仓摊低成本,以待后市股价回升。

补仓是被套后的一种被动应变策略,它本身不是一个解套的好办法,但在某些特定情况下它是最合适的方法。只要运用得当,时机选择正确,它将是反败为胜的利器;如果运用不得法,时机选择错误,它也会让你深陷泥潭,无法自拔。那么在哪些情形下不适合运用补仓解套法呢?

1. 大盘处于下跌通道中。

股指的进一步下跌往往会拖累绝大多数个股一起走下坡路,其中仅有极少数逆市走强的个股可以例外。因此,当大盘处于下降通道中时不宜补仓。补仓的最佳时机是在熊市末期,大盘处于相对低位时或大盘探底成功后刚刚向上反转时。这时往往上涨的潜力巨大,下跌的空间最小,补仓较为安全。

2. 熊市初期。

这个道理人人都懂，如果在熊市初期补仓，随着大熊的嘴巴越张越大，你会发现用于补仓的资金越来越难以承受。但有些新股民朋友无法区分牛熊转折点，怎么办？有一个很简单的办法：股价跌得不深坚决不补仓。如果股票现价比买入价低5%就不用补仓，因为随便一次盘中震荡都可能解套。如果现价比买入价低20%~30%，甚至有的股价被腰斩，就可以考虑补仓，后市进一步下跌的空间已经相对有限。

3. 大盘处于下跌反弹时。

所谓"反弹不是底，是底不反弹"。反弹现象本身就说明了市场中仍有多头力量在负隅顽抗，间接地说明后市仍有进一步下跌的可能，在这种情况下使用战略性补仓是不合适的。

另外，新股民一定要记得：千万不能分段补仓、逐级补仓。原因很简单，首先，作为新股民的资金一般有限，无法经受多次摊平操作。其次，补仓是对前一次错误买入行为的弥补，它本身就不应该再成为第二次错误的交易，所谓逐级补仓只是在为不谨慎的买入行为做辩护。

采用补仓来摊低成本的方法必须制定严格的操作计划，并控制好资金的入市数量，不要拿维持基本生活的资金来补仓。另外，补仓的股票其基本面应无实质性变化，股价是跟随大盘正常跌落，千万别补业绩大幅下滑的股票，否则新股民可能会面临越套越多的尴尬处境。

捂股解套法

在股票被套牢后，只要还没有割肉清仓，就不能认定自己已经亏本。如果新股民手中所持股票是品质良好的绩优股，而且股市整体的投资环境还没有恶化，股市走势还有向上的空间，则完全没有必要因为一时的套牢而惊慌失措。这种情况下应该采取的方法绝不是将套牢的股票全盘卖出，而是持有股票以不变应万变，静待股价回升解套，甚至还有盈利的可能。

捂股解套法通常使用于牛市期间或熊市末期，满仓套牢，既不能割，也无力补仓时。它的理念是价格围绕价值波动，主要适用于绩优成长股。优点是无须增加资金，耗费精力较少，基本没有操作难度。而缺点是消极被动，将大量资金困于被套股票，有可能会错失许多投资机会，有时可能遇到部分股票即使长期捂股依然无法解套的情况，比方说让无数股民血本无归的中国石油（601857），如图18-1所示，那时就必须学会割肉止损。

该股自2007年11月5日发行后，几乎呈现单边下滑的态势，股价由11月5日

图 18－1

的最高点 48.62 元一直下探到 2008 年 10 月 28 日的 9.71 元，下跌幅度为 80%。其后股价伴随大盘走牛而缓慢上涨，但始终无法回到原来的高位，让无数股民损失惨重。

有了中国石油（601857）的前车之鉴，新股民朋友们在选用捂股的解套方法时，必须注意下面几点：

1. 捂低不捂高。

捂股时必须注意手中股票的股价必须尽量接近底部区域，如果股价仍处于中高位，则应该采取更加积极的解套策略（如止损解套法）。

2. 捂绩优不捂绩差。

许多原本深套的大盘蓝筹股，由于其基本面良好，往往能在股市转牛的时候领跑大盘，轻松解套。

3. 捂股策略适用于熊市末期。

此时股价已接近底部区域，盲目看空和止损会带来不必要的风险或损失，这时耐心捂股的结果，必然是收益大于风险。

4. 分清造成套牢的买入行为是投机性买入还是投资性买入。

凡是根据上市公司的基本面情况，从投资价值角度出发选股的投资者，可以学习巴菲特的投资理念，不必关心股价一时的涨跌起伏，任他股市潮涨潮落，我自岿然不动。

第十九章
与股票相关的其他投资方式

新股民实战导读：

　　掌握与股票相关的投资方式，可以丰富你的投资内容，增加你的获利途径。有几种比较常见的投资品种需要大家了解。它们分别是：权证以及可转换公司债券。

　　经过前段时间的学习，相信新股民朋友们已经对股票投资的基本操作方法和技巧有所掌握，本章是附加内容，不需要初级投资者必须掌握。如果有能力完全消化以前的知识，可以更深入地学习这些相对高难度的投资品种。不过要特别注意，在还没有熟练掌握各种投资技巧的情况下，对于权证应该尽量少沾手。至于原因，你会在下面的学习中得出答案。

第一节　债券投资

债券票面要素

　　债券作为证明债权、债务关系的凭证，一般以有一定格式的票面形式来表现。通常，债券票面上有4个基本要素。

　　1. **债券发行者名称。**

　　发行者的名称也就是该债券的债务主体。

　　值得注意的是，上面四个要素虽然是债券票面的基本要素，但这并不意味着他们会在债券上印制出来。在很多时候，他们是以公布条例或公告形式向社会公开宣布某债券的期限与利率，只要发行人具备良好的信誉，投资者也会认可接受。

　　此外，债券票面上还有可能会包含一些其他的要素，如，有的债券具有分期偿还的特征，此时债券的票面上或发行公告中就会附有分期偿还时间表；有的债券附有一定的选择权，即发行契约中赋予债券发行人或持有人具有某种选择的权利，包括附有赎回选择权条款的债券、附有出售选择权条款的债券、附有可转换条款的债券、附有交换条款的债券、附有新股认购权条款的债券等。附有赎回选择权条款的债券是指债券发行人具有在到期日之前买回全部或部分债券的权利；附有出售选择权条款的债券是指债券持有人具有在指定的日期内以票面价值将债券卖回给发行人的权利；附有可转换条款的债券是指债券持有人具有按约定条件将债券转换成发行公司普通股股票的选择权；附有交换条款的债券是指债券持有人具有按约定条件将债券与债券发行公司以外的其他公司的普通股票交换的选择权；附有新股认购权条款的债券是指债券持有人具有按约定条件购买债券发行公司新发行的普通股股票的选择权。

2. 债券的票面价值。

债券的票面价值是债券票面标明的货币价值，是债券发行人承诺在债券到期日偿还给债券持有人的金额。

在债券的票面价值中，首先要规定票面价值的币种，也就是要以何种货币作为债券价值的计量标准。一般来说，币种的确定主要考虑债券的发行对象。在本国发行的债券通常以本国货币作为面值的计量单位；在国际金融市场筹资，则通常以债券发行地所在国家的货币或以国际通用货币为计量标准。

另外，币种的确定还可以根据债券发行者本身对币种的需要。

币种确定以后，就要规定债券的票面金额。票面金额大小不同，适应的投资对象也不同，发行的成本也会不同。票面金额小，适合小额投资者，它的持有者分布面广，但债券本身的印刷及发行工作量大，费用可能较高；票面金额大，有利于少数大额投资者认购，且印刷费用等也会相应减少，但使小额投资者无法参与。

所以说，债券票面金额的确定也要根据债券的发行对象、市场资金供给情况及债券发行费用等因素综合考虑。

3. 债券的票面利率。

债券票面利率也称名义利率，是债券年利息与债券票面价值的比率，通常年利率用百分数表示。利率是债券票面要素中不可缺少的内容。

在实际经济生活中，债券利率有多种形式，如单利、复利和贴现利率等。债券利率亦受很多因素影响，主要有：

（1）债券发行人的资信。

如果债券发行人的资信状况好，债券信用等级高，投资者的风险小，债券票面利率可以定得低一些；如果债券发行人的资信状况差，债券信用等级低，投资者的风险大，债券票面利率就需要定得高一些。此时利率差异反映了信用风险的大小，高利率是对高风险的补偿。

（2）债券期限长短。

一般来说，期限较长的债券，流动性差，风险相对较大，票面利率应该定得高一些；而期限较短的债券，流动性强，风险相对较小，票面利率就可以定得低一些。不过，债券票面利率与期限的关系较复杂，它们还受其他因素的影响，所以有时也能见到短期债券票面利率高而长期债券票面利率低的现象。

（3）借贷资金市场利率水平。

市场利率普遍较高时，债券的票面利率也相应较高，否则，投资者会选择其他金融资产投资而舍弃债券；反之，市场利率较低时，债券的票面利率也相应较低。

4. 债券的到期期限。

债券偿还期限是指债券从发行之日起至偿清本息之日止的时间，也是债券发行人承诺履行合同义务的全部时间。债券不同，偿还期限也不同，短的有几个月，长的有几十年，习惯上，我们把他们分为短期债券、中期债券和长期债券。

但期限不是随心所欲而定的，在确定期限时，发行人要从以下几方面来考虑：

（1）资金使用方向。

债务人借入资金可能是为了弥补自己临时性资金周转之短缺，也可能是为了满足对长期资金的需求。如果是前者，那么就可以发行短期债券，如果是后者，就可以发行长期债券。这样视情况而定，既能保证发行人的资金需求，又不会因为占用资金时间过长而增加利息负担。

（2）市场利率变化。

市场利率变化也是影响债券期限的一个重要因素，对市场利率的预期，可以减少发行人的筹资成本。一般来说，当未来市场利率趋于下降时，应选择发行期限较短的债券，这样可以避免市场利率下跌后仍支付较高的利息；而当未来市场利率趋于上升时，应选择发行期限较长的债券，这样能在市场利率趋高的情况下保持较低的利息负担。

（3）债券变现能力。

债券的变现能力能够影响投资者的接受能力。如果债券的变现能力好，可以发行长期债券；如果流通市场不发达，不容易变现，这时候，长期债券就不如短期债券。

债券种类

债券按发行主体的不同可以划分为政府债券、金融债券、公司（企业）债券。

1. 政府债券。

政府债券是政府为筹集资金而发行的债券。主要包括国债、地方政府债券等，其中最主要的是国债。国债因其信誉好、利率优、风险小而又被称为"金边债券"。

2. 金融债券。

金融债券是由银行和非银行金融机构发行的债券。在我国目前金融债券主要由国家开发银行、进出口银行等政策性银行发行。

3. 公司（企业）债券。

公司（企业）债券是企业依照法定程序发行，约定在一定期限内还本付息的债券。公司债券的发行主体是股份公司，但也可以是非股份公司的企业，所以，一般归类时，公司债券和企业发行的债券合在一起，可直接称为公司（企业）债券。

债券按是否有财产担保划分，可以分为抵押债券和信用债券。

1. 抵押债券。

抵押债券是以企业财产作为担保的债券，按抵押品的不同又可以分为一般抵押债券、不动产抵押债券、动产抵押债券和证券信托抵押债券。以不动产如房屋等作为担保品，称为不动产抵押债券；以动产如适销商品等作为担保品的，称为动产抵押债券；以有价证券如股票及其他债券作为担保品的，称为证券信托债券。一旦债券发行人违约，信托人就可将担保品变卖处置，以保证债权人的优先求偿权。

2. 信用债券。

信用债券是不以公司任何财产作为担保，完全凭信用发行的债券。政府债券属于此类债券。这种债券由于其发行人的绝对信用而具有坚实的可靠性。除此之外，一些公司也可发行这种债券，即信用公司债。与抵押债券相比，信用债券的持有人承担的风险较大，因而往往要求较高的利率。为了保护投资人的利益，发行这种债券的公司往往受到种种限制、只有那些信誉卓著的大公司才有资格发行。除此以外在债券契约中都要加入保护性条款，如不能将资产抵押其他债权人、不能兼并其他企业、未经债权人同意不能出售资产、不能发行其他长期债券等。

按债券形态的不同，可分为实物债券、凭证式债券、记账式债券。

1. 实物债券。

实物债券是一种具有标准格式实物券面的债券，它与无实物票卷相对应，简单地说就是发给你的债券是纸质的而非电脑里的数字。在其券面上，一般印制了债券面额、债券利率、债券期限、债券发行人全称、还本付息方式等到各种债券票面要素，其不记名，不挂失，可上市流通。实物债券是一般意义上的债券，很多国家通过法律或者法规对实物债券的格式予以明确规定。但实物债券由于其发行成本较高，将会被逐步取消。

2. 凭证式债券。

凭证式国债是指国家采取不印刷实物券，而用填制"国库券收款凭证"的方式发行的国债。我国从1994年开始发行凭证式国债。凭证式国债具有类似储蓄、又优于储蓄的特点，通常被称为"储蓄式国债"，是以储蓄为目的的个人投资者理想的投资方式。从购买之日起计息，可记名、可挂失，但不能上市流通，与储蓄类似，但利息比储蓄高。

3. 记账式债券。

记账式债券指没有实物形态的票券，以电脑记账方式记录债权，通过证券交易所的交易系统发行和交易。我国近年来通过沪、深交易所的交易系统发行和交易的记账式国债就是这方面的实例。如果投资者进行记账式债券的买卖，就必须在证券交易所设立账户。所以，记账式国债又称无纸化国债。

记账式国债购买后可以随时在证券市场上转让，流动性较强，就像买卖股票一样，当然，中途转让除可获得应得的利息外（市场定价已经考虑到），还可以获得一定的价差收益（不排除损失的可能），这种国债有付息债券与零息债券两种。付息债券按票面发行，每年付息一次或多次，零零债券折价发行，到期按票面金额兑付，中间不再计息。

由于记账式国债发行和交易均无纸化，所以交易效率高、成本低，是未来债券发展的趋势。

按是否可以转换为公司股票可以分为可转换债券和不可转换债券。

1. 可转换债券。

可转换债券是指在特定时期内可以按某一固定的比例转换成普通股的债券，它具有债务与权益双重属性，属于一种混合性筹资方式。由于可转换债券赋予债券持有人将来成为公司股东的权利，因此其利率通常低于不可转换债券。若将来转换成功，在转换前发行企业达到了低成本筹资的目的，转换后又可节省股票的发行成本。根据《中华人民共和国公司法》的规定，发行可转换债券应由国务院证券管理部门批准，发行公司应同时具备发行公司债券和发行股票的条件。

2. 不可转换债券。

是指不能转换为普通股的债券，又称为普通债券。由于其没有赋予债券持有人将来成为公司股东的权利，所以其利率一般高于可转换债券。

按付息的方式可以划分为零息债券、定息债券和浮息债券。

1. 零息债券。

零息债券，也叫贴现债券，是指债券券面上不附有息票，在票面上不规定利率，发行时按规定的折扣率，以低于债券面值的价格发行，到期按面值支付本息的债券。从利息支付方式来看，贴现国债以低于面额的价格发行，可以看作利息预付，因而又可称为利息预付债券、贴水债券，是期限比较短的折现债券。

2. 定息债券。

固定利率债券是将利率印在票面上并按其向债券持有人支付利息的债券，该利率不随市场利率的变化而调整，因而固定利率债券可以较好地抵制通货紧缩风险。

3. 浮息债券。

浮动利率债券的息票率是随市场利率变动而调整的利率。因为浮动利率债券的利率同当前市场利率挂钩，而当前市场利率又考虑到了通货膨胀率的影响，所以浮动利率债券可以较好地抵制通货膨胀风险。其利率通常根据市场基准利率加上一定的利差来确定。浮动利率债券往往是中长期债券。

按是否能够提前偿还可以分为可赎回债券和不可赎回债券。

1. 可赎回债券。

可赎回债券是指在债券到期前，发行人可以以事先约定的赎回价格收回的债券。公司发行可赎回债券主要是考虑到公司未来的投资机会和回避利率风险等问题，以增加公司资本结构调整的灵活性。发行可赎回债券最关键的问题是赎回期限和赎回价格的制定。

2. 不可赎回债券。

不可赎回债券是指不能在债券到期前收回的债券。

按偿还方式不同可以分为一次到期债券和分期到期债券。

1. 一次到期债券。

一次到期债券是发行公司于债券到期日一次偿还全部债券本金的债券。

2. 分期到期债券。

分期到期债券是指在债券发行的当时就规定有不同到期日的债券，即分批偿还本金的债券。分期到期债券可以减轻发行公司集中还本的财务负担。

按计息方式可以分为单利债券、复利债券和累进利率债券。

1. 单利债券。

单利债券指在计息时，不论期限长短，仅按本金计息，所生利息不再加入本金计算下期利息的债券。

2. 复利债券。

复利债券与单利债券相对应，指计算利息时，按一定期限将所生利息加入本金再计算利息，逐期滚算的债券。

3. 累进利率债券。

累进利率债券指年利率以利率逐年累进方法计息的债券。累进利率债券的利率随着时间的推移，后期利率比前期利率更高，呈累进状态。

除了以上种类的债券外，市面上还有下面几种债券。

1. 上市债券。

债券发行结束后可在深、沪证券交易所,即二级市场上上市流通转让的债券为上市债券,包括上市国债、上市企业债券和上市可转换债券等。上市债券的流通性好,变现容易,适合于需随时变现的闲置资金的投资需要。

2. 国债。

国债是中央政府根据信用原则,以承担还本付息责任为前提而筹措资金的债务凭证。我国历史上发行的国债主要品种有:国库券和国家债券。其中,国库券自1981年后基本上每年都发行,主要对企业、个人等;国家债券曾经发行包括国家重点建设债券、国家建设债券、财政债券、特种债券、保值债券、基本建设债券,这些债券大多对银行、非银行金融机构、企业、基金等定向发行,部分也对个人投资者发行。向个人发行的国库券利率基本上根据银行利率制定,一般比银行同期存款利率高1~2个百分点。在通货膨胀率较高时,国库券也采用保值办法。

3. 企业债券。

企业债券是公司依照法定程序发行、约定在一定期限还本付息的有价证券。通常泛指企业发行的债券,我国一部分发债的企业不是股份公司,一般把这类债券叫企业债券。

根据深、沪证券交易所关于上市企业债券的规定,企业债券发行的主体可以是股份公司,也可以是有限责任公司。申请上市的企业债券必须符合以下条件:

(1) 经国务院授权的部门批准并公开发行;股份有限公司的净资产额不低于人民币3000元,有限责任公司的净资产额不低于人民币6000万元;

(2) 债券的期限为1年以上;

(3) 债券的实际发行额不少于人民币5000万元;

(4) 最近3年平均可分配利润足以支付债券1年的利息;

(5) 累计发行在外的债券总面额不超过企业净资产额的40%;

(6) 筹集资金的投向符合国家产业政策及发行审批机关批准的用途;

(7) 债券的信用等级不低于A级;

(8) 债券有担保人担保,其担保条件符合法律、法规规定;资信为AAA级且债券发行时主管机关同意豁免担保的债券除外;

(9) 债券的利率不得超过国务院限定的利率水平;

(10) 公司申请其债券上市时仍符合法定的债券发行条件,交易所认可的其他条件。

我国的可转换债券

目前在深、沪证券交易所上市的可转换债券是指能够转换成股票的企业债券,兼有股票和普通债券双重特征。一个重要特征就是有转股价格。在约定的期限后，投资者可以随时将所持的可转券按股价转换成股票。可转换债券的利率是年均利息对票面金额的比率，一般要比普通企业债券的利率低，通常发行时以票面价发行。转换价格是转换发行的股票每一股所要求的公司债券票面金额。可转换债券有这些特点：一是可以期待价值有所增加。二是作为债券，其价格有下限支撑，不会像股票那样大幅下跌。

1. 可转换公司债券。

可转换公司债券又称为可转债，是指发行人依照法定程序发行，在一定期限内依照约定的条件可以转换为股票的公司债券，这种债券兼具债权和股权双重属性。

可转债作为一种介于普通债券与普通股票之间的混合证券，首先其作为公司债券来说可以还本付息保证本金的安全；其次投资者拥有在转股期内按转股价格将其转换为基准股票的权利，从而可在基准股票市价超过转股价后的上涨中享受高于普通债券的收益。因此，对投资者而言，可转债是一种兼顾收益和风险的理想的投资工具，投资可转债具有一定优势。

2. 可转换公司债券的优势。

可转债有以下几方面的优势：

（1）在股市上涨时回报率接近股票。

普通债券的票面利率一般情况下是固定的，比如2000年发行的鞍钢转债，当时发行的普通债券收益每年在4%左右，而鞍钢转债上市半年之内曾经高达151元，这样投资者就获得了50%的收益。因此，相对普通债券而言，可转债具有比较大的收益上涨空间。这是因为一方面可转债发行时溢价较低。不少上市公司急于成功融资，在可转债条款上给予投资者较多优惠，像不少可转债的发行转换溢价只有象征性的0.1%，而美国大多可转债发行时的溢价达到30%左右，这使得投资者很容易通过行使转换权获得基准股票上涨的收益。另一方面由于可转债对于很多投资者来说是一种比较新的投资品种，并且规模一般较大，流动性较差，在一定程度上受到冷遇，故其总体定价仍然比较低。但当可转债的转换价值体现出来的时候，其价格就会较大幅度的上涨。

（2）在股市下跌时，有良好的抗跌性。

比如2000年发行的机场转债，上海机场公司发行转债以后，其股票由9.55元最低跌到7.77元，下跌了23%；而其转债上市后最低跌到96.9元，只下跌了4%。可见可转债相对股票来说具有很强的抗跌性。这是因为一方面可转债的债券本身价值较高，如果股票价格大幅下跌，可转债价格只会跌到具有相应利息的普通债券的价格水平。另一方面，可转债发行人一般不打算把融到的资金还给投资者，而更希望持有者把可转债转换成股票,这使得发行人在基准股票市价下跌到一定幅度时较积极地向下修正转股价来促使投资者把可转债转换成股票。

(3) 进可攻、退可守。

可转债对投资者来说是"有保证本金的股票"。如果发行公司业绩增长良好,股票价格上涨,投资者可以将可转债转换为基准股票,获得出售股票的收入或获得股息收入,以分享股价上涨带来的超额回报;如果股票价格下跌,投资者可以持有可转债至到期日获得稳定的本金与票面利息收益,或执行回售权回售给发行公司,领取利息补偿金的保底收益。

(4) 提供间接购买股票的手段。

通常情况下,先购买可转债然后转换成股票的成本低于公开收购企业股票的价格。在争夺企业控制权的股东争斗中,可转债的上述优势尤显重要。

3. 可转债投资的基本策略。

可转债兼具了股票和债券的属性,结合了股票的长期增长潜力和债券的安全和收入优势。但为了提高可转债投资收益,投资者应依据自身的资金数量和要求的收益水平选择合适的投资策略和投资时机。

投资者应根据发行公司的偿债能力、行业地位、发展战略以及财务、产品、管理、技术、市场等综合基本面因素,重点对其未来业绩和现金流做出预测,确定可转债投资品种。

(1) 稳健性投资。

投资于市价接近债券本身价值的可转债,从而在有效控制投资风险的前提下获取稳定的投资收益。

(2) 进取型投资。

投资于基本面较好、具有成长性、转股价格修正条件优惠的可转债,从而在风险相对较低的前提下获得不低于基准股票的投资收益。

(3) 寻找套利机会。

市场存在一定的无效性,当处于转股期内的可转债市价低于转股价格时进行套利操作。

4. 不同价位的可转债投资策略。

可转债在不同价位下会显示出不同的特性。因此,投资者应区别对待不同价位的可转债。

(1) 债券溢价在30%以上的高价位可转债。

这类可转债的下跌空间相对比较大,但如果投资者看好其基准股票,则可以投资于该类可转债。因为一方面可转债买卖的手续费低于股票,可以降低投资者买卖成本；另一方面可转债在中长期持有的情况下能够获得一定的利息收入。此外，在股市长时间下跌的情况下，可转债还具有一定的抗跌能力。故该类可转债的未来收益相对于普通股票还是比较有优势的。

（2）债券溢价在15％到30％的中价位可转债。

这类可转债股性和债性都适中，其转换价值比其市价要低得多。在股市上涨时，获取收益相对要慢一些；但在股市下跌时，其损失也会小一些。进行这类可转债投资时可多关注转换溢价率相对较低而基准股票的波动性又较高的可转债。

（3）债券溢价低于15％的低价位可转债。

这类可转债的债性较强，下跌空间有限，进行中长期投资时一般不会有大的损失，而且也很可能在未来分享到股市上涨的收益。这类可转债比较适合低风险、期望在中长期投资中获益的投资者进行投资。

5. 可转债投资时机的选择策略。

可转债还本付息的特性确保了稳定的收益；可转换成股票的特性提供了获取更高收益的机会。总的来说，可转债的操作方式可以根据市场情况分为以下三种：

（1）股市向好。

当股市向好时可转债股票特性表现较为明显，市场定价考虑股性更多；可转债价格随股市上升而上涨并超出其原有成本价时，持有者应抛出可转债以直接获取价差收益。

（2）股市由弱转强。

当股市由弱转强或发行可转债的公司业绩转好，其股票价格预计有较大提高时，投资者可将可转债按转股价格转换为股票，以享受公司较好的业绩分红或股票攀升的利益。

（3）股市低迷。

当股市低迷时可转债债券特性表现较为明显，市场定价考虑债性更多；可转债和基准股票价格双双下跌，卖出可转债及将可转债转换为股票都不合适，投资者应保留可转债以获取到期的固定本息收益。

6. 可转债投资的风险。

（1）股价波动风险。

当基准股票市价高于转股价格时，可转债价格随股价的上涨而上涨，但也会随股价的下跌而下跌，持有者要承担股价波动的风险。

（2）转换风险。

债券存续期内的有条件强制转换，也限定了投资者的最高收益率，但一般会高于提前赎回的收益率；而到期的无条件强制转换，将使投资者无权收回本金，只能承担股票下跌的风险。

（3）提前赎回风险。

可转债都规定发行者可以在发行一段时间之后以某一价格赎回债券，这不仅限定了投资者的最高收益率，也给投资者带来再投资风险。

（4）利息损失风险。

当基准股票市价下跌到转股价格以下时，持有者被迫转为债券投资者，因为转股会带来更大的损失；而可转债利率一般低于同等级的普通债券，故会给投资者带来利息损失风险。

7. 可转债投资的操作要点。

（1）可转债投资的时机把握。

可转债投资的关键在于对买卖时机和持有期的把握，可转债尤其适合在景气复苏的初期投资，较适合中长期持有。投资者正确的操作策略是以中长期持有为目标，低价买进可转债，等股价上涨后，再将可转债转换为股票或直接卖出可转债，赚取其中的差价收益。

（2）可转债的特定条款。

在可转债的募集说明书中一般包含票面利率、赎回条款、回收条款及强制转股规定。具体来说，一是票面利率，它涉及可转债的债券本身价值。一般来说，由于可转债具有可转换性，其票面利率低于其他债券和银行利率。但可转债的利率水平不是固定不变的，一般呈每年递增的趋势，不同的可转债的票面利率和利率递增方式仍有区别，投资者应十分关注。二是回收条款，投资者须关注其回收期限以及回收价格。一般来讲，回收时间越早、价格越高，对投资者越有利。三是转股价格修正条款，目前上市可转债多为股票市价连续 N 个交易日低于转股价 80%～90% 时向下进行修正。该条款体现了可转债发行人对持有人的保护程度，转股价格修正条款制定得越灵活，投资者的风险越小。四是赎回条款，发行人制定赎回条款的目的主要是促使可转债持有人在转股期间尽快转股，投资者要充分理解该条款的内容，避免不必要的损失。因此，投资者应特别注意可转债是否包含了上述几个条款，具体条款的实现条件如何。

（3）发行人的信用评级和基本面。

可转债作为一种企业债，其信用比国债低，因此投资者须关注可转债发行人的信用评估等级及担保人的经济实力。可转债的价格与基准股票价格有正向的联动性，而公司的基本面是股票价格的决定因素，因此投资者应当把握好公司基本面，最好有良好的业绩支撑，同时有较好的发展前景和业务拓展空间。

第二节 权证

什么是权证

权证，是指基础证券发行人或其以外的第三人发行的，约定持有人在规定期间内或特定到期日，有权按约定价格向发行人购买或出售标的证券，或以现金结算方式收取结算差价的有价证券。

简单地讲，投资者只要支付约定的费用，就有权在特定的时间购买或出售某只特定的股票或其他理财产品。比如，你购买了每份价格为 0.5 元的权证，获得了在 6 个月后用 15 元的价格购买某只股票的权利。如果这只股票到时的价格为 20 元，而你只需要 15 元就可以买到。那么，你每股盈利达到 5 元。

权证的基本要素

1. 标的资产。

指权证发行所依附的基础资产，即权证持有人行使权利时所指向的可交易的资产。权证标的资产的种类非常广泛，其中最常见的是股票，即"正股"。

2. 各相关主体。

主要包括权证发行人、权证认购人、权证持有人等。

3. 权证的价格及价值。

权证价格即权证发行或交易时的单位价格。权证价值由内在价值和时间价值两部分组成。内在价值，即权证立即履约的价值；时间价值为权证价格与内在价值两者之差，时间价值主要与权证有效期的长短以及正股价格的波幅有关。

4. 权证的行使。

即权证持有人向权证发行人提出履约要求，要求依据权证的约定以特定价格认购或售出特定数量的标的资产。权证的行使通常涉及以下几个方面：

（1）到期日。

指权证行使履约的最后一个交易日。权证到期后即按合约进行清算交割并终止契约。在某些情况下，权证须提前到期，如上限型权证，当标的物收盘价格达到上限价格时，第二个交易日即按契约进行清算交割并终止契约。

（2）行使价格，又称权证的履约价格。

（3）执行比例。

是指每一单位权证可以认购（售）标的数量。执行比例将影响权证价格，行使比例越高者，其权证价格越低。如果股票权证的行使比例为 1∶1，即指每单位权证可以认购或售出一股标的股票或其组合。

5. 权证的特别条款：行使价格（比例）的调整。

（1）通常情况下，权证按既定的认股价格和兑换比率执行，或遇正股除权或除息时，权证的行使价格或行使比例要按约定进行相应调整。

（2）权证的发行人通常会特别约定，当出现送股、配股等正股总额增加或减少的情况。

（3）赎回权。

权证的发行人大多制定了赎回权条款，即规定在特定情况下发行人有权赎回其发行在外的认股权证。

（4）收购权益。

如果有投资者对发行认股权证的上市公司提出了收购要约，那么收购方还要对这家上市公司已经发行在外并且仍然在有效期内的认股权证一同提出收购要约。此时，不论认股权证的有效期是否届满，认股权证的持有人可以要求行使认股权。

权证的分类

1. 按发行人分类。

股本权证：由上市公司主体本身发行，其行权后会影响股份公司的总股本。

备兑权证：不由上市公司主体本身发行，由上市公司（标的证券发行人）以外的第三方发行，其认兑的股票是存量的股票，总股本不增加，股本比例有变化。

2. 按行权价格与标的证券市场价格的关系分类。

价内权证：行权价格小于标的证券市场价格。

价外权证：行权价格大于标的证券市场价格。

价平权证：行权价格等于标的证券市场价格。

3. 按买卖方向分类。

认沽权证：持有人有权卖出标的证券。

认购权证：持有人有权买入标的证券。

4. 按权证的结算方式分类。

实物交割权证：涉及标的证券的实际转移。

现金结算权证：发行人仅对标的证券的市场价与行权价格的差额部分进行现金结算。

5. 按行权期间分类。

美式权证：持有人在到期日前的任意时刻都有权买卖标的证券。

欧式权证：持有人只有在约定的到期日才有权买卖标的证券。

百慕大权证：持有人可在设定的几个日子或约定的到期日有权买卖标的证券。

认股权证的基本要素

认股权证是授予持有人一项权利，在到期日前（也可能有其他附加条款）以行使价购买公司发行的新股（或者是库藏的股票）。

认股权证的基本要素一般包括以下几个方面：

1. 各相关主体。

主要包括权证发行人、认购人、持有人、行使人等。

2. 标的资产。

指的是权证发行所依附的基础资产，也就是权证持有人行使权证权利时所指向的可交易资产。权证的标的资产的种类是极为广泛的，最常见的标的资产是股票，也就是人们通常所说的"正股"。

3. 权证的价格及价值。

权证价格指的是权证在一级市场上发行或在二级市场上交易时的单位价格。权证价格由内在价值和时间价值两部分组成，权证的价格就是内在价值和时间价值之和。内在价值指的是权证立即履约的价值，时间价值指的是权证的实际价值与内在价值之差。举个例子来说，假如权证的内在价值为10元，实际的价格为20元，那么用20元减去10元就是权证的时间价值。时间价值就是权证在一段时间内的上涨或下跌的空间。

4. 权证的行使。

权证的行使指的是权证持有人向权证发行人提出履约要求，要求依据权证的约定以特定价格认购或售出特定数量的标的资产。

权证的行使通常涉及以下主要事项或概念：

行使价格，又称权证的履约价格。

执行比例，指的是每一单位权证可以认购（售）标的的数量。执行比例的高低将影响权证价格的高低，比例高，权证的价格就越低。如果股票权证的行使比例为1∶1，即指权证行使履约的最后一个交易日。权证到期后即按合约进行清算交割并终止契约。在某些情况下，权证须提前到期，如上限型权证，当标的物收盘价格达到上限价格时，第二个交易日即按契约进行清算交割并终止契约。

5. 权证的特别条款。

收购权益：在认股权证的发行和认购条件中可以有这样的条款，即如果有投资者对发行认股权证的上市公司提出了收购要约，那么收购方还要对这家上市公司已经发行在外并且仍然有效期内的认股权证一同提出收购要约，此时，不论认股权证的有效期是否届满，认沽权证的持有人可以要求行使认股权。

行使价格（比例）的调整：通常情况下，权证按既定的认股价格和兑换比率执行，但权证的发行人通常会特别约定，当出现送股、配股等正股总额增加或减少的情况，或遇正股除权或除息时，权证的行使价格或形势比例要按约定进行相应调整。

赎回权：权证的发行人大多制定了赎回权条款，即规定在特定的情况下发行人有权赎回发行在外的认股权证。

权证发行公告书列明条款的含义

权证的各要素都会在发行公告书中得到反映。

例：B 公司发行以该公司股票为标的证券的权证，假定发行时股票市场价格为 20 元，发行公告书列举的发行条件如下：

（1）权证种类：欧式认购权证

（2）发行日期：2008 年 8 月 8 日

（3）发行数量：60，000，000 份

（4）发行价格：0.65 元

（5）行权价格：16.00 元

（6）行权期限：到期日

（7）行权结算方式：证券给付结算

（8）行权比例：1：1

（9）存续期间：6 个月

说明：

B 公司发行的权证是一种股本认购权证，该权证每份权利金是 0.65 元，发行总额为 6 千万份，权证可以在六个月内买卖，但行权则必须在六个月后的到期日进行。

如果到期时 B 公司股票市场价格为 22 元，高于权证的行权价 16 元，投资者可以 16 元/股的价格向发行人认购市价 22 元的 B 公司股票，每股净赚 6 元；

如果到期时 B 公司股价为 14 元，低于行权价 16 元，投资者可以不行权，损失权利金 0.65 元/股。

权证投资的风险防范

在以往的权证交易中，有很多投资者由于不了解权证的风险而进行投资，结果造成了惨重的损失。所以，投资者有必要了解权证的风险和防范风险的措施。

一般来说，权证投资主要存在以下几种风险。

1. 价格波动的风险。

权证是一种带有杠杆效应的证券产品。一般来说，权证跌幅一般都会大于10%。例如，T－1日权证的收盘价为5元，标的股票的收盘价是20元。T日，标的股票跌停至18元，如果权证也跌停，则权证的跌幅将达到10%×125%×1×(20/5)＝50%，该权证投资者的最大损失将达到股票投资损失的5倍。

2. 市价委托风险。

权证交易中存在因市价委托方式导致的风险。举个实例，2007年2月28日，小王以市价委托卖出收盘价0.699元的海尔认沽权证82万份（实际成交价为每份0.001元），56万变成820元，"辛辛苦苦几十年，一夜回到解放前"。所以，投资者在买卖权证时，需谨慎使用市价委托方式。

3. 行权风险。

投资者如果对权证的行权原理不熟悉，未及时对价内权证行权或者对价外权证误行权，则会导致巨大的损失。例如，曾有4983份包钢价内认购权证未及时行权，投资者为此损失了17205元；3806份大冶特钢价外认沽权利误行权，投资者为此损失了20630元。所以，投资者应该特别注意行权条款，看是否有行权价值，决定是否行权。

4. 价外风险。

对于认购权证而言，价内权证指行权价格与行权费用之和低于标的证券结算价格；对于认沽权证而言，则指行权费用与标的证券结算价格之和低于权证行权价格。

在权证内在价值为0的情况下，特别是临近行权期时，投资价外权证的风险非常大。例如，万科认沽权证的最后一个交易日，权证全日单边下跌，最终跌幅达95%。倒数第二个交易日的跌幅达44.44%，有些投资者的损失超过100万元。

5. "T＋0"风险。

权证交易实行"T＋0"交易，投机气氛更浓，权证单个交易日可以被来回买卖N次，导致投资者对于资金动向及买卖市场实况更加难以判断，市场风险进一步加大。例如，某些炒作权证的资金在短期内大量交易、频繁回转，而导致散户盲目跟风以至于亏损。

权证投资秘诀

权证炒作并非是毫无胜算的赌博，而是充满智慧的投机，需要纯熟的操盘技巧和灵活机动的操作策略。下面为投资者讲述一些简单的权证投资技巧。

1. 只做龙头。

这一点跟股票投资一样。通过研判每天开盘后的价量关系和市场人气来判断龙头权证。当市场中多方占优时,权证价格自然会不断地上涨。但不要抄底,这会让你损失惨重。

2. 以投资的方法投机权证。

炒权证如博傻,由最后一个傻子承担所有的游戏费用。但也有投资价值可期的权证能够获得稳定又丰厚的回报。在大牛市中,权证投资应以认购权证为主。百万元以上资金运作要以波段为主,结合正股表现动态控制。而认沽权证几乎没有任何投资价值,应尽量避免沾染,想玩时仅以小部分资金,打机动游击战,快进快出,不要恋战贪多。在熊市时和上文所述操作方法恰好相反。

3. 顺应趋势。

最聪明的投资者明白顺应趋势的力量。权证投资中,应坚决不做横盘和下跌趋势,资金安全永远是最重要的,其次才是赚钱。投机的核心在于尽量回避不确定走势,只在趋势明确的情况下进行操作,才能增加胜算。做错了一定要止损,否则一次失误甚至可能致命。一定要利用好权证的T+0交易制度为所有投资者提供的机会,打得赢就打,打不赢就跑。

投资者如何对权证行权

投资者对权证行权可以通过交易所申报行权指令进行,行权指令当日有效,当日也可以撤销;当日买进的权证,当日可以行权,但当日行权必须取得的标的证券,当日不得卖出,可于次一交易日卖出。

现金结算方式下,权证行权的结算价格为行权日前十个交易日标的证券收盘价的平均数。

权证到期当日,现金给付权证属于价内证的可自动行权,持有人无须申报指令。属证券给付方式的权证,投资者可以选择自行申报行权或于权证到期委托证券公司代为办理行权。

权证交易中主要会披露哪些信息

投资者可以获取的权证信息主要包括:

1. 随行情发布权证即时交易信息;
2. 每日开盘前公布的每只权证可流通数量、持有权证数量达到或超过可流通数量5%的持有人名单;
3. 权证发行人根据有关规定履行信息披露义务所发布的各种公告。

权证的价格涨跌幅限制与股票有什么不同

表19—1列出了权证交易规则与股票交易规则的异同。

表 19－1　权证交易规则与股票交易规则的区别

差别项目	权证	A 股股票
交易期	T＋1	T＋0
开盘、收盘价确定方式	分主板与中小板两种	按中小企业板方式执行
最下申报单位	0.01元	0.001元
涨跌幅限制	10％	标的证券涨跌金额的1.25倍
是否设大宗交易	是	否
结算交收	现金	现金或者证券给付

权证的到期日和最后交易日是否是同一天

根据上海证券交易所颁布的《权证管理暂行办法》中的规定，权证存续期满前5个交易日，权证终止交易，但可以行权。由此我们可以得出，权证的到期日和最后交易日不是同一天。在权证的最后交易日之后，权证终止交易，投资者可以在行权日对权证行权。而权证到期日后既不能交易也不能行权，不再具备任何价值。